本报告的出版得到
国家重点文物保护专项补助经费资助

庆祝宁夏文物考古研究所成立二十周年

宁夏文物考古研究所丛刊之五

吴 忠 西 郊 唐 墓

宁夏文物考古研究所
吴忠市文物管理所　编著

文物出版社

北京 · 2006

封面设计：周小玮
责任印制：王少华
责任编辑：秦 彧
英文翻译：黄义军

图书在版编目（CIP）数据

吴忠西郊唐墓/宁夏文物考古研究所、吴忠市文物管理所
编著.—北京：文物出版社，2006.9
ISBN 7-5010-1921-5

Ⅰ.吴… Ⅱ.宁… Ⅲ.唐墓—发掘报告—吴忠市
Ⅳ.K878.85

中国版本图书馆 CIP 数据核字（2006）第 044744 号

吴忠西郊唐墓

宁夏文物考古研究所
吴忠市文物管理所 编著

*

文 物 出 版 社 出 版 发 行
北京东直门内北小街 2 号楼
http://www.wenwu.com
E-mail：web@wenwu.com
北京燕泰美术制版印刷有限责任公司印刷
新 华 书 店 经 销
889×1194毫米 1/16 印张：32
2006 年 9 月第一版 2006 年 9 月第一次印刷
ISBN 7-5010-1921-5/K·1014 定价：320.00 元

TANG TOMBS AT THE WEST OUTSKIRT OF WUZHONG CITY

(*WITH AN ENGLISH ABSTRACT*)

The Institute of Archaeology and Cultural Relics of
Ningxia Hui Autonomous Region

Cultural Relics Publishing House

Beijing · 2006

目　录

第一章　绪　言 ……………………………………………… (1)
一　发掘概况 ………………………………………………… (1)
二　历史沿革 ………………………………………………… (3)
第二章　红星家园墓区 ……………………………………… (5)
一　M001～M011 …………………………………………… (6)
（一）位置与地层 …………………………………………… (6)
（二）M001 …………………………………………………… (6)
（三）M002 …………………………………………………… (9)
（四）M003 …………………………………………………… (11)
（五）M004 …………………………………………………… (13)
（六）M005 …………………………………………………… (15)
（七）M006 …………………………………………………… (17)
（八）M007 …………………………………………………… (19)
（九）M008 …………………………………………………… (21)
（一〇）M009 ………………………………………………… (23)
（一一）M010 ………………………………………………… (24)
（一二）M011 ………………………………………………… (24)
二　M012～M014 …………………………………………… (27)
（一）位置与地层 …………………………………………… (27)
（二）M012 …………………………………………………… (27)
（三）M013 …………………………………………………… (30)
（四）M014 …………………………………………………… (33)
三　M015～M017 …………………………………………… (36)
（一）位置与地层 …………………………………………… (36)
（二）M015 …………………………………………………… (36)
（三）M016 …………………………………………………… (38)

（四） M017 ·· (43)

四 M018～M021 ·· (45)

　　（一） 位置与地层 ·· (45)

　　（二） M018 ·· (45)

　　（三） M019 ·· (49)

　　（四） M020 ·· (50)

　　（五） M021 ·· (52)

五 M022～M026 ·· (54)

　　（一） 位置与地层 ·· (54)

　　（二） M022 ·· (55)

　　（三） M023 ·· (58)

　　（四） M024 ·· (59)

　　（五） M025 ·· (61)

　　（六） M026 ·· (64)

六 M027～M029 ·· (65)

　　（一） 位置与地层 ·· (65)

　　（二） M027 ·· (65)

　　（三） M028 ·· (67)

　　（四） M029 ·· (69)

七 M030～M032 ·· (72)

　　（一） 位置与地层 ·· (72)

　　（二） M030 ·· (73)

　　（三） M031 ·· (76)

　　（四） M032 ·· (77)

八 M033～M040 ·· (78)

　　（一） 位置与地层 ·· (78)

　　（二） M033 ·· (79)

　　（三） M034 ·· (80)

　　（四） M035 ·· (81)

　　（五） M036 ·· (81)

　　（六） M037 ·· (83)

　　（七） M038 ·· (83)

　　（八） M039 ·· (85)

　　（九） M040 ·· (85)

九 M041、M042 ·· (86)

　　（一） 位置与地层 ·· (86)

（二）　M041 …………………………………………………………………（86）

（三）　M042 …………………………………………………………………（88）

一〇　M087 ……………………………………………………………………（89）

（一）　位置与地层 …………………………………………………………（89）

（二）　M087 …………………………………………………………………（89）

第三章　西部嘉园墓区 ………………………………………………………（91）

一　M043～M049 ……………………………………………………………（91）

（一）　位置与地层 …………………………………………………………（91）

（二）　M043 …………………………………………………………………（91）

（三）　M044 …………………………………………………………………（95）

（四）　M045 …………………………………………………………………（98）

（五）　M046 …………………………………………………………………（101）

（六）　M047 …………………………………………………………………（101）

（七）　M048 …………………………………………………………………（101）

（八）　M049 …………………………………………………………………（104）

二　M050～M057 ……………………………………………………………（106）

（一）　位置与地层 …………………………………………………………（106）

（二）　M050 …………………………………………………………………（107）

（三）　M051 …………………………………………………………………（109）

（四）　M052 …………………………………………………………………（113）

（五）　M053 …………………………………………………………………（114）

（六）　M054 …………………………………………………………………（117）

（七）　M055 …………………………………………………………………（119）

（八）　M056 …………………………………………………………………（121）

（九）　M057 …………………………………………………………………（122）

三　M058 ……………………………………………………………………（124）

（一）　位置与地层 …………………………………………………………（124）

（二）　M058 …………………………………………………………………（124）

第四章　中央大道北段墓区 …………………………………………………（127）

一　M059～M062 ……………………………………………………………（128）

（一）　位置与地层 …………………………………………………………（128）

（二）　M059 …………………………………………………………………（128）

（三）　M060 …………………………………………………………………（130）

（四）　M061 …………………………………………………………………（132）

　　　（五）　M062 ·· (133)

　二　M063～M066 ··· (138)

　　　（一）　位置与地层 ··· (138)

　　　（二）　M063 ·· (139)

　　　（三）　M064 ·· (141)

　　　（四）　M065 ·· (142)

　　　（五）　M066 ·· (142)

　三　M067～M073 ··· (145)

　　　（一）　位置与地层 ··· (145)

　　　（二）　M067 ·· (146)

　　　（三）　M068 ·· (149)

　　　（四）　M069 ·· (150)

　　　（五）　M070 ·· (152)

　　　（六）　M071 ·· (154)

　　　（七）　M072 ·· (157)

　　　（八）　M073 ·· (158)

　四　M074～M078 ··· (163)

　　　（一）　位置与地层 ··· (163)

　　　（二）　M074 ·· (164)

　　　（三）　M075 ·· (166)

　　　（四）　M076 ·· (168)

　　　（五）　M077 ·· (170)

　　　（六）　M078 ·· (173)

　五　M079～M082 ··· (177)

　　　（一）　位置与地层 ··· (177)

　　　（二）　M079 ·· (177)

　　　（三）　M080 ·· (179)

　　　（四）　M081 ·· (185)

　　　（五）　M082 ·· (189)

　六　M083～M086 ··· (191)

　　　（一）　位置与地层 ··· (191)

　　　（二）　M083 ·· (192)

　　　（三）　M084 ·· (194)

　　　（四）　M085 ·· (194)

　　　（五）　M086 ·· (199)

第五章　中央大道南段墓区 ……………………………………………… (202)

一　M088～M092 ………………………………………………………… (203)

　　(一)　位置与地层 ………………………………………………… (203)

　　(二)　M088 ………………………………………………………… (204)

　　(三)　M089 ………………………………………………………… (205)

　　(四)　M090 ………………………………………………………… (210)

　　(五)　M091 ………………………………………………………… (211)

　　(六)　M092 ………………………………………………………… (214)

二　M093～M097 ………………………………………………………… (217)

　　(一)　位置与地层 ………………………………………………… (217)

　　(二)　M093 ………………………………………………………… (218)

　　(三)　M094 ………………………………………………………… (219)

　　(四)　M095 ………………………………………………………… (222)

　　(五)　M096 ………………………………………………………… (224)

　　(六)　M097 ………………………………………………………… (228)

三　M098～M100 ………………………………………………………… (230)

　　(一)　位置与地层 ………………………………………………… (230)

　　(二)　M098 ………………………………………………………… (230)

　　(三)　M099 ………………………………………………………… (232)

　　(四)　M100 ………………………………………………………… (234)

四　M101～M104 ………………………………………………………… (235)

　　(一)　位置与地层 ………………………………………………… (235)

　　(二)　M101 ………………………………………………………… (236)

　　(三)　M102 ………………………………………………………… (240)

　　(四)　M103 ………………………………………………………… (242)

　　(五)　M104 ………………………………………………………… (245)

五　M105～M110 ………………………………………………………… (248)

　　(一)　位置与地层 ………………………………………………… (248)

　　(二)　M105 ………………………………………………………… (248)

　　(三)　M106 ………………………………………………………… (253)

　　(四)　M107 ………………………………………………………… (257)

　　(五)　M108 ………………………………………………………… (261)

　　(六)　M109 ………………………………………………………… (263)

　　(七)　M110 ………………………………………………………… (265)

六　M111～M114 ………………………………………………………… (267)

（一）　位置与地层 ……………………………………………………………………（267）

（二）　M111 ……………………………………………………………………………（267）

（三）　M112 ……………………………………………………………………………（271）

（四）　M113 ……………………………………………………………………………（273）

（五）　M114 ……………………………………………………………………………（275）

七　M115～M118 ………………………………………………………………………（276）

（一）　位置与地层 ……………………………………………………………………（276）

（二）　M115 ……………………………………………………………………………（277）

（三）　M116 ……………………………………………………………………………（279）

（四）　M117 ……………………………………………………………………………（281）

（五）　M118 ……………………………………………………………………………（282）

八　M119、M120 ………………………………………………………………………（285）

（一）　位置与地层 ……………………………………………………………………（285）

（二）　M119 ……………………………………………………………………………（286）

（三）　M120 ……………………………………………………………………………（286）

第六章　结语 ……………………………………………………………………………（291）

一　墓葬形制 ……………………………………………………………………………（291）

二　随葬品 ………………………………………………………………………………（296）

三　墓葬分期 ……………………………………………………………………………（305）

四　葬式、葬具和葬俗 …………………………………………………………………（309）

五　相关问题 ……………………………………………………………………………（314）

附表　吴忠西郊唐墓墓葬形制和随葬品统计表 ………………………………………（316）

附录一　"大唐故东平郡吕氏夫人墓志铭"墓志 ……………………………………（324）

附录二　宁夏吴忠西郊唐墓人骨鉴定研究 ……………………………………………（326）

英文提要 …………………………………………………………………………………（362）

后记 ………………………………………………………………………………………（365）

插 图 目 录

图一　吴忠西郊唐墓位置示意图 ……………………………………………………… （2）

图二　吴忠西郊唐墓分区示意图 ……………………………………………………… （3）

图三　红星家园墓葬分布示意图 ……………………………………………………… （5）

图四　红星家园七号基坑墓葬分布图 ………………………………………………… （6）

图五　红星家园七号基坑南壁地层剖面图 …………………………………………… （6）

图六A　M001平、剖面图 …………………………………………………………… （7）

图六B　M001出土遗物 ……………………………………………………………… （8）

图七A　M002平、剖面图 …………………………………………………………… （10）

图七B　M002出土遗物 ……………………………………………………………… （11）

图八　M003及出土遗物 ……………………………………………………………… （12）

图九　M004及出土遗物 ……………………………………………………………… （14）

图一〇　M005及出土遗物 …………………………………………………………… （16）

图一一　M006平、剖面图 …………………………………………………………… （18）

图一二A　M007平、剖面图 ………………………………………………………… （19）

图一二B　M007出土遗物 …………………………………………………………… （20）

图一三　M008及出土遗物 …………………………………………………………… （22）

图一四　M009及出土遗物 …………………………………………………………… （24）

图一五　M010平、剖面图 …………………………………………………………… （25）

图一六　M011及出土遗物 …………………………………………………………… （26）

图一七　红星家园一号基坑墓葬分布图 ……………………………………………… （27）

图一八　M012及出土遗物 …………………………………………………………… （29）

图一九A　M013平、剖面图 ………………………………………………………… （30）

图一九B　M013出土遗物 …………………………………………………………… （31）

图一九C　M013出土开元通宝 ……………………………………………………… （32）

图二〇A　M014平、剖面图 ………………………………………………………… （34）

图二〇B　M014出土遗物 …………………………………………………………… （35）

图二一　红星家园二号基坑墓葬分布图 ……………………………………………… （36）

图二二A　M015平、剖面图 ………………………………………………………… （37）

图二二B　M015出土遗物 …………………………………………………………… （38）

图二三 A　M016 平、剖面图 ··(39)

图二三 B　M016 出土遗物 ··(40)

图二三 C　M016 出土开元通宝 ··(42)

图二四　M017 及出土遗物 ··(44)

图二五　红星家园六号基坑墓葬分布图 ··(45)

图二六 A　M018 平、剖面图 ··(46)

图二六 B　M018 出土遗物 ··(48)

图二七　M019 及出土遗物 ··(49)

图二八　M020 及出土遗物 ··(51)

图二九　M021 及出土遗物 ··(53)

图三〇　红星家园五号基坑墓葬分布图 ··(55)

图三一　M022 及出土遗物 ··(56)

图三二　M023 及出土遗物 ··(58)

图三三　M024 及出土遗物 ··(60)

图三四 A　M025 平、剖面图 ··(62)

图三四 B　M025 出土遗物 ··(63)

图三五　M026 出土遗物 ··(64)

图三六　红星家园三号基坑墓葬分布图 ··(65)

图三七　M027 及出土遗物 ··(66)

图三八　M028 及出土遗物 ··(68)

图三九 A　M029 平、剖面图 ··(70)

图三九 B　M029 出土遗物 ··(71)

图四〇　红星家园八号基坑墓葬分布图 ··(73)

图四一 A　M030 及出土遗物 ··(74)

图四一 B　M030 出土开元通宝 ··(75)

图四二　M031 出土遗物 ··(76)

图四三 A　M032 平、剖面图 ··(77)

图四三 B　M032 出土遗物 ··(78)

图四四　红星家园一二号基坑墓葬分布图 ··(79)

图四五　M033 平、剖面图 ··(79)

图四六　M034 平、剖面图 ··(80)

图四七　M035 平面图 ··(81)

图四八　M036 及出土遗物 ··(82)

图四九　M037 平、剖面图 ··(84)

图五〇　M038 平、剖面图 ··(84)

图五一　M039 平、剖面图 ··(85)

图五二　M040 平、剖面图 ··(86)

图五三　红星家园一四号基坑墓葬分布图 ··(87)

图五四　M041平、剖面图 ……………………………………………………（87）
图五五　M042平、剖面图 ……………………………………………………（88）
图五六　M087平、剖面图 ……………………………………………………（89）
图五七　西部嘉园墓葬分布示意图 …………………………………………（91）
图五八　西部嘉园一号基坑墓葬分布图 ……………………………………（92）
图五九A　M043平、剖面图 …………………………………………………（93）
图五九B　M043出土遗物 ……………………………………………………（94）
图六〇A　M044平、剖面图 …………………………………………………（96）
图六〇B　M044出土遗物 ……………………………………………………（97）
图六一A　M045平、剖面图 …………………………………………………（99）
图六一B　M045出土遗物 ……………………………………………………（100）
图六二　M046及出土遗物 ……………………………………………………（102）
图六三　M048及出土遗物 ……………………………………………………（103）
图六四A　M049及出土遗物 …………………………………………………（105）
图六四B　M049出土开元通宝 ………………………………………………（106）
图六五　西部嘉园三号基坑墓葬分布图 ……………………………………（107）
图六六　M050及出土遗物 ……………………………………………………（108）
图六七A　M051平、剖面图 …………………………………………………（110）
图六七B　M051出土遗物 ……………………………………………………（111）
图六七C　M051出土开元通宝 ………………………………………………（112）
图六八　M052平、剖面图 ……………………………………………………（114）
图六九　M053及出土遗物 ……………………………………………………（116）
图七〇A　M054及出土遗物 …………………………………………………（117）
图七〇B　M054出土开元通宝 ………………………………………………（118）
图七一　M055及出土遗物 ……………………………………………………（120）
图七二　M056及出土遗物 ……………………………………………………（121）
图七三　M057及出土遗物 ……………………………………………………（123）
图七四　西部嘉园一二号基坑北壁地层剖面图 ……………………………（124）
图七五　M058及出土遗物 ……………………………………………………（125）
图七六　中央大道北段墓葬分布示意图 ……………………………………（127）
图七七　中央大道北段五号基坑墓葬分布图 ………………………………（128）
图七八　M059及出土遗物 ……………………………………………………（129）
图七九A　M060平、剖面图 …………………………………………………（130）
图七九B　M060出土遗物 ……………………………………………………（132）
图八〇　M061及出土遗物 ……………………………………………………（133）
图八一A　M062平、剖面图 …………………………………………………（134）
图八一B　M062出土遗物 ……………………………………………………（136）
图八一C　M062出土铜钱 ……………………………………………………（137）

图八二 中央大道北段六号基坑墓葬分布图 ……………………………… (138)

图八三 中央大道北段六号基坑北壁地层剖面图 …………………………… (138)

图八四 M063 及出土遗物 …………………………………………………… (140)

图八五 M064、M065 及出土遗物 ………………………………………… (141)

图八六 A M066 平、剖面图 ……………………………………………… (143)

图八六 B M066 出土遗物 …………………………………………………… (144)

图八七 中央大道北段四号基坑墓葬分布图 ……………………………… (145)

图八八 中央大道北段四号基坑东壁地层剖面图 ………………………… (146)

图八九 A M067 平、剖面图 ……………………………………………… (147)

图八九 B M067 出土遗物 …………………………………………………… (148)

图九〇 M068 平、剖面图 …………………………………………………… (150)

图九一 M069 及出土遗物 …………………………………………………… (152)

图九二 M070 及出土遗物 …………………………………………………… (153)

图九三 M071 及出土遗物 …………………………………………………… (155)

图九四 M072 平、剖面图 …………………………………………………… (158)

图九五 A M073 平、剖面图 ……………………………………………… (159)

图九五 B M073 出土遗物 …………………………………………………… (161)

图九五 C M073 出土开元通宝 …………………………………………… (163)

图九六 中央大道北段七号基坑墓葬分布图 ……………………………… (163)

图九七 中央大道北段七号基坑西壁地层剖面图 ………………………… (164)

图九八 M074 及出土遗物 …………………………………………………… (165)

图九九 M075 及出土遗物 …………………………………………………… (167)

图一〇〇 M076 及出土遗物 ………………………………………………… (169)

图一〇一 M077 及出土遗物 ………………………………………………… (171)

图一〇二 A M078 平、剖面图 …………………………………………… (174)

图一〇二 B M078 出土遗物 ………………………………………………… (176)

图一〇三 中央大道北段二号基坑墓葬分布图 …………………………… (177)

图一〇四 M079 及出土遗物 ………………………………………………… (178)

图一〇五 A M080 平、剖面图 …………………………………………… (180)

图一〇五 B M080 出土遗物 ………………………………………………… (182)

图一〇五 C M080 出土遗物 ………………………………………………… (184)

图一〇六 A M081 及出土遗物 …………………………………………… (186)

图一〇六 B M081 出土铜钱 ………………………………………………… (188)

图一〇七 M082 及出土遗物 ………………………………………………… (190)

图一〇八 中央大道北段三号基坑墓葬分布图 …………………………… (191)

图一〇九 M083 及出土遗物 ………………………………………………… (193)

图一一〇 M084 出土底座 …………………………………………………… (194)

图一一一 A M085 平、剖面图 …………………………………………… (195)

图一一一 B　M085 出土遗物 ……………………………………………………… (197)

图一一一 C　M085 出土开元通宝 …………………………………………………… (198)

图一一二 A　M086 平、剖面图 ……………………………………………………… (199)

图一一二 B　M086 出土遗物 ………………………………………………………… (201)

图一一三　中央大道南段墓葬分布示意图 …………………………………………… (202)

图一一四　中央大道南段四号基坑墓葬分布图 ……………………………………… (203)

图一一五　中央大道南段四号基坑南壁地层剖面图 ………………………………… (203)

图一一六　M088 平、剖面图 ………………………………………………………… (204)

图一一七 A　M089 平、剖面图 ……………………………………………………… (206)

图一一七 B　M089 出土遗物 ………………………………………………………… (208)

图一一七 C　M089 出土遗物 ………………………………………………………… (209)

图一一八　M090 平、剖面图 ………………………………………………………… (210)

图一一九 A　M091 平、剖面图 ……………………………………………………… (212)

图一一九 B　M091 出土遗物 ………………………………………………………… (214)

图一二○ A　M092 平、剖面图 ……………………………………………………… (215)

图一二○ B　M092 出土遗物 ………………………………………………………… (216)

图一二一　中央大道南段三号基坑墓葬分布图 ……………………………………… (218)

图一二二　M093 及出土遗物 ………………………………………………………… (219)

图一二三　M094 及出土遗物 ………………………………………………………… (220)

图一二四　M095 及出土遗物 ………………………………………………………… (223)

图一二五 A　M096 平、剖面图 ……………………………………………………… (224)

图一二五 B　M096 出土遗物 ………………………………………………………… (226)

图一二五 C　M096 出土开元通宝 …………………………………………………… (227)

图一二六　M097 及出土遗物 ………………………………………………………… (229)

图一二七　中央大道南段六号基坑墓葬分布图 ……………………………………… (230)

图一二八 A　M098 平、剖面图 ……………………………………………………… (231)

图一二八 B　M098 出土遗物 ………………………………………………………… (232)

图一二九　M099 及出土遗物 ………………………………………………………… (233)

图一三○　M100 平、剖面图 ………………………………………………………… (235)

图一三一　中央大道南段二号基坑墓葬分布图 ……………………………………… (236)

图一三二 A　M101 平、剖面图 ……………………………………………………… (237)

图一三二 B　M101 出土遗物 ………………………………………………………… (239)

图一三二 C　M101 出土铜钱 ………………………………………………………… (240)

图一三三　M102 及出土遗物 ………………………………………………………… (241)

图一三四 A　M103 及出土遗物 ……………………………………………………… (243)

图一三四 B　M103 出土开元通宝 …………………………………………………… (244)

图一三五 A　M104 及出土遗物 ……………………………………………………… (246)

图一三五 B　M104 出土开元通宝 …………………………………………………… (247)

图一三六　中央大道南段一号基坑墓葬分布图 ………………………………………（248）

图一三七 A　M105 平、剖面图 ………………………………………………………（249）

图一三七 B　M105 出土遗物 …………………………………………………………（251）

图一三七 C　M105 出土遗物 …………………………………………………………（252）

图一三八 A　M106 平、剖面图 ………………………………………………………（254）

图一三八 B　M106 出土遗物 …………………………………………………………（255）

图一三八 C　M106 出土铜钱 …………………………………………………………（256）

图一三九 A　M107 平、剖面图 ………………………………………………………（258）

图一三九 B　M107 出土遗物 …………………………………………………………（259）

图一四〇 A　M108 平、剖面图 ………………………………………………………（261）

图一四〇 B　M108 出土遗物 …………………………………………………………（262）

图一四一　M109 及出土遗物 …………………………………………………………（264）

图一四二　M110 及出土遗物 …………………………………………………………（266）

图一四三　中央大道南段五号基坑墓葬分布图 ………………………………………（267）

图一四四 A　M111 平、剖面图 ………………………………………………………（268）

图一四四 B　M111 出土遗物 …………………………………………………………（269）

图一四四 C　M111 出土开元通宝 ……………………………………………………（270）

图一四五　M112 及出土遗物 …………………………………………………………（272）

图一四六　M113 及出土遗物 …………………………………………………………（274）

图一四七 A　M114 平、剖面图 ………………………………………………………（275）

图一四七 B　M114 出土遗物 …………………………………………………………（276）

图一四八　中央大道南段七号基坑墓葬分布图 ………………………………………（277）

图一四九 A　M115 平、剖面图 ………………………………………………………（277）

图一四九 B　M115 出土遗物 …………………………………………………………（278）

图一五〇　M116 及出土遗物 …………………………………………………………（280）

图一五一　M117 及出土遗物 …………………………………………………………（282）

图一五二 A　M118 平、剖面图 ………………………………………………………（283）

图一五二 B　M118 出土遗物 …………………………………………………………（284）

图一五三　中央大道南段九号基坑墓葬分布图 ………………………………………（285）

图一五四　M119 及出土遗物 …………………………………………………………（287）

图一五五 A　M120 平、剖面图 ………………………………………………………（288）

图一五五 B　M120 出土遗物 …………………………………………………………（289）

图一五六　"大唐故东平郡吕氏夫人墓志铭"拓片 ……………………………………（324）

彩 版 目 录

彩版一　　M007 出土塔形罐

彩版二　　M012、M017、M018 出土遗物

彩版三　　M020、M022、M025、M026、M031 出土遗物

彩版四　　M029 出土塔形罐

彩版五　　M043、M045、M051、M053 出土遗物

彩版六　　M045 出土塔形罐

彩版七　　M054 与 M060

彩版八　　M062、M071、M073 出土遗物

彩版九　　M077、M078 及出土遗物

彩版一〇　M078 出土塔形罐

彩版一一　M080、M085 出土遗物

彩版一二　M085、M089、M092 出土遗物

彩版一三　M089、M094 出土遗物

彩版一四　M095、M101、M104 出土遗物

彩版一五　M105～M110（南－北）

彩版一六　M105 及出土遗物

彩版一七　M106 及出土遗物

彩版一八　M106 出土遗物

彩版一九　M107

彩版二〇　M107 出土遗物

彩版二一　M108、M110、M111 出土遗物

彩版二二　M111 出土塔形罐

彩版二三　M115、M118 出土遗物

彩版二四　M118 出土塔形罐

图 版 目 录

图版一　　M001~M004、M011

图版二　　M001、M003、M004出土遗物

图版三　　M007出土遗物

图版四　　M008及出土遗物

图版五　　M011、M012出土遗物

图版六　　M013出土遗物

图版七　　M014及出土遗物

图版八　　M015、M016出土遗物

图版九　　M017出土遗物

图版一○　　M018及出土遗物

图版一一　　M020~M022、M024出土遗物

图版一二　　M025及出土遗物

图版一三　　M026出土遗物

图版一四　　M027、M028出土遗物

图版一五　　M029及出土遗物

图版一六　　M030~M032出土遗物

图版一七　　M033、M034与M036出土遗物

图版一八　　M037、M038、M041和M042

图版一九　　M087与M043出土遗物

图版二○　　M044出土遗物

图版二一　　M045出土遗物

图版二二　　M050与M046出土遗物

图版二三　　M051出土遗物

图版二四　　M053及出土遗物

图版二五　　M054及出土遗物

图版二六　　M055（南-北）

图版二七　　M056及出土遗物

图版二八　　M057及出土遗物

图版二九　M059（南－北）

图版三〇　M060

图版三一　M060 出土遗物

图版三二　M062 及出土遗物

图版三三　M062 出土遗物

图版三四　M063 及出土遗物

图版三五　M064、M065（北－南）

图版三六　M066 及出土遗物

图版三七　M067 及出土遗物

图版三八　M067 出土遗物

图版三九　M069 及出土遗物

图版四〇　M070 及出土遗物

图版四一　M071（南－北）

图版四二　M071 出土遗物

图版四三　M072（南－北）

图版四四　M073 及出土遗物

图版四五　M073 出土遗物

图版四六　M074 及出土遗物

图版四七　M075 及出土遗物

图版四八　M076、M077

图版四九　M077 出土遗物

图版五〇　M078

图版五一　M078 出土遗物

图版五二　M079（南－北）

图版五三　M080 出土遗物

图版五四　M080 出土遗物

图版五五　M081 出土遗物

图版五六　M082 及出土遗物

图版五七　M085（北－南）

图版五八　M085 出土遗物

图版五九　M085 出土遗物

图版六〇　M086 出土遗物

图版六一　M089

图版六二　M089 出土遗物

图版六三　M090 和 M091

图版六四　M091（南－北）

图版六五　M092（南－北）

图版六六　M092 出土遗物

图版六七　M093 及出土遗物

图版六八　M094 出土遗物

图版六九　M095、M096 及出土遗物

图版七〇　M097、M098 及出土遗物

图版七一　M099（南－北）

图版七二　M100（南－北）

图版七三　M101

图版七四　M101 出土遗物

图版七五　M102 及出土遗物

图版七六　M103 及出土遗物

图版七七　M104 及出土遗物

图版七八　M105～M110（南－北）

图版七九　M105

图版八〇　M105 出土遗物

图版八一　M106

图版八二　M106 出土遗物

图版八三　M106 出土遗物

图版八四　M107

图版八五　M107 出土遗物

图版八六　M108 及出土遗物

图版八七　M109

图版八八　M109 出土遗物

图版八九　M110 及出土遗物

图版九〇　M111

图版九一　M111 出土遗物

图版九二　M112、M113 及出土遗物

图版九三　M114 及出土遗物

图版九四　M115～M117 出土遗物

图版九五　M118 出土遗物

图版九六　M120 出土遗物

图版九七　男性头骨

图版九八　男性头骨

图版九九　女性头骨

图版一〇〇　脊椎与牙齿

第一章　绪　言

一　发掘概况

吴忠市位于宁夏回族自治区的中部，地处黄河中上游地区，黄河从其西部蜿蜒流过。这里地形平坦，沟渠纵横，土地肥沃，物产丰富。西夏以前吴忠是宁夏中、北部地区的政治、经济、军事和文化中心。由于黄河多次改道和河水的冲积与淤积，在今吴忠市古城乡以东和城区形成地势较高的冲积平原，唐人墓志中称之为"迴乐县东原"，现主要属吴忠市城区、利通区古城乡和东塔寺乡管辖。由于这里地势较高，水位较低，适宜建造坟墓，吴忠西郊唐墓主要分布于这一"东原"上（图一）。

黄河出青铜峡后分为两枝，主枝向北，俗称"上河"，东枝向东北方，俗称"津枝"。津枝汉代还自流溉田，至北魏时已干渴①，其中津枝的东河床，始于吴忠市红旗乡早元村，经古城乡红星村西、左营、东塔寺乡五大队和十三大队进入灵武境，这一条明显高于西侧的河床当地村民称之为"河崖子"（或称"崖坡子"）。它和秦渠之间，东西长5000米，南北宽约3000米，地势明显高于东、西两侧，此即吕氏夫人墓志铭所记载的"迴乐县东原"，灵州墓群，主要分布于这一东原上。

因这里地势较高，明代吴忠堡选址于其上，以后逐渐演变为今天的吴忠市城区。也因早期建吴忠堡和今天城区改造之故，城区内的墓葬几乎破坏殆尽，唯西环路以东及东北部的墓葬保存较好。这次发掘的唐墓，主要分布于西环路以东的中央大道两侧。

吴忠西郊唐墓是2003年3月在城市建设中被发现的，主要分布于建设中的吴忠市新区中央大道两侧（图二）。自2003年3月至2004年7月，前后分四次清理唐代砖室墓共120座。第一次2003年3月12日~4月10日，在利通区红星家园建筑工地八个建筑基坑内清理唐墓32座。第二次2003年6月8日~7月19日，在中央大道北段、南段两侧商店及民居等工程范围内共清理唐墓60座，其中北段29座，南段31座。第三次2003年9月，在中央大道西部的西部嘉园建筑工地清理唐墓7座。第四次2004年3月~7月，在中央大道两侧2003年度所余工程及城区零星建筑工地清理唐墓21座。其间，于2003年4月对吴忠市城区及周边地区的地下文物进行了一次调查，发现吴忠城郊唐墓分布面积较大，东北至石佛寺，西沿西环路（原"河崖子"附近），东、南临秦渠，东西长约5000米，南北宽3000米，是一处与唐代灵州相关的墓地。发掘工作由朱存世同志主持，参加发掘的有高雷、边东冬、周赟、任国柱、雷昊明、吴建飞、马海涛、王海明、任淑芳、陈安位、王建彬、李军等。

这里地形平坦，海拔1120米，原为居民区，现均已搬迁。墓地第一测点地理坐标：北纬37°53′475″，东经106°11′534″。由于早期盗掘和村民修建住房及挖掘建筑基坑的破坏，这120座唐墓上

① 王国维：《水经注校》卷三"河水"条，84页，上海人民出版社，1984年。

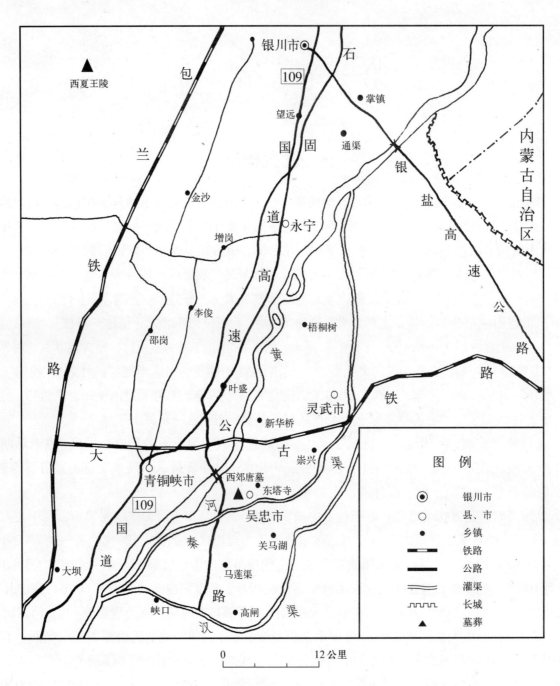

图一　吴忠西郊唐墓位置示意图

部均被毁，仅存底部，但还是出土了一批较为重要的文物，对研究宁夏地区的唐代墓葬形制、唐代吴忠地区政治、经济、军事和文化，以及确立唐代灵州城的具体位置提供了较为重要的资料。

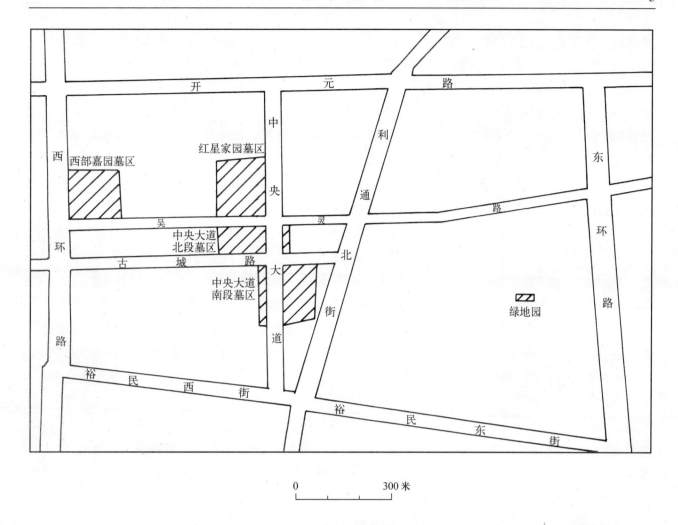

图二 吴忠西郊唐墓分区示意图

二 历史沿革

吴忠的历史建置，肇始于公元前214年秦代富平县城的设置，属北地郡。《史记·秦始皇本纪》载："三十三年（前214年）……西北斥逐匈奴。自榆中并河以东，属之阴山，以为［四］十四县。"①富平县应始设于此时。至两汉时，今吴忠地区除富平县外，于汉惠帝四年（前191年）设置灵州县，《汉书·地理志》载，"灵州，惠帝四年置。有河奇苑、号非苑。莽曰令周。"颜师古注曰"苑为马牧也。水中可居者曰州。此地在河之州，随水高下，未尝沦没，故号灵州，又曰河奇也。二苑皆在北焉。"灵州之名的来历，由于"此地在河之州，随水高下，未尝沦没，故号灵州。"②灵州县的设置，开了以后历代命名此地城址的先河。但是，至两汉时，今吴忠地区据史书记载应有三座城址：富平城、富平故城和灵州县城。《水经注》卷三"河水"条载："（河水）又北过北地富平县西。河侧有两山相对，水出其间，即上河峡也，世谓之青山峡。河水历峡北注，枝分东出。河水又北迳富平县故城西。河水又北薄骨律

①《史记·秦始皇本纪》，253页，中华书局标点本。
②《汉书·地理志下》，1616页，中华书局标点本。

镇城……河水又北与枝津合，水受大河。东北迳富平城，所在分裂，以溉田圃，北流入河，今无水。"①。
这表明两汉时，今吴忠地区有富平城和富平故城，富平城位于南，在黄河东枝（津枝）的东北部，富
平故城位于富平城的北部、"上河"和"津枝"之间的岛上。

　　三国西晋时建置不详。十六国时匈奴族酋长赫连勃勃建立了大夏，占据了今宁夏全境，在今吴境
市西境的洲岛上建果园，因其骏马"白口骝"死此，以马色名城，音转为"薄骨律"，其实是以驳马为
图腾的"贺兰"部以其崇拜的图腾之名而命城址之名，白口骝实为"驳马骝"，与贺兰山之名的来源同。
至北魏太延二年（436年）在果园置薄骨律镇，孝昌中改为灵州，系北方的重要军镇之一②。北周仍为
灵州，置总管府并置迴乐县，带普乐郡③，此为迴乐县设置之始。

　　隋朝建立后，先在全国实行州、县制，后又改为郡县制。隋大业元年（605年）罢北周的总管府，
设为灵州；大业三年（607年）改为灵武郡，统领迴乐等六县④，灵武郡治仍设在迴乐县。

　　唐代建立后，于武德元年（618年）改灵武郡为灵州，并置总管府，武德七年（624年）改为都督
府，贞观元年（627年）属关内道，天宝元年（742年）改灵武郡，至德元年（756年），唐肃宗李亨在
此即位，改大都督府，乾元元年（758年），复为灵州，先领迴乐等五县，后领迴乐等六县。灵州大都
督府还管辖安置突厥、回纥等少数民族的"六胡州"。其中于开元九年（721年），在灵州置朔方节度
使，统领七军府。唐代灵州因其重要的地理位置而成为宁夏中、北部的政治、经济、军事和文化中心。

　　五代时期仍为灵州，并置朔方节度使（有时称灵州或灵武节度使），治所沿袭唐时一直未变⑤。北
宋沿袭唐、五代旧制，仍为灵州，是朔方节度使（或简称灵武节度使）的治所。宋开宝二年（969年）
废节度使存州，初领迴乐等六县。太平兴国年间（976～984年）领迴乐一县，管清远等八镇⑥。宋咸平
五年（1002年），李继迁大集蕃部，攻陷灵州，以为西平府。西夏建立后，废迴乐县，置灵州，系翔庆
军司驻地⑦，元朝时仍为灵州，先后属西夏中兴路行省和宁夏府路，辖地不详。

　　明朝建立后，于洪武三年（1370年）迁灵州官民和盘踞之残元蒙古于陕西内地，一度空其城；十
六年（1383年）置灵州河口守御千户所，属陕西都司，治所在唐至元灵州城内⑧；"十七年（1384年），
以故城为河水崩陷，惟遗西南一角，于故城北七里筑（新）城"⑨，从而因河水之故拉开了灵州城迁移
的序幕，经过三次迁徙，最终迁于今灵武市区，部分城墙犹存。

　　纵观灵州城的历史沿革，自汉至明洪武十六年，灵州城一直在今吴忠市西境，历时近1600年，洪
武十七年（1384年）后，由于黄河的东移，开始引起了灵州州城的三次迁徙，最终迁于今灵武市区。

① 王国维：《水经注校》卷三"河水"条，84页，上海人民出版社，1984年。
② 《魏书·地形志上》，2504页，中华书局标点本。
③ 《隋书·地理志上》，813页，中华书局标点本。
④ 《隋书·地理志上》，813页，中华书局标点本。
⑤ 《新五代史·职方考》，719页，中华书局标点本。
⑥ 《太平寰宇记》卷三十六"灵州"条，光绪元年金陵书局刻本。
⑦ 《宋史》卷四百八十五，13988页，中华书局标点本。
⑧ 《明史·地理三》，1012页，中华书局标点本。
⑨ 《弘治宁夏新志》卷三。

第二章　红星家园墓区

红星家园墓区位于中央大道西部，东临中央大道，南依吴灵路，西与西部嘉园相望，面积约25000平方米（图三），包括2003年清理的一至八号、2004年清理的一二、一三、一四号建筑基坑内的墓葬，

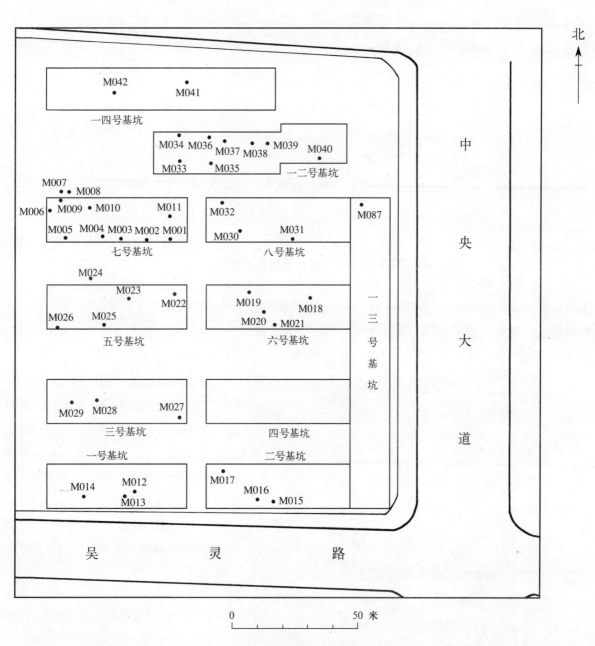

图三　红星家园墓葬分布示意图

分别编号为 M001~M042、M087，共 43 座唐墓。

一　M001~M011

（一）位置与地层

M001、M002、M003、M004、M005、M006、M007、M008、M009、M010、M011 位于红星家园七号建筑基坑内（图四）。其中 M001~M005 位于基坑南部，东西成排（图版一，1）；M007、M008

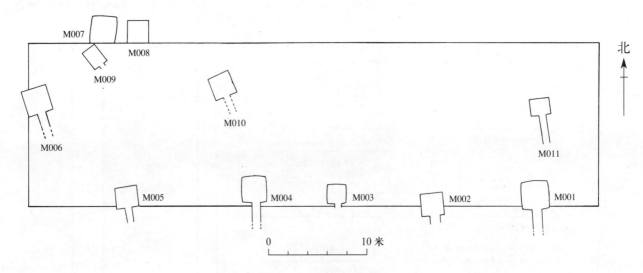

图四　红星家园七号基坑墓葬分布图

位于基坑西北部，二者相邻；M006、M009 位于基坑西北部；M010、M011 位于基坑的中部和东部，相距相对较远。基坑东西长 56.8、南北宽 16、深 1.7 米。基坑四周的地层，除局部保存较高的原生地层外，大部分地层为近现代堆积层。现以保存较好的七号基坑南壁一段地层为例介绍如下（图五）：

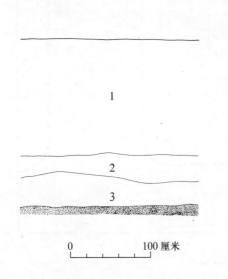

图五　红星家园七号基坑南壁地层剖面图

第 1 层：近现代垃圾堆积层，厚 1.40 米。

第 2 层：灰褐色，土质黏结，厚 0.18~0.34 米。

第 3 层：黄褐色，土质黏结，包含炭粒，厚 0.30~0.42 米。

第 3 层下为河积细沙层，墓室均打破此层。

七号基坑内的墓葬中上部均已被毁，仅残存中下部。从坑壁剖面观察，墓葬为第 3 层所压，并打破细沙层。自 2003 年 3 月 8 日~27 日进行了清理。

（二）M001

M001 位于红星家园七号基坑东南部，曾被盗，残存中下部。

1. 形制　M001 为倒凸字形单室砖室墓，南北向，方向186°(带墓道的以墓道方向为准，无墓道的以墓室中轴线为准，下同)，由墓道和墓室组成。墓室内砌棺床(图六 A)。

　　墓道　位于墓室南部，与墓室在同一中轴线上。平面长方形，底面斜坡，坡度为26°。残长2.04、宽0.78、深0~0.96米。填土黄色，坚硬，似经年渗水板结所致。包含砖块、石块及少量灰陶片，近封门处堆积少量砖块。

　　墓门　开于南壁中部，与东、西壁垂直，拱形顶，残存两侧。宽0.68、高0.88米。0.60米高处起券，单层，上铺平砖。封门完好，用条砖和条砖残块封砌，底层用条砖纵向侧立一层，其上横向平铺一层，再纵向侧立一层，上用条砖块平铺，直至顶部。砖与砖之间，用细沙、黄土、白灰所和的三合泥浆黏合，封砌非常牢固。

　　墓室　平面呈倒梯形，单砖顺砌于挖掘的倒梯形明坑中，砌砖之间用草拌泥黏合。四壁平面外凸，呈弧线状，其中东、西壁外凸较甚，南壁略外凸。南壁保存较高，其他三壁保存均较低。壁面均内收，至0.95米高处内收0.13米。顶部被毁。墓室南部东西宽2.10、北部东西宽2.45、南北长2.70、残高0.12~1.10米。棺床位于墓室北部，平面呈长方形，与墓室东、北、西三壁相接。南北宽1.25~1.30、高0.15米，南侧壁用条砖横向错缝平砌护壁。棺床南部东西二侧即墓门东、西二侧与棺床之间，各砌

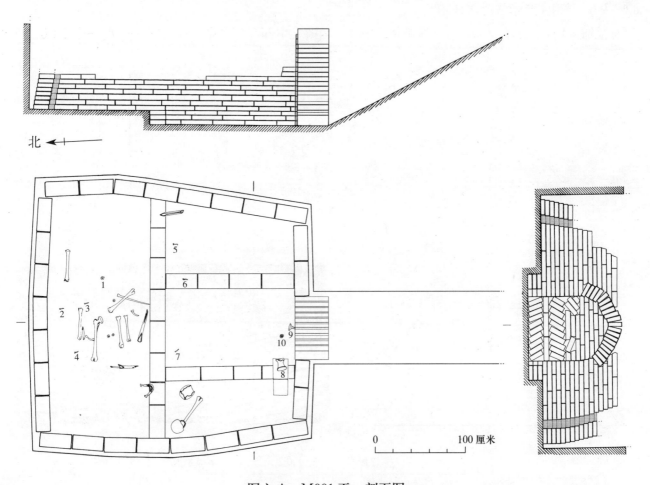

北 ←

0 　　　　　　　　100 厘米

图六 A　M001平、剖面图

1.银饰　2~7.铁钉　8.底座　9.盖　10.兽面(墓砖标本为随机采样，未在平面图中标识，以下不再逐一说明。)

一个平台，东平台宽0.70～0.92、高0.15米，西平台宽0.60～0.75、高0.15米，侧壁用条砖纵向错缝平砌护壁。墓室地面较小，未铺砖。

　　2.遗物　墓室被盗，随葬品凌乱，主要为陶器，均残。塔状纽盖侧立于封门前，西平台及其东侧的地面出土底座及其残件、兽面等。从随葬品出土位置分析，M001随葬有一套塔形罐，可能放置于西侧平台上。

　　陶器　泥质，灰陶，轮制。大多残碎，可辨器形有盖、底座及兽面等。

　　盖　1件。标本M001：9，盖盘浅腹覆钵状，敞口，卷平沿，浅腹。圆球状纽，顶部一乳突，乳突侧面一直径0.5厘米的穿孔。外壁涂淡黑彩，大部脱落。底口径16.0、高12.2厘米（图六B；图版二，1）。

　　底座　1件。标本M001：8，束腰，由上、下口部分件制作黏接而成。上口部唾盂状，敞口，圆唇，鼓腹，外侧黏贴一周花瓣状附加堆纹。下口部覆盆状，侈口，卷平沿，方唇。上口径16.7、底口径28.0、高23.0厘米（图六B；图版二，2）。

　　兽面　1件。标本M001：10，原贴饰于罐肩部。兽面张口，三角鼻，颧骨高大，扁球状圆睛高突，额角双耳呈乳突状，双角间饰竖毛纹。上部和鼻两侧各一斜向穿孔。外壁涂淡黑彩，残存局部。径8.6～9.6、高4.4厘米（图六B）。

　　银饰　1件。标本M001：1，圆饼状，稍残，较薄，中部有一孔眼，孔眼周缘稍残。孔径1.0、直

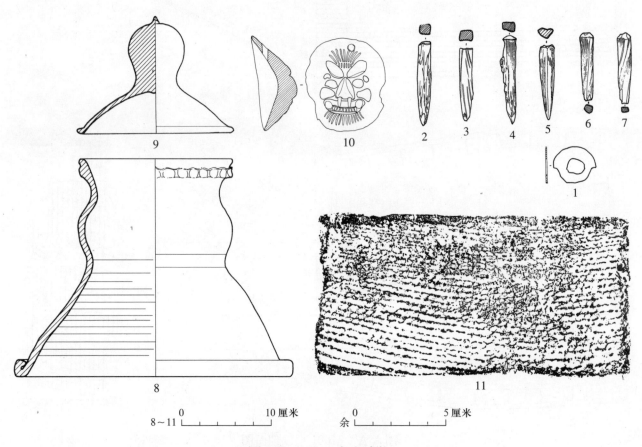

图六B　M001出土遗物

1.银饰　2～7.铁钉　8.底座　9.盖　10.兽面　11.绳纹条砖

径2.3厘米（图六 B）。

铁钉 均为打制，大多残断，钉帽残失，残存钉体锈结着朽木。标本M001：6，断面呈圆角方形。径0.5、残长4.4厘米。标本M001：7，钉尖略残，断面不规则。径0.6、残长3.4厘米。标本M001：4，断面呈长方形。边长0.6、残长4.6厘米。标本M001：5，断面呈长方形，钉尖残。边长0.6、残长3.6厘米。标本M001：2，断面略呈三角形。残长3.6厘米。标本M001：3，断面略呈长方形。边长0.4~0.6、残长4.4厘米（图六 B）。

墓砖 长方形条砖，泥质，模制。有两种规格，一种长35.0、宽17.5、厚5.0厘米，另一种长32.0、宽15.5、厚4.5厘米。以灰色为主，土红色较少。纹饰分为素面、绳纹和拉划纹砖三种。素面和绳纹较少，拉划纹最多，又分细拉划纹和粗拉划纹两种。拉划纹系砖坯稍硬后用梳齿状工具刮划而成。从墓室四壁用砖的情况观察，绳纹和拉划纹均朝下，素面朝上，纹内黏有三合泥土。标本M001：10，粗绳纹，红陶。长35.0、宽17.0、厚6.0厘米（图六 B）。标本M001：11，拉划纹，灰陶。长32.0、宽15.5、厚4.5厘米。标本M001：13，拉划纹，灰陶。长32、宽15.5、厚4.5厘米。

3.葬式 骨骼扰乱严重。棺床上骨骼混乱，趾骨在扰土中时有发现，股骨和胫骨基本未被扰动，呈东西向，颅骨位于棺床西南侧的平台上。由此推之，M001可能是合葬墓，头西脚东，面向不详。经鉴定分别为一位大于50岁的男性和一位大于45岁的女性。另外，在墓室出土了较多的铁钉，说明M001曾经用棺木等葬具。

（三）M002

M002位于M001西部7.8米处，与M001基本在同一方向上。由于部分墓室压于七号基坑南壁内，保存情况较M001略好。

1.形制 M002为倒凸字形单室砖室墓，南北向，方向178°，由墓道、甬道、墓室组成。墓室内砌棺床（图七 A；图版一，2）。

墓道 位于墓室南部稍偏西，大部分在基坑南部，由于堆积大量基坑挖掘土，未作清理。

甬道 位于南壁稍偏西，东、西壁从底部向顶部逐渐内收，叠涩顶，残存西侧。东西宽0.58、残高1.10米。封门墙残存三层砖，残高0.16、南北宽0.32米。砌法为：西侧用二条砖纵向侧立，其东部用条砖纵向平铺三层。砖与砖之间用三合泥浆黏合。

墓室 平面呈方形，四壁平直，残存壁面垂直，用条砖单砖顺砌于挖掘的方形明坑中。东、西、南三壁保存较好，北壁仅剩底部，顶部被毁。墓室南北长2.18、东西宽2.15、残高0.10~1.10米。棺床位于墓室北部，平面呈长方形，与墓室的北、东和西壁相连，南侧用条砖纵向错缝平砌护壁。南北宽1.16、东西长2.15、残高0.10~0.35米。棺床面用拉划纹条砖纵向对缝铺砌，大部被毁。墓室地面较大，用条砖或纵向或横向平铺，拉划纹均朝下。

2.遗物 随葬品有陶器、铜钱等。棺床出土开元通宝铜钱3枚；墓室地面，散置灰陶片，器形有罐、底座等，说明用一套塔形罐随葬，放置位置不详。

陶器 泥质，灰陶，轮制。器形有罐、底座等，均残。

罐 1件。标本M002：1，口微敞，圆唇，鼓腹，小平底。下腹有一周宽1.0厘米的黑彩带，仅存局部。外壁饰淡黑彩，大部脱落。口径18.0、底径13.6、高33.2厘米（图七 B）。

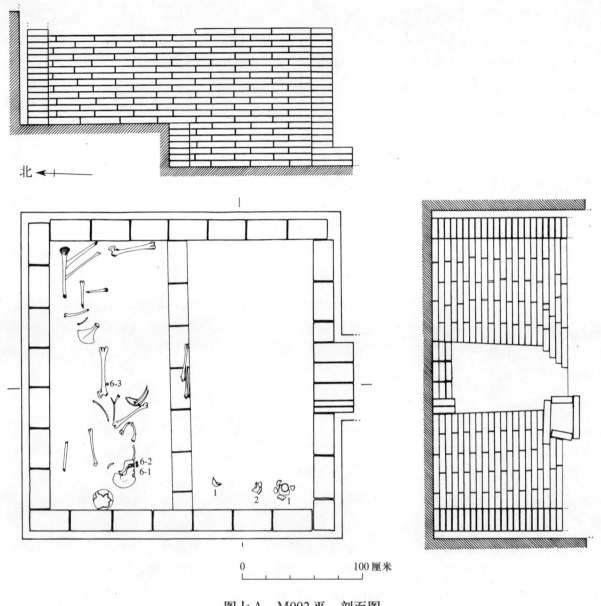

图七 A　M002 平、剖面图
1.罐　2.底座残片　6-1～3.开元通宝

底座　1件。标本 M002：2，覆盆状，残存顶部。残宽 28.8、高 10.8 厘米。

铜器　仅"开元通宝"铜钱 3 枚。"开"字二竖画略外撇，"元"字上画短略呈弧状，次画左上挑不明显，"通"字右旁"甬"字上笔开口略大。标本 M002：6－1，直径 2.5、穿径 0.6、廓宽 0.2 厘米，重 4.0 克。标本 M002：6－2，"通"字之"走"字呈三点。直径 2.4、穿径 0.6、廓宽 0.2 厘米，重 3.5 克。标本 M002：6－3，直径 2.5、穿径 0.6、廓宽 0.3 厘米，重 3.9 克（图七 B）。

墓砖　长方形条砖，泥质，模制。有灰色和土黄色两种。以拉划纹为主，素面较少，拉划纹疏朗、流畅。标本 M002：3，素面，浅灰色。长 34.0、宽 15.0、厚 5.0 厘米。标本 M002：4，拉划纹，土黄色，背面平整，正面拉划宽 0.3 厘米的凹槽。长 30.4、宽 15.0、厚 5.0 厘米。标本 M002：5，拉划纹，土黄色，背面平整，正面拉划宽 0.3 厘米左右的凹槽。长 31.0、宽 15.5、厚 5.0 厘米。

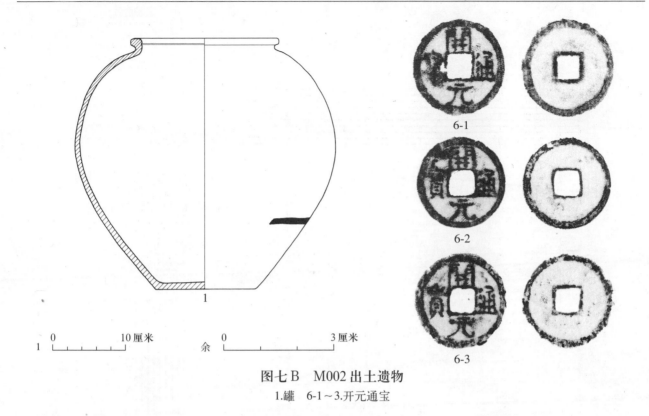

图七 B　M002 出土遗物
1.罐　6-1～3.开元通宝

3.葬式　棺床上置骨架两具。南侧骨架的颅骨和左肱骨、胫骨在相应的位置，头朝西，面朝南。北侧骨架经扰动。经鉴定南侧为一年龄不小于 40 岁的女性，北侧为年龄不小于 40 岁的男性。此墓属合葬，头西脚东，面朝南。

（四）M003

M003 位于 M002 西侧 7 米处，与 M001、M002 东西基本在同一直线上。墓室部分在挖掘七号基坑时被毁。

1.形制　M003 为准刀把形单室砖室墓，方向 184°，由墓道、甬道、墓室组成。墓室内砌棺床（图八）。

墓道　位于墓室南部偏东，大部分在基坑南部，由于上部堆积大量基坑土未清理。

甬道　甬道较短，开于南壁东部，南接墓道，与墓室南壁同时叠压平砌，东、西壁残存壁面垂直，顶部被毁。东西宽 0.62、南北深 0.50、残高 0.80 米。从甬道中南部封门，部分封门墙暴露于墓道中，南北宽 0.31、残高 0.21 米。底层用条砖纵向平铺一层，其上用条砖纵向侧立一层，此层以上被毁。

墓室　平面呈长方形，单砖顺砌于挖掘的长方形明坑中。东、西壁平面略外凸，南、北壁平面平直，残存壁面均垂直，南壁东部为甬道，将其分为东、西二段，东段 0.17 米即一条砖宽。墓室南部略宽于北部，南部东西宽 1.74、北部东西宽 1.64、南北长 2.12、残高 0.30～0.45 米。棺床位于墓室西部，平面呈长方形，北、西、南三壁分别与墓室北、西、南三壁相接。东西宽 0.96、南北长 2.12、高 0.06米。东侧壁用条砖纵向平砌护壁，棺床位于墓室西部，用条砖和条砖残块平铺一层。墓室地面较大，与甬道地面平齐，未见铺砖。

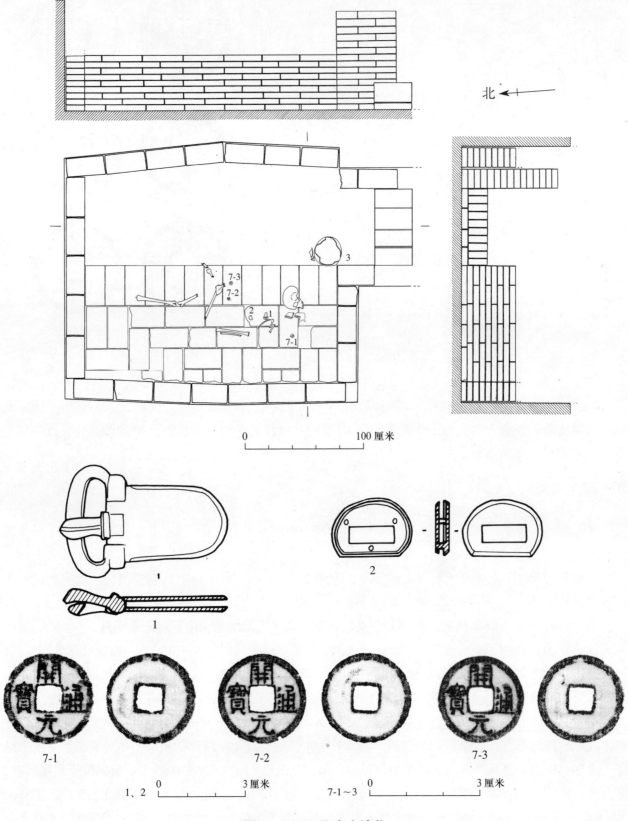

图八　M003 及出土遗物
1.铜带扣　2.半圆形铜铐饰　3.双耳罐　7-1～3.开元通宝

2. 遗物 随葬品有陶器、铜带饰、铜钱等。

陶器 仅双耳罐1件，出土于棺床南部。标本M003：3，残存腹部以下，泥质，红褐色，轮制。深腹，小平底。外壁施灰白色陶衣。底径10.8、残高16.0厘米。

铜器 有带饰和铜钱。带饰出土于棺床中部即骨骼腹部，有铜带扣和半圆形铜铐饰各1件；铜钱出土于棺床。

铜带扣 1件。标本M003：1，扣柄圆角长方形，正面周缘略微向下包合，中空，原夹半截革带，现已脱落。扣环扁圆形、断裂。扣针三棱状，头稍大，针座方形。扣环、扣针和扣柄由扣轴连于同一平面上。长5.3、宽3.6厘米，扣柄宽2.5厘米（图八；图版二，3）。

半圆形铜铐饰 1件。标本M003：2，平面呈半圆形，由上、下二半面铆合而成。中部有一长1.6、宽0.6厘米的长方形孔眼。上半面周缘向下包合，下半面周缘略微向上包合。底面有3个等距离的铆钉痕。长2.7、宽1.7、厚0.5厘米（图八；图版二，4）。

"开元通宝" 3枚。"开"字二竖画略外撇。"元"字上画短，次画略上挑或上挑不明显。"通"字之"走"字呈不相连的三逗点，"甬"字上笔开口略大。"宝"字下部"贝"字二横画位于中部，与左右不相连。标本M003：7－1，直径2.3、穿径0.6、廓宽0.2厘米，重2.8克。标本M003：7－2，"元"次画略左上挑。直径2.4、穿径0.7、廓宽0.2厘米，重3.4克。标本M003：7－3，"元"字次画略呈弧状，"通"字右部模糊。直径2.4、穿径0.7、廓宽0.2厘米，重3.5克（图八）。

墓砖 长方形条砖，泥质，灰色，模制。有两种规格：一种长34.0、宽16.5、厚5.0厘米；一种长31.0、宽15.0、厚4.0厘米。不甚规整，有的弯曲变形。背面均素面，正面用梳齿状工具随意拉划疏密不一的凹槽。标本M003：4，拉划纹，背面平整，正面拉划宽0.4厘米左右凹槽。长34.0、宽16.5、厚5.0厘米。标本M003：6，拉划纹，背面平整，正面拉划宽0.3厘米的凹槽。长31.0、宽15.0、厚4.0厘米。

3. 葬式 棺床上有人骨架一具，扰乱严重，颅骨位于棺床南部，脊椎和肋骨多出土于棺床南部。据此判断头向可能朝南。经鉴定为一位20～25岁的男性。

（五）M004

M004位于M003西6米处，与M001～M003基本在同一方向上，且保存情况相似。

1. 形制 M004为倒凸字形单室砖室墓，方向184°，由墓道、甬道、墓室组成。墓室内砌棺床（图九）。

墓道 位于墓室南部偏东，东向偏离中轴线，平面长方形，底面为河积细沙，斜坡状，坡度30°；其上叠压1.76米厚的现代堆积层。残长1.55、宽0.86、残高0～0.98米。填土黄色，疏松，包含砖块。

甬道 砌于墓室南壁偏东部，与墓室南壁同时错缝叠压砌筑。东、西壁较墓室南壁宽，从二层砌砖起逐层内收。北部叠涩顶，即甬道北部0.83米高处沿南壁逐层出头叠压，计五层，顶部用一条砖平压；南部拱形顶，残存两侧。底宽0.70、上部宽0.64、南北深1.04、高1.15米，南壁0.84米高处砌顶。甬道南部东、西二侧，用条砖砌成南北宽0.36、东西深0.07米相对的凹槽，以封砌墓室，凹槽残高1.02米，内存残高0.36米的封门砖。用条砖从两侧的凹槽或纵向、或横向相互叠压平铺封砌。砖与砖之间用三合泥黏合。

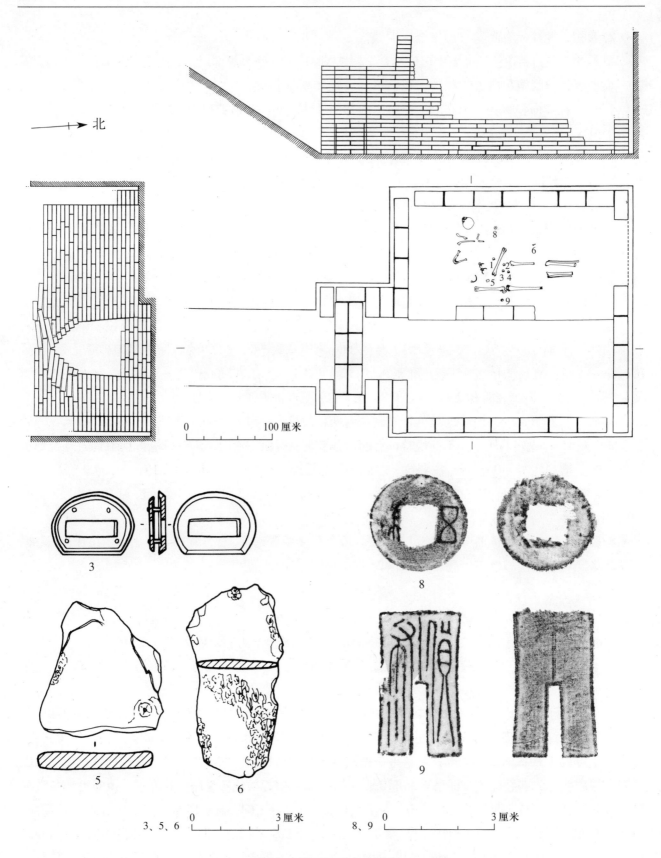

北

0　　　　　100 厘米

3

5

6

8

9

3、5、6　0　　　　　3厘米　　　8、9　0　　　　3厘米

图九　M004 及出土遗物

1～4.半圆形铜铐饰　5.方形铁片饰　6.铁剑残段　8.五铢　9.货布

墓室　平面略呈方形，单砖顺砌于挖掘的方形明坑中。东西宽 2.46、南北长 2.40 米。四壁均内收，南壁保存较高，其他三壁保存较低。南壁残高 1.35 米，下部壁面规整，上部凸凹不平，可能系倒塌或外力重压所致。西南角 0.76 米高处用条砖逐层内收叠压西、南二壁，形成弧状角，残存四层；东南角 1.23 米高处用条砖逐层内收叠压东、南二壁，形成弧状角，残存三层。残高 0.06~1.35 米。棺床位于墓室西部，平面呈长方形，与墓室的北、西、南三壁相接。东西宽 1.30、南北长 2.40、残高 0.17 米。棺床东侧壁用条砖错缝平砌护壁，棺床面用拉划纹条砖平铺一层，中部保存完好，西南角和东北角被毁。条砖素面朝上，拉划纹朝下，或纵或横。棺床面下为细沙层。墓室地面与甬道地面平齐，用条砖平铺，砖下为细沙层。

2. 遗物　随葬品有铜铸饰、铜钱和铁器等。

铜器　主要出于人骨架的腰腹周围。有铸饰和铜钱，铜钱有"五铢"、"货布"各 1 枚。

半圆形铜铸饰　4 件。形制相同，平面呈半圆形。标本 M004：3，中部有一长 1.8、宽 0.7 厘米的长方形孔眼，由上、下二半面铆合而成，上半面周缘向下包合，下半面略微向上包合。原夹革带，现已脱落。底面有四个铆钉痕。长 2.6、宽 2.1、厚 0.6 厘米（图九；图版二，5）。

"五铢"　1 枚。标本 M004：8，"五"字两交画弯曲，左侧有较模糊的穿廓，"铢"锈蚀不清。直径 2.6、穿径 1.0、廓宽 0.1 厘米，重 2.8 克（图九）。

"货布"　1 枚。标本 M004：9，残存下半部，字迹清晰。宽 2.0、残高 3.8 厘米（图九）。

铁器　有铁剑残段、方形铁片饰等，均残。出土于棺床。

铁剑残段　1 件。标本 M004：6，尖部缺失，上、下两侧缘略呈弧形，横断面呈扁圆形。残长 6.2、宽 2.2~3.2 厘米（图九）。

方形铁片饰　1 件。标本 M004：5，平面呈长方形。残长 3.9、宽 4.0、厚 0.7 厘米（图九）。

墓砖　长方形条砖，泥质，模制。标本 M004：7，拉划纹条砖。深灰色，背面平整，正面拉划宽 0.4 厘米凹槽。长 32.0、宽 16.0、厚 5.5 厘米。

3. 葬式　棺床上有骨架一具，比较凌乱。除右股骨和右胫骨位置未动外，其余的骨骼均被扰动。但颅骨位于棺床西南部，面朝西壁，股骨和右胫骨置向表明为头南脚北。说明 M004 为单人葬，头向南。经鉴定为一位 40~50 岁的男性。

（六）M005

M005 位于七号基坑的西南部、M004 西部 10.8 米处，与 M001~M004 东西在同一方向上，其保存情况与 M001~M004 同。

1. 形制　M005 为倒凸字形单室砖室墓，南北向，方向 179°，由墓道、甬道、墓室组成。墓室内砌棺床（图一〇）。

墓道　位于墓室南部稍偏西，平面长方形，底面斜坡，坡度 26°，上部叠压 1.72 米厚垃圾堆积。残长 1.62、宽 0.73、残高 0~0.92 米。填土灰黄色，土质疏松，包含少量的灰陶片，封门处出土少量的砖块。

甬道　位于墓室南壁偏西，单砖顺砌，东西壁逐层内收。北部叠涩顶，塌毁，残存南侧；南部拱形顶，较低平。底宽 0.66、起券处宽 0.55 米，南北深 0.70、高 0.94 米。北部叠涩顶宽 0.17 米，为一条砖

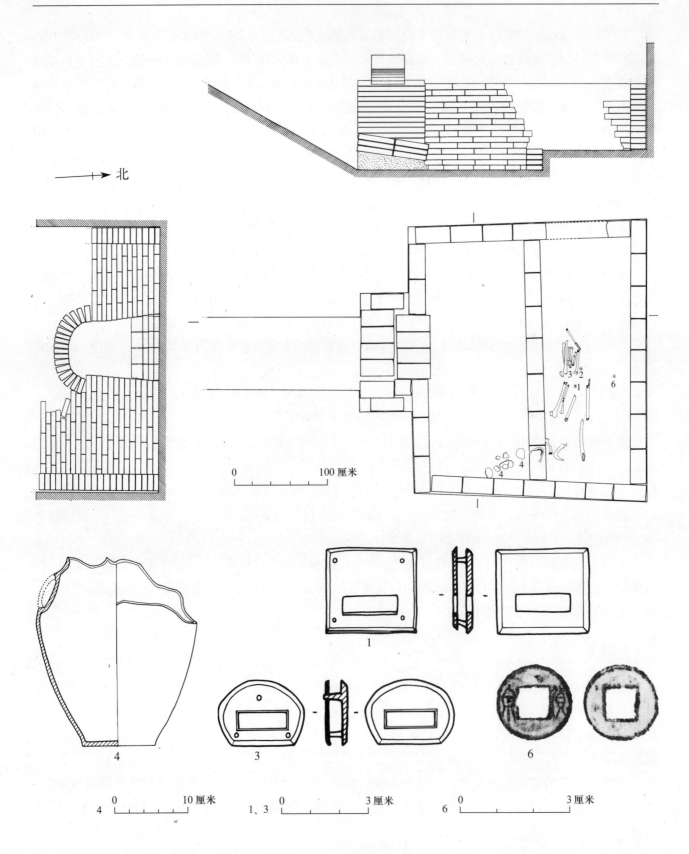

北

0　　　　　　　100 厘米

4　0　　　　10 厘米

1、3　0　　　3 厘米

6　0　　　3 厘米

图一〇　M005 及出土遗物

1.方形铜铐饰　2、3.半圆形铜铐饰　4.双耳罐　6.货泉

宽，系南壁砌砖逐层出头叠压；南部拱顶宽0.35米，为一条砖的长度，系将条砖纵向侧立。从断面观察，其起拱方法为一完整的条砖和一加工成楔状条砖交错侧立。楔状条砖系将条砖的一侧打磨成楔状。甬道南部部分未起拱。沿整个甬道封门。封门墙残高0.19米，用条砖纵向叠压封砌；其下垫细沙。

墓室　平面略呈方形，单砖顺砌于挖掘的方形明坑中。四壁平直，残存壁面垂直。南壁保存较好，壁面平整；北壁扭曲、倾斜；西壁北段残失。西壁和北壁交接部的砌砖明显向墓室倾斜，系外力所致。墓室东西长2.40、南北宽2.13、残高1.29米。棺床位于墓室北部，平面呈长方形，与墓室东、北、西三壁相接，南北宽1.09、东西长2.44、高0.22米，原铺砖已毁，暴露河积沙层面。棺床南部护壁的砌筑方法与四壁同，先平砌一层，其上向北扩0.04～0.06米平砌南壁，三层，形成一个三层砖平面。墓室地面用条砖对缝平铺，拉划纹朝下，素面朝上。

2. 遗物　随葬品有陶器、铜带饰、铜钱等。铜钱、铜带饰出土于棺床上。

陶器　均残片。有泥质灰陶和红褐陶，以前者为主，可辨器形有双耳罐。

双耳罐　标本M005：4，灰陶，双耳和口部残失，深腹，小平底。底径10.0、残高25.5厘米（图一〇）。

铜器　有方形和半圆形铜铐饰3件，"货泉"铜钱1枚。

方形铜铐饰　1件。标本M005：1，平面呈长方形，一端有长1.9、宽0.7厘米的长方形孔眼；由上、下二半面铆合而成。上半面呈覆斗状，下半面略微向上包合，中空，原夹革带，现已脱落。下半面底面四角各有一铆钉痕。长3.1、宽2.7、厚0.5厘米（图一〇）。

半圆形铜铐饰　2件，形制相同。标本M005：3，平面呈半圆形，中部有一长1.7、宽0.7厘米的孔眼；由上、下二半面铆合而成。上半面周缘向下包合，下半面平，周缘略微向上包合，原夹革带，现已脱落。最大径在孔眼两端，底面有三个等距离的铆钉痕。长3.1、宽2.1、厚0.5厘米（图一〇）。

"货泉"　1枚。标本M005：6，篆体，"货"字模糊，"泉"字竖画中断，有磨痕。直径2.0、穿径0.8、廓宽0.2厘米，重0.9克（图一〇）。

墓砖　长方形拉划纹条砖。长34.0、宽17.0、厚5.0厘米。除四壁少数砌砖拉划纹朝上外，大部分砌砖均拉划纹朝下，素面朝上。四壁砌砖之间用三合泥浆黏合。

3. 葬式　墓室地面东南部发现颅骨三个，面向不一；棺床和地面扰土中骨骼凌乱、残断，系盗毁所致，葬式不详。经鉴定有一男二女，男性约为40～45岁，女性分别为45～55岁和40～50岁。

（七）M006

M006位于七号基坑西部，M007～M009的西南5米处。由于挖掘七号基坑和早期破坏，墓室顶部和墓道上部被毁，仅残存下部。

1. 形制　M006为倒凸字形单室砖室墓，方向185°，由墓道、甬道、墓室组成。墓室内砌棺床（图一一）。

墓道　位于墓室南部，与墓室南北在同一中轴线上，上部被毁，残存下部。残存部挖掘于河积沙层中，平面长方形，底面斜坡，坡度25°。残长1.55、宽0.80、残高0～0.75米。填土疏松，灰黄色，包含少量细沙。

甬道　砌于墓室南壁中部，与南壁同时单砖顺砌，西壁保存较高，东壁较低。东、西壁残存壁面

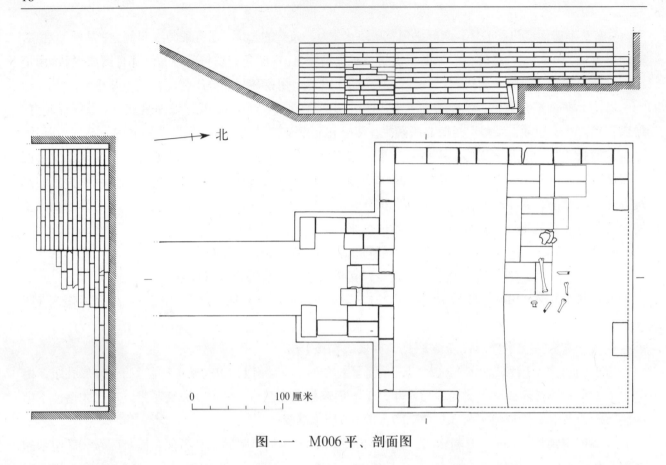

图一一　M006平、剖面图

垂直,顶部形制不详。宽0.60、南北深1.04、残高0.15~0.80米。甬道南部东、西二壁,用条砖砌筑与M004相同的凹槽,以条砖封砌墓室。封门二重,用条砖封砌,残。第一重位于甬道南部,沿凹槽封砌,残存东、西凹槽内的底层封砖。第二重沿甬道北部封砌,用条砖纵向和横向交互叠压,其间用三合泥黏合,残高0.58米。

墓室　平面方形,四壁规整,单砖顺砌于挖掘的方形明坑中。东西、南北边长均为2.40米。南壁残高0.16~0.80米。东壁北部缺失,残存南段,残长0.70、残高0.03~0.15米。北壁中部和东北角缺失,残存西段和东段,西段残长0.50、残高0.29米,东段残长0.35、残高0.61米,中部1.20米宽未见砌砖,可能系盗洞破坏所致。西壁保存较好,壁面垂直,平整,残高0.44~0.75米。棺床位于墓室北部,平面呈长方形,与墓室东、北、西三壁相接。南北宽1.17、东西长2.40、高0.31米,上铺条砖。条砖素面朝上,拉划纹朝下,或纵或横,没有一定的规律。东部和北部铺砖遭毁。墓室地面用条砖平铺,素面朝上,铺砌方法为:棺床南壁处用条砖横向平铺,多用二条砖横向对缝平铺和二条砖纵向对缝平铺交互铺砌,局部用一条砖横向和纵向平铺。

2.遗物　由于盗掘和挖掘基坑的破坏,未见随葬品。

墓砖　长方形拉划纹条砖,泥质,灰色,模制。长35.0、宽17.5、厚5.0厘米。

3.葬式　骨骼凌乱,散见于棺床和墓室地面扰土中,有颅骨残片、胫骨残段和少量的脊椎等,系盗扰所致,葬式不详。经鉴定为一位成年男性。

（八）M007

M007 位于七号基坑的西北部、M006 东北50米处。墓室大部分位于七号基坑北壁，保存较好，墓室南壁和墓道在挖掘七号基坑时遭毁，仅残存墓室大部。

1. 形制　墓道和甬道被挖毁，仅存墓室，方向172°（图一二 A）。

墓室　平面呈倒梯形，南壁残失，东、西、北三壁保存较好，平面外凸，呈现弧形，残存壁面垂直。东西宽2.34～2.6、南北长2.64、残高0.18～0.72米。东、西、北三壁为二重砖墙，用长31.0、宽20.0、厚4.0厘米的二条砖同方向顺砌，每层用二、三条砖间隔反方向平砌，使内、外二层墙体紧密地相连。条砖大部分素面，少数为疏朗的拉划纹。西壁壁面残留一块白灰泥皮，在西壁底部扰土中多见白灰泥皮，厚2.0厘米，部分砖的侧面也见白灰泥皮，说明 M007 的墓室砌砖可能从其他建筑拆运而来。顶部不详。棺床平面呈倒凹字形，残，高0.15米，与墓室东、北、西三壁相连。东、西、南侧壁用条砖平砌护壁；棺床面用条砖平铺一层，平铺方法为：棺床北部用长35.0、宽17.0、厚5.0厘米的土红色拉划纹条砖纵向对

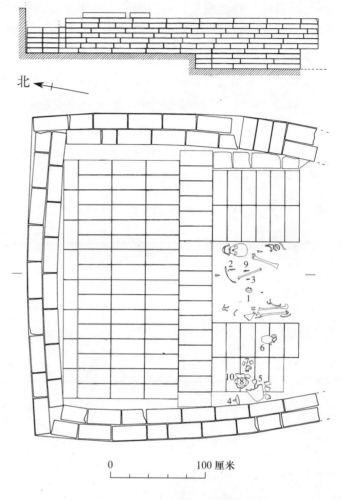

图一二 A　M007平、剖面图
1.银手镯　2、3、9.铁剪残段　4.盖
5.兽面罐　6～8.执壶　10.底座

缝平铺，均素面朝上，拉划纹朝下，平铺三排，北部一排为横向平铺。南部一排用灰色条砖平铺。东南部和西南部主要用长35.0、宽17.0、厚5.0厘米的灰色拉划纹条砖横向对缝平铺，素面朝上，局部用土红色条砖和半块砖平铺。墓室地面较小，为细沙层，与甬道等宽，未见铺地砖。

2. 遗物　随葬品有陶器、银手镯、铁剑残段等。墓室地面出土银手镯1件。陶器均残，主要分布于棺床西南部（图版三，1），器形有执壶、兽面罐、塔形罐罐盖和塔形罐底座等，陶器组合为塔形罐和壶。另在棺床出土铁剪残段等。

陶器　6件。泥质，轮制。多为残片，经拼对有兽面罐、塔状纽盖、底座各1件、执壶3件。

塔状纽盖　1件。标本 M007：4，红陶，盖盘深腹覆碗状。敞口，方唇，腹较深，顶面平，上树空心塔状纽。塔三层，有莲花座，莲瓣稍残，刹顶残失。内壁顶面一直径1.2厘米孔眼与塔相通。孔眼周围墨绘图案；外壁施灰白色陶衣，其上和塔状纽均涂淡黑彩；盖盘外壁腹部墨绘花纹，较模糊。底口径19.2、高14.6厘米（图一二 B；彩版一；图版三，2）。

兽面罐　1件。标本 M007：5，红陶，口微敞，圆卷唇，矮领，圆肩，深腹，小平底，肩部贴饰三

个相同兽面。兽面模制，底面内凹，正面圆突，三角形鼻高突，两侧颧骨高耸，圆突睛较高，两角圆
丘状，双耳扁圆状，鼻下嘴部为五个高突的乳丁，其上墨绘牙齿。周围有竖条状的毛发纹。兽面周围
及器外壁用梳齿状工具刮划细密的毛发纹。其中一兽面鼻顶部和颧骨两侧各戳一孔穴。外壁通体涂红
色颜料，局部脱落。口径16.8、底径14.0、高30.6厘米（图一二B；彩版一；图版三，2）。

底座　1件。标本M007:10，红色，由底口部和上口部分件制作黏接而成。上口部唾盂状，敞口，
花边唇，束颈，鼓腹，脱底。底口部深腹覆盆状，敛口，卷沿，深腹，脱底，外壁贴塑一周附加堆纹。
内外壁施浅白色陶衣，外壁陶衣上涂淡黑彩，局部脱落。底口径24.8、上口径15.2、高28.4厘米（图

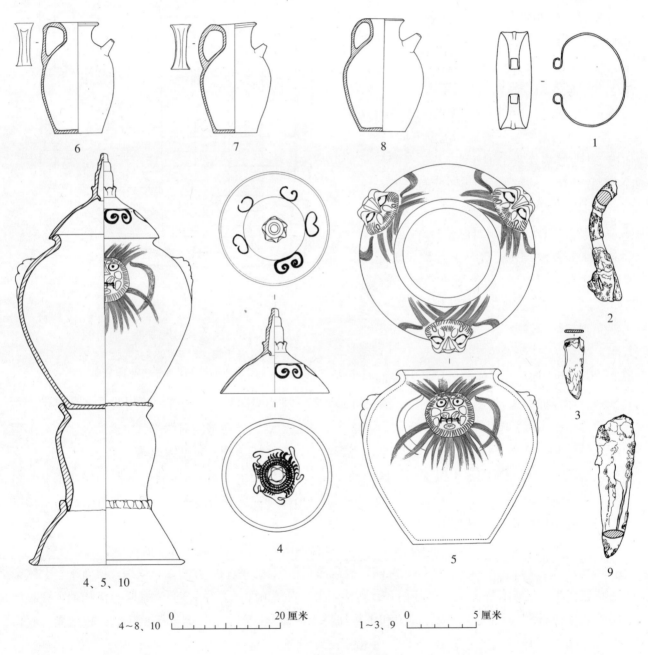

图一二B　M007出土遗物

1.银手镯　2、3、9.铁剪残段　4.盖　5.兽面罐　6~8.执壶　10.底座

一二B；彩版一；图版三，2）。

塔形罐由底座、兽面罐、塔状纽盖相叠而成，通高72.8厘米（图一二B；彩版一；图版三，2）。

执壶　3件。形制相同。敞口，卷沿，细颈较高，圆肩，弧腹，平底，竖耳，耳面中部有一凹槽。肩上部一喇叭筒状流，较短。标本M007：8，深红色，流孔径1.2、长2.5厘米。口径7.4、底径8.0、高20.0厘米（图一二B）。标本M007：6，红色，流孔径1.2、长2.5厘米。口径7.8、底径8.7、高19.2厘米（图一二B；图版三，3）。标本M007：7，黄褐色，流孔径1.1、长2.6厘米。口沿面略倾斜。口径7.2、底径8.0、高19.3厘米（图一二B；图版三，4）。

银手镯　1件。标本M007：1，银质，半圆环状，中部宽，两端窄，向上卷曲成环状。宽0.6～2.4、最大径6.4厘米（图一二B；图版三，5）。

铁剪　出土时为分离的残段。标本M007：3，剪刀尖部，刃部秃，刀背弧状。残长4.3、宽1.3厘米。标本M007：9，剪刃部，刃部秃，刀背弧状，断面呈等边三角形。残长10.1、宽2.8厘米。标本M007：2，剪柄部，略呈弧状。残长8.6厘米（图一二B）。

墓砖　长方形条砖，泥质，模制。有三种规格：一为灰色素面条砖，长30.0、宽4.5、厚3.8厘米，用于砌墓室四壁。一为土红色素面条砖，长35.5、宽17.0、厚4.0厘米，用于平铺棺床面。一为灰色拉划纹条砖，长35.0、宽17.0、厚5.0厘米，用于平铺棺床东南和西南部。标本M007：11，素面，浅灰色。长30.0、宽14.5、厚3.8厘米。标本M007：12，拉划纹，浅灰色。长33.0、宽16.5、厚3.8厘米。

3．葬式　出土骨架一具，而且非常凌乱。颅骨位于墓室地面，棺床西部残置脊椎和少量的肋骨，此系盗扰所致，葬式不详。经鉴定为一位30～40岁的女性。

（九）M008

M008位于M007的东部，两墓相距0.5米。其墓道、甬道和封门与M007相似，在挖掘七号基坑时被破坏。

1．形制　M008为倒凸字形单室砖室墓，方向176°，由墓道、甬道、墓室组成。墓室内砌棺床（图一三）。

墓室　平面略呈倒梯形，单砖顺砌于挖掘的倒梯形明坑中（图版四，1）。四壁平面外凸，壁面内收。顶部被毁，形制不详。墓室南部东西宽1.60、北部东西宽1.84、南北长2.30米，残高0.34～0.65米。棺床位于墓室西部，平面呈长方形，与墓室北、西、南三壁相接。东西宽0.91、南北长2.20、高0.08米；东壁用条砖纵向平砌护壁。棺床面用条砖纵向或横向平铺，没有一定的规律。墓室地面用条砖平铺。其用砖和铺砌方法与棺床同，没有一定的规律性。但拉划纹朝下，素面朝上。

2．遗物　随葬品有陶器、铜带饰、铜钱等。铜钱出土在棺床骨骼间；铜带饰出土于在棺床骨骼间及其周围，有半圆形铸饰、方形铸饰和铊尾，其中1件方形铸饰位于脊椎骨下部；在墓室地面北部，出土灰陶罐碎片。

陶器　仅双耳罐1件。标本M008：10，泥质，灰色，轮制。微敞口，圆卷唇，矮领，鼓腹，平底。肩部贴二竖耳。口径11.6、底径7.4、高21.0厘米（图一三；图版四，2）。

铜器　有带饰、铜钱等。铜带饰有铊尾、半圆形铸饰和方形铸饰等9件（图版四，3）。

铜铊尾　1件。标本M008：1，平面略呈圆头长方形，圆头端实心，另一端中空，原夹革带，现已

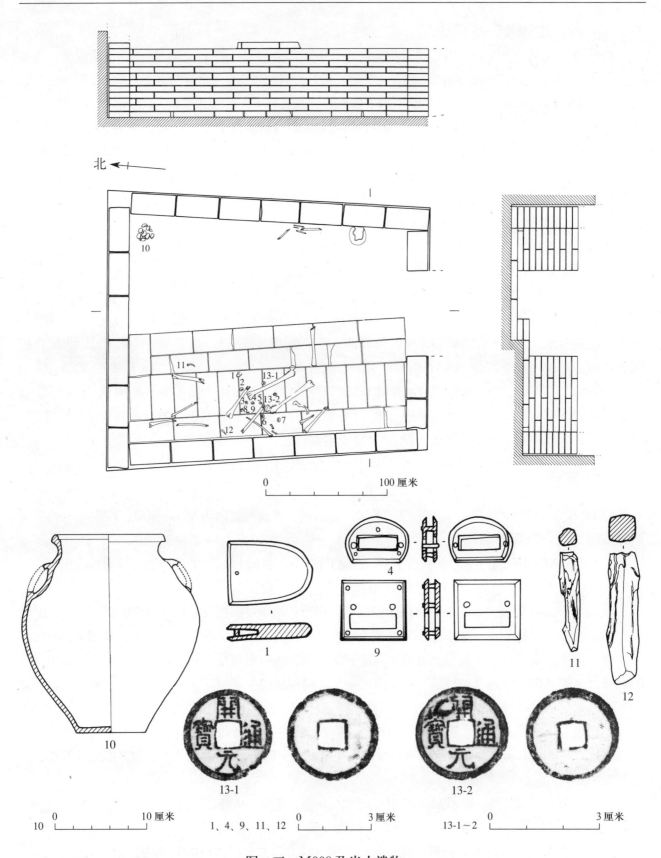

北 ←

0　　　　　　　　　100 厘米

图一三　M008 及出土遗物

1.铜铊尾　2～7.半圆形铜銙饰　8、9.方形铜銙饰　10.双耳罐　11、12.铁钉　13-1～2.开元通宝

脱落。长3.4、宽2.5厘米（图一三）。

方形铜铸饰 2件。形制相同。标本M008：9，平面长方形，长边一端有一长1.8、宽0.7厘米长方形孔眼，由上、下两半面铆合而成，上半面呈覆斗状，下半面周缘略微向上包合。正面中部两侧、底面四角各一铆钉痕。长2.6、宽2.4、厚0.6厘米（图一三）。

半圆形铜铸饰 6件。形制相同。标本M008：4，平面半圆形，中部有一长1.7、宽0.6厘米长方形孔眼，由上、下二半面铆合而成。上半面周缘向下包合，下半面周缘略微向上包合，中空，原夹革带，现已脱落。正面孔眼两端各有一铜铆钉痕，底面两角，孔眼两端及圆头端各一铆钉痕。长2.5、宽1.8、厚0.4厘米（图一三）。

"开元通宝" 2枚。字迹较清晰。"开"二竖画略外撇。"元"字上画短，重心略偏向右侧，次画左上挑，末笔微上提。"通"字之"走"部呈不相连的三逗点，"甬"部上笔开口大。"宝"字"贝"部二横画位于中部，与左右竖画不相连。标本M008：13－1，"宝"字上部略模糊。直径2.4、穿径0.7、廓宽0.2厘米，重3.8克。标本M008：13－2，"开"字左侧锈蚀。直径2.5、穿径0.7、廓宽0.2厘米，重4.3克（图一三）。

铁器 仅铁钉2枚，锈蚀，体侧锈结着朽木痕。标本M008：11，残存下半段，横断面略圆形，尖缺失，残长3.8厘米。标本M008：12，较粗，断面呈方形。边长1.0、残长5.2厘米（图一三）。

墓砖 长方形拉划纹条砖，泥质，模制。灰色或土红色。有两种规格，一种长33.0、宽17.0、厚5.0厘米。另一种长35.0、宽17.5、厚4.5厘米。

3.葬式 骨骼严重扰乱。在墓室地面南部，乱置颅骨两个，棺床上股骨、胫骨、肱骨及脊椎等凌乱，但股骨置向呈南北向，未经扰动，头向可能朝南，仰身直肢。在棺床扰土中发现残朽的棺钉，说明当时用棺木等葬具。经鉴定分别为25～30岁的男性和20～30岁的女性。

（一〇）M009

M009位于M007的南部、七号基坑的西北部，其北壁被M007所叠压。由于修筑M007和挖掘七号基坑的破坏，仅残存少许墓道和墓室底部。

1.形制 M009为刀把形单室砖室墓，方向164°，由甬道和墓室组成（图一四）。

甬道 位于墓室南部偏西，由于挖掘基坑的破坏，形制、大小不详。

墓室 平面呈长方形，东西宽1.28、南北长2.31、残高0～0.06米。用条砖单砖顺砌，残存底层。墓室地面用条砖平铺，或纵或横。南壁东部开门道，墓室东部和墓道东部南北在同一直线上。

2.遗物 仅出土铜铸饰1件。

方形铜铸饰 1件。标本M009：1，平面长方形，近长边一端有一长1.7、宽0.3厘米的长方形孔眼，孔眼周缘平。由上、下二半面铆合而成。上半面正面覆斗状，孔眼周缘没有高起的突棱。下半面平，背面四角各有一铆钉痕。长2.6、宽2.2、厚0.6厘米（图一四）。

墓砖 长方形条砖，泥质，模制。仅一种规格，长33.0、宽16.5、厚5.0厘米，灰色，背面平整，正面拉划纹。

3.葬式 在墓室底部仅发现骨骼残片，没有发现较大的骨骼，所以葬式等不详。

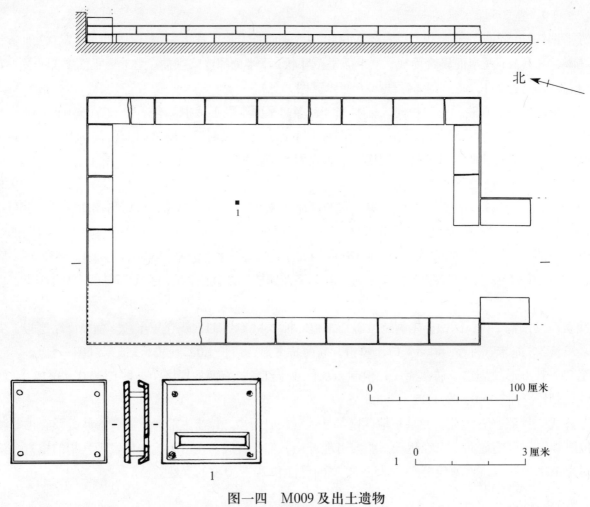

北 ←

0　　　　　　　　　　　　100 厘米

0　　　　　3 厘米
1

图一四　M009 及出土遗物
1.方形铜铐饰

（——） M010

M010 位于七号基坑的中西部、M008 东南部 8 米处，方向 158°。由于挖掘七号基坑的破坏，仅存墓室底部，未见人体骨骼和随葬品（图一五）。

墓室　平面呈倒梯形，单砖顺砌，四壁较直，残存底部，南北长 2.22、东西部宽 1.74～2.08、残高 0.06 米。东、西壁平直，南、北壁斜直。南壁东部为门道，宽 0.52、残高 0.06 米。棺床位于墓室西部，平面呈长方形，东西宽 0.98、高 0.06 米。北、西、南三壁分别与墓室北、西、南三壁相接，东侧壁面用条砖平砌护壁。棺床面用条砖对缝平铺，东西成排。其东部为墓室地面，未见铺地砖。

（一二） M011

M011 位于 M001 北部 3.6 米处、七号基坑西部，仅残存底部。

1.形制　M011 为倒凸字形单室砖室墓，方向 170°，由墓道、甬道、墓室组成。墓室内砌棺床（图一六）。

墓道　位于墓室南部偏西，残存下部，挖掘于河积沙层中，底面斜坡，坡度 24°。残长 1.41、宽

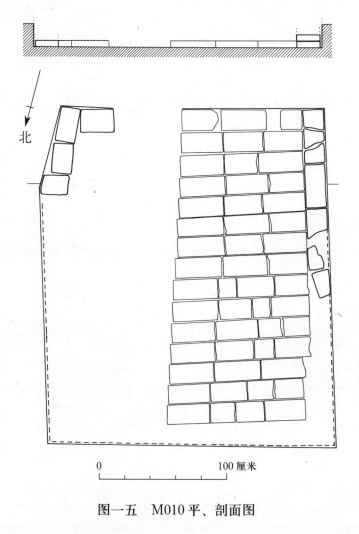

图一五　M010 平、剖面图

0.76、残高 0.66 米。填土黄灰色，土质疏松，包含细沙和砖块。

甬道　位于墓室南壁偏西，与墓室南壁同时单砖顺砌。东、西壁平整，顶部残。南北深 0.74、宽 0.52、残高 0.66 米。沿甬道南口封门，封门墙残高 0.55、宽 0.17 米。方法为底层用条砖纵向平铺两层，其上用条砖纵向侧立一层；再用条砖纵向平铺三层。砖与砖之间，用三合泥黏合。

墓室　平面略呈横长方形，残存下部，用单砖顺砌于挖掘的长方形明坑中，壁面垂直规整。东西长 2.10、南北宽 1.75、残高 0.47～0.66 米。棺床位于墓室北部，平面呈长方形，南北宽 0.91、东西长 2.10、高 0.20 米。东、北、西三壁分别与墓室的东、北、西三壁相接，东壁面用条砖错缝平砌。棺床面用条砖平铺，素面朝上，拉划纹朝下，北部沿北壁用条砖横向平铺一砖，其南用条砖纵向对缝平铺。墓室南地面用条砖平铺，拉划纹均朝上，素面朝下，沿墓室南壁先用条砖横向平铺一砖，其北用条砖对缝纵向平铺。

2.遗物　随葬品有陶器、铜钱、蚌壳等。墓室北部和西南部出土双耳罐等陶器。人骨架手部位出土"开元通宝"铜钱 2 枚，可能原来握于死者手中。蚌壳出土于颅骨西部。

陶器　3 件。泥质，轮制。有双耳罐和罐等。

双耳罐　2 件。敞口，方唇，鼓腹，平底。标本 M011∶3，红褐色，双耳中部残失，短颈，腹下部急收成小平底。外壁施灰白色陶衣，大部脱落。口径 15.0、底径 9.6、高 25.4 厘米（图一六；图版五，1）。标本 M011∶4，红褐色，双耳残失，颈较高，圆肩。口径 7.8、底径 9.8、高 24.0 厘米（图一六；图版五，2）。

罐　1 件。标本 M011∶2，残存腹、底部，斜腹，大平底，外壁施灰白色陶衣。底径 20.0、残高 12.2 厘米。

铜器　仅"开元通宝"铜钱 2 枚。字迹较为模糊。"开"字较宽扁，两竖画略外撇。"元"字上画较短，重心略偏向右侧；次画微左挑。"通"字之"走"字偏旁三点不相连。"宝"字下部"贝"字二横画位于中部，与左右不相连。标本 M011∶5－1，直径 2.5、穿径 0.7、廓宽 0.2 厘米，重 4.1 克。标本 M011∶5－2，直径 2.5、穿径 0.7、廓宽 0.2 厘米，重 3.5 克（图一六）。

蚌壳　1 件。标本 M011∶1，略残，上有红色斑纹。宽 6.8、高 6.5 厘米（图一六）。

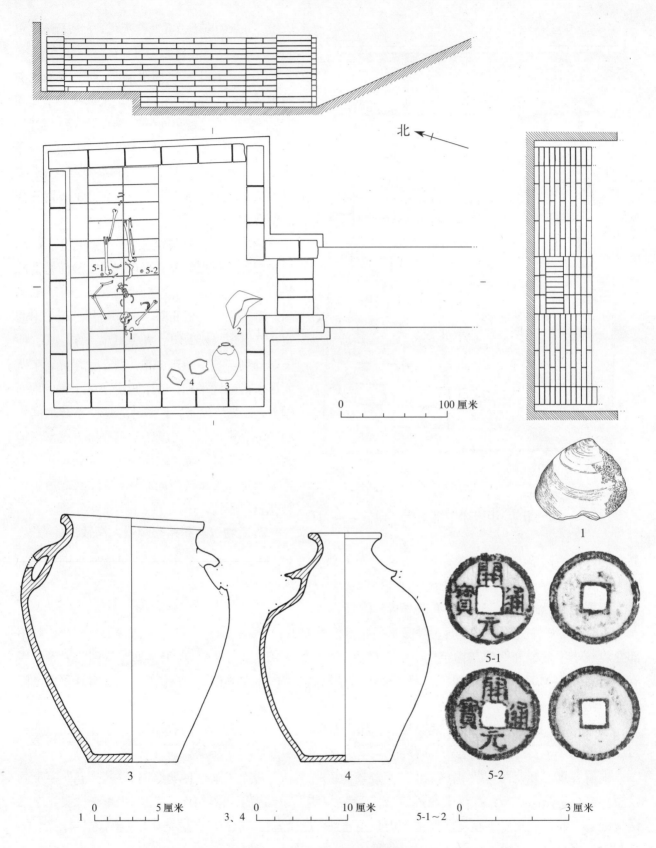

北

0　　　　　　　　　　100 厘米

1

5-1

5-2

3　　　　　　　　　　4

0　　　　5 厘米
1

3、4　　0　　　　　　10 厘米

5-1～2　　0　　　　3 厘米

图一六　M011 及出土遗物
1.蚌壳　2.罐底部　3、4.双耳罐　5-1～2.开元通宝

墓砖　长方形拉划纹条砖，泥质，模制。长35.0、宽17.0、厚5.0厘米。

3.葬式　棺床出土骨架一具，局部扰乱。颅骨位于棺床西部，和下颌骨分离，脚、手趾骨不全，盆骨严重朽化。但脊椎、肱骨未扰，置于原位。据此分析葬式为仰身直肢，脚东头西。经鉴定为一位25～30岁的男性。

二　M012～M014

（一）位置与地层

M012、M013、M014位于红星家园一号建筑基坑（图一七）。基坑东西长58.6、南北宽16.0、深1.7米，地层堆积与红星家园七号基坑基本相同（参见图五）。自2003年3月29日至4月5日，对其进行了清理。

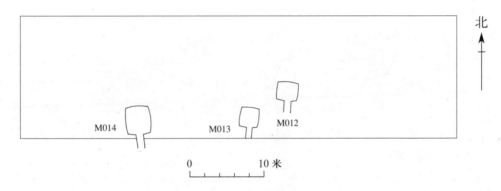

图一七　红星家园一号基坑墓葬分布图

（二）M012

M012位于红星家园一号基坑中部偏东，其西南部分别为M013、M014，由于挖掘一号基坑时遭毁，仅残存墓道和墓室下部。

1.形制　M012为倒凸字形单室砖室墓，方向173°，由墓道、甬道、墓室三部分组成。墓室内砌棺床（图一八）。

墓道　位于墓室南部稍偏东，残存下部。平面长方形，底面斜坡，坡度21°。残长2.35、宽0.90、残高1.00米。填土疏松，灰黑色，含少量白瓷片和陶片。近封门处堆积残砖块。

甬道　位于墓室南侧偏东，东向偏离中轴线，底部宽，向上逐渐内收变窄，拱形顶，稍残；与墓室南壁同时单砖顺砌。底口宽0.87、券顶处宽0.80、南北深0.92、残高0.93米。自0.68米高处起券，南北长0.72米，用条砖纵向侧立、斜立，残存甬道顶部东侧。从甬道中部用条砖砌墙封门。封门墙残高0.91、南北宽0.33米，即一条砖的长度。封门方法为：底层用条砖纵向东倾侧立一层，第二层用条砖纵向西倾侧立一层，其上为高0.13米的泥浆层。此层上各有一层东倾和西倾的纵向侧立条砖。其上用条砖残块平铺。

墓室　平面呈方形，双砖同向顺砌于挖掘的倒梯形明坑中，每层用三、四块条砖反方向间隔平砌，以使内外墙紧密相连。顶部被毁，残存底部。南壁平面平直，东、西、北三壁平面中部外凸，略呈弧形；壁面逐层内收。墓室南部东西宽2.60、北部东西宽2.45、南北长2.45、残高0.84~1.00米。棺床呈倒凹字形，高0.26米，与墓室四壁相接。东、西、南侧壁用条砖、块砖错缝平砌护壁，棺床面用条砖平铺。墓室地面较小，与通道等宽，未见铺砖。

2. 遗物　随葬品有陶器、瓷器、铜带饰、铜钱、铁带饰等。封门前出土白釉碗、黑釉执壶，均完整。铜带饰出土于棺床，置位凌乱。另外，在棺床出土"开元通宝"铜钱、铜条、灰陶壶、底座口沿残片等。

陶器　泥质，灰陶，轮制。均为残片。可辨器形有壶、底座等。

壶　1件。标本M012：9，残存颈部，深灰色。敞口，宽平沿，方唇，颈较高。口径10.4、残高6.0厘米。

底座　1件。标本M012：10，残，底座口沿部，深灰色。敛口，宽沿，方唇。残宽16.4、残高11.0厘米。

瓷器　2件。

白釉碗　1件。标本M012：7，敞口，圆卷唇，玉璧底。胎质细腻，胎色白，除底外均施白釉。口径14.4、足径6.7、高4.2厘米（图一八；彩版二，1；图版五，3）。

黑釉执壶　1件。标本M012：8，敞口，圆唇，直领，圈足。唇微残。一侧一环状把，相对一侧有一喇叭口状流。胎质较粗，胎色黄白，腹下部和足部露胎，其余内外均施黑釉。口径8.8、底径9.2、高21.0厘米（图一八；彩版二，2；图版五，4）。

铜器　铸饰2件，均残。

方形铜铸饰　1件。标本M012：1，残。方形铸饰下半面，残存3/4，孔眼部残失。平面呈方形，一方角残存一高0.5厘米的铆钉，背面有铆钉痕（由此推定为方铸的下半面残片）。长3.2、残宽2.3厘米（图一八）。

半圆形铜铸饰　1件。标本M012：2，残。半圆形铸饰下半面，孔眼一侧断裂，直边一端有一长1.9、宽0.5厘米的长方形孔眼。两角和圆头部各有一铆钉痕。长3.7、宽2.7厘米（图一八；图版五，5）。

铁器　有方形铸饰、半圆形铸饰、铊尾和铁剑残段等。

方形铁铸饰　1件。标本M012：3，平面呈方形，略残，由上半面和下半面铆合而成，一边有一长方形的穿孔。上半面略大于下半面，下半面略残，底面留存一铆钉痕。长4.0、宽2.8厘米（图一八）。

半圆形铁铸饰　1件。标本M012：4，平面呈半圆形，残存上半面大部，局部锈结着朽木，底面圆头部残留一铜铆钉。边长4.2~4.5厘米（图一八）。

铁铊尾　1件。标本M012：5，残存一方角部，由上下半面铆合而成，从锈迹分析，上半面略大于下半面。残长5.0、残宽3.3厘米（图一八）。

铁剑残段　1件。标本M012：6，残。条状，上、下两侧略呈弧状，横断面呈扁圆形。残长4.8、宽1.4厘米（图一八）。

墓砖　长方形条砖，泥质，灰色，模制。纹饰有拉划纹和素面两种，以拉划纹为主，素面较少。标本M012：11，背面平整，正面拉划纵向凹槽。长35.0、宽17.5、厚5.5厘米。标本M012：12，拉划纹，背面平整。长27.0、宽14.5、厚4.5厘米。标本M012：13，长28.0、宽14.5、厚4.0厘米（图版五，6）。

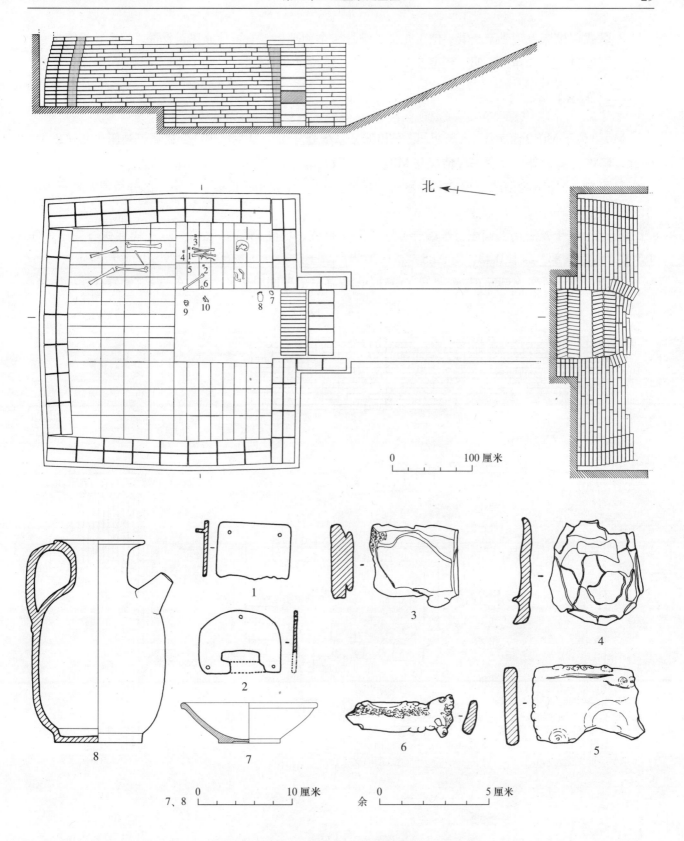

北 ←

0　　　　　　　100 厘米

图一八　M012 及出土遗物

1.方形铜镑饰　2.半圆形铜镑饰　3.方形铁镑饰　4.半圆形铁镑饰

5.铁铊尾　6.铁剑残段　7.白釉碗　8.执壶　9.壶残件　10.底座残件

3.葬式　棺床发现骨架一具，位于东部，颅骨在东南部，与下颌骨分离，股骨、肱骨等骨骼凌乱，肋骨、脊椎骨较少，葬式不明。经鉴定为一位25～35岁的男性。

（三）M013

M013位于M012西南部2.8米处，墓室和部分墓道暴露于一号基坑内，少数墓道被压于基坑南壁。因此，除部分墓道外，其余保存情况与M012同，仅存墓室底部。

1.形制　M013为倒凸字形单室砖室墓，方向176°，由墓道、甬道、墓室三部分组成。墓室内砌棺床（图一九A）。

墓道　位于墓室南部偏东，平面长方形，底面斜坡，坡度19°。上部为近现代堆积所叠压，厚1.5米，残存下部。残长0.45、宽0.85、高0.70米。填土疏松，黄灰色，包含少量的砂粒和砖块。

甬道　位于墓室南部偏东，东向偏立中轴线，与墓室南壁同时单砖顺砌，东、西二壁残存壁面垂直。

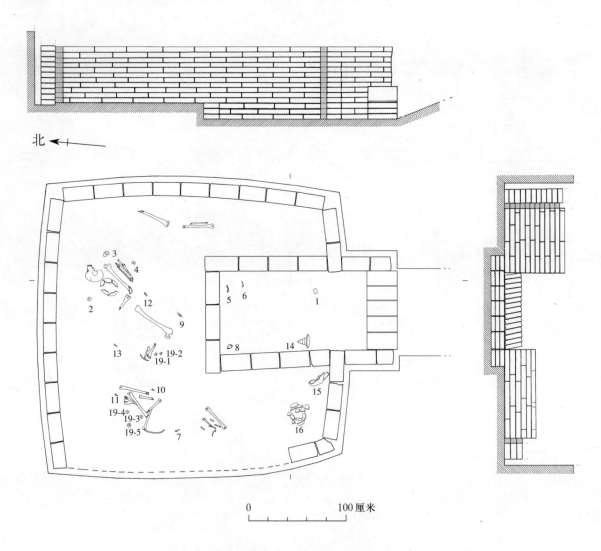

北 ←

0　　　　　　　100 厘米

图一九 A　M013平、剖面图

1.铜铊尾　2.方形铜銙饰　3、4.铜合页　5、6.铜饰件　7、10～13铁剪残段

8.蚌壳　9.骨饰件　14.盖　15.底座　16.兽面罐　19-1～5.开元通宝

顶残，形制不详。宽0.76、南北深0.63、残高0.45～0.78米，沿甬道南口用条砖封门，封门墙南北宽0.30、残高0.31米。封门方法为，底部用条砖横向平砌三层，上用条砖纵向侧立一层；其上被毁，不详。

　　墓室　平面略呈倒梯形，四壁单砖顺砌于挖掘的倒梯形明坑中。北、东、南三壁平面外凸，呈弧线形；西壁彻底遭毁。壁面均内收，东、北二壁内收较南壁略甚。顶被毁。墓室南部东西宽2.25、残高0.4～0.7米，北部东西宽2.5、残高0.28～0.5米，南北长2.80米。棺床平面呈倒凹字形，高0.16米，与墓室四壁相接，东、西、南侧壁用条砖平砌护壁；棺床面用长30.0、宽14.5、厚4.5厘米的土红色条砖纵向对缝平铺，素面朝上，东西成排，南北成行。墓室地面与甬道等宽，未见铺砖。

　　2.遗物　随葬品有陶器、铜器、铁器等。陶器均破碎，器形有塔状纽盖、兽面罐、塔形罐底座等。铜带饰、铜合叶、铜饰件、铜钱、铁剪残段、蚌壳等出土于棺床。

　　陶器　泥质，轮制。均为残片。可辨识器形有塔状纽盖、兽面罐、底座等。

　　塔状纽盖　1件。标本M013：14，红褐色，由盖盘和塔状纽分件制作黏接而成。盖盘覆碗状，敞口，浅腹，宽平沿上卷，和外壁之间形成一周凹槽。塔状纽，七层，空心，平面圆形，逐层窄短，第

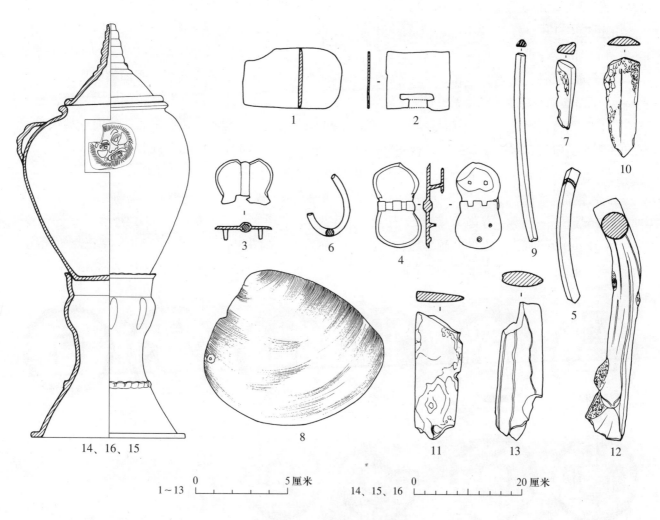

图一九B　M013出土遗物

1.铜铊尾　2.方形铜銙饰　3、4.铜合页　5、6.铜饰件　7、10～13铁剪残段
8.蚌壳　9.骨饰件　14.盖　15.底座　16.兽面罐

七层塔刹残失。塔外侧压印凹槽纹，大多模糊，外壁和塔纽涂黑色颜料，大多脱落。底口径 14.2、高 14.0 厘米（图一九 B；图版六，1）。

兽面罐　1 件。标本 M013：16，黄褐色，口微敞，圆卷唇，矮领，圆肩，深腹，平底，器形较瘦高。肩部贴饰四个兽面，残存一个，另三个仅存椭圆形的黏接痕。兽面扁圆形，模制，正面高突，三角鼻，圆眼突睛，颧骨稍突，双角微突，咧嘴露獠牙，嘴两侧和下部各有一直径 0.7 厘米的孔穴，面部周围饰竖线纹。外壁和唇部涂黑红颜料，大部脱落。口径 19.2、底径 12.4、高 31.2 厘米（图一九 B）。

底座　1 件。标本 M013：15，残，红褐色，由上、下部分件黏接而成，内壁有黏接痕。上部唾盂状，敞口，斜沿，花边唇，束颈，鼓腹，脱底，腹部压印凹槽纹。下部深腹覆盆状，敞口，卷平沿，深腹，脱底，外壁贴饰一周附加堆纹。上口径 16.0、底口径 24.0、残高 28.8 厘米（图一九 B）。

塔形罐由底座、兽面罐、塔状纽盖相叠而成，通高 75 厘米（图一九 B）。

铜器　有铊尾、方形铸饰、铜合页、条状铜饰、钩状铜饰、铜钱等。

方形铜铸饰　1 件。标本 M013：2，方形铸饰下半面，平面略呈方形，一边微残，长边一端有一长 1.9、宽 0.3 厘米的穿孔。长 3.3、宽 3.0 厘米（图一九 B；图版六，3）。

铜铊尾　1 件。标本 M013：1，残存上半面，平面长方形，短边一端圆头。长 5.2、宽 3.2 厘米（图一九 B；图版六，2）。

铜合页　2 件。有蝴蝶形和“8”字形各一件。标本 M013：3，蝴蝶形合页，平面蝴碟形。中部有一轴；正面素面，底面有 4 个高 0.8 厘米的铆钉。宽 3.1、高 2.2 厘米（图一九 B；图版六，4）。标本 M013：4，“8”字形合页，平面呈“8”字形。中部有一轴，一端翘起。正面素面，底面一端残存一高 0.3 厘米的铆钉，另一端两铆钉铆合一桃形垫伏。长 4.5、宽 2.4 厘米（图一九 B；图版六，5）。

条状铜饰　1 件。标本 M013：5，凹槽，略呈弧状。残长 7.2 厘米（图一九 B）。

钩状铜饰　1 件。标本 M013：6，钩状，用铜线弯曲而成。铜线直径 0.2、残长 3.2 厘米（图一九 B）。

“开元通宝”　5 枚。字迹较模糊。“开元”二字宽扁，“通宝”二字纵长。分两型。

A 型　2 枚。“开”字两竖画外撇。“元”字上画短，次画左挑。“通”字之“走”字三点不相连，“甬”字上笔开口略大。“宝”字下部“贝”字二横画位于中部，与左右竖画不相连。标本 M013：19 - 2，

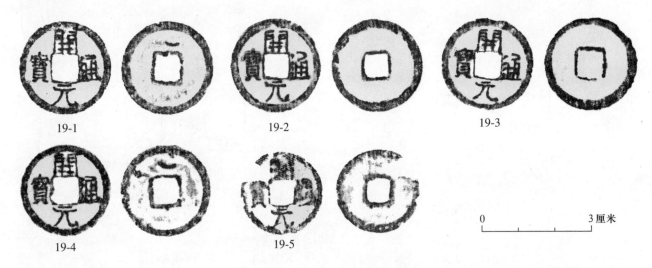

19-1　　　　　　　　　19-2　　　　　　　　　19-3

19-4　　　　　　　　　19-5

图一九 C　M013 出土开元通宝

直径2.5、穿径0.6、廓宽0.3厘米，重3.7克。标本M013：19－3，直径2.5、穿径0.7、廓宽0.3厘米，重3.0克（图一九B）。

B型　2枚。"开"字二竖画外撇。"元"字上画长，次画略呈弧状，略左上挑。"通"的"走"字三逗点相连，"甬"字上笔开口小。"宝"字下部"贝"字二横画与左右竖画相连。背面上部一新月纹。标本M013：19－1，直径2.5、穿径0.6、廓宽0.3厘米，重3.2克。标本M013：19－4，直径2.5、穿径0.7、廓宽0.2厘米，重3.2克（图一九C）。

另有1枚锈蚀，字迹模糊，从字型和字体判断为"开元通宝"。标本M013：19－5，直径2.3、穿径0.6、廓宽0.2厘米，重2.0克（图一九C）。

铁器　有铁剪残段5段。标本M013：11，剪刀中段，横断面呈倒等腰三角形。残长6.4、宽2～2.4厘米。标本M013：12，剪柄残段，宽2.1、柄长10厘米。标本M013：13，剪刀中段，刃部较钝，断面呈等腰三角形。残长7.2、宽2.4厘米。标本M013：10，刃尖残段，断面呈扁圆形。残长5.2、最宽1.6厘米。标本M013：7，剪刀残段，断面呈梯形。残长3.6厘米（图一九B）。

骨饰　1件。标本M013：9，平面三棱状，残断。残长10.0厘米（图一九B）。

蚌壳　1件。标本M013：8，蚌壳一半，出土时残破，分布于棺床和墓门前，拼合为完整的一件。宽9.7、高8.4厘米（图一九B；图版六，6）。

墓砖　长方形条砖，泥质，模制。有灰色和土红色两种，背面平整，正面大多为拉划纹，土红色砖用于平铺棺床面，灰色砖主要用于砌筑墓室四壁。标本M013：17，拉划纹条砖，背面平整，正面用梳齿状工具拉划凹槽。长29.0、宽14.5、厚4.5厘米。标本M013：18，土红色素面条砖。长30.5、宽14.5、厚4.5厘米。

3.葬式　骨骼非常凌乱。经鉴定有人骨架三具，分别为一成年女性、15～18岁的女性和25～35岁的男性。出土较多棺钉，说明使用棺木等葬具，属三人合葬，具体葬式不详。

（四）M014

M014位于一号基坑西南部，M012、M013西部，与M012、M013东西基本成排，仅墓室北部略有南北差异。由于挖掘基坑的破坏，仅存墓室底部，顶部形制不详。

1.形制　M014为倒凸字形单室砖室墓，方向183°，由墓道、甬道和墓室组成。墓室内砌棺床（图二〇A；图版七，1）。

墓道　位于墓室南部，与墓室在同一中轴线上，斜坡状，坡度14°。残长2.05、宽1.01、深1.15米。填土灰黄色，土质坚硬，有流水逐年沉积板结的特点。包含少量的灰陶片和砖块。近封门处出土开元通宝铜钱1枚。

甬道　位于墓室南侧中部，与墓室南壁同时单砖顺砌，底部宽，东、西两壁逐层略微内收。宽0.84～1.01、南北深0.5、高1.26米。北部叠涩顶，南部拱顶，残存少部。东、西二壁1.08米高处起券，其方法为：券顶北部用条砖横向出头叠压，残存西部，南段用条砖纵向侧斜立，残存东西两部。从甬道中部封门，部分封门砖砌于墓道中。封门墙高1.25、南北宽0.34米。封门方法为：底层用条砖侧立两层，再平铺和侧立一层，上为0.10米厚的土层，再平铺四层，侧立一层，然后用条砖纵向或横向错缝叠压平铺三层。

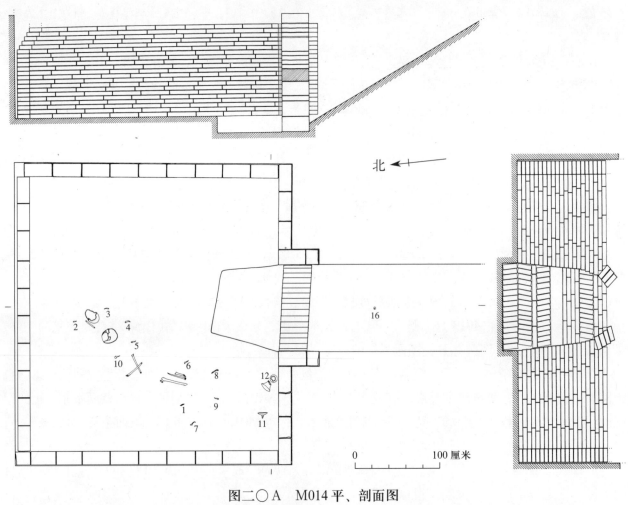

图二〇A　M014平、剖面图
1.铜饰件　2~9.铁钉　10.铁锥　11.盖　12.底座　16.开元通宝

墓室　平面呈方形，单砖顺砌于挖掘的方形明坑中。四壁平面平直，残存壁面垂直。南北长2.98、东西宽3.15、残高1.05~1.25米。从0.80米高处四角用条砖横压，呈圆角。顶部形制不详。棺床呈倒凹字形，残，与墓室的四壁相接。棺床面原铺砖，现存北部一砖外，其余均被毁。南部侧面砌砖遭毁，从凹槽填土分析，棺床高0.18米。墓室地面较小，略宽于墓门，未铺砖。

2.遗物　随葬品有陶器、铜饰件、铜钱等。陶器主要出土于墓室西南部，均为碎片。铜饰件出土于棺床。另在棺床出土铁钉。

陶器　泥质，轮制，以灰陶为主，红陶较少。均残片，拼合复原2件，器形有塔状纽盖和底座。另外，有灰陶罐口沿残片，红陶双耳罐残片。

塔状纽盖　1件。标本M014:11，灰陶，由盖盘和塔状纽分件制作黏接而成。盖盘深腹覆碗状。敞口，圆唇，腹较深，纽塔状，三层，较低，顶部有一直径0.5厘米的穿孔，纽周围饰一周花瓣状附加堆纹，外壁原涂黑彩，大部脱落。底口径18.2、高11.4厘米（图二〇B；图版七，2）。

底座　1件。标本M014:12，灰陶，由上、下部分件制作黏合而成。上部唾盂状，敞口，斜方唇，束颈，脱底，腹较深。外壁通体施淡黑彩，大部脱落。下部喇叭口状，敞口，斜腹，卷平沿，腹较深。外壁贴饰一周花瓣状附加堆纹，附加堆纹上、下部用白彩和淡黑彩绘纹饰，因脱落纹样不详,仅留残迹。

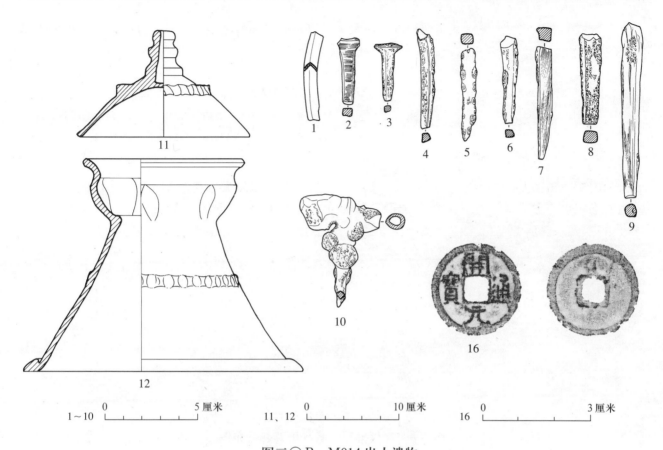

1～10　　0　　　　　　　5 厘米　　　　11、12　　0　　　　　　　10 厘米　　　16　　0　　　　　　3 厘米

图二〇B　M014 出土遗物

1.铜饰件　2~9.铁钉　10.铁锥　11.盖　12.底座　16.开元通宝

上口径 16.2、底口径 26.2、高 22.4 厘米（图二〇B；图版七，3）。

铜器　有铜饰件 1 件和"开元通宝"铜钱 1 枚。

铜饰件　1 件。标本 M014：1，凹槽状，略呈弧形，横断面呈"V"字形，可能系某一圆形铜饰残段。残长 4.6 厘米（图二〇B）。

"开元通宝"　1 枚，出土于墓道填土中，字体比较模糊。标本 M014：16，"开"字较宽扁，两竖画外撇，"元"字上画短，次画左挑。直径 2.5、穿径 0.6、廓宽 0.2 厘米，重 3.7 克（图二〇B）。

铁器　有铁钉 8 枚和铁锥 1 件。

铁钉　8 枚，大多残断，通体锈蚀，体侧多锈结着朽木（图版七，4）。标本 M014：2，钉尖残失，断面呈方形。残长 3.5 厘米。标本 M014：8，钉帽和钉尖残失，断面呈方形。残长 4.6 厘米。标本 M014：4，钉帽和钉尖残失，断面略呈斜方形。残长 5.0 厘米。标本 M014：6，钉帽和钉尖残失，断面呈斜方形。残长 4.4 厘米。标本 M014：7，钉帽残失，断面呈斜方形。残长 5.8 厘米。标本 M014：3，钉尖残失，断面呈圆角方形。残长 2.8 厘米。标本 M014：5，钉帽残失，断面呈方形。残长 4.9 厘米。标本 M014：9，钉帽和钉尖残失，断面呈扁圆形。残长 9.2 厘米。

铁锥　1 件。标本 M014：10，尖部锐利。长 5.7 厘米（图二〇B）。

墓砖　长方形条砖，泥质，模制。有灰色和红色，以灰色为主、红色较少，正面均饰拉划纹。标本 M014：13，背面平整，正面拉划凹槽。长 34.0、宽 16.0、厚 6.0 厘米（图二〇B；图版七，5）。

3.葬式   墓室盗扰严重，人体骨骼非常凌乱。经鉴定有人体骨架两具，可能分别为一成年个体和一18～25岁的女性，并使用棺木等葬具。具体葬式不详。

三   M015～M017

（一）位置与地层

M015、M016、M017位于红星家园二号基坑（图二一），基坑大小和深度与七号基坑同，基坑四壁地层堆积也与七号基坑一致（参见图五）。2003年4月5日～9日进行了清理。

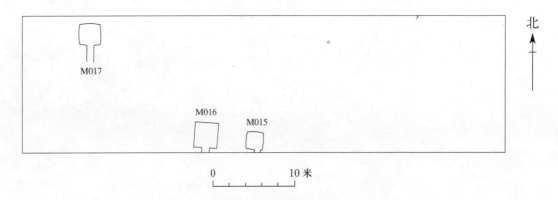

图二一   红星家园二号基坑墓葬分布图

（二）M015

M015位于二号基坑东部、M016的东部3.4米处。由于早期盗掘和发掘二号基坑的破坏，仅残存墓道下部、少部封门和墓壁残部。

1.形制   M015为刀把形砖室墓，方向193°，由墓道、墓室组成。墓室内砌棺床（图二二A）。

墓道   已被挖毁，从墓门的位置分析，应位于墓室南侧东部。没有甬道。沿墓门封门，已残。封门方法为：用条砖横向错缝叠压平铺，残高0.54米，南北宽0.17米即一砖宽。拉划纹朝下，素面朝上，砖之间用三合泥黏合。

墓室   平面略呈倒梯形，单砖顺砌于挖掘的倒梯形明坑中，残存少部，残存壁面垂直。北壁和南壁保存较完整。墓室南部东西宽1.30、北部东西宽1.70、南北长2.42米，残高0.56米。棺床平面呈曲尺形，与墓室四壁相接，东、南侧壁用条砖平砌护壁。棺床面为河积沙层面，未见铺砖。墓门以北为东西宽0.84、南北长0.72～1.10米的墓室地面，未见铺砖。

2.遗物   随葬品有陶器、铜镜、铜钱、铁钉等。均残破，出土于棺床。

陶器   泥质，红褐色，轮制。均为残片。经拼对可复原有塔状纽盖、兽面罐等。另有塔形罐底座残片。

塔状纽盖   1件。标本M015：4，盖盘浅腹覆钵状，敞口，卷平沿，浅腹。纽塔状，粗短，顶端一直径0.5厘米的穿孔。外壁涂黑彩，局部脱落。底口径18.0、高13.2厘米（图二二B；图版八，1）。

兽面罐   1件。标本M015：5，残，微敞口，方卷唇，矮颈，圆肩，肩部贴饰三个兽面，残存1个。

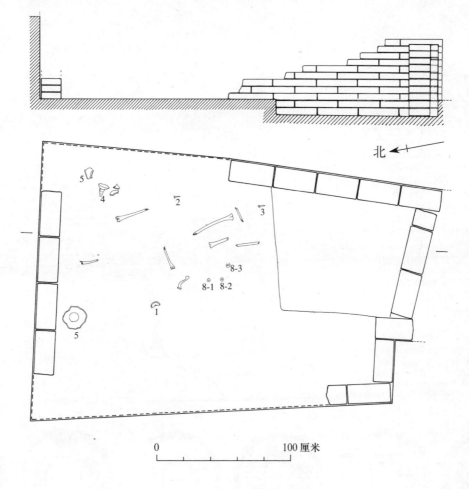

图二二 A　M015 平、剖面图

1.铜镜　2、3.铁钉　4.盖　5.兽面罐残片　8-1～3.开元通宝

兽面平面圆形，张口露牙，扁丘状鼻；颧骨较大，圆眼突睛，双角突起，眼两侧各一 0.7 厘米的斜向穿孔。罐外壁施灰白色陶衣，其上涂黑彩。口径 14.8、底径 14.0、高 23.6 厘米（图二二 B）。

铜器　有铜镜 1 枚、"开元通宝"铜钱 3 枚。

铜镜　1 枚。标本 M015：1，残，圆角方形，桥状纽。残径 10.0 厘米（图二二 B）。

"开元通宝"　3 枚。2 枚字迹清晰，1 枚较为模糊。"开元"二字宽扁，"通宝"二字纵长。标本 M015：8－1，"开"字两竖画外撇。"元"字上画短，次画左挑，略呈弧状。"通"字之"走"部三点不相连；"甬"部上笔开口略大。"宝"字"贝"部二横画位于中部，与左右竖画不相连。直径 2.5、穿径 0.7、廓宽 0.2 厘米，重 4.2 克。标本 M015：8－2，"元"上画略偏向右侧，次画直。直径 2.5、穿径 0.7、廓宽 0.2 厘米，重 3.7 克。标本 M015：8－3，字体较模糊。直径 2.5、穿径 0.7、廓宽 0.3 厘米，重 3.0 克（图二二 B）。

铁器　仅有铁钉，大多残断，体侧锈结着朽木。标本 M015：2，小号棺钉，钉帽脱落，横断面呈三角形。长 2.2 厘米。标本 M015：3，中号棺钉，钉帽小，呈圆角方形，钉尖残失，断面呈圆角方形。残长 3.6 厘米（图二二 B）。

墓砖　泥质，灰陶，模制。背面素面，正面饰拉划纹，有两种规格，一种土红色，长 30.0、宽

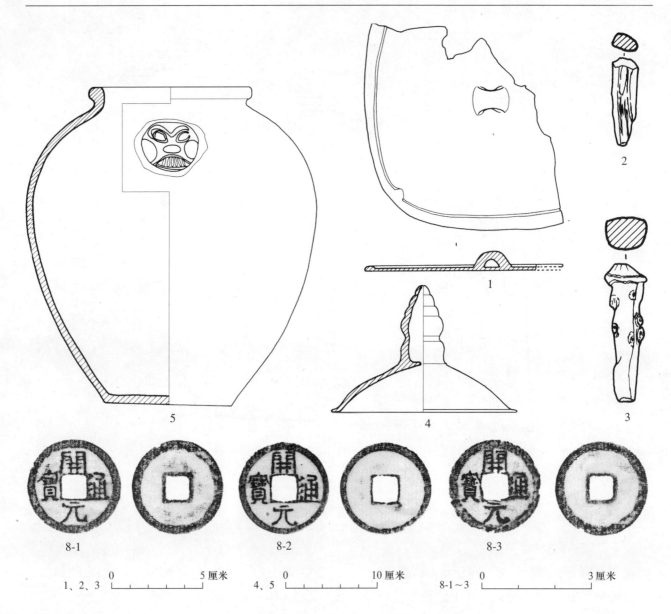

图二二 B　M015 出土遗物

1.铜镜　2、3.铁钉　4.盖　5.兽面罐　8-1~3.开元通宝

15.0、厚5.0厘米，主要用于平砌墓壁。另一种为灰色，长30.0、宽15.0、厚5.5厘米，主要用于封砌墓门。标本M015：6，拉划纹条砖。背面平，正面拉划凹槽。长29.0、宽15.5、厚5.0厘米。标本M015：7，土红色，长30.0、宽15.5、厚5.0厘米。

3.葬式　骨骼严重残缺不全，未见颅骨，仅存几段胫骨。经鉴定可能为一女性，具体葬式不明。但棺床出土棺钉，应有棺木等葬具。

（三）M016

M016位于M015西侧3.4米处，向北略高于M015，其保存情况与M015同，仅存墓道和墓室下部。

1.形制　M016为倒凸字形单室砖室墓，方向183°，由墓道和墓室组成。墓室内砌棺床（图二三A）。

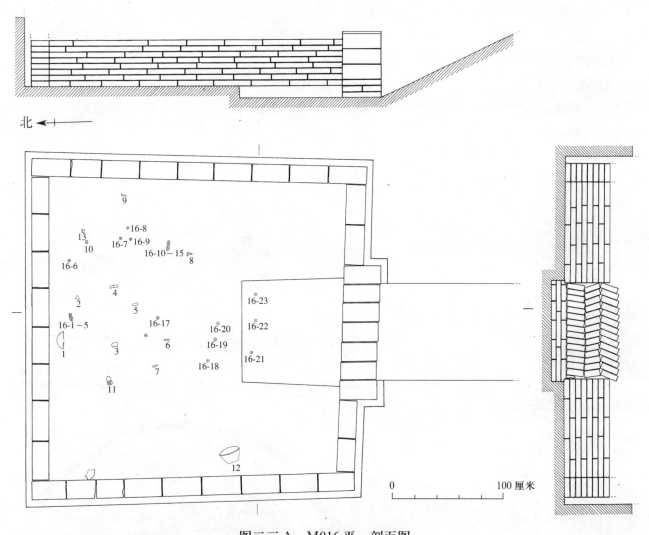

图二三A　M016平、剖面图

1.铜镜　2.章料　3.铁铊尾　4～6.铁剪残段　7.铁剑残段　8.铁管残段
9.铁钉　10、13.方形铁铐饰　11.带扣　12.底座　16-1～23.开元通宝

墓道　位于墓室南部，西向偏离中轴线，平面长方形，底面斜坡状，坡度23°。填土黄灰色，疏松，封门处有少量的砖块。上部被毁，残存下部。残长1.23、宽0.82、残高0.55米。没有甬道。墓门开于南壁偏西，残存底部。封门墙残高0.51、南北宽0.32米，即一条砖长度。封门方法：底层用条砖平铺三层，其上侧立三层。封门砖均为灰色拉划纹条砖。

墓室　平面略呈方形，单砖顺砌于挖掘的方形明坑中，四壁平面平直，残存壁面垂直，顶部形制不详。墓室南部较北部略窄，南部东西宽2.50、北部东西宽2.62、南北长2.60米，残高0.40米。四壁用土红色拉划纹错缝叠压平砌，拉划纹均朝下，层砖之间用三合泥浆黏合。棺床平面呈倒凹字形，高0.10米；东、西、南、北四壁分别与墓室的四壁相接，东、西、南侧壁面用土红色条砖错缝平砌护壁；棺床面原用土红色拉划纹条砖平铺，因扰乱之故，铺砌方法难详。墓室地面较小，未见铺地砖。

2.遗物　随葬品有陶器、铜镜、铜钱、铁剑、铁带饰等。陶器出土于棺床西南部，铜镜、铁剑、铁带饰、铜钱出土于棺床。

　　陶器　仅底座1件。标本M016：12，泥质，灰色，轮制。覆盆状，底敞口，宽平沿，圆卷唇，深腹，腹斜直，平顶。外壁至唇部施黑彩，局部脱落。底口径25.6、顶径13.4、高14.2厘米（图二三B）。

　　铜器　有铜镜1枚和"开元通宝"铜钱23枚。

　　铜镜　1枚。标本M016：1，残存一小半。葵形镜，宽平素缘。纽残失，纽座宝相花形，座外用阳线勾勒出枝蔓相连的石榴花。残径17.6厘米（图二三B；图版八，2）。

　　"开元通宝"　23枚，其中19枚完整，大多因锈蚀字体较模糊（图版八，3）。"开元"二字宽扁。

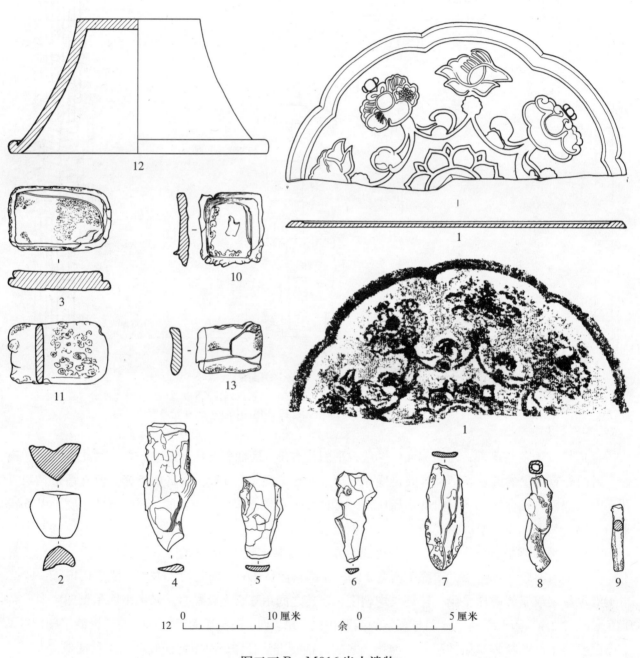

图二三B　M016出土遗物

1.铜镜　2.章料　3.铁铊尾　4～6.铁剪残段　7.铁剑残段
8.铁管残段　9.铁钉　10、13.方形铁铐饰　11.带扣　12.底座

"通宝"二字纵长。根据笔画特征分两型。

A型　7枚。"开"字两竖画外撇。"元"字上画短，重心偏向右侧；次画略左上挑或上挑不明显。"通"字之"走"字旁三逗点不相连；"甬"字开口略大。"宝"下部"贝"字二横画与左右竖画不相连。标本M016∶16－1，直径2.5、穿径0.7、廓宽0.3厘米，重3.7克。标本M016∶16－3，直径2.5、穿径0.7、廓宽0.2厘米，重3.2克。标本M016∶16－7，廓细窄。直径2.3、穿径0.7、廓宽0.2厘米，重1.9克。标本M016∶16－8，直径2.5、穿径0.7、廓宽0.3厘米，重4.2克。标本M016∶16－16，直径2.4、穿径0.7、廓宽0.2厘米，重3.1克。标本M016∶16－18，直径2.5、穿径0.7、廓宽0.2厘米，重3.0克。标本M016∶16－19，直径2.4、穿径0.6、廓宽0.2厘米，重2.8克（图二三C）。

B型　8枚。"开"两竖画明显外撇。"元"字上画长，次画左挑。"通"字之"走"字旁三逗点相连，"甬"字上笔开口小。"宝"字下部"贝"字二横画与左右竖画相连。标本M016∶16－4，直径2.5、穿径0.7、廓宽0.2厘米，重3.8克。标本M016∶16－6，直径2.4、穿径0.7、廓宽0.2厘米，重4.1克。标本M016∶16－12，直径2.5、穿径0.7、廓宽0.3厘米，重2.9克。标本M016∶16－13，背面上部一新月纹。直径2.5、穿径0.6、廓宽0.2厘米，重3.5克。标本M016∶16－14，直径2.5、穿径0.7、廓宽0.2厘米，重3.6克。标本M016∶16－15，直径2.5、穿径0.7、廓宽0.2厘米，重4.1克。标本M016∶16－17，字体特征、大小、重量与标本M16∶16－15同。标本M016∶16－11，直径2.5、穿径0.6、廓宽0.2厘米，重3.5克（图二三C）。

另有4枚字迹模糊，标本M016∶16－2、M016∶16－5、M016∶16－9、M016∶16－10。

铁器　有铊尾、方形铸饰和带扣残片等带饰（图版八，4），还有铁剪、剑残段、铁钉、铁管等。

铁铊尾　1件。标本M016∶3，平面略呈圆头长方形，由正面和底面铆合而成，底面略大。铆钉铜质，底面有二铜铆钉痕。正面和底面锈蚀。锈蚀于一起。长5.4、宽3.2、厚0.9厘米（图二三B）。

方形铁铸饰　2件。标本M016∶10，平面略呈方形，一端有一长方形穿孔，系由正面和底面铆合而成。因锈蚀穿孔，正面和底面均锈蚀于一起；底面略大于正面。铆钉铜质，底面留存两对角的铆痕。边长3.8厘米、厚0.5厘米。标本M16∶13，残存方角，为锈蚀下半面，底面锈结着丝绸。宽3.5、长2.6厘米（图二三B）。

铁带扣　1件。标本M016∶11，残。圆头长方形，系带扣后段上半部。长5.2、宽3.2厘米（图二三B）。

铁剪残段　3件。标本M016∶4，铁剪尖部，打制，采用薄铁片逐层锻打而成，断面呈层状，横断面呈倒三角形。残长6.8、宽2.0厘米。标本M016∶5，铁剪尖部，刃部残失。残长4.2、宽1.4～2.0厘米。标本M016∶6，铁剪尖部，平面略呈三角形，横断面呈倒三角形。残长4.6厘米（图二三B）。

铁剑残段　1件。标本M016∶7，铁剑尖部，断面呈扁圆形。残长5.5、宽2.0厘米（图二三B）。

铁钉　1枚。标本M016∶9，铁钉下半段，断面方形。残长3.4厘米（图二三B）。

铁管残段　1件。标本M016∶8，铁管残段，弯曲，锈蚀。孔径0.2～0.4厘米，管径0.5～0.6厘米，残长5.0厘米（图二三B）。

章料　1件。标本M016∶2，石质，三面打磨光滑，另一面为自然破裂面；一面有轻微的划痕；底面呈不规则四边形。边长1.5～2.8、高2.6厘米（图二三B）。

墓砖　长方形条砖，泥质，灰陶，模制。有土红色和灰色两种。土红色拉划条砖，用于砌四壁和

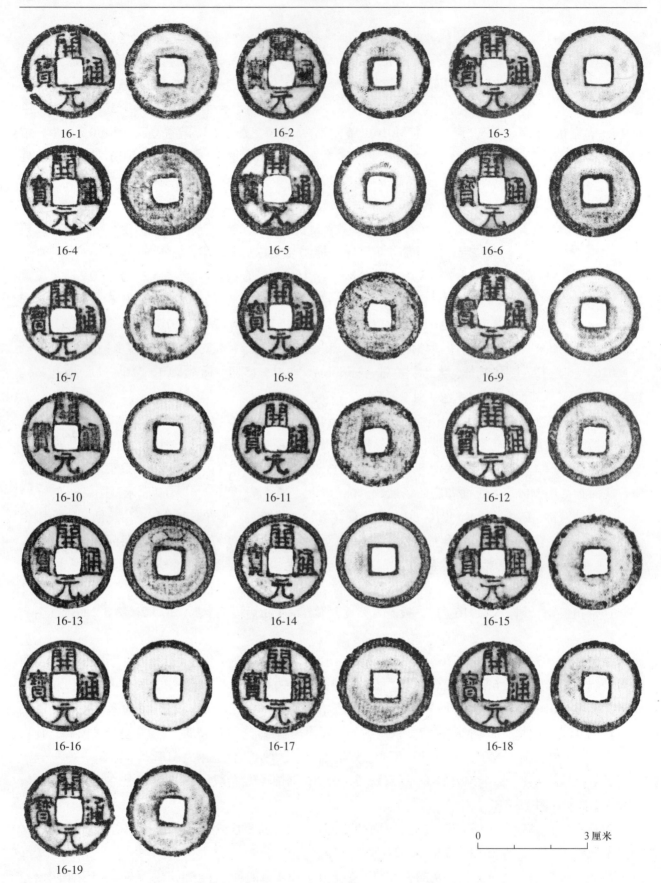

16-1　　　　　　16-2　　　　　　16-3

16-4　　　　　　16-5　　　　　　16-6

16-7　　　　　　16-8　　　　　　16-9

16-10　　　　　　16-11　　　　　　16-12

16-13　　　　　　16-14　　　　　　16-15

16-16　　　　　　16-17　　　　　　16-18

16-19

0　　　　　　3厘米

图二三 C　M016 出土开元通宝

棺床，外表土红色，内部灰黑色，系火候不高所致。灰色拉划纹条砖主要用于砌封墓门。标本 M016：14，背面平整，正面用梳齿状工具拉划凹槽。长 35.0 厘米、宽 17.5、厚 5.0 厘米。标本 M016：15，背面平，正面用梳齿状工具拉划凹槽。长 31.0、宽 15.5、厚 4.5 厘米。

3.葬式　棺床除发现少量的骨骼残段处，没有发现较大的骨骼和颅骨，其葬式不详。

（四）M017

M017 位于红星家园二号基坑西部、M016 西北部 15 米处，由于挖掘二号基坑，墓道上部和墓室上部均被毁，仅残存下部。

1.形制　M017 为倒凸字形单室砖室墓，方向 178°，由墓道、墓室组成。墓室内砌棺床（图二四）。

墓道　位于墓室南部偏西，上部被毁，残存下部。平面长方形，底面斜坡状，坡度 11°。残长 2.6、宽 0.90、残高 0.5 米。填土灰黄色，疏松，包含少量的灰陶片。

甬道　较短，砌于墓室南壁偏西，南与墓道相连。底宽，向上逐渐窄小，顶部被毁，形制不详。南北深 0.32、东西宽 0.84、残口宽 0.75、残高 0.5 米。用条砖封门，封门墙残高 0.42、南北宽 0.36 米。封门方法为：用条砖纵向和横向交互叠压平铺，层砖之间用三合泥黏合。

墓室　平面略呈倒梯形，单砖顺砌于挖掘的倒梯形明坑中。四壁单重，南壁平面较直，其他三壁平面外弧，其中东、西壁较北壁外凸稍甚；壁面内收；顶部被毁，形制不详。墓室南部东西宽 2.36、北部东西宽 2.56、南北长 2.62 米，残高 0.52 米。棺床呈倒凹字形，与墓室的四壁相接，高 0.08 米。系在砌四壁的生土层面于墓门北部挖一东西宽 1.08、南北长 1.28、深 0.08 米的长方形凹槽而成。棺床面素面，未见铺砖。墓室地面较小，未见铺砖。

2.遗物　随葬品有陶器、铜佛像、铜钱等。陶器均为碎片，主要出土于棺床西南部，佛像和铜钱出土于棺床。

陶器　泥质，浅灰色，轮制。均残，可辨器形有罐盖、塔形罐底座、兽面罐等。

塔状纽盖　2 件。盖盘覆钵状，敞口，圆唇，浅腹，顶部平，塔状纽。标本 M017：5，纽较细，五层，第五层残，中空。外涂淡黑色颜料，残存局部。底口径 18.6、残高 12.6 厘米（图二四 B；图版九，1）。标本 M017：2，纽五层，低矮，逐层变小。外壁和塔状纽涂淡黑色，残存局部。底口径 17.4、高 8.8 厘米（图二四）。

底座　1 件。标本 M017：3，由上、下两部分件制作黏接而成。上口部唾盂状，侈口，束颈，鼓腹，脱底。鼓腹部压印六个竖向凹槽。下部喇叭口或深腹覆盆状，底敞口，卷平沿，深腹，脱底。外壁涂淡黑色，局部脱落。上口径 15.8、底口径 25.2、高 18.8 厘米（图二四；图版九，3）。

壶　1 件，残存底部。标本 M017：6，平底，底径 5.8、残高 2.0 厘米。

兽面　3 件。形制相同，实为标本 M017：4 肩部贴塑兽面。标本 M017：12，平面呈圆角长方形，面部突起，张口獠牙，三角形鼻，颧骨低平，细眉突睛，双角弯曲，额角各一环状耳。顶部一直径 0.7 厘米的斜向穿孔。长 8.7、宽 6.0、高 2.0 厘米（图二四）。

铜器　有铜佛像和铜钱。铜钱 4 枚，其中 2 枚残，"开元通宝"和"货泉"各 2 枚。

铜佛像　1 件。标本 M017：1，立姿，两臂下垂，基座覆斗状。背面和基座底面微凹。高 3.4 厘米（图二四；彩版二，3；图版九，2）。

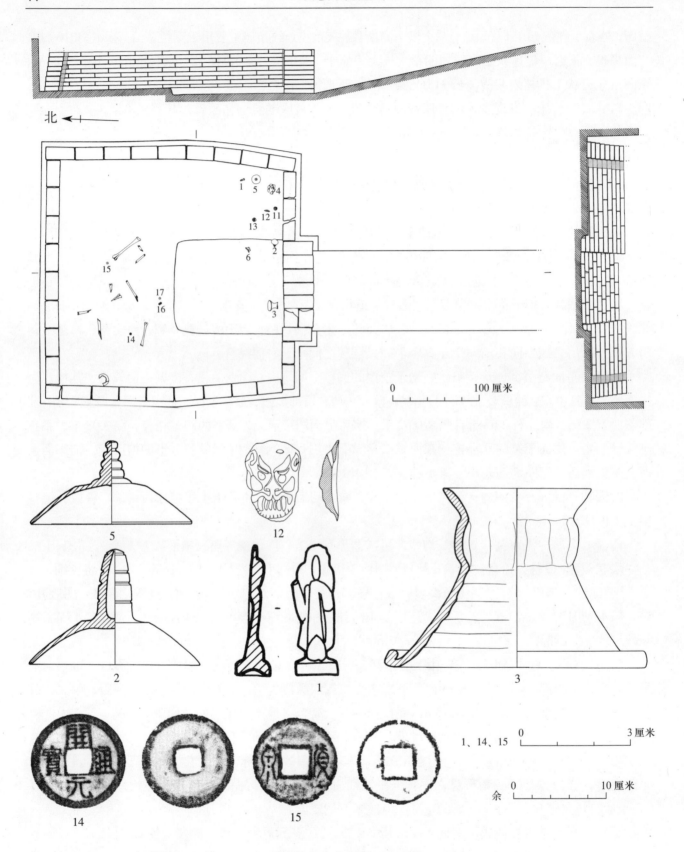

图二四　M017 及出土遗物

1.铜佛像　2、5.盖　3.底座　4.罐残片　6.壶底部　11~13.兽面　14~17.铜钱

"货泉" 2枚。标本M017：15，篆体，细廓。直径2.3、穿径0.7、廓宽0.2厘米，重2.8克（图二四）。

"开元通宝" 2枚。其中1枚字体清晰。标本M017：14，"开"字较宽扁，两竖画外撇。"元"字上画长，次画略左上挑，末笔略顿。"通"字之"走"字旁三点相连，"甬"字上笔开口较小。"宝"字下部"贝"字二横与左右竖画相连。直径2.5、穿径0.7、廓宽0.2厘米，重3.6克（图二四）。

墓砖 长方形条砖，泥质，灰陶，模制。砖色有土红色和灰色，以灰色为主。均为拉划纹。标本M017：7，背面平整，正面拉划细密匀称的凹槽。长32.0、宽17.0、厚4.5厘米。标本M017：8，背面平整，正面拉划间距较大的凹槽。长29.0、宽14.0、厚5.5厘米。

3.葬式 棺床散见残碎胫骨、肱骨等，肋骨和脊椎骨较少，未见颅骨，但出土一下颌骨。经鉴定有人体骨架两具，分别为40~50的女性和30岁左右的男性，葬式不详。

四 M018~M021

（一）位置与地层

M018、M019、M020、M021位于红星家园六号建筑基坑内（图二五）。基坑东西长58.6、南北宽16、深1.7米。基坑地层堆积与七号基坑基本相同（参见图五）。六号基坑内的墓均被毁，仅残存下部，从剖面观察，残口为第3层所压。自2003年4月9日~13日，对这四座墓进行了清理。

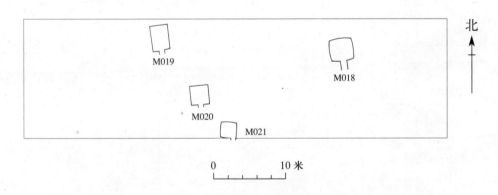

图二五 红星家园六号基坑墓葬分布图

（二）M018

M018位于六号坑东北部，上部堆积在挖掘六号坑时遭毁，仅存墓道下部和墓室局部。

1.形制 M018为倒凸字形单室砖室墓，方向176°，由墓道、墓室组成。墓室内砌棺床（图二六A；图版一○，1）。

墓道 位于墓室南部，西向偏离中轴线。平面长方形，底面斜坡状，坡度为27°。残长1.90、宽0.76、残高0.78米。填土灰黄色，疏松，包含碎瓷片和砖块。曾遭扰动。没有甬道。封门遭毁，形制不详。

　　墓室　由于早期盗掘破坏，墓室仅残存西壁和北壁西段。平面形制呈南窄北宽的倒梯形，圆角，中部略外凸，呈弧线形。西壁和北壁单砖并排顺砌，每层用二、三条砖反方向间隔平砌，以联系内外砌砖。墓室南部东西宽2.6、北部东西宽2.96、南北长2.80、残高0.8米。棺床平面呈倒凹字形，高0.2米，与墓室四壁相接。棺床南、东、西侧壁用条砖错缝平砌护壁，东、西壁被毁，残存局部砌砖。棺床面为细沙层面，未见铺砖。

　　2.遗物　随葬品有陶器、瓷器、铜带饰、铜钱、铁剪残段、骨饰件等。陶器主要出土于墓室南部，铜带饰出土于棺床西北部，有铊尾、方形铐饰和半圆形铐饰；在棺床中部偏北，出土半圆形铐饰和铐饰残片。在棺床北部的骨间，出土铁剪残段。

　　陶器　均残片。泥质，有红陶和灰陶。红陶器有塔形罐底座、罐等，外施灰白色陶衣。灰陶器有

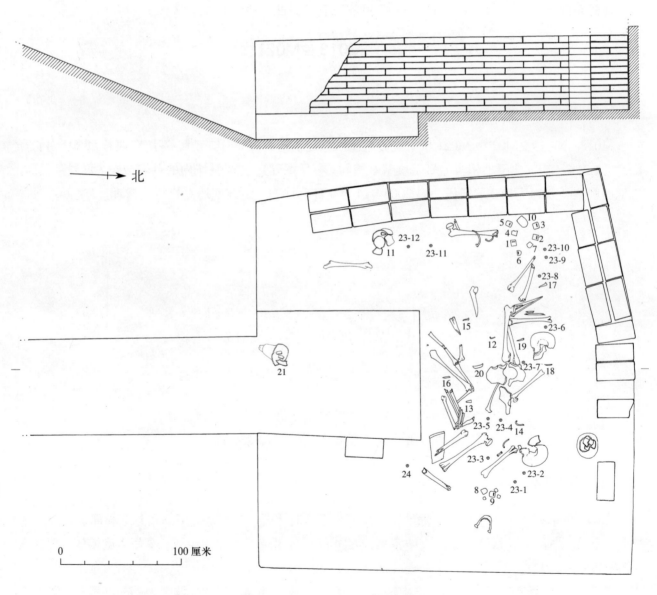

图二六A　M018平、剖面图

1~4.方形铜铐饰　5~9.半圆形铜铐饰　10.铜铊尾　11.铜镜　12.铜饰件　13、14.铁剪残段
15~19.铁钉　20.骨饰件　21.底座残件　23-1~12.开元通宝　24.乾元重宝

底座、罐等，说明 M018 可能用红陶和灰陶二套塔形罐随葬。

瓷器　均为残片，胎体粗糙，酱釉，器形为 2 件执壶。

铜器　铜带饰 10 件，有方形铐饰，半圆形铐饰和铊尾，还有铜镜 1 枚、铜钱 17 枚，铜钱有"开元通宝"16 枚和"乾元重宝"1 枚。

方形铜铐饰　4 件，其中 1 件完整，3 件稍残，形制相同。标本 M018：1，方形，由正面和底面二部分铆合而成，以夹革带。正面略呈覆斗状，边长 4.5×4.6 厘米；底面呈方形，略小于正面，边长 4.4 厘米，四角有四个铆钉痕。一端有一 0.4×1.9 厘米的长方形穿孔。厚 1.1 厘米。标本 M018：2，方形铐饰正面，底面缺失。略呈覆斗状，边长 4.5×4.6 厘米，厚 0.7 厘米。一端有 0.4×1.8 厘米的长方形孔；背面四角各残存一个铆钉。标本 M018：4，一方角残失，形制、大小与 M018：2 同（图二六 B）。

半圆形铜铐饰　5 件。形制相同。标本 M018：5，平面呈圆头长方形，由正面和底面铆合而成，以夹革带。正面覆斗状，一端方角，一端圆头，边长 3.4×4.4 厘米。底面略小于正面，为薄片，边长 3.0×4.0 厘米，有三个铆钉痕。方角一端有一 0.4×1.8 厘米的长方形孔眼。厚 1.1 厘米。标本 M018：6，正面呈覆斗状，一端方角，一端圆头，边长 3.4×4.4 厘米，方角一端有一 0.4×1.8 厘米的孔眼。底面略小于正面，薄片，边长 3.0×4.0 厘米，方角一端有一 0.5×2.1 的孔眼，两角和圆头部各有一铆钉痕。厚 1.1 厘米（图二六 B）。

铜铊尾　1 件。标本 M018：10，平面呈长方形，一端方角，一端圆头，残存底面。边长 4.7～8 厘米。方头一端有 4 个直径 0.2 厘米的铆钉孔（图二六 B；彩版二，4；图版一〇，2）。

铜饰件　1 件，残。标本 M018：12，圆弧状，打制，由较厚、较窄的铜片弯曲而成，断面呈圆形。残长 7.4 厘米（图二六 B）。

铜镜　"卐"字纹镜 1 枚。标本 M018：11，四方倭角形，圆纽，镜缘较宽。纽周围一"卐"字纹。直径 14.3 厘米（图二六 B；彩版二，5；图版一〇，3）。

"开元通宝"　12 枚，因锈蚀模糊不清。

"乾元重宝"　1 枚。标本 M018：24，字迹锈蚀不清，廓边较宽。直径 2.4、穿径 0.6、廓宽 0.3 厘米，重 2.8 克（图二六 B）。

铁器　有铁剪残段和铁钉。

铁剪残段　残存 2 段。打制，通体锈蚀。标本 M018：14，剪柄残段，钩状，断面椭圆形。径 0.8～1.0、残长 11.8 厘米（图二六 B）。标本 M018：13，剪刀残段，断面呈等腰三角形。残长 7.5、宽 2.7 厘米（图二六 B）。

铁钉　5 个。打制，体侧多锈结着朽木（图版一〇，4）。标本 M018：15，钉帽残失，断面呈方形。边长 0.7、残长 5.3 厘米。标本 M018：16，钉帽残失，上端有凿断痕，断面呈圆角方形。残长 6.2 厘米。标本 M018：17，钉帽残失，上端有细薄的凿断面，断面椭圆形。边长 0.3、残长 6.2 厘米。标本 M018：19，残存下段，尖部微残，断面呈方形。残长 6 厘米。标本 M018：18，弯曲近直角。残长 4.0 厘米（图二六 B）。

骨饰件　1 件。标本 M018：20，残，扁圆形，磨制，断裂面部稍薄，有 2 个直径 0.1 厘米的穿孔。打磨光滑，两面有划痕。长 9.3、残宽 3.2 厘米（图二六 B；图版一〇，5）。

墓砖　长方形条砖，泥质，灰陶，模制。标本 M018：22，拉划纹，背面平，一角微残。长 29.0、

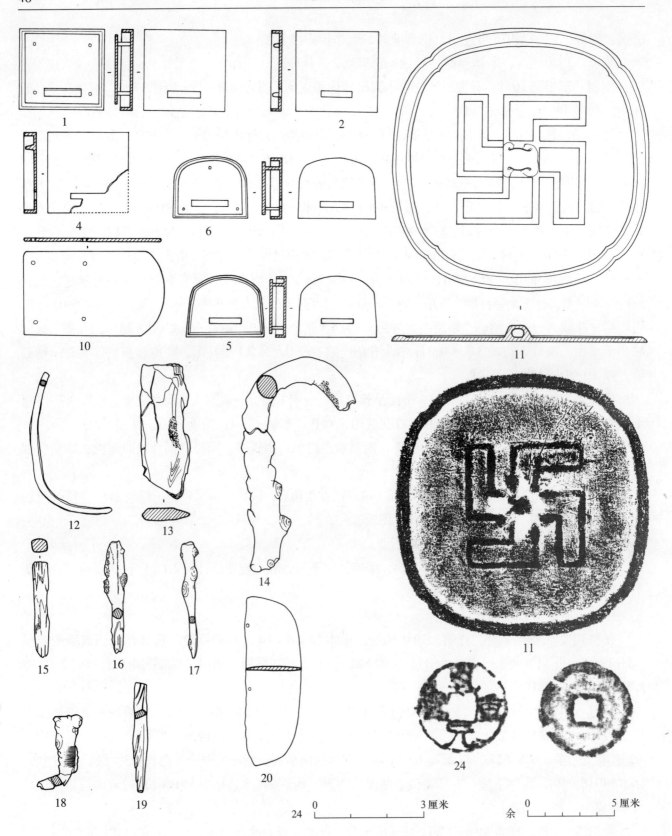

图二六B　M018 出土遗物

1、2、4.方形铜銙饰　5、6.半圆形铜銙饰　10.铜铊尾　11.铜镜　12.铜饰件
13、14.铁剪残段　15～19.铁钉　20.骨饰件　24.乾元重宝

宽15.0、厚5.0厘米。

3.葬式　棺床上发现人体骨架四具，严重扰乱，主要分布于棺床北部。棺床西南部，一颅骨下置一面完整的铜镜，面部朝上；东部置一股骨，南北向。棺床北部，骨骼凌乱，但四肢骨的位置呈东西向，其中北部一具颅骨和盆骨基本在原来的位置，呈头东脚西置向。从骨骼的置向残迹分析，葬式是合葬墓，一具头南脚北，仰身直肢；另两具头东脚西，葬式不明。经鉴定有二男二女，分别为一23～28岁的女性、一35～45岁的女性，一不小于40岁和一不小于45岁的男性。另外，在棺床扰土中出土了几枚铁钉，锈结着朽木，说明应有棺木等葬具。

（三）M019

M019位于M018西北部，两墓相距22米。由于挖掘六号基坑的破坏，仅存墓室底部。

1.形制　M019为倒凸字形单室砖室墓，方向178°，由墓道、甬道、墓室组成。墓室内砌棺床（图二七）。墓道被毁，仅存甬道和墓室底部。葬式不明。

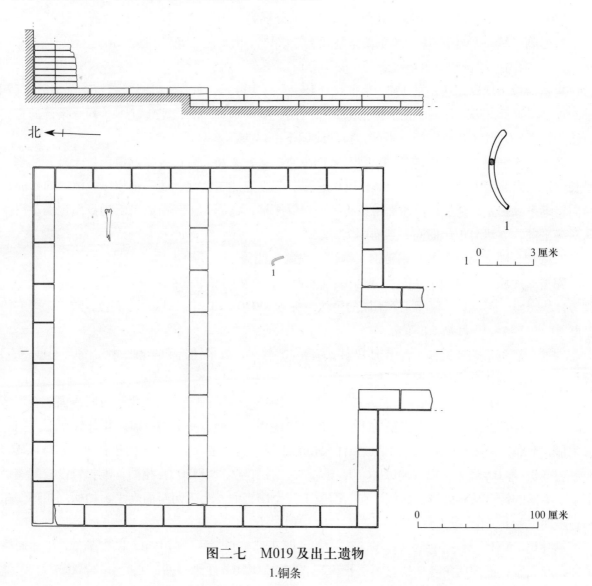

北←

0　　　3厘米

0　　　100厘米

图二七　M019及出土遗物
1.铜条

甬道　开于南壁中部，与墓室南壁同时单砖顺砌。东西宽0.66、南北深0.60、残高0.10米，即两层平砌砖的高度。顶部被毁，形制不详。

墓室　平面呈方形，单砖顺砌，四壁平面平直，残存壁面垂直。边长2.52、残高0.23米。棺床位于墓室北部，南北宽1.26、东西长2.52、高0.15米，与墓室的东、北、西三壁相接。棺床南壁面用条砖错缝叠压平砌护壁，棺床面用条砖平铺，素面朝上，以纵向平铺为主，横向平铺较少。棺床南部的墓室地面，用条砖平铺，素面朝上，以灰色条砖为主，土红色较少；以南北向为主，横向为次。

2.遗物　随葬品仅有铜条1件。

铜条　1件。标本M019：1，弧状，系某一铜圆环残件。直径0.2、残长4.1厘米（图二七）。

墓砖　拉划纹条砖，泥质，模制。以灰色为主，红色较少。标本M019：2，背面较平，正面用梳齿状工具拉划凹槽。长33.0、宽16.0、厚6.5厘米。

（四）M020

M020位于六号基坑中南部，其西北和东南部分别为M019、M021，上部被毁，仅存下部。

1.形制　M020为倒凸字形单室砖室墓，方向174°，由墓道、甬道、墓室组成。墓室内砌棺床（图二八）。墓道由于挖掘建筑基坑被毁。

甬道　位于南壁正中，宽0.52、南北深0.56、残高0.24米。东、西二壁与墓室南壁同时单砖顺砌，壁面垂直。顶部遭毁，形制不清。沿甬道北口封门，残高0.10、南北宽0.17米，即一条砖的宽。封门方法为：用拉划纹条砖横向错缝平铺，拉划纹朝下。

墓室　平面呈方形，单砖顺砌，残存壁面垂直。边长2.26、高0.24米。棺床位于墓室北部，平面呈长方形，南北宽1.22、东西长2.26、高0.17米，与墓室的东、北、西三壁相接。棺床南壁面用条砖横向错缝平砌护壁，两层；棺床面用条砖纵向对缝平铺，素面朝上。棺床南部为墓室地面，用条砖纵向对缝平铺，方法与棺床面同，素面朝上。

2.遗物　随葬品有陶器、铜带饰、铜钱、铁剑残段等。

陶器　泥质，轮制。均为残片，出土于墓室南部。有灰陶和红陶两种，以灰陶为主，器形有罐、底座等，从陶质、陶色看分属于4个不同的个体。标本M020：13，罐口沿，淡灰色，敛口，厚卷沿，器壁厚重。口径24.0、残高5.6厘米。

铜器　有铜带饰和铜钱。铜带饰10件，有带扣、铊尾、方形铸饰和半圆形铸饰等（彩版三，1；图版一一，1）。铜钱有"开元通宝"3枚。

铜带扣　2件。标本M020：1，大带扣。扣柄圆头长方形，中空，系由上、下两半面铆合而成，出土时夹少许革带。上半面周缘略微向下倾斜，下半面平，底面有4个铆钉痕。扣环扁环形，扣针断面三角形，下部为一方台形基座，扣柄、扣针和扣环由轴相连，在一平面上，由于锈蚀，轴难以转动。长5.4、宽3.8、厚0.6厘米。标本M020：10，小带扣，形制与标本M20：1相同，唯扣针没有基座，扣柄上、下半面的铆合从正面铆合而成，在两面留下三个铆钉痕。上下两半面均平，扣柄、扣环、扣针在同一平面上。长2.5、宽1.3、厚0.4厘米（图二八）。

铜铊尾　1件。标本M020：2，圆头长方形，圆头部实心，另一端中空，以夹革带，正面周缘略向下伸，底面平，底面两角各一铆钉痕。长3.2、宽2.8、厚0.6厘米（图二八）。

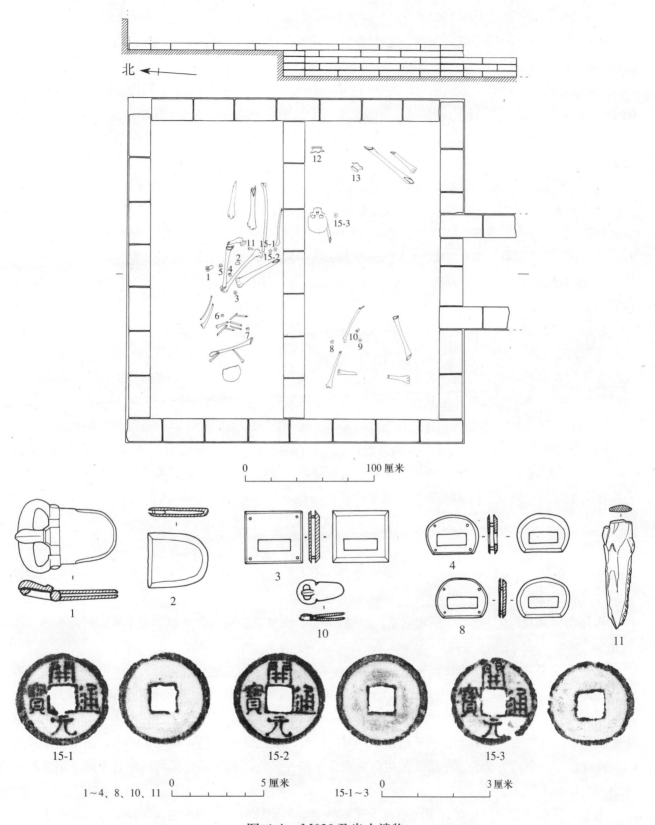

图二八　M020及出土遗物

1、10.铜带扣　2.铜铊尾　3.方形铜銙饰　4~9.半圆形铜銙饰
11.铁剪残段　12.底座残件　13.罐口沿　15-1~3.开元通宝

方形铜铐饰　1件。标本 M020：3，平面呈方形,长边一端有一长1.8、宽0.7厘米的孔眼，系由上、下二半面铆合而成，中空，原夹革带，现已脱落。上半面四边向下略微斜伸，呈覆斗状，下半面平，底面四角各有一铆钉痕。长3.1、宽2.6、厚0.4厘米（图二八）。

半圆形铜铐饰　6件，形制相同，其中1件稍残。标本 M020：4，半圆形，临边一端有一长1.7、宽0.6厘米的孔眼，最大径在孔眼的两端。系由上下二半面铆合而成，上半面周缘略微向下包合，下半面平。底面有四个铆钉痕。长2.9、宽2.1、厚0.5厘米。标本 M020：8，形制、大小与标本 M020：4同（图二八）。

"开元通宝"　3枚，钱纹比较模糊，字体特征相同。"开元"二字宽扁，"通宝"二字纵长。"开"字两竖画外撇。"元"字上画较短，重心偏向右侧，次画左挑。"通"字之"走"字旁三逗点不相连，"甬"字开口略大。"宝"字下部"贝"字二横画位于中间，与左右竖画不相连。标本 M020：15－1，直径2.5、穿径0.7、廓宽0.2厘米，重3.6克。标本 M020：15－2，直径2.5、穿径0.7、廓宽0.2厘米，重3.7克。标本 M020：15－3，略残，"元"字次画呈弧状。直径2.3、穿径0.7、廓宽0.2厘米，重2.6克（图二八）。

铁器　有铁剪残段1件。标本 M020：11，铁剪残段，尖部微残，平面呈三角形，断面呈椭圆形。残长5.6厘米（图二八）。

墓砖　拉划纹条砖，泥质，模制。有灰色和土红两种，以前者为主，后者较少。标本 M020：14，背面较平，正面用梳齿状工具拉划细密匀称的凹槽。长33.5、宽17.0、厚5.5厘米。

3. 葬式　墓室被严重盗扰，骨骼分布比较凌乱。棺床西部颅骨一个，其东部股骨、胫骨和肱骨凌乱，但部分股骨呈东、西向，其余骨骼的分布似东西置向移动所致。墓室地面东北部紧邻棺床东壁，置颅骨一件，西部有凌乱的肢骨，系盗扰所致。以此分析，葬式为合葬；似仰身直肢，头向西。经鉴定有人体骨架三具，一男二女，分别为一成年男性和一20～25、一不小于40岁的女性。

（五）M021

M021 位于六号基坑中南部、M020 的东南部。由于六号基坑的挖掘，墓道、甬道和墓室上部均被毁，仅残存下部。

1. 形制　M021 为刀把形单室砖室墓，方向185°，由墓道、甬道和墓室组成。墓室内砌棺床（图二九）。

墓道　位于墓室南部东侧，其东壁和墓室东壁南北在同一直线上。上部被毁，残存下部。平面长方形，底面斜坡。残长0.2、宽0.75、残高0.50米。填土灰黄色，疏松，包含细沙和少量的灰陶片。

甬道　位于墓室南壁东部，其东壁为墓室东壁南段。宽0.5、南北深0.5、残高0.6米。东、西二壁平整、垂直。顶被毁，形制不详。从甬道中部封门，封门墙南北长0.45、残高0.18米，用条砖平砌封门，残存二层。封门方法为：一层北部用条砖横向平铺一砖宽，其南用条砖纵向倾斜平铺，南侧高于北侧，二层以上残失。

墓室　平面形制呈倒梯形，单砖顺砌于挖掘的倒梯形明坑中。上部被毁，残存下部。北壁平面平直，东、西壁平面向内斜直，南壁平面略呈西南—东北向；四壁残存壁面垂直。墓室南部东西宽（包括甬道）1.58、北部东西宽1.72、南北长2.08米，残高0.60米。棺床位于墓室西部，平面呈长方形，东

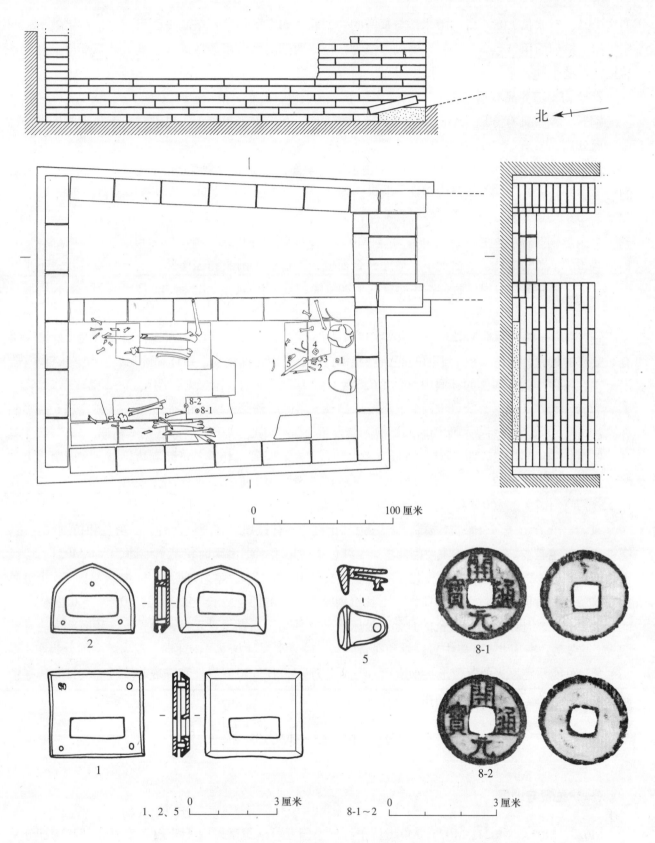

北

0　　　　　　　　　　　100 厘米

1、2、5　　0　　　　　3厘米　　　　8-1～2　　0　　　　　3厘米

图二九　M021 及出土遗物

1.方形铜銙饰　2～4.半圆形铁銙饰　5.小带扣　8-1～2.开元通宝

西宽 1.02、南北长 2.08、高 0.10 米，与墓室的北、西、南三壁相接；东侧壁面用灰色条砖错缝平砌两层护壁，棺床面用红色条砖平铺，铺砌方法为：棺床西部沿西壁用条砖纵向平铺，其东部用土红色条砖横向对缝平铺。

2.遗物 随葬品有铜带饰、"开元通宝"铜钱 2 枚等，出土于棺床。

铜器 铜带饰有方形、半圆形铸饰、带扣等 5 件。其中铜带扣较小，出土时嵌于一半圆形铜铸饰内，后分离。

方形铜铸饰 1 件。标本 M021：1，系由上下两半面铆合而成，铆钉分布于上半面的四角，临长边的一端有一长 1.9、宽 0.7 厘米的穿孔。上半面覆斗状，下半面平。底面四角各有一铆钉痕。长 3.2、宽 2.8、厚 0.6 厘米（图二九；图版一一，3 右 1）。

半圆形铜铸饰 3 件，形制相同。标本 M021：2，平面呈半圆形，圆头位于长边一端，中部有一长 1.9、宽 0.7 厘米的穿孔，系由上下二半面铆合而成，铆钉位于圆头和二角部。上半面覆斗状，下半面平。中空，原夹革带，现已脱落。底面有三个铆钉痕。长 2.8、最宽 2.8、厚 0.6 厘米（图二九；图版一一，3 左 1~3）。

铜带扣 1 件。标本 M021：5，扣柄中空，圆头长方形，由上下两半面铆合而成。上半面圆头端有一突起的铆钉，两角部和下半面的底面均有铆钉痕，系由正面铆合。扣环扁圆形，突起，扣针缺失。出土夹在一件半圆形铸饰的孔眼内。长 1.6、宽 1.4、厚 0.4 厘米（图二九；图版一一，2）。

"开元通宝" 2 枚。除"宝"字上部较模糊外，字迹均清晰，特征相同。"开"字较宽扁，两竖画外撇；"元"字上画较短重心偏向右侧，次画微左挑。"通"字之"走"字旁三点不相连；"甬"字上笔开口较大。"宝"字下部"贝"字二横画位于中间，与左右竖画不相连，正面廓边规整，背面廓边上部略宽于下部。标本 M021：8－1，直径 2.5、穿径 0.7、廓宽 0.2 厘米，重 3.4 克。标本 M021：8－2，直径 2.5、穿径 0.7、廓宽 0.2 厘米，重 4.0 克（图二九）。

墓砖 长方形条砖，泥质，模制。分灰色和土红色，有拉划纹和绳纹两种，以灰色和拉划纹为主，绳纹和土红色较少。灰色条砖主要砌四壁，土红色条砖用于平砌棺床面和墓室地面。标本 M021：6，浅灰色绳纹条砖，背面平整，正面模印竖粗绳纹。长 32.0、宽 17.0、厚 5.5 厘米。标本 M021：7，土红色拉划纹条砖，背面平整，正面用梳齿状工具拉划疏朗匀称的凹槽。长 34.0、宽 17.0、厚 5.0 厘米。

3.葬式 棺床发现两具凌乱的骨架。棺床南部紧邻南壁，置颅骨二具，面朝下，其南部为凌乱的肋骨、肱骨等；棺床北部，集中置胫骨和股骨残段，较凌乱。但方位呈南北向，较为集中地分为东、西两部分，可能系在原来的置位上扰动所致。经鉴定为一不小于 50 岁男性和一成年女性。从骨骼残存情况分析，葬式为二人合葬，头向南。

五 M022～M026

（一）位置与地层

M022、M023、M024、M025、M026 位于红星家园五号建筑基坑内（图三〇），其北部和南部分别为七号和三号基坑，东部为六号基坑。基坑东西长 58.6、南北宽 16、深 1.7 米。基坑地层剖面与七号基坑基本相同（参见图五）。基坑内的墓葬，中上部均被毁，残存下部，残口部为第 3 层所压。自 2003 年 4 月 13 日至 16 日对其进行了清理。

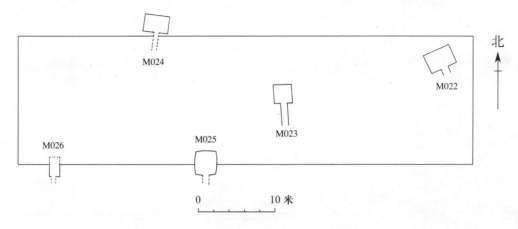

图三〇 红星家园五号基坑墓葬分布图

（二）M022

M022 位于五号基坑的东北角，西南距 M023 约 17 米。由于挖掘五号建筑基坑的破坏，甬道、通道和墓室上部均被毁，仅残存底部。

1. 形制 M022 为三室砖室墓，方向 174°，由墓道、甬道、墓室组成。墓室分为东室、中室和西室，中室内砌棺床（图三一）。

墓道 位于中室东部，上部被毁，残存下部。平面长方形，底面斜坡，坡度 16°。残长 1.20、宽 0.80、残深 0.37 米。填土黄灰色，疏松，包含少量的砖块。

甬道 位于中室南部偏东，与墓葬南壁同时单砖顺砌，仅残存下部。宽 0.55、南北深 0.70、残高 0.29 米。顶部被毁，形制不详。沿甬道北口封门。封门墙南北长 0.56、残高 0.38 米，用条砖平砌，层砖之间用三合泥黏合。封门方法为：北部用条砖横向平铺，残存东段三层，西段被毁，其南部用条砖纵向平铺，残高 0.28 米。

墓室 分为东、中、西三室，实为东西长 4.00、南北宽 2.32 米的长方形的墓室内砌两个隔墙，分隔为东、中和西三室。两个隔墙与四壁同时平砌，即北段砌砖和墓室的北壁有叠压关系，而南段砌砖与南壁分离。四壁单层，用条砖错缝叠压平铺，棺床北仅高 0.06 米，棺床以南残高 0.28 米。墓室隔墙的砌法东、西稍有区别。东隔墙南部开东室门洞，将小隔墙分为南北二段，北段南北长 1.44、东西宽 0.35、残高 0.06 米，即一层砖厚。北段北部用 2 条砖纵向平铺，叠压北壁，北段南部用条砖横向平铺，残高 0.14 米，南段长 0.34、残高 0.16 米，即五层砖，砌为一、三、五层用条砖横向平铺，二、四层用两条砖纵向平铺。西隔墙南北长 1.65、宽 0.35 米，仅存一层砌砖。北部用 2 条砖纵向对缝平铺，叠压于北壁下，其南部用条砖横向平铺，南北长 0.51 米。东室平面呈长方形，东西宽 1.46、南北长 2.32 米。西南部开门洞，与中室相连。门宽 0.55、东西深 0.17 米。地面略高于中室地面，低于中室棺床面，和门洞一道用条砖、残块砖或纵向、或横向随意铺砌，没有一定的规律。中室平面呈长方形，东西宽 1.46、南北长 2.32 米，南壁东部开甬道；东壁南部开门与东室相通。棺床曲尺状，高 0.12 米。棺床东

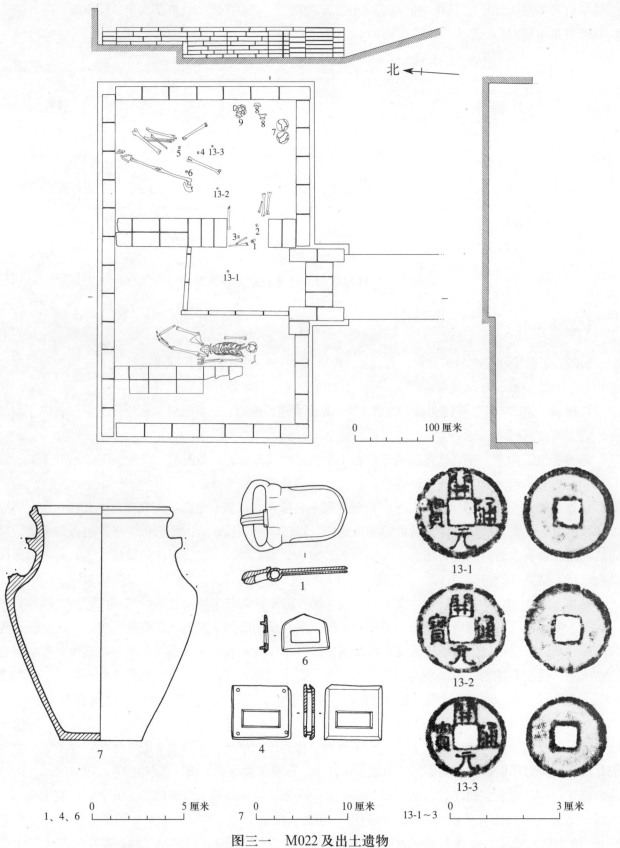

图三一　M022及出土遗物

1.铜带扣　2~5.方形铜铸饰　6.半圆形铜铸饰　7.双耳罐　8、9.罐　13-1~3.开元通宝

壁面和南壁面用条砖侧立，其上铺条砖，素面均朝外。棺床面用条砖、条砖残块或纵或横平铺，没有一定的规律。棺床东南部为墓室地面，也用条砖平铺，没有规律。西室较窄。东西宽0.37、南北长2.32米。西隔墙东部为门，与中室棺床相连。地面与中室棺床面在同一平面上，主要用条砖残块平铺，没有一定的规律。

2.遗物　随葬品有陶器、铜带饰、铜钱等。

陶器　泥质，轮制。浅灰色，少数灰褐色。均残片。器形有罐、底座等。

双耳罐　1件。标本M022：7，残，敞口，圆唇，唇内壁有一周凹弦纹，颈较高，鼓腹较深，平底。肩饰对称双竖耳，中部残失，耳下器壁凹陷。口径16.4、底径9.0、高24.8厘米（图三一）。

罐　1件，残存口沿部。标本M022：8，灰褐色。敞口，斜方唇，唇内侧饰一阴弦纹，圆肩，腹较深，小平底。口径17.2、残高8.8厘米。

铜器　出土"开元通宝"铜钱3枚、带饰6件，有铜带扣、方形铜铐饰和半圆形铜铐饰。铜带饰和铜钱出土于东室和门洞。

铜带扣　1件。标本M022：1，由上、下两半面铆合而成，原夹革带，现已脱落，底面有四个铆钉痕。扣柄圆头长方形，扣环扁圆形，扣针三棱形，头秃，下有方形针座。扣柄、扣针和扣环由中轴相连，三个在同一平面上。长5.6、扣环宽3.8、扣柄宽2.2厘米（图三一；彩版三，2；图版一一，4）。

方形铜铐饰　4件，形制相同。标本M022：4，平面长方形，临长边一端有一长1.9、宽0.7厘米的长方形孔眼；由上、下两半面铆合而成。上半面周缘向下斜倾，呈覆斗状；下半面周缘向上包合；底面四角各有一个铆钉痕。长3.2、宽2.8、厚0.6厘米（图三一）。

半圆形铜铐饰　1件。标本M022：6，残存上半面，平面呈长方形，长边一端圆突，中部有一长方形孔眼，孔眼较大，长1.7、宽0.7厘米。正面周缘略微向下包合；底面孔眼周缘边有一高起的边框，周围低凹；圆头部和两角各有一高0.5厘米的铆钉。长2.6、宽2.0厘米（图三一）。

"开元通宝"　3枚。钱纹模糊，轻薄，粗糙。"开元"二字宽扁，"通宝"二字纵长。除"元"清晰外，其他三字模糊，笔画特征不详。标本M022：13－1，"元"字上画较短，重心偏向右侧。次画左挑不明显。"通"字之"甬"部上笔开口略大。正面、背面廓边规整。直径2.5、穿径0.7、廓宽0.2厘米，重3.8克。标本M022：13－2，严重锈蚀。"开"字二竖画外撇，"元"字次画左上挑不明显。直径2.5、穿径0.6、廓宽0.2厘米，重4.9克。标本M022：13－3，"开"字二竖画外撇。"元"字上画短，次画略做上挑。直径2.2、穿径0.6、廓宽0.2厘米，重1.9克（图三一）。

墓砖　均为拉划纹条砖，泥质，模制。有灰色和土红色两种，以前者为主，后者较少。标本M022：10，灰色，背面平整，正面刻划凹槽。长33.0、宽17.0、厚5.0厘米。标本M022：12，土红色，背面平整，正面拉划凹槽。长33.0、宽16.5、厚5.5厘米。

3.葬式　中室棺床西部置人体骨架一具，保存基本完整。经鉴定为一25～30岁的女性。东室置人体骨架两具，严重扰乱，肋骨和脊椎残存甚少；二颅骨位于东南部，门洞散置肋骨；北部股骨、胫骨等骨骼较为集中、凌乱。但两侧的一股骨、胫骨相连，其北并有脚趾骨散置，此所示头向朝南。经鉴定分别为一35～40岁的男性和一不小于30岁的女性。上述骨骼置位表明，此墓为三个以上的合葬墓，中室葬式仰身直脚，东室葬式不明，头向均朝南。

（三）M023

M023位于五号基坑的中部、M022西南部18米处，其西北部为M024，西南和东南部分别为M025和M026。由于挖掘五号基坑的破坏，墓道、甬道和墓室上部被毁，仅残存下部。

1.形制　M023为倒凸字形单室砖室墓，方向178°，由墓道、甬道、墓室组成。墓室内砌棺床（图三二）。

墓道　位于墓室南部偏西，即西向偏离墓室中轴线，上部被毁，残存下部。平面长方形，底面斜坡状，坡度5°。残长1.80、宽0.88、残深0.20米。填土灰黄色，疏松，包含细沙。

甬道　位于墓室南壁偏西，南接墓道，北连墓室，与墓室四壁同时单砖顺砌，顶部被毁。宽0.66、南北深0.53、残高0.20米。东西壁壁面垂直，顶部形制不详。沿甬道北口用条砖封门。封门墙南北宽0.36、残高0.10米，用条砖纵向叠压。

墓室　平面形制呈倒梯形，单砖顺砌于挖掘的倒梯形明坑，残存底部。北壁平面平直，东、南、西三壁略微倾斜，四壁残存一层砌砖。墓室南部东西宽2.1、北部东西宽2.32米；西部南北长2.37、东部南北长2.30米。南壁偏西开门，将南壁分为东、西二段，东段宽0.48米，西段宽0.90米。棺床为双棺床，东、西相对，二棺床中间为低凹的墓室地面。东棺床较西棺床窄、低。西棺床位于墓室西部，平面呈长方形，规整。东西宽0.90米，与墓室南壁西段等宽，南北长2.37、高0.17米。棺床东壁用条砖平砌护壁（三层平砖高），棺床面用条砖平铺。其东部为与墓门等宽、低于棺床的墓室地面，长方形，用条砖、块砖错缝平铺。由于墓室平面呈倒梯形，而西棺床和墓室地面均为长方形，致使东棺床的平

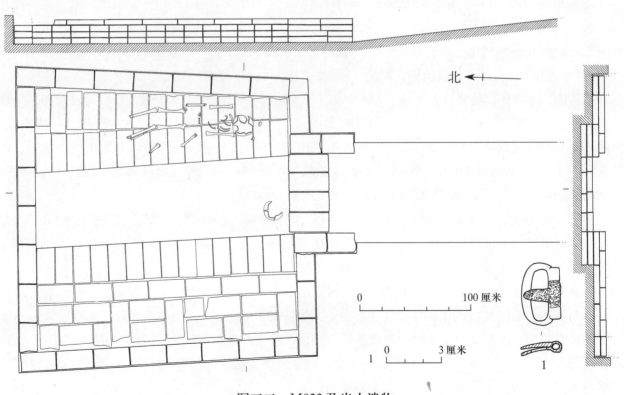

图三二　M023及出土遗物

1.铜带扣

面呈倒梯形，东西宽0.48～0.75、南北长2.32、高0.13米。东棺床的西壁用条砖纵向平砌护壁（二层砖高），棺床面铺砖，用长方形条砖横向对缝平铺。棺床和墓室地面均用拉划纹条砖平铺，素面朝上，拉划纹朝下。

2.遗物　随葬品仅铜带扣1件。

铜带扣　1件。出土于东棺床人骨架的腹部，扣柄残失，残存扣环和扣针。标本M023：1，扣环扁圆形，扣针铁质，平面三角形，断面长方形，二者与扣轴相连。因锈蚀扣针难以转动。残长2.1、宽3.2厘米（图三二）。

墓砖　拉划纹条砖，泥质，模制。长35.0、宽17.0、厚5.5厘米，拉划纹朝下，层砖之间用三合泥黏合。

3.葬式　东棺床面除零碎的骨骼外，没有发现其他较大的骨骼；但近墓门处出土颅骨等骨骼。西棺床置骨架一具，除颅骨、肋骨等被扰外，其余骨骼基本在原来的位置；呈仰身直肢。这表明M023的葬式为双人合葬，仰身直肢，头向朝南。经鉴定东棺床可能为一5～7岁的小孩，西棺床为一30～40岁的女性。

（四）M024

M024位于五号基坑西北部、M023西北部15米处。由于挖掘五号基坑的破坏，墓道和甬道南部彻底遭毁。

1.形制　M024为双室砖室墓，方向186°，由墓道、甬道、墓室组成。甬道、墓道被毁，残存墓室，墓室内砌棺床（图三三）。

墓室　为双室砖室墓，砌筑于挖掘的长方形明坑中，东西宽2.95、南北长2.00米，墓室内砌隔墙分隔为东室、西室。隔墙位于长方形墓室的西部。南北长1.43、宽0.30、残高0.15～0.40米，将长方形的大墓室分割为东室和西室，东室较大，西室较小。隔墙南部为西室门口，南北宽0.57、东西深0.30米。隔墙的砌法，从断面分析，系单数层用二条砖纵向平铺，双数层用条砖横向平铺。东室较大，东西宽2.07、南北长1.85米，略呈方形，北部砌棺床。棺床东西长2.07、南北宽0.98、高0.35米。棺床的砌法，系沿留置的河积沙面砌棺床南壁，上铺砖。棺床南壁面砌筑方法：用土红色条专横向错缝平砌五层，其中二～五层较底层向北移3.0～5.0厘米平砌，棺床南壁面形成一个二层台面。棺床面南部，用土红色条砖纵向平铺一排，向南壁面出头5.0厘米；其北部用土红色条砖横向对缝平铺。棺床南侧壁面，贴饰用土红色条砖加工制作的方角半环形和X形砖饰。方角半环形砖饰贴于棺床两侧，平沿"X"形砖饰等距离贴于中部，其中西侧者上部已残。棺床南部地面，用灰色拉划纹条砖横向对缝平铺，拉划纹朝下。砖铺面整规，东西成排，南北成行。西室较东室窄，平面呈长方形。东西宽0.60、南北长2.00米，东南部开门，与东室相连。地面用拉划纹条砖平铺，素面朝上，没有一定的规律。西室地面与东室棺床面在同一平面上；但其地面铺砖颜色，除少数为土红色外，大部分用灰色条砖残块。

2.遗物　随葬品出土陶碗1件，墨书墓志1方。墓志为方砖磨制，边长32厘米，字迹模糊不清。另出土双耳罐残片。

陶碗　1件。标本M024：1，微残，泥质，灰褐色，轮制。敛口，圆唇，腹较深，圈足。内外施浅白色陶衣，大部脱落。口径7.6、足径6.3、高3.7厘米（图三三；图版一一，5）。

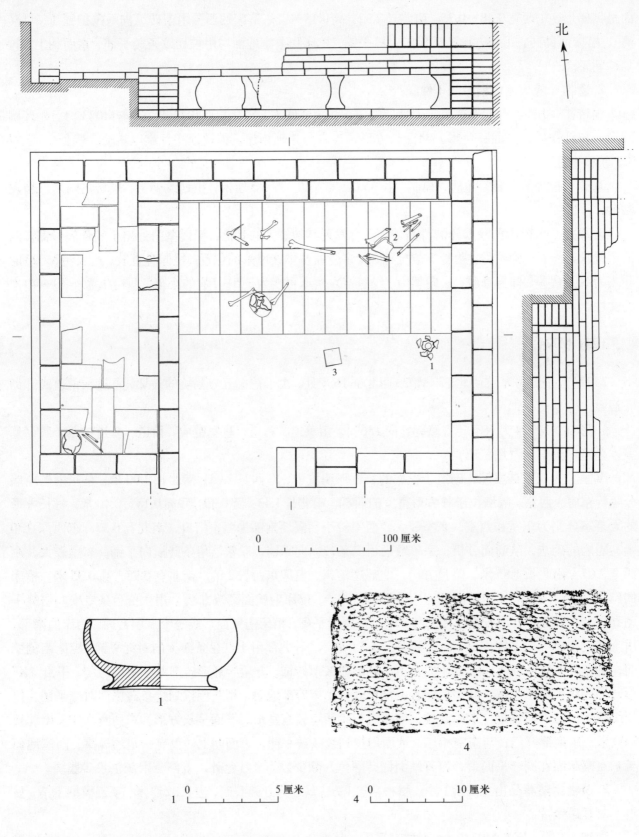

图三三　M024 及出土遗物

1.碗　2.罐残片　3.墨书墓志　4.绳纹条砖

墓砖　长方形条砖，泥质，模制。有灰色、土红色两种，土红色条砖主要用于铺东室的棺床、棺床东壁面和墓室地面，灰色条砖主要用于砌筑四壁和西室地面。纹饰有拉划纹和绳纹两种，以前者为主，后者较少。标本M024：5，灰色，背面平整，正面用梳齿状的工具拉划细密凹槽。长29.5、宽14.0、厚4.0厘米。标本M024：4，土红色，背面平整，正面模印交错粗绳纹。长30.8、宽15.0、厚4.8厘米（图三三）。

3.葬式　在东室棺床有人体骨架一具，凌乱且残缺不全，在西室西南角有颅骨一个、胫骨残段两件。说明此墓系二人合葬墓，早期被盗扰。西室的葬式，可能系头南脚北，东室的葬式，可能系头西脚东。经鉴定西室为14～16岁的儿童，东室为25～35岁的男性。

（五）M025

M025位于M022东南部、M026东部，由于挖掘五号基坑的破坏，仅残存部分墓室下部。

1.形制　M025为倒凸字形单室砖室墓，方向182°，由墓道、墓室组成。墓室内砌棺床（图三四A）。

墓道　位于墓室南部，东向偏离中轴线。上部叠压1.60米厚的现代堆积，仅清理少部，平面长方形，底面斜坡状，在封门处出土"政和通宝"铜钱1枚。墓门开于南壁东部，与墓道相连。从底部向顶部逐渐内收、窄小。底部宽0.78、顶部残宽0.64米，南北深0.17米，即一条砖宽。拱形顶，0.64米高处起券，残存两侧。沿墓门南口用条砖封门。封门墙南北宽0.35、高0.64米。封门方法为：用条砖、砖块或纵向或横向错缝叠压平砌。

墓室　平面略呈方形，单砖顺砌于挖掘的方形明坑中，上部被毁，残存下部。四壁平面略外凸，呈弧线形，其中北壁外凸略小，壁面逐层略内收。墓室南部东西宽2.40、北部东西宽2.45、南北长2.74米，残高0.30～0.76米。棺床平面呈倒凹字形，高0.12米，与墓室的四壁相接，修砌方法与同形制的棺床修砌方法同。东、西、南侧壁用条砖错缝叠压平铺护壁。棺床面和墓室地面均为河积沙层，未见铺砖（图版一二，1）。

2.遗物　随葬品有陶器、铜带饰、铜钱、骨饰等。棺床东侧骨骼间出土铜带饰1件，东侧骨骼上部出土骨钗一件。

陶器　均为残片，出土于棺床中部偏北。泥质，有红陶和灰陶两种。红陶器有塔形罐底座、塔形罐口沿和塔状纽盖等。灰陶器有底座、罐等。说明有不同陶色的二套塔形罐随葬。

塔状纽盖　1件。标本M025：7，红陶。盖盘覆碗状，敞口，卷沿，浅腹。盖纽塔状，五层，逐层窄短，第五层稍残，中部有一直径0.7厘米的穿孔。盖内外均施浅白色陶衣，外壁和盖纽涂黑彩，盖盘外壁点缀间断的红色圆点纹。口径16.5、高15.6厘米（图三四B；图版一二，2）。

兽面罐　1件。标本M025：3，残，红陶。敞口，卷沿，鼓肩，肩部贴塑圆形兽面，残存一个。兽面圆突，模制，张口露獠牙，三角形鼻，圆突睛，额部饰一"王"字，周缘刻细线条，颧骨两侧各有一直径0.7厘米的斜向穿孔，额角为双耳。外壁施浅白色陶衣，兽面、肩局部饰红彩。口径18.0、残高12.6厘米（图三四B）。

底座　1件。标本M025：6，残，红陶，由上、下口部轮制黏接而成。上口部深腹钵状，敛口，方唇，深腹，脱底。底口部深腹覆盆状，宽平沿，深腹。内外饰浅白色陶衣，外壁涂黑彩。口径19.2、底径30.4、高23.4厘米（图三四B）。

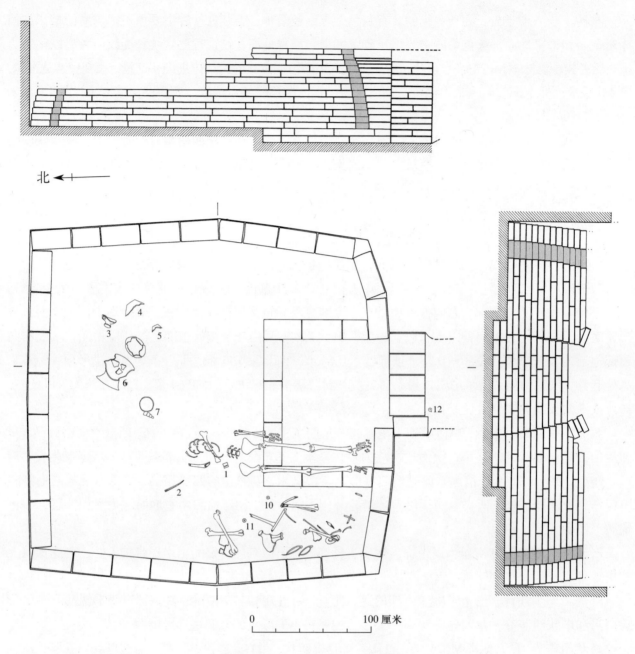

图三四 A　M025 平、剖面图

1.方形铜铸饰　2.骨钗　3.兽面罐残件　4.底座残件　5.陶罐残件　6.底座　7.盖　10.开元通宝　11.五铢　12.政和通宝

　　罐　1件。标本 M025：5，残存底部，深灰色，平底。底径9.8、残高10.6厘米。

　　底座　1件。标本 M025：4，残存底部，浅灰色，平顶。顶径16.0、残高5.0厘米。

　　铜器　出土方形铸饰1件和铜钱3枚。铜钱有"五铢"、"开元通宝"和"政和通宝"各1枚，前二者出土于墓室，后者出土于墓道扰土中。

　　方形铜铸饰　1件。标本 M025：1，方形铸饰下半面，一端有一长2.0、宽0.3厘米的孔眼，孔眼较小，四角各有一铆钉孔。边长4.1厘米（图三四 B）。

　　"五铢"　1枚。标本 M025：11，"铢"字模糊，"五"字两交画弧状，穿背面有廓边。直径2.6、

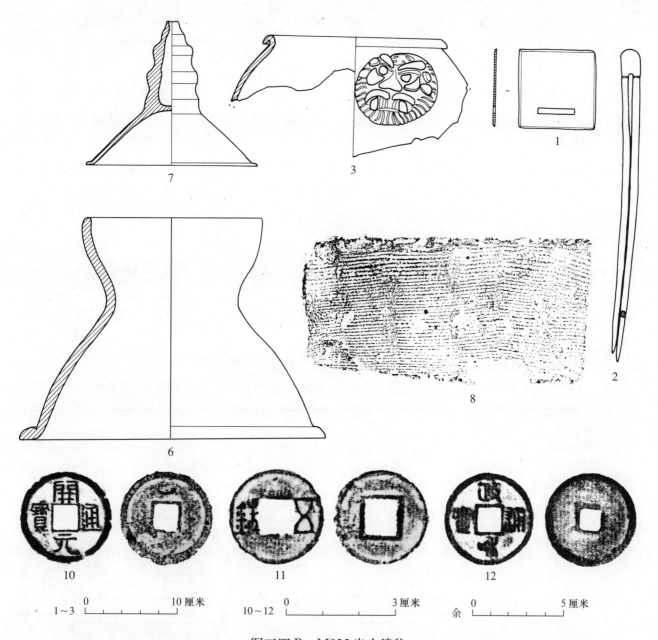

图三四 B　M025 出土遗物

1.方形铜铐饰　2.骨钗　3.兽面罐残件　6.底座　7.盖　8.拉划纹条砖　10.开元通宝　11.五铢　12.政和通宝

穿径 0.9、廓宽 0.2 厘米，重 2.3 克（图三四 B；图版一二，3 左）。

"开元通宝"　1 枚。标本 M025∶10，"元"字下部模糊，有使用痕。"元"字上画较长。"通"字之"走"字旁三点相连，"甬"字上笔开口较小。"宝"字下部"贝"字二横画与左右竖画相连，正面、背面廓边均规整，背面一新月外纹。直径 2.5、穿径 0.7、廓宽 0.2 厘米，重 3.8 克（图三四 B；图版一二，3 右）。

"政和通宝"　1 枚。标本 M025∶12，字迹模糊，廓边清晰。直径 2.2、穿径 0.6、廓宽 0.2 厘米，重 1.9 克（图三四 B）。

骨器　出土骨钗 1 件。标本 M025∶2，双股，由一长条骨片加工而成，中部断裂，股圆形，打磨光滑，股端一面各有一刻槽，另一面一股有一刻槽，一股有二刻槽。长16.6厘米（图三四B；彩版三，3；图版一二，4）。

墓砖　拉划纹条砖，泥质，模制。有灰色和土红色两种，以灰色为主，土红色较少。标本M025：8，灰色，背面平整，正面用梳齿状工具拉划细密凹槽。长31.0、宽15.0、厚5.0厘米（图三四B）。标本M025：9，土红色，背面平整，正面四边略微高起，中部低凹，用梳齿状工具拉划细密的凹槽。长32.5、宽16.0、厚6.5厘米。

3.葬式　棺床西部置人骨架两具。东部骨骼盆骨以下保存完好，脚趾骨均在，盆骨以上骨骼凌乱，其所反映的方位为头北脚南；西部骨骼凌乱。但东部骨骼盆骨以下置位于墓室地面西部的扰土上，显然系移位所致。这表明葬俗为二人合葬，葬式可能为头北脚南，仰身直肢。经鉴定分别为一40～50岁的男性和女性。

（六）M026

M026为单室砖室墓。由于挖掘建筑基坑的破坏，墓室仅存残迹，但墓室内出土兽面2件、塔形罐的盖1件、铜镜1枚。

陶器　泥质，浅灰色。有盖和兽面等（图三五）。

盖　1件。标本M026：4，灰色，盖盘覆碗状。敞口，圆唇，腹较深，腹外壁贴饰一周附加堆纹。纽束腰，上部圆球状，尖顶，柄部涂红彩，外壁涂黑彩，大部脱落。底口径19.2、高11.4厘米（图三五；图版一三，1）。

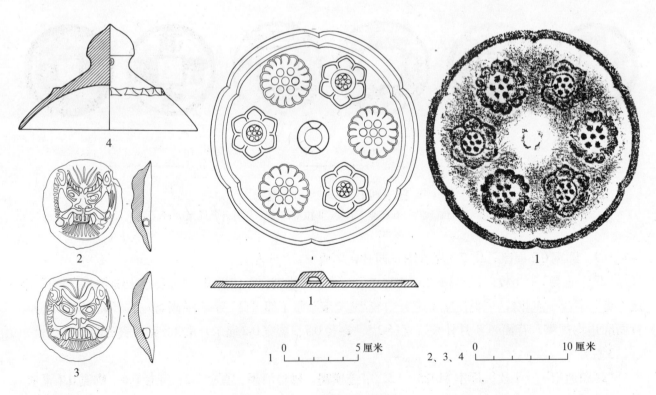

图三五　M026 出土遗物
1.铜镜　2、3.兽面　4.盖

兽面　2件，形制相同。标本M026：2，平面呈圆形，底面内凹，正面高突。兽面咧嘴露獠牙，有竖线状胡须，扁圆丘状小鼻，扁三角形颧骨微突，环状眼，双角微曲，上刻浅凹槽，双角间饰一花草状纹饰，双耳扁圆状。上涂黑彩，大部脱落。嘴两侧各有一直径0.9厘米的穿孔。径8.7～9.6、高2.0厘米（图三五；图版一三，2）。标本M026：3，形制与前者相同，面部黑彩大部保存。径9.0～9.4、高2.8厘米（图三五）。

铜器　仅出土宝相花铜镜1枚。标本M026：1，葵形镜，圆纽，宽素缘。外饰六朵宝相花。直径13.8厘米（图三五；彩版三，4；图版一三，3）。

六　M027～M029

（一）位置与地层

M027、M028、M029位于红星家园三号基坑内（图三六），其北部为五号基坑。基坑东西长58.6、南北宽16、深1.7米。基坑四壁地层与七号基坑的地层相同（参见图五）。三号基坑内的墓葬，中上部被毁，残存下部，从剖面观察，墓葬被第3层所压。自2003年4月13日～16日，对其进行了清理。

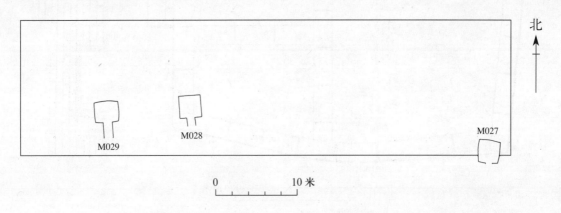

图三六　红星家园三号基坑墓葬分布图

（二）M027

M027位于三号基坑的东南部，顶部被挖毁，仅存墓室底部。由于墓道上部堆积大量发掘土，仅清理封门前部。

1.形制　M027为倒凸字形单室砖室墓，方向180°。顶部被毁，残存底部（图三七）。

墓门　开于南壁中部，底部宽0.76米，向顶部逐渐变窄。由于南壁塌毁，具体宽不详。沿墓门南部用条砖封门，封门墙残高0.62米。封砌方法为：用条砖横向和纵向错缝平砌，没有一定的规律，中部封砖不平，前突于墓室。

墓室　平面呈倒梯形，单砖顺砌于挖掘的倒梯形明坑中。东、西、北三壁外凸，呈弧形，南壁平直，残存壁面垂直。顶部被毁。墓室南部东西宽2.28、北部宽2.50米，南北长2.56、最长2.70、残高0.18～0.70米。棺床位于墓室的北部，长方形，与墓室北、东、西三壁相接。南北宽1.52～1.75、高

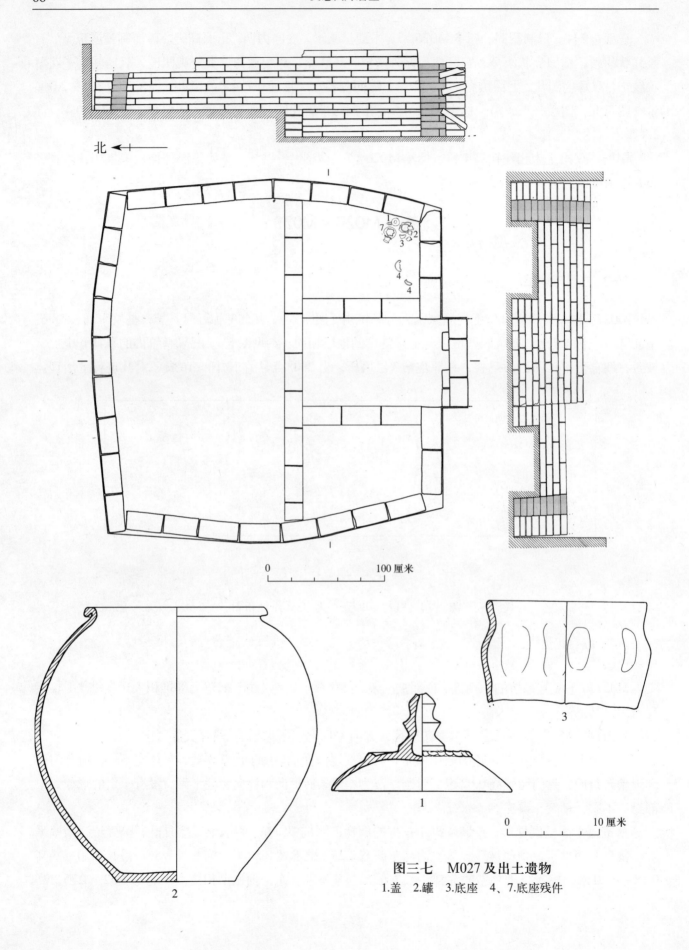

北 ←

0   100 厘米

0   10 厘米

图三七　M027 及出土遗物

1.盖　2.罐　3.底座　4、7.底座残件

0.23米。棺床南侧壁面用条砖横向平砌护壁，棺床面未铺砖，暴露河积沙层。棺床南部东、西二侧，沿墓门东、西二壁沿原积沙层，南北向顺砌高0.20米的砖墙，在棺床南部，即墓室的东南和西南部形成东、西平台，台面为河积沙层，未铺砖。棺床南和东西二层台间，为墓室地面，与墓门等宽，未铺砖。

2．遗物　随葬品仅存陶器。

陶器　泥质，轮制。有灰陶和红陶两种，以灰陶为主。均破碎，残片主要分布于墓室东南角和西南角。灰陶系器形有塔状纽盖、罐、底座等，属于5个不同的器形。红陶系器形有底座、双耳罐等，双耳罐仅存耳部碎片。另有少量的绳纹瓦片。

塔状纽盖　1件。标本M027：1，浅灰色。盖盘覆碗状，敞口，圆唇，浅腹。纽塔状，低矮，三层，中部一直径0.7厘米的穿孔，周围饰一周附加堆纹。盖外壁周缘墨绘花朵纹。底径19.4、高10.7厘米（图三七；图版一四，1）。

罐　1件。标本M027：2，残，淡灰色。敞口，圆唇，低领，鼓肩，小平底。口径18.0、底径13.0、高29.0厘米（图三七；图版一四，2）。

底座　3件，均残。标本M027：3，上口部残件，灰色。敞口，圆唇，束颈，鼓腹较深。口径16.4、残高10.6厘米（图三七）。标本27：4，底口部残件，灰色。宽沿，斜腹。外壁涂浅白色陶衣，上饰黑彩，大部脱落。底口径32.0、残高10.5厘米。标本M027：7，上口部残失，红褐色。侈口，卷沿，束腰。外施浅白色陶衣，上涂浅黑色，大部脱落。底口径24.0、残高24.0厘米。

墓砖　拉划纹条砖，泥质，模制。标本M027：5，土红色，背面平整，正面用梳齿状工具拉划宽0.5厘米的凹槽。长35.2、宽17.0、厚5.5厘米（图版一四，3）。标本M025：6，深灰色，背面平整，正面局部用梳齿状工具斜向拉划凹槽。长29.0、宽14.5、厚4.0厘米。

3．葬式　棺床面发现人骨架一具，骨骼非常凌乱，残断，出土时多呈粉末状。颅骨散落于棺床面南缘。系盗扰、积水腐蚀所致，葬式不详。

（三）M028

M028位于三号基坑的中部偏西、M027西北34米处，其西部为M029。由于挖掘三号基坑的破坏，墓室中上部和墓道被挖毁，残存墓室下部。

1．形制　M028为倒凸字形单室砖室墓，方向178°，由墓道、甬道、墓室组成。墓室内砌棺床和东、西平台（图三八）。

甬道　开于墓室南壁偏东，南接墓道，与墓室四壁同时单砖顺砌，残存壁面垂直。东西宽0.82、南北深0.7、残高0.38米。顶部被毁，形制不详。沿甬道北口封门，中、上部被毁，残存下部。用素面和拉划纹条砖封砌，封门墙南北长0.60、残高0.33米。封门砖墙逐渐向墓室内倾。底层用条砖横向错缝叠压平铺二层，呈台级状，其北部用条砖侧立二层，其中第二层的东部用方砖叠压。

墓室　平面略呈方形，单砖顺砌于挖掘的倒梯形明坑中，残存壁面垂直。南、北壁平面较直，西壁平面中部明显外凸，呈折线状，东壁平面向内斜收。墓室东西宽2.50、南北长2.60、残高0.38米。棺床平面长方形，位于墓室北部，与墓室东、北、西三壁相接，南壁面用方砖错缝平砌护壁。东西长2.50、南北宽1.30、高0.18米。棺床面用砖平铺二层，底层用条砖纵向对缝平铺，其上用方砖对缝平铺。墓室的东南部和西南部，沿棺床南壁分别砌二平台，其西侧壁和东侧壁用条砖沿河积沙层砌护壁，

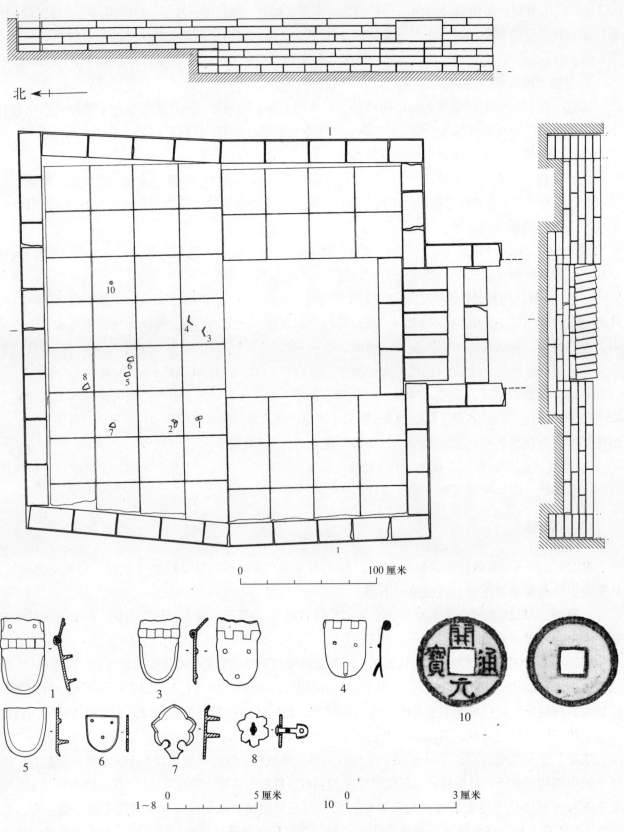

图三八　M028 及出土遗物

1~6.铜合页　7、8.铜饰件　10.开元通宝

其上用方砖对缝平铺。东西二平台略低于棺床面。西平台南北长 1.30、东西宽 0.88、高 0.14 米，东二层台南北长 1.30、东西宽 0.68、高 0.14 米。棺床与东、西二平台之间为墓室地面，其东、西两侧用条砖纵向平铺，南北两侧用条砖横向平铺，中部用方砖对缝平铺。棺床面、二平台面和墓室地面铺砖，拉划纹均朝下，素面朝上。

2.遗物　随葬品仅存铜饰件和铜钱，出土于棺床面扰土中。

铜器　仅出土饰件和铜钱。饰件 8 件，有合页和花饰等。铜钱有"开元通宝"1 枚。

铜合页　6 件，均残。标本 M028：1，一端圆头长方形，另一端残，中有一轴相连。素面；底面一端留存 0.6 厘米高的铆钉，其中一铆钉残留铆合时的铜圆垫圈，另一端有两个铁铆钉痕。残长 4.2、宽 2.2 厘米（图三八；图版一四，4 右下）。标本 M028：2，形制、残存部与前者同，素面；底面一端有三个铆钉，其中一个留存铆合时的铜圆垫圈，另一端有两个铁铆钉痕。残长 4.0、宽 2.2 厘米（图版一四，4 左上）。标本 M028：3，一端圆头长方形，另一端残，弯曲；一端正面有二个铁铆钉痕，底面有三个铜铆钉痕。残长 3.2、宽 2.2 厘米（图三八；图版一四，4 左下）。标本 M028：4，铜合页的一半，一端圆头，另一弯卷以穿轴；正中有二个铁铆钉痕，底面有三个铜铆钉，其中一较长，倾斜。长 3.0、宽 2.2 厘米（图三八；图版一四，4 右上）。标本 M028：5，铜合页残片，平面呈圆头长方形，正面有二个铁铆钉痕，底面有三个铜铆钉，其中一个高 0.6 厘米，另两个仅存底部。残长 2.7、宽 2.2 厘米（图三八）。标本 M028：6，铜合页残片，平面呈圆头长方形，正面有二个铁铆钉痕。残长 2.0、宽 1.7 厘米（图三八）。

铜饰件　2 件。标本 M028：7，素面，底面留存两个高 0.6 厘米的铜铆钉，宽 2.4、高 2.8 厘米（图三八 B）。标本 M028：8，圆形花饰，六瓣。中有一柄，底端黏带一圆形垫圈，上端半圆环状，中部穿孔。直径 1.7 厘米（图三八；图版一四，5）。

"开元通宝"　1 枚。字体清晰，钱样规范。标本 M028：10，"开"字宽扁，二竖画外撇。"元"字上画较短，重心偏向右侧，次画略左挑。"通"字之"走"字旁三点不相连，"甬"字上口较大。"宝"字下部"贝"字二横画位于中间，与左右竖画不相连，正面、背面廓边均规整。直径 2.4、穿径 0.7、廓宽 0.2 厘米，重 3.7 克（图三八）。

墓砖　泥质，灰陶，模制。有方砖和长方形条砖两种。方砖均为拉划纹，主要用于铺砌棺床面和棺床南壁面、二平台面和墓室地面，素面均朝上，少数用于封门。条砖一为素面，一为拉划纹，以拉划纹为主，素面较少，主要用于砌墓室四壁和封门，拉划纹均朝下。标本 M028：9，拉划纹方砖，一角微残。正面用梳齿状工具拉划细密凹槽。边长 31.5、厚 5.0 厘米。

3.葬式　墓室被严重盗扰，骨骼凌乱；骨骼均残断，没有完整者。葬式、葬俗不详。经鉴定有人骨架两具，分别为一成年男性和成年女性。

（四）M029

M029 位于三号基坑西部，M028 西部 7 米处。由于挖掘三号基坑，墓道和墓室中上部均被挖毁，仅残存底部。

1.形制　M029 为倒凸字形单室砖室墓，方向183°，由墓道、甬道、墓室组成。墓室内砌棺床（图三九 A；图版一五，1）。

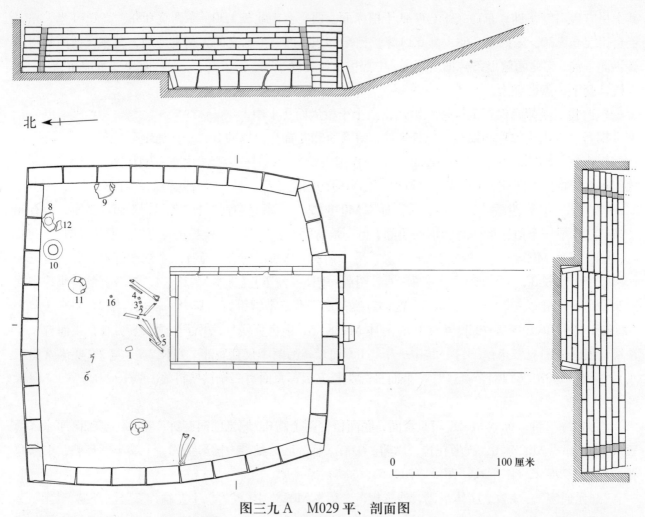

图三九 A　M029 平、剖面图

1.铁铊尾　2～4.半圆形铁铐饰　5.方形铁铐饰　6、7.铁钉　8.盖　9.罐　10.底座　11.罐　12.底座残件　16.开元通宝

　　墓道　位于墓室南部略偏西，平面长方形，底面斜坡，坡度21°。其底层为河积细沙。宽0.94、残长1.7、残深0.64米。填土灰黄色，坚硬，似长期积水沉淀所致。包含少量的灰陶片，石块和砖块。

　　甬道　开于墓室南壁偏西，与墓室南壁同时单砖顺砌，东、西壁底层各用一条砖竖立，因墙体重压而倾斜。宽0.80、南北深0.31、残高0.64米。底部宽，向顶部逐渐内收窄小，其中东壁内收明显，西壁略内收。顶部被毁，形制不详。从甬道中部用条砖封门。封门墙南部暴露于墓道内，用残块砖堆砌。南北宽0.37、残高0.45米。封门方法为：用红色的长方形条砖错缝或横向，或纵向间隔平砌，以横向为主，纵向较少；东侧面局部用条砖竖砌。

　　墓室　平面呈倒梯形，单砖顺砌于挖掘的倒梯形明坑中。四壁单重，用红色长方形拉划纹条砖错缝平砌，平面中部外凸呈弧线形；壁面逐渐内收。顶部被毁。墓室南部东西宽2.26、北部东西宽2.60、南北长2.65、残高0.40～0.64米。棺床呈倒凹字形，高0.14米，与墓室四壁相连。棺床面未铺砖，为河积细沙层；棺床南侧面和东、西侧面用拉划纹条砖侧立护壁，素面朝外。墓室地面为河积沙层面，较小，与甬道底部等宽，未见铺地砖。

　　2.遗物　随葬品有陶器、铜钱、铁带饰等。陶器均为残片，主要出土于墓室东北部，发现塔形罐罐盖、红陶罐、底座各1件，均残破。铜钱和铁带饰出土于棺床，有"开元通宝"铜钱1枚，铁铊尾1件，半圆形铁铐饰3件，残方形铁铐饰1件。

陶器　均为残片，泥质，轮制。有红陶和灰陶，红陶有塔状纽盖、兽面罐、底座、双耳罐。灰陶有罐、底座、盖等残片。

塔状纽盖　1件。标本M029：8，红陶，盖盘深腹覆碗状，平卷沿，深腹。纽塔状，五层，逐层缩小，顶部一直径0.3厘米的孔眼，纽周围贴饰一周花瓣状附加堆纹，系贴一周泥条用手指按压而成。外壁施浅白色陶衣，盖纽饰红彩，盖盘饰黑彩，局部脱落。口径20.4、高15.2厘米（图三九B；彩版四；图版一五，2）。

兽面罐　1件。标本M029：9，红陶，敞口，卷圆唇，鼓肩，深腹，小平底。肩部贴饰三个兽面，

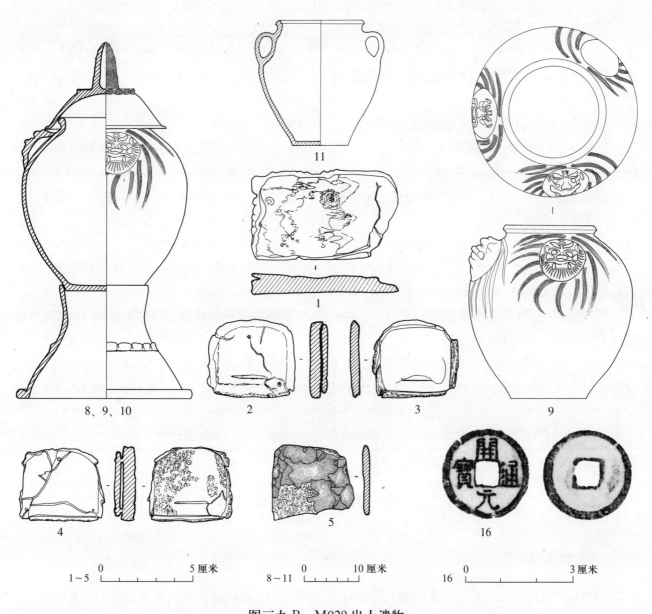

图三九B　M029出土遗物

1.铁铊尾　2~4.半圆形铁铐饰　5.方形铁铐饰　8.盖　9.罐　10.底座　11.双耳罐　16.开元通宝

周围用齿状工具刻划兽毛。兽面模制，张口，獠牙较大，鼻三角形，睛圆突，双角高突，双耳位于额角，呈二个乳突状，双角间饰一"王"字。上、下两端各有一直径0.4厘米的斜向穿孔。口径16.2、底径13.4、高30.8厘米（图三九B；彩版四；图版一五，2）。

底座　1件。标本M029：10，红陶，束腰喇叭口状，系上、下口部分别轮制黏接而成。上口部敞口，圆唇；下口卷宽平沿，方唇。束腰稍下饰一周花瓣状附加堆纹。器内外均施浅白色陶衣，外壁陶衣上施黑彩，大部脱落；附加堆纹上饰红彩，大部脱落，仅存残迹。上口径15.2、底口径29.6、高20.0厘米（图三九B；彩版四；图版一五，2）。

塔形罐由底座、兽面罐、盖相叠而成，通高63.0厘米（图三九B；彩版四；图版一五，2）。

双耳罐　1件。标本M029：11，红陶，敞口，圆唇，矮领，腹上部圆鼓，平底。腹上部对称双耳，外壁饰浅白色陶衣，近底部脱落。口径16.0、底径10.2、高23.0厘米（图三九B；图版一五，3）。

铜器　仅"开元通宝"铜钱1枚。字体较清晰。标本M029：16，"开"字宽扁，二竖画外撇。"元"字上画较短，次画略呈弧状，微左挑。"通"字之"走"字偏旁三点不相连，"甬"字上口略大。"宝"字下部"贝"字二横画与左右竖画相连。正面、背面廓边均规整。直径2.4、穿径0.7、廓宽0.2厘米，重2.9克（图三九B）。

铁器　有铁铊尾、半圆形铁銙饰和方形铁銙饰等（图版一五，4）。

铁铊尾　1件。标本M029：1，圆头长方形，圆头部微残，由上、下二部分铆合而成，铆钉铜质，底部残存一铆钉痕。上下二部锈蚀于一起。长7.8、宽4.8、厚0.8厘米（图三九B，图版一五，4右1）。

半圆形铁銙饰　3件。平面呈半圆形，圆头部位于长边一侧，另一侧有一长方形的穿孔，系上、下形制相同的二部铆合而成，严重锈蚀于一起。铆钉铜质，底面有二个铆钉痕。标本M029：2，长4.6、宽4.0、厚1.0厘米（图三九B；图版一五，4左3）。标本M029：3，长4.6、宽4.0、厚1.0厘米（图版一五，4左2）。标本M029：4，下半部微残，正面局部锈结着朽木痕。底面圆头一端和方角部各有一铜铆钉痕。长4.6、宽4.0、厚0.8厘米（图三九B；图版一五，4左4）。

方形铁銙饰　1件。标本M029：5，残，方角，一面锈结着层叠的丝绸。残长4.2、宽4.0厘米（图三九B；图版一五，4左1）。

墓砖　长方形拉划纹条砖，泥质，模制。红色或土红色，拉划纹较疏。标本M029：13，土红色，背平，正面四边略高起，中部低凹，用梳齿状工具拉划疏朗的凹槽。长31.0、宽17.0、厚4.5厘米。标本M029：14，土红色，背平，正面两端略高，用梳齿状工具拉划凹槽。长29.0、宽14.5、厚5.0厘米。

3. 葬式　棺床上发现人体骨架两具，非常凌乱，且残缺不全，系盗扰所致。头向、葬式不明。经鉴定分别为一成年男性和一成年女性。

七　M030～M032

（一）位置与地层

M031、M032、M033位于红星家园八号基坑内（图四〇），基坑面积和四壁地层与七号基坑同（参见图五）。八号基坑内发现墓葬5座，其中2座被彻底破坏，另3座仅存中下部，残口为第3层所压。自

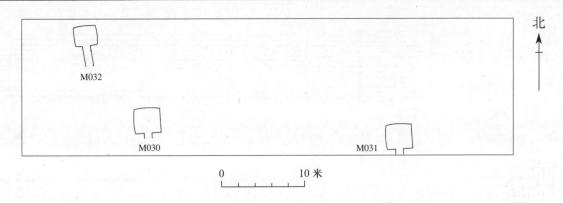

北

0   10 米

图四〇 红星家园八号基坑墓葬分布图

2003 年 4 月 16 日~18 日，对这 3 座墓进行了清理。

（二）M030

M030 位于八号基坑中西部，其西北和西南分别为 M032、M031。由于挖掘八号基坑，墓道、墓室的中上部均被毁，仅存墓室和墓道底部。

1.形制 M030 为倒凸字形单室砖室墓，方向 177°，由墓道、甬道、墓室组成。墓室内砌棺床（图四一 A）。

甬道 开于南壁东部，与墓室南壁同时单砖顺砌。东西宽 0.70、南北深 1.25、残高 0.68 米。东、西二壁面平整、垂直，较墓室四壁宽；顶部被毁，形制不详。甬道南部，用条砖砌成向东、西两侧外凹的凹槽，槽宽 0.17、长 0.54、残高 0.65 米，底层铺砖，用于封门。封门二重，第一重从甬道中部封门，第二重沿甬道南部的凹槽封门，被毁。第一重封门南北宽 0.33、残高 0.29 米，用条砖纵向对缝叠压，条砖之间用三合泥黏合。第二重封门沿甬道南部的沟槽封砌，被毁，仅存底部一层砖（槽内）。

墓室 平面略呈长方形，单砖顺砌于挖掘的方形明坑中。南北长 3.00、东西宽 2.70、残高 0.57~0.68 米。四壁底层较平，壁面垂直、平整，高 0.40 米。此层以上，西、北二壁砌砖平面中部外凸，呈弧线形。顶部形制不详。棺床长方形，位于墓室西部，北、西和南与墓室北壁、西壁和南壁相连。南北长 3.00、东西宽 1.22、高 0.27 米。棺床略窄于墓室南壁西段。棺床东侧壁面用红色条砖纵向错缝平砌护壁，第三层砌砖向西伸 0.05 米再平砌四层，上用红条砖出檐横向平铺，中部贴饰用红色条砖加工的"X"形砖饰。棺床面用红色条砖对缝平铺，比较规整。棺床东部墓室地面，用青砖或红色条砖横向对缝平铺，局部条砖呈纵向。铺地砖和棺床面铺砖，均素面朝上，拉划纹朝下。其下为河积沙层面。

2.遗物 随葬品有陶器、铜带饰、铜钱等。铜钱出土于棺床，有开元通宝 5 枚，其中 3 枚与 2 半圆形铜铸和 1 方形铜铸出土于棺床中部东侧的肋骨上。铜带饰出土于棺床中部，有带扣 1 件、铊尾 1 件、方形铸 1 件、半圆形铸 5 件。

陶器 出土于棺床北部和墓室。除一件完整外，其余均为残片。陶色有灰色和红褐色，以灰色为主，灰色又分为浅灰色和深灰色，均为泥质，轮制。另有细绳纹瓦片等。

碗 1 件。标本 M030：12，浅灰色，敛口，圆唇，浅腹，假圈足。口径 9.2、足径 4.9、高 3.1 厘米（图四一 A；图版一六，1）。

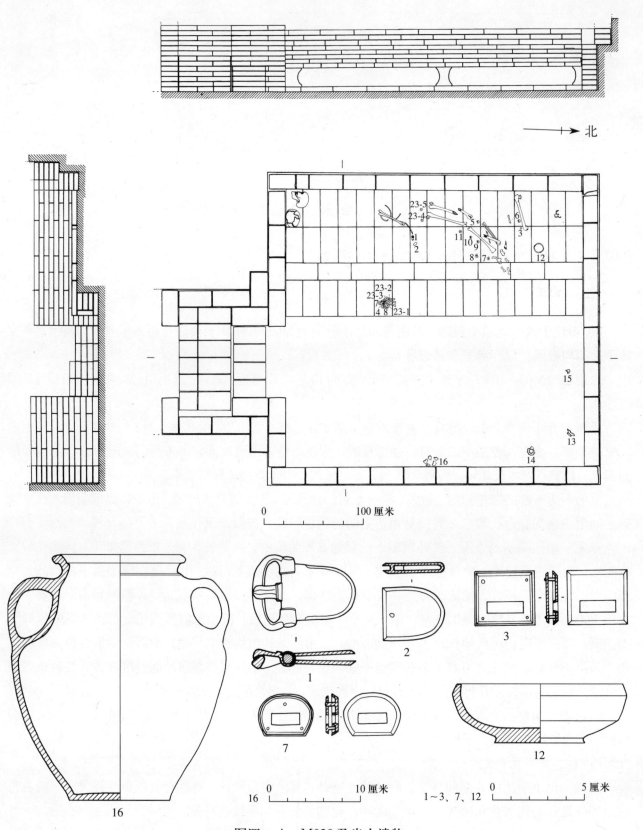

图四一 A　M030 及出土遗物

1.带扣　2.铜铊尾　3、4.方形铜銙饰　5~11.半圆形铜銙饰
12.碗　13.底座残件　14.灰陶罐残件　15.壶底　16.双耳罐　23-1~5.开元通宝

　　双耳罐　1件。标本M030∶16，灰色，敞口，圆卷唇，矮领，腹上部圆鼓，平底。器形较高。口径13.2、底径11.0、高26.0厘米（图四一A；图版一六，2）。

　　铜器　有带饰和铜钱，带饰有带扣、铊尾、方形铸饰和半圆形铸饰等11件，铜钱有"开元通宝"5枚。

　　铜带扣　1件。标本M030∶1，扣柄圆角长方形，由上、下两半面铆合而成。上半面周缘略微向下包合，下半面平。原夹革带，现已脱落。扣环扁圆状，扣针断面三角形、圆头，下有一方台形基座。扣柄、环和针以一轴相连，三者在同一平面上。长5.6、宽4.0厘米（图四一A）。

　　铜铊尾　1件。标本M030∶2，圆头长方形，圆头端实心，另一端空心，出土时夹少许革带。正面周缘向下斜伸，底面平。长3.2、宽2.8、厚0.6厘米（图四一A）。

　　方形铜铸饰　2件，形制相同。标本M030∶3，平面方形，长边一端有一长1.9、宽0.7厘米的长方形穿孔，由上下两半面铆合而成。上半面覆斗状，下半面周缘有一略微上包的边框；原夹革带，现已脱落。下半面底面四角各有一个铆钉痕。长3.2、宽2.8、厚0.9厘米（图四一A）。

　　半圆形铜铸饰　7件，形制相同。标本M030∶7，半圆形，一端圆头，一端直边，临直边一端有一长1.8、宽0.7厘米的长方形穿孔，最大径位于长方形穿孔两端。由上、下两半面铆合而成，上半面周缘向下斜伸较宽，下半面周缘略向上包合；中空。下半面底面有三个铆钉痕。长3.2、宽2.2、厚0.7厘米（图四一A）。

　　"开元通宝"　5枚。字体较清晰。"开元"二字宽扁，"通宝"二字纵长。"开"字宽扁，二竖画外撇。"元"字上画较短重心略偏向右侧，次画左上挑，末笔略顿。"通"字之"走"之旁三点不相连，"甬"字上口略大。"宝"字下部"贝"字二横画位于中间，与左右竖画不相连。标本M030∶23－1，直径2.4、穿径0.7、廓宽0.2厘米，重3.7克。标本M030∶23－2，"元"字次画斜上挑。直径2.4厘米、穿径0.7、廓宽0.2厘米，重3.9克。标本M030∶23－3，直径2.4、穿径0.7、廓宽0.2厘米，重3.5克。M030∶23－4，直径2.4、穿径0.6、廓宽0.2厘米，重3.3克。标本M030∶23－5，直径2.4、穿径0.6、廓宽0.2厘米，重3.0克（图四一B）。

　　墓砖　长方形拉划纹条砖，泥质，模制。有红色和灰色两种。红色主要用于砌棺床，灰色主要用于砌墓室四壁和封门，素面朝上，拉划纹均朝下。棺床东壁面，贴饰用红色条砖加工的X形和半X形

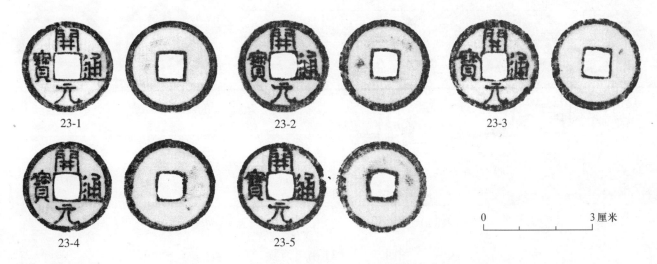

图四一B　M030出土开元通宝

砖饰。标本 M030：17，灰色，正面用梳齿状工具拉划匀称的凹槽。长 31.0、宽 16.0、厚 5.0 厘米。标本 M030：18，土红色，正面用梳齿状工具拉划匀称的凹槽。长 32.0、宽 16.0、厚 5.0 厘米。标本 M030：20，"X"形棺床南侧砖饰，用拉划纹条砖加工而成。宽 10.0～16.5、高 16.0、厚 5.0 厘米。标本 M030：21，凹边棺床侧面砖饰，用拉划纹条砖制作而成。三面为砖侧面，断面加工成凹边。底宽 12.5、上边宽 11.0、中部宽 8.0 厘米，高 16.0 厘米、砖厚 5.0 厘米。

3. 葬式　棺床西南角发现颅骨两个，北部发现有散乱的残肢骨，系盗扰所致。据分析为合葬墓，可能头南脚北，但葬式不详。经鉴定为大于 45 岁的男性和女性各一。

（三）　M031

M031 位于八号基坑东南部，由于挖掘八号基坑和早期盗掘等，墓室仅存棺床部分。

1. 形制　从残存部分分析，M031 为倒凸字形单室砖室墓，由墓道、甬道、墓室组成。墓室内砌棺床，棺床位于墓室西部（图四二）。

2. 遗物　随葬品有瓷器、铜钱、铁刀等。瓷器出土于墓室东南部，铜钱出土于棺床南部，铁刀出土于棺床东部。

瓷器　出土白釉碟 2 件，形制相同。标本 M031：2，残，敞口，浅腹，内底中心微凹，平底。胎色白，底部露胎，余均施白釉，有冰裂纹。口径 10.8、底径 7.0、高 1.6 厘米。标本 M031：3，残口径 11.0、底径 7.0、高 1.7 厘米（图四二；图版一六，3）。

铜器　仅"开元通宝"铜钱 1 枚。标本 M031：6，"开"字宽扁，二竖画外撇。"元"字上画较短，次画略左挑。"通"字之"走"之旁三点不相连，"甬"字上口略大。"宝"字下部"贝"字二横画位于中间，与左右竖画不相连。直径 2.4、穿径 0.7、廓宽 0.2 厘米，重 3.4 克（图四二）。

铁器　有铁刀 1 件。标本 M031：1，刀尖残失，略呈弧状，打制，断面呈倒等腰三角形。宽 4.0、残长 14.1 厘米（图四二；彩版三，5；图版一六，4）。

3. 葬式　墓室被严重盗扰，仅发现人体骨骼碎片，葬式、葬俗均不详。

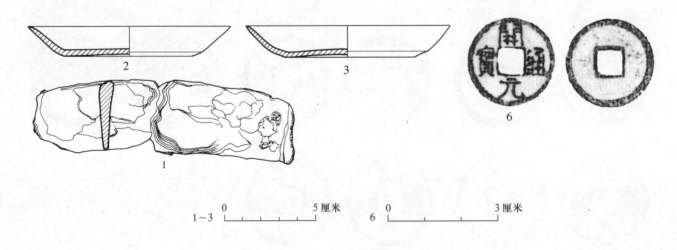

图四二　M031 出土遗物
1.铁刀　2、3.白釉碟　6.开元通宝

（四）M032

M032 位于八号基坑的西南角，方向 177°。由于甬道和墓道部位于基坑南部，堆积大量的挖掘土，未作清理。

1.形制　墓室平面呈方形，边长 2.30 米，残存东、西壁南段和南壁，棺床和北壁被挖毁，仅存残迹。东、西壁残高 0～0.62 米，南壁残高 0.60 米。东、西、南三壁的砌法，底层用条砖顺铺一层，其上侧立半块砖，即将条砖从中部打断为两半砖。此层上顺铺二层，侧立一层，再顺平铺三层。侧立砖均为半块砖，残破面均朝外（图四三 A）。南壁中部开墓门，底部宽，向上逐渐内收窄短，底宽 0.72、残口宽 0.65、残高 0.68 米，顶部形制不详。墓门西侧，均用条砖错缝叠压砌筑平铺。墓室地面用条砖平铺，铺砌方法为，沿南壁用条砖纵向平铺，其北用条砖横向平铺，然后用条对缝纵向平铺，地面平整。地面北部，残存条砖横向顺砌的棺床南壁面，残高 0.05～0.12 米。从残迹分析系北棺床，东西长 2.72、南北宽 1.65 米。棺床底面坚硬，系有意所为。

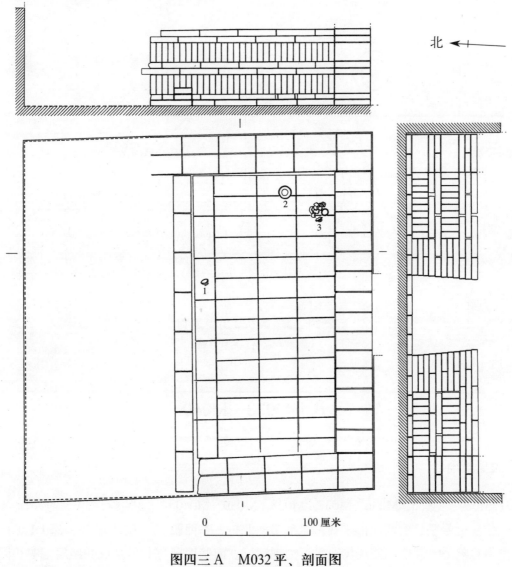

图四三 A　M032 平、剖面图
1.碗　2.底座　3.双耳罐

2.遗物　随葬品仅存陶器。

陶器　泥质，轮制。均为碎片。墓室南部发现碗、底座等。另出土细绳纹瓦片。

碗　1件。标本M032：1，灰陶，口微敞，方唇，弧腹，假圈足。口径8.8、底径5.0、高4.0厘米（图四三B；图版一六，5）。

底座　1件。标本M032：2，灰陶，敛口，方唇，深腹，小平底，唇外两侧各有一周宽0.3厘米的凹弦纹。口径20.8、底径9.4、高12.4厘米（图四三B）。

双耳罐　1件。标本M032：3，红褐色，敞口，圆卷唇，低颈，双竖耳，腹上部圆鼓，小平底。口径13.6、底径9.8、高25.0厘米（图四三B）。

墓砖　长方形条砖，泥质，模制。以土黄色为主，灰色较少。以拉划纹为主，素面较少。标本M032：4，土红色拉划纹条砖，背面平整，正面用梳齿状工具拉划凹槽。长34.0、宽17.0、厚4.5厘米。

3.葬式　由于严重盗扰，人体骨骼仅存碎片，葬式、葬俗不详。

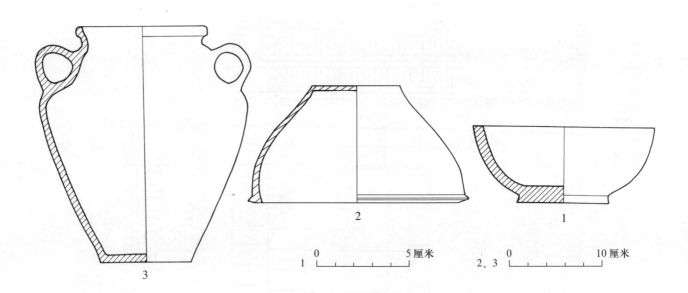

图四三B　M032出土遗物
1.碗　2.底座　3.双耳罐

八　M033～M040

（一）位置与地层

M033、M034、M035、M036、M037、M038、M039、M040位于红星家园一二号基坑内（图四四）。一二号基坑位于七号基坑的西北部，其东北部略向北折，东西长78、南北宽16、深1.1米。基坑四壁地层以南壁保存略好，其他三壁现代地层下为细沙层。南壁地层与七号基坑的地层基本相同（参见图五）。2004年4月24日～30日，对其进行了清理。

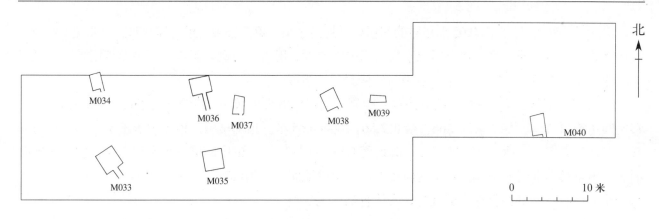

图四四　红星家园一二号基坑墓葬分布图

（二）M033

M033 位于一二号基坑西南部，北距 M034 约 7 米。墓室被盗，人体骨骼和随葬品仅见残段和残片。

形制　M033 为倒凸字形单室砖室墓，方向 159°，由墓道、甬道和墓室组成。墓室内砌棺床(图四五；图版一七，1)。

墓道　位于墓室南部略偏东，北接甬道，平面呈长方形，底面斜坡，坡度 14°，东、西壁残存壁面垂直。填土灰黄色，疏松，包含较多的细沙，仅封门处出土较多的条砖残块。残长 2.70、宽 0.96、深 0.65 米。

甬道　较长，与墓室南壁同时单砖顺砌，东、西壁较墓室四壁宽，残存壁面垂直。其中南部各砌

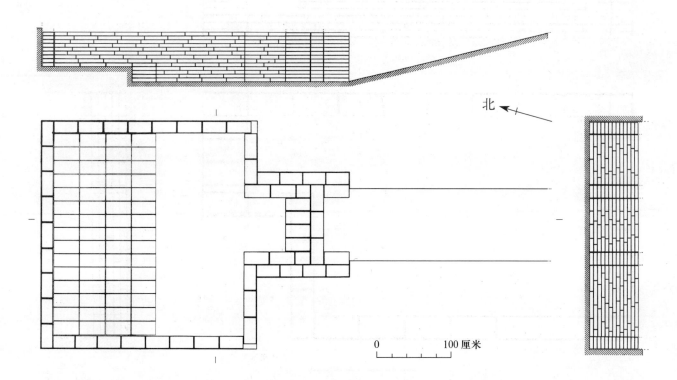

图四五　M033 平、剖面图

一个宽0.17、深0.17、残高0.65米相对的凹槽，以封门之用。顶部被毁。甬道宽0.71、南北深1.42、残高0.65米。封门二重。第一重封门位于封门凹槽的北部，用条砖平砌，砌砖之间用草拌泥黏合，封门墙南北宽0.32、残高0.65米。第二重沿封门槽封门，被毁。

墓室　平面呈方形，用拉划纹条砖单砖顺砌于挖掘的方形明坑中，四壁平面平直，残存壁面垂直，墓室四角均呈直角。墓室东西2.66、南北2.56、残高0.65米。顶部被毁。棺床位于墓室北部，平面呈长方形，与墓室东、西、北三壁相接，南北宽1.38、高0.25米。棺床南侧壁用条砖平砌护壁，棺床面铺砖，用条砖纵向对缝平铺。墓室地面较大，与甬道地面平，为细沙面，未见铺砖。

由于盗扰，随葬品仅存陶器残片，人体骨骼仅见残段。

（三）M034

M034位于红星家园一二号基坑的东北部，其东部略偏南11米为M036，因被盗未见随葬品和人体骨骼。中上部被毁，残存下部。

形制　M034为刀把形单室砖室墓，方向160°，由墓道、甬道和墓室组成（图四六；图版一七，2）。墓道挖掘于细沙层中，易塌毁，未清理。

甬道　较长，平面呈长方形，其东壁为墓室东壁南段，平直，残存壁面垂直；西壁与墓室南壁同时平砌，壁面垂直。顶被毁，形制不详。东西宽0.52、南北深0.80、残高0.30米。沿甬道南口封门，封

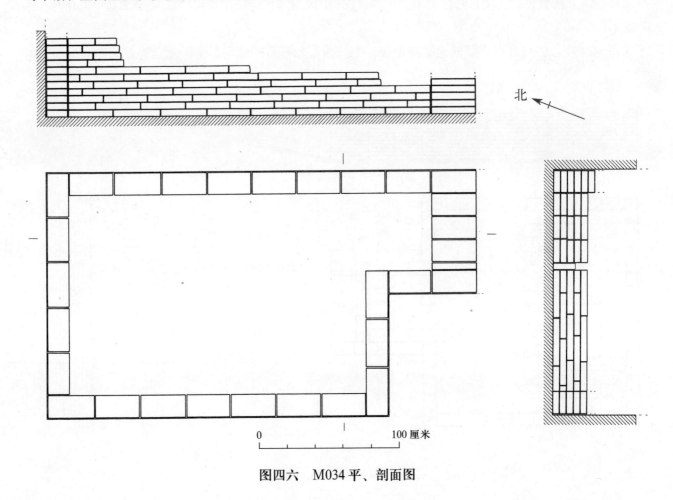

北

0　　　　　　　　100厘米

图四六　M034平、剖面图

门墙南北宽0.32、残高0.25米，用条砖错缝平砌，砌砖之间用草拌泥黏合。

墓室　平面呈长方形，用拉划纹条砖平砌于挖掘的方形明坑中。四壁单重，平直，墓室四角均为直角，残存壁面垂直。顶被毁。墓室南北长2.15、东西宽1.38、残高0.30～0.55米。没有棺床。墓室地面为细沙层面，未见铺砖。

由于盗扰，未见随葬品和人体骨骼。

（四）M035

M035位于红星家园一二号基坑的西南部、M033东部11米处，其北部为M036，方向173°。墓道被毁，仅存墓室底部，随葬品和人体骨骼均毁。

墓室　平面呈方形，四壁平直。棺床位于墓室西部，平面呈长方形，高0.08米，用条砖对缝横向平铺（图四七）。

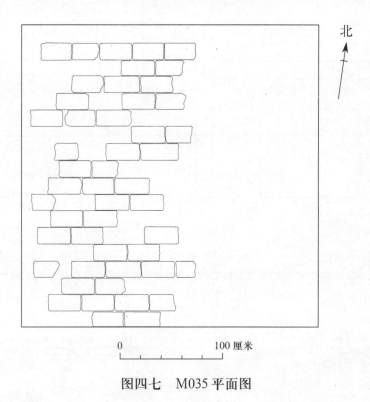

图四七　M035平面图

（五）M036

M036位于红星家园一二号基坑西北部、M035北6米处。墓室中上部被毁，残存下部。

1.形制　M036为倒凸字形单室砖室墓，方向178°，由墓道、甬道和墓室组成。墓室内砌棺床（图四八）。

墓道　位于墓室南部偏东，北接甬道，平面呈长方形，底面斜坡，填土疏松，包含条砖和条砖残块。坡度28°，残长1.38、宽0.73、深0.70米。

甬道　较短，与墓室南壁同时单砖顺砌，东、西壁单重，内收呈"八"字形。顶部被毁，形制不

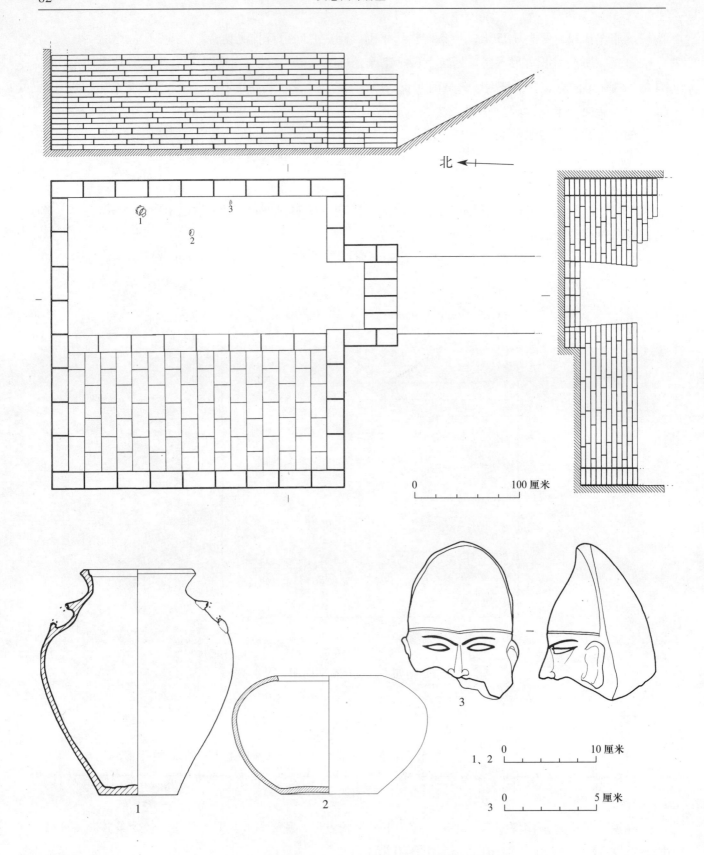

北 ←

0　　　　　　　　100 厘米

1、2　0　　　　　　　10 厘米

3　0　　　　　　　5 厘米

图四八　M036 及出土遗物
1.双耳罐　2.敛口罐　3.陶俑

详。底部东西宽0.62、残口宽0.53、南北深0.70、残高0.70米。沿甬道南口封门，封门墙用条砖错缝平砌，南北宽0.36、残高0.15米。

墓室　平面呈方形，单砖顺砌于挖掘的方形明坑中。四壁平面平直，墓室四角为直角，残存壁面垂直。墓室南北2.52、东西2.58、残高0.70~0.90米。棺床位于墓室西部，平面呈长方形，与墓室东、西、南三壁相接。东西宽1.30、高0.15米。东侧壁用条砖平砌护壁。棺床面为细沙层面，未铺砖。墓室地面较大，与甬道地面平，未铺砖。

2.遗物　随葬品均残碎，有陶器、陶俑等。

陶器　泥质，灰陶，轮制。均残破，有双耳罐和敛口罐等，出土于墓室西南部。

敛口罐　1件。标本M036：2，残。敛口，鼓肩，弧腹，平底。口径11.4、底径10.4、高12.6厘米（图四八；图版一七，3）。

双耳罐　1件。标本M036：1，残。微敛口，低领，圆肩，小平底。肩部贴饰对称的双耳，残存接痕，耳下器壁凹陷。口径10.4、底径8.6、高24.0厘米（图四八）。

陶俑　1件。出土于墓室东南部，残存头部。标本M036：3，红陶，手制，残存鼻以上部分。戴幞头，高鼻，深目。外表施白色颜料，其上用墨线勾描，较模糊。残高8.5厘米（图四八；图版一七，4）。

由于盗扰，未见人体骨骼。

（六）M037

M037位于红星家园一二号基坑的中部，其西南4.4米为M036、西北3米为M035。

形制　M037平面呈准刀把形单室砖室墓，方向183°，由墓道、甬道和墓室组成。墓室内砌棺床（图四九；图版一八，1）。

墓道　位于墓室南部偏东，平面呈长方形，底面斜坡，坡度24°。填土疏松，包含炭粒。残长0.58、宽0.42、深0.35米。

甬道　较短，与墓室南壁同时单砖顺砌。东、西壁单重，残存壁面垂直。顶部被毁。东西宽0.38、南北深0.30、残高0.35米。沿甬道封门，封门墙南北宽0.30、残高0.35米，用条砖侧立。

墓室　平面呈长方形，单砖顺砌于事先挖掘的方形明坑中。四壁平面平直，墓室四角呈直角，残存壁面垂直。顶部被毁，形制不详。墓室南北长2.4、东西宽1.3、残高0.35米。棺床位于墓室西部，平面呈长方形，东西宽0.72、高0.14米，与墓室北、西、南三壁相接，东侧壁用条砖纵向平砌护壁。棺床面用土红色条砖横向对缝平铺。墓室地面用土红色条砖平铺，方法与棺床面同。

由于盗扰，未见随葬品，人体骨骼仅存碎片。

（七）M038

M038位于红星家园一二号基坑中部，东距M039约4米。墓室被盗，随葬品和人体骨骼仅存碎片和残段。

形制　平面呈准刀把形，方向172°。墓室中上部和墓道被毁，残存甬道和墓室底部（图五○；图版一八，2）。

甬道　平面呈长方形，砌于墓室南部偏东，与墓室南壁同时平砌，残存壁面垂直。顶部被毁，不

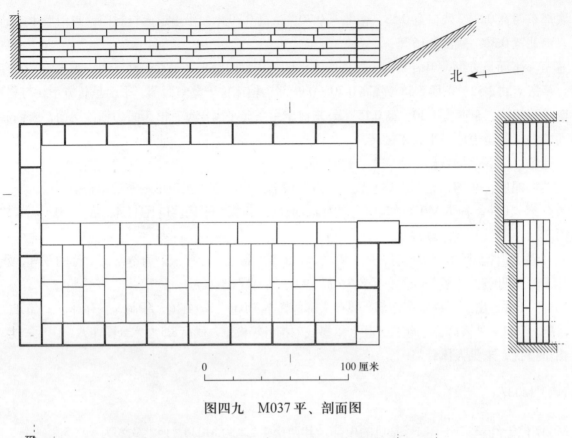

北 ←

0   100 厘米

图四九　M037平、剖面图

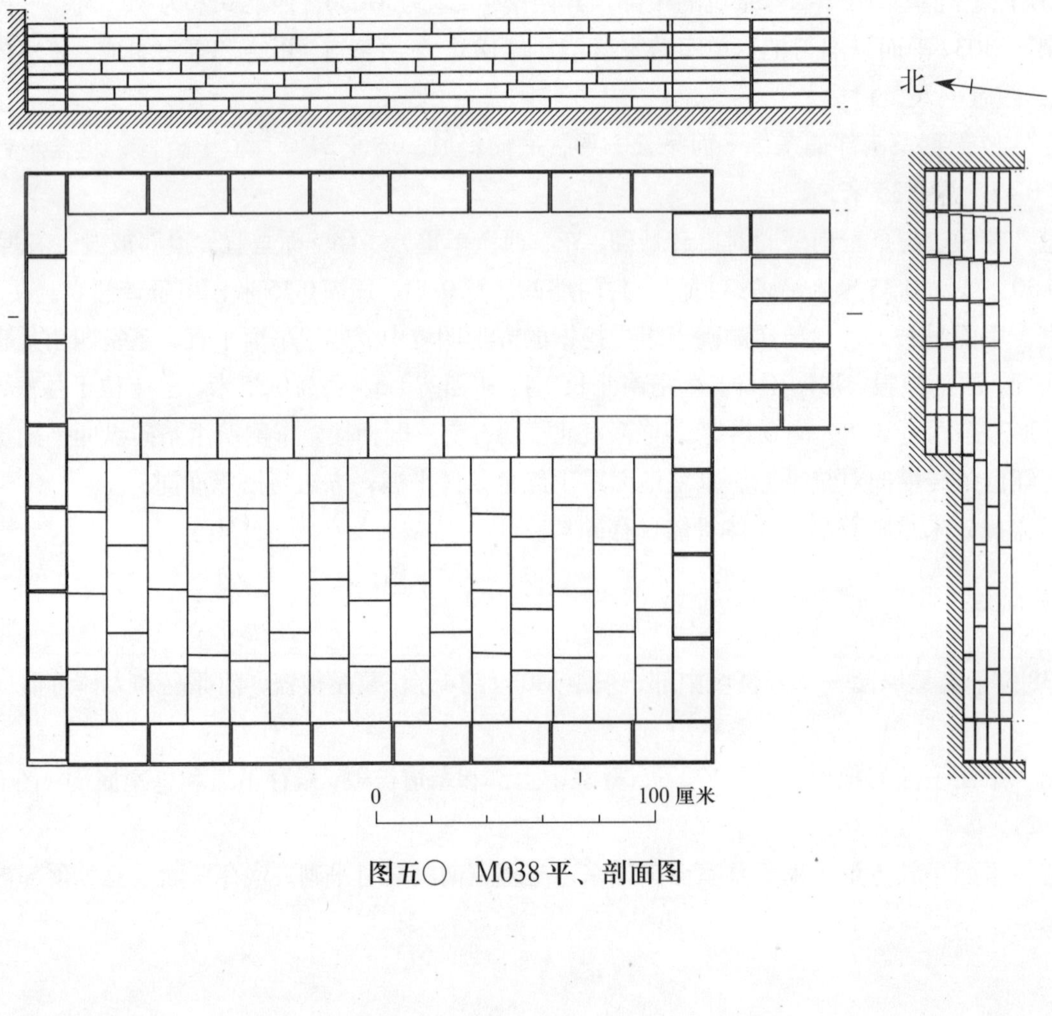

北 ←

0   100 厘米

图五〇　M038平、剖面图

详。东西宽0.52、南北深0.63、残高0.30米。沿甬道南口封门，封门墙南北宽0.32、残高0.35米，用条砖平砌，砌砖之间用草拌泥黏合。

墓室　平面呈长方形，单砖顺砌于事先挖掘的长方形明坑中。四壁平面平直，残存壁面垂直，墓室四角均为直角。顶部不详。墓室南北长2.46、东西宽2.00、残高0.35米。棺床位于墓室西部，平面呈长方形，与墓室东、西、南三壁相接。东西宽1.50、高0.18米。东侧壁用条砖纵向砌护壁，棺床面用条砖横向对缝平铺，残存中部。墓室地面较大，与甬道地面平，为细沙层面，未见铺砖。

未见随葬品和人体骨骼。

（八）M039

M039位于红星家园一二号基坑中北部、M038的东侧，方向175°，仅存底部。

墓室　平面呈横长方形，用长34厘米的拉划纹条砖平砌，四壁单重，平直，四角均为直角。没有棺床，墓室地面用条砖平铺。东西长2.06、南北宽0.89米。南壁中部南侧，平铺二条砖，其意不详（图五一）。

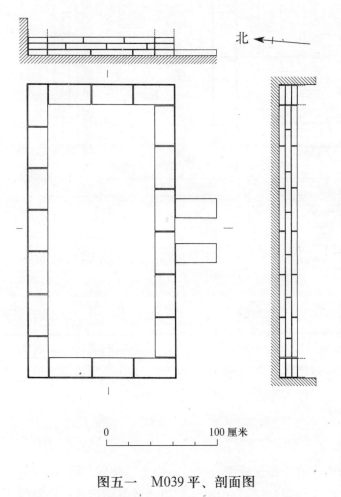

图五一　M039平、剖面图

（九）M040

M040位于红星家园一二号基坑的东部，墓道压于基坑南壁内，未做清理。被盗，中上部被毁，残存下部。

形制　M040平面呈准刀把形，方向172°，由墓道、甬道、墓室组成。墓室内砌棺床（图五二）。

甬道　位于墓室南部偏东，较短，与墓室南壁同时单砖顺砌，壁面内收。顶部被毁，形制不详。底东西宽0.48、残口宽0.46、南北深0.47、残高0.45米。从甬道封门，封门墙南北宽0.32、残高0.35米，用条砖侧立。

墓室　平面呈长方形，直接平砌于事先挖掘的长方形明坑中。四壁单重，平直，残存壁面垂直，墓室四角为直角。墓室南北长2.45、东西宽2.02、残高0.45米。棺床位于墓室西部，平面呈长方形，与墓室北、西、南三壁相接。东西宽1.17、高0.22米。东侧壁用条砖纵向平砌护壁，棺床面用条砖横向对缝平铺。墓室地面较大，与甬道地面平，未铺砖。

未见随葬品和人体骨骼。

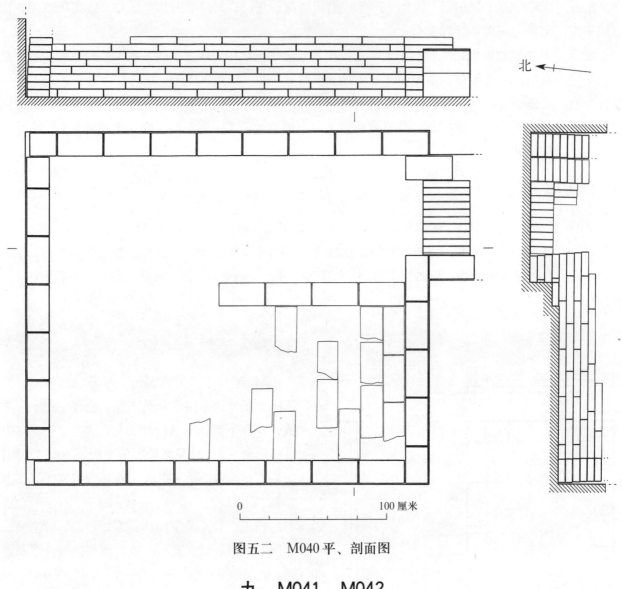

北 ←

图五二　M040 平、剖面图

0　　　　　　　　　　　100 厘米

九　M041、M042

（一）位置与地层

M041、M042 位于红星家园一四号基坑内（图五三）。一四号基坑位于一二号基坑的北部，二者为一三号基坑所隔。基坑长 93、宽 16 米，地层与七号基坑同（参见图五）。M041、M042 均被盗，中上部被毁，残存下部。自 2004 年 4 月 30 日~5 月 2 日，对其进行了清理。

（二）M041

M041 位于红星家园一四号基坑的中西部，被盗，随葬品仅存陶器碎片。中上部被毁，残存下部。

1.形制　M041 为倒凸字形单室砖室墓，南北向，方向 180°，由墓道、甬道和墓室组成。墓室内砌棺床（图五四；图版一八，3）。墓道由于挖掘于细沙层中，易塌毁，未作清理。

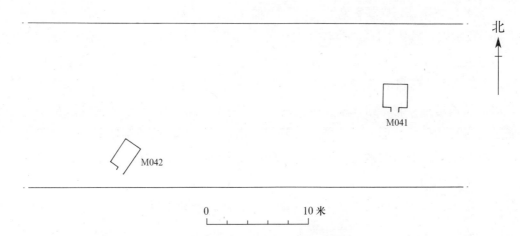

图五三　红星家园一四号基坑墓葬分布图

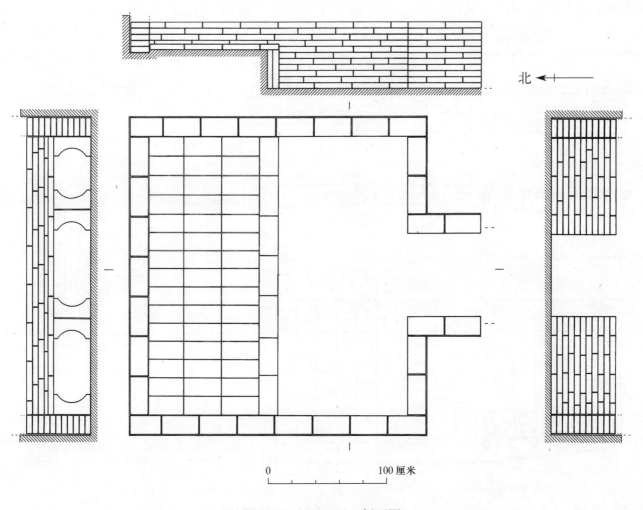

图五四　M041 平、剖面图

甬道　砌于墓室南部，与墓室南北在同一中轴线上，东、西壁单重，与墓室南壁同时单砖顺砌，残存壁面垂直。顶被毁，形制不详。东西宽0.68、南北深0.63、残高0.55米。封门被毁，方法、形制不详。

墓室　平面呈方形，单砖顺砌于挖掘的方形明坑中。四壁单重，平直，墓室四角均为直角，残存壁面垂直。顶部被毁，形制不详。墓室南北长2.19、东西宽2.29、残高0.55米。棺床位于墓室北部，平面呈长方形，与墓室东、北、西三壁相接。南北宽1.10、高0.38米。棺床南侧壁用条砖平砌护壁，外贴条砖加工的半圆形砖牙，形成三个圆形灯笼状砖饰，其中东部的砖饰较其他两个略小。护壁和砖饰上饰红色，局部脱落。棺床面铺砖，南侧用条砖横向平铺一砖，其北部用条砖纵向对缝平铺。墓室地面铺砖，方法与棺床同。

2.葬式　棺床上发现人体骨架一具，凌乱，头朝西，葬式不详。

（三）M042

M042位于红星家园一四号基坑的中北部、M041东北28米处，被盗，随葬品仅存陶器碎片，墓室残存中下部。

1.形制　M042为刀把形单室砖室墓，方向200°，由墓道、甬道和墓室组成。墓室内砌棺床（图五五；图版一八，4）。

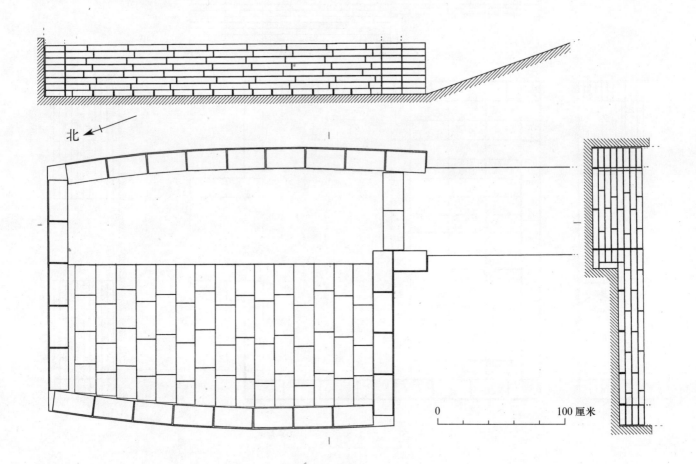

图五五　M042平、剖面图

墓道　位于墓室南部偏东，其东壁与墓室东壁基本在一直线上。平面呈长方形，斜坡，坡度16°。填土疏松，近封门处出土较多的砖块。残长1.15、宽0.68、深0~0.40米。

甬道　较短，其东壁为墓室东壁南段，西壁与墓室南壁同时错缝平砌，残存壁面垂直。东西宽0.61、南北深0.43、残高0.4米。从甬道中北部封门，封门墙单重，用拉划纹条砖错缝平砌，砌砖之间用草拌泥黏合。残高0.40米。

墓室　平面略呈梯形，平砌于事先挖掘的梯形明坑中。四壁单重，北壁和南壁平直，东、西壁中部外凸，略呈弧线形；残存壁面垂直。顶部被毁，形制不详。墓室南部东西宽1.82、北部东西宽1.62、南北长2.45、残高0.4米。棺床位于墓室西部，平面呈长方形，与墓室北、西、南壁相接，高0.25米。东侧壁用条砖竖砌护壁，棺床面铺砖，用条砖横向对缝平铺。墓室地面较大，用条砖平铺，方法与棺床面同。

2.葬式　棺床发现人体骨架一具，凌乱，葬式不详。

一〇　M087

（一）位置与地层

M087位于红星家园墓区东部一三号基坑最北端，与八号基坑相邻。一三号基坑南北长115、东西宽17、深1.6米。基坑四壁现代层下为细沙层。基坑内发现墓葬3座，其中2座为方形单室砖室墓，主体部分被压于东部的中央大道路基下，未做清理。

（二）M087

形制　M087为刀把形单室砖室墓，方向178°，由墓道和墓室组成（图五六；图版一九，1）。被盗，中上部被毁，残存下部。

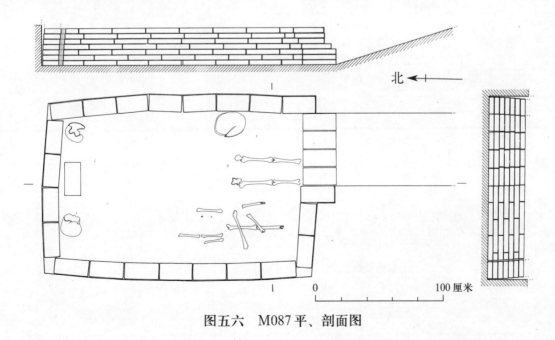

北 ←

1　0　　　　　　　100厘米

图五六　M087平、剖面图

墓道　位于墓室南部偏东，其东壁与墓室东壁南北在同一直线上。平面呈长方形，斜坡状，坡度15°。残存东、西壁面为河积沙层。填土灰黄色，疏松，包含细沙。残长 1.15、宽 0.66、深 0.35 米。

墓门　开于南壁东部，其东壁为墓室东壁南段，西壁为墓室南壁东侧面，上部被毁，残存下部，残存壁面垂直。宽 0.68、残高 0.35 米。沿墓门砌砖墙封门。封门墙南北宽 0.32、残高 0.35 米，用条砖纵向平砌，砌砖之间用草拌泥黏合。

墓室　平面略呈长方形，单砖顺砌于挖掘的方形明坑中。东、西、北壁平面中部略外凸，南壁平直，呈西北—东南向倾斜。残存壁面略内收。中上部被毁，形制不详。墓室北部东西宽 1.30、南部东西宽 1.35、南北长 2.32、残高 0.35 米。墓室地面为河积沙层，未见铺地砖。

由于墓室被盗，随葬品无存，人体骨骼仅存残段。

第三章　西部嘉园墓区

西部嘉园墓区位于西环路的东部，北临武警路，面积约21000平方米，在一、三、一二号建筑基坑内发现16座唐墓，分别编号为M043~M058(图五七)，其中M049在一号基坑东部。

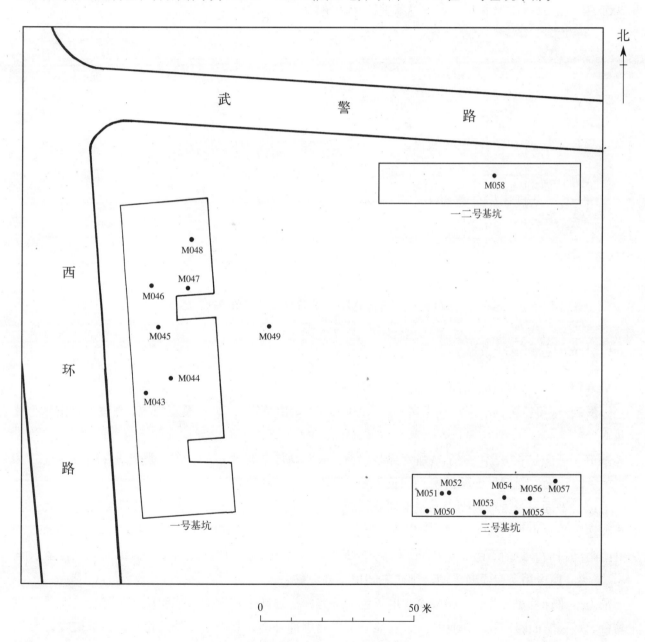

图五七　西部嘉园墓葬分布示意图

一　M043～M049

（一）位置与地层

M043、M044、M045、M046、M047、M048 位于西部嘉园一号建筑基坑内（图五八）。基坑紧临西环路，南北向，南北长110、东西宽32～34、深1.7米。基坑四周的地层剖面，与红星家园七号基坑地层基本相同（参见图五）。一号基坑内发现砖室墓6座，从南向北分别编号，墓葬均被盗，中上部被毁，残存下部，残口在第2层下开口，打破细沙层。另在一号基坑东部32米处，发现墓1座，编号M049。自2003年9月27～10月6日，对上述墓进行了清理。

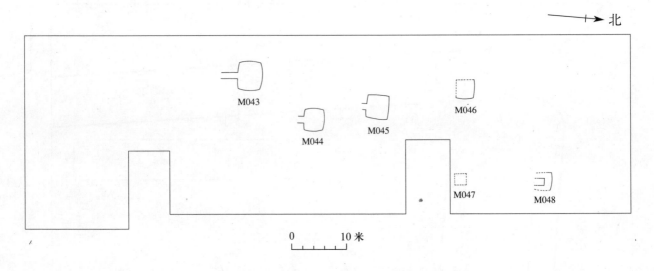

图五八　西部嘉园一号基坑墓葬分布图

（二）M043

M043 位于一号基坑的南部，残存中下部。

1.形制　M043 为倒凸字形单室砖室墓，方向182°，由墓道、甬道、墓室组成。墓室内砌棺床（图五九 A）。

墓道　平面呈长方形，位于墓室南部略偏西，底面斜坡，坡度17°，东、西壁残存壁面垂直。填土灰黄色，疏松，封门处堆积砖块。残长2.50、宽1.21、深0.86米。

甬道　平面呈长方形，砌于墓室南部略偏西，南接墓道。东、西壁单重，窄于墓室四壁，从二层砌砖起逐层略微内收，剖面呈"八"字形。顶毁，形制不详。东西宽0.95、南北深1.23、残高0.86米。从甬道南部封门，封门墙南北宽0.53、残高0.62米，分为南、北二段。北段用条砖纵向侧立，呈东向"人"字形。南段用条砖横向平铺，砌砖之间用草拌泥黏合。

墓室　平面略呈方形。四壁较宽，用灰色二条砖并排顺砌于挖掘的方形明坑中，砌砖之间用草拌泥黏合，残存壁面略内收。南壁平直，其他三壁平面中部外凸，其中东壁外凸稍甚。顶部被毁，形制不详。墓室东西宽3.1、南北长3.2米，残高0.48～0.80米。棺床位于墓室北部，平面长方形，与墓室

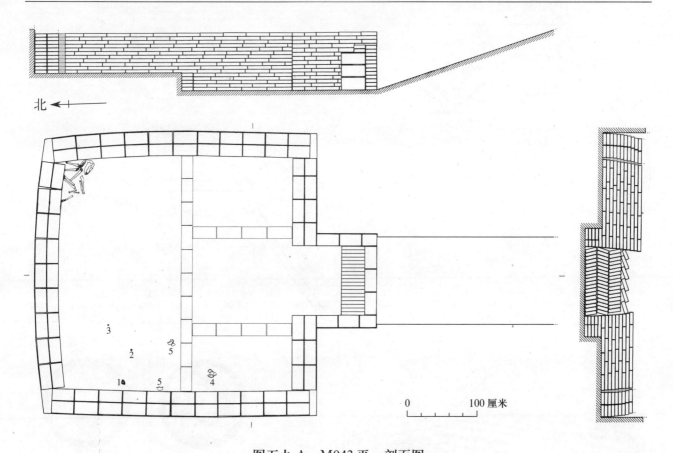

北 ←

0　　　　　100 厘米

图五九 A　M043 平、剖面图
1.蚌壳　2.开元通宝　3.五铢　4.底座　5.罐

东、西、北三壁相接。南北宽1.80～1.90、高0.32米。棺床南侧壁用条砖横向平砌护壁，棺床面未见铺砖。墓室东南部和西南部，各有一个与棺床相接、低于棺床的平台。东平台的西侧壁和西平台的东侧壁用条砖平砌护壁，平台面未见铺砖。墓室地面小，为细沙层面，与甬道地面平，未见铺砖。

　　2.遗物　墓室被盗，随葬品凌乱、残碎，有陶器、铜钱和蚌壳等。

　　陶器　泥质，灰陶，轮制。均残碎，可辨器形有塔形罐底座、罐和盖等。其中盖仅存碎片。残存陶片表明M043用一套塔形罐随葬。

　　罐　1件。标本M043：5，残复。敛口，卷沿，低矮领，圆肩，平底较大。外壁用黑色、红色绘花草纹，较模糊。口径14、底径18、高35.6厘米（图五九B；彩版五，1；图版一九，2）。

　　底座　1件。标本M043：4，残复，覆盆状。底敞口，卷沿，深腹；顶平底，底中部微残。腹部墨绘花朵纹，较模糊。底口径31.2、顶径15.0、高15.0厘米（图五九B；图版一九，3）。

　　铜器　出土"五铢"和"开元通宝"铜钱各1枚。

　　"五铢"　1枚。标本M043：3，锈蚀，"五"字二交画呈弧线形。直径2.6、穿径1.0、廓宽0.2厘米，重3.0克（图五九B；图版一九，4左）。

　　"开元通宝"　1枚。标本M043：2，轻薄，锈蚀。"开"字上部模糊，下部二竖画外撇；"元"字较小，上画短，次画宽，略呈弧形；"通"字"甬"旁上笔开口略大；"宝"下部"贝"二横画与左右竖画不相连。直径2.4、穿径0.7、廓宽0.1厘米，重3.2克（图五九B；图版一九，4右）。

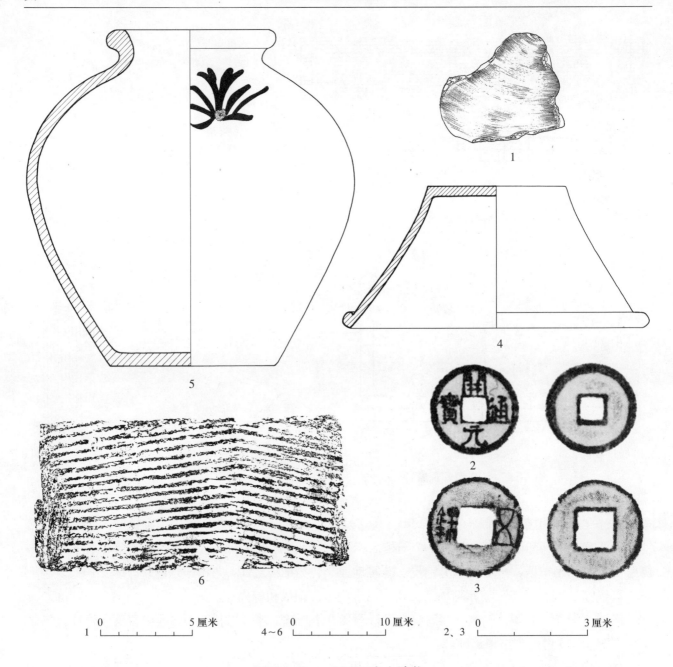

图五九 B　　M043 出土遗物
1.蚌壳　2.开元通宝　3.五铢　4.底座　5.罐　6.拉划纹条砖

　　蚌壳　1件。标本 M043：1，天然蚌壳的一半，残。表面因腐蚀局部呈蜂窝状。残宽 6.6、残高 7.0 厘米（图五九 B）。

　　墓砖　拉划纹条砖，灰色，夹细砂，模制。标本 M043：6，背面较平，正面拉划宽深较匀称的凹槽。长 34.5、宽 16.5、厚 5.0 厘米（图五九 B）。标本 M043：7，背面不平，正面粗糙，拉划宽、间距大的凹槽。长 32.5、宽 16.5、厚 5.5 厘米。

　　3．葬式　盗扰严重，在墓室上部扰土中发现人体骨骼，有颅骨等残片。经鉴定可能有人体骨架两具，为一成年女性和一位 20～25 岁的男性。另外，在棺床东北部，用一只狗殉葬，卧姿，骨骼较整齐。

（三）M044

M044 位于 M043 东北 8 米处，墓道和墓室中上部被毁，残存中下部。

1.形制　M044 为倒凸字形单室砖室墓，方向 178°，墓道被毁，残存甬道和墓室。墓室内砌棺床（图六〇 A）。

甬道　开于墓室南部偏东，东、西壁与墓室四壁等宽，用二条砖并排顺砌，从 0.18 米高处逐层略内收，剖面呈"八"字形。顶部被毁，形制不详。底部东西宽 0.70、残口宽 0.56、南北深 0.98 米，残高 0.99 米。甬道东、西壁中部砌东、西相对的小龛，龛宽 0.30、深 0.15、高 0.65 米，龛南北壁 0.51 米高处逐层出头叠压，形成叠涩顶。从甬道北部封门，封门墙南北宽 0.91 米，分为北、中、南三段。北段用条砖纵向侧立，呈东向的"人"字形，残高 0.3 米；中段与北段之间有 0.09 米宽的空隙，封门墙的砌法与北段同，残高 0.85 米；南段沿北段封门墙用条砖横向错缝平铺，砌砖之间用草拌泥黏合，残高 0.46 米。

墓室　平面呈方形，平砌于挖掘的方形明坑中。四壁较宽，用二条砖并排顺砌，残存壁面内收。顶部被毁，形制不详。墓室东西宽 2.75、南北长 2.62、残高 0.82 米。棺床平面呈倒凹字形，高 0.18 米，与墓室四壁相接，修砌方法与同形制的棺床的修砌方法同。东、西、南侧壁用条砖砌护壁，棺床面用条砖平铺。条砖灰黑色，火候不高。棺床面中部偏西，用条砖砌南北长 0.64、高 0.13、宽 0.15 米的一段砖墙。墓室地面较小，与甬道地面平，未铺砖。

2.遗物　墓室被盗，随葬品凌乱，有陶器、铜带饰、铜钱和铁带饰等。

陶器　泥质，红陶，轮制。均破碎，主要分布于墓门北部的墓室地面。器形有塔状纽盖、兽面罐和底座、壶。陶器组合为一套塔形罐和壶。

塔状纽盖　1件。标本 M044：7，残，由盖盘和盖纽分件制作黏接而成。盖盘覆碗状，敞口，斜平沿，深腹，平底。外底周围用手指向右斜压成花瓣状附加堆纹，中部黏一空心塔状纽，与盖盘相通。纽三层，较高，顶残，中部为一直径 0.4 厘米的竖孔。盖盘和纽外表施灰白色陶衣，上饰黑彩，大部脱落。盖盘径 20.8、通高 19.0 厘米（图六〇 B；图版二〇，1）。

兽面罐　1件。标本 M044：9，残。直口，卷沿，低矮领，腹上部圆鼓，下部细高，小平底。器形较高，最大径在腹上部。肩部等距离贴饰三个兽面，均残。兽面模制，平面扁圆形，底面内凹，正面圆凸。兽面张嘴，獠牙较大，三角形鼻，圆眼，眼侧戳一直径 0.2 厘米的穿孔，细眉较高，颧骨微凸，双角倒"八"字形，其间饰一"王"字，圆丘状耳，周围饰竖毛纹，与器壁间有一周抹痕。兽面饰黑彩，其周围的器壁饰一周红色和黑色绘的圈点纹，用黑色绘圆圈，红色绘圆点；兽面之间和兽面下部用黑色和红色绘花纹，较模糊。腹下部有刮、划、抹、戳痕。口径 16.0、底径 12.2、高 33.0 厘米（图六〇 B；图版二〇，1）。

底座　1件。标本 M044：8，残，上口部唾盂形，敞口，方唇，唇外侧向上卷压成花唇；束颈，微鼓腹，脱底；底径较小，套接于覆盆底径内，内壁留存黏接痕。底口部覆盆状，敞口，宽平沿，鼓腹，脱底，底径较小。腹部贴一周泥条，压呈花瓣状附加堆纹。外壁施灰白色陶衣，上饰黑彩，局部脱落。上口径 18.2、底口径 29.4、高 28.0 厘米（图六〇 B；图版二〇，1）。

塔形罐由底座、兽面罐、盖相叠而成，通高 74.2 厘米（图六〇 B；图版二〇，1）。

壶　2件。形制基本相同。标本 M044：10，敞口，圆唇，细颈，圆肩，微鼓腹，平底略扁。口径

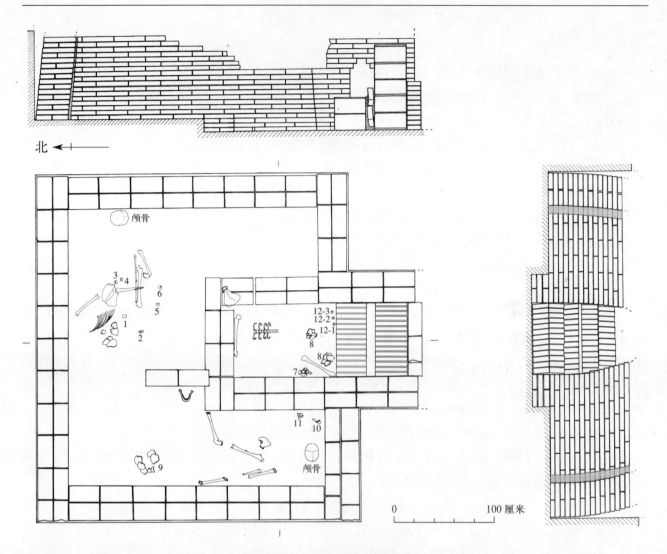

北 ←

图六〇 A　M044 平、剖面图
1.铜饰件　2.铜铊尾　3、4.方形铜銙饰　5.方形铁銙饰
6.半圆形铁銙饰　7.盖　8.底座　9.罐　10、11.壶　12-1～3.开元通宝

7.8、底径 11.2、高 25.0 厘米（图六〇 B；图版二〇，2）。标本 M044：11，口径 8.0、底径 11.0、高 25.2 厘米（图六〇 B；图版二〇，3）。

　　铜器　有铜铊尾、方形铜銙饰（图版二〇，4），出土于棺床，没有一定的放置规律。

　　铜铊尾　1件，残存底面。标本 M044：2，平面呈圆头长方形，底面鎏金，方角端四个、圆头端一个铜铆钉痕。长 7.2、宽 3.2 厘米（图六〇 B）。

　　方形铜銙饰　2件。均残存底面。标本 M044：3，平面方形，微凹，孔眼一侧略残，底面鎏金，中部锈结着丝绸。二方角各残存 1 个铜铆钉，另二方角各有一直径 0.15 厘米的孔眼。长 3.2、宽 3.0 厘米。标本 M044：4，残存一角，有一直径 0.15 厘米的孔眼，底面鎏金。长 3.2、残宽 2.2 厘米（图六〇 B）。

　　铜饰件　1件。标本 M044：1，平面呈桃形，底面略凹，两侧各有一个残断的铜铆钉。宽 1.8、高 1.6 厘米（图六〇 B；图版二〇，5）。

　　"开元通宝"　3枚。根据字体分为两型（图版二〇，6）。

　　A型　1枚。标本M044：12－3，"开"字宽扁；"元"字上画短，次画细，略呈弧线状；"通"字走字旁三点不相连，"甬"字上笔开口较大；"宝"字下部"贝"字宽扁，二横画与二竖画不相连。直径2.5、穿径0.7、廓宽0.2厘米，重3.3克（图六〇B）。

　　B型　2枚。"开"字宽扁，二竖画外撇；"元"字上画长，次画左上挑，末笔略顿；"通"字之走字旁三点相连；"宝"字下部"贝"字纵长，二横画与二竖画相连。标本M044：12－1，"甬"字上笔开口略大。直径2.4、穿径0.7、廓宽0.2厘米，重4.1克（图六〇B）。标本M044：12－2，钱纹较模

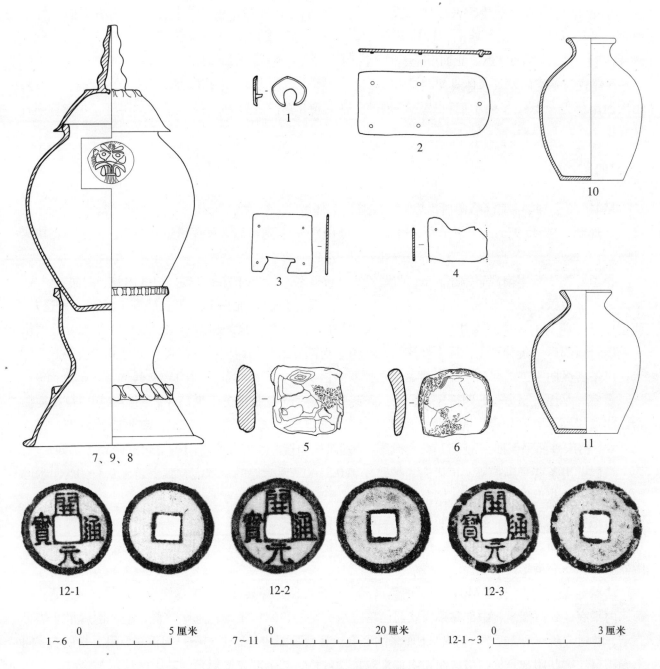

図六〇B　M044出土遗物
1.铜饰件　2.铜铊尾　3、4.方形铜銙饰　5.方形铁銙饰
6.半圆形铁銙饰　7.盖　8.底座　9.罐　10、11.壶　12-1～3.开元通宝

糊，"通"字之"甬"部上笔开口小。直径2.5、穿径0.7、廓宽0.2厘米，重4.0克（图六〇B）。

铁器　出土铁带饰2件，有方形和半圆形铁铐饰（图六〇B）。

方形铁铐饰　1件。标本M044：5，平面呈方形，严重锈蚀，一方角残存一铜铆钉痕。边长3.6～3.8厘米（图六〇B）。

半圆形铁铐饰　1件。标本M044：6，平面略呈圆头长方形，严重锈蚀，一端方角，一端圆头，圆头中部和一方角各残存一铜铆钉。长4.0、宽3.5厘米（图六〇B）。

墓砖　均为灰色条砖，夹细砂，模制。有大、小两种规格，前者饰拉划纹，后者素面。标本M044：12，背面平，正面略凹，拉划窄深、间距较大的凹槽。长31.5、宽16.0、厚4.5厘米。标本M044：13，素面，背面平整，正面粗糙不平。长29.5、宽14.5、厚4.2厘米。

3.葬式　墓室内发现人体骨架四具，非常凌乱，葬式不详。经鉴定棺床北部为一20～25岁的女性，棺床西南部为一2～3岁的小孩和12～13岁的男性儿童，墓门附近为一25～35岁的男性，并患有强直性脊椎炎，已到晚期。

（四）M045

M045位于M044北部略偏西5米处，被盗，上部被毁，残存中下部。

1.形制　M045为倒凸字形单室砖室墓，方向181°，墓道被毁，仅存甬道和墓室。墓室内砌棺床（图六一A）。

甬道　砌于墓室南部略偏东，东、西壁较宽，与墓室南壁同时错缝平砌，壁面内收，剖面呈"八"字形。顶部被毁，形制不详。底部东西宽0.94、残口宽0.69、南北深1.90米，残高1.55米。甬道东、西壁中部砌相对的小龛。龛宽0.62、深0.24、高0.94米，叠涩顶。龛南、北壁从0.61米高处逐层出头叠压，顶部用一条砖平压，形成叠涩顶。从甬道南部砌封门墙封门，封门墙南北宽0.32、残高0.80米，用条砖纵向平砌，部分条砖侧面黏结着较厚的白灰泥皮，说明部分封门砖从其他建筑拆迁而来。

墓室　平面略呈方形，四壁较宽，用二条砖并排顺砌于挖掘的方形明坑中，砌砖之间用草拌泥黏合。四壁平面平直，残存壁面内收。顶部被毁，形制不详。墓室东西宽3.20、南北长3.20米，残高1.20米。棺床平面呈倒凹字形，高0.31米，与墓室四壁相接，修砌方法与同类棺床的修砌方法同。东、西、南侧壁用条砖平砌护壁；棺床面和护壁先施0.5～0.7厘米厚的草拌泥，其上再施0.3～0.5厘米厚的白灰泥。白灰泥皮较薄，局部脱落。

2.遗物　墓室被盗，随葬品较凌乱，有陶器和骨梳等。

陶器　泥质，灰陶，轮制。均破碎，出于棺床中北部。器形有塔状纽盖、兽面罐、底座和壶等。陶器组合为一套塔形罐和壶。

塔状纽盖　1件。标本M045：3，由盖盘和盖纽分件制作黏接而成。盖盘覆碗状，敞口，圆唇，浅腹，内平底，外假圈足，中部黏接塔状纽。塔三层，空心，制作精细，基座较低，呈倒圆台形，塔身三层，塔刹宝葫芦形，顶部一直径0.6厘米的竖孔。盖盘腹部和足周围先贴一周泥条，用手指向右、向上卷压呈花瓣状附加堆纹。塔状纽和附加堆纹饰橘红色，其余部分饰黑色。其中两周附加堆纹之间和盖盘口沿外侧黑色间隔露白，形成三个椭圆形，其内饰橘红色圆点纹，大部脱落。底口径21.6、底盘高6.4、通高20.6厘米（图六一B；彩版六；图版二一，1）。

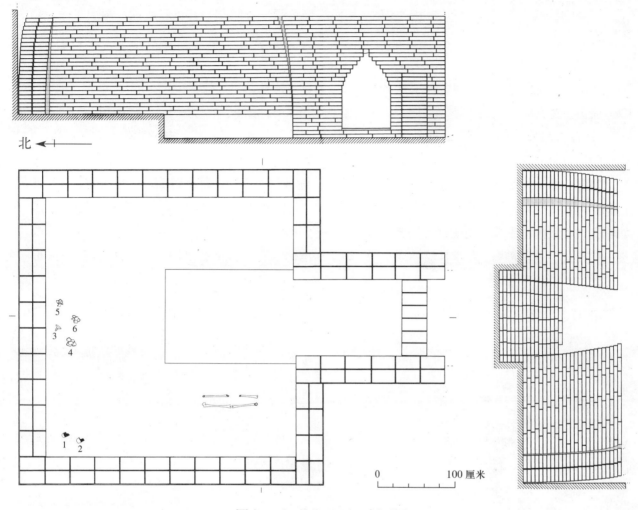

北 ←

0　　　　　　　　100 厘米

图六一 A　M045 平、剖面图
1、2.骨梳　3.盖　4.罐　5.底座　6.壶

　　兽面罐　1件，残。标本 M045：4，敛口，圆卷唇，低矮领，腹部圆鼓，平底。器形较粗、圆，最大径在腹中部。腹上部贴饰相对的象面和兽面，高度相同，间距略有差异。象面模制，1个残存少部，1个略残，平面略呈倒"山"字形，底面略凹，正面中部高凸。象长鼻，鼻尖向右侧卷，双耳宽、长，嘴和眼微凸，额部饰二道凹槽，上部戳一直径0.5厘米的穿孔。周围有和器壁黏接的抹痕。兽面模制，完整。平面圆形，底面内凹，正面高凸。兽面咧嘴，獠牙较小，两侧戳一直径0.8厘米的锥状穿孔，鼻短高凸，深眼凸睛，两角相连呈牛角状，额部圆突光滑，双耳较大。兽面上部有一直径0.6厘米的竖向穿孔（图版二一，2）。用黑色绘轮廓，灰色绘圆点纹，因脱落较模糊。口径17.0、底径16.0、高34.0厘米（图六一 B；彩版六；图版二一，1）。

　　底座　1件。标本 M045：5，残复。上口部唾盂状，敞口，内方唇，外侧向上卷压成波浪状的花唇，束颈，鼓腹，上压印间距不一的12厘米宽的凹槽。底口部覆盆状，敞口，窄平沿，圆卷唇，深腹，脱底，底径较大，腹部贴一周泥条向上卷压成花瓣状附加堆纹。套接处较细，器壁厚，有黏接痕。花唇和附加堆纹饰橘红色，其余部分彩绘，因颜料脱落模糊不清。上口径22.0、底口径32.0、高26.0厘米（图六一 B；彩版六；图版二一，1）。

塔形罐由底座、兽面罐、盖相叠而成，通高76.6厘米（图六一B；彩版六；图版二一，1）。

壶　1件，残。标本M045：6，敞口，卷沿，细颈，圆肩，平底。外壁饰黑彩，局部脱落。口径10.0、底径13.0、高31.0厘米（图六一B；图版二一，3）。

骨器　出土骨梳2件，均残。标本M045：2，磨制，梳柄圆角，梳齿细密，残存少部，1厘米宽有12个梳齿。宽3.8、残长1.6厘米（图六一B；彩版五，2右；图版二一，4右）。标本M045：1，磨制，梳柄圆角，微凹，梳齿细密，1厘米宽有13个梳齿。宽3.8、长2.1、齿长0.8厘米（图六一B；彩版五，2左；图版二一，4左）。

墓砖　均为拉划纹条砖，灰色，夹细砂，模制。标本M045：7，背面粗糙，正面略凹，有刮抹痕，用梳齿状工具拉划宽深、间距大的凹槽。长29.0、宽14.5、厚5.0厘米。标本M045：8，背面不平，正面略凹，用梳齿状工具拉划疏朗的凹槽。长30.5、宽15.5、厚5.5厘米。

3. 葬式　墓室被盗，人体骨骼残缺不全，棺床西南部仅存一段下肢骨，未被扰动，置向头朝北，呈

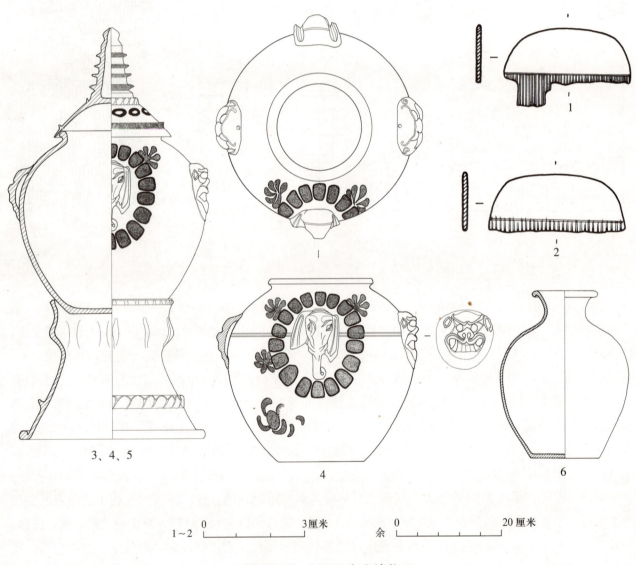

3、4、5　　　　　　　　　　4　　　　　　　　　　6

1～2　0　　　　　　　3厘米　　　余　0　　　　　20厘米

图六一 B　M045 出土遗物

1、2.骨梳　3.盖　4.罐　5.底座　6.壶

仰身直肢之状。经鉴定为一成年个体。

（五）M046

M046 位于 M045 北部略偏东 11.2 米处，方向 180°。墓道、甬道均被毁，仅存墓室（图六二）。

1. **形制**　墓室北壁和东壁保存较好，南、西壁仅存残迹。从残迹分析，墓室平面略呈方形，平砌于事先挖掘的明坑中。四壁单重，残存壁面内收。墓室东西宽 2.72、南北残长 2.55、残高 0.32～0.55 米。棺床平面呈倒凹字形，高 0.25 米，与墓室四壁相接，修砌方法与同类棺床的修砌方法同。但墓门北部所挖掘的长方形凹槽南北较长，致使棺床北部较窄。东、西、南侧壁用条砖砌护壁，棺床未见铺砖。墓室地面南北较同形制棺床的墓室地面长，未铺砖。

2. **遗物**　墓室被盗，随葬品仅存陶砚 1 件。

陶砚　1 件。标本 M046：1，灰陶，泥质，手制，残存后半部和笔筒。砚面簸箕状，光滑，有墨痕。笔筒圆桶形，直径 2.2 厘米，正面刻划两个"八"字纹，与砚座和砚面相接。砚宽 10.0、残长 8.0、高 4.0 厘米（图六二；图版二二，1）。

墓砖　均为条砖，灰色，泥质，模制。以素面为主，拉划纹较少。标本 M046：2，背面不平，正面中部略凹，有刮模痕。长 28.0、宽 14.0、厚 4.6 厘米。标本 M046：3，背面平整，正面拉划细密、间距不一的凹槽。长 27.0、宽 14.5、厚 5.5 厘米。

3. **葬式**　墓室严重盗扰，人体骨骼仅存残段，个体、葬式不详。棺床西部，出土牛头骨一具，残存上、下颌骨，凌乱。

（六）M047

M047 位于 M046 东部 12 米处，墓道、甬道等均被毁，残存墓室少部，未见随葬品和人体骨骼。

墓室　从残存部分分析平面较小，呈方形。棺床位于墓室西部，平面呈长方形，与墓室北、西、东壁相接。东侧壁用条砖平砌护壁，棺床面素面，未铺砖。条砖有灰色和土红色两种，以前者为主；背面略平，正面为拉划纹，长 32.0、宽 16.0、厚 5.0 厘米。

（七）M048

M048 位于 M047 北部偏东 11.5 米处，方向 178°，墓道、甬道和墓室的大部分被毁。

1. **形制**　墓室除北壁和西壁保存部分外，东壁和南壁仅存砌砖的残迹。北壁和西壁单重，单砖顺砌，平面外凸，残存壁面内收，残高 0.15 米。东壁和南壁底部残迹平面也外凸。墓室东西宽 2.46、南北残长 2.25、残高 0.15 米。棺床平面呈倒凹字形，高 0.15 米，与墓室四壁相接，修砌方法与同形制的棺床修砌方法同。东、西、南侧壁用条砖平砌护壁，棺床面素面，未铺砖。墓室地面较小，未铺砖（图六三 A）。

2. **遗物**　墓室被盗，随葬品凌乱，有陶器、铜镜和铁带饰等。

陶器　泥质，红陶，轮制。均破碎，出土于棺床西南部。器形有塔状纽盖、底座和兽面罐等，其中兽面罐仅存兽面和腹部碎片。陶器组合为一套塔形罐。

塔状纽盖　1 件。标本 M048：4，残复，盖盘覆碗状，敞口，圆卷唇，腹部较深，内尖底，外假圈

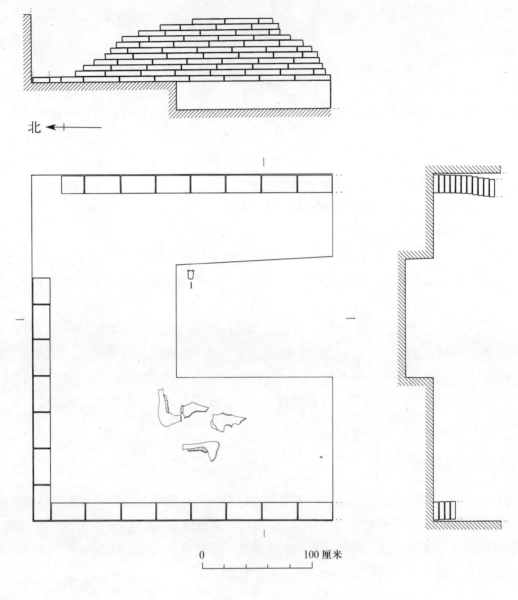

北 ←

0　　　　　　　　100 厘米

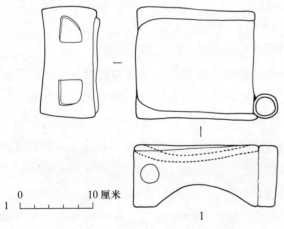

0　　　10 厘米
1

图六二　M046 及出土遗物
1.陶砚

足。内底戳一直径 1.1 厘米的穿孔与塔状纽相通。假圈足周围向上卷压成花瓣状附加堆纹，中部为一盖纽。纽塔状，空心，三层，刹顶尖锥形。盖盘和盖纽外壁施白色陶衣，上饰黑色，局部脱落。底口径 18.2、通高 18.8 厘米（图六三）。

底座　1件。标本 M048：6，残，上口部唾盂状，敞口，内方唇，外唇窄低，用圆形工具向左斜压成花唇，束颈，鼓腹，脱底。鼓腹部压印竖向凹槽，其间饰螺髻纹。套接部束腰，内壁有黏接痕。底口部残存少部，外壁贴一周泥条压成

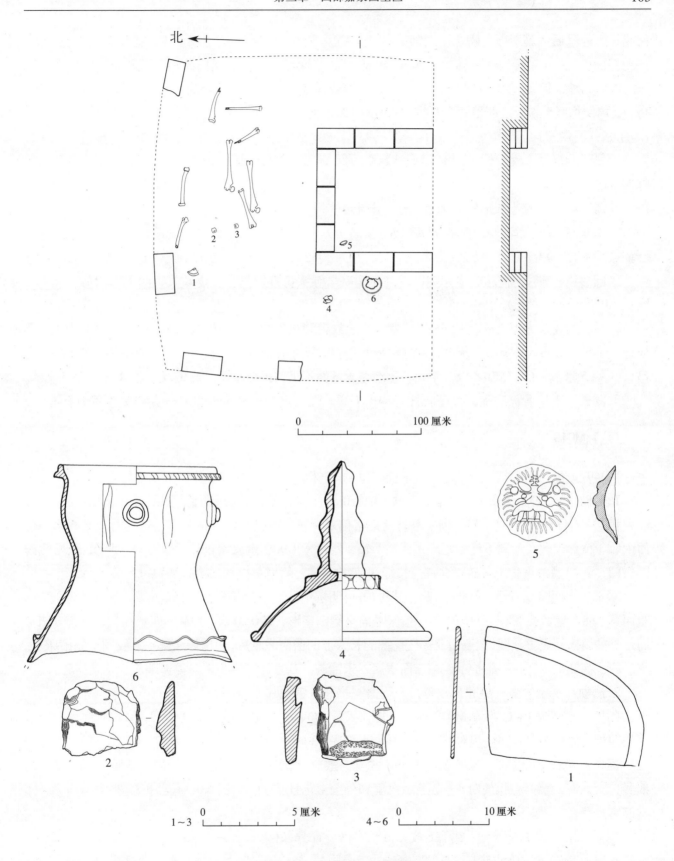

图六三　M048 及出土遗物

1.铜镜　2.方形铁铐饰　3.半圆形铁铐饰　4.盖　5.兽面　6.底座

花瓣状。外壁通体施灰白色陶衣，上饰黑彩，大部脱落。上口径16.0、残高21.0厘米（图六三）。

兽面　1件，系罐肩部贴饰物。标本M048：5，平面呈圆形，底面内凹，正面圆凸，中部饰一兽面。兽面咧嘴，獠牙较大，颧骨低小，圆眼，右眉较左眉长、高，双角呈到"八"字形，双耳圆丘状、高凸。周围饰竖毛纹，上部戳两个并排的直径0.3厘米的穿孔。外涂灰白色陶衣，上饰黑彩。径8.0、高2.5厘米（图六三）。

铜器　有铜镜1枚。标本M048：1，残存一角。素面，宽沿，圆角内折，径面较薄。残径6.7～8.0厘米（图六三）。

铁器　有方形和半圆形铁铐饰各1件，出土于棺床，没有一定的规律。

方形铁铐饰　1件，残。标本M048：3，平面呈方形，严重锈蚀，两面均脱落，一方角有一铜铆钉痕。边长4.2、厚0.8厘米（图六三）。

半圆形铁铐饰　1件。标本M048：2，平面略呈圆头长方形，一方角残失，两面均剥落。宽4.0、残长4.0厘米（图六三）。

墓砖　均为长方形条砖，夹细砂，模制。有土红色和灰色两种，以灰色为主，纹饰以素面为主，部分饰一手印。标本M048：7，灰色，背面和侧面平整，正面有刮模痕，略凹，饰一右手印。长27.5、宽13.6、厚4.5厘米。标本M048：8，素面，土红色，背面不平，正面粗糙。长27.5、宽14.5、厚4.5厘米。

3.葬式　人体骨骼凌乱，仅存肢骨，葬式不详。经鉴定为一成年男性和一成年女性两个个体。

（八）M049

M049位于一号基坑之外，距一号基坑东壁约17米。

1.形制　M049为倒凸字形单室砖室墓，方向183°。墓道被毁，甬道和墓室残存中下部（图六四A）。

甬道　剖面呈"八"字形，砌于墓室南部略偏东，东、西壁单重，与墓室南壁同时单砖顺砌，壁面内收，顶部被毁，形制不详。底部东西宽1.15、残口宽1.00、南北深0.67米，残高0.5米。从甬道南部封门，封门墙单重，用条砖横向逐层错缝平砌，砌砖之间用草拌泥黏合。残高0.5米。

墓室　平面略呈方形，单砖顺砌于挖掘的方形明坑中，残存壁面内收，顶部被毁，形制不详。墓室东西宽2.88、南北长2.76、残高0.5米。棺床平面呈倒凹字形，高0.20米，与墓室四壁相接，修砌方法与同形制的棺床修砌方法同。但墓门北部所挖掘的长方形凹槽南北较短，使棺床北部南北较同形制棺床宽。东、西、南侧壁用条砖平砌护壁，棺床面素面，未铺砖。墓室地面较小，与甬道地面平，未铺砖。

2.遗物　墓室被盗，随葬品残碎，有陶器、瓷器、铜钱和铁器等。

陶器　双耳罐1件。标本M049：4，残复，泥质，红陶，轮制。敛口，圆卷唇，唇内侧刮划一周细窄的凹槽，低矮领，肩部贴相对的二个竖耳，小平底。口径12.6、底径10.0、高27.4厘米（图六四A）。

瓷器　黑釉执壶1件。标本M049：3，残复。敞口，卷沿，细颈较高，折肩，斜腹，假圈足。肩部和口沿间有一竖耳。胎黄白色，较粗，内壁和外壁上部挂黑釉。口径6.0、底径8.2、高18.0厘米（图六四A）。

铜器　出土"开元通宝"铜钱5枚。根据字体特征分二型。

A型　2枚。钱纹较模糊，"开"字宽扁，二竖画外撇；"元"字上画短，次画上挑或斜上挑；"通"字之走字旁三逗点不相连，"甬"字旁上笔开口略大；"宝"字下旁"贝"字宽扁，二横画与二竖画不

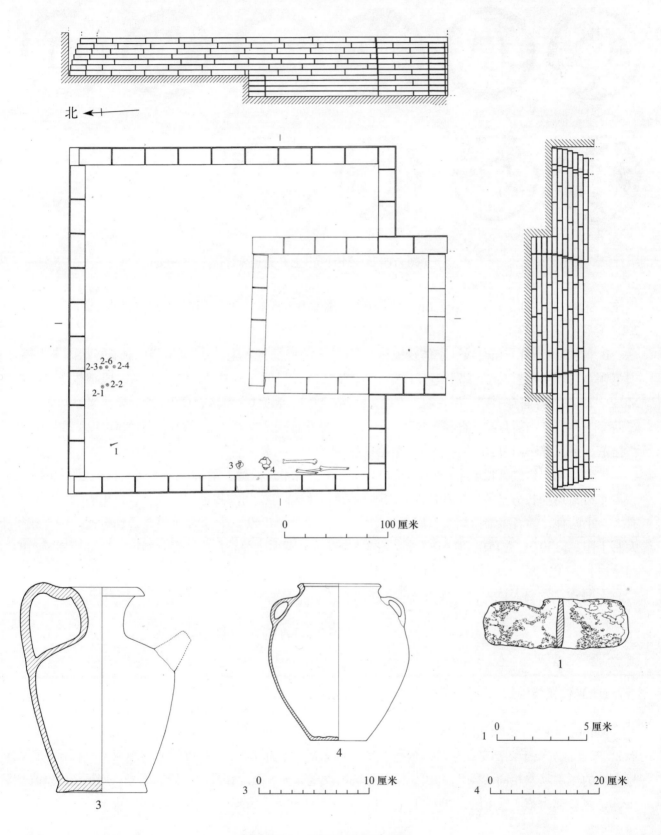

北 ←

2-6
2-3 2-4
2-1 2-2

1

3 4

0　　　　　　　　　　　100 厘米

3

4

1

0　　　　　　5 厘米
1

0　　　　　　10 厘米
3

0　　　　　　20 厘米
4

图六四 A　M049 及出土遗物

1.铁剑残段　2-1～5.开元通宝　3.黑釉执壶　4.双耳罐

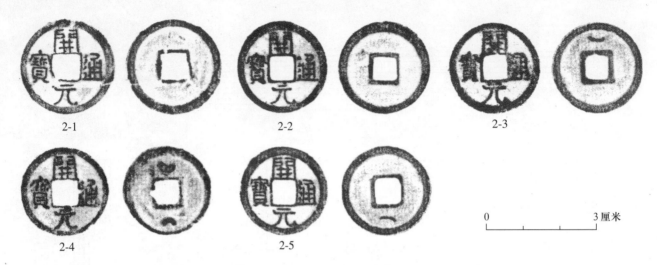

图六四 B　M049 出土开元通宝

相连。标本 M049∶2 − 1，直径 2.5、穿径 0.8、廓宽 0.2 厘米，重 3.7 克。标本 M049∶2 − 2，直径 2.4、穿径 0.7、廓宽 0.2 厘米，重 3.9 克（图六四 B）。

B 型　3 枚。背有新月纹，字体较模糊。"开"字的特征与 A 型同；"元"字上画长，次画左上挑，末笔顿；"通"字之"甬"部上笔开口小；"宝"字下旁"贝"字纵长，二横画与二竖画相连。标本 M049∶2 − 3，背面穿上部一新月纹。直径 2.4、穿径 0.7、廓宽 0.2 厘米，重 3.9 克。标本 M049∶2 − 4，背面穿上、下各一新月纹。直径 2.4、穿径 0.7、廓宽 0.1~0.2 厘米，重 3.0 克。标本 M049∶2 − 5，背略错范，穿下部一新月纹。直径 2.4、穿径 0.7、廓宽 0.2 厘米，重 3.2 克（图六四 B）。

铁器　出土铁剑残段 1 件。标本 M049∶1，平面呈条状，较薄。宽 2.6、残长 7.8 厘米（图六四 A）。

墓砖　均为长方形条砖，灰色，夹细砂，模制。纹饰有拉划纹和手印纹两种，以前者为主。规格有大、小两种，前者多饰拉划纹，后者多饰手印纹。标本 M049∶5，背面平整，正面略凹，饰一成年人右手印。长 30.0、宽 15.0、厚 6.0 厘米。标本 M049∶6，背面平整，正面粗糙，略凹，中部拉划宽密的凹槽。长 32.0、宽 16.0、厚 4.6 厘米。

3. **葬式**　发现人体骨架一具，凌乱，葬式不详。经鉴定为一不小于 40 岁的成年男性。

二　M050～M057

（一）位置与地层

M050、M051、M052、M053、M054、M055、M056、M057 位于西部嘉园三号建筑基坑内（图六五），三号基坑位于西部花园东部，东西长 58、南北宽 14、深 1.7 米。基坑四周的地层，与红星家园七号基坑的地层基本相同（参见图五）。三号基坑内发现墓葬 8 座，从西向东分别编号，均被盗，残存中下部，残口部为第 3 层所压。2004 年 3 月 17 日~25 日进行了清理。

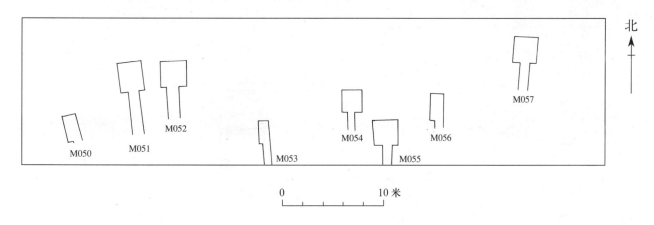

图六五　西部嘉园三号基坑墓葬分布图

（二）M050

M050位于西部嘉园三号基坑的西南部，其东北部为M051、M052，与M053东西基本在同一直线上。被盗，中上部被毁，残存底部。

1.形制　M050为刀把形单室砖室墓，方向170°。无甬道，封门被毁，残存墓道和墓室部分（图六六；图版二二，2）。

墓室　平面略呈梯形，单砖顺砌于挖掘的长方形明坑中。四壁单重，南壁平面平直，呈西北——东南向倾斜，其他三壁略外凸，呈弧线形，其中东、西壁北段明显向墓室内收，较北壁外凸略甚；北壁残存壁面垂直，东、西壁残存壁面内收。顶部被毁，形制不详。墓室南部东西宽1.42、北部东西宽1.26、南北长2.20米，残高0.06～0.25米。棺床平面呈刀把形，与墓室四壁相接，高0.06米，系在墓室地面横向对缝铺一层砖而成。铺砖以土红色条砖为主，灰色条砖较少。墓室地面小，未铺砖。

2.遗物　随葬品破碎凌乱，有陶器、铜带饰、铁带饰等。

陶器　泥质，红陶，轮制。均碎片，主要出土于棺床西南部。可辨器形有兽面罐、底座、壶和盖，其中兽面罐仅存口沿和两个兽面。陶器组合为一套塔形罐和壶。

兽面罐　1件。标本M050:1，残存口沿部，圆卷唇，鼓肩，肩部贴一兽面。兽面底面内凹，较薄，嘴较低，呈仰月状，圆眼，宽眉，双耳位于两眼两侧，双角宽凸，嘴下部饰圆凸的竖毛纹，双耳两侧各戳一直径0.6厘米的穿孔，残存1个。兽面和外表饰黑彩，大部分脱落。残口径9.4、残高12.0厘米。标本M050:9，兽面，无獠牙，牙齿清晰，呈细小的三角形，双角之间一凸棱。残径5.4～7.2、高1.6厘米（图六六）。

底座　1件。标本M050:2，残，上口部唾盂状，敞口，斜唇，唇外侧压印成花唇，束颈，鼓腹，刻划两周波浪纹，脱底。底口部覆盆状，敛口，宽平沿，鼓腹，外壁贴一周泥条压成花瓣状附加堆纹，脱底。上口径16.2、底口径24.8、高29.8厘米（图六六；图版二二，4）。

壶　1件。标本M050:3，残，侈口，卷唇，细颈，圆肩，平底。口径5.6、底径6.8～8.0、高17.4厘米（图六六；图版二二，3）。

铜器　出土铊尾1件，带有铁锈。

铜铊尾　1件。标本M050:4，平面呈圆头长方形，方角和圆头中部各有一直径0.3厘米的孔眼。

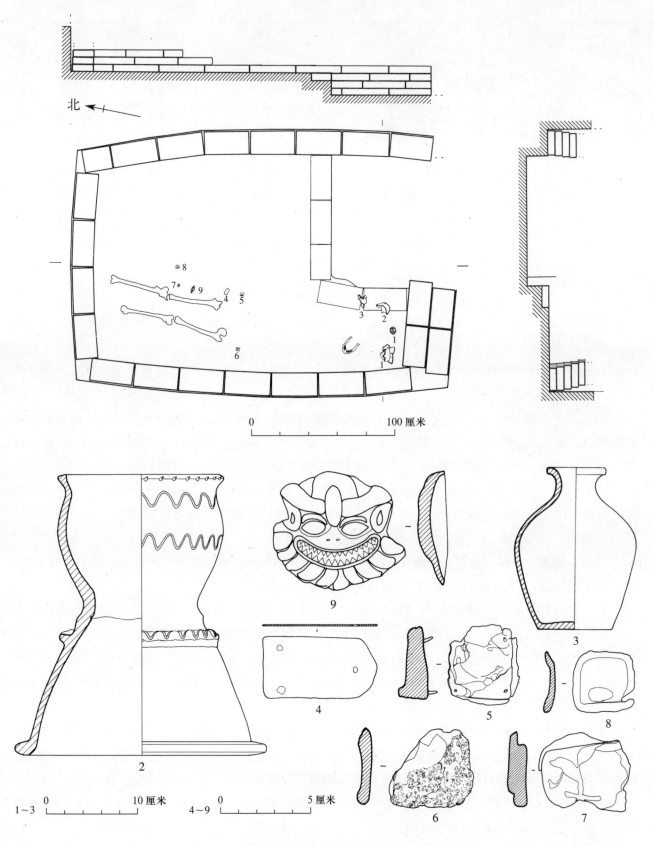

北

0　　　　　　　　　　　100 厘米

1~3　　0　　　　　　　10 厘米　　　4~9　　0　　　5 厘米

图六六　M050 及出土遗物

1.罐口沿残片　2.底座　3.壶　4.铜铊尾　5、6.方形铁铐饰　7、8.铁铊尾残件　9.兽面

长6.1、宽3.2厘米（图六六；图版二二，5）。

铁器　有方形铸饰、铁扣柄或铊尾残件。

方形铁铸饰　2件。均残，严重锈蚀。标本M050：5，平面呈方形，一方角残，另三方角各有一铜铆钉。长4.2、宽3.8、厚1.1厘米。标本M050：6，残存一半。长4.2、残宽4.2、厚0.7厘米（图六六）。

铁铊尾残件　2件。标本M050：7，铁铊尾或扣柄残件，平面呈长方形，一面平，锈蚀有铜锈。残长5.0、残宽3.8、厚1.0厘米（图六六）。标本M050：8，平面略呈圆角方形，锈蚀。边长3.2～3.4、厚0.5厘米（图六六）。

墓砖　均为长方形条砖，土红色，夹细砂，模制。标本M050：10，背面和侧面平整光滑，正面略粗糙。长30.5、宽15.0、厚4.8厘米。

3.葬式　棺床发现人体骨架一具，较凌乱。颅骨位于棺床西南部，下肢骨略移位，但骨骼顺序未变。从颅骨的位置和下肢骨的置向分析，头向朝南。

（三）M051

M051位于西部嘉园三号基坑的西部、M050的西北部，其东部360米处为M052，二者方位一致，东西基本在同一直线上。被盗，中上部被毁，残存底部。

1.形制　M051为倒凸字形单室砖室墓，方向177°，由墓道、甬道和墓室组成。墓室内砌棺床（图六七A）。

墓道　位于墓室南部偏东，平面呈长方形，底面斜坡，坡度8°。残存部分挖掘于细沙层中，东、西壁面垂直。填土灰黄色，包含细沙和少量的塔形罐底座碎片。残长4.50、宽0.95、深0.75米。

甬道　砌于墓室南部偏东，南接墓道。东、西壁与墓室南壁同时单砖顺砌，壁面内收，剖面呈"八"字形。顶部被毁，形制不详。底部东西宽0.84、残口宽0.75米，南北深0.60、残高0.75米。从甬道南部封门，封门墙向东倾斜，南北宽0.36、残高0.75米，用条砖平砌，砌砖之间用草拌泥黏合。砖以土红色为主，灰色较少。前者多素面，后者多拉划纹。

墓室　平面略呈弧边方形，单砖顺砌于挖掘的方形明坑中。东北部被毁，仅存残迹。四壁平面中部略外凸，其中东、西壁外凸较南、北壁略甚；壁面内收。顶部被毁，形制不详。墓室南部东西宽2.30、北部东西宽2.40、南北长2.82米，残高0.75米。棺床平面呈倒凹字形，高0.15米，与墓室四壁相接，东、西、南侧壁用条砖平砌护壁；棺床面为细沙层面，未铺砖。墓室地面较小，与甬道地面平，未铺砖。

2.遗物　墓室被盗，随葬品破碎，有陶器、瓷器、铜钱和铁带饰等。

陶器　泥质，红陶，轮制。均破碎，集中出土于棺床西南部。可辨器形有塔状纽盖、兽面罐和底座。陶器组合为一套塔形罐。

塔状纽盖　1件。标本M051：1，盖盘低平，周缘上翘，中部内凹。盖纽空心塔状，五层，逐层窄小，层与层之间为"U"形槽；刹顶残，中空。盖盘和纽外表先施灰白色陶衣，其上饰黑彩。其中盖盘黑彩上墨绘弧线纹，较模糊。底径19.4、高17.0厘米（图六七B；图版二三，1）。

兽面罐　1件。标本M051：2，残复，敞口，卷沿，矮领，圆肩，深腹，小平底。肩上部贴饰4个模制兽面，形状相同，其中3个完整，1个残。兽面下部器壁从内向外戳一直径1.2厘米的穿孔，与兽面

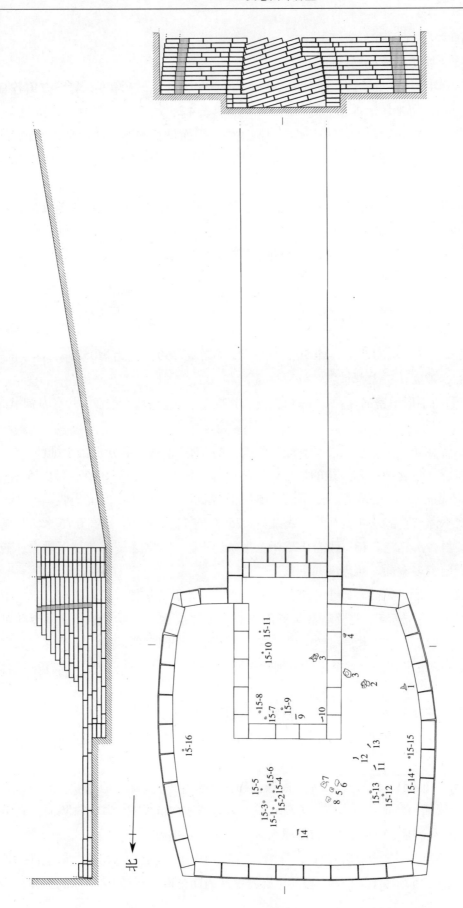

图六七 A　M051 平、剖面图

1.盖　2.罐　3.底座　4.青釉碗　5～7.铁铐饰　8.半圆形铁铐饰　9～14.铁钉　15-1～16.开元通宝

相通。兽面咧嘴，獠牙较小，三角形鼻高凸，圆丘状颧骨高凸，小眼，细眉棱低窄，双角高而长，双耳位于双角梢端。器外壁和兽面施灰白色陶衣，上饰黑彩，大部脱落。口径16.4、底径13.4、高33.5厘米（图六七B；图版二三，2）。

底座　1件，残复。标本M051：3，上口部唾盂状，敛口，内方唇，外侧向上卷压成花唇，束颈，双束腹，脱底。腹部压印九道较宽的凹槽。底口部覆盆状，敛口，宽平沿，圆卷唇，深腹，脱底；腹部贴两周泥条向上卷压成花瓣状附加堆纹。外壁施灰白色陶衣，上饰黑彩，较模糊。上口径19.2、底口径28.4、高33.0厘米（图六七B；图版二三，3）。

塔形罐由底座、兽面罐、盖相叠而成，通高78.8厘米（图六七B）。

瓷器　青釉碗1件。标本M051：4，出土于棺床西南部。敞口，圆卷唇，腹较深，玉璧底，有刀削痕。胎色白，胎质细腻，内外壁均挂釉，仅足底露胎，釉色微泛黄。口径14.0、足径6.3、高4.3厘米（图六七B；彩版五，3；图版二三，4）。

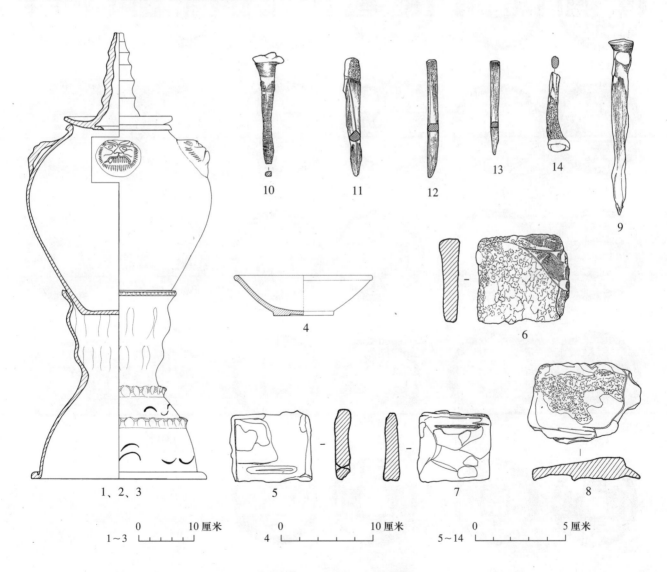

图六七B　M051出土遗物

1.盖　2.罐　3.底座　4.青釉碗　5~7.铁铐饰　8.半圆形铁铐饰　8~14.铁钉

　　铜器　出土"开元通宝"14枚（图版二三，5），其中12枚分两型。

　　A型　6枚。"开"字宽扁，两竖画外撇；"元"字上画较短，次画略上挑；"通"字之"走"部三点不相连，"甬"部上笔开口略大；"宝"字"贝"部二横画与左右竖画不相连。字体大多较为清晰，背廓宽、窄不一。标本M051∶15－1，"元"字次画较直。直径2.4、穿径0.7、廓宽0.2厘米，重3.7克。标本M051∶15－2，直径2.4、穿径0.7、廓宽0.2厘米，重3.6克。标本M051∶15－3，直径2.4、穿径0.7、廓宽0.2厘米，重3.8克。标本M051∶15－4，"宝"字上部略模糊。直径2.5、穿径0.7、廓宽0.2厘米，重4.1克。标本M051∶15－13，直径2.4、穿径0.7、廓宽0.2厘米，重2.9克。标本M051∶15－11，直径2.4、穿径0.6、廓宽0.2厘米，重3.6克（图六七C）

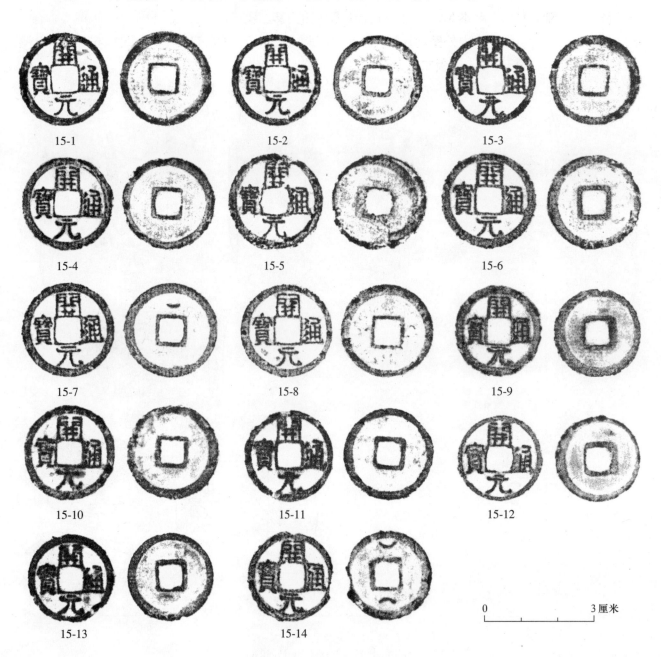

0　　　　　　3厘米

图六七C　M051出土开元通宝

B型　6枚。"开"字特征与A型同。"元"字上画长，次画明显左上挑。"通"字之"走"部三点相连，"甬"部上笔开口较小。"宝"字"贝"部二横画与左右竖画相连。标本M051：15－5，背略错范。直径2.5、穿径0.7、廓宽0.2厘米，重3.3克。标本M051：15－6，直径2.5、穿径0.7、廓宽0.2厘米，重4.1克。标本M051：15－7，背上一仰月纹。直径2.5、穿径0.7、廓宽0.2厘米，重4.1克。标本M051：15－8，"元"字次画略短，斜左上挑。直径2.5、穿径0.7、廓宽0.2厘米，重4.4克。标本M051：15－9，略残，背穿上、下各一新月纹。直径2.4、穿径0.7、廓宽0.2厘米，重3.6克。标本M052：15－14，背穿上下各一新月纹。直径2.4、穿径0.7、廓宽0.2厘米，重3.6克。另2枚钱纹模糊（图六七C）。

铁器　有半圆形铁铧饰和铁钉等（图版二三，6）。

方形铁铧饰　3件。形制相同。标本M051：5，方形铧饰上半部，平面呈方形，略残。一侧有一长1.2、宽0.3厘米的长方形孔眼；正面因锈蚀呈层状剥离，其底面四方角各有一个铜铆钉痕。长4.4、宽3.7、厚0.8厘米。标本M051：6，残存上半面，平面呈方形，严重锈蚀。边长5.0、宽4.7、厚1.1厘米。标本M051：7，平面呈方形，出土时分离为上、下两半。上半面仅长方形孔眼一侧残失，下半面长方形孔眼因锈蚀几乎锈结在一起，分离面四方角各有一个铜铆钉痕。长4.0、宽3.7、厚0.9厘米（图六七B；图版二三，6左1~3）。

铁铧饰残片　1件。标本M051：8，一侧方角，严重锈蚀。长5.5、宽4.3、厚1.2厘米（图六七B；图版二三，6右1）。

铁钉　出土于棺床，打制，均锈蚀，大多残断，体侧多锈结着朽木。标本M051：9，钉帽被凿去，尖部略弯。长9.3厘米。标本M051：10，尖部残失，断面呈圆角方形。长5.9厘米。标本M051：11，残存中下段，断面呈方形。长6.3厘米。标本M051：12，残存中下段，断面呈圆角方形。残长6.3厘米。标本M051：13，残存中下段，断面呈圆角方形。长5.0厘米。标本M051：14，残存中上段，断面圆角方形。长4.3厘米（图六七B）。

墓砖　均为长方形条砖，有灰色和土红色，模制。有大、小两种规格，大号砖制作精细，均为拉划纹，上有戳记，小号砖较粗。标本M051：16，灰色，背面不平整，正面粗糙，印一左手印。长28.0、宽14.0、厚4.0厘米。标本M051：17，土红色，背面平整，正面饰拉划纹，中部戳印一印记。长36.0、宽19.0、厚5.5厘米。

3.葬式　棺床发现人体骨架一具，非常凌乱，葬式不详。

（四）M052

M052位于M051的东侧，二者并排。墓室西北大部被毁，残存东南部。

1.形制　M052为倒凸字形单室砖室墓，方向182°，由墓道、甬道和墓室组成。墓室内砌棺床（图六八）。

墓道　位于墓室南部略偏东，北接甬道，平面长方形，底面斜坡，坡度11°。东西壁残存壁面垂直，局部留存片状工具痕。填土黄色，包含较多细沙。残长2.90、宽0.76、深0.85米。

甬道　较短，与墓室南壁同时单砖顺砌。东、西壁单重、垂直；顶拱形，中部被毁，残存两侧。南北深0.32、东西宽0.68、残高1.02米，东西壁0.74米高处起拱。从甬道南部封门，封门墙单重，南

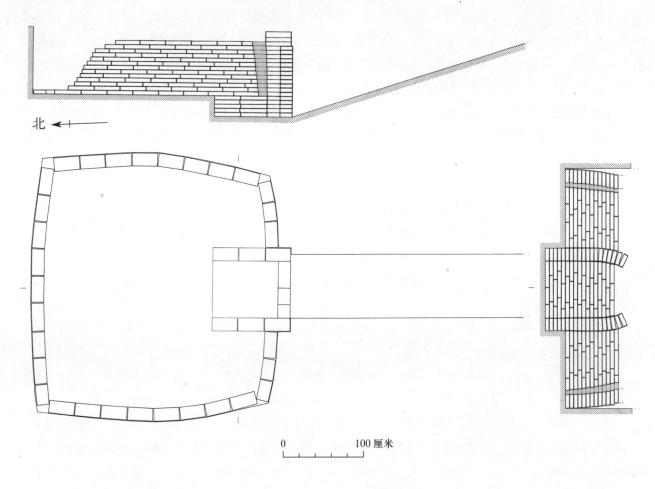

图六八　M052平、剖面图

北宽0.18、残高0.86米，用条砖横向错缝平砌，砌砖之间用草拌泥黏合。

墓室　平面呈倒梯形，单砖顺砌于挖掘的倒梯形明坑中。西壁和北壁被毁，仅存底层，南壁和东壁保存较好。四壁平面中部外凸，呈弧线形；壁面均内收。墓室南部东西宽2.46、北部东西宽2.74、南北长2.74米，残高0.89米。棺床平面呈倒凹字形，高0.23米，与墓室四壁相接，修砌方法与同形制的棺床修砌方法同。东、西、南侧壁用条砖平砌护壁，其中南护壁残存西段。棺床面为细沙层面，未铺砖。墓室地面呈方形，较小，未铺砖。

2.遗物　墓室被盗，随葬品和人体骨骼仅见碎片。

墓砖　长方形拉划纹条砖，灰色，模制，比较粗糙。标本M052：1，背面粗糙，正面略凹，拉划粗、疏的凹槽。长31.0、宽14.4、厚5.5厘米。标本M052：2，背面较平整，正面拉划匀称的凹槽。长32.0、宽16.5、厚5.0厘米。

（五）M053

M053位于西部嘉园三号建筑基坑的中南部略偏西，与M050东西基本在同一直线上。上部被毁，残存中下部。

1.形制　M053为刀把形单室砖室墓，方向173°，由墓道和墓室组成。墓室内砌棺床（图六九；图版二四，1）。

墓道　位于墓室南部偏东，其东壁和墓室东壁南北基本在同一直线上。平面长方形，底面斜坡，坡度12°。东、西壁残存壁面垂直。填土灰黄色，包含大量的细沙，西北角出土底座、塔状纽盖各1件。残长2.00、宽0.82、深0~0.46米。无甬道。墓门开于墓室南壁东部，东壁为墓室东壁南段，壁面内收；西壁为墓室南壁东端，壁面垂直。顶部被毁。底宽0.78、残口宽0.70、残高0.46米。封门墙单重，用条砖横向平砌，略倾斜。残高0.38~0.46米。

墓室　平面呈长方形，四壁单重，用土红色条砖顺砌于挖掘的长方形明坑中。北壁平面斜直，呈西北—东南向；东、西壁平面中部外凸，其中西壁南段平直，东壁南段明显向西南倾斜；南壁较短，平直。壁面均内收；顶部被毁。墓室南部东西宽1.2、北部东西宽1.22、南北长2.24米，残高0.46米。棺床平面呈刀把形，位于墓室西部，与墓室南、西、北壁相接，高0.10米。东、南侧壁用条砖平砌护壁，棺床面未铺砖。墓室地面呈长方形，为细沙层面，未铺砖。

2.遗物　墓室被盗，随葬品凌乱，有陶器、铜合页、铜钱和铁带饰等。

陶器　泥质，灰陶，轮制。器形有塔状纽盖、底座和罐腹部残片等。其中前二者出土于墓道西北部，后者出土于墓室西北部。陶器组合为一套塔形罐。

塔状纽盖　1件。标本M053：1，盖盘覆碗状，侈口，圆唇，深腹，内尖底，外底黏接一塔状纽。纽实心，三层，刹顶尖锥形。纽上部饰红彩，局部脱落；纽周围贴一周泥条向上卷压成花瓣状的附加堆纹。盖盘腹部墨绘四朵花草纹，较模糊。底口径19.6、高10.6厘米（图六九；彩版五，4；图版二四，2）。

唾盂　1件。标本M053：2，敞口，束颈，鼓腹，平底。腹部压印八道竖向凹槽，将腹部分为圆凸的把部分。外壁饰黑彩，颈部和腹部绘花草纹，其上涂白色颜料，大部脱落。口径16.4、底径13、高12.6厘米（图六九；彩版五，5；图版二四，3）。

铜器　出土铜合页3件、"千秋万岁"铜钱1枚。

铜合页　3件。标本M053：3，为对称的两半，用铁轴相连。两正面出土时锈蚀于一起。一半底面有三个三角形分布的铜铆钉，另一半底面三个铜铆钉上连一桃形垫伏。宽3.2、高3.7厘米（图六九；图版二四，5）。标本M053：4，四片弯折的铜片状，折角处铜片焊接于一起，两侧二铜片的顶端各连一铜铆钉。宽1.3、高1.9厘米（图六九；图版二四，4）。标本M053：5，与M053：4相同，高1.5厘米（图六九B；图版二一，4）。

"千秋万岁"　铜钱1枚。标本M053：8，钱样规范，"岁"字略模糊，穿径较小。直径2.1、穿径0.4、廓宽0.2厘米，重2.2克（图六九；图版二四，6）。

铁器　有铁铊尾和方形铁铐等带饰，均残，出土于棺床东部。

铁铊尾　1件。标本M053：6，残存一半，平面略呈长方形。残长6.7、宽3.7厘米（图六九）。

方形铁铐饰　1件。标本M053：7，残存一半，一侧残失，平面略呈方形。残长4.9、宽4.8厘米（图六九）。

墓砖　均为长方形拉划纹条砖，灰色，夹细沙，模制。标本M053：9，背面平整，正面从中部向另一侧拉划粗疏、较深的凹槽。长28.8、宽15.0、厚5.5厘米。

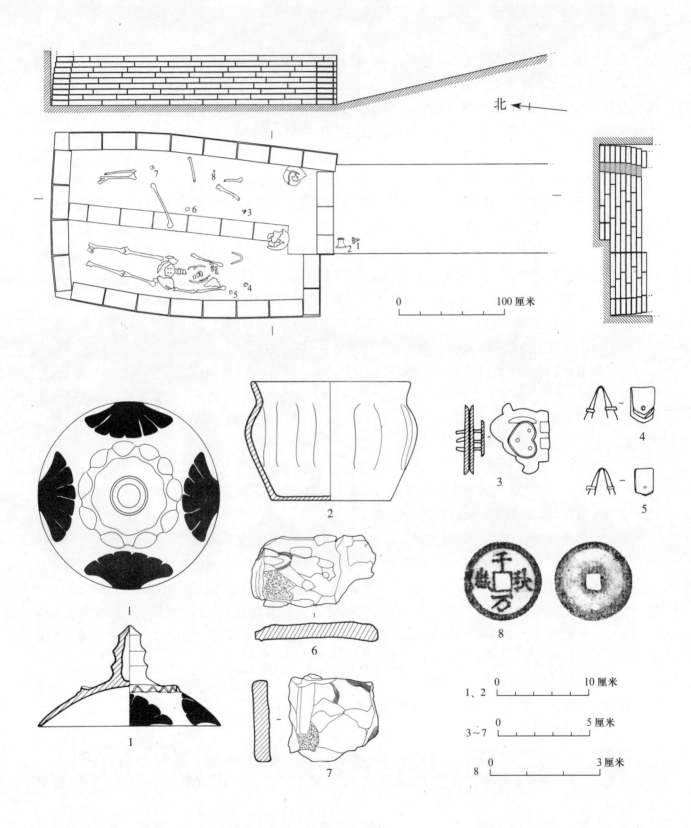

图六九　M053 及出土遗物

1.盖　2.唾盂　3～5.铜合页　6.铁铊尾　7.方形铁铐饰　8.千秋万岁铜钱

3.葬式　棺床和墓室地面各发现人体骨架一具，被扰。墓室地面人体骨架凌乱，棺床骨架盆骨以下整齐，头朝西，仰身直肢。

（六）M054

M054 位于西部嘉园三号基坑中部、M055 西北部 1.8 米处。中上部被毁，残存下部。

1.形制　M054 为倒凸字形单室砖室墓，方向173°，由墓道、甬道和墓室组成。墓室内砌棺床（图七〇A；彩版七，1；图版二五，1）。

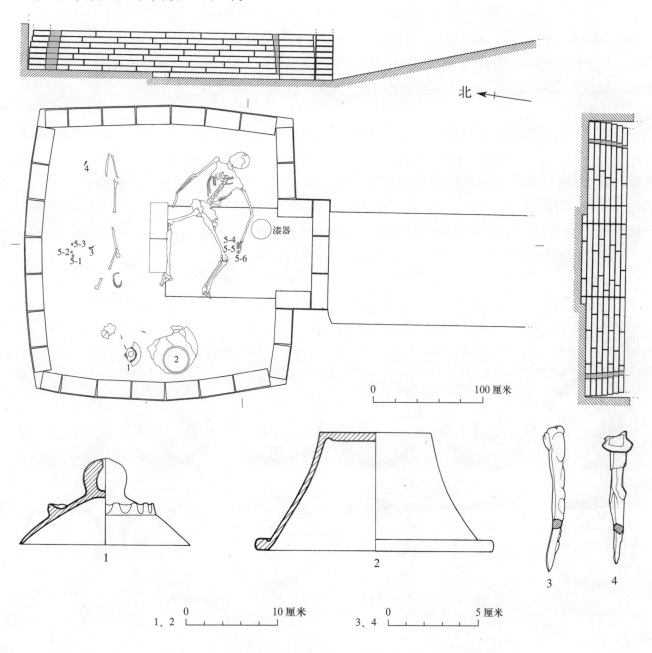

图七〇A　M054 及出土遗物
1.盖　2.底座　3、4.铁钉　5-1～6.开元通宝

墓道　位于墓室南部，北接甬道，平面呈长方形，底面斜坡，坡度12°。东、西壁面为细沙层面，凸凹不平。填土黄色，包含较多细沙。残长1.80、宽1.00、深0.40米。

甬道　较短，与墓室南壁同时单砖顺砌。东、西壁单重，残存壁面垂直。顶部被毁。东西宽0.65、南北深0.45、残高0.40米。从甬道南封门，封门墙单重，用条砖横向错缝平砌，略向北倾斜。残高0.40米。

墓室　平面略呈弧边方形，单砖顺砌于挖掘的方形明坑中。四壁平面中部外凸，呈弧线形。壁面内收。顶部被毁。墓室南部东西宽2.09、北部东西宽2.16、南北长2.12米，残高0.36米。棺床平面呈倒凹字形，高0.06米，与墓室四壁相接，修砌方法与同形制的棺床修砌方法同。东、西侧壁为细沙层面；南侧壁砌护壁，残存东段。棺床面为细沙层面，未铺砖。墓室地面较小，呈方形，未铺砖。

2.遗物　随葬品凌乱，有陶器、铜钱和漆器等。漆器出于墓门北部，仅存红色漆片。

陶器　泥质，灰陶，轮制。均破碎，出土于棺床西南部。可辨器形有盖、底座、罐等，罐仅存腹部残片。

盖　1件，残复。标本M054：1，盖盘覆碗状，敞口，圆唇，腹部较深，内尖底，外小平底。纽圆球状，空心，顶部一直径0.4厘米的孔眼。纽周围贴一周泥条向上卷压成花瓣状附加堆纹，其下墨绘花纹，模糊。底径18.0、高9.2厘米（图七〇A；图版二五，2）。

底座　1件，完整。标本M054：2，覆盆状，底侈口，平沿，卷圆唇，深腹，顶平底。底部有细密弧圈纹。底口径23.2、底径12.0、高12.6厘米（图七〇A；图版二五，3）。

铜器　出土"开元通宝"铜钱6枚（图版二五，4）。分两型。

A型　3枚。"开"字宽扁，两竖画外撇；"元"字上画较短，次画略上挑；"通"字之"走"部三点不相连，"甬"部上笔开口略大；"宝"字"贝"部二横画与左右竖画不相连。标本M054：5－4，字体清晰，直径2.4、穿径0.7、廓宽0.2厘米，重3.9克。标本M054：5－5，直径2.4、穿径0.7、廓

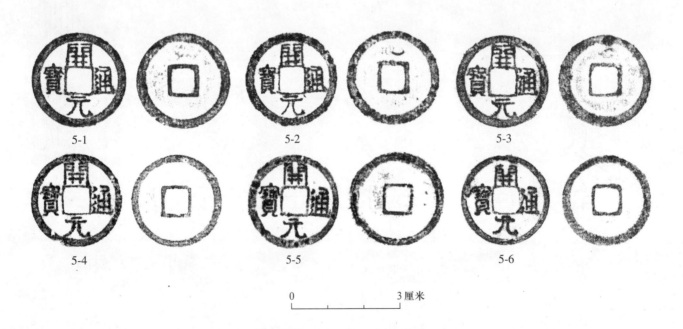

5-1　　　　　　　5-2　　　　　　　5-3

5-4　　　　　　　5-5　　　　　　　5-6

0　　　　　3厘米

图七〇B　M054出土开元通宝

宽0.2厘米，重2.7克。M054：5－6，直径2.5、穿径0.7、廓宽0.2厘米，重4.5克（图七〇B）。

B型　3枚。"开"字特征与A型同。"元"字上画长，次画明显左上挑。"通"字之"走"部三点相连，"甬"部上笔开口较小。"宝"字"贝"部二横画与左右竖画相连。标本M054：5－1，直径2.5、穿径0.7、廓宽0.2厘米，重4.2克。标本M054：5－2，背面穿上部一新月纹。直径2.5、穿径0.7、廓宽0.2厘米，重3.6克。标本M054：5－3，直径2.5、穿径0.7、廓宽0.2厘米，重3.5克（图七〇B）。

铁器　铁钉2枚，出土于棺床中西部，打制，锈蚀。标本M054：3，钉帽残失，断面呈圆角方形。残长7.1厘米。标本M054：4，钉帽残失，断面呈圆角方形。残长7.8厘米（图七〇A）。

墓砖　均为长方形拉划纹条砖，灰色，夹细砂，模制。有大、小两种规格，以前者为主。标本M054：6，背面不平，正面略凹，拉划匀称的凹槽。长30.4、宽16.0、厚5.0厘米。标本M054：7，背面平整，正面凹槽较浅。长28.4、宽14.0、厚5.5厘米。

3. 葬式　发现人体骨架两具。一具位于棺床北部，严重扰乱。另一具位于棺床东南部和墓室地面，整齐，头朝东南，身躯略扭，两腿弯曲。

（七）M055

M055位于西部嘉园三号基坑中南部，其西北部为M054、东北部3.2米为M056。中上部被毁，残存下部。

1. 形制　M055为倒凸字形单室砖室墓，方向177°，由墓道、甬道和墓室组成（图七一；图版二六）。

墓道　位于墓室南部略偏东，北接甬道。其南部被压于基坑南壁下，未清理。平面长方形，底面斜坡，坡度15°。填土灰黄色、疏松，包含炭粒和灰陶片。残长1.61、宽1.02、深0.74米。

甬道　较长，东、西壁单重，与墓室南壁同时顺砌，壁面内收。顶部被毁。底部东西宽0.96、残口宽0.85、南北深1.02米，残高0.74米。从甬道南部封门，封门墙南北宽0.33、残高0.74米，用条砖侧立，略呈西北—东南向倾斜，呈"人"字形。

墓室　平面呈弧边方形，平砌于挖掘的方形明坑中。东、北、西三壁较宽，用二条砖并排顺砌；南壁窄，用条砖横向平砌。四壁平面中部外凸，呈弧线形。其中东、北、西三壁较南壁外凸稍甚。壁面内收。顶部被毁。墓室南部宽2.38、北部宽2.52、东、西部南北长2.80米，残高0.74米。没有棺床。墓室地面铺砖，残存东部和北部。东部铺砖以条砖横向对缝平铺为主，北部铺砖以条砖纵向对缝平铺为主。

2. 遗物　随葬品仅存陶器，出土于墓室西部。

陶器　泥质，灰陶，模制。有兽面和罐等。

兽面　1件。标本M055：1，半圆球状，底面内凹，兽面呲嘴，獠牙高凸，三角形鼻，眼和颧骨低平，眉棱低窄，双角高短，左角略残。径7.4~7.8、高3.0厘米（图七一）。

罐　1件。标本M055：2，残存底部，平底。底径10.3、残高8.5厘米。

墓砖　均为长方形条砖，灰色，夹细砂，模制，有手印纹和拉划纹两种。前者较小，后者较大，以前者为主。标本M055：3，背面不平，正面粗糙，印一左手印。长31.5、宽16.0、厚4.5厘米。标本M055：4，背面平整，正面拉划间距较大的凹槽。长34.5、宽14.0、厚5.0厘米。

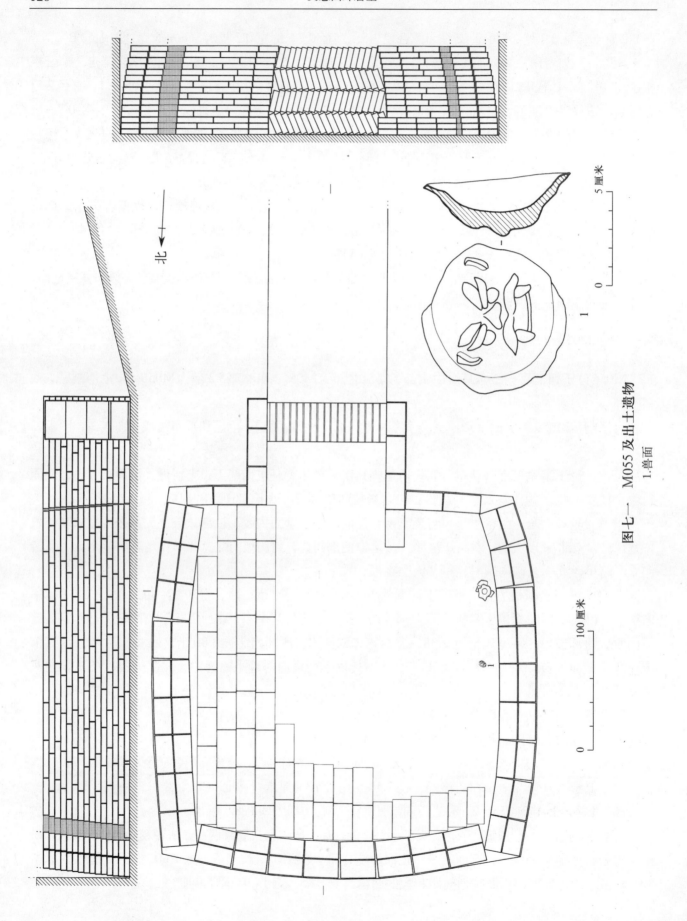

图七一　M055 及出土遗物

1.兽面

5 厘米

0

1

北

100 厘米

0

（八）M056

M056 位于西部嘉园三号基坑东部，东北 7.4 米处为 M057。中上部被毁，残存下部。

1.形制 M056 为刀把形单室砖室墓，方向 182°，由墓道、甬道和墓室组成。墓室内砌棺床（图七二；图版二七，1）。

墓道 位于墓室南部偏东，北接甬道，东壁与墓室东壁南北基本在同一直线上。平面长方形，底面斜坡，坡度 16°。填土灰黄色，夹细砂。残长 2.10、宽 0.80、深 0.65 米。

甬道 较短，东壁为墓室东壁南段，西壁与墓室南壁同时错缝平砌；壁面内收。顶部被毁。底部东西宽 0.76、南北深 0.42 米，残高 0.65 米。从甬道南部封门，封门墙单重，用条砖横向错缝平砌，砌砖之间用草拌泥黏合。残高 0.65 米。

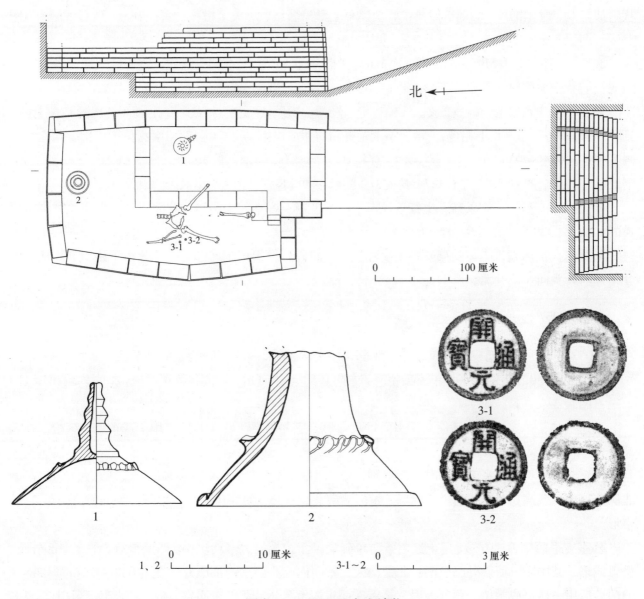

图七二 M056 及出土遗物
1.盖 2.底座 3-1~2.开元通宝

墓室　平面呈长方形，用条砖单砖顺砌于挖掘的长方形明坑中。四壁单重，南壁较短，平面平直，东、西、北三壁平面外凸，其中西壁平面中部外凸较大；壁面内收，其中东、西壁较南北壁壁面内收略大。顶部被毁。墓室南部东西宽1.30、北部东西宽1.20、南北长2.30米，残高0.25～0.65米。棺床平面呈曲尺形，高0.20米，与墓室四壁相接。南、东、西侧壁用条砖平砌护壁，其中东护壁南段西拐又南折，与墓室南壁相接。棺床面为细沙层面，未铺砖。墓室地面为长方形，较大，未铺砖。

2.遗物　随葬品凌乱，有陶器和铜钱等。

陶器　泥质，灰陶，轮制。均破碎，可辨器形有塔状纽盖、底座和罐等。底座出土于棺床北部，盖出土于棺床东北部，罐仅存腹部残片。

塔状纽盖　1件。标本M056：1，残，盖盘覆碗状，敞口，圆唇，腹部较深，内尖底，外小平底。纽空心塔状，五层，逐层窄小，顶部一直径0.8厘米的孔。纽周围盖盘腹部贴一周泥条向上卷压成花瓣状附加堆纹，通体饰黑彩，局部脱落；盖盘黑彩上墨绘弧线纹，大多模糊。底径18.0、高12.8厘米（图七二；图版二七，2）。

底座　1件。标本M056：2，残存底口部，喇叭口状，敞口，卷沿，深腹，腹部贴一周泥条向上卷压成花瓣状附加堆纹。外壁饰黑彩。残口径4.8、底口径20.8、残高16.4厘米（图七二）。

铜器　"开元通宝"铜钱2枚。钱样粗糙，轻薄。"开"字宽扁；"元"字上画短，次画略左上挑；"通"字之"走"部三点不相连，"甬"字上笔开口略大；"宝"字"贝"部二横画位于中部，与左右竖画不相连。标本M056：3－1，直径2.4、穿径0.7、廓宽0.2厘米，重3.1克。标本M056：3－2，"元"字次画左斜上。直径2.4、穿径0.7、廓宽0.2厘米，重2.8克（图七二；图版二七，3）。

墓砖　长方形拉划纹条砖，土红色，夹细砂，模制。标本M056：4，背面不平，正面拉划细密而浅的凹槽。长29.5、宽15.0、厚4.6厘米。

3.葬式　棺床发现人体骨架一具，凌乱。颅骨破碎，位于棺床北部，肢骨分布于西南部。从骨骼分布判断，头向可能朝北。

（九）M057

M057位于西部嘉园三号建筑基坑东北部，中上部被毁，残存中下部。

1.形制　M057为倒凸字形单室砖室墓，方向195°，由墓道、甬道和墓室组成。墓室内砌棺床（图七三；图版二八，1）。

墓道　位于墓室南部略微偏东，平面呈长方形，底面斜坡，坡度17°。填土灰黄色，疏松。残长2.30、宽0.84、深0.74米。

甬道　较短，与墓室南壁同时单砖顺砌，东、西壁单重，壁面内收。顶被毁。底部东西宽0.80、南北深0.33米，残高0.74米。沿甬道封门，封门墙南北宽0.33、残高0.74米，用条砖纵向侧立，呈"人"字形。

墓室　平面呈弧边方形，用土红色条砖单砖顺砌于挖掘的方形明坑中。四壁单重，平面中部外凸，呈弧线形，其中东、西壁外凸较南、北壁稍大；壁面内收。西壁南部原开一底宽0.80、残口宽0.66米的门，后用条砖平砌封堵。顶部被毁。墓室南部东西宽2.48、北部东西宽2.54、南北长2.56米，残高0.74米。棺床平面呈倒凹字形，与墓室四壁相接，高0.10米，修砌方法与同形制的棺床修砌方法同。

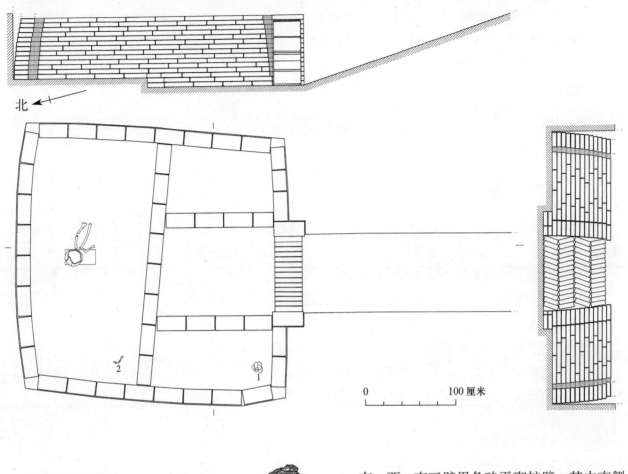

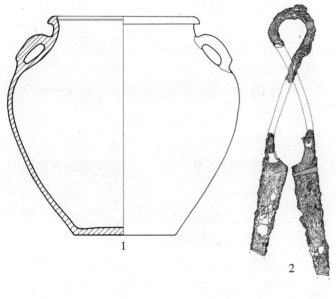

图七三　M057 及出土遗物
1.双耳罐　2.铁剪

东、西、南三壁用条砖平砌护壁，其中南侧壁向东、向西延伸，与墓室的东、西壁相接。棺床面为细沙层面，未铺砖。墓室地面较小，与甬道地面平，未铺砖。

2.遗物　墓室被严重盗扰，随葬品仅存陶器和铁剪等。

陶器　仅双耳罐1件。标本M057：1，残，出土于墓室西南部。泥质，红陶，轮制。敞口，卷沿，矮领，圆肩，小平底。肩部贴相对的竖耳，残存1个。口径16.8、底径13.0、高27.4厘米（图七三；图版二八，2）。

铁器　铁剪1件。标本M057：2，残存柄部和刃部，严重锈蚀，出土于棺床西部。刃背平直，尖部残失，剪柄圆环状。刃长13.8、宽1.5～3.2厘米，通长34.0厘米（图七三；图版二八，3）。

墓砖　长方形拉划纹条砖，泥质，模

制。有土红色和灰色两种，前者较小，后者较大。标本M057：3，土红色，背面平整，正面拉划匀称的凹槽。长31.0、宽15.2、厚4.5厘米。标本M057：4，灰色，背面平整，正面拉划间距较宽深的凹槽。长31.4、宽17.0、厚5.3厘米。

3.葬式　墓室被严重盗扰，人体骨骼凌乱，残缺不全。葬式不详。

三　M058

（一）位置与地层

M058位于西部嘉园一二号基坑内，基坑位于西部嘉园北部，北临武警路。基坑东西长60、南北宽14、深2.4米。一二号基坑地层分为五层，以基坑北部2米宽的一段地层为例介绍如下（图七四）。

第1层：近现代堆积层，厚1.02~1.10米。

第2层：浅灰褐色，土质黏结，包含少量的炭粒，厚0.80~0.90米。

第3层：深灰褐色，土质胶结，包含少量的炭粒，厚0.36~0.42米。

第4层：沙质土层，黄色，疏松，包含炭粒，厚0.20~0.36米。

第3层下有一砖室墓，由于主体部分在公路下未清理，打破第4、5层，说明墓葬在第3层下开口，此层形成以前，墓葬已毁。2004年4月11日~13日对其进行了清理。

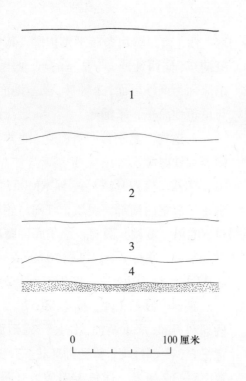

图七四　西部嘉园一二号基坑北壁地层剖面图

（二）M058

M058位于西部嘉园一二号基坑中南部，中上部被毁，残存下部。

1.形制　M058为倒凸字形单室砖室墓，方向184°，由墓道、甬道和墓室组成。墓室内砌棺床（图七五）。

墓道　位于墓室南部，与墓室南北在同一中轴线上。平面呈长方形，底面斜坡，坡度25°。填土灰黄色，疏松，近封门处出土较多条砖。残长2.05、宽0.76、深1.03米。

甬道　较短，与墓室南壁同时单砖顺砌，东西壁壁面内收；拱形顶，中部被毁，残存两侧。底部东西宽0.7、残口宽0.5、南北深0.32米，残高1.03米。甬道东、西壁0.6米高处起拱。沿甬道封门。封门墙底部用条砖平砌，高0.4米，其北部用条砖侧立一层，南部用条砖出头平砌，形成一个门槛，高0.06米。此层中部用条砖横向错缝平

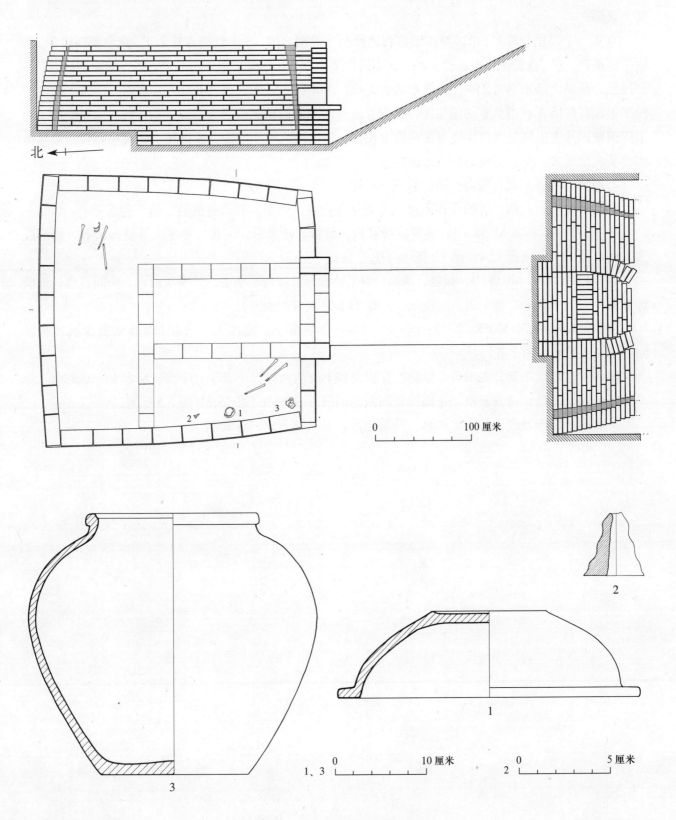

北

0　　　　　　　　100 厘米

2

3

1

1、3　0　　　　　　　10 厘米

2　0　　　　5 厘米

图七五　M058 及出土遗物
1.底座　2.盖纽　3.罐

砌至顶部。

墓室　平面呈倒梯形，单砖顺砌于挖掘的倒凸字形明坑中，以土红色条砖为主，灰色条砖较少。南壁平面平直；东、西壁平面中部微外凸，其南段向墓室内收；北壁平面中部外凸；残存壁面均内收。顶部被毁。墓室南部东西宽2.09、北部东西宽2.42、南北长2.56米，残高0.86~1.03米。棺床平面呈倒凹字形，高0.15米，与墓室四壁相接，修砌方法与同形制的棺床修砌方法同。东、西、南侧壁用条砖平砌护壁，其中南侧壁向西延伸与墓室西壁相接。棺床面为细沙层面，未铺砖。墓室地面较同形制棺床的墓室地面大，与甬道地面平，未铺砖。

2.遗物　随葬品仅存陶器，破碎且残缺不全。

陶器　泥质，红陶，有的火候不高，外表呈灰白色，轮制。器形有底座、罐、盖纽等。

底座　1件。标本M058：1，残复，覆盆状，敞口，宽平沿，浅腹，平底。外壁饰黑彩，局部脱落。底口径28.0、顶径12.4、高9.2厘米（图七五）。

罐　1件。标本M058：3，残复，敛口，卷沿，矮领，圆肩，平底。外表灰白色，中间红色，外壁饰黑彩，大部脱落。口径16.8、底径16.0、高27.6厘米（图七五）。

盖纽　1件。标本M058：2，空心塔状，三层，逐层窄小。顶部为一直径0.8厘米的穿孔，底径6.6、高6.6厘米（图七五）。

墓砖　拉划纹条砖，夹细砂，模制。有灰色和土红色两种，前者小、平整，后者大、略粗糙。标本M058：4，灰色，背面平整，正面拉划间断的凹槽。长29.0、宽15.5、厚5.5厘米。

3.葬式　棺床发现人体骨架两具，严重扰乱，且残缺不全，葬式不详。

第四章　中央大道北段墓区

中央大道北段墓区位于古城路和吴灵路之间的中央大道东西两侧，面积约18000平方米，在二至七号建筑基坑内发现28座唐墓，分别编号为M059～M086（图七六）。

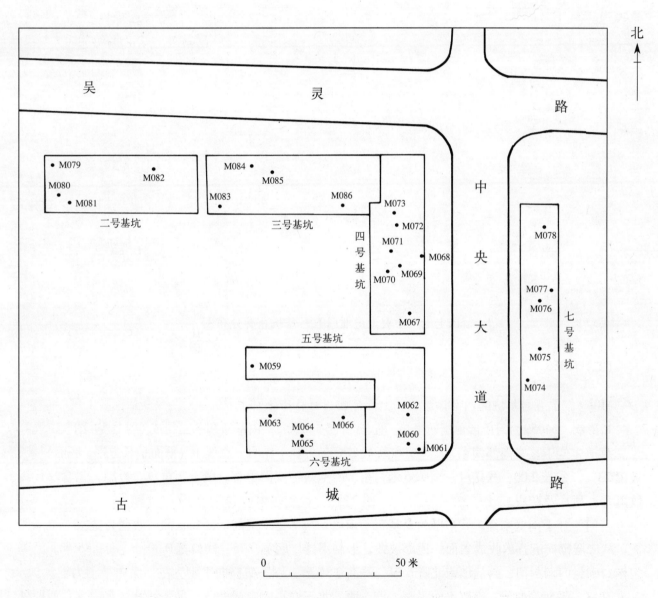

图七六　中央大道北段墓葬分布示意图

一　M059～M062

（一）位置与地层

M059、M060、M061、M062位于中央大道北段五号建筑基坑内（图七七）。五号基坑位于六号基坑北部、二号基坑南段西侧，东西长68、南北宽12.6～36.6、深1.7米，呈曲尺形。其地层堆积与六号基坑相同。墓室均被盗，中上部被毁，残存下部。距地表2.6米以下发现有汉代的灰坑和地层堆积，因工地施工之故未作清理。自2003年6月13～15日，对其进行了清理。

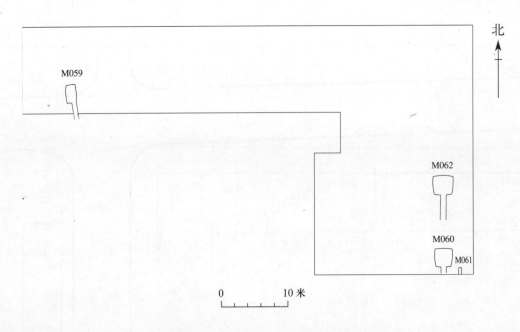

图七七　中央大道北段五号基坑墓葬分布图

（二）M059

M059位于五号基坑的西部，被盗，上部被毁，残存中下部。

1.形制　M059为刀把形单室砖室墓，南北向，方向182°，由墓道和墓室组成（图七八；图版二九）。

墓道　位于墓室南部偏东，其东壁和墓室东壁南北基本在同一直线上，平面呈长方形，底面斜坡，坡度23°。残长2.00、宽0.74、深0.85米，东、西壁残存壁面垂直。填土灰黄色，板结，包含汉代绳纹陶片、瓦片及砖块。

墓门　开于南壁东部，其东壁为墓室东壁南段，与墓室东壁同，呈弧状面；西壁为墓室南壁东侧面，从二层砌砖起逐内收成斜面。顶部被毁，形制不详。底宽0.75、残口宽0.60、残高0.85米。沿墓门南口砌封门墙封门，封门墙南北宽0.34、残高0.85米，以条砖横向平砌为主，纵向平砌为辅。

墓室　平面呈梯形。南壁平面平直，东、西、北三壁平面中部外凸，呈弧线状，其中东、西壁外凸较北壁略甚。四壁单重，用条砖逐层错缝平砌于挖掘的梯形明坑中，层砖之间用草拌泥黏合；从二层砌砖起逐层内收，顶部残失。墓室北部东西宽1.25、南部东西宽1.50、墓室东、西部南北长2.48、四

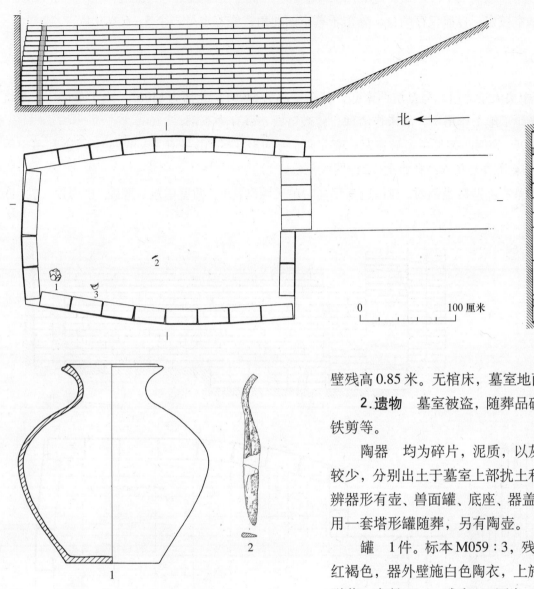

北 ←

0　　　　　　　　　　100 厘米

0　　　　　　　　　　10 厘米

图七八　M059 及出土遗物
1.壶　2.铁剪残段　3.罐

壁残高 0.85 米。无棺床，墓室地面未见铺地砖。

2.遗物　墓室被盗，随葬品破碎，有陶器和铁剪等。

陶器　均为碎片，泥质，以灰陶为主，红陶较少，分别出土于墓室上部扰土和墓室地面，可辨器形有壶、兽面罐、底座、器盖等，说明 M059 用一套塔形罐随葬，另有陶壶。

罐　1 件。标本 M059：3，残存底部，平底。红褐色，器外壁施白色陶衣，上施淡黑彩，大部脱落。底径 15.6、残高 9.2 厘米（图七八）。

壶　1 件。标本 M059：1，敞口，圆唇，颈部较高、较直，溜肩，鼓腹，平底。器外壁和颈部内壁施灰白色陶衣。口径 8.4～9.6、底径 10.0、高 20.6 厘米（图七八）。

铁器　铁剪 1 件。标本 M059：2，残存一半，打制，剪刀断面三角形，从柄端向尖部逐渐变窄、薄，刃背厚，刃柄圆形较粗，残断。刃长 11.0、宽 1.8、残长 16.0 厘米（图七八）。

墓砖　拉划纹条砖，泥质，灰色，模制。对四壁的拆解所知，拉划纹均朝下，素面朝上。拉划纹分为粗、细两种。条砖规格有大、小两种，以小号条砖为主。大号砖拉划纹细密，小号砖拉划纹粗疏。标本 M059：4，背面平，正面两端略高，用梳齿状工具拉划细密竖条纹。长 37.0、宽 19.0、厚 6.5 厘米。标本 M059：5，一角残失，背面不平，正面拉划凹槽纹。长 29.0、宽 15.0、厚 5.5 厘米。

3.葬式　墓室被盗，骨骼仅存颅骨，分布于墓室西北角，经鉴定是一个5~6岁儿童。

（三）M060

M060位于中央大道北段六号基坑西南部，其东南部为M061，北部为M062。由于墓道压于基坑南壁中，其上修建工地工作用房，故未作清理。曾被盗毁，残存中下部。

1.形制　M060为倒凸字形单室砖室墓，南北向，方向186°，由墓道（未清理）、甬道和墓室组成。墓室内砌棺床（图七九A；彩版七，2；图版三〇，1）。

甬道　开于墓室南壁略微偏西，与甬道南壁同时单砖顺砌，东、西壁单重，垂直；拱形顶，东、西

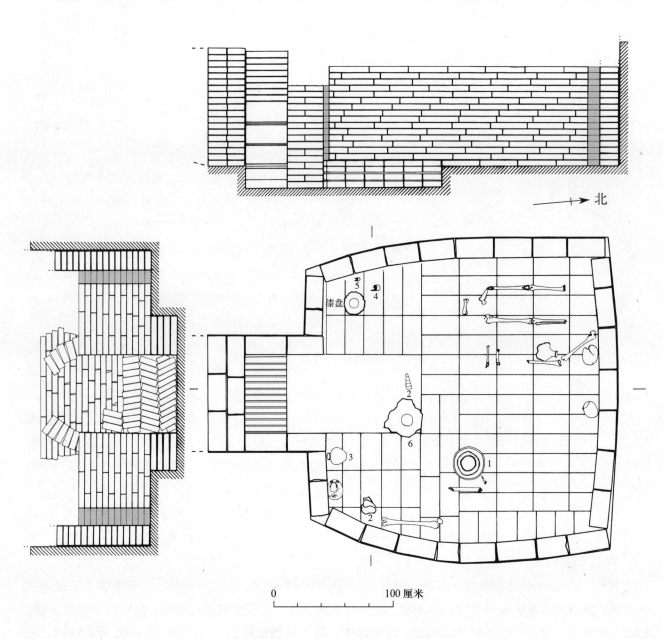

北

0　　　　　　　　100厘米

图七九A　M060平、剖面图
1.底座　2.盖　3.壶　4、5.骨梳　6.兽面罐碎片

壁 0.82 米高处起券，残存东、西侧的券砖，用条砖纵向倾斜侧立。南北深 0.97、底宽 0.65、残高 1.03 米(图版三〇，2)。从甬道中南部用条砖砌封门墙封门。封门墙南北宽 0.60、残高 0.72～1.1 米，分为南、北二封门墙，北部封门墙用条砖纵向侧立，宽 0.35 米，残存四层，残高 0.62 米，呈东向"人"字形（彩版七，3）；南部封门用条砖横向错缝平砌，砌砖之间用草拌泥黏合，南北宽 0.25、残高 1.14 米。

墓室　平面呈倒梯形，单砖顺砌于事先挖掘的倒梯形明坑中。四壁平面略外凸，呈弧线形，用条砖逐层错缝平砌，层砖之间用草拌泥黏合；残存壁面垂直。墓室南部东西宽 1.82、北部东西宽 2.20、东、西部南北长 2.18、残高 0.80 米。棺床平面呈倒凹字形，高 0.22 米，与墓室四壁相接，东、北、西三侧壁用条砖平砌护壁。棺床北部用条砖纵向对缝平铺，东、西两侧用条砖横向对缝平铺。墓室地面较小，与甬道地面平，未见铺地砖。

2.遗物　墓室被盗，随葬品破碎、凌乱，有陶器、漆盘和骨梳等。墓室地面东北角，出土兽面罐碎片、盖纽，棺床东南角出土壶、盖碎片，棺床中部偏东出土底座及残片，棺床西南部出土漆盘 1 件，残朽。另在棺西部出土骨梳 2 件。据残碎陶器的位置，推测原来可能置于棺床的东南部，漆盘等置于棺床西南部。

陶器　泥质，红陶，轮制。器形有塔状纽盖、底座、壶。

塔状纽盖　1 件。标本 M060：2，残，由盖盘和盖纽分件制作黏接而成。盖盘覆碗状，敞口，斜平沿，腹较深，小底。中部竖尖锥形塔状纽，逐层窄小，逐层之间刻划一凹槽，底层周围原用泥条贴一周，残存一小段。通体施灰白色陶衣。底径 16.8、高 17.0 厘米（图七九 B；图版三一，1）。

底座　1 件。标本 M060：1，残，由上口部和底口部分件轮制黏接而成。上口部唾盂状，敞口，圆唇，唇外侧饰一周凹槽和花瓣状附加堆纹，束颈，鼓腹。底口覆盆状，微敛口，斜宽平沿，微鼓腹，脱底，腹饰一周附加堆纹。底口径 26.0、上口径 17.2、高 32.8 厘米（图七九 B；图版三一，2）。

壶　1 件。标本 M060：3，残，敞口，细颈，卷平沿，鼓腹，平底。口径 7.2、底径 8.0、高 21.0 厘米（图七九 B；图版三一，3）。

骨器　有骨梳 2 件。标本 M060：4，残存一半，破裂面两端各一浸染铜锈的圆孔。梳柄较长、较宽，打磨光滑，从柄端向梳齿逐渐增宽；梳齿方形，较细密，1 厘米宽有 7 个梳齿；梳柄和梳齿之间刻一阴弦纹。梳柄宽 6～7.2、长 6.7 厘米，梳齿长 4.3 厘米（图七九 B；图版三一，5）。标本 M060：5，残存一侧，梳柄圆角，两面打磨光滑，不平。梳齿方形、细密，侧边一梳齿 0.4 厘米，梳齿和梳柄间刻一阴弦纹。柄残宽 2.2～3.5、长 7.3 厘米，梳齿长 4.3 厘米（图七九 B；图版三一，4）。

墓砖　泥质，灰色，模制。有素面和手印纹两种。标本 M060：6，素面，背面不平，正面粗糙有刮模痕。长 34.4、宽 16.0、厚 4.0 厘米。标本 M060：7，背面光滑，正面粗糙，印一右手印。长 35.6、宽 16.5、厚 3.2～4.2 厘米。标本 M060：8，背面不平，正面粗糙，印一右手印纹。长 35.0、宽 16.5、厚 3.8 厘米。

3.葬式　棺床发现人体骨架三具，除西侧骨架的盆骨以下未被扰动外，其余均扰乱，葬式不详。西侧骨架头朝南，呈仰身直肢。经鉴定墓室东南角颅骨为一 35～45 岁的女性，北壁偏西一颅骨为 35～45 岁的男性，其东部颅骨为一个 4～6 岁的儿童。

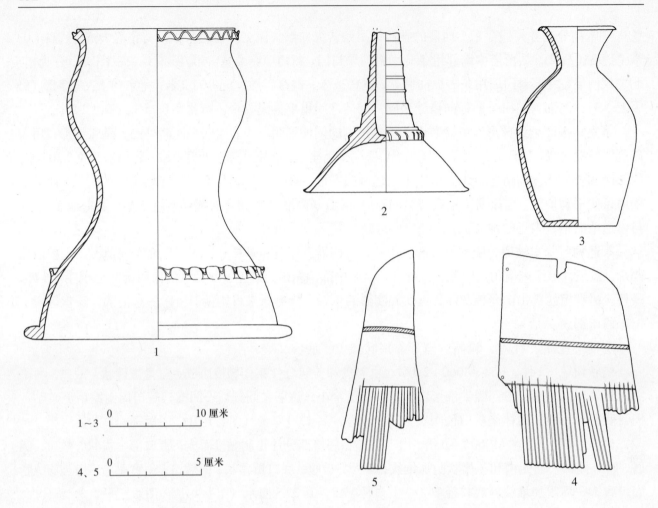

1～3　0 　　　　　　　　10 厘米

4、5　0 　　　　　5 厘米

图七九 B　M060 出土遗物
1.底座　2.盖　3.壶　4、5.骨梳

（四）M061

M061 位于中央大道北段六号基坑西南部，其西部和北部分别是 M060、M062。墓室中上部被毁，残存下部。

1.形制　M061 为竖穴单室砖室墓，南北向，方向 187°。墓室呈梯形，南宽 0.40、北宽 0.55、南北长 1.96、残高 0.36 米。四壁用拉划纹条砖侧立（图八〇），高 0.36 米，从墓室残砖分析，应为尖顶，即二条砖相对顶立封顶，其上填土。

2.遗物　出土有陶罐、铜钱和铁钉。

陶器　泥质，灰陶，轮制。

罐　2 件。标本 M061：1，敛口，圆卷唇，折腹，平底。腹外壁有竖向刮划痕。口径 10.0、底径8.8、高 12.0 厘米（图八〇）。标本 M061：6，残存口沿部，口径 12.4、残高 11.4 厘米（图八〇）。

铜器　仅"货泉"铜钱 1 枚。标本 M061：8，剪边，"货"、"泉"二字篆书，仅存一边。直径 1.6、穿径 0.7 厘米，重 1.0 克（图八〇）。

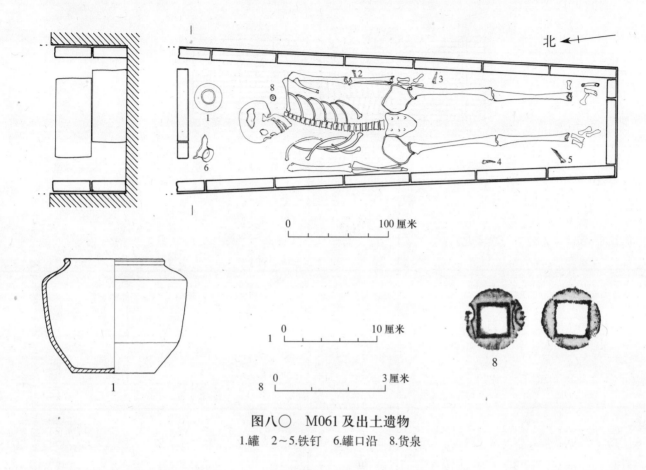

图八〇　M061 及出土遗物
1.罐　2~5.铁钉　6.罐口沿　8.货泉

铁器　出土铁钉较多，大多残断，严重锈蚀，锈结着朽木痕。标本 M061：2，残存下段，断面呈扁圆形。残长 3.4 厘米。标本 M061：3，残存中段，断面圆形。残长 3.5 厘米。标本 M061：4，残存上段，钉体圆角方形。残长 4.4 厘米。标本 M061：5，尖部残失，断面略呈方形。残长 5.8 厘米（图八〇）。

墓砖　土红色条砖，泥质，模制。标本 M061：7，素面，背面平整，正面粗糙。长 30.6、宽 15.0、厚 4.2 厘米。

3.葬式　墓室出土人体骨架一具，头向北，仰身直肢，经鉴定是一年龄 14~16 岁的男性。

（五）M062

M062 位于中央大道北段六号基坑北部，其南和西南分别为 M061、M060，被毁，残存中下部。

1.形制　M062 为倒凸字形单室砖室墓，南北向，方向 182°，由墓道、甬道和墓室三部分组成。墓室内有棺床(图八一 A；图版三二，1)。

墓道　位于墓室南部略偏西，平面呈长方形，底面斜坡状，坡度 16°。残长 2.97、宽 0.87、残深 0.86 米。东、西壁垂直，留存 8 厘米宽的片状工具痕。填土黄色，疏松，包含绳纹瓦片、陶片和砖块。

甬道　开于南壁中部偏西，南接墓道，与墓室南壁同时平砌；东、西壁单重，壁面垂直；拱形顶，东、西壁 0.64 米高处起券，单重，用条砖斜侧立、侧立券砌，顶部个别券砖加工成楔形，券砖之间夹垫陶片、砖块。北部塌毁，残存南部，顶面呈半圆形，低平。南北深 0.86、宽 0.70、高 0.86 米。沿甬道南口用条砖砌封门墙封门。封门墙部分暴露墓道内，南北宽 0.50、高 0.86 米。一至四层用条砖横向

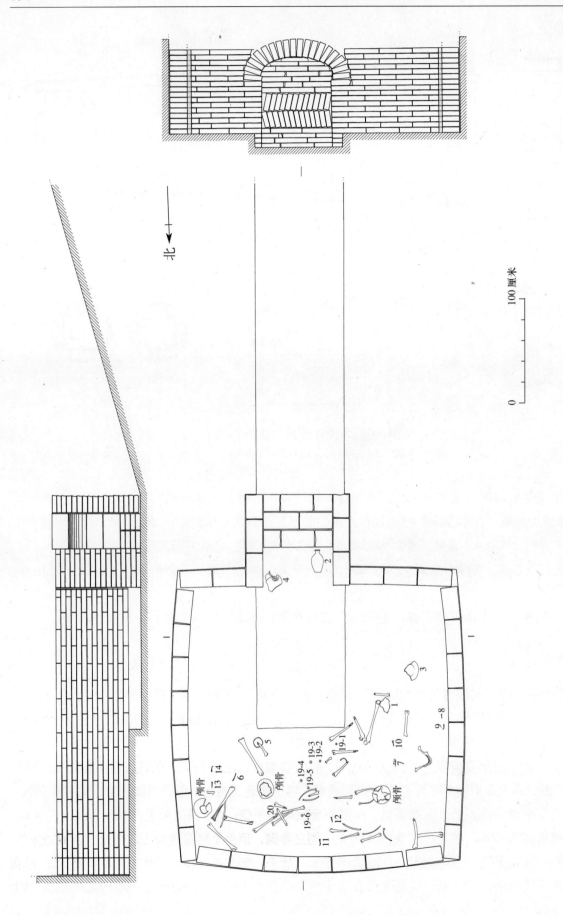

图八一A　M062 平、剖面图

1、3.盖　2.扁壶　4.兽面罐　5.底座　6.骨簪　7.铁刀残段　8~14.铁钉　19-1~6.开元通宝　20.大泉五十

和纵向平砌，五、六层用条砖侧立，呈东向"人"字形，其上沿南口用条砖，条砖块平砌七层至券顶。层砖之间用草拌泥黏合(图版三二，2)。

墓室　平面呈方形，单砖顺砌于挖掘的方形明坑中，四壁单重，平面中部略外凸，呈弧线形。残存壁面垂直，用条砖逐层错缝平砌，层砖之间用草拌泥黏合。墓室南北长2.58、东西宽2.44、残高0.70米。棺床平面呈倒凹字形，高0.12米。棺床面为四壁所压的生土层面，未见铺砖，东、西、南侧壁未砌壁墙，由在甬道北部挖掘一东西宽0.86、南北长1.35、深0.12米的长方形凹槽而成。此长方形凹槽地面为墓室地面，与甬道地面平，未见铺砖。

2.遗物　由于被盗，随葬品凌乱，主要有陶器，其次有铜钱、铁剪、骨饰。另外，在棺床中西部临西壁处，出土漆盘残片，红色，破碎。

陶器　泥质，轮制。器形有塔状纽盖、兽面罐、底座、扁壶等。扁壶位于封门北部甬道中，其附近有兽面罐残片。塔状纽盖2件，1件完整，位于棺床中西部偏南，另1件残，底座仅存颈部。说明M062可能随葬有两套塔形罐。从出土位置分析，可能放置于棺床西南部。

塔状纽盖　2件。红陶。由底盘和塔形纽分件制作黏接而成，内外壁均施灰白色陶衣，上绘淡黑彩，局部脱落。分二式。

I式　1件。标本M062：1，盖盘深腹覆碗状，敛口，方唇，深腹，底部内凹，并戳一眼与塔状纽相通，圈足较高。纽塔状，中空，三层，塔刹微残，塔身逐层窄小。口径17.2、残高22.0厘米（图八一B）。

II式　1件。标本M062：3，盖盘浅腹覆碗状，宽沿外侈，内壁斜直，底部小，并戳一眼与塔状纽相通，足较高，一侧因竖塔状纽受压而低平，中部竖塔状纽。塔状纽中空，平面呈圆形，残存六层，逐层窄小，顶部残。外壁施灰白色陶衣，其上绘淡黑彩，局部脱落，其中塔状纽三至六层绘红彩，仅存局部。底口径20.0、残高14.6厘米（图八一B；图版三三，1）。

兽面罐　1件。标本M062：4，残，红陶。敞口，卷沿，矮领，腹上鼓下急收，平底。外壁施灰白色陶衣，其上绘黑彩，大部脱落。腹上部贴饰兽面4个，残存3个。兽面张口，突出獠牙，鼻高凸，环眼突睛，细眉，颧骨低平，双角呈倒"八"字形，双角两侧为环状耳，面部周围饰梳齿状毛发纹，左眼左侧和右颧骨右侧各一直径0.5厘米斜向穿孔。贴饰兽面的器壁中部从外向内戳一直径1.6厘米的穿孔。口径17.2、底径13.0、高29.6厘米（图八一B；图版三三，2）。

底座　1件。标本M062：5，残，灰陶。内外壁施灰白色陶衣，外壁绘黑彩，大部脱落，腹部饰一周附加堆纹。残高15.0厘米。

扁壶　1件。标本M062：2，红陶。直口，平沿，直领较高，肩部饰双竖耳，残，平底，腹部一侧平直，一侧呈弧形。器形较高，外壁施灰白色陶衣。口径6.0、底径10.2、高29.6厘米（图八一B；彩版八，1、2；图版三三，3、4）。

铜器　出土铜钱7枚，有"开元通宝"6枚和"大泉五十"1枚(图版三二，3)。

"开元通宝"　6枚。"开元"二字宽扁，"通宝"二字纵长。分两型。

A型　1枚。标本M062：19－1，"开"字二竖画外撇。"元"字上画短，次画宽、短，上挑不明显。"通"字之"走"部呈三逗点，"甬"部上笔比开口略大。"宝"字下部二横画与二竖画不相连。直径2.5、穿径0.7、廓宽0.2厘米，重3.5克（图八一C）。

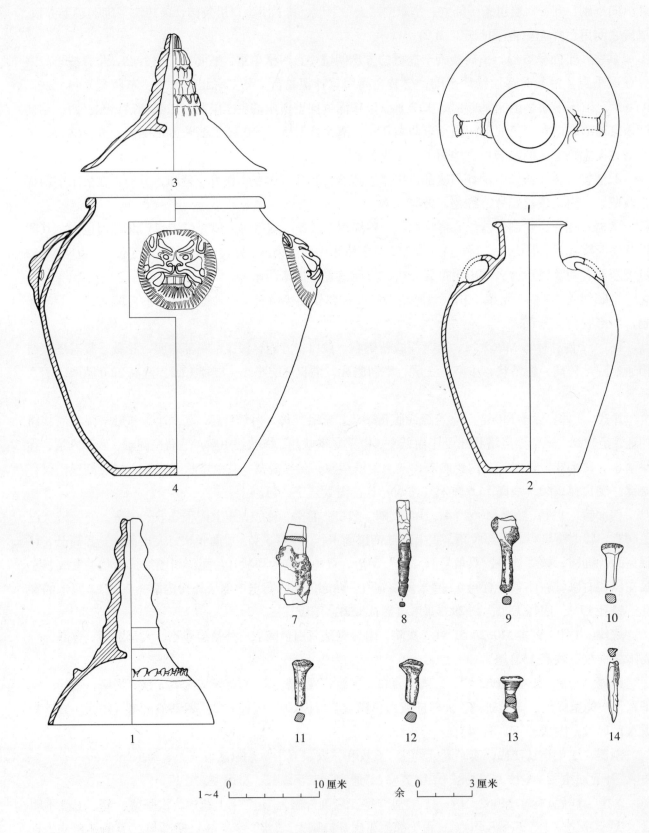

图八一 B　M062 出土遗物

1、3.盖　2.扁壶　4.兽面罐　7.铁刀残段　8~14.铁钉

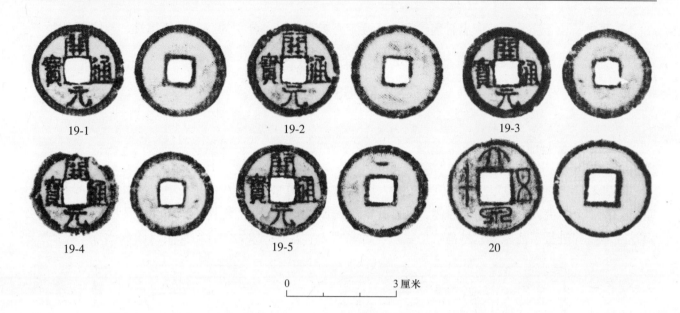

图八一C　M062 出土铜钱
19-1～5.开元通宝　20.大泉五十

　　B型　4枚。"开"字二竖画外撇明显。"元"字上画长，次画左上挑或略上挑，末笔略顿。"通"字右旁"甬"字上笔开口小。"宝"字下部"贝"字二横画与二竖画相连。标本M062：19－2，直径2.5、穿径0.7、廓宽0.2厘米，重4.0克。标本M062：19－3，直径2.4、穿径0.7、廓宽0.3厘米，重3.7克。标本M062：19－4，直径2.3、穿径0.6、廓宽0.2厘米，重3.5克。标本M062：19－5，背面上部一新月纹。直径2.4、穿径0.7、廓宽0.2厘米，重3.3克（图八一C）。另有1枚锈蚀，字迹不清，从轮廓判断似"开元通宝"。

　　"大泉五十"　1枚。标本M062：20，篆书，字迹清晰，廓细窄。"大泉"二字宽扁，"五十"二字纵长。"五"字二交笔弧线状；"泉"字悬针与两侧平齐。直径2.6、穿径0.8、廓宽0.1～0.2厘米，重6.9克（图八一C；图版三二，3左1）。

　　铁器　出土铁刀1件，铁钉7枚，多残断，打制，通体锈蚀，其上锈结着朽木痕。

　　铁刀　1件。标本M062：7，残，断面呈三角形。刀背较厚，平直，刀刃因锈蚀圆秃；刀柄长1.2厘米，平面呈梯形，四面锈结着朽木痕，可能安装于木套内。刃部残长4.2厘米（图八一B）。

　　铁钉　7枚。标本M062：8，残存中下段，残长5.0厘米。标本M062：9，残存中上段，残长4.0厘米。标本M062：10，残存上段，钉帽扁圆形，较小，残存一半，钉体断面呈斜方形，残长2.3厘米。标本M062：11，残存上段，钉帽较小，扁圆形，残存一半，钉体断面呈方形，残长2.4厘米。标本M062：12，残存上段，残长2.4厘米。标本M062：13，残存上段，残长2.4厘米。标本M062：14，残存下段，尖部锐利，残长3.3厘米（图八一B）。

　　墓砖　夹砂，灰色，模制。有拉划纹、手印纹和素面三种，前两者较多，素面较少。标本M062：15，背面粗糙，正面有刮模痕，中部印一左手印。长31.8、宽15.5、厚4.2厘米。标本M062：16，一角残失，背面不平，正面中部印一左手印。长32.0、宽15.5、厚4.2厘米。标本M062：17，拉划纹条砖，正面用梳齿状工具拉划细浅的竖槽。长32.0、宽15.5、厚4.2厘米。

3.葬式　　由于盗扰，棺床上骨骼凌乱。经鉴定有骨架四具，分别为一位成年男性、一位35～45岁男性、一位20～30岁的女性和一位约半岁左右的婴儿。有棺木等葬具。

二　M063～M066

（一）　位置与地层

M063、M064、M065、M066位于中央大道北段六号基坑内（图八二）。六号基坑位于五号和四号基坑的南部，中央大道北段南部西侧，南临古城路。东西长44、南北宽18、深1.6米。7月6日到12日，对这4座墓葬进行了清理。六号基坑地层以基坑北壁2米宽的一段为例介绍如下（图八三）：

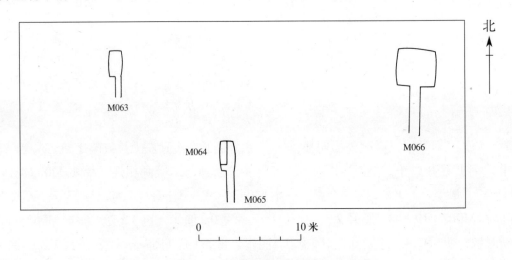

图八二　中央大道北段六号基坑墓葬分布图

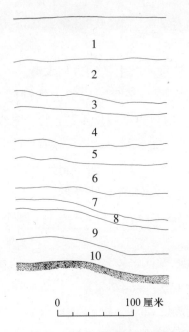

图八三　中央大道北段六号基坑北壁地层剖面图

第1层：近现代堆积层，深灰色，黏结，包含现代砖瓦残片等，厚0.56米。

第2层：浅灰褐色，黏结，包含白灰泥皮、残碴、炭粒等，厚0.37～0.46米。

第3层：黄褐色，黏结，包含少量的砖碴和炭粒，厚0.14～0.22米。

第4层：灰褐色，黏结，包含砖碴和白灰泥皮碴，厚0.40～0.44米。

第5层：红褐色，黏结，包含碎砖块，厚0.20～0.26米。

第6层：黄褐色，较黏结，为颗粒很小的细沙土层，厚0.38～0.40米。

第7层：细沙土堆积层，具有不连贯层状水积的特点，其中含有厚0.1～0.3厘米的不连贯红胶泥薄层，厚 0.15～0.34 米。

第 8 层：灰色，包含绳纹灰陶片，厚 0.12 米。

第 9 层：疏松，包含大量的炭粒，出土残砖块和绳纹瓦片、绳纹陶片，器形有折肩罐、直领罐、宽沿盆等，并出土货布 1 枚，厚 0.30～0.40 米。

第 10 层：红褐色胶结土层，厚 0.30 米。其下部为河积细沙。

（二）　M063

M063 位于中央大道北段六号基坑的西部，其东部为 M064、M065，墓葬被盗，中上部被毁，残存下部。

1. 形制　M063 为刀把形单室砖室墓，南北向，方位 183°，由墓道和墓室两部分组成（图八四；图版三四，1）。

墓道　位于墓室南部偏东部，与墓室东壁南北基本在同一直线上，平面呈长方形，底面斜坡状，坡度 13°。东、西壁平直，留存尖圆状的工具痕。填土灰黄色，黏结，包含少量的红色和灰色残块碴。长 1.66、宽 0.67、深 0.45 米。

墓门　开于南壁东部，南接墓道。其西壁为墓室南壁东端，壁面垂直，东壁非墓室东壁弧状的自然延伸，而是至墓门的位置砌砖向东扭平直，壁面略内收。顶部被毁，形制不详。宽 0.60、残高 0.45 米。沿墓门北口用条砖砌封门墙封门。封门墙南北宽 0.34、残高 0.45 米，底层用条砖纵向倾斜侧立，呈东向"人"字形，其上用条砖平铺。

墓室　平面呈弧边长方形，单砖顺砌于事先挖掘的长方形明坑中。南壁平面平直；北壁略呈西北——东南向，中部偏西外凸；东壁南段明显内收，西壁中部偏南明显外凸呈弧线状。四壁单重，用条砖逐层错缝平砌，之间用草拌泥黏合；从二层砌砖起逐层内收。西壁残高 0.50 米高处，砌砖倾角 15°。墓室北部较南部宽，西部较东部长。墓室北部东西宽 1.10、残高 0.55 米，南部东西宽 1.00、残高 0.45 米，东部南北长 2.36、残高 0.50～0.56 米，西部南北长 2.45、残高 0.40～0.50 米。没有棺床，墓室地面为生土，未见铺砖。

2. 遗物　墓室被盗，随葬品破碎，主要分布于墓室北部，陶器有底座、盖、兽面罐残片等，另有骨簪 1 件。

陶器　泥质，灰陶，轮制。均破碎，器形有盖、罐和底座。说明 M063 用一套塔形罐随葬，放置于墓室西北部。

盖　1 件。标本 M063：1，微残，盖盘覆碗状，敞口，沿较宽向外微卷，斜腹较深，内底低凹较小，外底较大而平，中部竖一塔状盖纽，顶部残失。塔圆球状，中空，纽周缘刻一圈阴弦纹。外壁腹部和纽周围墨绘图案，模糊不清。底口径 19.2、高 11.0 厘米（图八四；图版三四，2）。

兽面罐　1 件。标本 M063：3，残，敞口，卷沿，低矮领，圆肩，腹较深，肩部贴饰 4 个模制兽面，2 个残失，现存 2 个兽面仅一个完整，平面圆形，中部圆鼓，兽面咧嘴，呈仰月状，鼻与颧骨相连，呈"山"字状，大眼，双耳扁圆环形，双角宽平，呈倒"八"字形，嘴两侧对穿一直径 0.6 厘米的穿孔。外壁和兽面施灰白色陶衣，兽面有墨线描痕，兽面周围有墨线痕。口径 13.2、残高 20.0 厘米（图八四；图版三四，3）。

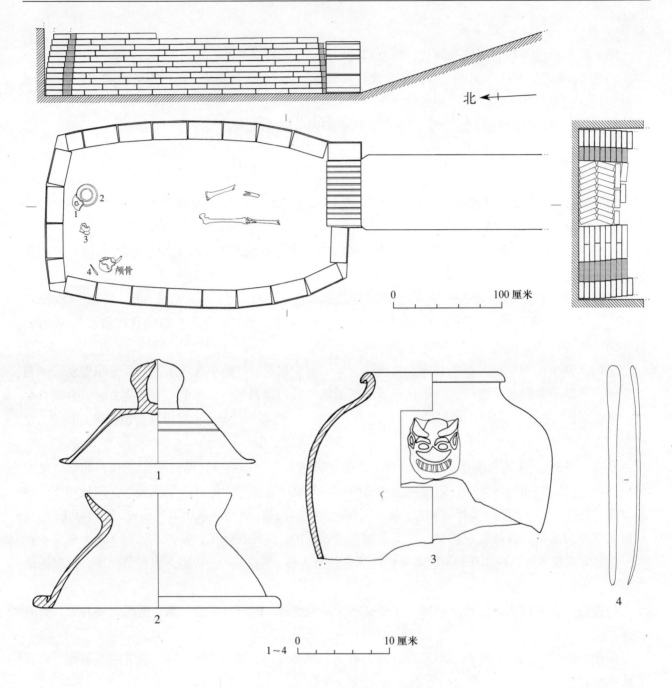

图八四　M063 及出土遗物
1.盖　2.底座　3.兽面罐　4.骨簪

　　底座　1件。标本 M063∶2，由轮制上口部和底口部黏接而成。上口部呈钵状，敞口，口部微残，圆唇，浅腹，腹下部器壁厚，有与覆盆底部的黏接痕，内壁有二道刮划痕。底口部覆盆状，敛口，宽平沿，卷唇，微鼓腹，腹部较深，脱底。上口部和底口部相接曲折处墨绘宽带纹，其余部分墨绘图案，模糊不清。底座低矮。上口径 16、底口径 23.2、高 12.2 厘米（图八四；图版三四，4）。

　　骨器　仅骨簪 1件。标本 M063∶4，由骨片磨制而成，呈条状，略弯，光滑。长 23.2 厘米（图八四；

图版三四，5)

　　墓砖　均为拉划纹条砖，灰色，夹细砂，模制。长32.0、宽16.0、厚5.0厘米。

　　3.葬式　墓室被盗，人体骨骼凌乱不全。但右股骨和胫骨以下未被扰动，颅骨位于墓室西北，推测葬式为仰身直肢，头朝北。经鉴定为一年龄20～25岁的男性。

（三）M064

　　M064和M065位于中央大道北段六号基坑中部偏西，其西部和东部偏北分别是M063、M066。M064打破M065，被盗，顶部被毁(图八五；图版三五)。

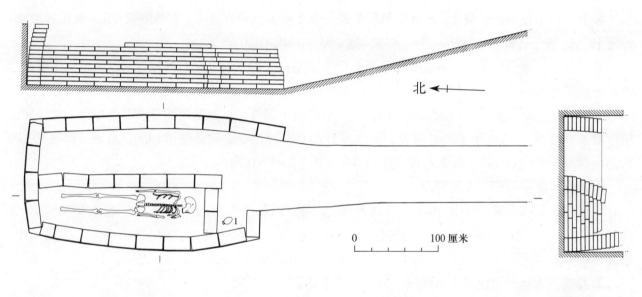

北 ←

0　　　　　100厘米

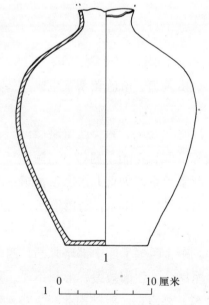

1

0　　　　　10厘米
1

图八五　M064、M065及出土遗物
1.壶

　　1.形制　M064打破M065，利用M065的西壁和部分南壁砌筑而成。墓室平面近长方形，南部宽于北部，从二层砌砖起逐层倾斜内收，东壁、南壁的内收程度明显较西壁和北壁大，而其用砖，与M065用砖相同，可能就地采用了M065的砌砖砌筑。顶部已毁，但从清理过程分析，顶部应用条砖平铺封顶。墓室北部底宽0.40、残口宽0.32、残高0.66米，南部底宽0.54、残口宽0.36、残高0.50米，西部底面南北长1.94、残口长1.84、残高0.45米，东部底面南北长1.98、残口长1.84、残高0.50米。

　　2.遗物　南壁南部和M065西壁间，置红陶壶1件，应为M064的随葬品。

　　壶　1件。标本M064：1，红陶，泥质，轮制。细颈，圆肩，腹上部圆鼓，下部急收成小平底。外壁和底部施灰白色陶衣。腹上部戳一扁圆形孔眼。颈部和口部残，其上覆盖一灰陶片，壶内盛食物，严重炭化。底径8.8、残高25.2厘米（图八五）。

3. 葬式 墓室出土人体骨架一具，保存完好，头朝南，面向西，仰身直肢。经鉴定是一年龄45岁以上的男性。

（四）M065

M065被M064所打破，封门和墓室内的遗物被毁。

1. 形制 M065为刀把形单室砖室墓，方向178°，由墓道、墓门和墓室三部分组成。墓室内有棺床(图八五)。

墓道 位于墓室南部偏东，其东壁和墓室东壁南北基本在一直线上。平面呈长方形，底面斜坡状，坡度12°，填土灰黄色、黏结。残长3.18、宽0.65~0.80、深0.66米。

墓门 开于南壁东部，残高0.66米。其东壁为墓室南壁的东端，壁面内收，东壁为墓室东壁的延伸，壁面呈弧状。

墓室 平面略呈弧边长方形，东、西、北三壁平面中部外凸，南壁短而直。四壁单重，用条砖逐层错缝平砌，从二层起逐层倾斜内收，至北壁残高0.81米高处，砌砖倾角14°。墓室北部底宽1.03米，南部宽1.16米，东、西部底南北长2.44、残高0.45~0.70米。

2. 遗物 墓室被盗，无随葬品。

墓砖 拉划纹条砖，泥质，模制。有灰色和土红色，以灰色为主，土红色较少。标本M065：2，背面有刀削痕，不规整，正面拉划细深的凹槽。长30.0、宽15.5、厚5.0厘米。标本M065：3，背面不平，正面粗糙，拉划宽深的凹槽。长31.0、宽15.5、厚5.0厘米。

3. 葬式 人体骨骼仅存少量残段，所以葬式不详。

（五）M066

M066位于中央大道北段六号基坑中部偏西，西部为M065，被盗，中上部被毁，残存下部。

1. 形制 M066为倒凸字形单室砖室墓，南北向，方向189°，由墓道、甬道和墓室组成。墓室内砌棺床和东、西平台(图八六A；图版三六，1)。

墓道 位于墓室南部略偏东，平面略呈长方形，底面斜坡状，坡度15°，东、西壁略微倾斜，残留片状工具痕。填土灰黄色，坚硬，包含灰陶片、残骨段、砖块等。残长4.60、宽0.91、深1.35米。

甬道 开于南壁中部偏东，与墓室南壁同时叠压平砌。东、西壁单重，垂直。拱形顶；东、西壁1.02米高起券，残存东侧4条、西侧3条券砖。南北深0.65、宽0.91、残高1.18米。沿甬道南口用条砖砌封门墙封门。封门墙南北宽0.34、残高0.85米，向墓室倾斜。用条砖纵向侧立，呈西倾"人"字形。

墓室 平面形制呈弧边方形，单砖顺砌于挖掘的方形明坑中。东、西壁平面中部略外凸。四壁单重，用条砖逐层错缝平砌，从二层起逐层内收，层砖之间用草拌泥黏合。顶部被毁，形制不详。墓室北部东西宽3.05、残口宽2.80米，南部东西宽2.95、残口宽2.70米，墓室东、西部南北长2.85、残口长2.75米，四壁残高1.40米。棺床位于墓室北部，南北宽1.46~1.68、东西长3.05~3.70米，与墓室相应的三壁相接，南侧壁中部砌砖墙。棺床面为生土面，未见铺砖。棺床南部，先施17厘米宽的泥皮，

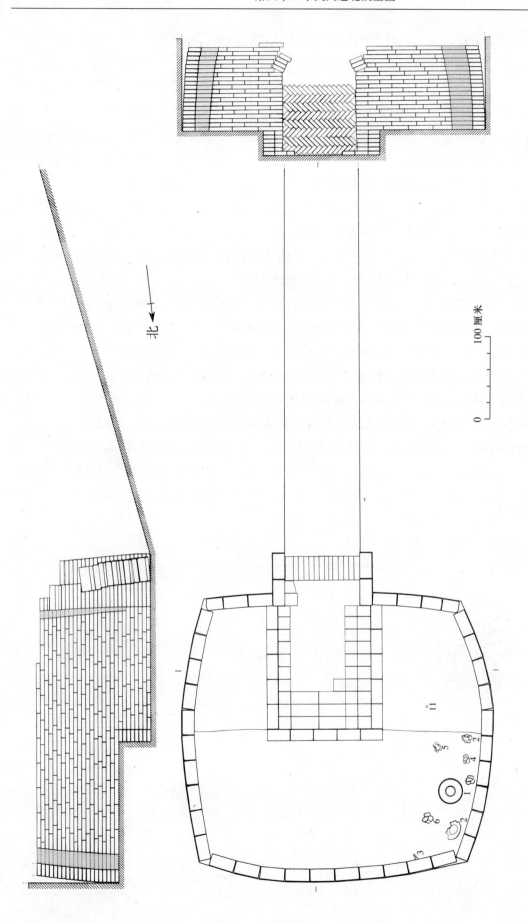

图八六 A　M066 平、剖面图

1.底座　2.兽面罐　3.盖纽　4、5.罐底残件　6.底座残件　11.开元通宝

再抹0.2~0.3厘米厚的灰泥皮。其上涂红色颜料。墓室东南部、西南部和北棺床间，是低于棺床的生土平台，高0.26米。其东、西侧壁用条砖平砌护壁（与北棺床南侧壁同时叠压平砌）。因此，M066的北棺床与东、西平台，实为倒凹字形棺床的变体，将其东南部和西南部降低而成。东平台和西平台面先涂宽10、厚1厘米的一层泥皮，再抹0.2~0.3厘米厚的白灰泥皮，其上涂红色颜料。棺床与东、西平台之间长方形为墓室地面，较小，用条砖横向对缝平铺（中部均用整块条砖，两侧多用条砖块）。甬道地面与墓室地面平，也用条砖平铺。

　　2.遗物　墓室被盗扰，随葬品主要有陶器和铜钱。

　　陶器　泥质，轮制。均为碎片，分布于棺床西北部及北部，器形有罐、兽面罐、盖纽、底座等。从陶质、陶色判断，至少属于18件器物，其中底座有4件。

　　盖纽　1件。标本M066：3，土红色，残存三层，中部为一直径1.6厘米的竖孔，每层中部呈"U"形槽，层与层之间为一凸棱，外涂灰白色陶衣。残高7厘米。

　　罐　3件。灰陶，1件完整，为兽面罐，另2件仅存底部。标本M066：2，兽面罐，敞口，卷沿，圆唇，矮领，上腹圆鼓，下部较细，平底。腹上部贴饰四个模制兽面，其中一个残失。兽面平面呈圆角长方形，正面中部高凸，底面内凹。兽面咧嘴，獠牙高突，鼻翼高凸，两颧骨圆突，双眼环状较低，细眉，双角呈倒"八"字形，双耳较高。兽面下部和周缘压印胡须和毛纹，獠牙外侧对向戳以扁圆形的穿孔。外壁墨绘图案，模糊不清。口径16.6、底径12.0、高30.0厘米（图八六B；图版三六，2、3）。

　　底座　4件。灰陶，1件完整，另3件为底口残片。标本M066：1，完整，底口部覆盆状，脱底。敞口，宽平沿，沿外侧略高，圆卷唇，斜腹较浅，底径较大。上口部唾盂状，敞口，圆唇，折颈，鼓腹较浅，压印2厘米宽的6条竖向凹槽，将腹部分为等距离的六部分。内壁留存较厚的黏接痕，底口部内壁有刮模刮划痕。内外壁施灰白色陶衣。底口部外壁用土红色和黑色绘图案，模糊不清。上口径

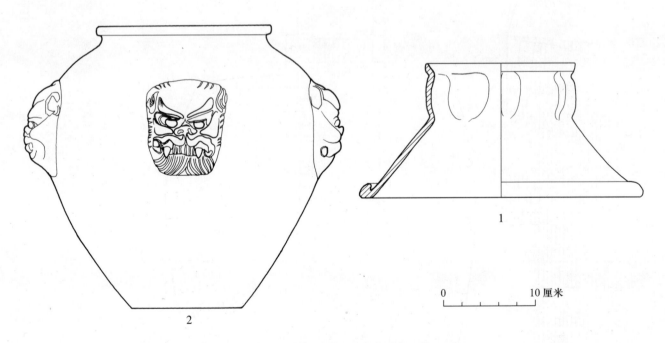

0　　　　　　　　　10厘米

图八六B　M066出土遗物

1.底座　2.兽面罐

15.6、底口径28.0、高14.2厘米（图八六 B；图版三六，4）。

铜器　"开元通宝"铜钱1枚。标本 M066：11，严重锈蚀，除"元"字外，其他三字模糊，从字形判断为开元通宝。直径2.5、穿径0.6、廓宽0.3厘米，重3.4克。

墓砖　拉划纹条砖，泥质，灰色，模制。拉划纹大多细密规整，位于正面中部。标本 M066：9，背面不平，正面微凹，中部拉划纹细密而浅的凹槽纹。长30.0、宽15.0、厚5.0厘米。标本 M066：10，背面不平，正面内凹，中部两次拉划细密而深的凹槽。长30.4、宽15.5、厚5.0厘米。

3．葬式　由于被盗，葬式等均不详。

三　M067～M073

（一）位置与地层

M067、M068、M069、M070、M071、M072、M073位于中央大道北段四号基坑内（图八七）。四号基坑位于中央大道北段西侧五号基坑北部，其西侧分别为二号和三号基坑。南北长50、东西宽19、深2.4米。探明唐墓7座及较多的汉代灰坑。自6月12日～7月21日，对唐墓进行了清理。以四号基坑东壁2米宽为例介绍地层堆积如下（图八八）。

第1层：近现代堆积层，厚0.5米。

第2层：浅灰褐色，土质坚硬，黏结，包含炭粒和白灰碴，厚0.32～0.34米。

第3屋：灰褐色，黏结，包含白灰泥碴，炭粒，砖块等，厚0.54～0.66米。

第4层：红褐色，黏结，厚0.36～0.44米。

第5层：灰色，较坚硬，包含大量绳纹陶片、瓦片和附加堆纹陶片等，器形有盆、罐等，厚0.46～

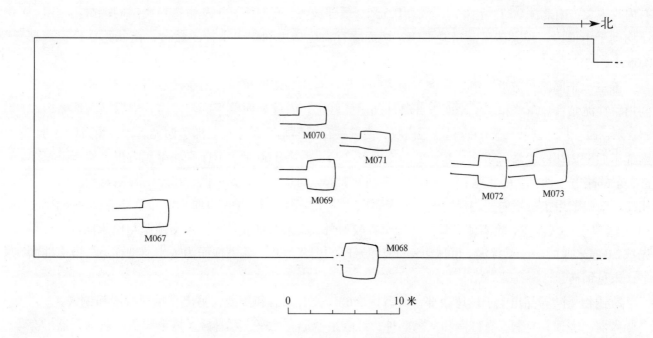

图八七　中央大道北段四号基坑墓葬分布图

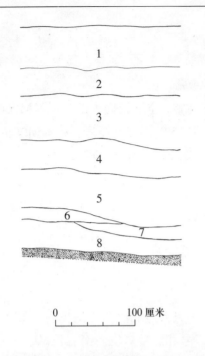

0　　　　　　　100 厘米

图八八　中央大道北段四号基坑东壁地层剖面图

0.60 米，为汉代灰坑上层。

第6层：灰层，疏松，包含炭粒、灰陶片等，厚0～0.14米，为汉代灰坑下层。

第7层：黄色，纯净，未见包含物，厚0～0.17米。

第8层：胶泥层，厚0.20～0.36米，其下为2米以上的细沙堆积。

四号基坑内的墓葬均被盗，顶部均毁，从对M068的残存层位分析，它们可能均被第4层所压，原始开口层位不详。

（二）M067

M067位于中央大道北段四号建筑基坑南部，其北部东北和西北分别是M069、M068和M070。被盗，上部被毁，残存中下部。

1.形制　M067为倒凸字形单室砖室墓，南北向，方向185°，由墓道、甬道和墓室组成。墓室内砌棺床(图八九A；图版三七，1、2)。

墓道　位于墓室南部微偏西，平面呈长方形，底面斜坡状，坡度15°。长2.40、宽0.92、深0.66米。东、西壁较直，留存尖圆状的工具痕。填土灰黄色，坚硬，似经年积水沉淀所致，包含灰陶片和少量的砖块。

甬道　开于南壁中部略偏西，南接墓道，较墓道略窄。与南壁同时错缝平砌，东、西壁面垂直，没有内收现象。南北深0.37、宽0.77、残高0.6米。顶部被毁，形制不详。从甬道口砌封门墙封门。封门墙均砌于甬道内，用条砖横向错缝平砌，墙面垂直；层砖之间，用草拌泥黏合。南北宽0.17、残高0.66米。

墓室　平面略呈方形，单砖顺砌于挖掘的方形明坑中。四壁单重，用条砖逐层错缝平砌，层砖之间用草拌泥黏合。东壁和北壁平面中部略外凸呈弧线形，南壁和西壁平面较平直，但西壁南部略内倾斜。东、西、北三壁从二层砌砖起逐层内收，南壁残存壁面垂直。墓室北部东西宽2.30、残高0.61米；南部东西宽2.28、残高0.58米，东、西部南北长2.16、残高0.60米。棺床平面呈长方形，位于墓室北部，东部略宽于西部。南北宽1.06～1.14、东西长2.36、高0.20米。东、西、北三壁与墓室相应的三壁相接，南侧壁用条砖横向逐层砌护壁。棺床面原为生土层面，其上抹2.0厘米厚的草拌泥，再抹0.5～1.0厘米厚的白灰泥皮，除南侧人骨骼下部保存较好外，其余大部脱落。棺床南侧壁与棺床面同，也是先抹2.0厘米厚的一层草拌泥，再抹0.5～1.0厘米厚的白灰泥皮。墓室地面为生土层地面，与甬道地面平，未见铺砖。

2.遗物　随葬品出土于棺床西部，因盗扰均破碎，有陶器和瓷器，另出土铜钗残段和铜钱。

陶器　泥质，轮制。有红陶和灰陶两种，红陶系器形有底座、双耳罐、塔形纽盖，灰陶系器形有盖和兽面罐，其中兽面罐残存底部和口部，肩部、腹部大部残失。

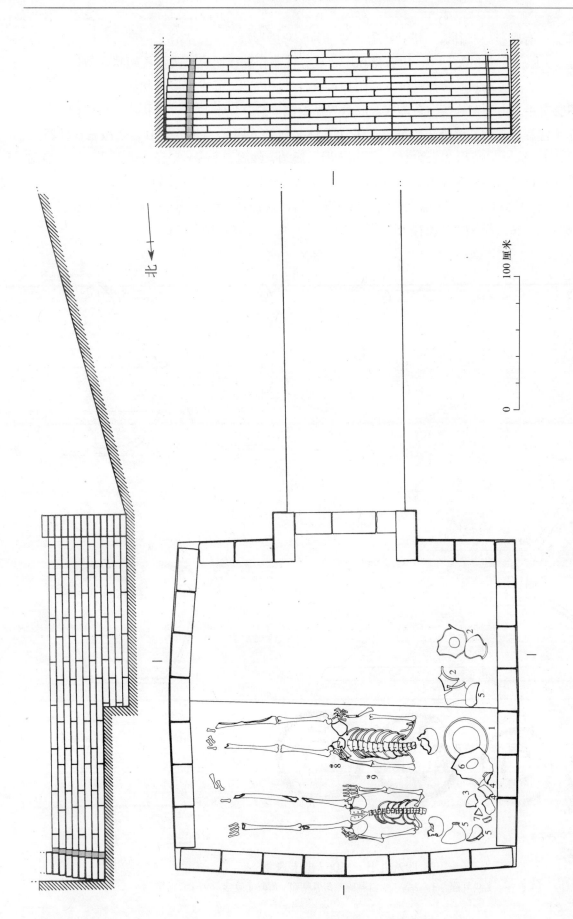

图八九 ⅬA M067 平、剖面图

1.底座　2.双耳罐　3、7.盖　4.白釉碗　5.黑釉壶　6.兽面罐碎片　8.乾元重宝　9.开元通宝

红陶系陶器 有底座、双耳罐、塔状纽盖3件，为一套塔形罐。

塔状纽盖 1件。标本 M067：3，由盖盘和塔状纽分件制作黏接而成。盖盘覆碗状，敞口，沿较宽，鼓腹较深，内底呈圆球状。腹部贴饰一周附加堆纹，外底内凹，其中部竖塔状纽。纽塔状，尖锥形，三层，逐层窄小。内外壁施灰白色陶衣，底盘外壁绘淡黑彩，局部脱落；塔状纽一层凹槽、二层凸棱和顶下部绘红彩，其余部分绘较浓黑彩。底口径18、高17.6厘米（图八九B；图版三八，2）。

双耳罐 1件。标本 M067：2，侈口较大，斜方唇，矮领，鼓肩，上腹较鼓下急收，平底。肩有对称双竖耳，均残。口径20.8、底径12.6、高28.0厘米（图八九B；图版三八，3）。

底座 1件。标本 M067：1，覆盆状，底敞口，宽平沿，圆卷唇，斜腹较浅，顶平底。外壁施灰白色陶衣，大部脱落。底口径31.2、顶径15.0、高8.8厘米（图八九B；图版三八，4）。

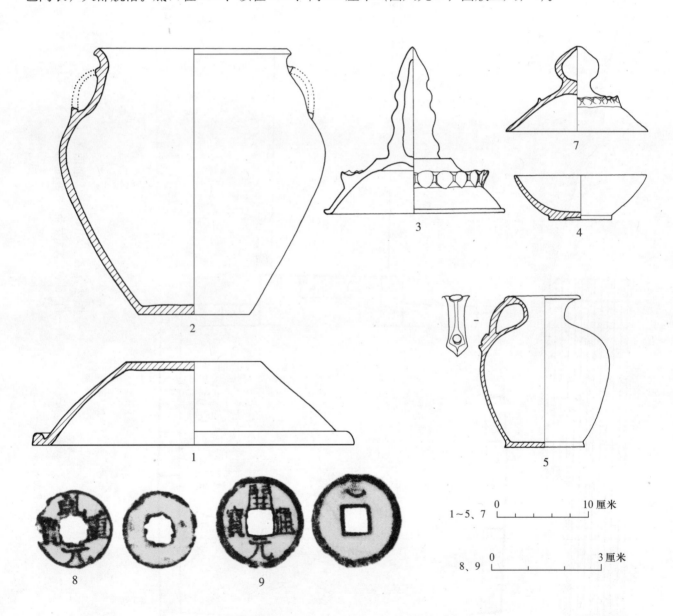

图八九B　M067 出土遗物

1.底座　2.双耳罐　3、7.盖　4.白釉碗　5.黑釉壶　8.乾元重宝　9.开元通宝

灰陶系陶器　有盖和兽面罐，未见底座。

盖　1件。标本M067：7，由底盘和塔状纽分件制作黏接而成。底盘覆碗状，敞口，浅斜腹，平底。外底较内底小，上竖盖纽。盖纽扁圆球状，残；纽座周围贴饰一周附加堆纹，局部残。外壁施灰白色陶衣，其上再绘黑彩，局部脱落。底口径15.2、高9.0厘米（图八九B；图版三八，1）。

罐　1件。标本M067：6，残存底部。外壁施灰白色陶衣，上绘淡黑彩，大部脱落。底径14.7、残高17厘米。

瓷器　2件。有白釉碗和黑釉壶各1件，出土于墓室西北角。

白釉碗　1件。标本M067：4，敞口，腹微鼓，玉璧底。胎质细腻，胎色灰白，内外壁均施白釉，仅底露胎。口径14.0、底径6.8、高4.8厘米（图八九B；图版三七，3）。

黑釉壶　1件。标本M067：5，残，敞口，圆卷唇，细颈较低，圆肩，假圈足，肩部饰一竖耳，耳中部一凹槽，两端两个乳丁纹。胎色灰白。器内壁和腹上部施黑釉，其余露胎。口颈7.9、底径8.6、高16.0厘米(图八九B；图版三七，4)。

铜器　仅出土"乾元重宝"和"开元通宝"铜钱各1枚。

"乾元重宝"　1枚。标本M067：8，略残，字迹较模糊，有使用痕。廓细窄，穿略呈圆形。"元"字次画左上挑。直径2.1、穿径0.7、廓宽0.1厘米，重1.6克（图八九B；图版三七，5右）。

"开元通宝"　1枚。标本M067：9，"开"字二竖画明显外撇。"元"字上画长，次画左上挑。"宝"字下部"贝"字二横画与二竖画相连。背面上部一新月纹。直径2.4、穿径0.7、廓宽0.2厘米，重3.5克（图八九B；图版三七，5左）。

3. 葬式　棺床发现人体骨架两具，保存基本完好。均仰身直肢，头朝西。其中北部骨架面向北，南部骨架面向南。经鉴定北部可能是一年龄30～40岁女性，南部是一年龄45～50岁的女性。

（三）M068

M068位于中央大道北段四号基坑中南部偏东、M067东北部16米处，其西部分别为M069、M070。墓葬主体部分被压于基坑东壁下，仅清理了墓室和甬道部分。曾被盗扰，中上部被毁，残存下部。

1. 形制　M068为倒凸字形单室砖室墓，南北向，方向174°，由墓道、甬道和墓室组成。墓室内砌棺床和东、西平台（图九〇）。

甬道　开于墓室南壁偏西，南接墓道（未清理），与墓室南壁同时错缝平砌。东、西壁与墓室南壁等宽，从二层砌砖起逐层内收；顶部残失。南北深0.33、残高0.54米、底宽0.85、残口宽0.80米。沿甬道北口用条砖砌封门墙封门。封门墙南北宽0.36、残高0.54米。一层用条砖纵向侧立，二层用条砖横向平铺，三、四层侧立。

墓室　平面略呈方形，单砖顺砌挖掘的方形明坑中。四壁单重，平面中部外凸呈弧线形，从二层砌砖起逐屋内收成弧面，层砖之间用草拌泥黏合。墓室北部底宽2.58、残口宽2.46、残高0.33～0.50米，南部底宽2.50、残口宽2.38、残高0.54米，东、西壁南北底长2.65、残高0.54米。棺床位于墓室北部，平面呈长方形，南侧砌护壁，棺床面为生土层面，未见铺砖。棺床南北宽1.20～1.30米。东西长2.58～2.85、高0.20米。东、西平台分别位于墓室的东南部和西南部，低于北棺床，东、西侧壁用条砖平砌护壁，平台面为生土面，未见铺砖。墓室地面较小，与甬道地面平，未见铺地砖。

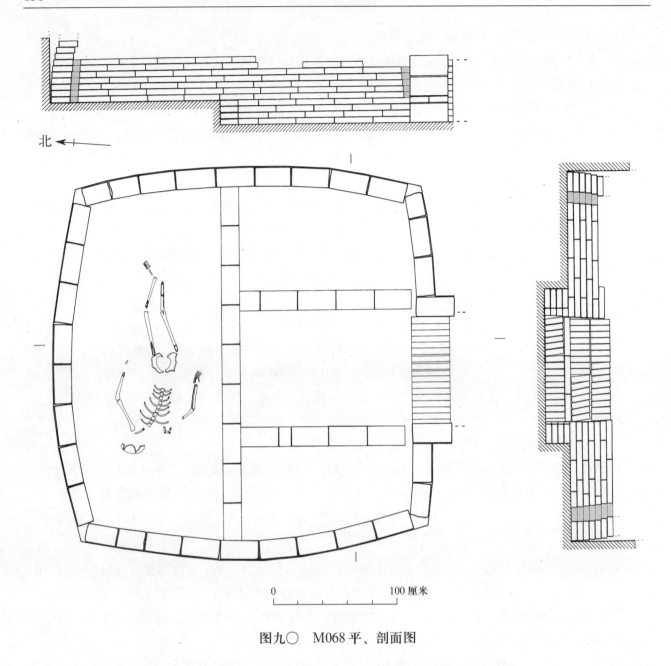

北 ←—

0   100 厘米

图九〇　M068 平、剖面图

2.葬式　棺床发现人体骨架一具，头朝西，俯姿，身体扭曲。经鉴定可能是一成年女性。

（四）M069

M069 位于位于中央大道北段四号基坑中南部、M068 西部 5 米处。其东部和西部分别是 M068、M070，南部是 M067。墓室被盗，上部被毁，残存中下部。

1.形制　M069 为倒凸字形单室砖室墓，方向 180°，由墓道、甬道和墓室三部分组成。墓室内砌棺床（图九一；图版三九，1）。

墓道　位于墓室南部略偏西，平面呈长方形，斜坡状，坡度 16°。残长 2.32、宽 0.86、深 0.86 米。东、西壁微倾斜。填土灰黄色、黏结，近墓门处堆积砖块，系封门余料。

甬道　开于墓室南壁略偏西，与墓道南壁同时平砌。东、西壁单重，壁面垂直；拱形顶，单重，残存东、西二侧卷砖。南北深0.52、宽0.64、残高0.86米。从甬道中部砌封门墙封门。封门墙南北宽0.48、残高0.85米，大部暴露在墓道中。底层用条砖或纵、或横压平铺三层，其上纵向侧立二层，再平铺一层，然后侧立一层。上部用条砖、条砖残块平铺，残存一层（图版三九，2）。

墓室　平面略呈弧边倒梯形，单砖顺砌于挖掘的倒梯形明坑中。四壁单重，北壁平面中部略外凸；东壁和西壁平面南部内收，其中东壁内收幅度较西壁大；南壁基本平直；残存壁面垂直。墓室南宽2.28、北宽2.62、南北长2.70米，残高0.86米。棺床位于墓室北部，平面呈长方形，南北宽1.37、东西长2.60、高0.20米。其东、西、北三面与墓室相应的三壁相接。南侧壁平面略呈弧线状，用条砖横向错缝平砌。棺床面素面，未见铺砖。墓室东南部和西南部，是略低于棺床的东、西平台。其西侧壁和东侧用砖错缝砌护壁。平台面为生土面，未见铺砖。东、西平台高0.15米。东平台宽于西平台。棺床和平台之间的墓室地面为生土层面，与甬道地面平，未见铺砖。

2. 遗物　墓室被盗，随葬品凌乱，有陶器、蚌壳等。陶器大多破碎，主要分布于棺床西部和西平台上（图版三九，3），另在棺床中部出土蚌壳1件。

陶器　泥质，红陶，轮制。有塔状纽盖、底座和兽面罐，器表外涂黑彩，另有红陶壶腹部碎片。由于底座和器盖出土于西平台，因此，一套塔形罐应放置于西平台，随葬品组合是塔形罐和壶。

塔状纽盖　1件。标本M069：3，由盖盘和塔形盖纽分件制作黏接而成。盖盘覆碗状，敞口，圆唇，浅腹，内尖底，外小平底，其上竖塔状盖纽。盖纽平面呈圆形，中心为一直径0.6厘米的竖孔，下有圆形基座，塔身三层，逐层窄小，层与层之间是一细窄的凸棱。纽座周围贴一周花瓣状附加堆纹，纽座和外壁绘淡黑色，局部脱落。底径18、高12.2厘米（图九一；图版三九，4）。

兽面罐　1件。标本M069：2，残，口微敞，圆卷唇，圆肩，深腹下部急收，平底。腹上部贴饰四个模制兽面，兽面高凸，平面呈圆角纵长方形，兽面咧嘴，獠牙较大，鼻高凸，颧骨较大，深目凸睛，双耳高凸，双角呈倒"八"字形，颧骨两侧和顶部各有一直径0.6厘米左右的穿孔。双耳、双角和穿孔饰橘红色，大部脱落；牙齿、颧骨、眼睛、眉、耳及兽面四周缘用墨线描绘，较模糊。外壁除兽面外绘淡黑色，大部脱落。口径16.0、底径12.6、高32.6厘米（图九一；图版三九，4）。

底座　1件。标本M069：1，由底口部和上口部分件制作黏接而成。上口部浅盘状，敞口，圆唇，浅腹。底口部喇叭筒状，侈口，宽平沿，圆卷唇，深斜腹，底径较小。腹部贴饰一周花瓣状附加堆纹，局部残失，其上饰橘红彩。底口部和上口部在内壁留存一黏接凸棱。底口部外壁和上口部内壁绘黑彩，局部脱落。上口径14.0、底口径25.2、高18.6厘米（图九一；图版三九，4）。

塔形罐由底座、兽面罐、盖相叠而成，通高63厘米（图九一；图版三九，4）。

蚌壳　1件。标本M069：4，天然蚌壳的一半，上有暗淡的条状红褐色斑纹。宽6.6、高5.6厘米（图九一）。

墓砖　拉划纹条砖，泥质，模制。有土红色和灰色两种。土红色条砖主要砌筑墓四壁中下部，因火候不高均破碎；灰色条砖用于砌四壁中部和封门。有大、小两种规格。大号条砖均为灰色；小号条砖有土红色和灰青色。标本M069：5，灰色，背面粗糙，正面用梳齿状工具拉划较宽疏的凹槽。长30.2、宽15.0、厚5.0厘米。标本M069：7，灰色，背面不平，正面中部拉划较密的凹槽。长30.0、宽14.5～15.5、厚5厘米。标本M069：6，一角残失，长33.0、宽16.0、厚5.0厘米。

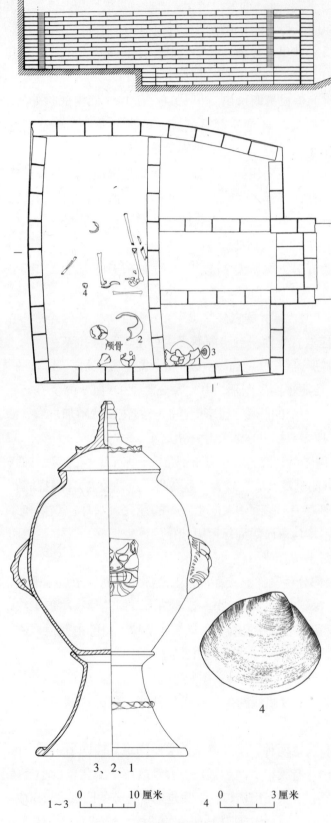

北 ←

0　　　　　　　100 厘米

3. 葬式　由于盗扰，棺床人体骨骼凌乱，残缺不全。经鉴定为两个个体，一具是年龄25～35岁的女性，另一具是成年人，性别难辨。

（五）M070

M070位于中央大道北段四号基坑中南部略偏西，M069西部2米处。其东北部为M071，东部为M069。被盗，中上部被毁，残存下部。

1. 形制　M070为刀把形单室砖室墓，南北向，方向190°，由墓道和墓室两部分组成（图九二；图版四〇，1、2）。

墓道　位于墓室南部偏东，其东壁与墓室东壁南北在同一直线上。平面呈长方形，底面斜坡状，坡度18°。残存壁面垂直，残存8.0厘米宽的片状工具痕。填土灰黄色，黏结。残长1.72、宽0.74、深0.45米。

墓门　开于墓室南壁东部，其西壁为墓室

3、2、1

0　　　　　10 厘米　　　　　0　　　3 厘米
1~3 ├──┴──┤　　　　4 ├──┴──┤

图九一　M069及出土遗物
1. 底座　2. 兽面罐　3. 盖　4. 蚌壳

南壁的东侧，壁面垂直，东壁为墓室东壁的延伸，壁面略内收；顶部被毁。宽0.74、残高0.35米。沿墓门北侧用条砖砌封门墙封门，封门墙南北宽0.34、残高0.45米，略向东南倾斜，用条砖纵向侧立，呈西向"人"字形。

　　墓室　平面略呈长方形，单砖顺砌于挖掘的长方形明坑中。四壁单重，东壁平面中南部平直，北部西北向倾斜；西壁平面外凸；北壁和南壁平面平直。用条砖逐层错缝平砌，从二层砌砖起逐层内收，

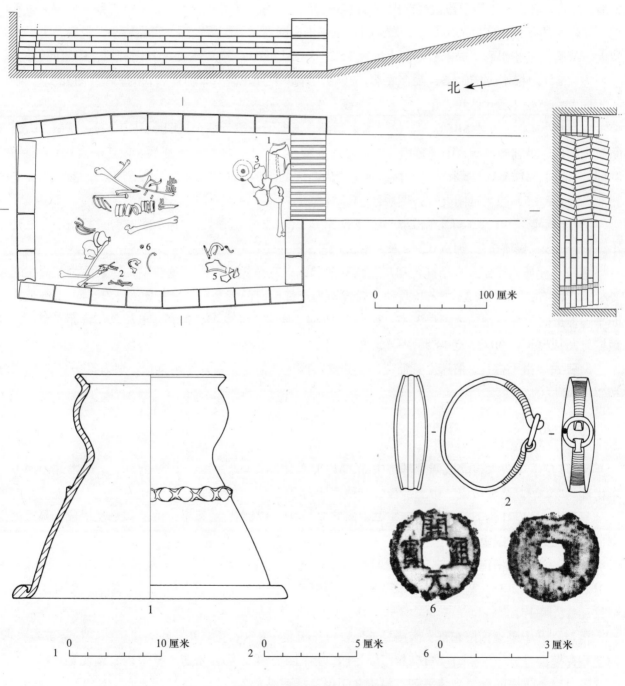

图九二　M070及出土遗物
1.底座　2.铜手镯　3.壶碎片　5.罐残片　6.开元通宝

层砖之间用草拌泥黏合。墓室北部东西宽1.25、南部1.32、东部和西部南北长2.22米，残高0.35米。没有棺床。墓室地面为生土面，未见铺地砖。

2. 遗物　墓室被盗，随葬品凌乱，有陶器、铜饰件、铜钱等。

陶器　泥质，土黄色或红色，轮制。均为碎片，可辨器形有器盖、壶、底座和罐等（图版四〇，2）。随葬陶器组合为一套塔形罐和壶，可能放置在墓室西南部或南部。

底座　1件。标本M070：1，土黄色，由底口和上口部分件制作黏接而成。上口唾盂状，侈口，斜方唇，鼓腹，底部向下插于覆盆底口内。底口部外壁饰一周花瓣状附加堆纹，上口部鼓腹间隔4厘米拉划一竖较浅的条纹。底口部覆盆状，微敛口，宽平沿，圆卷唇，腹部较深，底径较小，脱底。底座外壁和上口部唇内壁绘黑彩，局部脱落。上口径15.2、底口径26.0、高23.8厘米（图九二；图版四〇，4）。

壶　1件。标本M070：3，残存底部，红陶，外底平。底径13.2、残高8.6厘米（图九二）。

铜器　有铜手镯1件和"开元通宝"铜钱1枚。

铜手镯　1件。标本M070：2，位于墓室西部，套置于一段骨骼上（图版四〇，3），打制，出土时断裂为两段，呈扁圆环状，中部宽扁，向两端逐渐窄小、增厚，两端上弯成环，内连一直径0.8厘米的圆环。正面中部饰一0.2厘米宽的凸棱，两侧缘为凸起的细棱，其两端至圆环端刻疏朗的竖线纹，底面光滑。径4.5～5.6厘米（图九二；图版四〇，5）。

"开元通宝"　1枚。标本M070：6，上部略残，"元"字上画长。"通"字右旁"甬"字上笔开口小。直径2.5、穿径0.7、廓宽0.2厘米，重3.4克（图九二）。

墓砖　泥质，模制，有土红色和灰色两种条砖，以灰色为主，土红色较少，以素面为主，拉划纹较少。规格有30厘米和33厘米长两种，后者均为土红色，前者为灰色。标本M070：4，土红色，背面平整，正面粗糙有刮抹痕。长33.0、宽15.5、厚4.2厘米。标本M070：5，土灰色，背面平整，正面粗糙有刮抹痕。长30.0、宽14.5、厚4.5厘米（图九二）。

3. 葬式　由于盗扰，棺床上骨骼凌乱，葬式不详。经鉴定有人骨架两具，分别为30～40岁的男性和20～30岁的女性。

（六）M071

M071位于中央大道北段四号基坑中部、M070东北部2米处。其东北部为M072，西南部为M070，东南部为M069。墓葬被盗，中上部被毁，残存下部。

1. 形制　M071为刀把形单室砖室墓，南北向，方向171°，由墓道、甬道和墓室组成。墓室内挖掘棺床（图九三；图版四一）。

墓道　位于墓室南部偏东，其东壁与墓室东壁基本在同一直线上。平面呈长方形，底面斜坡状，坡度16°。南北长1.83、宽0.70、深0.50米。东西壁残存壁面垂直。填土灰黄色，黏结，出土少量汉代绳纹瓦片、陶片。

甬道　开于墓室南壁东部，南接墓道，较短。南北深0.30、宽0.70、残高0.50米。顶部被毁。东、西壁残存壁面垂直。沿甬道南口砌封门墙封门。封门墙单重，部分暴露于墓道内，南北宽0.16、残高0.35米，用条砖横向逐层错缝平砌，层砖之间用草拌泥黏合。

墓室　平面略呈斜弧边长方形，单砖顺砌于挖掘的长方形明坑中。东、西、北三壁呈弧线形，南

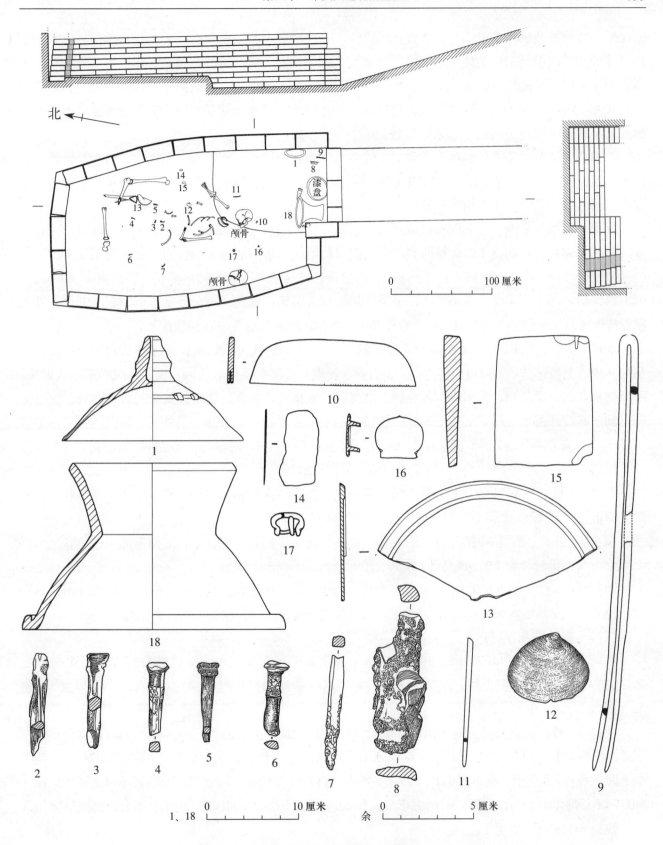

图九三　M071 及出土遗物

1.盖　2~7.铁钉　8.铁剪残段　9.骨钗　10.骨饰件　11.骨钗
12.蚌壳　13.铜镜　14.铜片饰　15.石器　16.铜合页　17.铜扣环　18.底座

壁较短。西壁外凸部位于中部，其北段平缓内收，南段明显内收；东壁南段平直，北段明显内收；北壁中部外凸。四壁从二层砌砖起逐层内收。墓室北部东西宽1.02、南部东西宽1.12、南北长2.36、残高0.50米。棺床平面呈刀把状，高0.12米，在甬道北部砌墓壁的生土面挖掘一东西宽0.65～0.80、南北长0.90、深0.12米的梯形凹槽而成。棺床面为生土层面，上铺一薄层细沙，未见铺砖。低于棺床的梯形墓室地面，与甬道地面平，未见铺砖。

2. 遗物　墓室被盗，随葬品较破碎，主要分布于甬道口附近，有陶器、铜饰件、铁器、骨器、漆器等（图版四二，1）。漆盘位于封门墙北部，残，朱红色，口径21.0、深6.0厘米，微敞口，斜腹，底部残。另外，在墓室扰土中出土铁棺钉。

陶器　泥质，轮制。有灰陶和红陶两种，器形有塔状纽盖、罐和底座，其中一盖为灰陶，并有灰陶罐和底座碎片，红陶有1件完整的底座，说明当时用两套塔形罐随葬，位置可能在甬道北部。

塔状纽盖　1件。标本M071：1，灰陶，由盖盘和塔状纽分件制作黏接而成。底盘覆碗状，侈口，斜方唇，腹较深，内尖底，外小平底，上竖一塔状纽，三层，低矮。盖盘外壁上部刮划一凹槽，其上贴饰花瓣状附加堆纹，大部分脱落。底口径19.0、高11.2厘米（图九三；图版四二，2）。

底座　2件。1件完整，1件仅为残片。标本M071：18，完整，红陶，由上口部和底口部件制作黏接而成。上口部钵状，敞口，斜方唇，斜直腹，脱底，底部套接覆盆底内，二者在腹内壁形成折棱。底口部覆盆状，微敛口，宽平沿，圆卷唇，微鼓腹，底稍大，脱底。底座外壁施灰白色陶衣，上绘黑彩，其中底口部外壁在黑彩上绘图案，因颜料脱落纹样不详。在上口部口沿外侧，侧向刻划"官王"，"官九官官官官宅字"等字。上口径17.2、底口径25.2、高17.6厘米（图九三；图版四二，3）。

铜器　有铜镜及构件，构件有扣环、合页及片状饰件等。

铜镜　1枚。标本M071：13，残，出土于墓室地面即棺床南部。平面圆形，素面，镜缘较宽，断面呈梯形。残径12.0厘米（图九三）。

铜合页　1件。标本M071：16，合页的一半，平面呈半圆形，正面平，底面中部内凹，有三个三角形分布的铜铆钉。宽2.6、残高2.2厘米（图九三）。

铜扣环　1件。标本M071：17，呈半圆形，较小，带一小扣针。宽1.9、残长1.2厘米（图九三）。

铜片　1件。标本M071：14，残断，平面呈长方形。宽3.9、残长2.0厘米（图九三）。

铁器　有铁剪和铁钉。

铁剪　1件。标本M071：8，残，为铁剪一股刃部，断面呈三角形，刃部自柄端向刃尖变窄变薄，刃背较平直，刃缘圆秃。背部锈结着朽木，侧面锈结着已朽丝绸残片。残长7.6、刃宽2.2厘米（图九三）。

铁钉　6枚。大多残断，通体锈蚀，体侧锈结着朽木痕（图版四二，4）。标本M071：2，残存中下段，断面略呈三角形。残长5.4厘米。标本M071：3，残存中上段。残长4.8厘米。标本M071：4，残存中上段。残长3.8厘米。标本M071：5，钉尖残失，钉帽残存中部，断面呈方形。残长4.2厘米。标本M071：6，残存中上段，钉帽呈圆角方形。残长4.0厘米。标本M071：7，残存中下段，断面呈圆角方形。残长6.0厘米（图九三）。

石器　1件。出土于棺床东南部。标本M071：15，残断，平面呈长方形，细砂岩磨制。一端较厚，向残断面逐渐变薄。残长6.8、宽5.2、厚0.4～0.9厘米（图九三）。

骨器　有骨钗和骨饰件。

骨钗　2件。标本M071：9，双股钗，残断，由骨片加工、打磨而成，钗尖部上翘。长23.1厘米（图九三；图版四二，5）。标本M071：11，钗股残段，打磨光滑。残长6.8厘米（图九三）。

骨饰件　1件。标本M071：10，平面呈半圆形，由骨片打磨而成，两面打磨光滑。直边侧面刻一深0.7、宽0.1厘米的嵌槽；一面沿直边刻划长4.6厘米的浅槽。长9.0、宽2.4、厚0.3厘米（图九三；彩版八，4；图版四二，6）。

蚌壳　1件。标本M071：12，蚌壳的一半，较小，表面因腐蚀呈一层粉末状。宽4.4、高3.8厘米（图九三）。

墓砖　拉划纹条砖，泥质，灰色，模制。标本M071：19，背面不平，正面微凹，用梳齿状工具拉划竖向凹槽。长30.0、宽14.2～15、厚4.2～5.0厘米。标本M071：20，背面不平，正面略凹，用梳齿状的工具拉划竖向凹槽。长29.8、宽14.5～15.0、厚5.0厘米。

3.葬式　墓室被盗，葬式不详。经鉴定有人骨架两具，分别为20～30岁的男性和25～35岁的女性，由于两颅骨分布于西南和南部，棺床中部肋骨和肱骨的位置稍齐整，从其置向分析，可能为头朝西南，并使用了棺木等葬具。

（七）M072

M072位于中央大道北段四号基坑北部、M071北部6米处。其北部0.2米处为M073。被盗，中上部被毁，残存下部。

1.形制　M072为单室砖室墓，南北向，方向185°，由墓道、甬道和墓室组成。墓室内挖掘棺床（图九四；图版四三）。

墓道　位于墓室南部略偏东，平面呈长方形，底面斜坡状，坡度11°，残长2.50、宽0.90、深0.76米。墓道斜坡底部高于甬道底部。由于砌封门墙，墓道北部斜坡被挖成高0.25米的直壁。东、西壁面平直。填土灰黄色，黏结，包含砖块。

甬道　开于墓室南壁略偏东，南接墓道，东西壁单重，与墓室南壁同时叠压平砌，从二层砌砖起内收成斜坡。层砖之间用草拌泥黏合。顶部毁，形制不详。南北深0.68、底宽0.90、残口宽0.80、残高0.85米。从甬道南部砌封门墙封门。封门墙南北宽0.32、残高0.70米，一层用条砖纵向侧立，二、三层条砖横向平铺，四、五、六层条砖纵向侧立，呈"人"字形。

墓室　平面呈方形，单砖顺砌于挖掘的方形明坑中。南壁平面平直，北、东、西壁平面中部微外凸。四壁单重，用条砖逐层错缝平砌，从二层砌砖起逐层内收，层砖之间用草拌泥黏合。墓室东西宽2.40、南北长2.32、四壁残高0.70米。顶部被毁，形制不详。棺床平面呈倒凹字形，高0.15米，在砌四壁出土面的中南部沿墓门方向挖一宽0.85～0.90、南北长0.88米的梯形过槽而成。棺床面为生土层面，未见铺砖，棺床南、东、西侧壁未砌壁墙。低于棺床的梯形过凹槽地面与甬道地面平，未见铺砖。

2.遗物　墓室被盗，未见随葬品，在墓室扰土中，出土少量铜钱和铁钉。

铜器　仅铜钱1枚，从字形判断，应为"开元通宝"。标本M072：1，严重锈蚀。直径2.3、穿径0.7、廓宽0.2厘米，重4.2克。

铁器　仅铁钉1枚。标本M072：5，残存中下段，断面呈圆形，通体锈蚀，锈结着朽木。残长

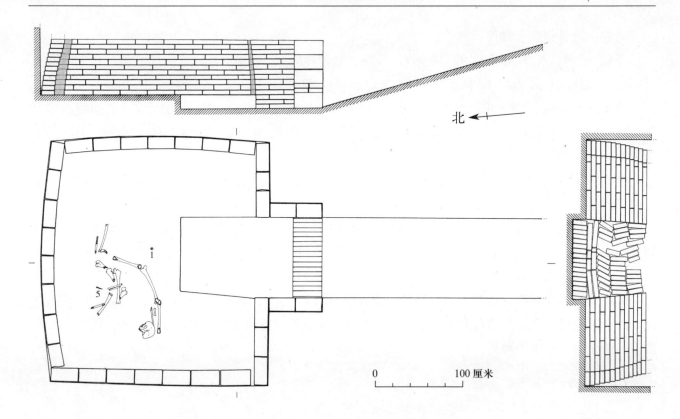

北 ←

0   100 厘米

图九四　M072平、剖面图
1.铜钱　5.铁钉

7.1 厘米。

　　墓砖　长方形条砖，夹砂，模制。有灰色和土红色两种，以灰色为主，土红色较少，有手印和素面两种。标本 M072：2，灰色，略残。背面平整，正面粗糙有刮抹痕，印一右手印。长 30.0、宽 14.5～15.0、厚 4.5 厘米。标本 M072：3，灰色，背面平整，正面粗糙，印一右手印纹。长 30.0、宽 14.5～15.0、厚 4.5 厘米，与 M072：2 为同一模具制作。

　　3.葬式　棺床骨骼凌乱，葬式不详。经鉴定有人体骨架两具，一具是 25 岁以上的男性，一具可能是女性（因为仅存一对股骨）。

　　（八）　M073

　　M073 位于中央大道北段四号坑北部、M072 北 0.2 米处。中上部被毁，残存下部。

　　1.形制　M073 为倒凸字形单室砖室墓，南北向，方向 167°，由墓道、甬道和墓室三部分组成。墓室内砌棺床（图九五 A；图版四四，1）。

　　墓道　位于墓室南部略偏东，平面呈长方形，底面斜坡状，坡度 10°。残长 2.22、宽 0.80、深 0.65 米。东、西壁残存壁面垂直，留存 12 厘米长的片状工具痕。填土灰黄色，板结，近墓门处出土少量的封门余砖料。M073 的残存墓道距 M072 墓室北壁较近，从复原的角度分析，M072 的墓室应打破

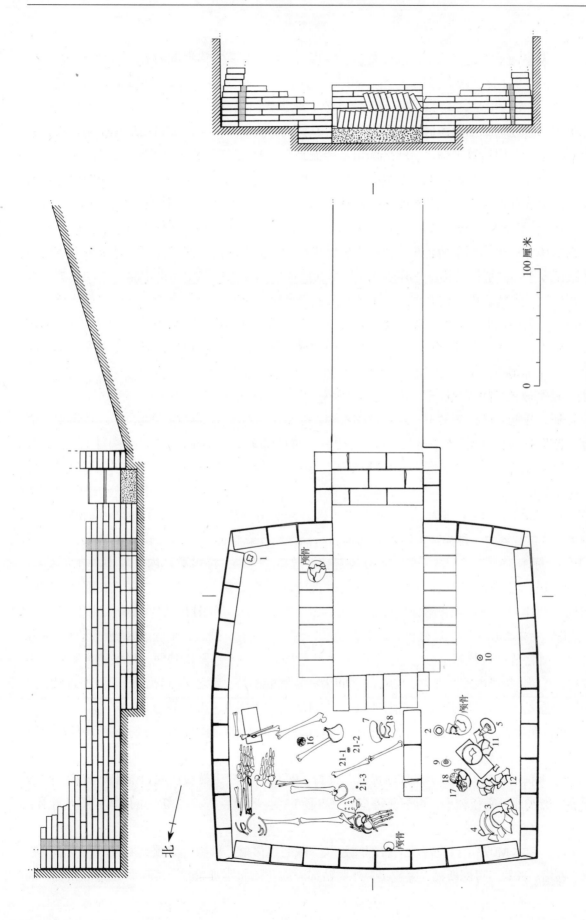

图九五 A　M073 平、剖面图

1、2.壶　3、4、8.罐残件　5、9.盖　6.小陶罐　7.残陶器　10.铜镜　11、12.底座　13～18.兽面　21-1～3.开元通宝

M073 的墓道。

甬道　开于墓室南壁中部微偏东，南接墓道，较墓道略窄，与墓室南壁同时叠压平砌。残存壁面垂直，顶部被毁，形制不详。南北深 0.62、宽 0.80、残高 0.30～0.40 米。从甬道中部砌封门墙封门。封门墙南北宽 0.42、残高 0.40 米，分为北部和南部二部分。北部封门墙位于甬道内，与甬道南口平齐，底层为 0.15 米厚的沙土层，其上用条砖纵向侧立二层，呈西向"人"字形，南部封门墙位于墓道内，紧贴甬道南口，用条砖横向错缝平砌，层砖之间用草拌泥黏合，残高 0.45 米（图版四四，2）。

墓室　平面略呈方形，单砖顺砌于挖掘的方形明坑中。四壁平面中部外凸；北壁和南壁残存壁面垂直，东壁和西壁残存壁面内收，用条砖逐层错缝平砌，层砖之间用草拌泥黏合。墓室北部东西宽 2.56、残高 0.70 米，南部东西宽 2.38、残高 0.50 米，东、西部南北长 2.54、残高 0.70 米。棺床平面呈倒凹字形，高 0.16 米，棺床面铺砖，东、西、南侧壁砌护壁。其东、南、西、北部与墓室相对应的四壁相接，其制作方法与同形制的棺床制作方法同，系在砌四壁的生土层面中南部沿墓门方向挖掘长方形的凹槽，再砌壁砖而成。棺床面北部，用条砖纵向对缝平铺，其东、西部用条砖横向对缝平铺。棺床面北部偏西，用条砖纵向平砌南北长 0.76、高 0.08 米的砖墙，将棺床面分为东、西二部分，东部东西宽 1.54 米，置人体骨骼，西部东西宽 0.88 米，置随葬品。甬道北部低于棺床的长方形墓室地面，与甬道地面平，未见铺地砖。

2. 遗物　墓室被盗，随葬品凌乱、破碎，有陶器、铜镜、铜钱等。

陶器　泥质，轮制，以红陶为主，有少量的灰陶。除墓室东南角置一红陶壶外，其余均出土于棺床北部西侧。器形有塔状纽盖 2 件、底座 2 件、壶 2 件、罐底部 2 件、口沿部 1 件、小陶罐 1 件，另有底座碎片。经比较分属于三组塔形罐。标本 M073：3、M073：4 和 M073：13～15 为一兽面罐残件，标本 M073：9 为塔状纽盖，它们为一组，底座仅为碎片，形制不详，标本 M073：5 塔状纽盖和标本 M073：8 罐，标本 M073：12 底座为一组，罐残存下部，标本 M073：11 底座为另一组，盖和罐组成。

塔状纽盖　3 件。其中 2 件完整，由盖盘和塔状纽分件制作黏接而成。分二式。

I 式　1 件。标本 M073：5，红褐色，盖盘覆碗状，敞口，平沿，微鼓腹，内底较小，外底较大，其上竖一塔状盖纽。纽平面呈圆形，中有一穿孔与盖盘相通，塔五层，逐层窄小。底盘腹部外壁贴饰一周附加堆纹，纽座周缘饰花瓣状附加堆纹。底径 14.0、高 14.0 厘米（图九五 B；图版四四，3）。

II 式　1 件。标本 M073：9，红褐色，盖盘覆碗状，敛口，平沿，鼓腹，平底，内底中部有一穿孔与塔状纽相通，外底为圆台状纽座，周缘饰一周花瓣状附加堆纹，中部竖塔状纽。塔状纽尖锥状，中空，形体较高，五层，每层中部为亚腰，层与层之间为一较宽的凸棱。底盘外壁贴饰一周附加堆纹，部分残失。器盖外壁绘黑彩，局部脱落，底径 18.0、高 21.2 厘米（图九五 B；图版四四，4）。

底座　2 件。泥质，红陶，轮制。由底口部和上口部分件轮制黏接而成，分二式。另有 1 件底座仅存残片。

I 式　1 件。标本 M073：12，上口部唾盂状，侈口，平沿，束颈，鼓腹。底口部喇叭筒状，口微敛，平沿微卷，微鼓腹，底径较小，腹下部较直。上口径 14.0、底口径 23.2、高 27.8 厘米（图九五 B；图版四五，3）。

II 式　1 件。标本 M073：11，残，上口部唾盂状，脱底，侈口，斜唇，束颈，鼓腹。底口部喇叭筒状，敛口，卷沿，深腹，腹部微鼓，底较小，外壁贴饰一周花瓣状附加堆纹。底座外壁绘红褐色，局

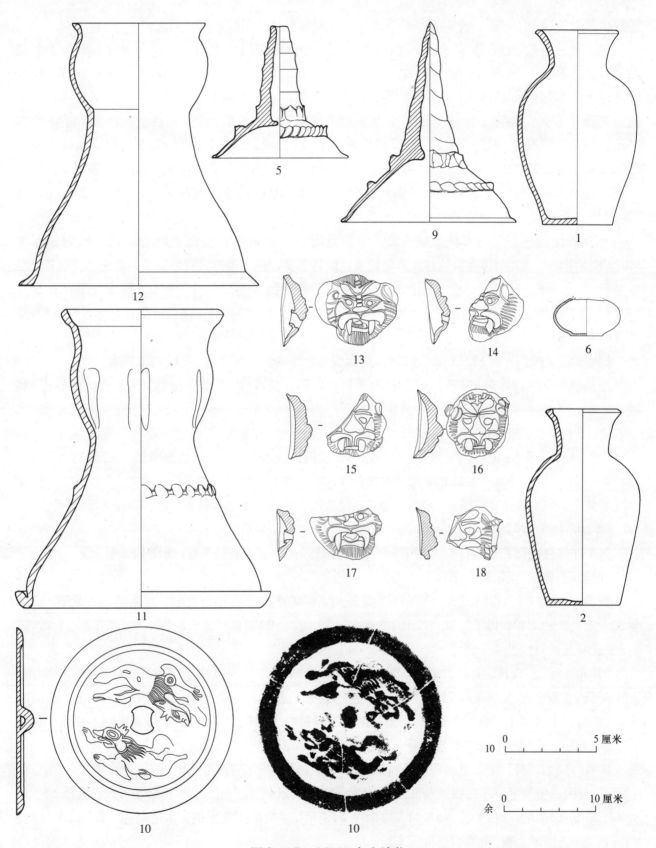

图九五 B　M073 出土遗物

1、2.壶　5、9.盖　6.小陶罐　10.铜镜　11、12.底座　13～18.兽面

部脱落。上口径 16.0、底口径 24.0、高 31.8 厘米（图九五 B；图版四五，4）。

兽面罐　2 件。红陶，胎内灰色。标本 M073：4，兽面罐口沿，直口，圆唇，矮领，鼓肩，肩部贴饰兽面。残径 11.5 厘米。标本 M073：3 兽面罐底部，平底较厚，外壁绘黑彩。底径 13.2、残高 16.6 厘米。肩部贴饰兽面残存 3 件，均残，模制，表面红色，胎内黑色。标本 M073：13，扁圆形，兽面二獠牙较大，张巨口，颧骨低平，鼻呈弧边三角形，眉骨细窄，睛呈圆柱状高凸，双角呈"八"字形，双耳，双角之间饰一角状纹饰，周缘饰竖毛纹，面部饰黑彩，大部脱落，仅存残迹。残径 7.4～8.8 厘米，厚 2.9 厘米（图九五 B）。标本 M073：14，残存右下部面部，黑彩大部脱落，仅存残迹，残径 6.0～7.2，厚 2.4 厘米（图九五 B）。标本 M073：15，残左下部，残径 5.5～6.0，高 1.8 厘米（图九五 B）。

另有兽面 3 件，其中 1 件完整，2 件残，为同一模具制作的兽面，均为泥质，红陶。标本 M073：16 平面呈圆形，兽面张巨口，獠牙较大，颧骨低平，鼻三角形，眉骨细窄，眼圆凸，双耳，双角呈倒"八"字形，中部一竖槽，双角之间饰一"王"字。径 6.7～7.3 厘米，厚 2.7 厘米（图九五 B）。M073：17，残存右下部，残径 6.0～6.8 厘米（图九五 B）。标本 M073：18，残存右上部，残径 5.6 厘米（图九五 B）。

罐底部　1 件。标本 M073：8，红陶，残存底部，平底。底径 7.6、残高 12.0 厘米。

小陶罐　1 件。标本 M073：6，可能为明器，红陶。口微残，敛口，圆唇，圆鼓腹，假圈足。底径 3.5、高 3.8 厘米（图九五 B，图版四四，5）。

壶　3 件。红陶。分二式。

I 式　1 件。标本 M073：2，腹部微残，敞口，卷沿，颈部较高较直，肩部圆鼓，腹部斜直，平底。口径 6.4、底径 7.4～8.0、高 21.0 厘米（图九五 B；图版四五，1）。

II 式　1 件。标本 M073：1，敞口，卷沿，颈较高，圆肩，腹部微鼓，平底。口径 8.0、底径 7.4～8.0、高 20.7 厘米（图九五 B；图版四五，2）。

另 1 件残存腹部和底部。标本 M073：7，腹部微鼓，平底。底径 7.4、残高 12.6 厘米。

铜器　有铜镜和铜钱。

铜镜　1 枚。残为六块，出土于棺床西南部。标本 M073：10，瑞兽纹镜，平面圆形，圆钮，其两侧饰两条飞奔的瑞兽，镜缘较宽，素面，向外侧倾斜。直径 9.8、镜缘宽 0.8 厘米（图九五 B；彩版八，3；图版四五，5）。

"开元通宝"　3 枚。字迹较清晰（图版四五，6）。"开元"二字宽扁，"通宝"二字纵长。分两型。

A 型　1 枚。标本 M073：21－3，"开"字二竖画外撇；"元"字上画短，重心偏向右侧，次画略上挑。"通"字之"走"部呈三逗点，"甬"部上笔开口略大。"宝"字二横画与二竖画不相连。直径 2.4、穿径 0.7、廓宽 0.1～0.2 厘米，重 3.4 克（图九五 C）。

B 型　2 枚。"开"字二竖画明显外撇。"元"字上画长。"通"字之"走"部三逗点相连，"甬"部上笔开口小。"宝"字下部二横画与二竖画相连。M073：21－1，"元"字次画略左上挑。直径 2.5、穿径 0.7、廓宽 0.2 厘米，重 3.9 克。标本 M073：21－2，"元"字次画无左上挑，末笔略顿。直径 2.5、穿径 0.7、廓宽 0.2 厘米，重 4.0 克（图九五 C）。

墓砖　长方形条砖，泥质微夹砂，灰陶，模制，素面。规格有 28 厘米和 31 厘米长两种，一端较

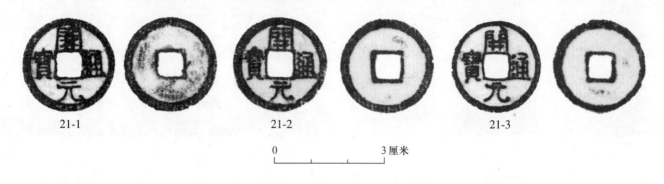

21-1   21-2   21-3

0   3 厘米

图九五 C   M073 出土开元通宝

宽，另一端略窄。标本M073：19，背面和四侧面平整，正面被刮抹平，粗糙。长28.0、宽13.0~14.5、厚4厘米。标本M073：20，背面略平，正面被刮平。长31.0、宽15.0~15.5、厚4.5厘米。

3.葬式 由于盗扰，除棺床东北部左股骨和胫骨外，其余均凌乱，从其位置分析，可能是头朝西，仰身直肢，经鉴定有人体骨架三具，分别为50岁以上的男性、35~40岁的女性和2.5岁左右的小孩。

四 M074~M078

（一）位置与地层

M074、M075、M076、M077、M078位于中央大道北段七号建筑基坑内（图九六）。七号基坑位于中央大道北段东侧，基坑南北长86、东西宽13.8、深1.7米，基坑东壁和北壁近现代堆积层较厚，达1.5米以上，西壁基本保存了原来地层，现以西壁中部2米宽的一段为例介绍地层如下（图九七）：

第1层：近现代堆积厚，厚0.26~0.28米。

第2层：浅灰褐色，黏结，包含炭粒和砖块，厚0.68~0.70米。

第3层：灰褐色，黏结，包含炭料和砖块，厚0.50米。

墓葬残口被第3层所压，墓葬均被盗，中上部被毁，残存下部。自6月15日至20日，对这5座墓葬进行了清理。

北 ←

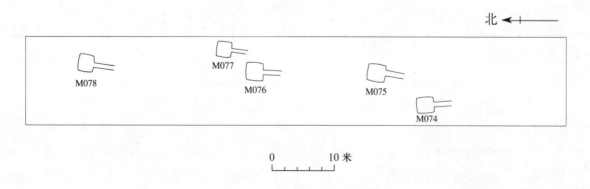

M078   M077   M076   M075   M074

0   10 米

图九六   中央大道北段七号基坑墓葬分布图

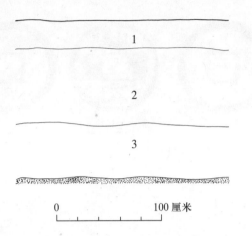

图九七　中央大道北段七号基坑西壁地层剖面图

（二）M074

M074位于中央大道北段七号基坑南部偏西，东北部为M075，被盗，中上部被毁，残存下部。

1.形制　M074为倒凸字形单室砖室墓，方向170°，由墓道、甬道和墓室组成。墓室内砌棺床（图九八；图版四六，1）。

墓道　位于墓室南部偏东，平面呈长方形，底面斜坡状，坡度18°，残长2.10、宽0.78、残深0.80米。东、西壁残存壁面垂直。填土灰黄色，夹细沙，板结，近封门处出土较多的条砖和砖块。

甬道　开于墓室南壁略偏西，南接墓道；其东、西壁单重，与墓室南壁同时错缝平砌，残存壁面垂直；券顶中部残失，残存东、西二侧纵向券砖。南北深0.85、残高0.80米，宽0.63米，甬道东、西壁0.75米高处起券。从甬道南部砌封门墙封门。封门墙南北宽0.16、残高0.80米，用条砖横向错缝平砌，层砖之间用草拌泥黏合（图版四六，2）。

墓室　平面呈弧边长方形，四壁平面中部外凸；单重，用条砖逐层错缝平砌于挖掘的长方形明坑中，层砖之间用草拌泥黏合；东、南、西三壁残存壁面垂直，北壁从二层砌砖起逐层内收成弧面，顶部残失。墓室东西最宽、南北最长均在中部，南部东西宽1.95、北部东西宽1.90、东、西部南北长2.40米，残高0.80米。棺床平面呈倒凹字形，高0.15米，在侧四壁的生土层面沿墓门方向挖一东西宽0.90~0.94、南北长1.00、深0.15米的梯形凹槽而成，凹槽东、西、北三壁用条砖顺砌砖墙，此为棺床的东、西和南侧护壁。棺床面为生土，为四壁所压，未见铺砖。墓室地面较小，与甬道地面平，也未见铺地砖。

2.遗物　墓室被盗，随葬品凌乱，均为陶器。

陶器　泥质，红陶，轮制。器形有盖、兽面罐和底座，为一套塔形罐。

塔状纽盖　1件。标本M074：3，由盖盘和塔状纽分件制作黏接而成。盖盘圆饼状，周缘略微上翘，中部有一直径5.6厘米的穿孔，以黏接塔状盖纽，其周围一1.8厘米宽的"U"形槽，上有指抹痕。塔状纽中空，平面圆形，三层，每层中部呈凹槽，层与层之间是一凸棱，刹顶残。盖外壁施灰白色陶衣，上绘黑彩，较淡。底径16.0、高12.6厘米（图九八；图版四六，3）。

兽面罐　1件。标本M074：2，敞口，圆卷唇，圆肩，腹上鼓下收，平底。器最大径在腹上部，器形较高。肩部贴饰模制兽面4个，残存1个，另3个脱落。兽面呈扁圆形，中部高凸，兽面咧口，右獠牙尖部残失，鼻较低平，环眼凸目，眉骨较细，颧骨微凸，双角呈倒"八"字形，双耳半圆环状，兽面周围有细密的毛发纹。外壁施灰白色陶衣，其上涂黑彩，局部脱落。口径18.0、底径15.4、高33.0厘米（图九八；图版四六，3）。

底座　1件。标本M074：1，由底口部和上口部分件制作黏接而成。上口部唾盂状，敛口，卷窄沿，束颈，鼓腹，腹部饰六道阴弦纹，然后压划八道"U"形槽，将腹部分为等距离的八部分。底口部深腹覆盆状，敛口，宽平沿，圆卷唇，鼓腹，小底。底座外壁施灰白色陶衣，其上绘黑彩，局部脱落。

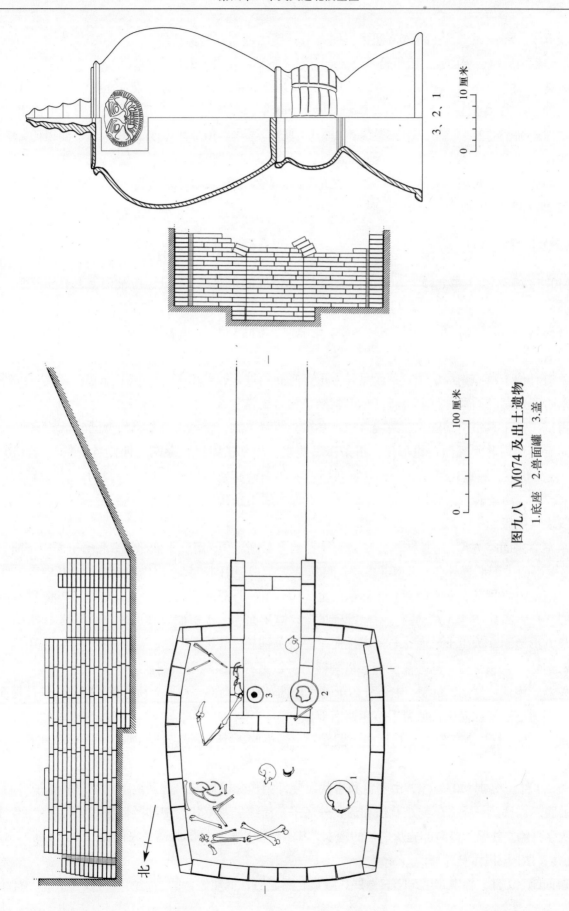

图九八 M074 及出土遗物
1.底座 2.兽面罐 3.盖

上口径 16.0、底口径 26.4、高 26.6 厘米（图九八；图版四六，3）。

塔形罐由底座、兽面罐、盖相叠而成，通高 71.4 厘米（图九八；图版四六，3）。

墓砖 长方形条砖，泥质，灰色，模制。以拉划纹为主，有少量的手印纹，规格有 33、31、28 厘米长三种，以 31 厘米长为主，正面较粗糙。标本 M074：4，背面不平，正面有刮抹痕，中部用梳齿状工具拉划较细密的凹槽。长 30.0、宽 14.5、厚 5.4 厘米。标本 M074：5，背面较平，正面粗糙，中部两次用梳齿状工具拉划较浅的凹槽。长 28.4、宽 14.0、厚 4.2 厘米。

3. 葬式 墓室被盗，人体骨骼凌乱，葬式不详。经鉴定有人体骨架两具，分别为年龄 30～35 岁的男性和 25～35 岁的女性。

（三）M075

M075 位于中央大道北段七号基坑南部偏东、M074 的东北部 3 米处。曾被盗掘，上部被毁，残存中下部。

1. 形制 M075 为倒凸字形单室砖室墓，南北向，方向 178°，由墓道、甬道和墓室组成（图九九；图版四七，1）。

墓道 位于墓室南部偏东，平面呈长方形，底面斜坡状，坡度 13°。残长 3.15、宽 0.84、深 0.84 米。东西壁残存壁面垂直。填土灰黄色，黏结，包含炭粒和残砖。

甬道 开于墓室南壁偏东，南接墓道。其东、西壁单重，较短，与墓室南壁同时单砖顺砌，从二层砌砖始逐层内收呈弧面；拱形顶，用条砖斜侧立，中部被毁，残存东、西侧各一条券砖。南北深 0.34、残高 0.84、底宽 0.84 米，券顶处宽 0.75 米。用条砖和条砖残块砌封门墙封门，封门墙残高 0.88 米，一、二层用条砖及条砖块平铺，三、四、五、六层用条砖块侧立，除一层用整条砖外，其余多用条砖残块（图版四七，2）。

墓室 平面略方形，用条砖单砖顺砌于挖掘的方形明坑中。南壁平面平直，北壁平面中部略外凸，东、西壁平面中部明显外凸，偏南部内收。四壁单重，从二层砌砖起逐层内收成弧面，其中东、西、北三壁较南壁内收稍甚。墓室南部、北部东西宽 2.10、东、西部南北底长 2.55、残高 0.70 米。棺床平面呈倒凹字形，高 0.15 米，东、西、南侧壁砌护壁，棺床面为生土层面，其形成与同类棺床同；低于棺墓室长方形地面，为生土层面，与甬道地面平，未见铺砖。

2. 遗物 墓室被盗，随葬品破碎，以陶器为主，另有铜钗残段和铜钱。

陶器 泥质，红陶，轮制。主要分布于墓室中西部和西南部，器形有碗、盖、底座、罐及兽面等。陶器组合为塔形罐和陶碗，放置于棺床西南部。

碗 1 件。标本 M075：1，口微敛，圆卷唇，微鼓腹，小平底。口径 19.2、底径 8.2、高 6.6 厘米（图九九）。

盖 1 件。标本 M075：2，由盖盘和塔状纽分件制作黏接而成。盖盘碗状，敛口，宽平沿向上翻卷，鼓腹，内底为一穿孔，与塔状纽相通，外底平，周缘呈花瓣状，中部竖一塔状纽，纽中空，圆球状，残存一侧。外壁和口沿部施灰白色的陶衣，其上绘淡黑彩，局部脱落。底口径 19.0、残高 12.8 厘米（图九九；图版四七，3）。

兽面罐 1 件。标本 M075：3，微残，敞口，圆卷唇，低矮领，圆肩，鼓腹斜收，平底。肩部饰 4

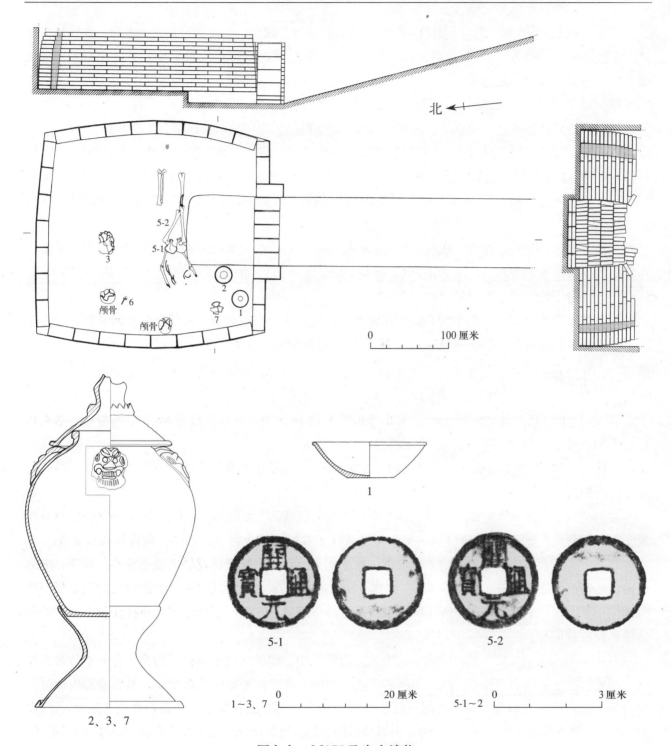

图九九　M075 及出土遗物
1.碗　2.盖　3.兽面罐　5-1~2.铜钱　6.铜钗残段　7.底座

个模制兽面，兽面咧嘴，鼻三角形，眼圆球状，双角高凸，呈倒"八"字形，双耳竖向扁环状，位于双眼稍上部。下部饰较细、疏的胡须。外壁施灰白色陶衣，其上绘黑彩，大部脱落，仅存局部（兽面除外），口径11.8、底径15.2、高33.0厘米（图九九；图版四七，4）。

底座　1件。标本M075：7，上口部钵状，敞口，圆唇，脱底。底口部覆盆状，敞口，宽平沿，卷唇，鼓腹，脱底，底较小。内外壁均施灰白色陶衣，其中外壁绘黑彩，大部脱落。上口径18.0、底口径24.4、高18.0厘米（图九九）。

塔形罐由底座、兽面罐、盖相叠而成，通高59.2厘米（图九九）。

铜器　有"开元通宝"铜钱2枚。字迹较模糊。"开元"二字宽扁，"通宝"二字纵长。"开"二竖画明显外撇。"元"字上画长，次画左上挑，末笔略顿。"通"字之"甬"部上笔开口小。"宝"字下部"贝"字二横画与二竖画相连。标本M075：5-1，"宝"字略显小、紧凑。直径2.5、穿径0.7、廓宽0.2厘米，重3.8克。标本M075：5-2，背略错范。直径2.5、穿径0.7、廓宽0.2厘米，重2.8克（图九九）。

墓砖　长方形条砖，泥质，灰色，模制。有拉划纹、手印纹和素面三种，以拉划纹为主，手印纹和素面较少。标本M075：4，拉划纹条砖，背面不平，正面拉划间距较大的凹槽。长33.0、宽16.5、厚5.0厘米（图版四七，5）。

3.葬式　墓室发现人体骨架两具，南部骨架较凌乱，头与身躯分离，从肢骨的置向分析，应为头西，北部骨架仅存颅骨。经鉴定分别是一25～40岁的男性和一成年女性。

（四）M076

M076位于中央大道北段七号基坑中部，M075北部14米处，其东北部为M077。曾被盗，墓室和墓道上部被毁，残存中下部。

1.形制　M076为单室砖室墓，南北向，方向185°，由墓道和墓室组成。墓室内挖棺床（图一〇〇；图版四八，1）。

墓道　位于墓室南部略偏东，平面呈长方形，底面斜坡状，坡度18°。残长2.50、宽0.80、深0.70米。东、西壁残存壁面垂直，残留0.9厘米宽的片状工具痕。填土黄色，黏结，包含炭粒和砖块。

墓门　开于墓室南壁中部略偏东，底宽，东壁垂直、西壁中部砌砖逐层内收而窄小，券顶，中部被毁，残存西侧2条券砖。南北深0.16、底宽0.80、残高0.78米。沿墓门南口砌封门墙封门，封门墙主体位于墓道内，南北宽0.16、残高0.80米，用条砖逐层错缝平砌，层砖之间用草拌泥黏合，有的条砖带彩绘白灰泥皮。

墓室　平面略呈方形，单砖顺砌于挖掘的方形明坑中，砌砖之间用草拌泥黏合，有的条砖带彩绘白灰泥皮。四壁平面中部外凸，从二层砌砖起逐层内收，北壁因受重压而略变形，西壁南部内收程度较明显。墓室南部东西宽2.30、北部东西宽2.60、墓室东部南北长2.40、西部南北长2.28米，残高0.80米。墓室上部被毁，形制不详。棺床平面呈倒凹字形，高0.15米，棺床面为砌四壁的生土层面，与对应的四壁相接，东、西和南侧壁未砌护壁。其成因，在砌四壁的生土面的中南部挖一略宽于墓门，南北长1.05～1.10、东西宽0.85～0.96、深0.15米的倒梯形凹槽而成。此凹槽地面为生土层面，与甬道地面平，未见铺砖。

2.遗物　墓室被盗，随葬品破碎，有陶器和铁饰件等。

陶器　泥质，红陶，轮制。均为残片，器形有底座、兽面罐和盖，为一组塔形罐。

兽面罐　1件。标本M076：7，残存少部口沿和肩部。敞口，圆卷唇，矮领，圆肩，肩部贴饰一兽

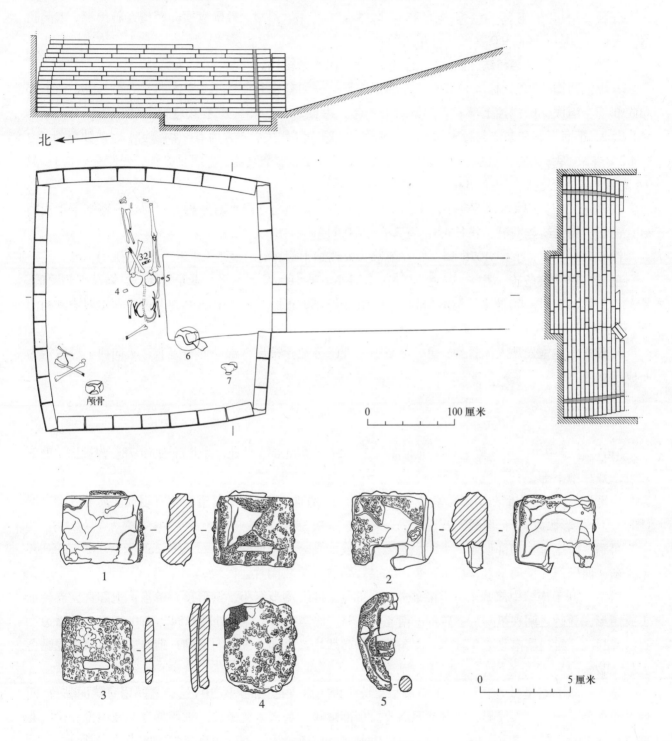

图一〇〇　M076 及出土遗物

1～3.方形铁铧饰　4.铁铊尾　5.铁扣环　6.底座残片　7.兽面罐残片

面。兽面较小，略残，底面内凹，正面高突。兽面咧嘴，三角形牙齿，无獠牙，鼻低平，环眼圆目，双角呈倒"八"字形，双耳较大。兽面下部外缘刻划竖条纹和三角形纹，双耳两侧对穿一直径0.6厘米的穿孔。器外壁和兽面施灰白色陶衣，上绘黑彩，仅存局部残迹。口径14.0、残高12.0厘米。

底座　1件。标本M076：6，残存底口部，敞口，平沿，斜腹，外壁有横向凹槽并施黑彩，大部脱落。底口径24.4、残高9.0厘米（图九九）。

铁器　有方形铁铊和铁铊尾等带饰、铁扣环，出土于棺床。

方形铁铊饰　3件。标本M076：1，平面呈方形，一侧有长1.6、宽0.2厘米的长方形孔眼。由上部和底部铆合而成，因锈蚀上部和底部锈结于一起。边长3.8×4.5、残厚1.0厘米（图一○○）。标本M076：2，平面形制和制法与标本M076：1相同，孔眼中部残失，一方角有一铜铆钉，因锈蚀龟裂。边长4.2×4.3、厚2.0厘米（图一○○）。标本M076：3，方形铊饰底部，平面呈方形，一侧有一长1、宽0.4厘米的长方形孔眼。边长3.6×3.7厘米（图一○○）。

铁铊尾　1件。标本M076：4，平面呈圆头长方形，残断，出土时分离为两面，内锈结革带残朽痕，正面一侧锈结丝绸痕。残长4.8、宽3.9、厚0.6厘米（图一○○）。

铁扣环　1件。标本M076：5，残存前端，并锈结半截扣针。宽5.3厘米（图一○○）。

墓砖　拉划纹条砖，泥质，灰色，模制。标本M076：8，背面不平，正面粗糙，拉划浅细的凹槽。长32.0、宽16.0、厚4.0厘米。标本M076：9，背面不平，正面粗糙，中部用梳齿状工具拉划浅密的凹槽。长33.0、宽16.0、厚4.0厘米。

3.葬式　墓室发现人体骨架一具，较乱，主要部分位于棺床南部，仰身直肢，头向西，经鉴定为一成年女性。

（五）M077

M077位于中央大道北段七号基坑北部偏东、M076东北部1米处，其北部为M078。曾被盗，上部被毁，残存中下部。

1.形制　M077为倒凸字形单室砖室墓，南北向，方向185°，由墓道和墓室组成。墓室内砌棺床（图一○一；彩版九，1；图版四八，2）。

墓道　位于墓室南部偏东，平面呈长方形，底面斜坡状，坡度20°。残长2.20、宽0.64、深0.60米。东、西壁残存壁面垂直，填土黄色，黏结，包含少量灰陶片、砖块。

甬道　开于南壁中部偏东，南接墓道。底部宽，向上逐渐窄小，拱形顶，单重；顶部直立券砖加工成楔形，券砖之间夹垫陶片、砖片。南北深0.34、底宽0.64、券顶处宽0.54、高0.55米。从甬道砌封门墙封门，封门墙南北宽0.31米，用条砖、条砖残块或纵向、或横向平砌，砌砖之间用草拌泥黏合（图版四八，3）。

墓室　平面略呈弧边形，用条砖逐层错缝平砌于事先挖掘的明坑中，层砖之间用草拌泥黏合。四壁平面中部外凸，呈弧线形；残存壁面内收。顶部被毁。墓室南北最长、东西最宽均在中部。南、北部东西宽1.92、东西部南北长1.88米，残高0.60米。棺床分为原棺床和后来加工的棺床二部分。原棺床平面呈倒凹字形，高0.18米，从墓门两侧外扩0.10米，沿砌四壁的生土层面挖掘南北长0.90、宽0.84、深0.18米的长方形凹槽而成。棺床面为生土层面，示见铺砖，其东、西、南侧壁未砌护壁墙。加工后的棺床，由于某种需要，将墓门北部已挖掉的长方形洼槽用土填平，与原棺床面同高。

2.遗物　墓室被盗，随葬品较乱，有陶器和铜饰件。

陶器　泥质，灰陶，轮制。有器盖、底座、灰陶罐等，出土于墓室的西部和西南部，其中器盖2

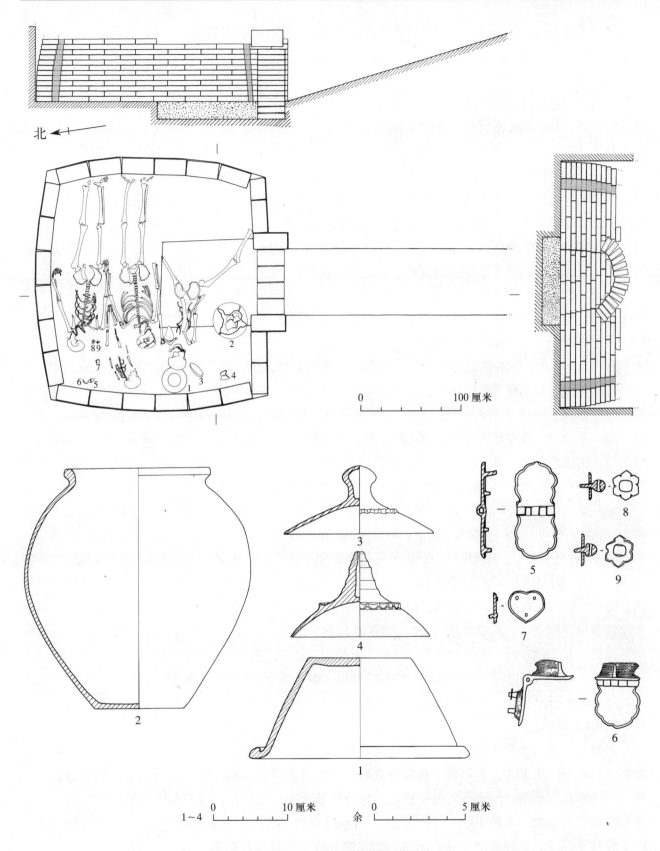

北 ←

0　　　　　　　100 厘米

图一○一　M077 及出土遗物

1.底座　2.罐　3、4.盖　5、6.铜合页　7.铜垫伏　8、9.铜饰件

1~4　0　　　　10 厘米　　　余　0　　　　5 厘米

件，说明可能有 2 套塔形罐，放置于棺床的西部偏南。

盖 2 件。分二式。

I式 1 件。标本 M077：4，由盖盘和盖碗分件制作黏接而成。盖盘浅腹覆碗状，敞口，圆唇，腹较浅，内尖圆底，外底竖一塔状纽。塔状纽三层，逐层窄小，盖盘外部近底部先拉划一周"U"形槽，其上贴泥条，用手指按压成花瓣状附加堆纹；外壁绘黑彩，大部脱落，仅存局部残迹。底口径 18.8、高 11.4 厘米（图一○一；图版四九，2）。

II式 1 件。标本 M077：3，微残。盖盘侈口，圆唇，浅腹，尖底，外壁近底部拉划一周"U"形槽，其上贴饰花瓣状附加堆纹。外底竖一圆球状纽。外壁施灰白色陶衣，其上绘黑彩，大部脱落，仅存残迹。底径 20.0、高 9.0 厘米（图一○一；图版四九，1）。

罐 1 件。标本 M077：2，残，敞口，圆卷唇，圆肩，鼓腹，小平底。外壁施黑彩，部分脱落。口径 18.0、底径 12.0、高 31.8 厘米（图一○一；图版四九，2）。

底座 1 件。标本 M077：1，完整，呈深腹覆盆状。敞口，斜平沿，圆卷唇，深腹，顶平底，外壁墨绘图案，模糊不清。底口径 28.0、顶径 14.0、高 13.2 厘米（图一○一；图版四九，2）。

铜器 有铜合页、铜花状饰件等。

铜合页 2 件。标本 M077：5，平面呈"8"字形，打制。上、下部形制相同，平面呈葵花形，原由一中轴相连，现已脱落。正面平，鎏金，周缘打磨成抹坡；底面中部均内凹，各有三个三角形分布的铜铆钉。长 5.1、宽 2.2 厘米（图一○一；图版四九，4 左）。标本 M077：6，平面形制与 M077：5 相同。上、下部由一铁轴相连，两端向正面弯曲。正面鎏金，大部脱落，底面中部均内凹，一端有三个铜铆钉，锈结着朽木，其中一铆钉顶端残存一圆形铜垫圈。另一端也有三个铜铆钉，其顶端铆钉铁垫伏，其下夹朽木。长 3.5、宽 2.2 厘米（图一○一；图版四九，4 右）。

铜垫伏 1 件。标本 M077：7，平面呈桃形，一面有三个铆钉痕，另一面残存三个铜铆钉。宽 2.0、高 1.2 厘米（图一○一；彩版九，2 下；图版四九，3 右）。

菱花状饰 2 件。标本 M077：8，由菱花状底面和球状体组合而成，表面鎏金。底面菱花状，直径 1.6 厘米，中部一孔眼；球状体高 1.3 厘米，中部一直径 0.2 厘米的孔眼，其下一柄，插于底面中部孔眼内（图一○一；彩版九，2 中；图版九，3 中）。标本 M077：9，形制、制作方法与标本 M077：8 相同，表面也鎏金（图一○一；彩版九，2 上；图版四九，3 左）。

墓砖 拉划纹条砖，泥质，灰色，模制。对墓室四壁拆解所知，拉划纹均朝下。标本 M077：10，背面粗糙，正面用梳齿状工具拉划间距较大的竖槽，略呈弧形。长 30.0、宽 15.5、厚 4.5 厘米（图版四九，5）。标本 M077：11，背面粗糙，正面不平，用梳齿状工具分三次拉划间距大的凹槽。长 29.0、宽 15.5、厚 4.5 厘米。

3. 葬式 墓室发现人体骨架四具，呈头向西、南北向并排，北部三具完整，南部一具略被扰乱。北部一具卧姿，面向北，其南侧一具仰身直肢，面向南，二者呈牵手之状，它们之间置小孩骨架一具，头向西，面朝南。最南部骨骼被扰，呈仰身直肢，头向西，面南（彩版九，1；图版四八，4）。经鉴定他们分别为一年龄 20 岁左右的女性、18～22 岁的男性、1.5～2 岁的小孩和 45～55 岁的男性。由于骨架手相牵，中间置一小孩，从他们的位置分析，应该未用棺具。

（六）M078

M078 位于中央大道北段七号基坑北部、M077 北 5 米处。曾被盗掘，上部被毁，残存中下部。

1. 形制　M078 为倒凸字形单室砖室墓，南北向，方向 197°，由墓道、甬道和墓室组成。墓室内砌棺床（图一〇二 A；图版五〇，1）。

墓道　位于墓室南部略偏东，平面呈长方形，底面斜坡状，坡度 13°。残长 3.48、宽 0.67、深 1.16 米，东、西壁残存壁面垂直，斜坡较墓室底面高。填土黄色，板结，包含炭料和砖块。

甬道　于墓室南壁中部略偏东，南接墓道，其东、西壁与墓室南壁同时叠压平砌，东壁垂直，西壁略内收成。拱形顶，残存东侧券砖。南北深 0.81、残高 1.16 米，底宽 0.68、起券处宽 0.67 米，东、西壁 0.96 米高处起券。沿甬道南口略北砌封门墙封门。封门墙南北宽 0.36、残高 0.70 米，用条砖纵向侧立呈“人”字形，残存四层（图版五〇，2）。

墓室　平面略呈弧边方形，用条砖逐层错缝平砌于事先挖掘的明坑中。四壁单重，南壁平面平直，北、东、西三壁中部外凸呈弧线形，从二层砌砖起逐层内收成弧状面；顶部毁，形制不详。墓室南部东西宽 2.10、北部东西宽 2.22、南北长 2.35、残高 0.85～1.10 米。棺床平面呈倒凹字形，高 0.15 米。棺床铺砖，其东、西和南侧壁用条砖砌护壁。其制作方法与同类棺床的制作方法同，在砌四壁的生土层面沿墓门北部挖一长方形凹槽，凹槽东、西和北部砌壁墙而成。棺床北部用土红色条砖、条砖残块纵向平铺，两侧用灰色条砖横向平铺。低于棺床的长方形地面为生土层面，与甬道地面平，未见铺砖。

2. 遗物　墓室被盗，随葬品凌乱破碎，有陶器，铜饰件和骨梳、漆盘等。

陶器　泥质，红陶，轮制。器形有塔状纽盖、兽面罐、底座、壶等。塔状纽盖 1 件完整，出土于棺床中西部，底座 2 件，1 件完整，出土于棺床西部偏南临西壁处，另 1 件仅存上口部，出土于棺床中南部和西南部（图版五〇，3）。红陶壶 4 件，其中 3 件完整，分别出土于棺床东南、西南和西北角，另 1 件为底和腹碎片，可能置于棺床东北部。另外在棺床西南部出土耳部壁面凹陷的双耳罐残片。棺床中南部出土朱砂漆盘 1 件，倾覆，底径 10.0、残高 4.0 厘米。从随葬陶器的器形和陶器残片出土位置分析，M078 至少用两套塔形罐随葬，放置于棺床西部偏南，陶壶放置于棺床四角，随葬品组合为塔形罐、壶、双耳罐和漆盘。

塔状纽盖　1 件。标本 M078：6，由盖盘和塔状纽分件制作黏接而成。盖盘覆碗状，微敛口，平沿微卷，鼓腹，内尖底，外底圈足状，周围贴饰一周花瓣状附加堆纹，中部竖盖纽。盖纽平面呈圆形，塔状五层，逐层窄小，层与层之间为一“V”形槽。第五层上饰一花瓣状附加堆纹，上覆圆形宝盖，其上竖刹顶。刹顶尖锥状，二层。塔状纽中空，从圈足中部向下插入，在盖盘内底周围形成一圈泥皮。盖盘外壁花瓣状附加堆划竖条纹，模糊；盖外壁施灰白色陶衣，其上绘黑彩，大部脱落。底径 14.4、高 21.6 厘米（图一〇二 B；彩版一〇；图版五一，1）。

兽面罐　1 件。标本 M078：2，敛口，花瓣状唇，圆肩，腹上部圆鼓，下部斜收，小平底。肩部饰模制兽面四个，间距不一。兽面平面略呈圆形，高凸，兽面咧嘴，上唇和獠牙较凸，鼻呈三角形，颧骨呈弧边三角形，眼圆球状，双角高凸呈倒“八”字形，双角之间饰一“王”字，双耳高凸。兽面周围饰竖毛纹。外壁腹部贴饰一周花瓣状附加堆纹。外壁和兽面绘黑彩，保存较好。口径 13.0、底径 10.8、高 27.6 厘米（图一〇二 B；彩版一〇；图版五一，1）。

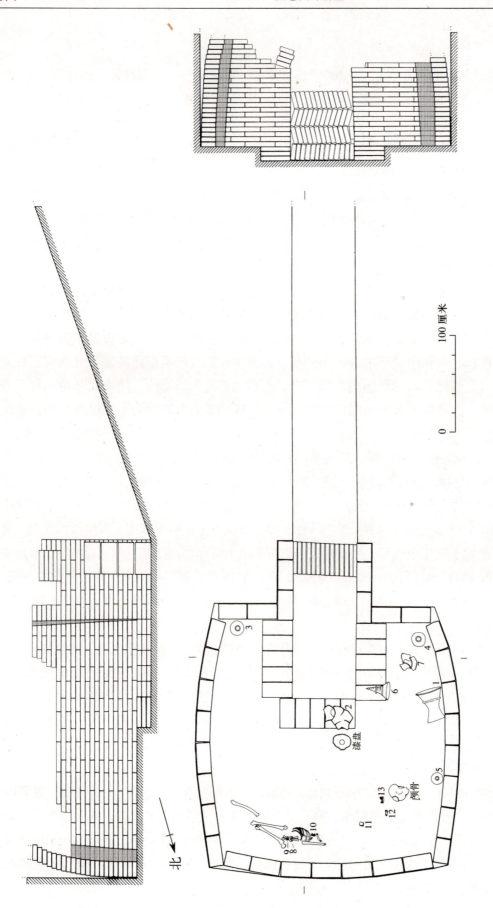

北

图一〇二A　M078 平、剖面图

1.底座　2.兽面罐　3～5.壶　6.盖　7.底座残片　8～10.铜手镯　11.方形铜饼饰　12.骨饰件　13.骨梳

0 ——————— 100 厘米

底座　2件。1件完整，1件仅存上口残片。标本M078：1，由底口部和上口部分件制作黏接而成。上口部唾盂状，脱底，敞口，花瓣状唇，折颈，鼓腹，腹下部细收成筒状，套接于覆盆底径内。底口部深腹覆盆状，脱底，敞口，卷沿，微鼓腹较深，小底。底口部外壁腹部内刻一周阴弦纹，其下贴饰一周花瓣状附加堆纹。器座外壁绘黑彩，局部脱落，上口径16.0、底口径24.0、高30.8厘米（图一〇二B；彩版一〇；图版五一，1）。

塔形罐由底座、罐、盖相叠而成，通高77.6厘米（图一〇二B；彩版一〇；图版五一，1）。

壶　4件。3件完整，1件仅存碎片。红陶，泥质，轮制。分三式。

Ⅰ式　1件。标本M078：5，口微敞，平沿，细颈较高，圆肩，腹上部圆鼓，下部急收，小平底。口径4.8、底径5.8～6.2、高19.0厘米（图一〇二B；图版五一，2）。

Ⅱ式　1件。标本M078：4，口微敞，卷沿，颈部较细，较Ⅰ式低，圆肩，腹上鼓下收，平底。口径5.0、底径5.2～6.4、高19.0厘米（图一〇二B；图版五一，3）。

Ⅲ式　1件。标本M078：3，口微敞，卷沿，颈部较粗矮，圆肩，腹上部圆鼓，下部收成平底。腹部一侧受压低凹。口径5.6、底径7.6～8.2、高17.8厘米（图一〇二B）。

铜器　有手镯、方形饼饰等。手镯3件，出土时套于墓主人的左右臂上，左臂1件，右臂2件（彩版九，4；图版五〇，4），方形饼饰出土于棺床北部。

铜手镯　3件。标本M078：8，由薄铜片打制而成，中部宽，向两端逐渐变窄，两端向上弯曲成环，内衔一直径1.8厘米的铜环。正面两侧为一细窄的凸棱，中部为一凹槽，因受压一端内弯。宽0.6～1.6、径6.4厘米（图一〇二B；彩版九，3左；图版五一，5）。标本M078：9，圆环状，由薄铜片打制而成，中部宽，向两端逐渐窄小。两端上弯成环，以衔圆环，圆环残失，仅存一端圆环的残铜钱。正面两侧缘为一凸棱，中部饰四道纵向凹槽，两侧饰细密的竖线纹。面宽0.6～1.4厘米，直径6.0厘米（图一〇二B；图版五一，4）。标本M078：10，形制与标本M078：8相同，柄端所衔的圆环残失。正面两侧缘为一凸棱，中部饰一纵向凹槽。宽0.6～1.6厘米，残径5.8厘米（图一〇二B；彩版九，3右；图版五一，6）。

方形铜饼饰　1件。标本M078：11，平面呈圆角方形，一面平，一面中上部略低平，压印一条锯齿纹，侧缘平直。径3.1～3.5、厚1.2厘米（图一〇二B）。

骨器　有骨片饰和骨梳，出土于棺床西部扰土中。

骨片饰　1件。标本M078：12，骨片磨制，两侧缘薄，向中部增厚。残长4.8、残宽2.9厘米（图一〇二B）。

骨梳　1件。标本M078：13，梳柄和梳齿均残，由骨片刮磨而成。柄平面呈梯形，圆角，柄面凸凹不平。梳齿细密，方形，正面梳齿和梳柄间刻一阴弦纹。梳柄长6.5、残宽9.2厘米，梳齿残长1.6厘米（图一〇二B）。

墓砖　长方形条砖，泥质，灰色，模制。均素面，背面略平，正面粗糙，一端较另一端略宽，较薄，有34和36厘米长两种规格。

3.葬式　墓室发现人体骨架一具，凌乱，葬式不详，经鉴定是一年龄45～55岁女性。

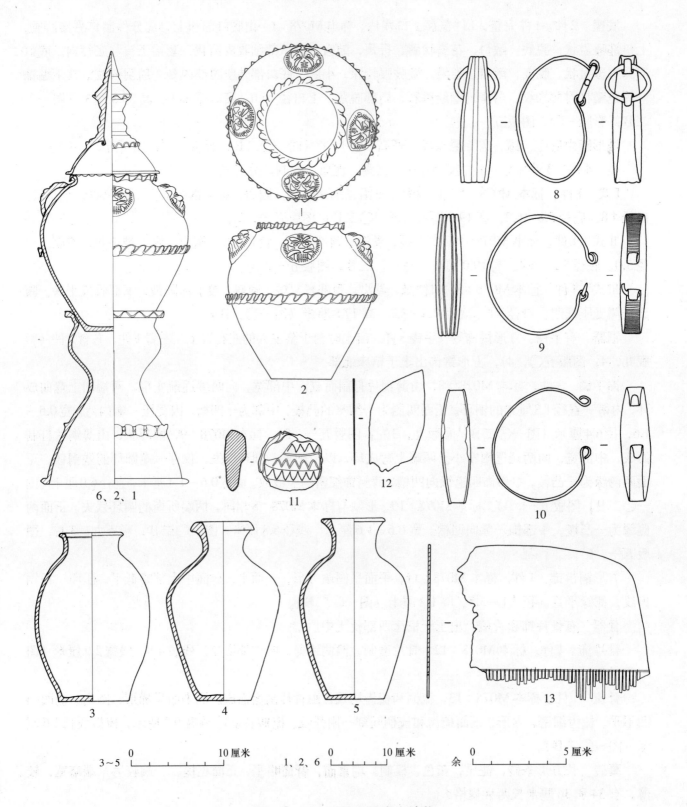

图一○二 B　M078 及出土遗物

1.底座　2.兽面罐　3~5.壶　6.盖　8~10.铜手镯　11.方形铜饼饰　12.骨饰件　13.骨梳

五　M079～M082

（一）位置与地层

M079、M080、M081、M082位于中央大道北段二号建筑基坑内（图一〇三）。二号基坑位于三号基坑的西部，北隔吴灵路与红星家园一号基坑相对，属于民居建筑基坑。东西长56.8、南北宽20、深1.7米。坑壁四周的地层剖面，与中央大道北段七号基坑地层同，分为三层（参见图九七）。二号基坑发现墓葬4座、灰坑1处。墓葬均被盗，中上部被毁，残存下部，残口为第3层所压。2003年6月20日～28日对其进行清理。

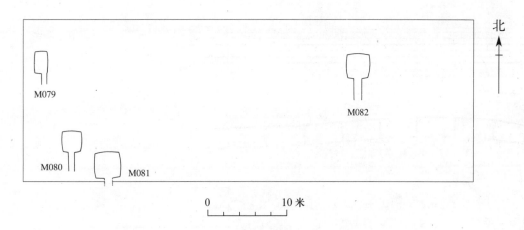

图一〇三　中央大道北段二号基坑墓葬分布图

（二）M079

M079位于中央大道北段二号基坑西北部，其东南部为M080，被盗，中上部被毁，残存下部。

1.形制　M079为刀把形砖室单室墓，南北向，方向186°，由墓道、甬道和墓室构成（图一〇四；图版五二）。

墓道　位于墓室南部偏东，其东壁和墓室东壁南北基本在同一直线上。平面呈长方形，底面斜坡状，坡度13°。填土灰黄色，黏结，包含少量砖块。残长1.33、宽0.65、残深0.35米。

甬道　开于墓室南壁东部，其东壁为墓室东壁南段，垂直；西壁与墓室南壁叠压平砌，残存壁面垂直。上部和顶部被毁，形制不详。南北深0.34、宽0.64、残高0.30米。沿甬道用条砖砌封门墙封门，砌砖之间用草拌泥黏合。封门墙南北宽0.32、残高0.35米。用条砖或纵向或横向平铺，残存七层。

墓室　平面略呈长方形，用条砖单砖顺砌于挖掘的长方形明坑中，从二层砌砖起逐层内收，砌砖之间用草拌泥黏合。南壁较短，平面平直；北、东、西三壁平面中部略外凸，其中北壁和西壁较东壁外凸略甚。墓室东西最宽、南北最长均在墓室中部。墓室南部东西宽1.15、北部东西宽1.22米，南北长2.45、残高0.35米。没有棺床。墓室地面为生土层面，与甬道地面平，未见铺地砖。

2.遗物　墓室被盗，出土"开元通宝"铜钱1枚、铜钗残段、铁钉和陶饰件。

　　陶器　有陶饰件2件，圆饼状，平面略呈圆形，用绳纹灰陶瓦片打制成粗坯，周围未经打磨，一面为粗绳纹，另一面为板瓦凹面。标本M079：4，直径10.5、厚2.2厘米（图一〇四）。标本M079：5，直径5.8、厚2.0厘米（图一〇四）。

　　铜器　"开元通宝"1枚。标本M079：7，略残，廓较宽，字迹仅"元"较清晰，"元"字上画较长，次画无左上挑，末笔略顿、略上挑。直径2.5、穿径0.7、廓宽0.2厘米，重4.6克（图一〇四）。

　　铁器　仅有铁钉3枚。打制，大多残断，通体锈蚀，体侧锈结着朽木。标本M079：1，钉尖残失，断面呈扁圆形。残长2.6厘米。标本M079：2，钉帽、钉尖残失，断面呈圆形。残长2.8厘米。标本M079：3，残存中部，断面呈方形。残长4.4厘米（图一〇四）。

　　墓砖　长方形条砖，灰色，夹细砂，模制。有素面、拉划纹和手印纹三种。手印纹砖均在砖的正

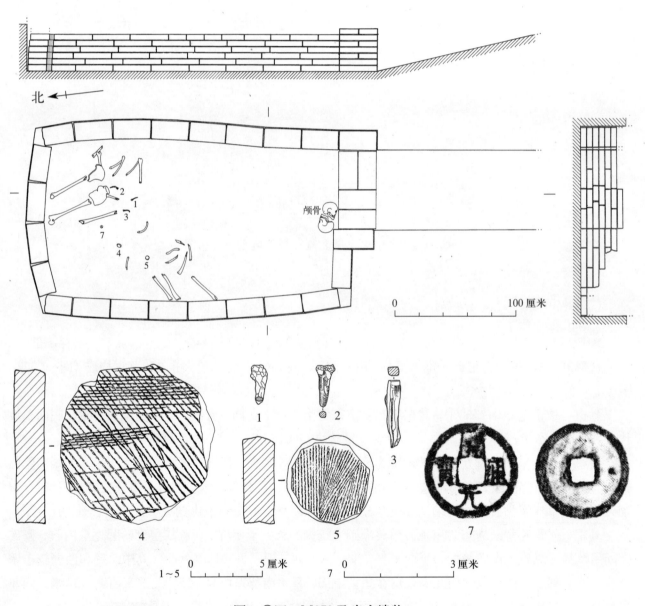

图一〇四　M079及出土遗物

1~3.铁钉　4、5.圆形陶饰件　7.开元通宝

面印右手印。标本M079：6，手印纹条砖，背面规整，正面略显粗糙，一端斜印一右手印。长30.0、宽15.0、厚4.0厘米。

3.葬式　墓室出土人体骨架两具，凌乱，两个颅骨出土于墓室南部，四肢骨和其他骨骼在墓室北部出土较多，因此，头向可能朝南。经鉴定分别为一25～30岁的男性和一40～50岁的女性。由于出土了铁钉，说明使用了棺木等葬具。

（三）M080

M080位于中央大道北段二号基坑的西南部、M079东南6米处。被盗，中上部被毁，残存下部。

1.形制　M080为倒凸字形单室砖室墓，南北向，方向179°，由墓道、甬道和墓室组成。墓室内挖掘棺床（图一〇五A）。

墓道　位于墓室南部偏西，平面呈长方形，残长1.93、宽0.75、深0.84米。底面斜坡状，坡度16°，北部斜坡砌封门墙时被挖毁。东、西壁残存壁面垂直，留存长条状工具痕；近封门处堆积封门砖余料。填土灰黄色，疏松，出土2枚货泉和少量的灰陶片。

甬道　砌于墓室南壁偏西，南接墓道，与墓室南壁叠压砌筑。东、西壁单重，用条砖错逢平砌，从二层砌砖起逐层内收。拱形顶，顶部残。南北深0.63、东西宽0.75、残高0.85米。东、西壁0.65米高处砌券顶，残存东、西侧券砖。沿甬道南部用条砖砌封门墙封门，条砖之间用草拌泥黏合。封门墙南北宽0.32、残高0.64米。一、二、三层用条砖纵向侧立，呈东向"人"字形，其上用条砖及残块横向错缝平铺，单重，残存四层。

墓室　平面呈弧边方形，四壁单重，用条砖逐层错缝叠压平砌于挖掘的方形明坑中，砌砖之间用草拌泥黏合。东、西壁平面中南部明显外凸，北、南壁平面中部略外凸。从二层砌砖起逐层内收，壁面略呈弧面。顶部被毁，形制不详。墓室南北最长、东西最宽均在墓室中部。南部东西宽2.45、北部东西宽2.25、东西部南北长2.35米，残高0.85～1.00米。棺床平面呈倒凹字形，高0.15米。棺床面为墓室四壁所压的生土层面，系在墓门北部挖掘一个南北长1.25、东西宽0.9、深0.10米的长方形凹槽所成，其东、西、北部未砌护壁。低于棺床面的凹槽地面为墓室地面，与甬道地面平，未见铺砖。

2.遗物　由于被盗，随葬品大多破碎，有陶器、瓷器、铜饰件、铁器、骨饰件、云母片雕等。另外在封门墙北部墓室地面发现漆盘残片，朱红色，器壁较薄。在棺床出土铁钉和铜钱。

陶器　泥质，土红色，轮制。均破碎，可辨器形有塔状纽盖、兽面罐、底座和壶。盖、底座碎片和兽面罐和壶主要出土于棺床中部偏西。说明M080的随葬陶器为一套塔形罐和壶，可能放置在棺床的中部偏西。

塔状纽盖　1件。标本M080：1，由盖盘和塔状纽分件制作黏接而成。盖盘覆碗状，敛口，卷沿，鼓腹较深，内尖底，中部有一孔眼与塔状纽相通，外平底，竖塔状纽。纽中空，三层，逐层窄小，层与层间为一"U"形槽，塔刹尖锥状，顶部微残。盖盘内壁留存疏淡的圆圈纹，外壁腹部先贴一周泥条，用手指向上卷压成花瓣状附加堆纹。外壁施灰白色陶衣，上绘较淡黑彩，局部脱落。底径18.0、通高20.2厘米（图一〇五B；图版五三，1）。

兽面罐　1件。标本M080：4，残，敞口，圆卷唇，圆肩，腹上鼓下斜收，平底。肩部饰四个模制兽面。兽面土红色，平面略呈圆形，底面内凹，正面高凸。兽面咧嘴，獠牙和上唇较高，颧骨低平，鼻

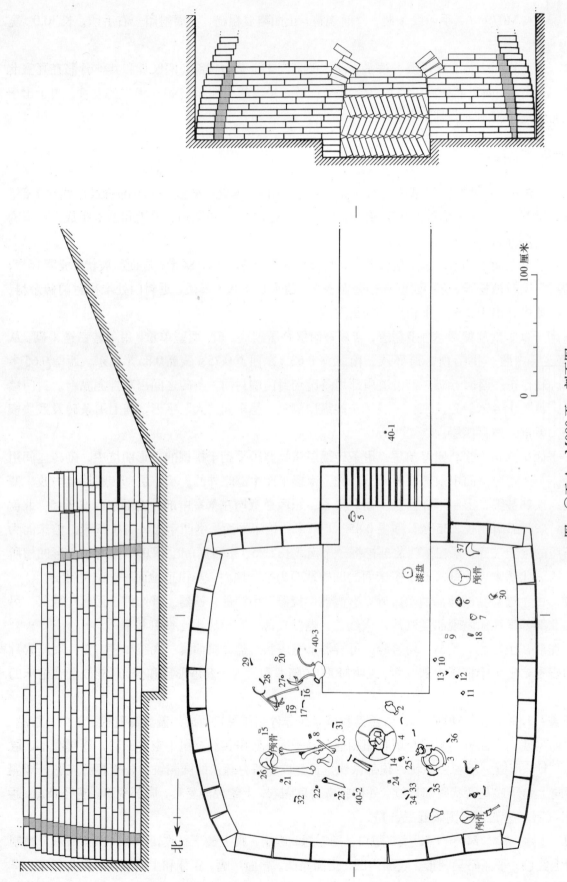

图一〇五 A　M080 平、剖面图

1.盖　2.壶　3、37.底座碎片　4.兽面罐　5.白釉碗　6、7.贝壳　8.铜铊尾　9～12.铜合页　13.铜垫状　14.片状铜饰
15、28、29.镂孔铜饰件　16.管状铜饰　17.嵌边铜饰　18.云母片雕　19.铁刀残段　20.铜扣环　21～23.半圆形铜銙饰
24.方形铜銙饰　25.铜纽扣　26、27.椭圆形铜饰件　30.骨梳　31～36.铁钉　40-1～3.货泉

三角形，深眼圆目，细眉，双角间饰一"王"字，双耳位于眼两侧，圆丘状。兽面周围饰竖毛纹，左上部戳一竖向穿孔。外壁和兽面饰黑彩，大部脱落；腹部在黑彩上绘花朵纹。口径16.6、底径15.0、高36.6厘米（图一〇五B；图版五三，2）。

底座　2件。残存底口部和上口部。标本M080：3，底座底口部，覆盆状，敛口，宽平沿，卷唇，鼓腹，腹部贴饰一周花瓣状附加堆纹，外壁饰黑彩，局部脱落。底口径29.6、残高19.8厘米（图一〇五B）。标本M080：37，口径18.0、残高14.4厘米（图一〇五B）。

壶　1件。标本M080：2，敞口，斜唇，颈较粗矮，圆肩，腹上部较鼓，中下部斜直，平底。口径8.0、底径10.4、高25.0厘米（图一〇五B；图版五三，3）。

瓷器　白釉碗1件。标本M080：5，完整，出土于封门北部，敞口，圆唇，浅腹，玉璧底，底有刀削痕。胎质细腻，胎色白，内外壁均施白釉，仅足底露胎。口径13.1、足径5.6、高4.0厘米（图一〇五B；图版五三，4）。

铜器　有铊尾、扣环、半圆形铐饰和方形铐饰等铜带饰，出土于棺床中北部。还有合页、垫伏、椭圆形饰件、镂空饰件、嵌边铜饰、筒状铜饰、铜片状饰、纽扣和铜钱等。

铜铊尾　1件。标本M080：8，平面呈圆头长方形，由上部和下部分件铸造铆合而成，正面、底面和侧面均鎏金，局部脱落。上部覆斗状，四周呈直角向下包合；底部平面，略小于上部；圆头端和上部对齐，方角端和上部有0.8厘米宽的空隙；底面圆头端有1个、方角端有两相对称的4个铆钉痕。上部和底部铆合时方角端略错位；正面、底面和侧面锈结着丝绸。长9.2、宽4.2、厚1.5厘米（图一〇五B）。

铜扣环　1件。标本M080：20，半圆形，环宽扁。正面鎏金，底面素面，有细密的错痕。底侧一扣轴，上有扣针；针座方形，针头大而圆秃，针体扁圆形。扣轴两侧残存0.7厘米宽的铜片，其中一铜片上有一铆钉，以钉革带。宽6.1、长4.5厘米（图一〇五C）。

半圆形铜铐饰　3件。形制相同。标本M080：21，平面略呈圆角方形，短边一侧圆头，长边一侧方角，由上部和底部分件铸造，然后铆合；正面、底面和侧面均鎏金，出土时上部和底部分离。上部覆斗状，周边呈直角向下包合；正面平，邻长边一侧有一长2.0、宽0.2厘米的孔眼，底面两方角和圆头端各有一个铜铆钉。底部平，方角端残失，圆头中部有一铜铆钉痕。长4.1、宽3.5、厚1.0厘米（图一〇五C）。标本M080：22，上部和底部出土时分离，上部正面、侧面和下部底面均鎏金。上部的形制和标本M080：21同，中部锈蚀，并锈结着重叠的丝绸；底部平，两方角略残，邻长边一侧有一长2.0、宽0.2厘米的长方形孔眼，两方角和圆头中部各有一个铜铆钉痕。长4.2、宽3.5、厚1.1厘米（图一〇五C）。标本M080：23，形制与标本M080：21同，正面、侧面和底面均鎏金，局部脱落；上部完整，底部残存中部。长4.1、宽3.5、厚0.8厘米（图一〇五C）。

方形铜铐饰　1件。标本M080：24，残存底面，方形铐饰底部，平面呈方形，邻一侧边有一个长1.8、宽0.2厘米的长方形孔眼；底面鎏金，大部脱落；四角各有一个铜铆钉痕。长3.8、宽3.6厘米（图一〇五C）。

铜合页　4件。分三式（彩版一一，2；图版五四，1）。

I式　2件。蝴蝶形，标本M080：12，模铸，左右对称，中部以一铁轴相连。正面平，四周打磨成抹边；底面中部内凹，各有一组三角形分布的高0.5厘米左右铜铆钉。高3.6、宽4.9厘米（图一〇五

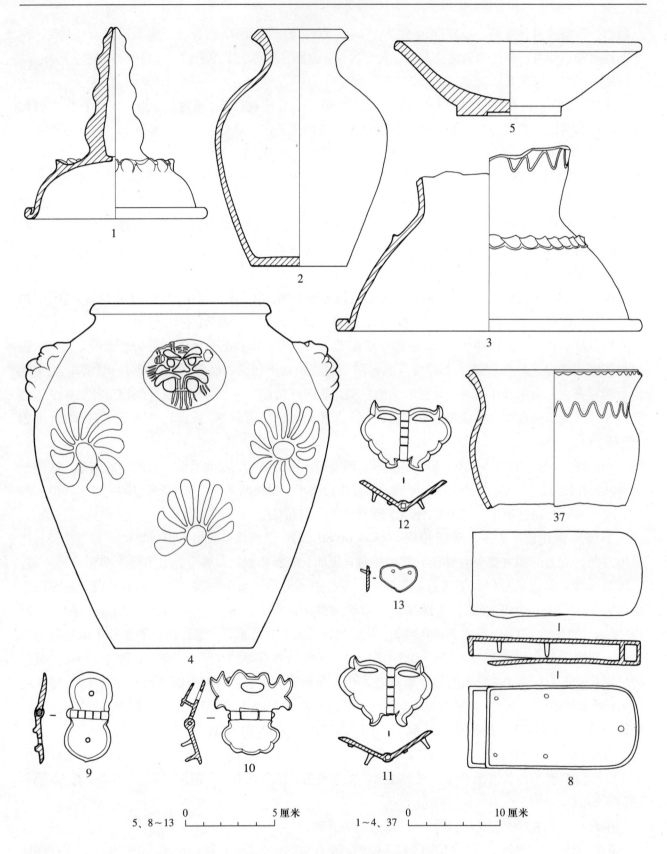

5、8～13　　0　　　　　　5厘米

1～4、37　　0　　　　　　10厘米

图一〇五 B　M080 出土遗物

1.盖　2.壶　3.底座　4.罐　5.白釉碗　8.铜铊尾　9～12.铜合页　13.铜垫伏

B；彩版一一，2左上；图版五四，1左上）。标本M080：11与标本M080：12相同，系同一模具铸造，唯底面铜铆钉各有一个残段（图一〇五B；彩版一一，2右上；图版五四，1右上）。

II式　1件。标本M080：10，左半部和右半部分件模铸，以铁轴相连。右半部平面呈圆形，正面平，周围呈花牙状；底面内凹，有三个三角形分布的铜铆钉。左半部呈长条状，正面和底面均平，两侧为对称的花牙，近底部镂空；底面中部有三个三角形分布的铜铆钉，并有桃形垫伏，微残。宽4.6、高4.6厘米（图一〇五B；彩版一一，2左下；图版五四，1左下）。

III式　1件。标本M080：9，平面呈"8"形，左半部和右半部分别打制，以铁轴相连。左半部较右半部略小，周缘的抹坡略宽；正面均平，底面均内凹，焊接三个三角形分布的铜铆钉；其中左半部中部有一铁铆钉痕，右半部中部有一铆钉孔眼。宽2.3～2.5、长4.8厘米（图一〇五B；彩版一一，2右下；图版五四，1右下）。

铜垫伏　1件。标本M080：13，平面呈桃形，上端和两侧各有一铜铆钉痕。宽2.0、高1.5厘米（图一〇五B）。

椭圆形铜饰件　2件。标本M080：26，平面扁圆环形，周缘花牙状；正面平，两侧各有一个铜铆钉痕。底面中部内凹，周围有一细窄的凸棱，两侧各一残断的铜铆钉。宽2.6、高1.8厘米。M080：27，与标本M080：26同，但正面两侧的铜铆钉痕较大，底面一侧残存长0.3厘米的铜铆钉，尖部锐利（图一〇五C）。

镂空铜饰件　3件。均残。标本M080：15，平面呈三角形，中部镂空，两侧花牙状，底端两侧向下包合，似扁圆形物体的贴饰件。残宽3.4、高3.0厘米。标本M080：28，镂空饰残件，周缘花牙状，略向下包合。残宽2.4、残高2.0厘米。标本M080：29，残存中部，镂空呈花瓣状。残宽1.9、残高2.1厘米（图一〇五C）。

嵌边铜饰　均为残段。标本M080：17，外侧花瓣状，内侧为一凹槽；一端内侧微凸，存一铜铆钉。长3.0、筒径0.5厘米（图一〇五C）。

筒状铜饰　1件。标本M080：16，上端花瓣状，内收，下端一筒状柄，残断。残长3.1、柄径0.7厘米（图一〇五C）。

铜片状饰　1件。标本M080：14，长条状，残断，两侧向下包合，似刀、剑套残件。残长7.0、残宽2.8厘米（图一〇五C）。

铜纽扣　1件，标本M080：25，平面圆角长方形，正面略微圆凸，鎏金，中部饰一凸棱和二浅槽，底面中部内凹，残存一段扣柄。长2.0、宽1.1厘米（图一〇五C）。

"货泉"　3枚。篆书，其中1枚出土于墓道填土中。字迹模糊，有使用痕。标本M080：40－1，廓为细窄的凸棱，穿孔较大。直径2.3、穿径0.9、廓宽0.1厘米，重3.9克（图一〇五C；图版五四，2）。标本M080：40－2，廓稍宽，穿孔稍小。直径2.3、穿径0.7、廓宽0.2厘米，重3.0克（图一〇五C；图版五四，2）。标本M080：40－3，出土于墓道填土中。直径2.3、穿径0.8、廓宽0.2厘米，重3.0克（图一〇五C；图版五四，2）。

铁器　有铁刀和铁钉。

铁刀　1件。标本M080：19，残存4段，打制。其中1段为刀尖，另3段为刀身，断面三角形，刀背平直，刀刃豁口，刀身两侧锈结着木制刀套痕。残长29.6、宽2.8厘米（图一〇五C；图版五四，3）。

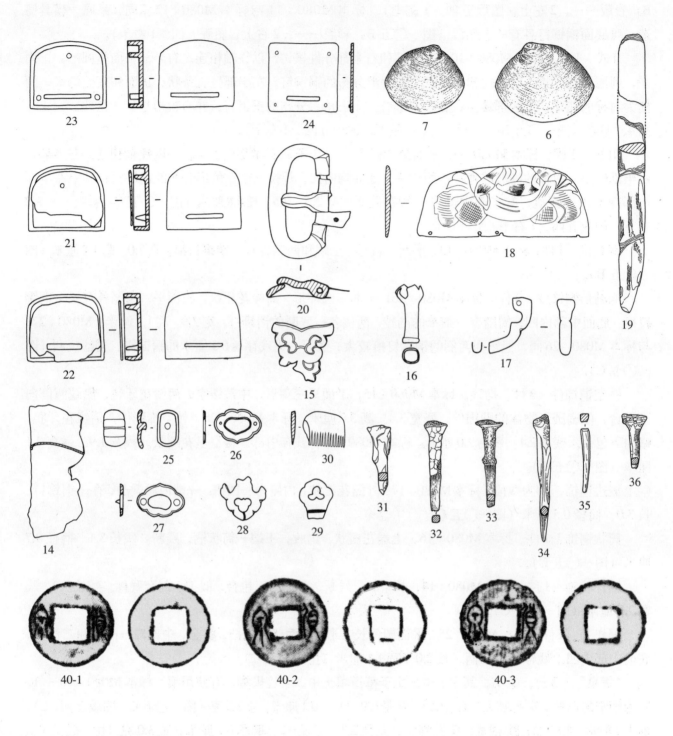

40-1～3　0 —————— 3厘米　　余　0 —————— 5厘米

图一〇五C　M080 出土遗物

6、7.贝壳　14.片状铜饰　15、28、29.镂孔铜饰件　16.管状铜饰　17.嵌边铜饰
18.云母片雕　19.铁刀残段　20.铜扣环　21～23.半圆形铜𫔎饰　24.方形铜𫔎饰
25.铜纽扣　26、27.椭圆形铜饰件　30.骨梳　31～36.铁钉　40-1～3.货泉

铁钉 6枚。打制,大多残段,通体锈蚀,体侧锈结着朽木。标本M080:31,钉帽、钉尖残失,断面圆角方形。残长3.6厘米。标本M080:32,钉帽较小,略残,钉尖残失,钉体较长。残长4.8厘米。标本M080:33,钉尖残失,钉帽较小,断面呈圆角方形。残长4.6厘米。标本M080:34,钉帽被凿去,钉体较长,断面略呈方形。残长6.7厘米。标本M080:35,残存下段,断面方形。残长3.4厘米。标本M080:36,钉尖残失,断面方形。残长2.8厘米(图一〇五C)。

骨器 有骨梳1件,出土于墓室西南部。标本M080:30,略残,体形较小,由骨片加工而成,梳齿方形细密,1厘米宽有7个梳齿,柄打磨光滑。长1.8、宽2.3厘米,齿长0.7厘米(图一〇五C;图版五四,4)。

蚌壳 2件。标本M080:6,天然蚌壳的一半,外表有自然的横向红褐色弧线纹,较大。宽5.3、高4.2厘米(图一〇五C;图版五四,6左)。标本M080:7,天然蚌壳的一半,较标本M080:6略小,宽4.2、高3.6厘米(图一〇五C;图版五四,6右)。

云母片雕 1件,出土于棺床西南部。标本M080:18,平面半圆形。正面精雕一朵牡丹花,底面光滑,有轻微的摩擦痕,直边一侧较薄,有三个直径0.15厘米的孔眼。长9.2、宽3.8厘米(图一〇五C;彩版一一,1;图版五四,5)。

墓砖 长方形条砖,夹细砂,灰色,模制。有拉划纹和手印纹两种,规格有29厘米和32厘米长两种,以前者为主。标本M080:38,拉划纹条砖,背面粗糙不平,正面中部微凹,拉划细浅的凹槽。长29.0、宽14.5、厚5.0厘米。标本M080:39,手印纹砖,背面不平,正面粗糙微凹,近一端印一模糊手印。长31.0、宽15.0、厚5.0厘米。

3.葬式 墓室被盗,人体骨骼凌乱,葬式不详。经鉴定有人体骨架三具,一具为25~30岁的男性,一具为20~30岁的女性,另一具为未成年者。由于出土了较多的铁钉和铜合页,说明使用棺木、盒或箱类等葬具。

(四) M081

M081位于中央大道北段二号基坑中南部,M080东南2米处,二者似乎有某种隶属关系。墓道位于基坑南壁,其上堆积大量基坑土未清理。墓室被盗,残存中下部。

1.形制 M081为倒凸字形单室砖室墓,南北向,方向181°,由墓道、甬道和墓室组成。墓室内砌棺床(图一〇六A)。

甬道 位于墓室南壁中部偏东,南接墓道。南北深0.35、残高1.05米,底宽0.85、残口宽0.50米。东西壁单重,与墓室南壁同时叠压平砌,东壁壁面垂直,西壁略内收;拱形顶;甬道东、西壁0.75米高处起券;顶中部塌毁,残存东、西侧券砖。沿甬道砌封门墙,墙南北宽0.32、残高0.31米,用条砖纵向侧立,残存两层,呈东向"人"字形。

墓室 平面呈弧边方形。四壁单重,南壁平面平直,东、西、北三壁中部外凸,呈弧线形;用条砖平砌于挖掘的方形明坑中,层砖之间用草拌泥黏合;从二层砌砖起逐层内收呈弧形面。顶部被毁,形制不详。墓室南北最长、东西最宽在墓室中部,南部略窄于北部。南部东西宽2.50、北部东西宽2.60、东、西部南北长2.58米,残高0.80~1.15米。原棺床平面呈倒凹字形,系在墓室砌四壁生土层面的中南部沿墓门方向挖掘一深0.20米的长方形凹槽而成;棺床面为生土层面,与墓室四壁相接,未见铺砖。

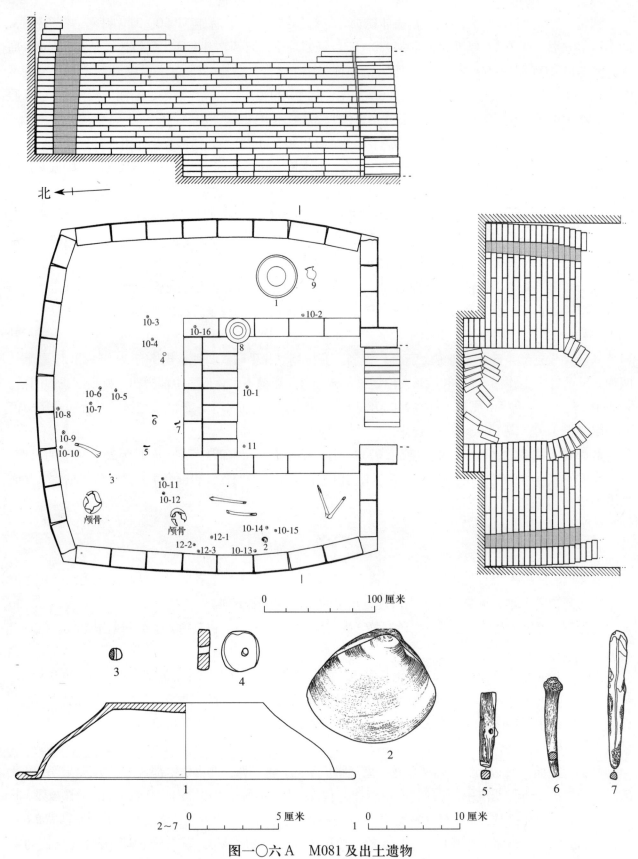

北 ◄──

0 ──────────── 100 厘米

0 ────── 5 厘米
2～7

0 ────── 10 厘米
1

图一〇六 A　M081 及出土遗物

1.底座　2.贝壳　3.骨珠　4.陶饰件　5～7.铁钉　8.盖　9.盖纽　10-1～16.开元通宝　11.乾元重宝　12-1～3.货泉

此低于棺床面的长方形凹槽地面为墓室地面，与甬道面平，为生土层面。原棺床的加宽：在长方形凹槽的北部，沿棺床南侧壁，用条砖纵向平铺四层，将原棺床面的中部向南加长0.32米，高与原棺床面等高。此可能是同一墓葬第二次利用时对原棺床的加宽。

2. 遗物 墓室被盗，随葬品凌乱，有陶器、陶饰、铜钱、骨饰、蚌壳等。另外在棺床中出土铁钉、三彩碎片等。陶器出土于棺床东南部，有塔形罐底座、罐和盖碎片，其中底座为覆盆，未被扰动，说明用一套塔形罐随葬，放置于棺床的东南部。

陶器 泥质，轮制。1件完整，余均为残片。器形有底座、盖、罐和陶饰件。

底座 1件。标本M081：1，土红色，覆盆状，底敛口，宽平沿，卷圆唇，鼓腹，顶平底较大。外壁施灰白色陶衣，上饰黑彩，大部脱落。底口径31.6、顶径17.2、高8.2厘米（图一〇六A；图版五五，1）。

陶饰件 1件。标本M081：4，平面略呈圆形，由泥质灰陶片打磨而成，周边打磨光滑，中部略偏钻一直径0.3厘米的孔眼。直径2.1～2.2、厚0.7厘米（图一〇六A）。

铜器 铜钱20枚，有"开元通宝"、"乾元重宝"和"货泉"（图版五五，3）。

"开元通宝" 16枚。钱样比较规范，字迹较为清晰，"开元"二字宽扁，"通宝"二字纵长。根据字体特征分两型。

A型 9枚。"开"字二竖画外撇。"元"字上画短，重心偏向右侧；次画略呈弧状，左上挑不明显或无左上挑。"通"字右旁"甬"字上笔开口略大。"宝"字下部"贝"字二横画与二竖画不相连。标本M081：10－3，字迹较模糊。直径2.3、穿径0.7、廓宽0.2厘米，重2.8克。标本M081：10－4，字迹较清晰，廓稍宽。直径2.4、穿径0.7、廓宽0.1～0.2厘米，重4.0克。标本M081：10－6，"元"字上画稍短。直径2.5、穿径0.7、廓宽0.2厘米，重4.2克。标本M081：10－7，直径2.5、穿径0.7、廓宽0.1～0.2厘米，重3.5克。标本M081：10－8，直径2.5、穿径0.7、廓宽0.2厘米，重4.1克。标本M081：10－9，"元"字次画略上挑。直径2.5、穿径0.70、廓宽0.2厘米，重3.8克。标本M081：10－10，直径2.4、穿径0.7、廓宽0.2厘米，重2.8克。标本M081：10－12，直径2.4、穿径0.7、廓宽0.2厘米，重3.5克。标本M081：10－15，直径2.5、穿径0.7、廓宽0.2厘米，重3.9克（图一〇六B）。

B型 7枚。"开"字二竖画明显外撇。"元"字上画长，次画左上挑，末笔略顿。"通"字之"走"字呈三逗点，"甬"字上笔开口小。"宝"字下部二横画与二竖画相连。有的背面有一新月纹。标本M081：10－1，背面穿上一新月纹。直径2.6、穿径0.7、廓宽0.2厘米，重4.0克。标本M081：10－2，直径2.5、穿径0.7、廓宽0.2厘米，重3.8克。标本M081：10－5，背面一新月纹。直径2.4、穿径0.7、廓宽0.2厘米，重3.5克。M081：10－11，背面上部一新月纹。直径2.5、穿径0.7、廓宽0.2厘米，重3.7克。标本M081：10－13，背面上部一新月纹。直径2.5、穿径0.7、廓宽0.2厘米，重4.3克。标本M081：10－14，字体特征与标本M081：10－13同，背无新月纹。直径2.5、穿径0.7、廓宽0.2厘米，重3.7克。标本M081：10－16，直径2.4、穿径0.7、廓宽0.2厘米，重4.8克（图一〇六B）。

"乾元重宝" 1枚。标本M081：11，字迹较模糊，廓较窄，直径2.5、穿径0.7、廓宽0.2厘米，重5.5克（图一〇六B）。

"货泉" 3枚。篆书。标本M081：12－1，廓稍宽，字迹较清晰，"泉"字悬针中断。直径2.3、穿径0.7、廓宽0.1～0.2厘米，重3.0克。M081：12－2，廓细窄，字迹较模糊。直径2.0、穿径0.6、廓

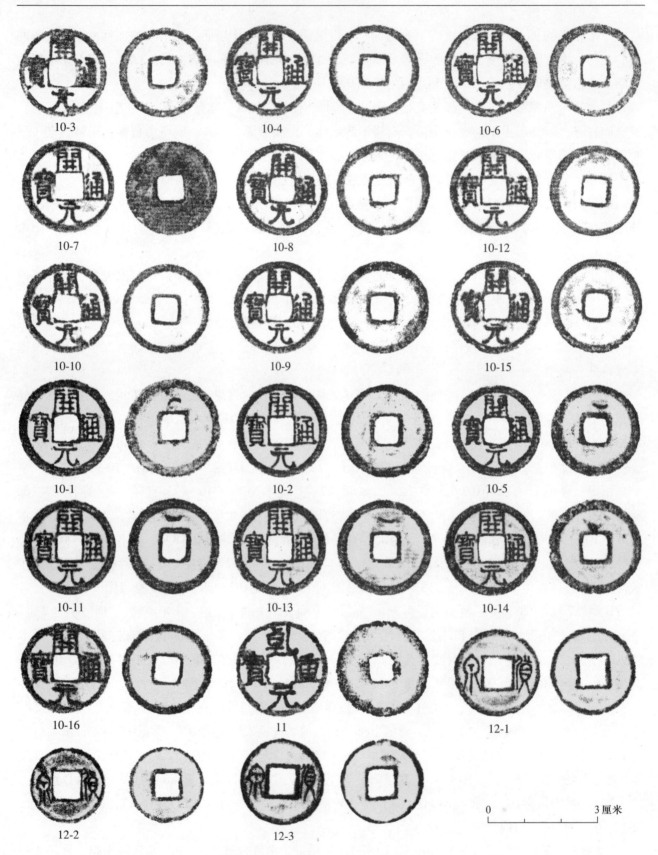

图一〇六 B　M081 出土铜钱
10-1～16.开元通宝　11.乾元重宝　12-1～3.货泉

宽 0.1 厘米，重 1.5 克。标本 M081：12 - 3，字体特征与标本 M081：12 - 1 同。直径 2.2、穿径 0.8、廓宽 0.2 厘米，重 3.2 克（图一○六 B）。

铁器 仅有铁钉 3 枚。打制，大多残断，通体锈蚀，体侧锈结着朽木（图版四六，2）。标本 M081：5，残存中下段，断面略呈方形。残长 3.9 厘米。标本 M081：6，钉帽、钉尖残失，断面圆角方形。残长 5.2 厘米。标本 M081：7，残存中下段，断面扁圆形。残长 7.3 厘米（图一○六 B）。

骨器 有骨珠 1 件。标本 M081：3，磨制，中部一直径 0.2 厘米的竖孔。直径 0.7、高 0.6 厘米（图一○六 B；图版五五，4）。

蚌壳 1 对。标本 M081：2，天然蚌壳，出土时分离为两半，外表局部因腐蚀起白色粉末。宽 7.0、高 5.8 厘米（图一○六 B；图版五五，5）。

墓砖 拉划纹条砖，泥质，灰色，模制。背面不平，正面用梳齿状工具拉划凹槽纹。规格有 30.0 厘米和 32.0 厘米长两种。标本 M081：8，背面粗糙，正面微凹。长 30.0、宽 14.5～15.5、厚 4.0 厘米。标本 M081：9，背面粗糙，正面用梳齿状工具拉划细密凹槽。长 32.0、宽 17.0、厚 5.0 厘米。

3. 葬式 墓室被盗，仅存两具颅骨。经鉴定分别为一成年男性和一成年女性。另外，棺床扰土中出土了较多的铁钉，说明使用了棺木等葬具。

（五）M082

M082 位于中央大道北段二号基坑东部，东南距 M081 约 30 米。被盗，中上部被毁，残存下部。

1. 形制 M082 为倒凸字形单室砖室墓，南北向，方向 178°，由墓道和墓室组成。墓室内砌棺床和东、西平台（图一○七；图版五六，1）。

墓道 位于墓室南部偏东，平面呈长方形，底面斜坡状，坡度 22°。南北长 2.40、宽 0.82、残深 1.10 米。墓道东、西壁垂直，残存扁圆状的工具痕。斜坡北部砌封门墙时所毁，近封门墙处堆积 0.30 米高的残砖。填土灰黄色，疏松。

甬道 砌于墓室南壁偏东，南接墓道。底部宽，东、西壁砌砖逐层内收窄小；券顶，顶中部残失，残存两侧券砖。南北深 0.32、东西宽 0.82、残高 0.90 米。墓门东、西壁 0.75 米高处起券。从甬道中部砌封门墙封门。封门墙南北宽 0.16、残高 0.90 米，用条砖、条砖残块逐层横向错缝平砌，层砖之间用草拌泥黏合（图版五六，2）。

墓室 平面呈弧边方形，残存中下部。四壁单重，先挖掘一方形明坑，沿坑壁平砌墓壁，从二层砌砖起逐层略内收，层砖之间用草拌泥黏合。顶部被毁。东、西、北三壁平面中部明显外凸，南壁中部略外凸。墓室南北最长、东西最宽在墓室中部。南部东西宽 2.36、北部东西宽 2.50、东部南北长 2.68、西部南北长 2.58 米，残高 0.50～1.10 米。棺床位于墓室北部，东、西二侧和南壁东、西段间各有一个对称的、低于棺床的平台。棺床南北长 1.18～1.46、高 0.34 米，东、西平台高 0.30 米。棺床面和东、西平台面为生土层面，未见铺砖；棺床南侧壁和东、西平台侧壁未砌护墙。它们的成因，实为倒凹字形棺床的东南和西南部修整、削低而成。低于棺床和东、西平台的长方形凹槽生土地面为墓室地面，未见铺砖。

2. 遗物 墓室被盗，随葬品凌乱，散见于墓室扰土中，有陶器、陶圆饼饰、铜镞等。

陶器 泥质，灰陶，轮制。均为碎片，可辨器形有塔状纽盖、兽面罐和底座。说明用一套塔形罐

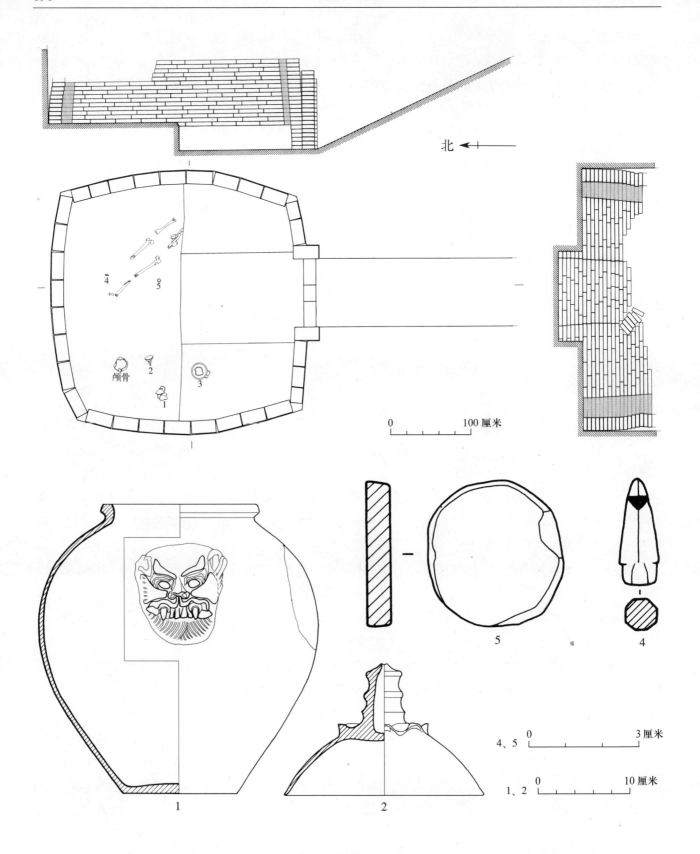

图一○七　M082 及出土遗物

1.兽面罐　2.盖　3.底座残片　4.铜镞　5.陶圆饼饰

随葬，放置位置不详。

塔状纽盖　1件。标本M082∶2，由盖盘和塔状纽分件制作黏接而成。盖盘覆碗状，敞口，圆唇，斜腹较深，内底平，外底圈足状。圈足周围按压成花瓣状附加堆纹，中部黏接一塔状纽，中空，三层，每层中部为"U"形槽，层与层之间为一凸棱；刹顶残失，中部为一直径0.3厘米的竖空。外壁曾墨绘纹饰，模糊不清；纽饰黑彩，大部脱落。底口径21.6、通高14.0厘米（图一〇七；图版五六，3）。

兽面罐　1件。标本M082∶1，残，敞口，圆卷唇，圆肩，腹上部圆鼓，下部急收成小平底，最大径在腹上部。肩部等距离贴饰四个模制兽面，残存2个。兽面平面呈圆角三角形，底面内凹，正面高凸，兽面咧嘴，竖獠牙，鼻翼突出，环眼凸睛，细眉，颧骨高凸，两角圆凸呈倒"八"字形，双耳扁圆环形。兽面周围饰竖毛纹。獠牙两侧对穿直径0.4厘米的穿孔，兽面周围的器壁饰一周红色圆点纹，模糊外壁饰黑彩，大部脱落。口径14.4、底径12.4、高30.6厘米（图一〇七；图版五六，4）。

底座　1件。标本M082∶3，底口部残件，底口部覆盆状，敞口，宽平沿，圆卷唇，斜腹较深。外壁饰黑彩，局部脱落。底口径26.0、残高16.0厘米。

陶圆饼饰　1件。标本M082∶5，平面圆形，由泥质灰陶片打制成毛坯，再磨光，周围留存打击痕。一面微凹。直径4.0、厚0.6厘米（图一〇七）。

铜器　有铜镞1件。标本M082∶4，尖部锐利，三棱状，铤部六棱柱，较短。长2.8、柄长0.6厘米（图一〇七；图版五六，5）。

墓砖　拉划纹条砖，夹细砂，灰色，模制。标本M082∶6，背面不平，正面拉划凹槽。长29.0、宽15.2～15.8、厚5.5厘米。标本M082∶7，背面粗糙，正面拉划凹槽。长29.0、宽15.2～15.8、厚5.5厘米。

3.葬式　墓室被盗，人体骨骼凌乱，具体葬式不详。经鉴定有人体骨架一具，为一成年男性。

六　M083～M086

（一）位置与地层

M083、M084、M085、M086位于中央大道北段三号基坑内（图一〇八）。三号基坑位于二号基坑

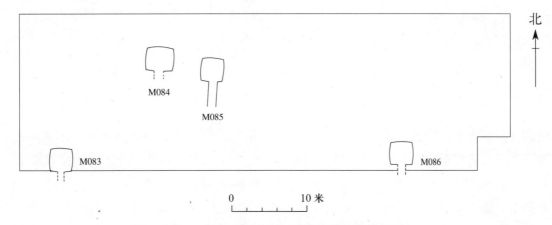

图一〇八　中央大道北段三号基坑墓葬分布图

东部、四号基坑西侧,隔吴灵路与红星家园二号基坑相对。东西长65、南北宽20、深1.6米。除南部被挖毁外,其他三壁的地层堆积与七号基坑地层堆积相同（参见图九七）。三号基坑内发现墓葬4座,均被盗,中上部没毁,残存下部。墓葬被第3层所压,与二号基坑的墓葬开口层位相同。自2003年6月24日至29日,对其时行了清理。

（二）M083

M083位于中央大道北段三号基坑西南部,东北方向15米为M084,东4米为M086。墓道被挖毁,残存甬道和墓室中下部。

1.形制 M083为倒凸字形单室砖室墓,南北向,方向186°，由墓道、甬道和墓室组成。墓室内挖掘棺床（图一〇九）。

甬道 开于墓室南壁中部略偏东,南接墓道,与墓室南壁同时叠压平砌。东、西壁单重,用条砖逐层平砌,底部宽,从二层砌砖起逐层内收窄小。拱形顶,顶中部残失,残存东侧纵向券砖。南北深0.28、残高0.80米,底宽0.85、砌券处宽0.70米,东西壁0.80米高处砌券砖。封门墙被毁。

墓室 平面略呈弧边方形,用条砖单砖顺砌于挖掘的方形明坑中,层砖之间用草拌泥黏合;残存四壁壁面内收。四壁平面中部略外凸。顶部被毁,形制不详。墓室南北最长、东西最宽均在墓室中部。南部东西宽2.38、北部东西宽2.50、东西部南北长2.48米,残高0.15~0.80米。其中东壁中部1.20米长的一段砖墙被毁,仅存底部。棺床平面呈倒凹字形,在砌四壁的生土层沿墓门北部挖掘一南北长1.20、东西宽0.96、深0.20米的长方形槽而成。棺床面为生土层面,为墓室四壁所压,未见铺砖,棺床东、西、北侧壁未砌壁墙。低于棺床的长方形墓室生土地面,与甬道地面平,未见铺砖。

2.遗物 墓室被盗,随葬品破碎,出土陶器3件。

陶器 泥质,灰陶,轮制。有兽面罐残底、塔状纽盖和底座上口部,主要出土于棺床西南部,可能在棺床西南部放置一套塔形罐。

塔状纽盖 1件。标本M083:3,由盖盘和盖纽分件制作黏接而成。盖盘敞口覆碗状,敞口,圆唇,斜腹,内尖底,上竖塔状纽。塔状纽平面圆形,中空,三层,逐层窄小,层与层三间为一较深的"V"形槽;顶部一直径0.3厘米的穿孔。底盘外壁近底部先刻划一周弦纹,沿其向上贴泥条,按压成花瓣状附加堆纹。盖盘外壁和塔状纽底层饰黑彩。底口径18.4、高12.0厘米（图一〇九）。

罐 1件。标本M083:1,残,直口,方沿,圆肩,鼓腹,平底。腹上部一兽面脱落痕。腹部墨绘花朵纹,模糊。口径15.2、底径13.6、高30.4厘米（图一〇九）。

底座 1件。标本M083:2,残存上口部,敞口,圆唇,腹部微鼓较浅。外壁墨绘花纹图案,模糊不清。口径16.8、残高4.6厘米（图一〇九）。

墓砖 主要为条砖,夹细砂,模制。有红色和灰色两种,红色条砖主要用于砌四壁,灰色条砖多用于顶部（墓室内发现较多,系顶部塌陷所致）。规格有28厘米和30.5厘米两种,前者均为灰色,后者均为红色。条砖背面均略大于正面。标本M083:4,素面条砖,背面不平,四侧面规整,正面有刮模刮痕。背面长31.0、宽14.5厘米,正面长28.0、宽14.0、厚5.0厘米。

3.葬式 墓室被盗,骨骼凌乱。经鉴定有人体骨架两具,但年龄、性别不详。

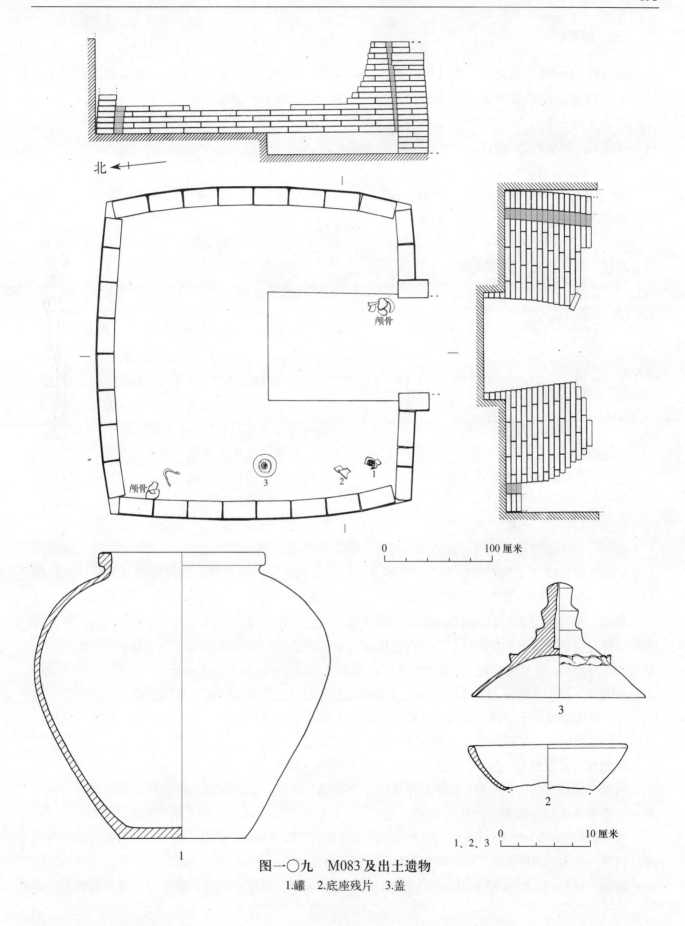

北←

颅骨

颅骨

0   100 厘米

3

2

1

1、2、3   0   10 厘米

图一〇九 M083 及出土遗物

1.罐 2.底座残片 3.盖

（三）M084

M084位于中央大道北段三号基坑西北部，M085西5米处，二者相邻。由于早年盗掘的破坏，四壁和墓道均毁，仅存墓室底部及铺砖，东西宽2.54、南北长1.53米。

遗物　扰土中出土陶片和瓷片。陶片均为泥质，红陶，分属于两个个体，器形为壶和底座。瓷片均为碗圈足，碗底较薄，内底有一涩圈，为后期盗掘带入。

陶器　泥质，红陶，轮制。

壶　1件。标本M084：1，残存腹、底部。腹部微鼓，平底。外壁施灰白色陶衣。底径8.1、残高10.2厘米。

底座　1件。标本M084：2，残存上口部残片，敞口，方唇，微鼓腹，腹部较浅，腹上部刻划流畅的水波纹。残径7.6、残高7.8厘米（图一一〇）。

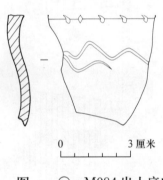

图一一〇　M084出土底座

（四）M085

M085位于中央大道北段三号基坑中部偏北，M085相邻。被盗毁，仅残存下部。

1.形制　M085为倒凸字形单室砖室墓，南北向，方向182°，由墓道、甬道和墓室组成。墓室内砌棺床（图一一一A；图版五七）。

墓道　位于墓室南部偏东，平面呈长方形，斜坡状，坡度13°。残长1.65、宽0.88、深0.45米。东、西壁残存壁面垂直。填土灰黄色，疏松，包含细沙。

甬道　开于南壁偏东，南接墓道。与墓室南壁同时叠压平砌，层砖之间用草拌泥黏合。南北深0.88、东西宽0.88米，残存壁面垂直。沿甬道南口用条砖砌封门墙封门。封门墙南北宽0.16、残高0.15米，用条砖横向逐层错缝平砌，层砖之间用草拌泥黏合。

墓室　平面呈弧边方形，用条砖单砖顺砌于挖掘的方形明坑中，从二层砌砖起逐层内收，层砖之间用草拌泥黏合。南壁平面平直，东、西壁平面偏南部外凸，北壁平面中部外凸。由于盗掘破坏，四壁南部保存较高，北壁保存较低，其中北壁东段和东壁北段被毁。墓室南北最长、东西最宽均在中部；南部东西宽2.24、北部东西宽2.30、东、西部南北长2.45米，残高0.60米。棺床平面呈倒凹字形，高0.15米，棺床面为生土层面，为墓室四壁所压，棺床东、西、南侧壁，用条砖砌壁砖。其成因与同形制棺床的成因同。低于棺床的长方形生土层面为墓室地面，与甬道面平，未见铺砖。

2.遗物　墓室被盗，随葬品较乱，有陶器、铜铸饰、铜钱、铁铸饰、铁钉等。

陶器　泥质，红陶，轮制。集中分布于棺床西南部，有壶、塔状纽盖、底座及贴塑兽面等，说明用一套塔形罐随葬，放置于棺床西南部。

盖　1件。标本M085：16，塔状纽残失，底盘覆碗状，腹部较深，敞口，宽平沿，平沿外侧较内侧高，斜腹，平底。内外壁施灰白色陶衣，上饰黑彩。口径19.2、高6.5厘米（图一一一B）。

底座　1件。标本M085：20，上口部残。底口部覆盆状，脱底，敛口，宽平沿，微鼓腹较深，底

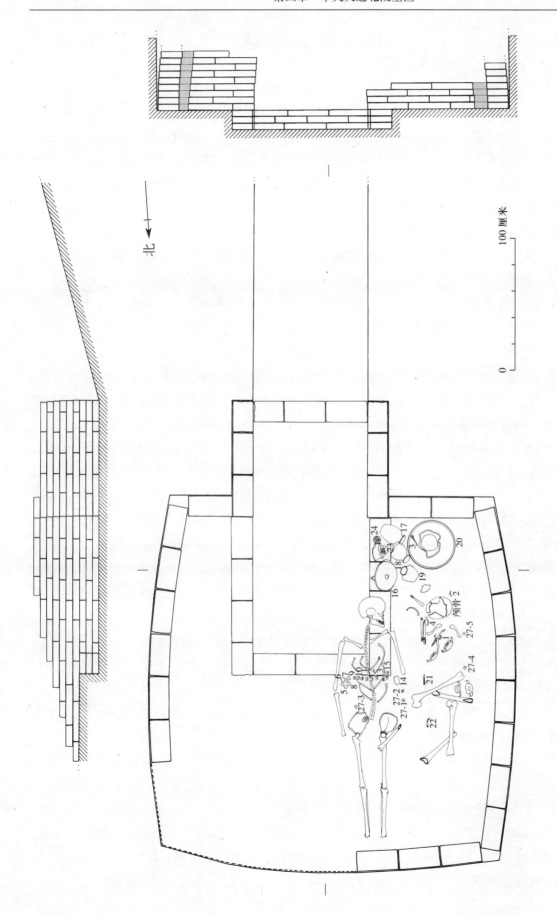

图一一A　M085 平、剖面图

1.铁剪　2.铜合页　3.铜带钩　4.铜条饰　5.铐饰残片　6.半圆形铁铐残片　7.铐饰碎片
8~10.半圆形铁铐饰碎片　11、12.方形铁铐饰碎片　13.方形铐饰　14.铁铊尾　15.半圆形铐饰
16.盖　17~19.壶　20.底座　21、22.铁钉　23、24.兽面　27-1~5.开元通宝

较小。上口部略鼓，与覆盆黏接处有一较高的细颈。外壁施灰白色陶衣，其上墨绘图案，模糊不清。底口径28.0、残高23.8厘米（图一一一B；图版五八，2）。

　　兽面罐　仅存碎片，但残存肩部贴饰的2个兽面。标本M085：23，模制，平面略呈圆形，底面内凹，正面中部圆凸，兽面面部夸张，均用凸棱表示，嘴部由四个凸棱和两个圆球表示，两颧骨圆丘状高突，鼻呈尖锥形，双眼较深，睛圆凸，双角高凸呈倒"八"字形，右耳保存较好，耳穴清晰，左耳被左角分为两部分，兽面周围饰竖毛纹，周缘有与器壁黏接时的抹痕，其上描墨线。径9.3、厚3.0厘米（图一一一B；图版五八，1）。标本M085：24，右侧残失，特征与标本M085：23相同，鼻凹陷，两翼明显，右眼较左眼低平，左角有指压痕，兽面周围饰竖毛纹，鼻下戳一直径0.4厘米的穿孔。径7.2～8.5厘米、高2.5厘米（图一一一B）。

　　壶　3件。形制相同。敞口，卷平沿，细颈较高，圆肩，上腹圆鼓，平底。标本M085：17，残，口径6.0、底径7.4、高15.8厘米（图一一一B；彩版一一，3；图版五八，3）。标本M085：18，残，口径6.4、底径7.4、高15.8厘米（图一一一B；图版五八，4）。标本M085：19，残，口径5.6、底径7.6、高16.4厘米（图一一一B；图版五八，5）。

　　铜器　有铜带饰、合页、带钩、条状饰件、"开元通宝"铜钱5枚。

　　带饰　有带扣、铊尾、方形铸饰和半圆形铸饰，呈带状分布于东部人骨的腰际部位，稍乱，有铜质、铁质和铜铁相合三种（彩版一二，1；图版五九，1）。从出土位置分析，铜铸饰和正面铜、底面铁相结合制作的铸饰多位于腹前部，而铁铸饰多位于背部。

　　半圆形铸饰　5件，大多残碎。标本M085：6，半圆形铸饰上部，铜质（其底部为铁质，残碎），平面略呈圆角长方形。中部一长1.5、宽0.3厘米的长方形孔眼；两圆头中部各有一直径0.7厘米的铆钉孔眼。长3.6、宽3.0厘米（图一一一B）。标本M085：15，半圆形铸饰底部，平面呈圆头长方形，长边一端圆头、一端方角，临方角一端有一长1.4、宽0.2厘米的长方形孔眼。圆头中部和两方角各有一直径0.2厘米的铆钉孔眼。底面不平，中部略下凸。长3.0、宽2.3厘米（图一一一B；彩版一二，2；图版五九，2）。标本M085：7，上部半圆形，铜质，圆头端残失，方角端有一长1.4、宽0.2厘米的长方形孔眼，两方角各有一铜铆钉痕，圆头部一直径0.2厘米的铆钉穿孔，残存一半。底部较厚，铁质，残碎，难以辨形。长3.0、残宽2.2厘米（图一一一B）。

　　铜合页　1件。标本M085：2，一端较大，周缘呈对称的花牙状；另一端半圆形，较小，周缘呈波浪状，中部一铁轴相连。小端底面有三个三角形分布的铜铆钉，大端底面有两个并排分布的铜铆钉。宽4.8、高5.0厘米（图一一一B；图版五九，3）。

　　铜带钩　1件。标本M085：3，残，平面长条状，薄。柄细窄，其上刻划细密的横条纹；柄端上弯成环状。残长5.6、残宽1.1厘米（图一一一B）。

　　铜条饰　1件。标本M085：4，半圆环状，由宽0.5厘米的薄铜片弯曲而成。残径6.6厘米（图一一一B）。

　　"开元通宝"　5枚。"开元"二字宽扁，"通宝"二字纵长。分两型（图版五九，4）。

　　A型　1枚。标本M085：27－1，"开"字二竖画外撇。"元"字上画短，重心偏向右侧；次画宽，略呈弧状，左上挑不明显。"通"字右旁"甬"字上笔开口较大。"宝"字模糊。廓较细窄。直径2.3、穿径0.6、廓宽0.2厘米，重3.5克（图一一一C）。

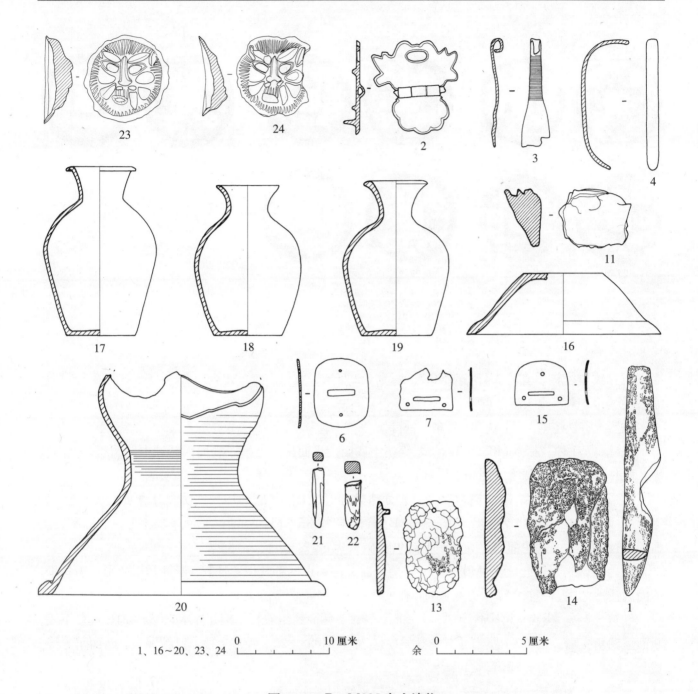

图一一一B M085 出土遗物

1.铁剪 2.铜合页 3.铜带钩 4.铜条饰 6.半圆形铁銙残片 7.銙饰碎片
11.方形铁銙饰碎片 13.方形铁銙饰 14.铁铊尾 15.半圆形铜銙饰
16.盖 17~19.壶 20.底座 21、22.铁钉 23、24.兽面

B型 4枚。"开"字上小下略大，二竖画明显外撇。"元"字上画长，次画左上挑，末笔略顿。"通"字右旁"甬"字上笔开口小。"宝"字下部"贝"字二横画与二竖画相连。有的背面一新月纹。标本M085：27－2，直径2.4、穿径0.7、廓宽0.2~0.3厘米，重4.0克。M085：27－3，"通"字之"走"字呈三逗点。背面穿上部一新月纹。直径2.5、穿径0.7、廓宽0.2厘米，重4.2克。M085：27－4，背

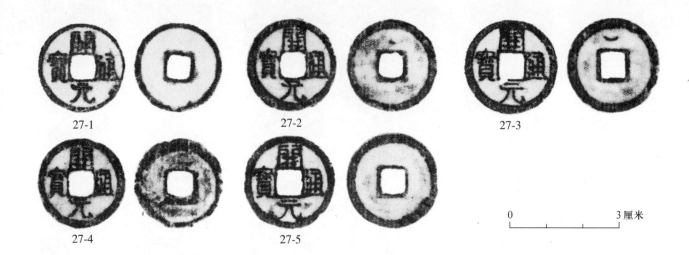

27-1　　　　　　　　　　27-2　　　　　　　　　　27-3

27-4　　　　　　　　　　27-5　　　　　　　　　　0　　　　　　3厘米

图一一一C　M085出土开元通宝

面一新月纹较模糊。直径2.4、穿径0.7、廓宽0.2厘米，重3.0克。M085：27－5，直径2.5、穿径0.7、廓宽0.2米，重3.7克（图一一一C）。

　　铁器　有铁铊尾、方形铁铸、铁剪、铁钉。

　　铁铊尾　1件。标本M085：14，残，铊尾下底面。平面呈长方形，底面因锈蚀中部凸起，上面较平。残长7.2、宽4.3厘米（图一一一B）。

　　方形铁铸饰　3件。标本M085：11，平面略呈方形，上部和底部均为铁质，因锈蚀严重剥落。残宽3.1、残长4.0、残厚1.9厘米（图一一一B）。标本M085：13，残断，平面呈长方形，底面平，上面因锈蚀不平，一端中部残存高0.2厘米的铜铆钉。宽3.2、残长5.0厘米（图一一一B）。

　　铁剪　1件。残断。标本M085：1，铁剪一股尖部和近柄部残件，打制，断面呈三角形；刃背平，刃面因锈蚀圆秃。残长24.2、刃宽2.0厘米（图一一一B；图版五九，5）。

　　铁钉　2枚。出土于棺床扰土中，多残断，锈蚀，侧面锈结着朽木痕。标本M085：21，残存下段，断面呈圆角方形。残长3.1厘米（图一一一B）。标本M085：22，残存上段，钉帽残失，断面呈方形。残长2.6厘米（图一一一B）。

　　墓砖　均为条砖，泥质，灰色，模制。有拉划纹和素面两种。拉划纹砖较厚，规格为30×15×5厘米。素面砖较薄，规格有32、35厘米两种，其中前者平面呈梯形。标本M085：25，平面呈梯形，素面。背面平整，正面有刮模刮抹痕。长32.0、宽15.0～16.6、厚4.0厘米。标本M085：26，长方形，素面，背面平整，正面刮抹较平。长35.0、宽17.5、厚4.5厘米。

　　3.葬式　棺床西部置人体骨架两具，西部骨架严重扰乱，东部骨架轻微扰动，从骨骼的分布分析，头朝南，仰身直肢（东侧骨架），并使用了棺等葬具。经鉴定分别为40～50岁的男性和20～25岁以上的女性。

（五）M086

M086位于中央大道北段三号基坑东南部、M085东南24米处。其西部为M083，二者东西基本在同一直线上。墓道和墓室中上部被挖毁，残存墓室下部。

1.形制　M086为倒凸字形单室砖室墓，南北向，方向184°，由墓道、甬道和墓室组成。墓室内砌棺床（图一一二A）。

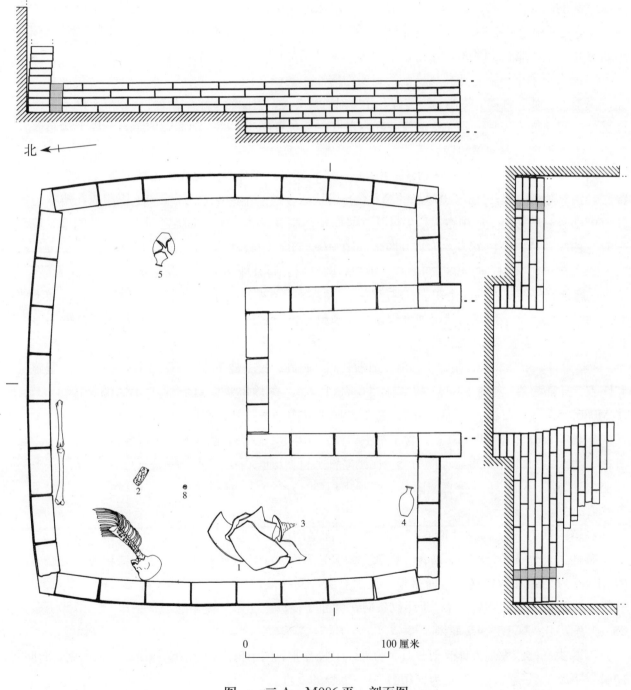

图一一二A　M086平、剖面图
1.兽面罐　2.铁刀　3.盖　4、5.壶　8.开元通宝

甬道　砌于南壁中部偏东，从二层砌砖起逐层内收，砌砖之间用草拌泥黏合。南北深0.31、东西宽0.86、残高0.85米。顶部被毁，形制不详。封门墙被毁。

墓室　平面略呈弧边方形，四壁单重，用条砖逐层错缝平铺于挖掘的方形明坑中，层砖之间用草拌泥黏合，北壁壁面内收，其他三壁残存壁面垂直。南壁平面平直，东、西、北三壁平面中部外凸，呈弧线形。顶部被毁，形制不详。墓室南、北部东西宽2.47、东、西部南北长2.50、残高0.20～0.85米。棺床平面呈倒凹字形，高0.15米。在砌四壁的生土层面沿墓门北部挖掘一南北长1.05、东西宽0.85、深0.15米的长方形洼槽，形成倒凹字形生土面棺床，其南、东、西壁用条砖砌壁墙；棺床面用条砖平铺，其中北部用条砖纵向对缝平铺，西侧用条砖横向对缝平铺。低于棺床的长方形过槽墓室生土地面，东西宽0.75、南北长1.04米，与甬道地面平，未见铺地砖。

2.遗物　墓室被盗，随葬品凌乱，主要为陶器、铜钱、铁刀。

陶器　泥质，红陶，轮制。较破碎，经拼对有壶2件，兽面罐1件，盖1件，分布于棺床中西部邻西壁处。底座均为碎片。另在棺床西南部、东壁中部各置陶壶1件。随葬陶器组合为塔形罐和壶，一套塔形罐置于棺床西部邻西壁处。

塔状纽盖　1件。标本M086：3，由盖盘和塔状纽分件制作黏接而成。底盘覆碗状，敞口，卷沿，鼓腹较深，内底中部一直径3.0厘米的穿孔，与塔状纽相通。外底圈足，周缘向上压印成花瓣状附加堆纹，中部竖一塔形纽。纽中空，呈尖锥状，略向一侧倾斜，共七层，每层之间一细窄的凹槽。盖盘外壁有压和刮划痕，底径14.0、高17.0厘米（图一一二B；图版六〇，1）。

兽面罐　1件。标本M086：1，残，敞口，圆卷唇，唇外侧向上按压成花唇，圆肩，腹上鼓下收，平底。肩部原等距离贴饰四个兽面，现已脱失，留存直径6.4厘米的四个圆形脱落痕，其两侧和下部刻划毛发纹。腹上饰一周花瓣状附加堆纹，外壁施黑彩，局部脱落。口径14.8、底径13.2、高31.6厘米（图一一二B；图版六〇，2）。

壶　2件。形制相同。敞口，卷沿，细颈较高，圆肩，腹上鼓下收，平底。外壁和口沿内壁施灰白色陶衣，局部脱落。标本M086：4，口径5.6、底径6.4、高19.8厘米（图一一二B；图版六〇，3）。标本M086：5，残，口径4.4、底径6.4、高20.0厘米（图一一二B；图版六〇，4）。

铜器　仅开元通宝铜钱1枚，含于墓主口内。标本M086：8，廓较窄，笔画较细。"开"字二竖画外撇。"元"字上画短，重心偏向右侧；次画略左上挑。"通"字之"走"字呈三逗点，"甬"字上笔开口略大。"宝"下部"贝"字二横画与二竖画不相连。直径2.3、穿径0.7、廓宽0.2厘米，重3.0克（图一一B）。

铁器　铁刀1件。标本M086：2，打制，平面呈圆角长方形。长30.4、宽9.0厘米（图一一二B）。

墓砖　均为条砖，泥质，灰色，模制。大多为素面，手印纹砖较少。长边一侧较另一侧略薄。标本M086：6，手印纹条砖，背面平整，正面有刮模刮抹痕，印一小孩右手印。长29.0、宽15.0、厚3.6～4.2厘米。标本M086：7，手印纹条砖，背面平整，正面印一模糊的小孩手印，仅指部明显。长28.0、宽15.0、厚3.6～4.2厘米。

3.葬式　棺床发现人体骨架一具，肋骨以上较齐整，位于棺床西北角，侧卧，头朝西南，面向北，肋骨以下凌乱、残失。经鉴定为一年龄20～25岁的女性。

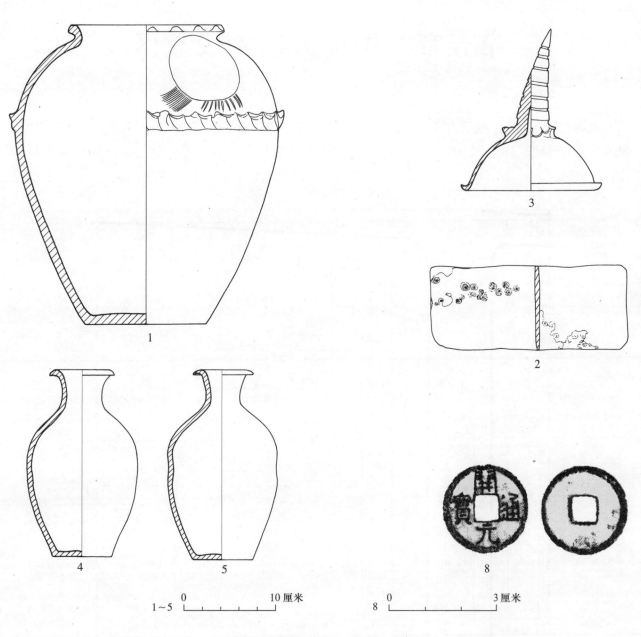

图一一二 B　M086 出土遗物
1.兽面罐　2.铁刀　3.盖　4、5.壶　8.开元通宝

第五章 中央大道南段墓区

中央大道南段墓区位于古城路南部的中央大道东西两侧，面积约20000余平方米，包括2003年清理的一至七号建筑基坑、2004年清理的九号建筑基坑内发现的33座唐墓，分别编号为M088～M120（图一一三）。

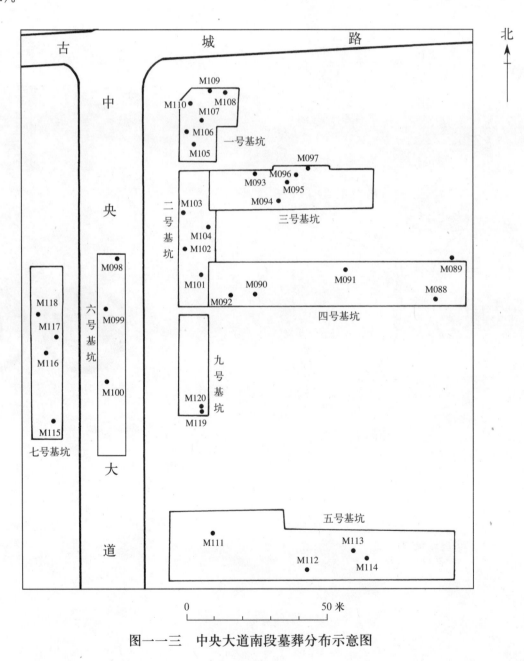

图一一三 中央大道南段墓葬分布示意图

一　M088～M092

（一）位置与地层

M088、M089、M090、M091、M092、M093 位于中央大道南部四号基坑内（图一一四）。四号基坑位于吴忠市利通区古城路南部，中央大道南段西侧，其西侧为二号基坑，南、北分别为三号和五号基坑。基坑东西长 84、南北宽 15.6、深 1.6 米。四壁剖面除东南部有 0.8 米厚的现代垃圾堆积层外，其余地层分为明显的三层，现以南壁中部 2 米宽的一段剖面为例介绍地层堆积如下（图一一五）：

第 1 层：近现代堆积层，厚 0.23～0.32 米。

第 2 层：灰褐色，土质黏结，包含砖块、炭粒、灰陶碎片等，厚 1.00 米。

第 3 层：黄褐色，土质黏结，包含少量的绳纹瓦片，厚 0.22 米。此层下为细沙层。

四号基坑墓葬分布密集，共探明墓葬 10 座，清理其中的 5 座，分别编号为 M088、M089、M090、M091、M092，另 5 座破坏严重，仅存残迹。所清的 5 座墓，由于早年盗掘和挖掘基坑的破坏，中上部均被毁，仅存下部。均为单室砖室墓，坐北朝南，斜坡形墓道，自 6 月 8 日～13 日，对其进行了清理。

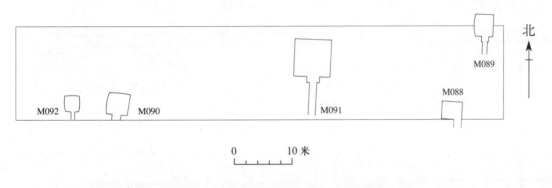

图一一四　中央大道南段四号基坑墓葬分布图

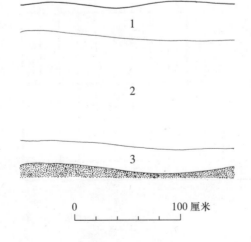

图一一五　中央大道南段四号基坑南壁地层剖面图

（二）M088

M088 位于中央大道南部四号基坑东南部，其东北部为 M089。甬道和墓道被压于基坑南壁，仅暴露少部。由于基坑挖掘较深，仅存墓葬底部，墓室四壁和随葬品、人体骨骼荡然无存。墓道上堆积大量的基坑土，未作清理。

1. 形制　M088 为刀把形单室砖室墓，方向185°，由墓道、甬道和墓室组成。墓道未清理，甬道和墓门偏开于南壁东部（图一一六）。

甬道　开于南壁偏东部，南北残深0.32、东西宽0.98、残高0.55米。用条砖一横、二纵错缝交替平砌，砌砖之间用草拌泥黏合。甬道东、西壁较墓室四壁宽一倍，残存壁面垂直。封门早年被毁，形制不详。

墓室　平面呈方形，仅残存底部，从残迹分析，四壁用单砖顺砌，墓室南北长3.1、东西宽3.16米，四壁仅存底层部分砌砖。棺床平面呈长方形，位于墓室北部，东西宽3.16、南北长1.70、高0.80米，与墓室的相应三壁相接。棺床面铺砖，仅保存南部，北部被毁。铺砖以对缝横铺为主，素面朝上。墓室地面亦铺砖，部分被毁。

北 ←

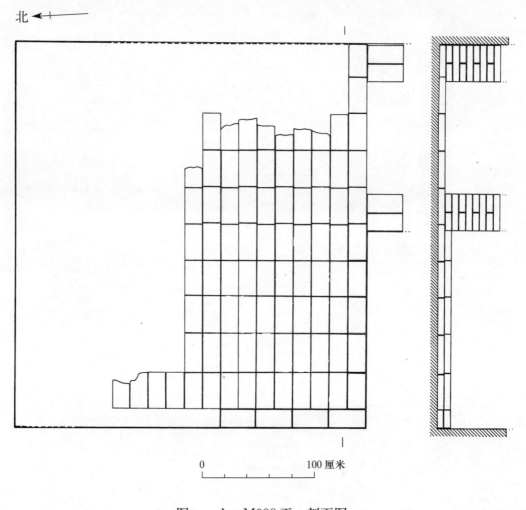

0　　　　　　　　100 厘米

图一一六　M088 平、剖面图

2.遗物　由于墓室被盗，随葬品无存。

墓砖　长方形条砖，灰陶，夹细砂，模制。背面多较粗糙，正面饰拉划纹，规格有29厘米和31厘米长两种。标本M088：1，背面不平，正面拉划疏浅的凹槽。长28.0、宽15.0、厚5.0厘米。标本M088：2，背面略平，正面有刮抹痕，中部拉划较宽且深的凹槽。长30.0、宽16.0、厚5.8厘米。

（三）M089

M089位于中央大道南部四号基坑西北部、M088东北部9米处。墓室北部叠压于基坑北壁中，保存较好，墓室南部和甬道、墓道南部仅存中下部。

1.形制　M089为倒凸字形单室砖室墓，方向183°，由墓道、甬道和墓室组成。墓室内砌棺床（图一一七A；图版六一）。

墓道　位于墓室南部偏东，北与甬道相接，东向偏离中轴线，偏离程度较大，底面斜坡状，坡度18°，底部为河积细沙，填土灰黄色，夹细沙，包含少量的绳纹瓦片，近墓门处堆积少量的砖块，可能为封门残留。残长2.40、宽0.80、残深0.75米。

甬道　位于墓室南部偏东，与墓室四壁同时用二条砖并排顺砌。平面长方形，东西宽0.58、残口宽0.52米，南北深1.20、残高0.75米。剖面呈梯形，即东、西二壁从二层砌逐层内收，东、西二壁面倾斜，规整。甬道东、西二壁中部，各砌一个内凹的长0.26、宽0.08米相对的封门槽（图版六一，2），残高0.68米。顶部被毁。二重封门，第一重沿甬道南口用条砖封门，封门砖南北宽0.31、残高0.78米，封门方法为：底层用条砖纵向东倾斜立，二层纵向西倾侧立，呈东向"人"字形。三、四层为横向错缝平铺的二层条砖，五层纵向出头平铺，六层纵向平铺，七层纵向东倾侧立一层，其上封门砖被毁，方法不详（图版六一，1）。第二重封门沿甬道中部的封门槽封堵，封门槽底部发现朽木痕，可能用木板或圆木侧立封堵，已残朽。

墓室　平面呈长方形，用二条砖顺砌于挖掘的长方形明坑中。四壁宽0.32米，直接砌筑于棺床面上，未挖基槽，北部保存较高，南部保存低。南、北壁壁面残存部垂直，东壁和西壁残存壁面内收倾斜。北、南二壁平面较直，东壁中部面略微外凸，西壁平面中部明显外凸，呈弧线形。墓室南北最长、东西最宽均在墓室中部。墓室东、西部南北长3.20、残高0.55～1.25米，北部东西宽2.50、残高1.25米，南部东西宽2.62、残高0.55米。棺床平面呈倒凹字形，高0.20米，南侧砌护壁墙。棺床的修筑方法为：从甬道北部沿砌墓室四壁的生土面下挖一个东西宽0.68～0.80、南北长1.40、高0.20米的梯形凹槽，凹槽北部用条砖平砌砖墙，形成倒凹字形棺床。棺床南侧壁和棺床平面沿凹槽周缘，先涂抹一层宽18.0、厚1.0厘米的草拌泥皮，然后抹一层厚0.5厘米的白灰泥皮，其上涂红色颜料，其中凹槽北部的彩绘带向西延伸到西壁。

2.遗物　墓室被盗，随葬品均破碎，有陶器、铜器、铜钱、铁剪及蚌壳等。

陶器　泥质，灰陶，以轮制为主。大多破碎，器形有塔状纽盖、罐和底座，为一套塔形罐，原来可能置于棺床西部。

塔状纽盖　1件。标本M089：19，由盖盘和塔纽分件制作黏接而成。底盘覆碗状，侈口，圆唇，腹下部微鼓，腹部较浅，内平底，外底假圈足，中部竖一盖纽。纽圆球状，顶部尖，戳一直径0.3厘米的竖孔。外壁和纽饰黑彩，局部脱落，底口径21.2、高11.6厘米（图一一七B）。

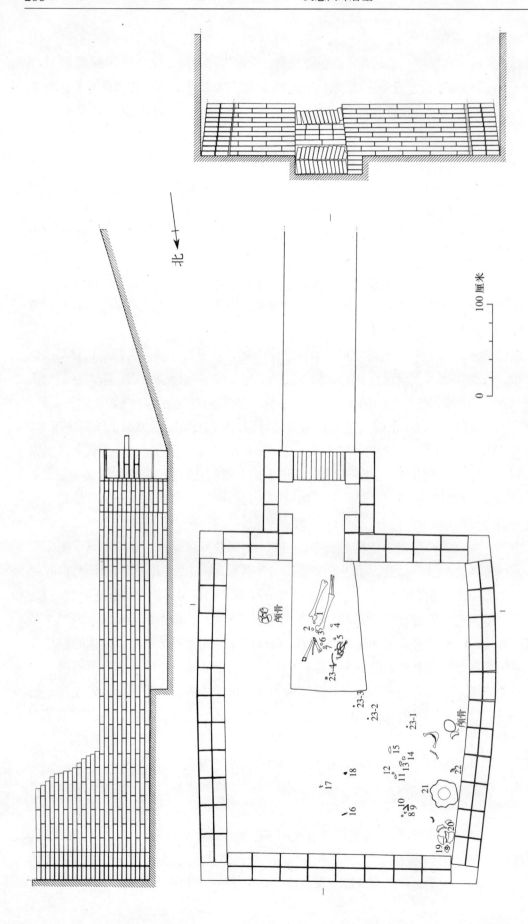

图一一七 A　M089 平、剖面图

1～3、5～7.半圆形铜铸饰　4.铜铊尾　8.铜合页　9、10.铜耳勺　11～15.玉雕饰件　16.铁剪残段　17.铁钉　18.蚌壳　19.盖　20.底座　21.兽面罐　22.兽面　23-1～4.开元通宝

罐　1件。标本M089：21，残，敞口，圆卷唇，低矮领，圆肩，腹上部圆鼓，平底，最大径在腹上部。外壁施白色陶衣，其上饰黑彩，残存局部。口径16.0、底径16.2、残高31.4厘米（图一一七B）。

底座　1件。残。标本M089：20，上口部较浅，呈浅腹钵状，敛口，圆唇，鼓腹较浅，底较大。底口部残存上部。外壁施灰白色陶衣，其上饰黑彩，局部脱落。上口部直径13.2、底口部残径25.0、残高13.0厘米（图一一七B）。

兽面　1件。标本M089：22，残存下部，模制。平面呈竖向扁圆形，底面低凹，正面中部高凸，饰一兽面。兽面咧嘴，右獠牙脱落，突出表现上唇和上牙，颧骨较平，鼻呈弧线三角形，眼圆球状，下部饰竖毛纹，下部两侧对穿一扁圆形穿孔。外施灰白色陶衣，上饰黑彩，局部脱落。残径5.5～6.5、厚3.4厘米（图一一七B）。

铜器　有铜铊饰、耳勺、合页和铜钱。铊饰模铸，正面鎏金，主要出土于棺床中部骨骼周围，墓室地面北部也有发现，正面和底面出土时均分离，有铊尾和半圆形铊饰两种。

半圆形铜铊饰　3件。除1件完整者外，其余2件均残。平面略呈圆角梯形，短边一侧圆角，长边一侧方角，有一长方形的穿孔；四周向下包合，呈覆斗状。标本M089：1，底面两方角和圆头端各有一铜铆钉。长3.3、宽4.0、厚0.6厘米（图一一七B；图版六二，1左2）。标本M089：2，底面方角和圆头端各有一0.4厘米高的铆钉。长3.2、宽4.0、厚0.6厘米（图一一七B；图版六二，1左1）。标本M089：3，残存圆角端。一圆角加厚，此为错范所致；表面鎏金，大部脱落；圆头端和一方角各有一长0.4厘米的铆钉。残长3.0、宽4.0、厚0.6厘米（图一一七B；图版六二，1右2）。

半圆形铜铊饰底面　3件。均残，由铜片加工而成。标本M089：5，残存圆头端，由薄铜片切割加工而成，平直。残长2.5、残宽3.4厘米。标本M089：6，残存圆头端，较薄。残长3.5、残宽3.8厘米。标本M089：7，残存中部，较薄。残长3.2、残宽3.6厘米（图一一七B）。

铜铊尾　1件。残存底面。标本M089：4，一方角残失，平面呈圆角长方形，较薄，锈蚀。长5.6、宽3.9厘米（图一一七B；图版六二，1右1）。

铜耳勺　2件。标本M089：9，打制，耳柄较长，由扁圆环逐渐窄小到实心柄，柄端打制一直径0.5厘米的圆角方形小勺。扁圆环顶部断裂；实心柄部刻划间距不一的阴弦纹，因锈蚀而模糊。长9.1厘米（图一一七B；彩版一二，3上；图版六二，2上）。标本M089：10，打制，残存实心耳柄和耳勺，实心耳柄残端分叉，断面圆形，从分叉处向耳勺逐渐变细，其上刻划间距、粗细不一的阴弦纹；耳勺平面呈桃形，直径0.6厘米，从分叉处观察，它由断面呈半圆形，中部向两端逐渐变小的铜片弯曲打制而成。残长5.7厘米（图一一七B；彩版一二，3下；图版六二，2下）。

铜合页　1件。标本M089：8，平面呈"8"字形，打制。正面周缘略向下包合，底面二端各有三个对称的呈三角形分布的铜铆钉，其中一个残失，铆钉残长6.0厘米；中轴为铁轴。宽2.6、长5.0厘米（图一一七B）。

"开元通宝"　4枚。钱样粗糙，锈蚀。标本M089：23－1，"开"字二竖画明显外撇。"元"字上画长，次笔略左上挑，末笔微右上挑。"通"字右旁"甬"字开口略大。直径2.3、穿径0.7、廓宽0.2厘米，重3.6克。标本M089：23－2，背面穿上部一新月纹。直径2.4、穿径0.7、廓宽0.2厘米，重3.0克。标本M089：23－3，直径2.4、穿径0.7、廓宽0.2厘米，重3.2克。标本M089：23－4，背面穿上部一新月纹。直径2.6、穿径0.7、廓宽0.3厘米，重4.2克（图一一七B 4）。

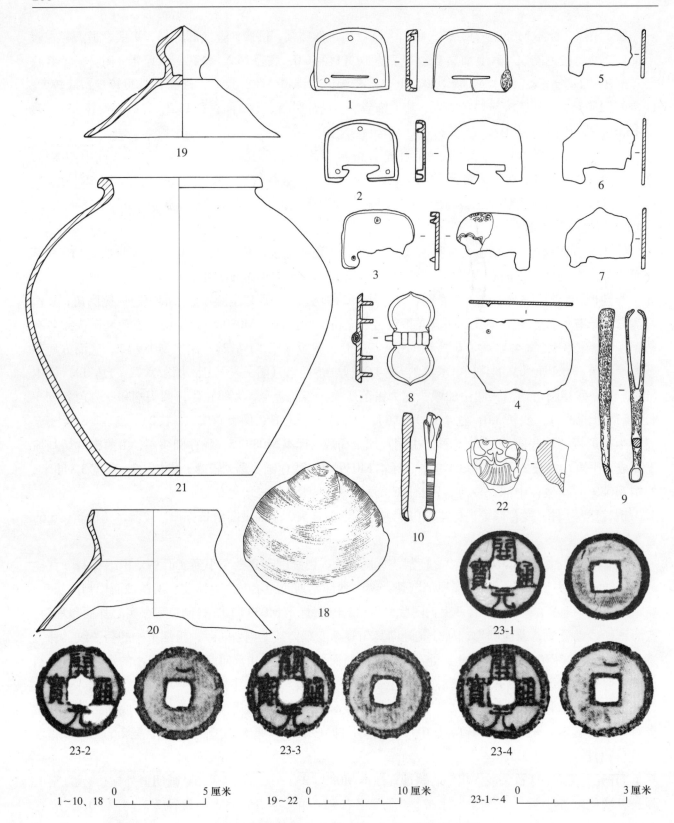

图一一七 B　M089 出土遗物

1～3、5～7.半圆形铜銙饰　4.铜铊尾　8.铜合页　9、10.铜耳勺　18.蚌壳
19.盖　20.底座　21.兽面罐　22.兽面　23-1～4.开元通宝

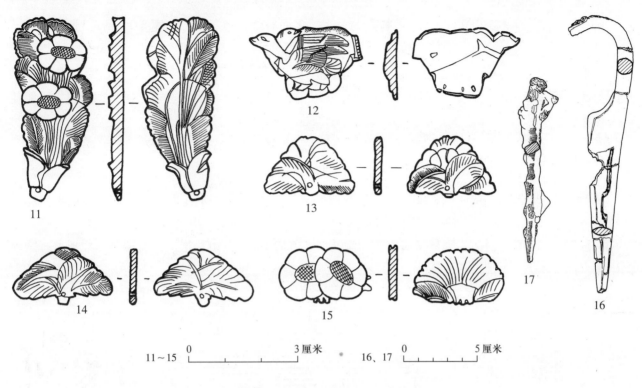

11～15 ├─────┼─────┤厘米　　16、17 ├─────┼─────┤厘米
0　　　　　3　　　　　　　　0　　　　　5

图一一七 C　M089 出土遗物

11～15.玉雕饰件　16.铁剪残段　17.铁钉

铁器　有铁剪和铁钉。

铁剪　1 件。标本 M089：16，残存一侧，剪柄环状，剪刃粗厚，较长，刃背较直，刃部因锈蚀圆秃。残长 14.6、宽 2.0 厘米（图一一七 C）。

铁钉　1 枚。标本 M089：17，钉帽残失，断面呈长方形，通体锈蚀，锈结着朽木痕。残长 9.8 厘米（图一一七 C）。

玉雕饰件　5 件。出土于棺床中部，均为白玉，片雕，雕刻细腻。标本 M089：11，片雕花叶纹，平面呈柳叶状，正面浮雕花叶和两朵花朵，花茎之间用透雕，花蕊上细刻叶脉纹；背面平滑，阴刻茎、叶纹，近柄刻一花盆与花茎相连；柄较短，圆柱状，中部有一直径 0.1 厘米的穿孔。长 4.9、宽 2.0 厘米（图一一七 C；彩版一三，1 右；图版六二，3 右）。标本 M089：12，片雕交颈双鸟纹，微残。正面浮雕交颈的双鸟，局部透雕；雕刻细腻逼真。底面平滑，刻划斜线纹。长 3.0、宽 1.9 厘米（图一一七 C；彩版一三，1 中上；图版六二，3 中上）。标本 M089：13，片雕花叶纹，平面呈圆角三角形，正面阳刻花叶纹，其上阴刻叶脉纹；背面阴刻花叶纹；玉色略泛红。底边中部一直径 0.1 厘米的穿孔，其下一微凸的方柄，锈结着少许铁锈。宽 2.4、高 1.6 厘米（图一一七 C；彩版一三，1 左上；图版六二，3 左上）。标本 M089：14，片雕花叶纹，平面呈圆角三角形，较标本 M089：13 矮、宽。正面阳刻花叶纹，其上阴刻叶脉纹；背面阴刻花叶纹。两面均平滑，玉色纯白。底边中部有一直径 0.1 厘米的穿孔，其下一略凸的方柄，其下锈结着 0.2 厘米长的铁柄。宽 2.7、高 1.5 厘米（图一一七 C；彩版一三，1 左下；图版六二，3 左下）。标本 M089：15，片雕花朵纹，平面略呈半圆形，正面雕刻二朵相叠的花朵；底面平滑，阴刻花草纹。玉色纯白。宽 2.5、高 1.5 厘米（图一一七 C；彩版一三，1 中下；图版六二，3 中下）。

　　蚌壳　1件。标本M089：18，天然蚌壳的一半，表面有红褐色条斑纹。宽8.0、高7.3厘米（图一一七B）。

　　3.葬式　墓室被盗，人体骨骼凌乱不全，葬式不详。经鉴定有人体骨架三具，分别为一位50岁以上的男性、30~45岁的男性和35~45岁的女性。出土铁钉，说明有棺木等葬具，出土铜合页，可能随葬有梳妆盒。

　　（四）M090

　　M090位于中央大道南部四号基坑西部，其西部4.4米为M092，东北部28米为M091。墓道位于基坑南壁，未清理。中上部被毁，残存下部。

　　1.形制　M090为倒凸字形单室砖室墓，南北向，方向193°，由墓道、甬道和墓室组成。墓室内砌棺床（图一一八；图版六三，1）。

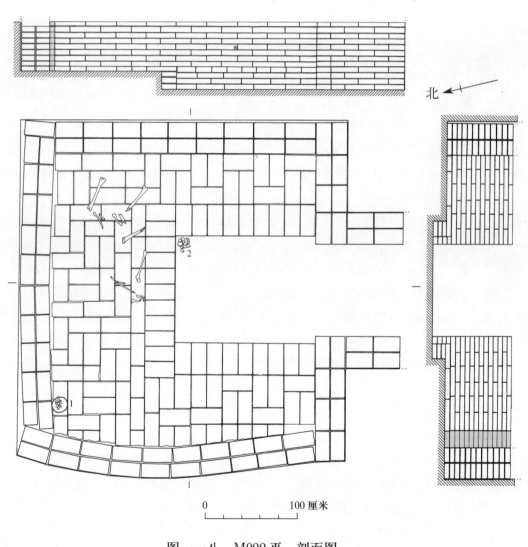

北 ←

0　　　　　　　100厘米

图一一八　M090平、剖面图

1.罐底残片　2.壶底残片

甬道　砌于墓室南部，东向略微偏离中轴线，东西宽0.96、南北深0.94、残高0.85米，东、西壁宽0.33米，与墓室四壁同时用二条砖并排顺砌，残存壁面垂直。顶部和封门被毁，形制不详。

墓室　平面略呈方形，砌筑于挖掘的方形明坑中。四壁平砌于生土面上，宽0.33米，底层用二条砖并列顺砌，其上用条砖反向横砌，如此交替平砌，砌砖之间用草拌泥黏合；残存壁面垂直。东壁和南壁平面平直，北壁平面中部略微外凸，西壁平面中部明显外凸。墓室南北最长、东西最宽均在墓室中部。南北长3.00、南部东西宽2.88、北部东西宽2.95、残高0.46~0.85米。棺床平面呈倒凹字形，高0.25米，与墓室四壁相接，东、南、西侧壁砌护壁，棺床面平铺砖。棺床的砌筑方法为：墓门两侧各外扩0.20米，沿生土面挖一东西宽1.60、南北长1.67、深0.20米的长方形凹槽，凹槽东、西、北三面用条砖错缝平砌0.20米高的砖墙，其上铺砖，形成倒凹字形棺床。长方形凹槽东西两侧用条砖横向平铺一砖，北侧纵向平铺一砖，从此铺砖始铺棺床面。棺床面均用条砖平铺，素面朝上，以"丁"字形铺法为主，辅以纵向和横向铺砌。低于棺床的长方形凹槽，为墓室地面，与甬道地面平，未见铺砖。

2.遗物　墓室被严重盗扰，随葬品破碎，仅存陶器。

陶器　泥质，灰陶，轮制。均为残片，可辨器形有罐、壶。

罐　1件。标本M090∶1，残存腹下部和底部，鼓腹，平底。底径11.0、残高4.5厘米。

壶　1件。标本M090∶2，残存腹下部，腹下部斜直，平底。底径6.4、残高2.0厘米。

墓砖　长方形条砖，泥质，灰色，模制。有绳纹和拉划纹两种，以拉划纹为主，绳纹较少，规格有30厘米和33厘米长两种，以前者为主；前者均为拉划纹，后者较少，为绳纹。标本M090∶4，背面凸凹不平，正面粗糙，模印交错绳纹。长33.0、宽16.0、厚5.0厘米。标本M090∶5，一角微残，背面粗糙，正面拉划窄而深的凹槽纹。长30.0、宽15.0、厚5.0厘米。

3.葬式　棺床发现人体骨架一具，除右腿骨外均凌乱，从在腿骨的置向分析，头可能朝西。经鉴定墓主人为一年龄45~50岁的男性。

（五）M091

M091位于中央大道南部四号基坑中部，仅残存下部，其东北、东南和西南部各有一座墓被挖毁。

1.形制　M091为倒凸字形单室砖室墓，南北向，方向185°，由墓道、甬道和墓室组成（图一一九A；图版六四）。

墓道　位于墓室南部，东向略微偏离中轴线，底面斜坡状，坡度9°。残长7.80、宽1.06、残深0.64米。墓道东、西二壁的北部，用土红色未烧熟的条砖从底部向上各砌一段长2.30米的砖墙。填土黄色，其北部即墓道东、西二砖墙段包含较多的条砖，条砖残段，南段包含少量的条砖残段和灰陶碎片。

甬道　位于墓室南部，与墓室四壁同时砌筑。东西宽0.90、南北深2.36、残高0.64米。东、西壁宽0.60米，下挖0.90米深的基槽，用条砖平砌，底层用条砖顺砌，其上反向、顺砌，残存壁面垂直、平整。顶部被毁，形制不详。甬道东、西二壁中部，各砌一对称的壁龛，壁龛底宽0.68、深0.39、残高0.54米。龛南、北壁0.40米高处逐层出头叠压，形成叠涩尖顶，微残（图版六三，2）。甬道南口略北东西二壁，各砌一内凹、对称的凹槽。凹槽长0.36、宽0.18、深1.16米，以封门之用。封门二重。第一重沿封门槽封堵，现已被毁，由于封门槽的长、宽与一条砖长、宽相同，疑此封门可能用条砖沿封门槽叠压平砌砖墙封门。第二重封门位于甬道中部，即封门凹槽和壁龛之间，南北宽0.72、残高

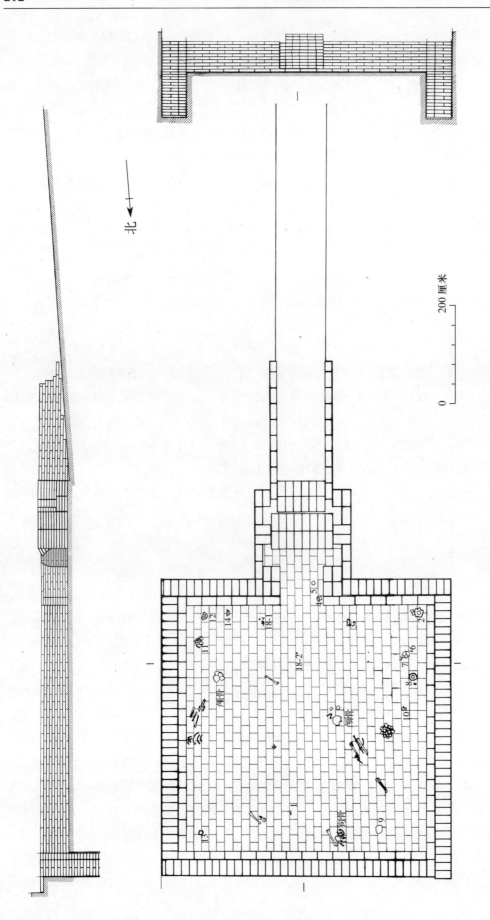

北

0　　　　200 厘米

图一一九 L A　M091 平、剖面图

1.铁钉　2、10.罐底部　3.双耳罐口沿　4、6、7、13.底座上口部
5、8、12、14.壶底　9.罐口沿　11.底座颈部　18-1~2.开元通宝

0.64 米，以条砖纵向平铺为主，两侧多用条砖侧立。

墓室　平面呈方形，砌筑于挖掘的方形明坑中。四壁宽 0.52 米，沿墓室地面下挖 0.90 米深的基槽，用拉划纹条砖一层并排、二层反方向并排交替顺砌。四壁平面较直，残存壁面垂直，平整。北壁残高 0.64 米高处，砌砖外扩一条宽，平砌于生土层上，残存中部，此外扩的砌砖可能系砌顶之用。其余三壁此层砌砖被毁。南北长、东西宽均 5.00、残高 0.64 米。墓室未砌棺床，地面铺砖，以条砖竖、横交替对缝平砌为主，局部用"个"字形砌法。

2.遗物　墓室被严重盗扰，随葬品仅剩陶器、铜钱和铁钉。

陶器　泥质，轮制。均为残片，分为红陶和灰陶两种，主要出土于墓室。

红陶系器形有罐、底座和壶。底座下口部分属于 3 个不同的个体；罐口沿和底部碎片，分属于 4 个不同的个体，其中双耳罐 1 件；陶壶底部残片，分属 5 个不同的个体。

罐　3 件。2 件为底部，1 件为双耳罐口部。标本 M091：3，双耳罐口沿，微敞口，圆卷唇，低矮领，圆肩，肩部贴对称的竖耳。口径 12.4、残高 10.2 厘米（图一一九 B）。标本 M091：10，罐底部，平底。底径 20.0、残高 7.6 厘米。标本 M091：15，罐底部，平底。底径 19.0、残高 6.0 厘米。

底座　2 件。标本 M091：7，底座底口部残件，敛口，宽平沿，圆唇，鼓腹。底口径 28.0、残高 15.6 厘米（图一一九 B）。标本 M091：11，底座上口部残件，外壁贴饰一周较细的花瓣状附加堆纹。残口径 11.6～14.0、残高 9.4 厘米。

壶　1 件。标本 M091：5，残，平底。底径 10.1、残高 7.6 厘米。

灰陶系陶器有罐、底座和壶，均残。底座上口部和颈部残片，分属两个不同个体；罐底部残片，分属于两个不同个体；壶颈部 1 件。

罐　2 件。均残。标本 M091：2，罐底部，平底。外部墨绘图案，模糊。底径 14.2、残高 12.6 厘米。标本 M091：9，罐口沿，敛口，圆唇，低矮领，圆肩，肩部有墨痕。口径 14.0、残高 4.0 厘米。

底座　3 件。均为上口部，呈浅盘状，敛口，圆唇，腹上微鼓下斜收。标本 M091：13，底座上口部残件，口径 16.0、残高 5.0 厘米。标本 M091：4，口径 16.8、残高 6.2 厘米。标本 M091：6，口径 19.2、残高 4.2 厘米。

壶　3 件。残存底部。标本 M091：8，壶底部残件，外壁打磨光滑，墨画竖线纹，较模糊，平底。底径 9.6、残高 9.6 厘米。标本 M091：12，壶底部残件，斜腹，平底。底径 9.2、残高 5.0 厘米。标本 M091：14，壶底部残件，圈足。底径 18.0、残高 2.8 厘米。

M091 的随葬陶器至少有 5 套塔形罐，6 件陶壶。

铜器　仅有"开元通宝"铜钱 2 枚。标本 M091：18－1，"开"字二竖画明显外撇。"元"字上画较长，次画略呈弧线状，左无上挑，末笔略顿。"宝"字下部"贝"字二横画与二竖画相连。背面上部一新月纹。直径 2.4、穿径 0.6、廓宽 0.2 厘米，重 3.5 克。标本 M091：18－2，廓较宽，字迹较模糊，但"元"字上画较长，次画末笔略顿；"通"字之"甬"字上笔开口略大。直径 2.4、穿径 0.7、廓宽 0.2 厘米，重 3.4 克（图一一九 B）。

墓砖　长方形拉划纹条砖，泥质，灰色，模制。标本 M091：16，背面较平整，正面中部略凹，用梳齿状工具拉划细密的凹槽。长 35.0、宽 18.0、厚 5.5 厘米。标本 M091：17，背面、侧面平整，正面略凹，用梳齿状工具拉划细密的凹槽。长 35.0、宽 18.0、厚 5.5 厘米。

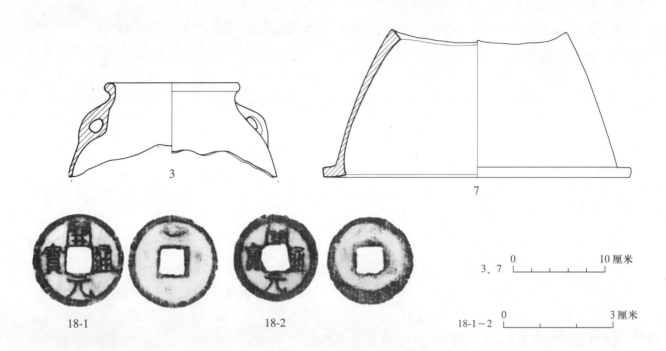

图一一九 B　M091 出土遗物
3.双耳罐口沿　7.底座上口部　18-1～2.开元通宝

3.葬式　墓室被盗，人体骨骼凌乱不全，具体葬式不详。经鉴定有骨架五具，两男两女，另一为婴儿。男性的年龄分别为50岁以上和25～30岁，女性年龄分别为50岁以上和成年，婴儿的年龄0.5～1岁。墓室出铁钉，说明曾用棺木等葬具。

（六）M092

M092 位于中央大道南部四号基坑西南部，其东部为M090，二者相邻，似有某种关系。部分墓道被压于基坑南壁中，由于堆积大量的基坑发掘土，故未作清理。

1.形制　M092 为倒凸字形单室砖室墓，南北向，方向188°，由墓道、甬道和墓室组成。墓室内砌棺床（图一二〇 A；图版六五）。

墓道　位于墓室南部略偏西，即略微西向偏离中轴线，斜坡状，坡度9°。残长1.02、宽0.80、残深0.90米。填土黄色，疏松，包含少量的陶片。

甬道　位于墓室南部，较短，东、西壁用条砖与墓室四壁同时错缝平砌，东、西壁从二层砌砖起逐层略微内收，形成弧形壁面，比较规整。拱形顶，中部被毁，残存东、西侧券砖。南北深0.32、残高0.90米，底部东西宽0.80、残口宽0.50米。沿甬道用条砖封门，南北宽0.32、残高1.06米。用条砖、砖块纵向和横向交替平砌为主，侧立为次，砌砖之间用草拌泥黏合。封门砖墙南壁面平整，北面不平。

墓室　平面略呈弧边方形，单砖顺砌于挖掘的方形明坑中。四壁单层，平面中部明显外凸，呈弧线形。壁面逐层略内收，其中西壁较南北壁内收略大，南壁内收较小。顶部被毁，形制不详。墓室南北长2.45、东西宽2.40、残高0.55～0.96米。棺床平面形制呈倒凹字形，四壁面与相对应的墓室四壁

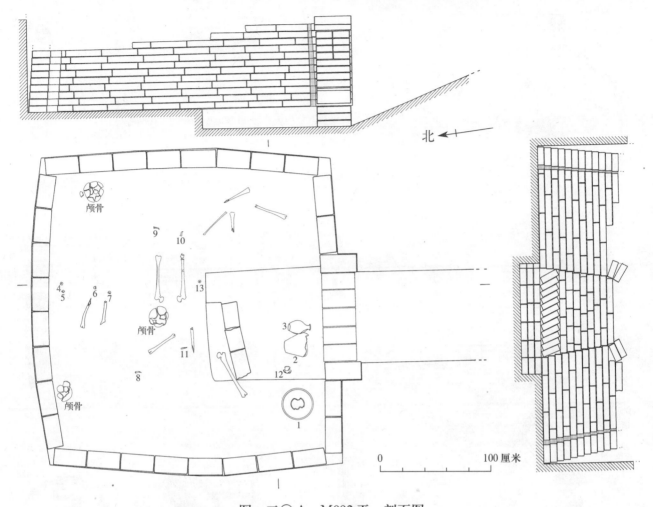

图一二〇 A　M092 平、剖面图

1.底座　2.兽面罐　3.执壶　4、5.方形铁铧饰　6、7.半圆形铁铧饰　8~11.铁钉　12.盖　13.开元通宝

相接，其修筑方法与 M089 棺床同，但 M092 棺床有明显的二次利用修补痕。原棺床：平面呈倒"凹"字形，高 0.18 米，素面，即棺床面为生土面，棺床与墓门间为一长 1.05、东西宽 1.00、深 0.18 米的长方形凹槽，此即墓室地面。对原棺床的加宽：因某种需要，在倒凹字形棺床南部，又向南加宽 0.30 米，南侧壁用条砖平砌，其与原棺床之间填充熟土，东部被毁，存西部。

2.遗物　墓室被盗扰，随葬品凌乱，有陶器、铜钱、铁铧饰和铁钉等。

陶器　泥质，灰陶，轮制。器形有底座、兽面罐、盖和执壶，底座破碎，底口部和碎片集中分布于棺床的西南角，盖分布于地面西北角，兽面罐碎片集中分布于棺床西南部东侧，门口西侧，出土一执壶，从底座和兽面罐器盖残片位置分析，陶器应分布于棺床西南角（图版六六，1），随葬品组合为塔形罐和壶。

盖　1 件。标本 M092：12，盖纽残失。盖盘呈覆盘状，敞口，斜腹，平底。内、外壁施灰白色陶衣，外壁墨绘图案，模糊不清。底口径 19.6、残高 4.0 厘米（图一二〇 B；图版六六，2）。

兽面罐　1 件。标本 M092：2，敞口，圆卷唇，圆肩，上腹圆鼓，平底，最大径在腹上部。腹上部贴饰模制兽面四个，一个残失。兽面咧嘴獠牙，大颧骨，鼻翼低平，下刻两鼻孔，细眉大眼，两角粗短

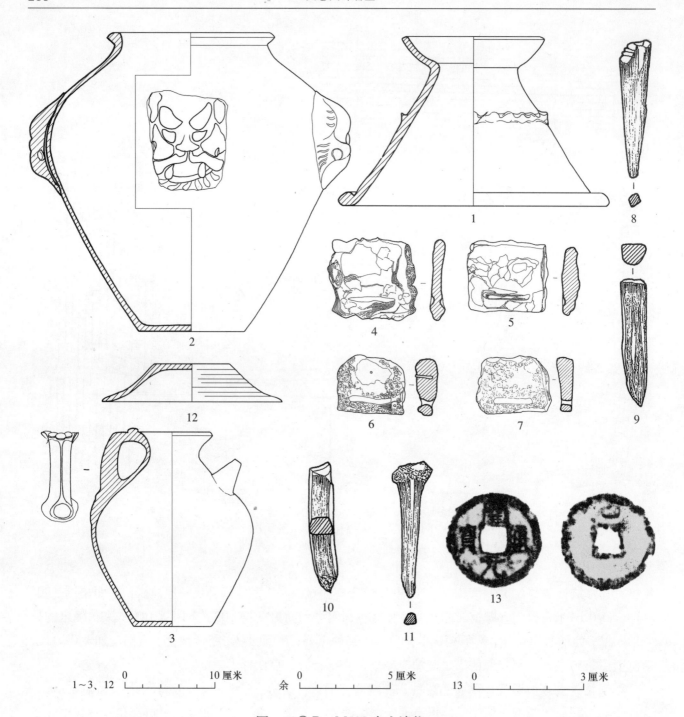

图一二〇 B　M092 出土遗物

1.底座　2.兽面罐　3.执壶　4、5.方形铁铐饰　6、7.半圆形铁铐饰　8~11.铁钉　12.盖　13.开元通宝

凸起，两耳位于双角两侧，颧骨两侧稍下各一穿孔，下饰竖毛纹（图版六六，3）。外壁施灰白色陶衣，上墨绘花朵纹，因颜料脱落不清。口径 15.0、底径 11.4、高 31.4 厘米（图一二〇 B；图版六六，2）。

底座　1件。标本 M092：1，由上口部和底口部分件制作黏接而成。上口部钵状，脱底，敞口，方唇，浅腹。外壁腹部贴饰一周花瓣状附加堆纹。底口部喇叭筒状，敞口，圆唇，宽平沿，平沿外侧较高，斜腹较深。底口部外壁施灰白色陶衣，上墨绘花朵纹，模糊。上口径 14.4、底口径 26.0、高

18.0厘米（图一二〇B；图版六六，2）。

执壶　1件。标本M092：3，敞口，圆唇，腹上部圆鼓，小平底。唇侧至肩部饰一竖耳，与其相对的一侧肩部饰一喇叭筒状流；竖耳两侧向上翻卷，中部一细窄槽，耳上部饰三个乳丁纹，下端饰一乳丁。流较短，口径0.8厘米。口径8、底径8.4、高20.6厘米（图一二〇B；图版六六，4）。

铜器　仅"开元通宝"铜钱1枚。标本M092：13，字迹较模糊。"宝"字下部"贝"字二横画与左右竖画相连，背面穿上部一新月纹。直径2.6、穿径0.6、廓宽0.2厘米，重3.9克（图一二〇B）。

铁器　有方形和圆头长方形铁锊饰两种4件（彩版一二，4；图版六六，5），出土于棺床中部和北部。

方形铁锊饰　2件。标本M092：4，下部残失，平面略呈方形，邻长边一端有一长方形的孔眼，因锈蚀，孔眼长2.2、宽0.4厘米左右。底面高低不平。边长4.3×4.7、残厚0.7厘米（图一二〇B；彩版一二，4右1；图版六六，5左1）。标本M092：5，平面略呈方形，邻长边一端有一长方形的孔眼，因锈蚀孔眼几乎黏连一起，而且两面剥落，不平，一面二方角各有一铜铆钉痕。边长3.8×4.4、厚1.0厘米（图一二〇B；彩版一二，4右2；图版六六，5左2）。

半圆形铁锊饰　2件。标本M092：6，平面呈圆头长方形，由上、下部铆合而成，长边一端圆头，一端有一长2.2、宽0.4厘米的孔眼，上部四周向下包合，下部大部残失。残破面两方角和圆头中部各有一铜铆钉痕（图一二〇B；彩版一二，4左1；图版六六，5右1）。长3.6、宽3.0、厚1.2厘米。标本M092：7，平面形制与标本M092：6相同，因锈蚀上、下部锈结于一起，底面和正面铁皮均剥落。长4.1、宽3.0、厚0.9厘米（图一二〇B；彩版一二，4左2；图版六六，5右2）。

铁钉　打制，大多为残段，锈蚀，体侧锈结着朽木。出土于棺床。标本M092：8，中部残段，断面略呈方形。残长3.6厘米。标本M092：9，残存下段，尖较锐，断面呈圆角方形。残长3.4厘米。标本M092：10，铁钉下端残段，断面略呈方形，较粗，残长3.4厘米。标本M092：11，钉帽较小，呈扁圆形，钉体较细，尖部较锐，断面呈方形。长3.5厘米（图一二〇B）。

3.葬式　棺床骨骼凌乱不全，葬式不详。经鉴定为三个个体，其中两个为成年男、女性，一具为20~25岁的男性，属三人合葬。由于棺床有加宽的痕迹，因此，此墓很可能被二次利用。出土铁钉，说明曾使用棺木等葬具。

二　M093~M097

（一）位置与地层

M093、M094、M095、M096、M097位于中央大道南部三号基坑内（图一二一）。三号基坑位于四号坑的北部，其西部为一号和二号坑，东西长45、南北宽15~16.4、深2.06米，属民居建筑基坑。基坑四壁剖面，与四号基坑的地层同（参见图一一五）。基坑内分布墓葬5座，分布集中，自西向东分别编号为M093~M097，南北向，由于挖掘基坑的破坏，墓葬仅保存中下部。自6月14日至18日，对其清理。

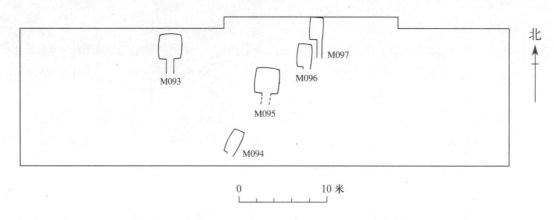

图一二一　　中央大道南段三号基坑墓葬分布图

（二）M093

M093 位于中央大道南部三号基坑西北部，其东部自南向北集中分布 M094～M097 四座墓葬。中上部被毁，残仅存下部。

1.形制　M093 为倒凸字形单室砖室墓，方向 179°，由墓道、甬道和墓室组成（图一二二；图版六七，1）。

墓道　位于墓室南部略偏西，底面斜坡状，坡度 30°，挖掘于黄褐色黏结土层中，两壁较直。残长 1.75、宽 0.88、残深 0.98 米。填土灰黄色，土质坚硬，包含炭粒、砖块等。

甬道　位于南壁中部略偏西，南接墓道，与墓室南壁同时叠压平砌，东、西壁壁面垂直，拱形顶，大部残失，仅存东、西侧侧立券砖。南北深 0.32、残高 0.96 米；甬道底宽 0.80 米。东西壁 0.60 米高处起券（图版六七，2）。沿甬道南口封门，部分封门墙暴露于墓道中，封门墙用条砖横向错缝平砌，南北宽 0.15、残高 0.84 米。

墓室　平面略呈弧边方形，单砖顺砌于挖掘的方形明坑中。四壁单重，宽 0.15 米，未挖基槽，直接砌于棺床面生土层上，砌砖之间用草拌泥黏合。东、西、北三壁平面中部明显外凸，南壁平面略外凸。东、西、北三壁砌砖从二层起逐层略微内收，壁面呈弧状，南壁残存壁面垂直，比较规整。墓室南北最长、东西最宽均在墓室的中部。南北长 2.48、东西宽 2.15、残高 0.98 米。墓室上部遭毁，形制不详。棺床西面呈倒凹字形，高 0.20 米，素面，砌棺床南侧未砌护壁，东、南、西、北四面分别与对应的墓室四壁相接。棺床的修筑，沿甬道方向在墓室生土面的南部挖掘一个南北长 1.32、东西宽 1.28、深 0.20 米的方形凹槽而成。墓室地面较小，与甬道地面平，未见铺砖。

2.遗物　墓室被盗，随葬品仅剩陶器。

陶器　灰陶罐 1 件。破碎，分布于棺床西北部。标本 M093：1，泥质，灰陶，轮制。敞口，圆卷唇，低矮领，圆肩，上腹圆鼓，平底。外壁腹部、肩部有墨绘图案。口径 16.0、底径 13.0、高 31.8 厘米（图一二二；图版六七，3）。

墓砖　拉划纹条砖，灰色，泥质，模制。标本 M093：2，背面平，四侧略显粗糙，正面有刮抹痕，中部用梳齿状工具二次拉划较深竖条纹。长 31.0、宽 14.0、厚 5.0 厘米。标本 M093：3，背面中部略凹，正面粗糙，拉划纹较深。长 30.0、宽 14.0～15.0、厚 5.0 厘米。

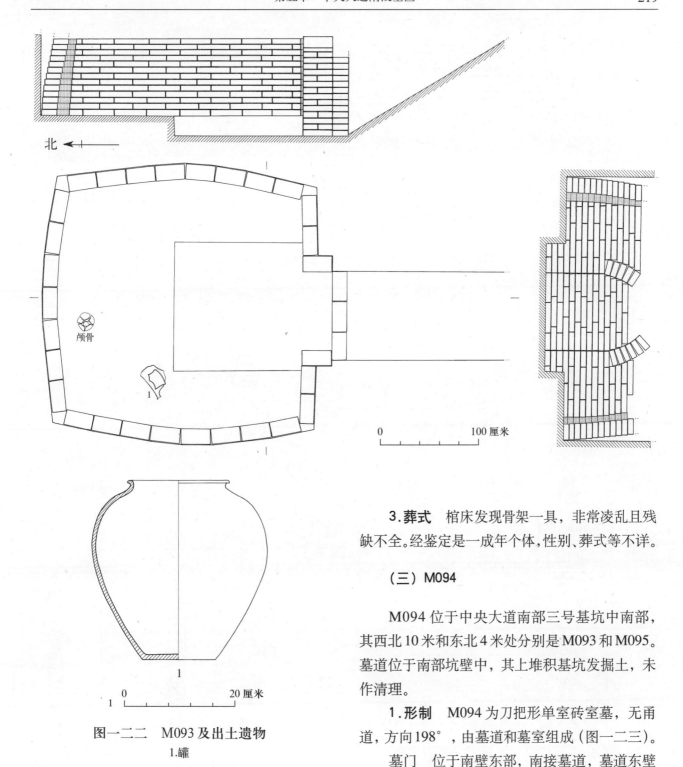

北 ←

0　　　　　　　　100 厘米

0　　　　　　20 厘米
1

图一二二　M093 及出土遗物
1.罐

3.**葬式**　棺床发现骨架一具，非常凌乱且残缺不全。经鉴定是一成年个体，性别、葬式等不详。

（三）M094

M094 位于中央大道南部三号基坑中南部，其西北 10 米和东北 4 米处分别是 M093 和 M095。墓道位于南部坑壁中，其上堆积基坑发掘土，未作清理。

1.**形制**　M094 为刀把形单室砖室墓，无甬道，方向198°，由墓道和墓室组成（图一二三）。

墓门　位于南壁东部，南接墓道，墓道东壁和墓室东壁南北在同一直线上。其东壁为墓室东壁的南段，壁面内收呈弧形，残高 0.40 米，西壁为南壁东侧，残高 0.20 米，壁面内收。顶部被毁，形制不详。沿墓门南口用条砖横向错缝平铺封门，封门墙单重，与墓室北壁相似，呈西北－东南向倾斜，宽 0.16、残高 0.30 米，墙面较规整。

墓室　平面呈弧边长方形，单砖顺砌于挖掘的长方形明坑中，砌砖之间用草拌泥黏合。四壁单重，

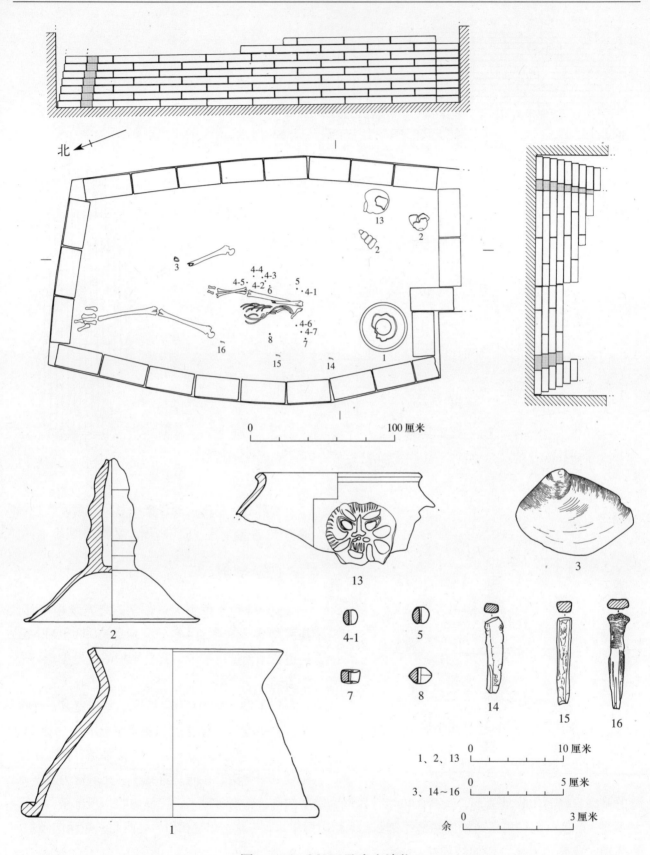

图一二三　M094 及出土遗物

1.底座　2.盖　3.蚌壳　4-1～7.Ⅰ式玻璃珠　5、6.Ⅱ式玻璃珠　7.骨珠　8.珍珠　13.兽面罐残片　14～16.铁钉

未挖掘墙基，直接砌于墓室地面上，北部略窄于南部。北壁平面平直，略呈西北－东南向，东壁和西壁中部明显外凸，南壁较短，平直。四壁从二层砌砖起逐层内收，壁面规整。墓室北部东西宽1.00、南部东西宽1.15米，南北长2.30、残高0.20～0.45米。没有棺床，墓室地面素面，未见铺砖。

　　2. 遗物　被盗，随葬品有陶器、骨珠、蚌壳、玻璃珠等，在墓室扰土中散见铁钉。

　　陶器　泥质，红陶，轮制。均残破，器形有底座、器盖和罐，即一套塔形罐，底座和盖、罐碎片集中出土于墓室西南部，说明随葬陶器曾放置于墓室西南角。

　　塔状纽盖　1件。标本M094：2，底盘覆碗状，敞口，平沿，腹上部微鼓，中部微凹，下部又微鼓，呈双腹状，内底小，外底平，中部黏接一塔盖纽。盖纽塔状，中空，顶部微残，平面呈圆形，每层中部呈"U"形槽，层与层间为一突棱，刹顶呈葫芦状，较大，顶部残失，为一小孔眼。盖盘内底中部微凹，内外壁施灰白色陶衣，外壁饰较淡黑彩，局部脱落。口径18.0、高17.2厘米（图一二三；图版六八，1）。

　　兽面罐　1件，残存口沿。标本M094：13，敞口，圆唇，鼓肩，肩部贴饰一兽面。兽面残存中部，平面呈圆形，兽面嘴部用突出的圆丘和圆棱表示，高颧骨，鼻较长，环眼凸睛，双角呈高凸倒"八"字形，左耳被右眉劈为两半，右耳被抹平，兽面周缘饰竖毛纹，鼻下戳一孔。口径16.4、残高10.0厘米（图一二三）。

　　底座　1件。标本M094：1，底口部覆盆状，敛口，宽平沿，卷沿，沿和外壁间为一凹槽，腹上部微鼓较深，脱底，底侧向外折形成浅盘状的上口。上口部敞口，圆唇，浅腹，上口部和底口部间的夹角呈弧角，外壁腹部浅槽和低棱相叠，内外壁施灰白色陶衣，底口部外壁腹部有红彩和片状墨痕，模糊不清。上口径16.8、底口径28.8、高17.8厘米（图一二三；图版六八，2）。

　　铁器　仅有铁钉，多为残段，侧面锈结着朽木。标本M094：14，残存下部半段，断面呈长方形，残长4.0厘米。标本M094：15，残存下半段，断面略呈长方形。残长4.6厘米。标本M094：16，微残，钉帽被敲打成扁圆形，断面扁圆形。长5.1厘米（图一二三）。

　　骨器　骨珠1颗。标本M094：7，骨质，磨制，圆柱状，中部有一直径0.2厘米的穿孔，两端打磨光滑，微倾斜。直径1.0、高0.7厘米（图一二三；彩版一三，2左1；图版六八，3左1）。

　　玻璃珠　9颗。紫色。分二式。

　　I式　7颗。大小形制相同。中部鼓，两端小，似现代算盘珠，中部有一直径0.2厘米的穿孔(彩版一五，2)。标本M094：4-1，表面布满气孔，中部鼓，两端小，中部有一直径0.2厘米的竖孔。腹径0.7、高0.8厘米（图一二三；彩版一三，3左1；图版六八，4左1）。

　　II式　2件。形制相同，竖圆珠状，大小有别。标本M094：5，透亮，表面布散气孔。扁圆珠状，中部有一直径0.2厘米的竖孔。直径0.9、高0.9厘米。标本M094：6，直径1.1、高1.1厘米（图一二三；彩版一三，2右1、2；图版六八，3右1、2）。

　　珍珠　1枚。标本M094：8，扁圆珠状，两端中部有一直径0.2厘米的穿孔，侧面有一直径0.3厘米的竖孔与其相通。腹径1.3、高1.0厘米（图一二三；彩版一三，2左2；图版六八，3左2）。

　　蚌壳　1件。标本M094：3，系蚌壳的一半，因腐蚀表面泛白，脱落粉末，下部残失。残高4.4、残宽6.4厘米（图一二三）。

　　墓砖　均为条砖，泥质，模制。有灰色和红色两种，以灰色为主，红色较少。正面饰拉划纹和手印纹，以前者为主，后者较少。标本 M094：17，手印纹条砖，红色，背面不平，正面粗糙，重叠印手印纹。残长 23.0、15.0、厚 5.0 厘米。标本 M094：18，拉划纹条砖，灰色，平面呈长方形，背面平整，正面微凹，拉划竖条纹。长 30.0、宽 15.0、厚 4.5 厘米。

3. 葬式　墓室发现人体骨架一具，严重扰乱，但从肋骨、右股骨和趾骨的置向分析，头向南，经鉴定为一个 35 岁以上的女性。

（四）M095

M095 位于中央大道南部三号基坑中部，其东北方 2 米为 M096，由于挖掘基坑，墓葬仅存下部。

1. 形制　M095 为倒凸字形单室砖室墓，南北向，方向 190°，墓道被毁，仅存甬道和墓室。墓室内砌棺床（图一二四；图版六九，1）。

甬道　较短，砌于南壁中部略偏东，残存壁面垂直。顶部被毁，形制不详。南北深 0.34、东西底宽 0.75、残高 0.36 米。沿南口用条砖平砌封门墙封门。封门墙单重，用条砖横向平砌，砌砖之间用草拌泥黏合。南北宽 0.15、残高 0.38 米。

墓室　平面略呈弧边方形，单砖顺砌于挖掘的方形明坑中。四壁单重，未挖掘基槽，直接平砌于墓室地面上。南壁平面略外凸，其余三壁平面明显外凸；北壁和南壁残存壁面垂直，较平整，东壁和西壁残存壁面内收。墓室南部东西宽 2.06、北部东西宽 2.20 米，南北长 2.50、残高 0.25～0.42 米。棺床平面呈倒凹字形，高 0.18 米，为原生土层面，未见铺砖，南、东、西侧壁未砌护壁。其制作方法与 M093 棺床相同，在墓门北沿墓室生土层挖掘一个南北长 1.05～1.10、东西宽 1.05、深 0.18 米的方形凹槽而成。墓室地面较小，与通道地面在同一平面上，未见铺砖。

2. 遗物　墓室被盗，随葬品较凌乱破碎，主要有陶器、瓷器等。

陶器　泥质，轮制。有灰陶和红陶两种，均为碎片，主要分布于棺床西部。灰陶有底座、兽面罐（兽面残失）、器盖、壶口部和底部残片，可能属于两套塔形罐。红陶仅盖纽 1 件。陶器组合为塔形罐和壶，放置在棺床西部。

塔形纽盖　2 件。标本 M095：2，灰色，盖盘覆碗状，敞口，圆唇，浅腹，平底。底部竖一塔状纽，中空，三层。底口径 17.0、高 13.0 厘米（图一二四）。标本 M095：5，红陶，平面呈圆形，五层，层与层之间为一"V"形凹槽，中空。外壁施一层灰白色陶衣，其上饰黑彩，仅存局部。残高 11.6 厘米（图一二四）。

罐　2 件。灰陶。标本 M095：3，兽面罐底部，平底。底径 13.4、残高 15.6 厘米。标本 M095：4，罐底部，平底。底径 13.6、残高 13.8 厘米（图一二四）。

底座　1 件。标本 M095：1，上口部残失，灰陶，底口部喇叭筒状，敞口，平沿微外卷，圆唇，斜腹较深，底口部外壁腹部墨绘图案，模糊不清。底口径 26.4、残高 18.8 厘米（图一二四）。

壶　3 件。均残。标本 M095：7，壶口沿残件，灰陶，敞口，卷沿，颈部较粗。口径 10.0、残高 7.6 厘米（图一二四）。标本 M095：8，壶肩部残件，圆肩，肩部器壁较厚，残高 10.0 厘米（图一二四）。标本 M095：9，壶底部残件，斜腹，平底。底径 11.4、残高 8.0 厘米（图一二四）。

瓷器　白釉碗 1 件，出土于棺床西北部。标本 M095：6，完整，敞口，尖圆唇，玉璧底。胎质较细，胎色黄白，内壁全釉，外壁半釉，腹下部和足露胎，白釉微泛黄。口径 12.2、足径 7.2、高 4.0 厘

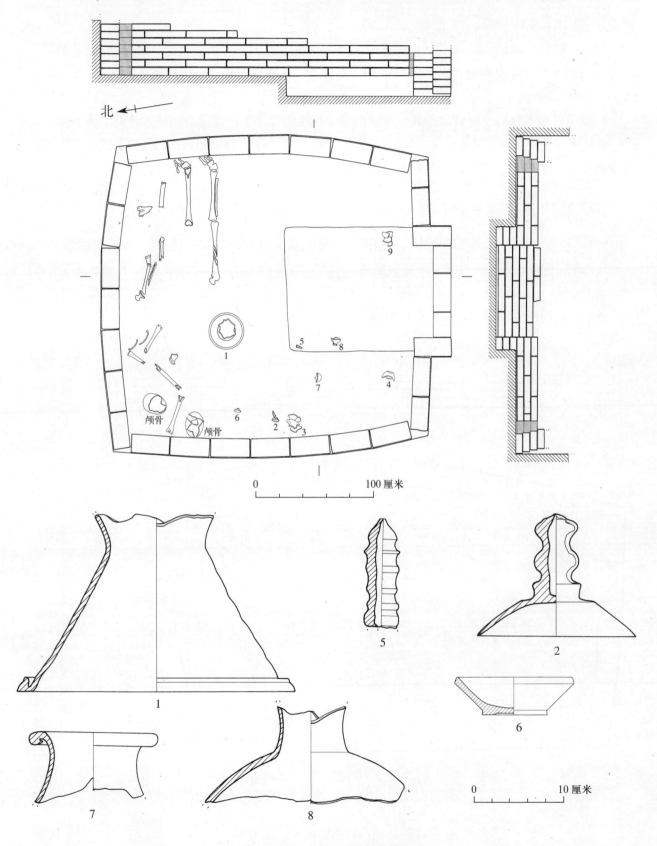

北

0　　　　　　　100 厘米

颅骨
颅骨

0　　　　　　　10 厘米

图一二四　M095 及出土遗物
1.底座　2.盖　3.兽面罐碎片　4.罐底部　5.盖纽　6.白釉碗　7、8、9.壶残片

米（图一二四；彩版一四，1；图版六九，2）。

墓砖　拉划纹条砖，泥质，灰色，模制。标本M095：10，背面粗糙，正面拉划间距宽深细的凹槽。长30.0、宽15.0、厚5.0厘米。标本M095：11，背面不平，正面粗糙，拉划较宽深的凹槽。长31.0、宽15.5、厚6.0厘米。

3. 葬式　棺床北部发现骨架三具，严重扰乱。两具颅骨位于西北部，南侧人体的胫骨和趾骨保存较好，未被较大的扰动，据此分析，葬式以头朝西为主。经鉴定一具为18岁左右的女性，一具为45～50岁的男性，另一具性别不详，年龄在40岁以上。

（五）M096

M096位于中央大道南部三号基坑中北部，北部略偏西为M097，墓道被毁，墓室仅残存下部。

1. 形制　M096为平面刀把形单室砖室墓，南北向，方向190°，无甬道和棺床（图一二五A）。

墓门　砌于南壁东部，其东壁为墓室东壁，壁面内收呈弧面，残高0.30米，西壁保存较低，仅0.05米。沿墓门用条砖侧立封门，保存西段，东段被毁。

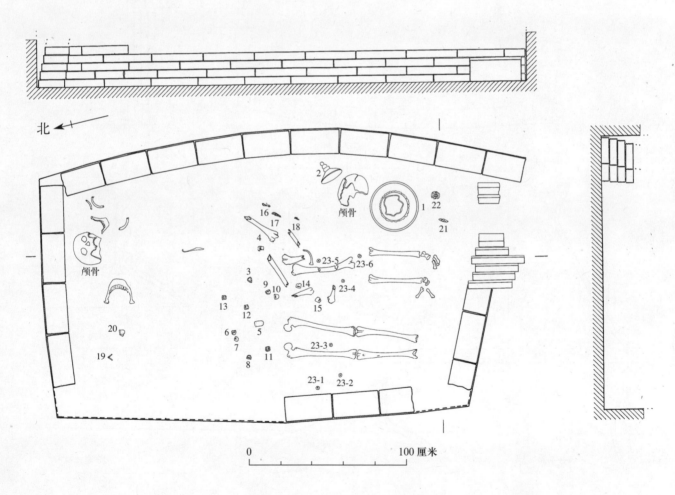

图一二五A　M096平、剖面图

1.底座　2.盖　3.贝壳　4.角器　5.铁铊尾　6～10.半圆形铁铐饰　11～13.方形铁铐饰

14、15.铁扣柄残件　16～18.铁剪残段　19、20.铜合页　21、22.兽面　23-1～6.开元通宝

墓室　平面呈弧边长方形，单砖顺砌于挖掘的长方形明坑中。北壁中部外凸，仅存砖痕，呈东北－西南向倾斜；南壁西北－东南向倾斜，仅存一层；西壁和东壁中部偏南外凸，西壁仅存南段一层壁砖，北段残失；东壁残高 0.22 米，从二层砌砖起逐层内收。墓室南部略宽于北部。南北长 2.35、北部东西宽 1.20、南部东西宽 1.30 米。没有棺床，墓室地面未见铺砖。

2.遗物　由于被盗，随葬品凌乱，有陶器、铜饰件、铜钱、铁饰件、角器等。

陶器　泥质，红陶，轮制。均破碎，集中分布于墓室西南部，即封门北部邻东壁处，器形有底座、盖、兽面罐腹部碎片和兽面。说明有一套塔形罐，放置于墓室东南部。

塔状纽盖　1件。标本 M096：2，由盖盘和塔状纽分件制作黏接而成。盖盘覆碗状，敞口，平沿，斜腹较深，平底，外底周围饰一周花瓣纹，中部树塔状盖纽。塔状纽五层，平面圆形，一至四层上缘向上卷压成花瓣状（其中第四层一侧未压，保存原样），第五层顶面平，中部为塔刹，残，中部为一直径 1.1 厘米的孔眼。底盘外壁施灰白色陶衣，其上饰红彩，局部脱落。底口径 18.0、高 20.8 厘米（图一二五 B；图版六九，3）。

兽面罐　均为碎片，残存贴饰的两个模制兽面。标本 M096：21，上缘略残，平面略呈圆形，底面内凹，正面中部高凸，兽面咧嘴，獠牙，颧骨低小，细眉圆眼，小鼻，双耳圆环状，双角呈倒"八"字形，双角间饰一较模糊的"王"字，兽面周围饰竖毛纹。外施灰白色陶衣，周缘饰红彩，仅存局部。径 8.9～9.6、厚 3.6 厘米（图一二五 B；图版六九，4）。标本 M096：22，残存右下部，特征与 M096：21 基本相同。残径 6.6～8.0、厚 1.8 厘米（图一二五 B）。

底座　1件。标本 M096：1，由底口部、颈部和上口部分件制作黏接而成。底口部覆盆状，敛口，宽平沿，卷唇，腹上部微鼓，脱底。颈部喇叭筒状，较高。上口部唾盂形，敞口，平沿，沿中部一凹槽，外侧向上提压成花唇，鼓腹，脱底。底口部外壁底部贴饰一周泥条，用手指向上提压成花瓣纹。外壁施红彩，局部脱落。上口径 19.6、底口径 25.6、高 26.8 厘米（图一二五 B；图版六九，5）。

铜器　有铜合页和铜钱。

铜合页　2件。出土于墓室北部，1件为铜合页，1件为铜合页底部垫伏。标本 M096：19，铜合页下半面，打制，正面镂孔，残；上端带轴，轴芯为一铁棒。底面有二个 0.9 厘米长的铆钉，铆钉顶端合一桃状垫伏，垫伏较小。残长 3.0、残高 2.6、厚 1.0 厘米。标本 M096：20，铜合页底部垫伏，平面呈扁圆形，周缘略微打磨倾斜，中部残留一个铆钉痕。径 1.5～1.9 厘米（图一二五 B）。

"开元通宝"　6枚。钱样粗糙轻薄，字迹多模糊。标本 M096：25－1，背平，廓不明显。直径 2.3、穿径 0.6、廓宽 0.2 厘米，重 3.1 克。标本 M096：25－2，字迹不清，背较平。直径 2.3、穿径 0.6、廓宽 0.2 厘米，重 3.0 克。标本 M096：25－3，直径 2.3、穿径 0.6、廓宽 0.2 厘米，重 2.3 克。标本 M096：25－4，直径 2.3、穿径 0.7、廓宽 0.2 厘米，重 2.5 克。标本 M096：25－5，直径 2.5、穿径 0.7、廓宽 0.2 厘米，重 4.1 克。标本 M096：25－6，略残，直径 2.4、穿径 0.7、廓宽 0.2 厘米，重 2.8 克（图一二五 C）。

铁器　以带饰为主，铁带饰11件，有铊尾，半圆形铁铐和方形铁铐，除 2件残外，其余基本完整。其次有铁剪残段和铁器残件，主要出土于墓室中部。

铁铊尾　1件。标本 M096：5，平面呈圆头长方形，圆头端微残，由上、下部铆合而成，锈结于一起。下部周缘向上斜刹，上部平面略小于下部；正面和一侧面锈结着布纹。长 7.9、宽 4.5、厚 1.2 厘

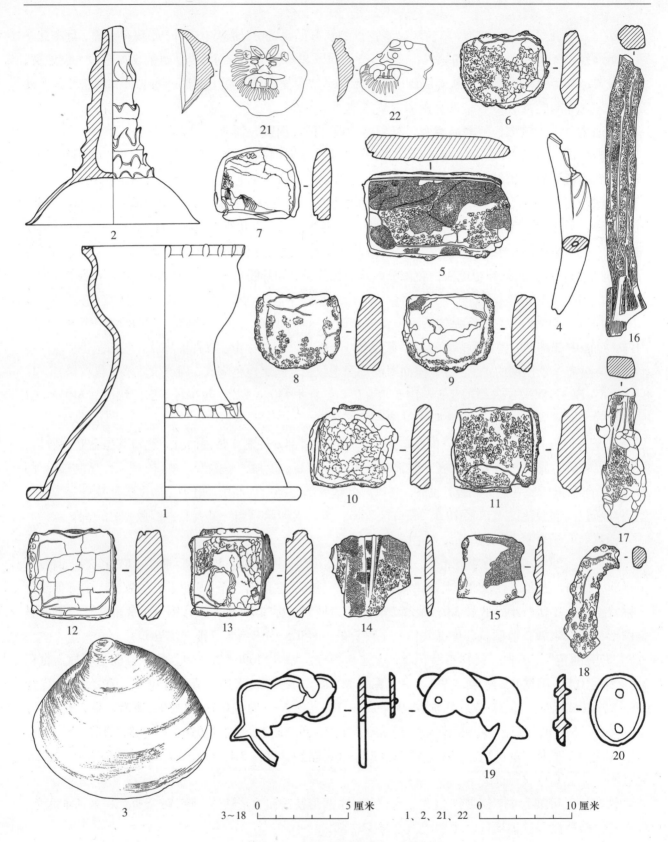

图一二五B　M096 出土遗物

1.底座　2.盖　3.贝壳　4.角器　5.铁铊尾　6~10.半圆形铁铐饰　11~13.方形铁铐
14、15.铁铐饰残件　16~18.铁剪残段　19、20.铜合页　21、22.兽面

米（图一二五 B）。

半圆形铸饰　5件。短边一端圆头，由上、下部铆合而成，形制相同。标本 M096：6，平面呈圆头长方形，长边一端圆头，另一端未见长方形穿孔，由上、下部铆合而成，因严重锈蚀锈结于一起，下部底面圆头端有一铜铆钉痕。长 4.6、宽 3.9、厚 1.0 厘米。标本 M096：7，正面局部锈结布纹，下部底面方角各有一铜铆钉痕。长 4.6、宽 3.8、厚 1.0 厘米。标本 M096：8，正面中部带有红色颜料，下部底面二角各有一铜铆钉痕，其中一个露头较高，弯边。长 4.6、宽 3.9、厚 1.4 厘米。标本 M096：9，正面一角锈结着布纹；下部底面两角和圆头端各有一个铜铆钉痕。长 4.8、宽 4.0、厚 1.5 厘米。标本 M096：10，下部底面二角和圆头端各有一铜铆钉痕。长 4.6、宽 4.2、厚 1.0 厘米（图一二五 B）。

方形铁铸饰　3件。均完整，平面呈方形，由上、下部铆合而成，由于锈蚀均锈结于一起。标本 M096：11，下部底面一方角有一铜铆钉痕。边长 4.5×4.8 厘米，厚 1.2～1.4 厘米。标本 M096：12，下部底面有一铜铆钉痕。边长 4.8×4.6 厘米，厚 1.4 厘米。标本 M096：13，一侧端略残，下部底面两侧各有一个铜铆钉痕。边长 4.2×4.6 厘米，厚 1.5 厘米（图一二五 B）。

扣柄　2件。残片。标本 M096：14，平面呈圆头长方形，圆头端残存少部，一面锈结布纹。宽 4.2、残长 4.4、厚 0.4 厘米。标本 M096：15，残存一侧少部，一面锈结布纹。残长 3.8、残宽 3.6、厚 0.5 厘米（图一二五 B）。

铁剪　1件。仅存残段。标本 M096：16，剪柄残段，打制，断面圆形，略呈弧状，一端带少部残刃。直径 1.5、残长 14.8 厘米。标本 M096：18，剪柄残段，平面呈弧状，断面呈扁圆形，径 1.2 厘米，体侧锈结着布纹。残长 6.0 厘米。标本 M096：17，剪柄残段。直径 1.0～1.5、残长 7.2 厘米（图一二五 B）。

角器　1件。标本 M096：4，用动物角加工而成，残断。体侧刻竖条纹，断裂面有一直径 0.5 厘米的穿孔。残长 9.6 厘米（图一二五 B；图版六九，6）。

蚌壳　1件。标本 M096：3，为蚌壳的一半，表面有红褐色条状斑纹。宽 9.7、高 8.6 厘米（图一二五 B）。

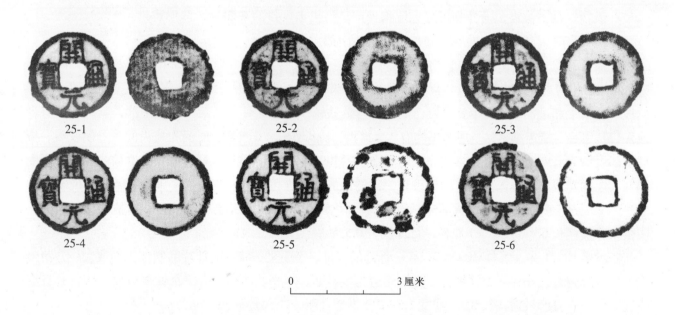

25-1　　　　25-2　　　　25-3

25-4　　　　25-5　　　　25-6

0　　　　3厘米

图一二五 C　M096 出土开元通宝

墓砖　长方形条砖，泥质，灰色，模制。有拉划纹、手印纹和素面三种。素面砖较多，拉划纹较少。标本 M096：23，手印纹条砖，背面不平，正面中部微凹，印一右手指部。长 27.0、宽 14.0、厚 4.0 厘米。标本 M096：24，素面，背面，正面粗糙。长 28.0、宽 14.0、厚 4.0 厘米。

3.葬式　墓室发现骨架两具，盆骨以上骨骼凌乱、残失，盆骨以下骨骼较整齐，未被扰动，据分析，头朝北。经鉴定分别为一年龄 25～30 岁的男性和一 20～25 岁的女性。

（六）M097

M097 位于中央大道南部三号基坑中北部偏西，其南部略偏西为 M096，两者相距不足 1 米，保存情况略好于 M096。

1.形制　M097 为刀把形单室砖室墓，南北向，方向 190°，由墓道和墓室组成（图一二六；图版七〇，1）。

墓道　位于墓室南部偏东，墓道东壁与墓室东壁南北在同一直线，底面斜坡状，坡度 22°。残长 1.60、宽 0.68、深 0.50 米。填土灰黄色，坚硬，近墓门处有少量残砖。

墓门　砌于南壁东部，东壁为墓室东壁、内收，呈弧面；西壁为墓室西壁东侧，壁面垂直。顶部被毁，形制不详。底宽 0.68、残口宽 0.65、残高 0.50 米。沿墓门北口用条砖侧立封门，呈东向"人"字形，残存二层。南北宽 0.32、残高 0.45 米。

墓室　平面略呈长方形，单砖顺砌于挖掘的长方形明坑中。四壁单重，未挖基墙槽，直接平砌于墓室地面上，南壁残存壁面垂直；北壁残存壁面略内收；东、西壁残存壁面明显内收。北壁平面中部略外凸；南壁较短，略呈西北—东南向倾斜；东壁平面中部略外凸，从突出部始北段略内收，南段略向西南外伸；西壁平面中部偏南外凸。顶部被毁，形制不详。墓室南部略宽于北部，东部略长于西部。南部东西宽 1.35、北部东西宽 1.25 米，西部南北长 2.05、东部南北长 2.10 米，残高 0.50 米。没有棺床，墓室地面未见铺地砖。

2.遗物　墓室被盗，随葬品仅存骨梳和骨饰，另出土少量的灰陶片，器形难辨。

骨器　有骨梳和骨饰，均残，分布于墓室西南部。

骨梳　2 件。标本 M097：1，由磨制的骨片加工而成，梳柄长方形，宽 3.9、长 6.9 厘米，两面磨光。两侧边平直，一侧边近梳齿处有半面穿孔，中部有一铁铆钉，近柄端有一直径 0.2 厘米穿孔，另一侧边中部偏上和近柄端有 3 个铁铆钉，柄面有红色铁锈，说明此骨梳系某一骨梳中部，其两侧还有骨梳件与其铆合。梳齿细密，一厘米平均有 7 个梳齿，梳齿残长 4.0 厘米。梳柄和梳齿间刻一阴弦纹，梳柄中部近柄端有两个斜向穿孔（图一二六）。标本 M097：2，骨梳残件。柄片状，打磨较光。一侧边上部直，近柄端残失，近梳齿处有一铁铆钉，因锈蚀侧边呈红色；另一侧边为残破面，不平。说明标本 M097：2 属某一较大骨梳的组成部分。梳齿残，细密，一厘米宽平均有 6 个梳齿。齿梳和梳柄间刻一阴弦纹。梳柄长 6.9、残宽 3.1 厘米，梳齿残长 0.5 厘米（图一二六）。

条状骨饰　1 件。标本 M097：3，某一骨饰的残件，平面呈条状，由骨片磨制加工而成，一方角残失。一侧边较直，残存二个铁铆钉；另一侧边为残破面，不平。两端各有二个铁铆钉痕，铆钉处有红色锈斑；一端打磨较薄。长 8.3、残宽 1.5～2.2 厘米（图一二六）。

半圆形骨饰　1 件。标本 M097：4，平面呈半圆形，由骨片磨制而成。直边磨成单面刃，较薄，其

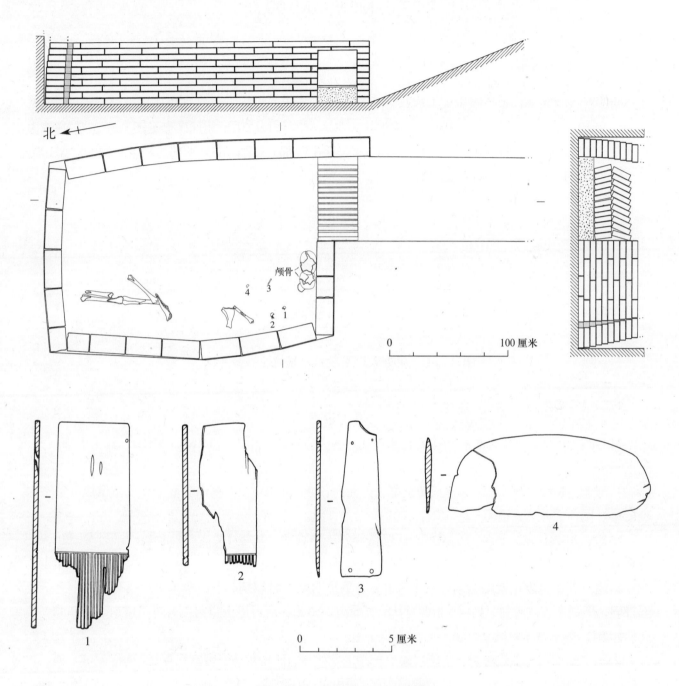

图一二六 M097 及出土遗物
1、2.骨梳 3.条状骨饰 4.半圆形骨饰

中部有一铁铆钉，通体打磨光滑。长10.8、宽4.2厘米（图一二六）。

墓砖 泥质，灰色，模制。素面，一种侧边较另一侧边长。标本M097：5，背面较平整，正面有刮抹痕。长32.4、宽15.0～15.5厘米。

3.葬式 墓室发现骨架两具，凌乱且残缺不全，两个颅骨位于墓室西南部，肢骨主要集中于北部。据此分析，可能头朝西。经鉴定一具为18～22岁的男性，一具为50岁以上的女性。

三　M098～M100

（一）位置与地层

M098、M099、M100位于中央大道南部六号基坑内（图一二七）。六号基坑位于中央大道中间，基坑东西宽10、南北长67.5、深1.7米。其地层堆积基本与四号基坑地层相同（参见图一一五）。基坑内发现墓葬6座，其中南部3座被彻底破坏，北部3座仅存中下部，自北向南分别编为M098、M099、M100。自2003年6月19～22日，对其清理。

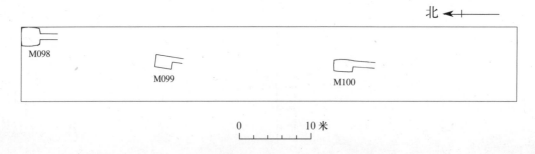

图一二七　中央大道南段六号基坑墓葬分布图

（二）M098

M098位于中央大道南部六号基槽北部，其北部为古城路，南部为M099、M100。其中上部被毁，仅存下部。

1.形制　M098为倒凸字形单室砖室墓，南北向，方向180°，由墓道、甬道和墓室组成。墓室内砌棺床（图一二八A；图版七〇，2）。

墓道　位于墓室南部略偏东，东、西壁微倾斜，斜坡状，坡度17°。平面呈长方形，残长1.90、宽0.81、残深0.60米。填土黄色，疏松。

甬道　开于墓室南壁略偏东，南接墓道，与墓室四壁同时砌筑。东西壁单重，残存壁面垂直。顶部被毁，形制不详。南北深0.74、东西宽0.81、残高0.60米。沿甬道南口封门，封门墙南北宽0.32、残高0.60米，用条砖纵向侧立，呈东向"人"字形。

墓室　平面略呈弧边方形，单砖顺砌于挖掘的明坑中。四壁单重，南壁残存壁面垂直，东、西、北三壁残存壁绵从二层砌起倾斜逐层内收，砌砖之间用草拌泥黏合。南壁平面平直，北壁中部略外凸，东、西壁平面中部明显外凸。墓室南北最长、东西最宽位于墓室中部；东西略宽于南北。墓室北部东西宽2.42、南部东西宽2.30米，东西部南北长2.10、残高0.60米。棺床平面呈倒凹字形，高0.20米。砌筑方法与同类棺床的砌筑方法同。棺床面铺砖，东西部用条砖横向对缝平铺，北部用条砖横向对缝平铺。墓室地面较小，与甬道地面平，未铺砖。

2.遗物　墓室被盗，随葬品凌乱，有陶器、铜铃饰和铁钉。

陶器　双耳罐1件。标本M098：1，泥质，红陶，轮制。底部和口沿部分别出土于棺床西部和中部。敞口，圆唇，鼓腹，平底。肩部贴相对的竖耳，口沿内侧有一浅凹槽，肩上部钻一直径0.4厘米的

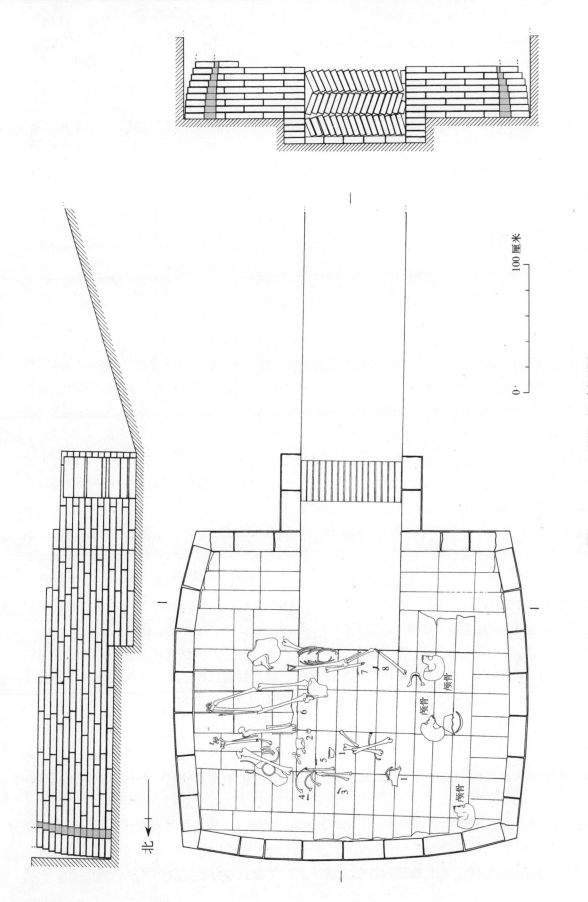

图一二八A　M098平、剖面图
1.罐　2.半圆形铜铃饰　3~8.铁钉

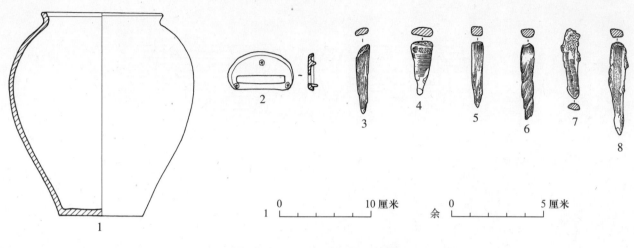

图一二八 B　M098 出土遗物
1.罐　2.半圆形铜铐饰　3~8.铁钉

孔眼，肩部近鼓腹部戳一扁圆形孔眼。口径12.0、底径9.0、高21.6厘米（图一二八 B；图版七〇，3）。

铜器　有半圆形铜铐饰1件，出土于棺床中部人骨架下。标本 M098：2，为半圆形铜铐的上部，底部残失。平面呈半圆形，一端圆头，一端方角。圆头端向下包含，方角端平，有一长1.6、宽0.5厘米的长方形穿孔，有二个对称的铆钉痕，底面平，二角和圆头端各有一个铜铆钉。长3.5、宽2.5厘米（图一二八 B；图版七〇，4）。

铁器　仅有铁钉，出土于棺床扰土中，打制，大多残断，通体锈蚀，断面有圆角方形、扁圆形和圆角长方形几种，以扁圆形为主。标本 M098：3，残存下半段。残长3.6厘米。标本 M098：4，残存上半段。长2.8厘米。标本 M098：5，残存下半段。残长3.5厘米。标本 M098：6，残存下半段。残长3.7厘米。标本 M098：7，残存下半段。残长3.7厘米。标本 M098：8，残存下半段。残长4.8厘米（图一二八 B）。

墓砖　均为条砖，泥质，灰色，模制。有拉划纹、手印纹和素面三种。标本 M098：9，拉划纹条砖，背面不平，正面拉划较深的凹槽。长34.0、宽17.0、厚6.0厘米。标本 M098：10，手印纹条砖，一角残失，背面不平，正面粗糙，一端印一较模糊的右手印纹。长31.0、宽15.0、厚4.0厘米。

3.葬式　棺床发现人体骨架三具，严重扰乱，但中部骨架骨盆以下未被扰动，南部和北部骨架的肢骨多分布于东部，而头骨位于西部，与中部骨架的位置一致。据此分析，其头向应向西，中部骨架似为仰身直肢。经鉴定南部和北部骨架均为年龄40~50左右的男性，中部为一年龄20~25岁的女性。

（三）M099

M099位于中央大道南部六号基坑北部，其东北13、南11米处分别为 M098、M100。中上部被毁，仅存下部。

1.形制　M099为准刀把形单室砖室墓，南北向，方向186°，由墓道和墓室组成（图一二九；图版七一）。

墓道　位于墓室南部偏东，东、西壁残存壁面较垂直。平面长方形，底面斜坡状，坡度20°。填

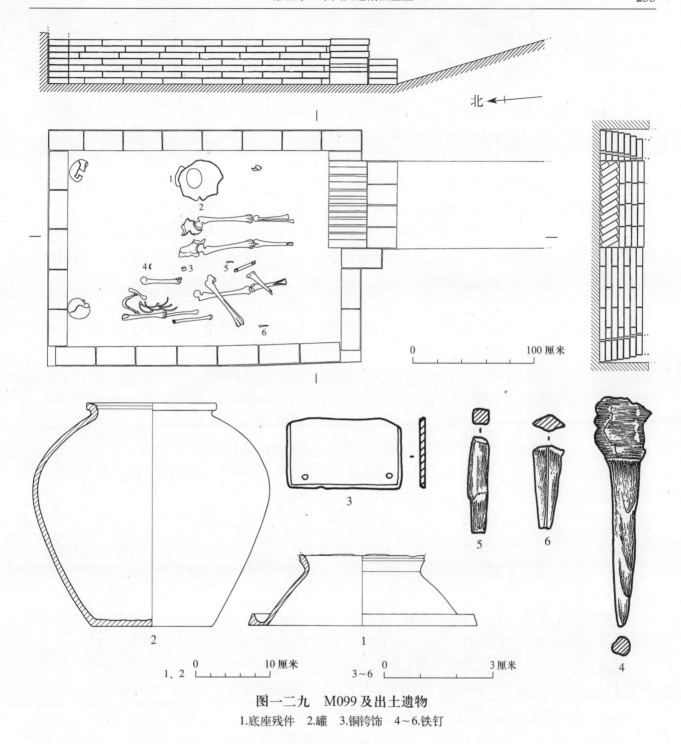

图一二九　M099 及出土遗物

1.底座残件　2.罐　3.铜铆饰　4~6.铁钉

土黄色，板结，未见包含物。长 1.48、宽 0.68、残深 0.35 米。

墓门　开于墓室南壁东部，残高 0.35 米，东、西残存壁面垂直。部被毁，形制不详。门西壁南部，用条砖砌长 0.20 米、残高 0.35 米的一段墙，其用途不详。用条砖封门，封门墙较宽，南北宽 0.46、残高 0.39 米，北部暴露于墓室，南部暴露于墓道。封门墙底层北部，用条砖侧立一层，其南部用条砖横向错缝平铺，与北部等高，其上条砖纵向平铺，残存 4 层。

墓室　平面略呈竖长方形，单砖顺砌于挖掘的长方形明坑中。东、南、北三壁平面平直，西壁平面南段略内收；南、北壁残存壁面垂直，东西壁残存壁面从二层起逐层倾斜内收，形成弧状面。墓室南部东西宽1.50、北部东西宽1.53米，东、西壁南北长2.21米，四壁残高0.35米。无棺床，墓室地面为生土层面，未见铺砖。

2.遗物　墓室被盗，随葬品较乱，有陶器、铜铸饰和铁钉。

陶器　泥质，灰陶，轮制。均破碎，集中分布于墓室东部。器形有底座、罐，说明随葬陶器为一套塔形罐，放置于墓室东部。

罐　1件。标本M099：2，敞口，方唇，唇内侧有一凹槽，鼓腹，平底。外壁施灰白色陶衣，上墨绘图案，模糊不清。口径14.8、底径16.2、高29.6厘米（图一二九）。

底座　1件。标本M099：1，底口部覆盆状，敞口，宽平沿，卷唇，唇外侧和外壁间有一较宽的凹槽，浅腹，脱底，底径较大。底部向上斜折形成上口部。上口部腹部很浅，敞口，重唇，内唇高、尖圆，外唇斜平。底口部外壁施黑彩或墨绘图案，模糊不清。上口径16.0、底口径17.6、高9.4厘米（图一二九）。

铜器　铜铸饰1件，出土于墓室中部。标本M099：3，残，为铸饰底面，平面呈长方形，两角各有一个0.2厘米的铆钉穿孔。长3.1、残宽1.8厘米（图一二九）。

铁器　仅有铁钉，打制，大多残断，断面有扁圆形、圆角方形和菱形，侧体均锈结着朽木。标本M099：4，钉帽扁圆状，钉体断面呈扁圆形。长6.1厘米。标本M099：5，残存下段，断面呈圆角方形。残长2.5厘米。标本M099：6，残存尖部，断面呈菱形。残长2.2厘米（图一二九）。

墓砖　拉划纹条砖，夹砂，灰陶，模制。长30.5、宽15.5、厚5.5厘米。

3.葬式　墓室西部发现人体骨架两具，除东侧骨架盆骨以下较整齐、头向北外，其余非常凌乱。经鉴定分别是年龄30~40岁的男性和女性，可能是夫妇合葬。

（四）M100

M100位于中央大道南部六号基坑偏南部，其北部为M099，南部有3座墓被挖毁。墓葬中上部被毁，残存下部。

1.形制　M100为刀把形单室砖室墓，南北向，方向186°，由墓道、甬道和墓室组成。墓室内砌棺床（图一三〇；图版七二）。

墓道　位于墓室南部偏东，其东壁和墓室东壁南北几乎在同一直线上，底面斜坡，坡度12°。填土灰黄色，近封门处堆积少量砖块。残长2.95、宽0.75、残深0.75米。

甬道　砌于墓室东部，较短，南接墓道，用条砖错缝平砌。东、西壁单重，东壁非墓室平面弧状东壁的延伸，而是东壁南端单独砌筑，残存壁面垂直；西壁与墓室南壁同时平砌，从二层砌砖起逐层倾斜内收，形成斜壁面。顶部被毁，形制不详。南北深0.34、残高0.75米，底宽0.75、残口宽0.66米。沿甬道封门，封门墙南北宽0.34、残高0.70米。其砌法为一层条砖纵向东倾侧立，二层用条砖横向平铺，三层条砖纵向西倾侧立，四层条砖纵向东倾侧立，五层以上被毁，不详。

墓室　平面略呈竖向长方形，单砖顺砌于挖掘的长方形明坑中。四壁单重，从二层砌砖始逐层砌砖略微倾斜内收，形成弧状壁面。东、西、北三壁平面中部外凸，呈弧线状；南壁较短，平面略呈东北—西南向倾斜；东壁底层沿生土层面用条砖侧立一砖；西壁底层沿生土面竖立一砖；北壁砌砖底部

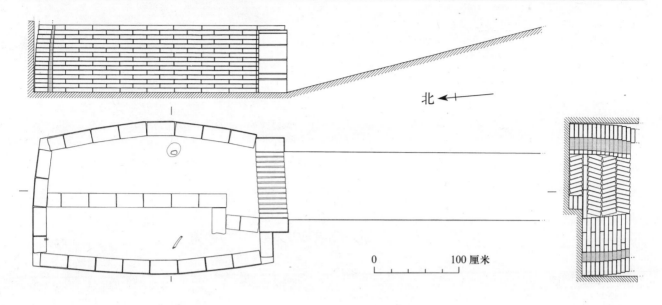

图一三〇　M100平、剖面图

为与侧立砖等高的生土层。墓室南部略宽于北部，南北最长、东西最宽均在墓室中部。北部东西宽1.12、南部东西宽1.18、东部东西宽2.38、西部南北长2.50米，四壁残高0.75米。棺床位于墓室西部，呈曲尺形，高0.15米。北、西、南三面分别与墓室相对应的三壁相接，东侧面曲折，用条砖错缝平砌。棺床面素面，未见铺砖。墓室地面较大，与甬道地面平，未见铺砖。

2.遗物　墓室被盗，随葬品仅发现陶片。均为泥质，灰陶，器形有盖、罐和底座，说明用一套塔形罐随葬。

墓砖　长方形拉划纹条砖，夹砂，灰色，模制。标本M100:2，背面粗糙不平，正面拉划较宽深的竖凹槽。长31.5、宽16.0、厚6.0厘米。标本M100:1，背面不平，正面拉划间距较宽深的凹槽，其上刻二个边长2.5厘米的方穴。长31.5、宽15.0、厚6.0厘米。

3.葬式　墓室被盗，仅残存两段腿骨和少许破碎的颅骨，性别、年龄和葬式均不详。

四　M101～M104

（一）位置与地层

M101、M102、M103、M104位于中央大道南部二号建筑基坑内（图一三一）。二号基坑位于吴忠市利通区古城乡古城路南部、中央大道东侧，其东部为三号和四号基坑。基坑长方形，南北向，南北长50、东西宽12～15、深1.21米，属于中央大道东侧商业用房建筑基坑。基坑四壁剖面分为两层，第一层厚0.5米左右，第二层厚0.7米以上，灰褐色，土质黏结，第一层为近现代沉积、堆积层，第二层为某一时期的流水沉积层。在二号基坑发现墓葬5座，均为砖室墓，其中一座位于基坑北壁，未作清理，其余4座从南向北分别编号为M101、M102、M103、M104，自2003年6月26日至7月2日，对其进行了清理。

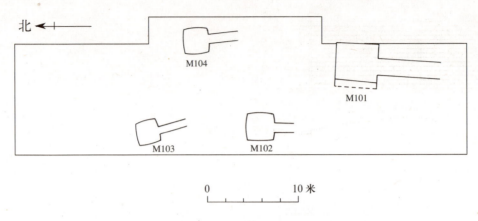

图一三一　中央大道南段二号基坑墓葬分布图

（二）M101

M101位于中央大道南部二号基坑东南部，与三号基坑M091东、西基本在同一方向上，其北部11、西北6米处分别为M102、M104

1.形制　M101为倒凸字形单室砖室墓，南北向，方向190°，由墓道、甬道和墓室组成（图一三二A；图版七三，1）。墓室内砌棺床，有二次使用的痕迹。

墓道　位于墓室南部，平面呈长方形，底面斜坡状，坡度12°。残长4.70、宽0.94、深1.55米。填土灰黄色，疏松，近封门外堆积较多的残砖块，可能为封门余料。

甬道　开于南壁中部略偏西，与墓室四壁同时砌筑，宽0.32米，与墓室四壁等宽（第一次所砌墓室四壁），甬道东、西壁从二层砌砖起逐层内收呈弧面，残口宽0.80、南北深1.84、东西宽0.94、残高1.55米。顶部被毁，形制不详。从甬道中部偏南封门。封门墙南北宽0.96、残高1.34米，分为北段和南段。北段南北宽0.64、残高0.92米，用条砖纵向对缝逐层平砌，南段下部用砖块乱堆，没有一定的规律，此层其上用条砖横向错缝平砌七层，其上部被毁（图版七三，2）。

墓室　现存墓室为原墓室西壁倒塌后重砌，具有二次利用的特征。原墓室：平面呈方形，在开挖的倒凸字形明坑中沿坑壁平砌，四壁和甬道直接砌于坑底部，未挖掘墙基槽。四壁宽0.32米，其砌法为：底层用二条砖并排顺砌，其上用条砖反方向平压，如此交替平砌。南北长4.66、东西宽4.10、残高1.55米，从南、东、北壁观察，原四壁残存壁面较直，四壁平面平直。现存墓室：系原墓室西壁倒塌后重砌所成，平面呈长方形，南北长4.60、东西宽3.02、残高1.55米，东、南、北三壁为原墓室三壁，西壁系原墓室西壁倒塌后东移重砌（图版七三，3），砌法与其他三壁有别：一、五、十一层用条砖侧立，其余各层用条砖平砌，所用部分条砖侧面，黏结有白灰泥皮，说明西壁所用条砖系从其他涂有白灰泥皮的建筑拆迁而来。从墓室棺床形制和用砖分析，M101的棺床由北棺床和东、西棺床构成。北棺床位于墓室北部，平面呈长方形，南北宽2.34、高0.26米。其东部和北部与墓室的东壁和北壁相接，西部被西壁所压；南侧壁为土红色条砖错缝所砌，与东壁相接，被西壁所压。棺床面用32×32厘米的方形拉划纹条砖对缝平铺，西部被压不平。东棺床和西棺床位于墓室的东南部和西北部，北与北棺床相接，平面呈曲尺形，系北棺床砌成后，因某种需要加砌所成。西棺床由于西壁倒塌所压和重砌西壁，仅存西南部。东棺床保存较好，平面呈倒曲尺状，高0.26、宽1.00～1.36米。东侧壁用条砖平

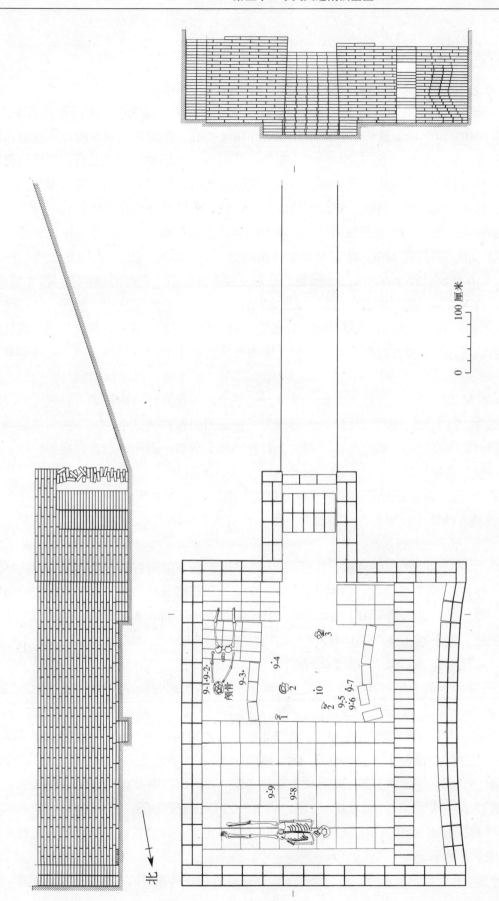

图一三三A　M101 平、剖面图

1.盖　2.底座　3.兽面罐残片　9-1~9.开元通宝　10.乾元重宝

北

0　　　100厘米

砌，其和东壁、南壁与北棺床之间回填熟土；棺床面用红色和灰色条砖、条砖残块横向平铺。西棺床残毁，形制不详。

2. 遗物　墓室被盗，随葬品仅存陶器，而且破碎。另在墓室出土铜钱。

陶器　泥质，灰陶，轮制。均为碎片，有塔状纽盖、兽面罐和底座，说明用一套塔形罐随葬。

盖　1件。标本 M101：1，由盖盘和塔状盖纽分件制作黏接而成。盖盘浅盘状，敞口，圆唇，浅腹，内平底，外假圈足。假圈足中部微凹，周缘向上卷压成花瓣状，中部树一塔状盖纽。盖纽呈覆钵塔状，由底座、覆钵和塔刹三部分组成，须弥座，上缘压按成花瓣状，覆钵和塔刹略呈宝瓶状，塔刹尖锥形，顶部略残。外壁腹部用墨、橘红色等距离绘四朵花卉纹，先用黑色绘制花叶，后用橘红色再涂花枝和花朵，局部脱落；须弥座和塔刹饰黑彩，刹顶下细颈部墨绘莲瓣纹，其顶部描绘橘红色；覆钵部墨绘图案，模糊不清。底口径 22.0、高 17.2 厘米（图一三二 B；彩版一四，2；图版七四，1）。

兽面罐　1件，残存底部。标本 M101：3，鼓腹，平底，腹下部较粗，腹部贴饰兽面。兽面模制，呈扁圆球状，咧嘴，鼻梁较高，颧骨圆凸，细眉，深目圆睛，双角呈倒"八"字形，竖环状耳，嘴两侧对穿一直径 0.2 厘米的穿孔。耳穴、眉饰橘红色，较模糊，眉和睛饰黑彩。底残，腹部用黑、橘红色绘牡丹纹，先用墨色绘制，再用橘红色涂花瓣，模糊，兽面周围墨绘竖毛纹。底径 13.0、残高 20.0 厘米（图一三二 B）。

底座　1件。标本 M101：2，底口部覆盆状，敛口，宽平沿，圆卷唇，斜腹较深，脱底，底径较小，近底部贴一周泥片，向上卷压成附加堆纹，大部残失。腹部用黑彩和橘红色上、下相间各绘花卉纹，其绘法与器盖同，墨线绘轮廓，橘红色涂花瓣。上口部钵状，敛口，圆唇，鼓腹，腹部较浅，脱底。口沿外侧绘花卉纹，模糊不清。口径 15.2、底径 30.0、高 21.8 厘米（图一三二 B）。

铜器　出土铜钱 10 枚，有"开元通宝"和"乾元重宝"两种（图版七四，2）。

"开元通宝"　9枚。钱样比较规范，字迹较为清晰。"开元"二字宽扁、"通宝"二字纵长。分两型。

A 型　4枚。"开"字宽扁，两竖画外撇；"元"字上笔较短，重心偏向右侧，次画微上挑；"通"字之"走"部三点不相连，"甬"部上笔开口略大；"宝"字"贝"部略纵长，二横画与左右竖画不相连。标本 M101：9－3，直径 2.5、穿径 0.7、廓宽 0.2 厘米，重 3.2 克。标本 M101：9－4，直径 2.4、穿径 0.7、廓宽 0.2 厘米，重 3.9 克。标本 M101：9－8，直径 2.4、穿径 0.7、廓宽 0.2 厘米，重 3.4 克。标本 M101：9－9，直径 2.4、穿径 0.7、廓宽 0.3 厘米，重 3.6 克（图一三二 C）。

B 型　5枚。"开"字两竖画外撇较 A 型略大；"元"字上笔较长，次笔明显左上挑；"通"字之"走"部为三逗点，有的相连，"甬"部上笔开口略大；"宝"字"贝"部二横画与左右竖画相连。标本 M101：9－1，直径 2.4、穿径 0.6、廓宽 0.2 厘米，重 3.0 克。标本 M101：9－2，背面穿上部一新月纹。直径 2.5、穿径 0.7、廓宽 0.2 厘米，重 3.9 克。标本 M101：9－5，直径 2.5、穿径 0.7、廓宽 0.2 厘米，重 4.3 克。M101：9－6，背面穿上部一新月纹。直径 2.5、穿径 0.7、廓宽 0.2 厘米，重 4.1 克。标本 M101：9－7，直径 2.5、穿径 0.7、廓宽 0.2 厘米，重 3.5 克（图一三二 C）。

"乾元重宝"　1枚。标本 M101：10，钱样规范厚重。除"元"字外，其他三字模糊。直径 2.8、穿径 0.8、廓宽 0.3 厘米，重 8.5 克（图一三二 C）。

墓砖　泥质，模制。有土红色和灰色，正面饰拉划纹。有方砖和条砖两种，方砖用于铺砌棺床，条

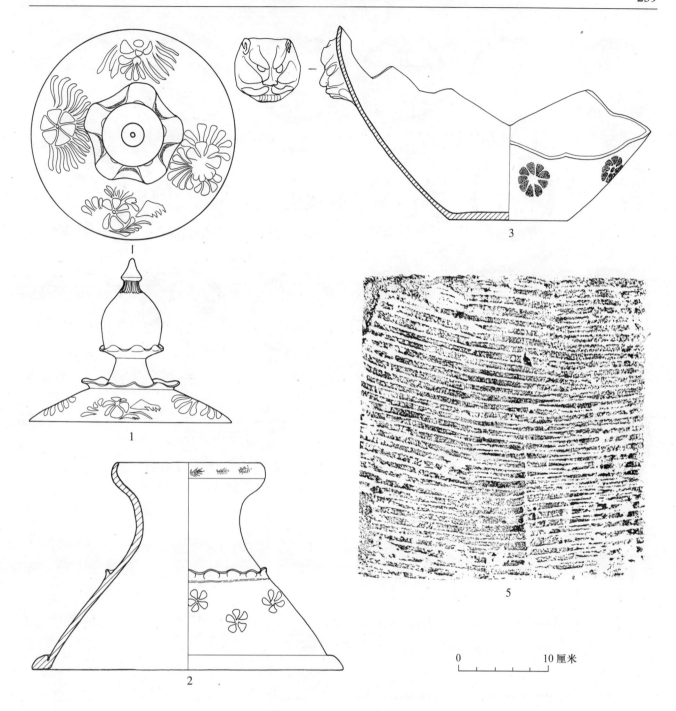

图一三二 B　M101 出土遗物
1.盖　2.底座　3.兽面罐残片　5.拉划纹方砖

砖用于砌筑墓室，条砖规格有三种。标本 101：5，拉划纹方砖，一角微残，背面平整光滑，正面拉划细密较深的凹槽。边长 32.0 × 31.0、厚 5.0 厘米（图一三二 B；彩版一四，3；图版七四，3）。标本 M101：6，拉划纹条砖，土红色，背面不平，正面拉划宽深的凹槽。长 29.5、宽 15.0、厚 4.5 厘米(彩版一四，4；图版七四，4)。标本 M101：7，拉划纹条砖，土红色，背面规整，正面拉划宽深的凹槽。长 31.0、宽 16.0、厚 4.5 厘米。

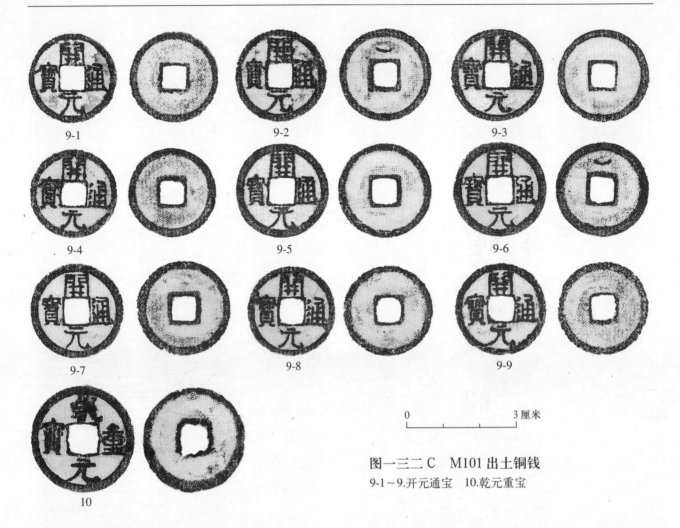

图一三二 C　M101 出土铜钱

9-1～9.开元通宝　10.乾元重宝

3.葬式　北棺床和东棺床各发现人体骨架一具。北棺床人体骨骼保存较好，头西，仰身直肢；东棺床人体骨骼稍被扰动，头向北，仰身直肢。经鉴定北棺床为一30～40岁的男性，东棺床为一30～40岁的女性。但是，北棺床人体骨骼和棺床之间有一层厚12.0厘米的泥土堆积层，其间夹杂砖块，东棺床人体骨骼与棺床之间为一层厚10.0厘米的泥土夹残砖层，因此这两人可能是西壁重修后所埋。

（三）M102

M102位于中央大道南部二号基坑中部偏西，其北、东北分别为M103、M104。墓葬早期被毁，其上叠压0.32米厚的第二层灰褐色堆积。

1.形制　M102为倒凸字形单室砖室墓，南北向，方向186°。由墓道、甬道和墓室组成。墓室内砌倒凹字形的棺床（图一三三；图版七五，1）。

墓道　位于墓室南部微偏西，平面长方形，底面斜坡状，坡度17°，挖掘于黄褐色地层中，东、西壁垂直。残长2.35、宽0.76、残深0.75米。填土灰黄色，黏结，包含少量的砖块、灰陶片等。

甬道　开于南壁中部略偏西，南接墓道，与墓室四壁同时用条砖错缝平砌。东、西壁残存壁面垂直。拱形顶，残存西侧1条、东侧2条券砖。南北深0.34、东西宽0.74、残高0.72米。东、西壁0.71米高处起券。沿墓门北口用条砖封门，部分封门墙位于墓道。底层0.22米高砌砖较乱，有横向、纵向和

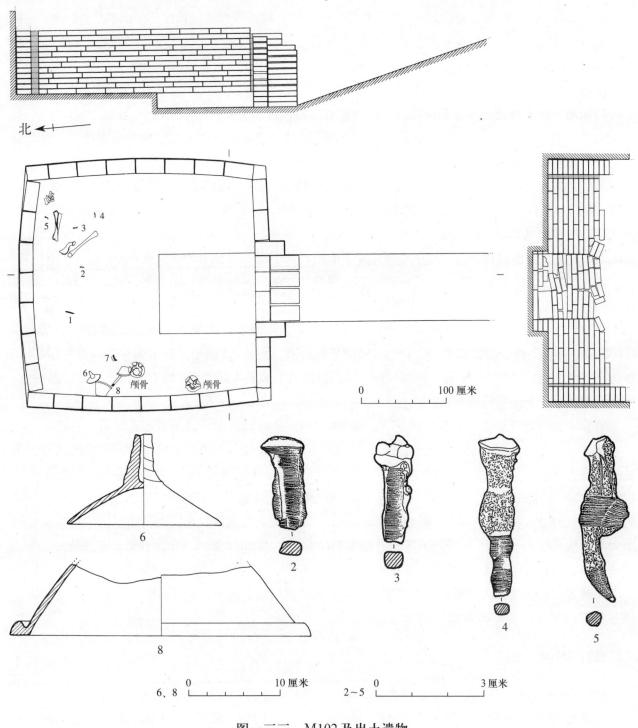

图一三三　M102 及出土遗物

1.骨钗　2~5.铁钉　6.盖　7.罐底部　8.底座残片

侧立，其上砌砖较整齐，用条石横向、纵向平砌。南北宽 0.51、残高 0.82 米。

　　墓室　平面略呈弧边方形，单砖顺砌于挖掘的方形明坑中。顶部被毁，形制不详。四壁单层，未挖墙基，用条砖错缝叠压顺砌，砌砖之间用草拌泥黏合，残存壁面垂直。四壁平面中部外凸，其中东、西、北三壁外凸较南壁略甚。墓室南北最长、东西最宽在中部，南部略小于北部。北部东西宽 2.40、南部东西宽 2.35、东、西部南北长 2.50、残高 0.72～0.90 米。棺床平面呈侧凹字形，高 0.17 米，东、南、西、北四壁分别与相对应的墓室四壁相接，棺床面素面，为砌筑四壁的生土面；南侧壁未砌护壁，系四壁砌好后从墓门北部沿生土层面挖掘东西宽 0.90、南北长 1.12、深 0.17 米的长方形凹槽所成。墓室地面较小，与甬道地面平，未见铺砖。

2. 遗物　由于被盗，随葬品凌乱破碎，主要有陶器铁钉和骨钗。

陶器　泥质，灰陶，轮制。均破碎，主要分布于棺床西北部。器形有盖、罐和底座残片，说明用一套塔形罐随葬，放置于棺床西北部。

盖　1 件。标本 M102：6，盖盘覆碗状，敞口，斜唇，弧腹，内底尖，外底黏一塔状纽。纽较低，顶残，中部一直径 1 厘米的竖孔。底盘外壁和塔状纽饰黑彩，局部脱落。底口径 16.4、残高 9.6 厘米（图一三三；图版七五，2）。

罐　1 件。标本 M102：7，残存底部，腹下部倾斜，平底。底径 14.0、残高 6.0 厘米。

底座　1 件。标本 M102：8，残存底口部，覆盆状，敞口，宽平沿，圆卷唇。底口径 28.4、残高 7.4 厘米。

铁器　仅有铁钉，出土于棺床扰土中，打制，大多残断，严重锈蚀，体侧锈结着朽木。标本 M102：2，残存上段，钉帽扁圆形、较小，断面呈扁圆形。残长 2.5 厘米。标本 M102：3，残存上段，断面呈圆角方形。残长 2.8 厘米。标本 M102：4，钉帽残，残长 4.1 厘米。标本 M102：5，尖部残失，钉帽残存一半，断面呈圆角方形。残长 4.4 厘米（图一三三）。

骨器　仅有骨钗 1 件。标本 M102：1，双尖均残失，残长 5.6 厘米（图版七五，3）。

墓砖　长方形条砖，泥质，灰色，模制。有拉划纹和手印纹，其中拉划纹有细密和粗疏两种。条砖的规格有 30、33 和 36 厘米三种。30 厘米条砖多饰手印纹，33 厘米条砖拉划纹粗疏，而 36 厘米条砖拉划纹细密。以前二者为主，后者较少。标本 M102：9，拉划纹条砖，正面用梳齿状工具拉划细密、深的凹槽。长 36.0、宽 18.0、厚 6.5 厘米。标本 M102：11，拉划纹条砖，正面粗糙略凹，拉划窄深、间距大的凹槽。长 33、宽 16.5、厚 5.0 厘米。标本 M102：10，手印纹条砖，背面不平，正面微凹，中部印一左手印。长 30.0、宽 14.0、厚 5.0 厘米。

3. 葬式　棺床发现人体骨架两具，凌乱不全，系盗扰所致，头向、葬式不明。经鉴定一具为 40～45 岁左右的男性，另一具为 45～50 岁左右的女性，可能系夫妇合葬。

（四）M103

M103 位于中央大道南部二号基坑北部，其西南部 8 米处为 M104。早年曾被盗掘。

1. 形制　M103 为倒凸字形单室砖室墓，南北向，方位 167°，由墓道、甬道和墓室组成。墓室内有棺床（图一三四 A；图版七六，1）。

墓道　位于墓室南部微偏西，挖掘于黄褐色黏结层中，东、西二壁略微倾斜，留有镐状的片状工具痕。平面长方形，底面斜坡，坡度 14°。残长 2.90、宽 0.95、残深 0.88 米。填土灰黄色，板结，近封门处出土较多的条砖、砖块。

甬道　开于墓室南壁微偏西，南接墓道，与墓室四壁同时错缝平砌，东、西壁砌砖从二层起逐层内收，西壁较东壁内收略大。拱形顶，顶部较低平。南北深 0.31、底宽 0.80、券顶处宽 0.74、高 0.68

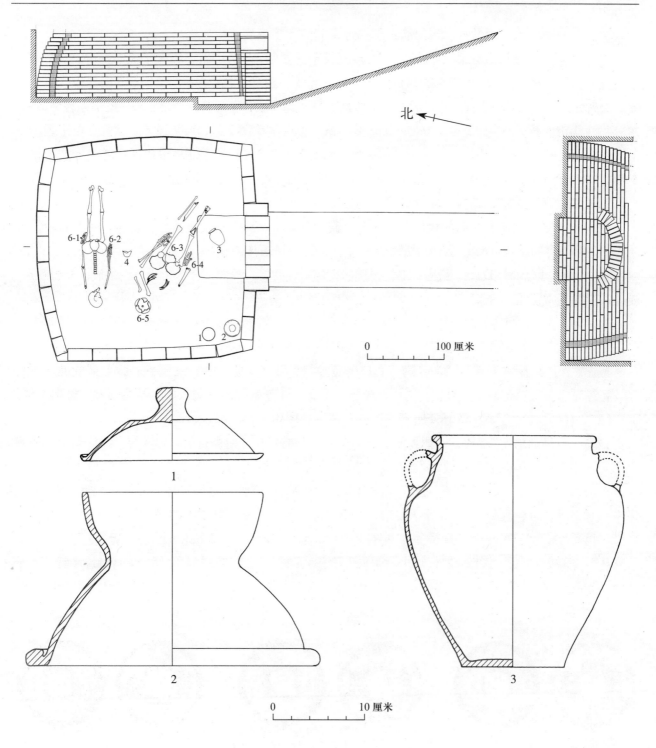

图一三四A M103及出土遗物

1.盖 2.底座 3.双耳罐 4.罐底 6-1~5.开元通宝

米。东、西壁0.50米高处起券,个别券砖加工成楔状,其间或夹瓦片,或垫厚薄不均的草拌泥。拱形顶南部,用条砖横向错缝出檐平砌成门檐,残存二层,拱形顶北部,横向砌砖明显倾斜,倾角21°,为券顶砖。沿甬道用条砖砌墙封门,底部二层用条砖纵向平砌,其上用条砖、砖块平砌,计十三层

0.56米高，其间用草拌泥黏合。封门墙顶部和券顶间用泥土填塞。

墓室　平面略呈弧边方形，四壁单重，直接砌筑于挖掘的方形明坑中。四壁平面中部外凸，东、西、北三壁外凸程度较南壁大。四壁从二层起逐层内收，北壁和南壁内收较东、西壁明显，四壁砌砖至残口0.80米高处，倾角为22°。墓室南北最长、东西最大宽在墓室中部。北部东西宽2.38、南部东西宽2.30、东部和西部南北长2.28、四壁残高0.65～0.88米。棺床平面呈倒凹字形，高0.10米，素面，棺床面为生土面，未见铺砖；南侧壁也未见砌护壁，其制作方法与M102同，从甬道北部沿砌四壁的生土层挖掘一东西宽0.80、南北长0.60、深0.10米的凹槽所成。墓室地面较小，与甬道地面平，未见铺砖。

2.遗物　墓室被盗，随葬品仅存陶器和铜钱。

陶器　泥质，轮制。有红陶和灰陶，红陶有盖、双耳罐，灰陶有底座、壶、盖等，均为碎片。说明M103用两套塔形罐随葬，组合为塔形罐和壶，位置应是棺床西南部。

盖　1件。标本M103：1，红陶，盖盘覆碗状，敞口，卷沿，弧腹，腹部较浅，内尖底，外假圈足，较低，中部黏一盖纽。纽束腰，较低，较细。底口径18.0、高7.6厘米（图一三四；图版七六，2）。

双耳罐　1件。M103：3，红陶，敞口，卷平沿，矮领，圆肩，腹上鼓下斜收，小平底。肩部饰对称的双耳，残失。口径16.0、底径11.0厘米，高24.4厘米（图一三四A；图版七六，3）。

底座　1件。标本M103：2，红陶，底口部覆盆状，敛口，宽平沿，卷圆唇，腹上部微鼓，下脱底，底径较小。上口部碗状，敛口，圆唇，鼓腹，脱底。外壁施灰白色陶衣，上墨绘图案，模糊不清。上口径18.4、底口径27.6、高18.4厘米（图一三四A；图版七六，4）。

铜器　"开元通宝"5枚，南侧和北侧骨架左右手各握1枚，南侧骨架口含1枚。钱样粗糙，字迹除"元"字外，其他三字大多模糊不清。根据"元"字特征分两型。

A型　2枚。"元"字上笔短，重心偏向右侧，次画略左上挑；"通"字之"甬"字上笔开口略大。标本M103：6－1，直径2.4、穿径0.7、廓宽0.2厘米，重2.9克（图）。标本M103：6－3，"通"字右旁"甬"字上笔开口略大。直径2.3、穿径0.7、廓宽0.2厘米，重2.7克（图一三四B）。

B型　3枚。"元"字上画较长，次画明显左上挑；"通"字之"甬"字上笔开口略大；"宝"字下部"贝"字二横画与左右竖画相连。标本M103：6－2，背面穿上部一新月纹，直径2.3、穿径0.7、廓

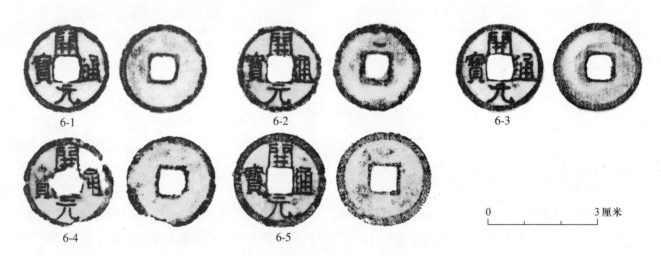

6-1　　　　　　　　6-2　　　　　　　　6-3

6-4　　　　　　　　6-5　　　　　　0　　　　　3厘米

图一三四B　M103出土开元通宝

宽0.2厘米，重2.9克。标本M103：6－4，略残，直径2.4、穿径0.7、廓宽0.2厘米，重3.0克。标本M103：6－5，直径2.6、穿径0.7、廓宽0.2厘米，重3.4克（图一三四B）。

墓砖　拉划纹长方形条砖，泥质，灰色，模制。正面饰拉划纹，多拉划半面。标本M103：5，背面不平，正面略凹，中下部用梳齿状工具拉划细深的凹槽。长30.0、宽15.0、厚5.0厘米。

3.葬式　棺床北部发现人体骨架两具，北部骨骼较整齐，头西面北，仰身直肢，左、右手各握一枚开元通宝，口内含一枚开元通宝。南侧骨架稍被扰动，头朝西，左右手各握一枚开元通宝，口内有铜锈。南侧骨架高于北部骨架5.0厘米（图版七六，1）。经鉴定北部为一年龄25～40岁左右的女性，南部为一年龄45～55岁的女性。

（五）M104

M104位于中央大道南部二号基坑中部偏东。

1.形制　M104为倒凸字形单室砖室墓，南北向，方向174°，由墓道、甬道和墓室组成。墓室内砌棺床（图一三五A；图版七七，1）。

墓道　位于墓室南部略偏东，平面呈长方形，底面斜坡状，坡度20°，东、西二壁微倾斜。填土灰黑色，疏松，包含砖块、绳纹陶片等。残长2.60、宽0.81、深1.02米。

甬道　开于南壁中部偏东，与墓室四壁同时错缝平砌，东西壁单重，从二层砌砖起逐层内收呈斜面。拱形顶，残存南部，中部和北部被毁。南北深0.64、高0.95米。底部东西宽0.81、券顶处宽0.62米。东、西壁0.80米高处起券；个别的券砖加工成楔状，部分券砖之间夹以陶片、砖片。沿甬道南口用条砖封门，封门墙南北宽32厘米，底层用条砖纵向西倾侧立，二～四层条砖东倾侧立，第五层条砖纵向西倾侧立。第五层以上用条砖、条砖块平砌，封门墙顶部仅南侧砌封砖，北部未见，说明从墓道封门（图版七七，2）。平砌封砖之间，用草拌泥黏合。

墓室　平面呈弧边方形，用条砖顺砌于挖掘的方形明坑中。顶部被毁，形制不详。四壁平面中部外凸，从第二层砌砖起逐层内收，壁面呈弧面，较规整。墓室南北最长、东西最宽均在墓室中部。北壁保存较高，西壁较低。墓室南、北部东西宽2.45米，东、西部南北长2.25米，残高0.52～1.10米。棺床平面呈倒凹字形，高0.20米，与墓室四壁相接。表面铺砖，东、西、南侧壁用条砖侧立砌护壁。棺床面北部用条砖纵向平铺，东、西二侧用条砖横向对缝平铺；以灰色拉划纹条砖为主，土红色条砖较少。

2.遗物　由于被盗，随葬品凌乱残碎，有陶器、铜钱、铁带件、骨饰等。

陶器　泥质，红陶，轮制。均残片，分布在棺床北部和西部，器形有塔状纽盖、兽面罐和底座，说明用一套塔形罐随葬，具体置位不详。

塔状纽盖　1件。标本M104：2，盖盘覆碗状，敞口，微卷沿，弧腹，内尖底，外假圈足，圈足周围向上卷压成花瓣状附加堆纹，中部竖一塔状盖纽。盖纽平面圆形，一侧规整，一侧偏斜，刹顶略残。内外壁施灰白色陶衣，底盘外壁近底部饰一周宽0.8厘米的红彩带；腹部用红彩绘图案，仅存残迹；塔层和塔刹下部饰红彩。底口径20.0、高16.4厘米（图一三五A；图版七七，4）。

兽面罐　1件。标本M104：1，敞口，圆卷唇，圆肩，腹上鼓下斜直，小平底，最大径在腹上部。肩部贴饰四个模制兽面，1个残，3个完整。兽面平面略呈圆形，底面内凹，正面中部高凸，兽面咧嘴，

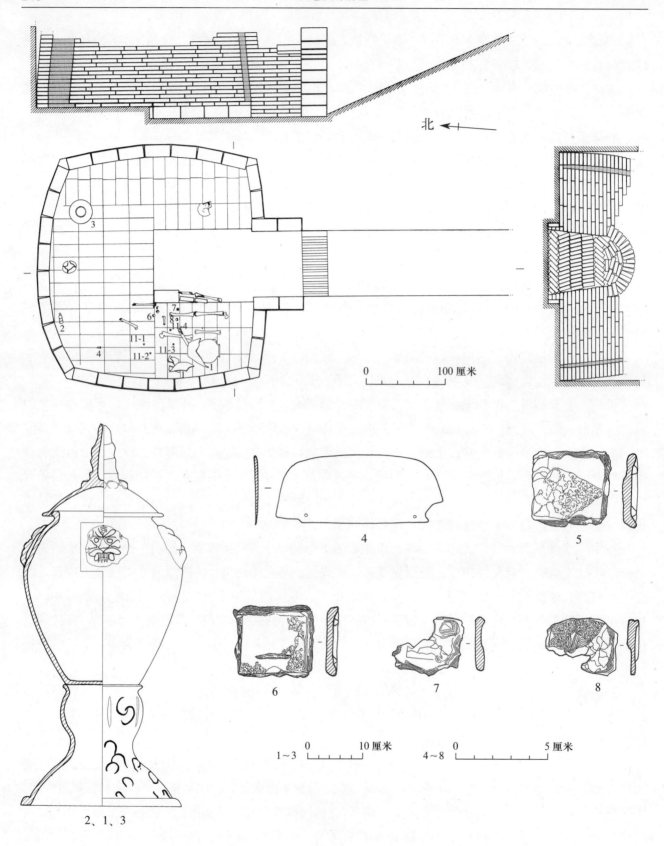

北 ←

0　　　　　　100 厘米

0　　　10 厘米
1~3

0　　　5 厘米
4~8

图一三五 A　M104 及出土遗物

1.兽面罐　2.盖　3.底座　4.骨饰件　5、6.方形铁铐饰　7、8.半圆形铁铐饰　11-1~4.开元通宝

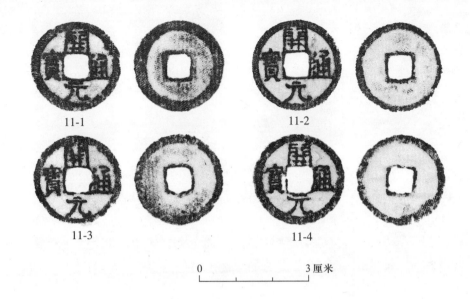

11-1　　　　　　　　　　　　　　　　11-2

11-3　　　　　　　　　　　　　　　　11-4

0　　　　　　　　3厘米

图一三五 B　M104 出土开元通宝

上唇宽扁低平，颧骨三角形，鼻弧边三角形，深目，双角倒"八"字形，宽扁微凸，双角间饰一"丰"字，双耳低平，颧骨左下侧戳一扁圆形孔眼。外壁施灰白色陶衣，腹下部绘图案（彩版一四，5；图版七七，3）。口径 16.0、底径 13.2、高 30.6 厘米（图一三五 A；图版七七，4）。

　　底座　1件。标本 M104：3，由底口部、上口部和颈部分件制作黏接而成。上口部唾盂形，敞口，圆唇，唇侧刻一凹弦纹，束颈，鼓腹，脱底。底口部覆盆状，敞口，宽平沿，圆唇，弧腹，腹部较浅，脱底，底径较大。外壁施灰白色陶衣，其上用红彩和黑色绘图案，以红色为主，但纹样不详。上口径 13.2、底口径 25.6、高 21.6 厘米（图一三五 A；图版七七，4）。

　　塔形罐由底座、兽面罐、盖相叠而成，通高 67.6 厘米（图一三五 A；图版七七，3）。

　　铜器　出土"开元通宝"铜钱4枚，字迹大多模糊。"开元"二字宽扁、"通宝"二字纵长，有使用痕（图版七七，5）。分两型。

　　A 型　2枚。"开"字二竖画外撇；"元"字上画较短，次画略左上挑。标本 M104：11－2，直径 2.4、穿径 0.7、廓宽 0.2 厘米，重 3.5 克。标本 M104：11－3，直径 2.4、穿径 0.7、廓宽 0.2 厘米，重 3.3 克（图一三五 B）。

　　B 型　2枚。"开"字二竖画外撇较 A 型略大，"元"字上画较 A 型长。标本 M104：11－1，背廓较宽。直径 2.4、穿径 0.7、廓宽 0.2 厘米，重 3.7 克。标本 M104：11－4，直径 2.4、穿径 0.7、廓宽 0.2 厘米，重 2.9 克（图一三五 B）。

　　铁器　有方形和半圆形铁铆，能辨识形制者4件，出土于棺床中北部。

　　方形铁铆饰　2件。标本 M104：5，方形铆饰上部，长边一端有一长方形穿孔，锈蚀严重，正面平，四周向下包合，呈覆斗状，底面2方角各残存一铁铆钉。边长 4.0、厚 0.7 厘米。标本 M104：6，方形铆上部，形制与 M104：5 相同，因锈蚀孔眼仅存残迹，底面三方角各有一铁铆钉。边长 3.8 × 4.2、厚 0.6 厘米（图一三五 A）。

　　半圆形铁铆饰　2件。均残。标本 M104：7，半圆形铆上部，顶面较平，底面内凹，呈覆斗状。残长3.6、残宽3.1厘米。M104：8，半圆形铸饰上部，残存三分之二，正面因锈蚀严重剥落，周缘向下包合，呈覆斗状，一方角和圆头中部各有一铁铆钉。残长4.0、残宽3.0厘米（图一三五A）。

骨器　有骨饰件1件。标本M104：4，平面呈半圆形，由骨片加工磨制而成，直边一端磨制较薄，微残，两端各有一直径0.2厘米的穿孔。残长8.2、宽3.6厘米（图一三五A；彩版一四，6；图版七七，6）。

墓砖　长方形条砖，泥质，灰色，模制。背面和侧面黏有细沙土，正面饰拉划纹和手印纹，以前者为主。标本M104：9，手印纹条砖，背面较平整，正面两端略高，中部印一左手印。长29.0、宽15.0、厚4.5厘米。标本M104：10，拉划纹条砖，背面平整，正面粗糙，中部斜向拉划细深、间距较大的竖槽。长29.6、宽15.0、厚4.5厘米。

3.葬式　棺床西南部发现骨架两具，严重扰乱，颅骨分别位于棺床北部和东南部。从其置向分析，为头北脚南，仰身直肢。经鉴定一为30岁左右的男性，另一为40～50岁左右的女性。

五　M105～M110

（一）位置与地层

M105、M106、M107、M108、M109、M110位于中央大道南部一号建筑基坑内（图一三六；彩版一五；图版七八）。一号基坑位于吴忠市利通区红星村古城路南部、中央大道南段东侧，其南部为二号基坑。基坑近曲尺状，南北长28、东西宽15～22、深1.20米。基坑地层分为两层，上层为近现代堆积，厚0.40米左右，局部厚1.20米，第2层为灰褐色地层，黏结，厚0.80米以上。一号基坑内墓葬分布密集，均残，残口被0.20～0.30米厚的第二层所叠压，从墓道壁观察，打破黄褐色和红褐色胶质土层，前者较薄，厚0.12～0.16米，后者堆积较厚。自2003年7月1日至11日，对这6座墓葬进行清理。

（二）M105

M105位于中央大道一号基坑南部，其东北1、西北5米分别为M106、M107，墓顶残口距现地面1.40米，残口上叠压0.20米厚的第2层堆积。墓室上部被毁，残存中下部。

1.形制　M105为倒凸字形单室砖室墓，南北向，方向198°，由墓道、甬道、墓室组成。墓室内砌筑倒凹字形棺床（图一三七A；彩版一六，

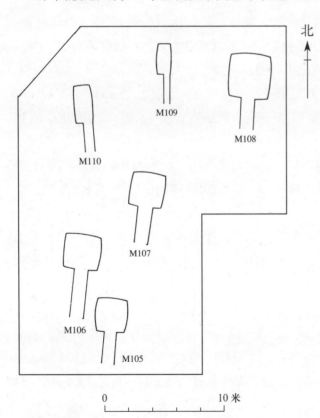

图一三六　中央大道南段一号基坑墓葬分布图

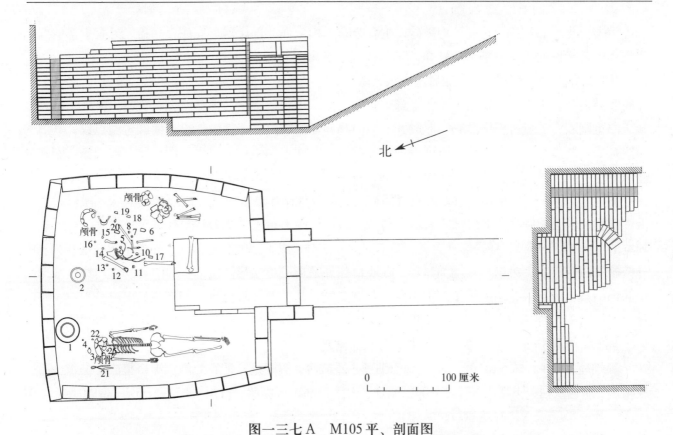

图一三七 A　M105 平、剖面图

1.底座　2.盖　3.黑釉壶　4、22.小杯　5、6.铜铊尾　7～11.半圆形铜铐饰　12、13.方形铁铐饰
14～16.半圆形铁铐饰　17.铁铊尾　18～20.铁铐饰　21.铁剪　25.乾元重宝

1；图版七九，1）。

　　墓道　位于墓室南部，东向偏离中轴线，平面呈长方形，底面斜坡状，坡度21°，挖掘于红褐色黏结土层中，残存东、西壁较直，残留片状工具痕。填土黄褐色，胶结，包含少量的砖块。残长2.25、宽0.76、深1.05米。

　　甬道　砌于墓室南壁略偏东，南接墓道，与墓室南壁同时砌筑。东、西壁垂直；拱形顶，东壁0.60米高处起券，残存东侧券砖。南北深0.70、宽0.76、残高0.90米。沿甬道南口封门。封门墙单重，残高0.88米，用条砖横向逐层错缝平砌，之间用三合泥黏合。

　　墓室　平面略呈倒梯形，单砖顺砌于挖掘的倒梯形明坑中。四壁单重，从第二层起逐层内收。北、东、西三壁平面中部略外凸，南壁平面较直，微倾斜。上部被毁，形制不详。墓室南北最长在墓室中部。南部东西宽2.04米，北部东西宽2.26、残高0.72米，东部南北长2.25、残高0.72～0.9米，西部南北长2.38、残高0.72米。棺床平面呈倒凹字形，有二次加宽利用的现象。原棺床：平面呈倒凹字形，高0.18米，东、南、西、北三壁与墓室相对应的四壁相接，东、西侧壁用条砖侧立护壁，南侧壁为生土层面；其中东护壁立砖略错位。次生棺床：由于安置中部人体骨骼的需要，在倒凹字形棺床中南部即墓室地面东北部南北加长0.30、东西加宽0.40米，高与原棺床同。加宽部分用熟土平堆，较疏松、粗糙，包含砖块。

　　2.遗物　墓室被盗，随葬品残破凌乱，有陶器、瓷器、铜带饰、铜钱、铁带饰等。

陶器　泥质，红陶，轮制。均破碎，主要分布于棺床西北部，器形有底座、盖。另有少量的红陶罐腹部碎片。说明用一套塔形罐随葬，可能放置于棺床西北部。

盖　1件。标本 M105∶2，盖盘覆碗状，敞口，宽平沿，沿向上略卷形成平沿，微鼓腹，内底平，外底假圈足状，中部竖一盖纽。盖纽下部束腰，上部圆球状，中空，顶部一锥状乳突，略残。内外壁施灰白色陶衣，盖盘外壁饰黑彩，形成五个横向鸡卵形的露白部，其中部绘一橘红色圆点纹，其周围绘四个黑色圆点纹，有的脱落，较模糊；卵形露白纹之间上部黑彩上，也绘圆点纹，较模糊；圈足外侧似墨书"4，5"二字。底口径 20.8、高 12.2 厘米（图一三七 B；图版八〇，1）。

底座　1件。标本 M105∶1，由底口部和上口部分件制作黏接所成。底口部覆盆状，敞口，宽平沿，圆唇，斜腹，脱底。上口部唾盂形，盘口，唇外侧向上卷压成花瓣状附加堆纹，鼓腹，外壁按压较宽的竖向"U"形槽，将腹部分为宽、窄不同的六部分，腹下部内收成筒状，套接于覆盆底径内。内外壁施灰白色陶衣，外壁陶衣上饰黑彩，在底口部外壁形成鸡卵形（横形）和圆形的露白纹，圆形纹中部饰橘红色圆点纹，卵形纹下部饰一橘红色圆点纹，其上部饰墨点纹，均模糊。上口径 16.4、底口径 26.4、高 22.6 厘米（图一三七 B；图版八〇，2）。

瓷器　有黑釉壶、小杯等，分布于棺床北部偏西。

黑釉壶　1件。标本 M105∶3，侈口，细颈，矮鼓腹，假圈足，足底外侧一周修整成小斜坡。胎质较粗糙，胎色灰白，黑釉，外壁腹下部至圈足、内壁颈部以下露胎。口颈 4.8、底径 5.4、高 9.0 厘米（图一三七 B；彩版一六，3；图版八〇，3）。

小杯　2件。敞口，尖唇，斜腹，平底。胎质细腻，胎色黄白，淡绿色釉，内壁施全釉，外壁施半釉，腹下部至底部露胎。标本 M105∶4，口径 4.4、底径 2.4、高 2.3 厘米。标本 M105∶22，残，口径 5.4、底径 2.7、残高 1.3 厘米（图一三七 B）。

铜器　有铜铊尾、半圆形铜铐饰和铜钱，铜带饰均为底部，出土于人体骨骼间（图版七九，2），主要分布于棺床东部。

铜铊尾　2件。均为底面，形制相同，大小有别。标本 M105∶5，平面呈圆头长方形，圆头端大部残失。两角各有一个铁铆钉痕，一面锈结着较粗的布纹。残长 7.4、宽 4.0 厘米（图一三七 C；图版八〇，5）。标本 M105∶6，平面呈圆头长方形，平直，一方角部有一铁铆钉痕，一方角部有一直径 0.1 厘米的铆孔，圆头中部残留一长 0.4 厘米的铁铆钉。长 5.6、宽 3.4 厘米（图一三七 C；图版八〇，4 右 1）。

半圆形铜铐饰　5件。均为铐饰底部，2件完整，3件残，由薄铜片加工而成。标本 M105∶7，平面呈圆头长方形。长边一端方角，临边錾凿一长 1.5、宽 0.3 厘米的长方形孔眼，另一端圆头，方角和圆头端各有一铁铆钉痕。长 3.5、宽 3.0 厘米（图一三七 C；图版八〇，4 左 2）。标本 M105∶8，长 3.5、宽 3.0 厘米（图一三七 C；图版八〇，4 右 2）。标本 M105∶9，圆头一侧微残，方角一端中部残失，长 3.5、宽 3.0 厘米（图一三七 C；图版八〇，4 左 1）。标本 M105∶10，残。圆头中部、方角各一直径 0.2 厘米铆钉的孔眼。残长 3.0、宽 3.0 厘米（图一三七 C）。标本 M105∶11，残，残长 3.0、宽 2.8 厘米（图一三七 C）。

"乾元重宝"　1枚，出土时含于一骨骼口内。标本 M105∶25，锈蚀，背面平。"重"和"宝"字上半部不清晰，"乾"、"元"二字笔画宽厚。直径 2.6、穿径 0.7、廓宽 0.2 厘米，重 4.5 克（图一三七 C）。

铁器　有铁带饰和铁剪。带饰出土于人体骨骼间（图版七九，3），有铁铊尾、方形铁铐饰和半圆

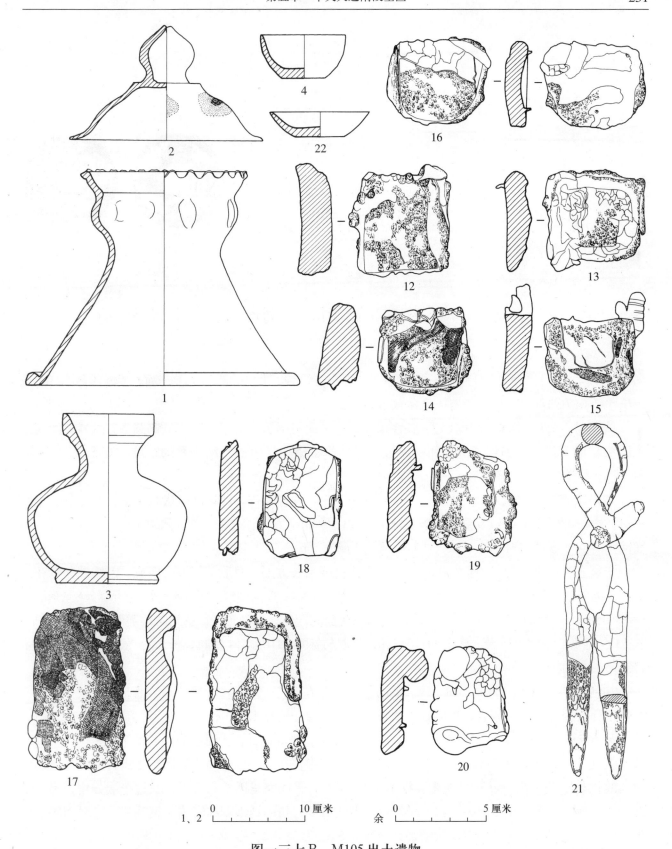

1、2 　0　　　　　　　10厘米

余　0　　　　　5厘米

图一三七 B　M105 出土遗物

1.底座　2.盖　3.黑釉壶　4、22.小杯　12、13.方形铁铐饰
14~16.半圆形铁铐饰　17.铁铊尾　18~20.铁铐饰　21.铁剪

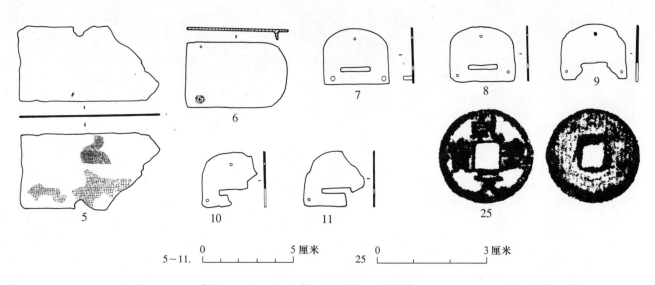

图一三七 C　M105 出土遗物
5、6.铜铊尾　7~11.半圆形铜铐饰　25.乾元重宝

形铁铐饰等，由上、下部铆合而成，以夹革带，因严重锈蚀，上、下部锈结于一起，具体形制不详，主要出土于棺床西部扰土中，没有一定的放置规律。

铁铊尾　1件。标本 M105：17，铁铊尾上部，平面呈圆头长方形。短边一侧圆头，微残，两侧边和圆头端向下包合，残存圆头部和一侧边半段。严重锈蚀，表面锈结层叠的布纹。宽 5.0、长 8.8、厚 1.7 厘米（图一三七 B）。

方形铁铐饰　2件。标本 M105：12，平面呈方形，残存大部，因锈蚀呈层状剥落，四角各有一铁铆钉。边长 4.8~5.0、厚 1.6 厘米。标本 M105：13，平面呈方形，残存大部，侧边脱落，一面不平，一面两角各存半截铁铆钉。边长 5.4×5.0、厚 1.3 厘米（图一三七 B）。

半圆形铁铐饰　3件。标本 M105：14，平面呈圆头长方形，由上下部铆合而成，因锈蚀黏合在一起。一面斜倾，锈结着布纹，一面层状剥离，一方角残存半截铜铆钉。长 4.8、宽 5.0、厚 2.1 厘米。标本 M105：15，形制与标本 M105：14 同，因锈蚀两面均脱落，一面较平，锈结着纱类残片，一面不平。长 5.0、宽 4.0、厚 1.0 厘米。标本 M105：16，形制与标本 M105：14 相同，长 5.0、宽 4.5、厚 1.2 厘米（图一三七 B）。

扣柄　1件。标本 M105：18，残。平面呈圆头长方形，一端圆头，另一端残断。一面较平，一面为剥落面，因锈蚀周边冰裂，呈层状。残长 6.0、宽 4.2、残厚 1.2 厘米（图一三七 B）。

另有 2件带饰残件。标本 M105：19，平面呈方形，严重锈蚀，一面因脱落高低不平，锈结着细密的丝绸残片，一面为脱落面，两方角各残存一截铁铆钉，其中一枚弯曲。从形制分析，可能为方铐残件。残长 6.0、宽 4.5、残厚 1.4 厘米。标本 M105：20，平面略呈圆头长方形，长边一端方角，另一端圆头，因锈蚀两面、周边均脱落；一面因脱落高低不平，局部锈结着细密的丝绸残片；一面因脱落中部内凹。圆头端和方角各残存半截铜铆钉。残长 5.6、残宽 4.2、残厚 2.5 厘米（图一三七 B）。

铁剪　1件。位于颅骨西北部，较完整（彩版一六，2；图版七九，3）。标本 M105：21，打制，两柄交股形成圆环，靠驱动圆环产生的张力剪裁布料。刃部从柄端向尖端逐渐窄小，断面呈三角形，刃背平，刃面因锈蚀圆秃。刃长8.8、剪长38厘米（图一三七B；图版八〇，6）。

墓砖　长方形条砖，泥质，灰色，模制。有素面和手印纹两种。标本M105:23，手印纹条砖。背面平整，正面中部略凹，一端模印一右手印纹。长19.5、宽14.5、厚4.5厘米。标本M105:24，素面，背面平整，正面有刮抹痕。长28.0～29.0、宽14.5、厚4.5厘米。

3.葬式　棺床上发现人体骨架三具，西部骨骼头向北，面朝西，仰身直肢，高于棺床0.08米，中部骨骼较凌乱，但肢骨多分布于南部，颅骨位于西北，头向可能朝北，东侧骨骼凌乱，基本可看出头朝北。经鉴定西侧人骨为30～35岁的女性，中部为一年龄50岁以上的男性，东侧可能是一男孩，年龄6～7岁。

（三）M106

M106位于中央大道南部一号基坑中南部偏西，其东北部3米处为M107。墓被盗掘，顶部被毁。

1.形制　M106为倒凸字形单室砖室墓，南北向，方向192°，由墓道、甬道和墓室组成。墓室内砌棺床（图一三八A；彩版一七，1；图版八一，1）。

墓道　位于墓室南部，与墓室南北在同一中轴线上，平面长方形，底面斜坡状，坡度12°。东、西壁较直。填土黄褐色，坚硬，似渗水板结所致，包含灰陶片，近封门处堆积条砖和条砖残块，可能是封门余料。残长3.60、宽1.00、深1.44米。

甬道　开于南壁中部，与墓室南壁同时砌筑。宽0.75、南北深0.66、高1.12米。东、西壁垂直。拱形顶，单重，用条砖纵向斜侧立和侧立，顶面尖圆，个别券砖（顶部）加工成楔状，有的券砖之间夹以灰陶片。顶部北段用条砖横向平压一层，略倾；其上用条砖纵向内倾平砌，倾角与墓室四壁倾角同，南段用条砖逐层出檐斜压，共计五层，形成门檐。沿甬道北口封门。封门墙南北宽0.32、高0.92米，下部0.60米高的封门墙用条砖并排叠压，没有错缝现象，其上用条砖、条砖块横向叠压（图版八一，2）。

墓室　平面呈方形，单砖顺砌于挖掘的方形明坑中。南北长2.30、东西宽2.60、残高1.30米。四壁平面平直，壁面垂直。券顶，较平，顶中部被毁，残口呈圆角长方形。西壁、南壁、北壁0.92米高处起券，东壁0.85米高处起券，此层及以上砌砖明显内收倾斜，至1.10米高处，砌砖倾角为38°。墓室西北角高0.68、西南角高0.88、东北角高0.86、东南角高0.88米起券，用条砖横压逐层内收平砌（图版八一，3）。棺床平面呈倒凹字形，高0.20米，东、南、西、北四侧面分别与相对应的墓室四壁相接。南侧壁用条砖平砌护壁；棺床面为生土面，未见铺砖。墓室地面，与甬道地面平未见铺砖。

2.遗物　墓室被盗，随葬品较乱，有陶器、铜镜、铜合页、铜钱、铁剪、骨簪、漆盒等。另外，在棺床出土铁钉。

陶器　泥质，灰陶，轮制。2件完整，其余均为碎片，器形有底座、罐等。底座2件，1件放置于棺床西南角。棺床西南部碎片较多，内壁用圆形模拍拍打，留存圆突乳丁纹。底座和陶片出土的位置表明，陶器原放置于棺床的西南部。

底座　2件。分二式。

I式　1件。标本M106:1，覆盆形，底口微敞，宽平沿，圆唇，深腹上部微鼓，顶平底中部略凹，腹部有墨痕。底口径30.0、顶径13.2、高11.4厘米（图一三八B；彩版一七，2；图版八二，1）。

II式　1件。标本M106:2，覆盆形，底口微敞，卷圆唇，腹较深，中部微鼓下部斜收，顶平底。

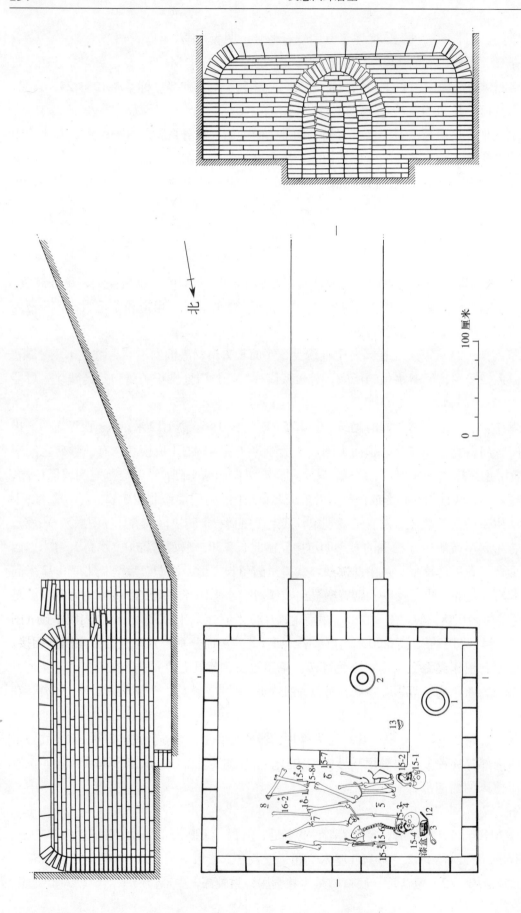

北

0　　　　100 厘米

图一三八 A　M106 平、剖面图

1、2.底座　3.漆盒　4.铁剪　5~8.铁钉　12.骨簪　13.罐底残片　15-1~9.开元通宝　16-1~2.货泉（9 铜镜在漆盒中，未标出。）

外壁和底部饰黑彩，仅存局部。底口径26.0、顶底径12.0、高11.0厘米（图一三八B；图版八二，2）。

罐　1件，残存底部，似兽面罐残件。标本M106：13，平底，腹内壁模印乳丁纹，外壁有墨痕。底径13.6、残高8.0厘米。

铜器　有铜镜、铜合页、铜钱。铜钱11枚，其中"货泉"2枚，"开元通宝"9枚（图版八三，3）。

铜镜　1枚。标本M106：9，瑞鸟纹铜镜。平面圆形，圆纽，内外区以一棱相隔，镜缘高于内外区，向内倾斜。内区饰四个两相对应的瑞鸟，其间以圆形乳丁纹间隔。外区较窄，饰直线纹。镜缘内侧饰一周锯齿纹和一周水波纹，局部模糊。直径9.7、缘宽1.4厘米（图一三八B；彩版一八，3；图版八三，4）。

铜合页　2件。形制相同（彩版一八，4）。标本M106：10，平面呈"8"字形，上、下部用一铁轴相连。正面周边略微向下包含，底面一端中部内凹，有三个三角形分布的长0.6厘米的铜铆钉，另一端近轴处微凹，有对称分布高0.6厘米的铆钉，其中一个铆钉上存留直径0.3厘米的铆圈。长4.8、宽2.6厘米（图版八三，1右、2右）。标本M106：11，平面呈倒"8"字形，上、下部形相同，用一铁轴相连。正面平，周边向下包含；底面两端中部内凹，各有三枚三角形分布的长0.6厘米的铜铆钉，其中二

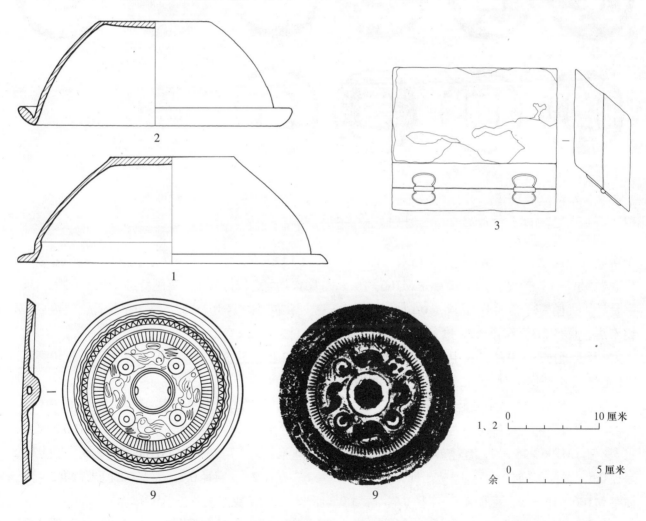

图一三八B　M106出土遗物
1、2.底座　3.漆盒　9.铜镜

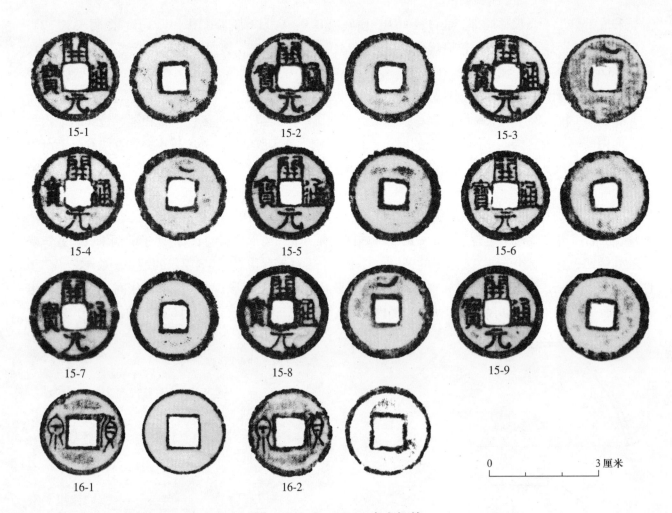

图一三八 C　M106 出土铜钱

15-1～9.开元通宝　16-1～2.货泉

个铆钉残存铆圈，部分铆钉锈结着朽木。长4.8、宽2.6厘米（图版八三，1左、2左）。

"货泉"　2枚。均为篆书。标本M106∶16－1，廓肉均好，钱样规范；笔画纤细，字迹清晰。"泉"字悬针。直径2.3、穿径0.7、廓宽0.2厘米，重2.5克。标本M106∶16－2，"泉"字悬针，"货"字模糊不清。直径2.3、穿径0.7、廓宽0.2厘米，重2.4克（图一三八 C）。

"开元通宝"　9枚。其中北部和南部墓主口内各含2枚，另5枚出土于棺床。有使用痕和磨痕，"开元"二字扁平，"通宝"二字纵长。分两型。

A型　5枚。"开"字二竖画外撇；"元"字上画较短，此画略左上挑；"通"字"甬"部开口略大；"宝"字"贝"部二横画与左右竖画不相连。标本M106∶15－2，直径2.5、穿径0.7、廓宽0.2厘米，重3.4克。M106∶15－7，直径2.4、穿径0.7、廓宽0.2厘米，重3.7克。标本M106∶15－5，直径2.5、穿径0.6、廓宽0.2厘米，重4.2克。标本M106∶15－6，直径2.4、穿径0.7、廓宽0.2厘米，重3.4克。标本M106∶15－9，直径2.5、穿径0.7、廓宽0.2厘米，重3.7克（图一三八 C）。

B型　3枚。"元"字上画长，次画左上挑；"通"字之"甬"字上笔开口小；"宝"字下部"贝"字二横画与左右竖画相连。标本M106∶15－1，直径2.4、穿径0.7、廓宽0.2厘米，重3.2克。标本

M106：15－3，背穿上一新月纹。直径2.3、穿径0.6、廓宽0.2厘米，重3.1克。标本M106：15－4，背面穿上部一新月纹。直径2.5、穿径0.7、廓宽0.2厘米，重3.0克。标本M106：15－8，背面穿上一新月纹。直径2.5、穿径0.6、廓宽0.2厘米，重3.4克（图一三八C）。

铁器　有铁剪和铁钉。铁剪1件，出土于北部颅骨西北部，残碎。铁钉出土于棺床，大多残断。标本M106：5，较短，尖部残失，断面扁圆形。残长3.4厘米。标本M106：6，残存下段，较细长，尖部较锐，断面呈圆形，锈蚀，残长6厘米。标本M106：8，钉帽残失，断面呈方形。长6.6厘米。

骨器　仅骨簪1件。标本M106：12，条状，磨制，由一端向另一端逐渐窄小，呈尖状，略弯曲。长13.5、宽0.8厘米（彩版一七，3；图版八二，5）。

漆盒　1件，出土于北部骨架颅骨西部。标本M106：3，长方形，因挤压变形，由二铜合页将盖和底部连在一起。内置铜镜1枚、骨簪1件、漆粉盒1件。粉盒圆筒状，红色，残朽，内置纯白色粉末。长18.0、宽10.0、高5.0厘米（图一三八B；彩版一八，1、2；图版八二，3、4）。

墓砖　拉划纹条砖，泥质，灰色，模制。标本M106：17，背面不平，正面微凹，拉划间距大且窄深的凹槽。底长30.5、宽15.5、正面长29.5～30.0、宽15.0、厚5.0厘米。标本M106：18，背面不平，正面拉划细深的凹槽。背面长30.0、宽14.5～15.0厘米，正面长29.5、宽14.5～15.0厘米，厚5.0厘米。

3.葬式　棺床北部发现人骨架两具，北侧骨架保存完整，头向西，面朝上，仰身直肢，口内含铜钱，头部有一个漆梳妆盒，骨架下有一层厚0.02、南北宽0.42、东西长1.10米的白灰层。南侧骨骼较凌乱，头向西，面南，口内含两枚铜钱。经鉴定北侧骨架为一年龄30～40岁的女性，南侧骨架为一年龄25～35岁的男性。

（四）M107

M107位于中央大道南部一号基坑中部，其北部为M108、M109、M110，西南部为M106。墓葬早期被盗，墓室顶部被毁，残存中下部。

1.形制　M107为倒凸字形单室砖室墓，南北向，方向186°，由墓道、甬道、墓室构成。墓室内有棺床（图一三九A；彩版一九；图版八四，1）。

墓道　位于墓室南部偏东，平面长方形，底面斜坡状，坡度25°，东、西壁略微倾斜，留存片状和尖状工具痕。填土黄褐色，黏结，有积水板结的痕迹，近墓门处堆积少量砖块。残长2.62、宽0.90、深1.10米。

甬道　开于墓室南壁偏东，南接墓道，与墓室四壁同时错缝平砌，拱形顶，东西壁砌砖从二层起逐层内收成斜壁，0.95米高处起券，单层，尖圆状，部分顶部券砖加工成楔状。南北深0.52、高0.96米，底宽0.85米；券顶北部，用条砖横向内收斜砌，倾角与墓室四壁同高度倾角相同，以券砌顶部；南部用条砖横向出檐平砌，形成门檐，残存2层。沿甬道北口用条砖封门，封门墙南北宽0.32米，与甬道等宽，封门墙底层用条砖纵向侧立，二、三、四、五层用条砖横向平铺，六、七层用条砖竖立。四层以上用条砖块平砌；封门墙和券顶间高0.03米的一段用泥土填塞（图版八四，2）。

墓室　平面呈倒梯形，砌筑于挖掘的明坑中，四壁单重，用条砖顺砌，条砖之间用草拌泥黏合（图版八四，3）。南、北壁直，东、西壁中部外凸，平面呈弧线形。墓室南部东西宽2.32、北部宽2.38米，南北长2.20、残高0.90米，顶部遭毁，但残存口部呈南北径1.80、东西径1.90米的扁圆形，从残存面

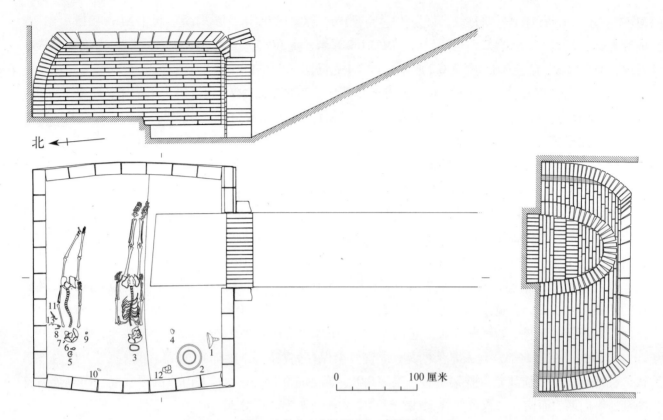

图一三九 A　　M107 平、剖面图

1.盖　2.底座　3.陶砚　4.白釉碗　5.铜镜　6.铜勺　7、13.铜提勺
8.铜耳勺　9.蚌壳　10.云母片雕　11.铁剪残段　12.兽面罐

观察，顶部为穹隆顶、较低平。北、东、西三壁从二层砌砖起逐层内收，形成弧状壁面，北壁因重压之故凸凹不平，至 0.74 米高时，砌砖明显倾斜内收起券，倾角达 38°，南壁甬道起券以下部分较直。甬道券顶处砌砖明显倾斜内收，倾角 38°，与其他三壁同。棺床呈倒凹字形，高 0.16 米，东、西、北三侧面与墓室相对应的四壁相接，素面，未见铺地砖（彩版一九，3）。棺床的成因，在甬道北部砌四壁的生土层沿甬道方向挖东西 0.85、南北长 0.90～0.95、深 0.16 米的长方形凹槽而成。墓室地面与甬道地面平，未见铺砖。

2.遗物　由于被盗，随葬品比较凌乱不全，有陶器、瓷器、铜镜、铜勺、铁剪、小蚌壳及圆饼状云母饰件等。

陶器　泥质，以灰陶为主，次为红陶，除陶砚外均为轮制。出土时多残破，有盖、底座、兽面罐、陶砚等，出土于墓室西南部。说明用一套塔形罐随葬，放置于西部平台上。

盖　1 件。标本 M107：1，灰陶，盖盘覆碗状，敞口，尖圆唇，口唇部不规整，深腹，内底与盖纽相通，外底竖一塔状盖纽。盖纽葫芦形，中空，顶部微浅。腹外壁近底部刻划一阴弦纹，腹部墨绘四朵似太阳纹图案，四朵图案近口沿部绘制相同的小图案，模糊。底口径 17.2、高 12.0 厘米（图一三九 B；图版八五，1）。

兽面罐　1 件。标本 M107：12，灰陶，敞口，圆卷唇，低矮领，腹上部圆鼓，平底。腹上部贴饰三个模制兽面，均残，平面呈竖向扁圆形，兽面咧嘴，獠牙较大，鼻三角形，略低平，颧骨长而圆凸，

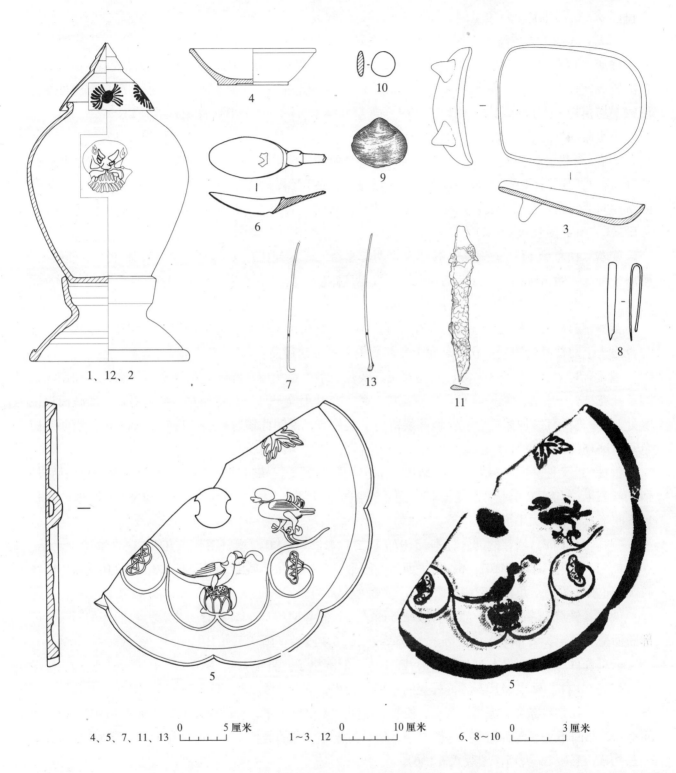

图一三九 B　M107 出土遗物

1. 盖　2.底座　3.陶砚　4.白釉碗　5.铜镜　6.铜勺　7、13.铜提勺
8.铜耳勺　9.蚌壳　10.云母片雕　11.铁剪残段　12.兽面罐

深目圆睛，低眉细短，双角呈倒"八"字形，双耳圆凸。兽面上部戳一竖向孔眼，兽面之间有墨绘痕。口径12.6、底径14.0、高32.0厘米（图一三九B；图版八五，1）。

底座　1件。标本M107：2，灰陶，底口部覆盆状，敞口，斜平沿，圆卷唇，腹部较浅，脱底；上口部较浅，敞口，斜唇，唇沿不规整。上口沿外壁饰一周黑彩带，颈部饰一周黑彩，底口部腹部墨绘图案，均模糊。上口径16.0、底口径26.4、高15.0厘米（图一三九B；图版八五，1）。

塔形罐由底座、兽面罐、盖相叠而成，通高56.2厘米（图一三九B；图版八五，1）。

陶砚　1件。残为两半，出土于南侧骨架头骨西部。标本M107：3，灰陶，手制。呈簸箕状，一端开口，两侧逐渐向另一端增高，形成一个前平后凹的砚面，平整，光滑，有使用过的墨痕；底面圆弧状，向上包合，有刀戳痕，前有二个乳突状足，外撇。宽12.5、长16.1、高4.0厘米（图一三九B；彩版二〇，1；图版八五，2）。

瓷器　白釉碗1件，较完整，位于墓室西部平台。标本M107：4，敞口，圆唇，腹较浅，玉璧底。胎质较细腻，胎色灰白，内外壁均挂白釉，仅足底露胎，白釉略泛黄。口径13.6、足径7.6、高3.9厘米（图一三九B；彩版二〇，2；图版八五，3）。

铜器　有铜镜、铜勺、铜提勺及耳勺等。镜镜、铜勺出土于墓室北部骨架头骨西侧，铜提勺、耳勺也出土于北部颅骨附近。它们是属于北部墓主人的生活用品。

铜镜　1枚。标本M107：5，鸾鸟纹镜，残存一半。葵花形，圆纽，镜缘素面较高，纽和镜缘之间承托花枝，一花蕊上立一鸾鸟，口衔花枝，另一花叶上立一鸟，二者相对，形态逼真。残破面近镜缘处，有一直径0.2厘米的穿孔，镜面残留菱形垫片痕，说明此镜曾破裂，拼修后使用过。镜面银白色，打磨精细。直径16.6厘米（图一三九B；彩版二〇，4；图版八五，4）。

铜提勺　2件。形制相同。标本M107：7，呈竖勾状，由一端向另一端逐渐增粗的铜条打制而成，柄细长残断。勺宽0.6厘米，残长13.7厘米（图一三九B）。标本M107：13，勺宽0.4厘米，残长14.6厘米（图一三九B）。

铜耳勺　1件。残存柄部。标本M107：8，打制，残长4.0厘米（图一三九B）。

铜勺　1件。标本M107：6，勺平面呈扁圆形，勺柄条状，残断。勺面长4.0、宽2.0厘米，柄残长2.0厘米（图一三九B；彩版二〇，3；图版八五，5）。

铁器　铁剪1件，出土于北部骨架颅骨西北部。标本M107：11，残存一半，刃和柄部均断裂，刃部断面呈三角形，背部平，柄较细，刃宽2.4、长16.4厘米（图一三九B）。

云母饰件　1件。标本M107：10，圆饼状，似围棋子。直径1.4、厚0.4厘米（一三九B）。

蚌壳　1件。标本M107：9，蚌壳的一半，较小，完整。宽3.0、高2.7厘米（图一三九B）。

墓砖　拉划纹条砖，泥质，灰色，模制。背面大多粗糙不平，有的模印文字。标本M107：14，背面粗糙，凸凹不平，正面先模印一阳纹字，然后拉划宽、深的竖槽，长30.5、宽15.0、厚5.0厘米（图一三九B；彩版二〇，5；图版八五，6）。

3.葬式　棺床发现人体骨架两具，保存完整。北部头向西，俯身直肢，南部头向西，面朝南，仰身直肢。南部骨骼与棺床面之间有一薄沉积层，稍高于北部骨骼。经鉴定北部骨架是一年龄不小于45岁的女性，南部骨架是一30～40岁的男性。

（五）M108

M108 位于中央大道南部一号基坑北部偏东，其东侧为 M19，墓室早期被盗，墓室和墓室上部被毁，与同坑其他各墓室，堆积 0.2 米厚的灰褐色堆积层，开口层位被毁，不详。

1.形制　M108 为倒凸字形单室砖室墓，南北向，方向 184°，由墓道、甬道和墓室构成。墓室内砌棺床（图一四〇 A；图版八六，1）。

墓道　位于墓室南部略偏西，平面长方形，底面斜坡状，坡度 16°，东、西壁略倾斜，残留片状和尖状工具痕。填土黄褐色，包含灰陶片等。残长 2.70、宽 0.80、深 1.55 米。

甬道　开于南壁中部略偏西，与墓室四壁同时错缝平砌；东、西壁单重，从二层砌砖起逐层内收形成斜壁面；北部叠涩尖顶，南部券顶，1.07 米高处砌顶。尖顶的砌法，东、西壁北段的砌砖逐层对称出头叠压，计七层，顶部用一条砖横向封顶；南部券顶单重，用条砖斜侧立、侧立券筑，部分券砖间加工成楔状。南北深 0.42、宽 0.80、高 1.44 米。从甬道南部用条砖砌墙封门。一、二层用条砖侧立，其上一层平砖和侧立砖交替，至顶部高 1.44 米。

墓室　底部平面略呈方形，直接砌筑于挖掘的明坑中，四壁单重，残存壁面垂直，顶部残。墓室残口呈东西径 2.80、南北径 2.90 米的扁圆形。一至七层用条砖平砌，其上用条砖块侧立。墓室南部东西宽 2.95、北部东西宽 3.10、南北长 3.10、残高 1.55 米。棺床平面呈倒凹字形，高 0.18 米，东、南、

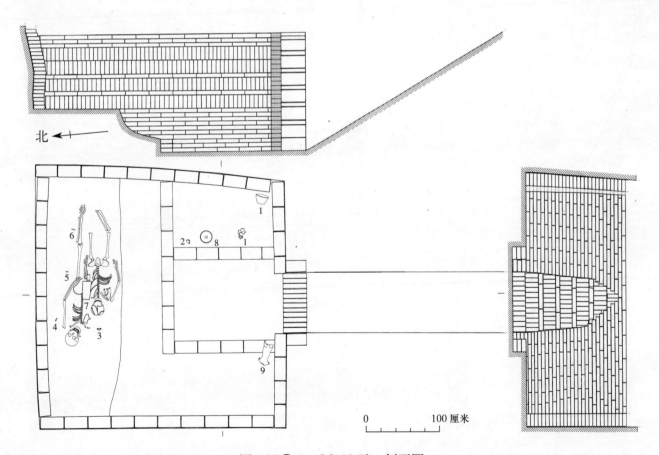

图一四〇 A　M108 平、剖面图

1.罐　2.蚌壳　3.骨钗　4~6.铁器柄残段　7.铁刀　8.铜镜　9.泥镇墓兽

西、北四侧面分别与墓室相对应的四壁相接，东、北、西侧壁用条砖平砌护壁，其中北护壁向东延伸与墓室东壁相接。棺床面素面、未见铺砖。墓室地面较小，与甬道地面平，未见铺砖。

2.**遗物**　墓室被盗，随葬品凌乱，有陶器、铜镜、铁刀、铁饰件、蚌壳等。

陶器　出土灰陶罐1件，位于墓室东南部。标本M108：1，灰陶，泥质，轮制。敞口，圆卷唇，低矮领，鼓腹，平底。外壁饰黑彩，大部脱落。口径16.4、底径17.0、高29.6厘米（图一四〇B；图版八六，3）。另有泥镇墓兽1件（M108：9），位于棺床西南部，仅存残迹。

铜器　有铜镜1枚，出于墓室的东平台。标本M108：8，双凤纹镜，出土时破裂，平面呈葵花形，圆纽，内外区用一凸棱相隔。镜缘素面，较窄。内区饰一对展翅飞翔的凤鸟，其因破裂而大部残失，其间饰一相对的并蒂花。外区较窄，饰流云纹和花草纹。镜面锈较重。直径16.0厘米（图一四〇B；彩版二一，1；图版八六，4）。

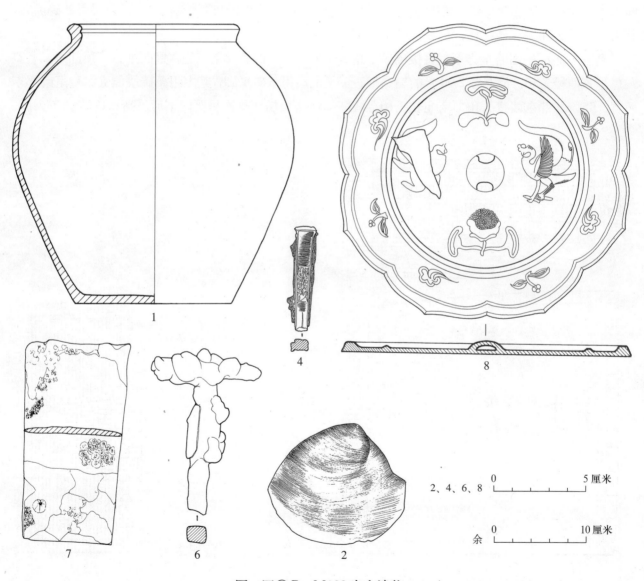

2、4、6、8 ⊢——————┤ 5 厘米

余 ⊢——————┤ 10 厘米

图一四〇B　M108出土遗物

1.罐　2.蚌壳　4、6.铁器柄残段　7.铁刀　8.铜镜

铁器　有铁刀、铁器残柄和铁器残件。铁器残柄和残件出土于墓室东部。

铁刀　1件。标本 M108：7，位于两具骨骼之间，平面呈梯形，小头端残断，大头端邻长边一侧有二个直径 0.4 厘米的穿孔，严重锈蚀，局部剥离。宽 9.8～11.6、残长 21.0 厘米（图一四〇 B）。

铁器柄残段　1件。标本 M108：4，方柱状，锈蚀，残长 5.5 厘米（图一四〇 B）。

铁器残段　2件。标本 M108：6，平面呈"T"字形，残断，上、下部均为方柱。残宽 6.0、残高 8.8 厘米（图一四〇 B）。

骨钗　1件。标本 M108：3，磨制，残断。残长 6.4 厘米。

蚌壳　1件。标本 M108：2，天然蚌壳一半，因腐蚀头部剥落，外表有锈铁，宽 7.5、高 6.3 厘米（图一四〇 B；图版八六，5）。

墓砖　拉划纹条砖，泥质，灰色，模制。标本 M108：12，背面粗糙，正面拉划细深、间距较大的凹槽。长 32.0、宽 16.0、厚 4.5 厘米。标本 M108：10，背面不平，正面中部略凹，拉划细深、间距较大的竖向凹槽。长 31.0、宽 15.5、厚 5.0 厘米。标本 M108：11，背面不平，正面拉划细深的凹槽。长 29.5、宽 15.0、厚 4.5 厘米。

3.葬式　在棺床北部较棺床面高 0.32 米的土层面上，发现人体骨架两具，比较完整，北部骨架仰身直肢，头朝西，面朝上，南部骨架也仰身直肢，头朝西，但其左侧叠压北部骨架的右侧，两者之间置铁刀 1 件（图版八六，2）。经鉴定北部骨架为一 25～35 岁的男性，南侧骨架为一 25～35 岁的女性。

（六）M109

M109 位于中央大道南部一号坑北部，其东、西分别为 M108、M110。曾被盗和破坏，残口被 0.30 米厚的灰褐色土层所压，原开口层位不详。

1.形制　M109 为刀把形单室砖室墓，方向 182°，由墓道、甬道和墓室构成（图一四一；图版八七，1）。

墓道　位于墓室南部偏东，平面长方形，底面斜坡，坡度 15°，东、西二壁不平，残留尖状工具痕。填土灰褐色，黏结，包含砖块和陶片。残长 2.40、宽 0.68、深 0.60 米。

甬道　开于墓室南壁东部。东、西壁单重，东壁是墓室东壁的南段，从二层砌砖起逐层内收成斜面，西壁残存壁面垂直。顶部被毁。南北深 0.36、东西宽 0.68、残高 0.60 米。沿甬道北口砌封门墙封门。封门墙南北宽 0.36、残高 0.50 米。用条砖侧立，残存三层。

墓室　平面呈长方形形，直接平砌于已挖掘的长方形明坑中。四壁单重，北壁和南壁平面平直，东、西壁平面中部略外凸，呈弧线状；四壁砌砖从二层起逐层略内收，形成弧状壁面。墓室北部东西宽 0.88、南部东西宽 1.10、南北底长 2.18 米，四壁残高 0.60 米。无棺床。

2.遗物　墓室除东南角外，其余三角各放置一个小红陶壶，东部人骨的颅骨南部，置一小红陶罐、灰陶罐，均为明器。另在西部人骨的颅骨南部，出土铜发钗 1 件，西侧骨骼手部，出土铜钱 1 枚。

陶器　5件。泥质，手制。红陶壶 4 件，灰陶敛口罐 1 件。

壶　4件。敞口或直口，圆唇，圆肩，平底。标本 M109：4，直口，腹上部圆鼓，底不平。口径 4.0、底径 3.6、高 8.5 厘米（图一四一；图版八八，4）。标本 M109：1，敞口，斜直腹，底不规整。口径 2.6、底径 2.4、高 8.0 厘米（图一四一；图版八八，2）。标本 M109：2，敞口，折肩，腹部斜直。口

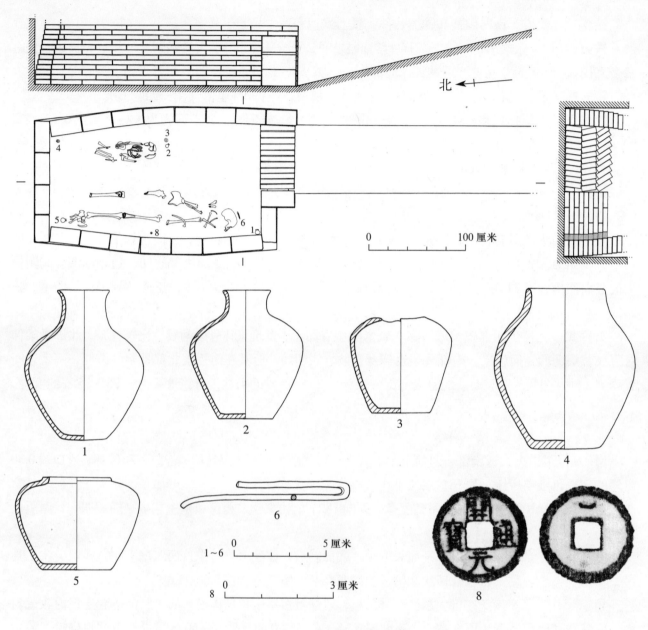

图一四一　M109 及出土遗物

1～4.壶　5.敛口罐　6.铜发钗　8.开元通宝

径2.2、底径3.0、高6.9厘米（图一四一；图版八八，3）。标本 M109：3，领部残失，肩上部略鼓，腹部斜直。底径3.2、残高5.0厘米（图一四一）。

敛口罐　1件。标本 M109：5，灰陶，敛口，圆卷唇，鼓肩，平底。外壁有手捏痕和刀削修痕。口径3.0、底径3.7、高5.0厘米（图一四一；图版八八，1）。

铜器　有铜发钗和"开元通宝"铜钱各1枚。

铜发钗　1件。标本 M109：6，双股钗，残段，用铜丝弯曲打制而成。残长9.4厘米（图一四一；图版八八，5）。

"开元通宝"　1枚。标本 M109：8，字较模糊，"元"字上画长，次画无上挑，末笔略下顿，背面上部一新月纹。直径 2.6、穿径 0.7、廓宽 0.3 厘米，重 2.6 克（图一四一；图版八八，6）。

墓砖　泥质，灰色，模制。砖较薄，素面。标本 M109：7，背面较平，一端有拇指残痕，正面粗糙有刮抹痕。长 35.0、宽 15.5、厚 4.0 厘米。

3.葬式　墓室地面发现人体骨架两具。西部骨架较凌乱，从左股骨、胫骨和脚趾骨的置向分析，应为头朝南。东侧骨架较小，凌乱，从颅骨等骨骼的置向分析，头也朝南（图版八七，2）。经鉴定西侧为一位 30~45 岁的成年女性，东部为一位年龄 3 岁左右的儿童，属母子合葬。

（七）M110

M110 位于中央大道南部一号基坑北部偏西，其东部偏北为 M109，西部略偏南有一座墓，主要位于基坑西壁中，未作清理。墓室遭盗掘。

1.形制　M110 为刀把状单室砖室墓，南北向，方向 187°，没有甬道，由墓道、墓室等部分构成（图一四二；图版八九，1）。

墓道　位于墓室南部偏东，其东壁和墓室东壁，南北在同一直线上。东、西壁略微倾斜，留存镐尖状的工具痕。填土红褐色，微夹细沙，黏结，包含少量的陶片。残长 2.50、宽 0.60、深 0.60 米。

墓门　开于南壁东部，其东壁实为墓室东壁南段，残存壁面垂直，西壁较东壁长，为墓室南壁东端与南壁同时叠压式砌南北 0.36 米一段，壁面垂直。顶部被毁。宽 0.60、残高 0.60 米。沿墓门北口封门，封门墙南北宽 0.15、残高 0.60 米，底层用条砖横向平铺二层，三层用条砖东向竖立，四层用条砖西向竖立，呈东向"人"字形，三层以上残失。

墓室　平面呈长方形，直接平砌已挖掘的长方形明坑中，残高 0.60 米，四壁单重，用条砖单砖错缝顺砌，残存壁面垂直。南壁较短，呈西北—东南向；东壁较西壁长，平面呈弧线形；北壁东段 0.48 米长的一段平面较直，西段呈弧线状。西壁和北壁、南壁的夹角呈圆角，较墓室东南、东北角大。墓室北部东西宽 1.00、南部东西宽 0.98、东部南北长 2.64、西部南北长 2.32 米，残高 0.60 米。无棺床，墓室地面为生土面，未见铺地砖。

2.遗物　墓门北部置双耳罐 1 件，破碎，颅骨南部略偏西置漆盘 1 件，宽沿，木胎，外漆朱红色（彩版二一，2；图版八九，2），直径 20.0、高 6.0 厘米，残朽。人骨架东南出土蚌壳 1 件、陶底座残片等。墓室还出土铁钉和铜钱。盆骨南部发现长 36.0、宽 6.0 厘米的朽木条痕。

陶器　泥质，红陶，轮制。有双耳罐、底座和盖残片，主要出土于墓门北部，说明用一套塔形罐随葬，放置于墓门北部。

双耳罐　1 件。标本 M110：1，敞口，圆唇，低矮领，腹中部略偏上圆鼓，平底。口沿内侧饰一道阴弦纹，肩部饰对称的双竖耳，器形粗矮，外壁施灰白色陶衣。口径 16.0、底径 10.4、高 20.6 厘米（图一四二；图版八九，3）。

底座　1 件。标本 M110：3，残存上口部，敞口，花唇，鼓腹。内外壁施灰白色陶衣，外壁饰黑彩。残宽 6.0、残高 7.8 厘米（图一四二）。

铜器　仅"开元通宝"铜钱 2 枚（图版八九，4）。标本 M110：5-1，字迹较清晰。"开"字上小下略大，二竖画略外撇，左竖略甚。"元"字上画长，次画略上挑，末笔略顿。"通"字之"走"字旁三点相连，"甬"字旁上笔开口略大。"宝"字下部"贝"字二横画与左右竖画相连。背面上部一新月

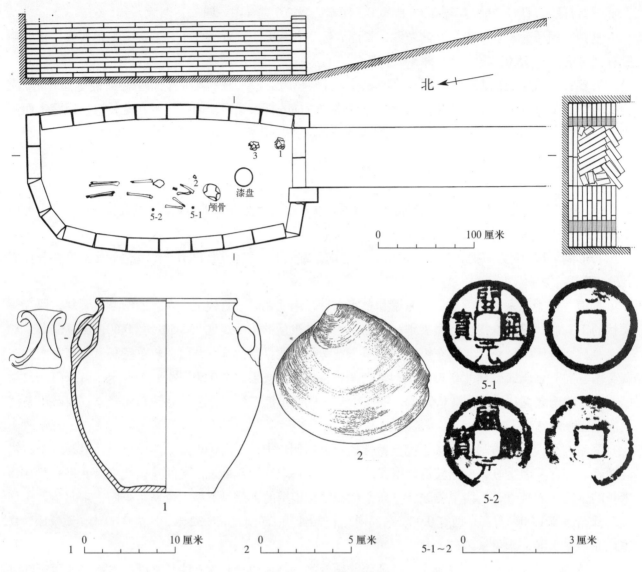

图一四二　M110 及出土遗物
1.双耳罐　2.蚌壳　3.底座残片　5-1～2.开元通宝

纹。直径2.5、穿径0.7、廓宽0.2厘米，重3.5克。标本 M110：5－2，"开"、"通"二字模糊，略残。
"元"字上画细，较短，次画微上挑，末笔纤细。"宝"字下部"贝"字二横画与左右竖画相连。直径
2.4、穿径0.7、廓宽0.2厘米，重2.3克（图一四二）。

蚌壳　1件。标本 M110：2，天然蚌壳的一半，完整，正面有红褐色的斑纹。高7.3、宽8.5厘米
（图一四二；图版八九，5）。

墓砖　泥质，素面，模制。有土红色和灰色两种，土红色砖主要用于砌墓室四壁，火候不高，稍
软，中部黑色；灰色条砖主要用于砌墓室顶部和封门，平面略呈梯形。标本 M110：4，背面平整，正
面粗糙，有刮抹痕，一端略宽，另一端略窄。长29.5、宽13.5～14.5、厚4.0厘米。

3.葬式　墓室地面发现人体骨架一具，被扰乱。根据残存骨骼等分析，头朝南，使用棺木葬具，经
鉴定可能是一个14～15岁的男性。

六　M111～M114

（一）位置与地层

M111、M112、M113、M114位于中央大道南部五号基坑内（图一四三）。五号基坑位于四号基坑南30米处，呈不规则曲尺形，东西长91、南北宽17～24、深1.1米，坑壁四壁地层大部分被近现代居民取土或修建居舍时所毁，为深1米左右的现代垃圾层。五号基坑内的墓葬，中上部被毁，残存下部，自2003年7月10日～15日，对其进行了清理。

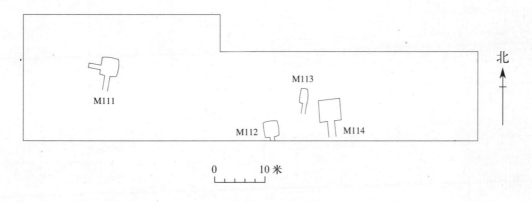

图一四三　中央大道南段五号基坑墓葬分布图

（二）M111

M111位于中央大道南部五号基坑西部，其西部有M112、M113，墓被盗，顶部被毁，残存下部。

1.形制　M111为倒凸字形砖室洞室墓，南北向，方向192°，由墓道、墓室和洞室等部分组成。主墓室砌内砌棺床（图一四四A；图版九〇，1）。

墓道　位于墓室南部偏东，东向明显偏离中轴线，平面长方形，底面斜坡，坡度18°，东西二壁垂直，留存0.06米宽的片状工具痕。填土灰黄色，较疏松，包含灰陶罐片及少量的砾石，近券顶部堆积0.30米厚的残砖块，墓道底部，出土五铢铜钱一枚，残长2.84、宽0.90、深1.26米。

甬道　较短，开于墓室南壁东部，南接墓道，与墓室四壁同时平砌。东、西壁单重，壁面垂直，券顶。东、西壁0.60米高处起券，用条砖斜侧立和直立，顶部间隔券砖加工成楔状，有的券砖之间加垫灰陶片、砖片。南北深0.34、东西宽0.88、高1.11米。用条砖沿北口封门。封门墙南北宽0.34米，底层用条砖横向平铺一层，二层条砖侧立，三层条砖纵向平铺，四层条砖侧立，五、六层条砖平铺，七层侧立，七层以上用条砖，条砖块平铺至顶部。封门墙顶部北侧与券顶间有一0.08米高的空隙，南侧与顶部之间用砖块填塞（图版九〇，2）。

墓室　由主室和洞室构成，主室内砌棺床。主室平面呈方形，直接平砌于挖掘的方形明坑中。四壁单重，用拉划纹条砖逐层错缝平砌，拉划纹朝下，逐层砌砖间用草拌泥黏合。西壁残存壁面垂直，东、北、南三壁从二层砌砖起略内收。西壁平面平直，东、南、北三壁中部略外凸，呈弧线形。顶部被毁。墓室东、西宽3.06米，南、北长3.10米，残高1.06米。洞室位于主室的西部偏南，与主室同时平砌于

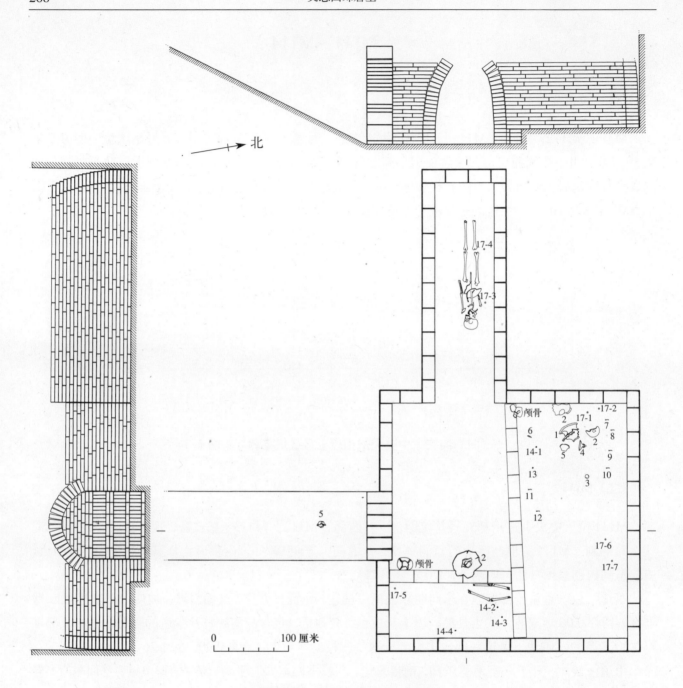

→ 北

颅骨

颅骨

0　　　　　100 厘米

图一四四A　M111平、剖面图
1.底座　2.兽面罐　3.陶饰件　4.盖　5.罐底部　6.铁剪残段　7~12.铁钉　13、14-1~4.石珠　17-1~7.开元通宝

事先挖好的长条状明坑中，洞门开于西壁南部，距南壁0.60米，平面长方形。洞室底部西宽0.66、东宽0.76米，东西长2.65、残高1.06米。北、南、东三壁从二层砌砖起逐层内收，北壁内收程度稍大于南壁。券顶，顶中部残失（图版九〇，3）。洞室没有棺床，与主室地面平，为生土层面，未见铺地砖。棺床平面呈曲尺形，实为北棺床和后砌东平台的结合。北棺床平面呈长方形，位于墓室的北部，与墓室东、北、南壁相接。东西长3.06、南北宽1.60、高0.20米，为生土层面，未见铺砖，南侧壁用条砖砌东、西向护壁，与东、西壁相连，系墓室砌成后所砌。后因某种需要，在墓门东侧0.14米处砌南北

向与北棺床相接的砖墙，砖墙和东壁，北棺床之间用熟土填平，形成东平台，二者相结合形成曲尺形的棺床。东平台系晚于北棺床所砌。首先，北棺床面为生土层，东南平台面为熟土。其次，北棺床的南护壁和东平台西护壁间没有叠压、平砌关系。北棺床南侧壁、东平台西侧及顶面先涂1.0厘米厚的草拌泥，再涂0.3~0.5厘米厚的白灰泥皮，其上涂红彩，局部脱落。

2.遗物　墓葬被盗，随葬品残碎，主要为陶器，陶片集中分布于棺床西部，另有铜钱、铁刀、石珠等。

陶器　泥质，灰陶，轮制。器形有底座、塔状纽盖、罐、陶饰件等，经拼对复原为一套塔形罐，可能放置于棺床的西部。

塔状纽盖　1件。标本M111:4，盖盘覆碗状，子母口，内口略高于外口。内口敛口，尖唇，深腹；外口敞口，圆唇，底部黏一塔状纽。盖纽平面圆形，三层，低矮，每层出檐；塔刹尖锥形，底层微残。盖盘外壁有刮、划、戳痕。底口径10.4、高17.6厘米（图一四四B；彩版二二；图版九一，1）。

兽面罐　1件。标本M111:2，直口，平沿，低矮领，圆肩，鼓腹，平底。腹部贴饰四个模制兽面。兽面平面呈方形，底面内凹，中部高凸，兽面咧嘴，獠牙较小，嘴两侧戳一口径0.8厘米的漏斗形穿孔，鼻宽长略高，大眼圆凸，双眉横向相连，其上饰清晰的竖毛纹，双角分权，双耳位于双眼两侧（图版九一，2）。外壁饰黑彩，大部脱落。口径14.0、底径11.6、高31.0厘米（图一四四B；彩版二二，图版九一，1）。

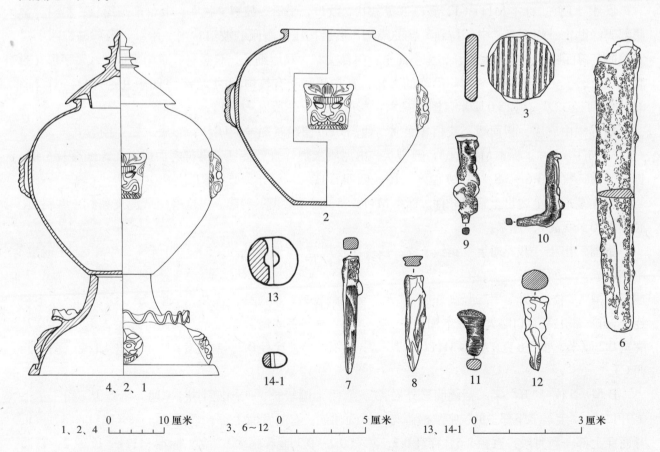

图一四四B　M111出土遗物
1.底座　2.兽面罐　3.陶饰件　4.盖　6.铁剪　7~12.铁钉　13、14-1.石珠

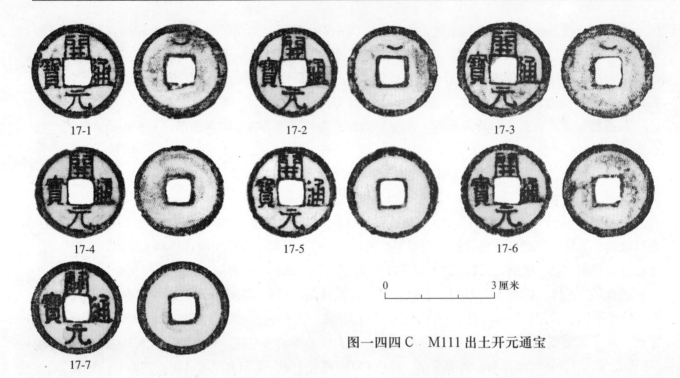

17-1   17-2   17-3

17-4   17-5   17-6

0   3厘米

图一四四C   M111 出土开元通宝

17-7

　　底座　1件。标本M111：1，底口部覆盆状，敛口，平沿，鼓腹，脱底。上口部圆筒状，斜沿。盆底部周缘贴饰一周泥条，中部拉划流畅的浅槽，然后按压成右倾的波浪状附加堆纹，腹部贴饰四个模制兽面，兽面咧嘴，獠牙大而长，鼻小而平，深目圆睛，双眉细长，双竖耳，双角呈倒"八"字形（图版九一，3）。上口部外壁刻划一简略的人物，其右侧竖刻有较模糊的文字，（图版九一，4）。上口径8.9、底口径32.0、高18.0厘米（图五二六；彩版二二；图版九一，1）。

　　塔形罐由底座、兽面罐、盖相叠而成，通高61.0厘米（图一四四B；彩版二二；图版九一，1）。

　　陶饰件　1件。标本M111：3，圆饼状，由泥质灰陶片打成抟坯，再打磨而成，周缘残存打击痕。打磨粗糙。直径3.6～3.8、厚0.7厘米（图一四四B）。

　　另在墓道填土内出土罐底一件。标本M111：5，器壁较薄，斜腹。内壁有白灰泥皮和红色颜料痕。底径14.0、残高8.0厘米。

　　铜器　出土"开元通宝"铜钱7枚。钱样比较规范，（图版九一，5）。"开元"二字宽扁、"通宝"二字纵长。分两型。

　　A型　2枚。"开"字二竖画外撇；"元"字上画较短，次画略左上挑；"通"字"走"部三点不相连，"甬"部上笔开口略大。标本M111：17－5，"通"字"走"部三点不相连。直径2.5、穿径0.7、廓宽0.2厘米，重3.6克。标本M111：17－7，直径2.5、穿径0.7、廓宽0.2厘米，重4.1克（图一四四C）。

　　B型　5枚。"开"字二竖画明显外撇。"元"字上画较长，次画左上挑。"通"字右旁"甬"字上笔开口小。"宝"字下部"贝"字二横画与二竖画相连。有的背面上部一新月纹。标本M111：17－1，背面穿上部一新月纹。直径2.5、穿径0.7、廓宽0.2～0.3厘米，重3.5克。标本M111：17－2，背面穿上部一新月纹。直径2.4、穿径0.7、廓宽0.2厘米，重3.5克。标本M111：17－3，"通"字之"走"

部三逗点相连，"甬"部开口略大，背面穿上部一新月纹。直径2.5、穿径0.7、廓宽0.2厘米，重3.7克。标本M111：17－4，直径2.5、穿径0.7、廓宽0.2厘米，重3.8克。标本M111：17－6，直径2.5、穿径0.7、廓宽0.2厘米，重3.6克（图一四四C）。

铁器　出土有铁剪和铁钉。

铁剪　1件，残存一股刃部。标本M111：6，剪刀一股前段，打制。较薄，尖部方角，刀背略内弯，较平，刃部因锈蚀圆秃，断面呈等腰三角形。宽1.2～3.2厘米、残长15.3厘米（图一四四B）。

铁钉　出土于棺床，通体锈蚀，体侧锈结着朽木痕。标本M111：7，钉尖较锐，断面呈方形。残长6.1厘米。标本M111：8，残存下半段，断面长方形，钉尖较锐。残长4.8厘米。标本M111：9，残长4.8厘米。标本M111：10，残长4.0厘米。标本M111：11，残存上段，残长2.5厘米。标本M111：12，钉尖微残，钉帽残存少部。残长4.0厘米（图一四四B）。

石珠　出土于棺床，共5颗，一颗较大，4颗较小，根据形制分二式。

I式　1颗。标本M111：13，圆球状，白色。一直径0.2厘米的穿孔与一直径0.4厘米的竖孔相连。直径1.2厘米（图一四四B；彩版二一，3左1；图版九一，6左1）。

II式　4颗，形制相同（彩版二一，3左2～5；图版九一，6左2～5）。标本M111：14－1，红褐色，圆珠状，中部钻一直径0.5厘米的穿孔。直径0.6、高0.4厘米（图一四四B）。

墓砖　拉划纹条砖，夹细砂，模制。有32厘米和34厘米长两种规格。前者青灰色，平面略呈梯形，拉划纹间距较大、粗疏；后者土灰色，平面呈长方形，较厚，拉划纹细腻。标本M111：15，平面略呈梯形，背面凸凹槽不平，正面拉划细深间距大的斜向凹槽，一端较另一端略宽。长32.0、宽15.0～16.0、厚5.0厘米。标本M111：16，平面长方形，背面两角部略残，平整光滑，正面微凹拉划细密的凹槽。长34.0、宽17.0、厚6.0厘米。

3.葬式　发现人体骨架三具。洞室内一具保存完整，仰身直肢，头朝东，面向南。北棺床发现骨架一具，被严重扰乱。东平台有骨架一具，颅骨被扰于地面西南角，盆骨以下保存较完整，呈仰身直肢，头朝南。经鉴定洞室内为20～25岁的女性，东平台上为25～30岁的女性，棺床北部为一未成年者，性别不详。墓室出土棺钉，应有棺木等葬具。

（三）M112

M112位于中央大道南部五号基坑中南部，中上被毁，残存下部，由于墓道上堆积大量的挖掘土，故未作清理。

1.形制　M112为倒凸字形单室砖室墓，南北向，方向171°，由墓道，甬道和墓室组成。墓室内有棺床（图一四五）。

甬道　开于南壁偏东，南接墓道，与墓室同时平砌。东、西壁单重，从二层I砌砖起逐层内收。顶部被毁。南北深0.34、宽0.86、残高0.68米。沿甬道南口砌封门墙封门。封门墙南北宽0.17、残高0.76米，用条砖横向错缝叠压平砌，层砖之间用草拌泥黏合。

墓室　平面略呈弧边方形，四壁单重，未挖墙基，直接平砌于事先挖好的方形明坑中，东、西、北三壁平面中部明显外凸，呈弧线状；南壁西段平面平直，东段平面略呈现弧状，呈东北—西南向倾斜；四壁砌砖从二层起逐层内收成弧状面，层砖之间用草拌泥黏合。顶部被毁。墓室南北最长、东西最宽

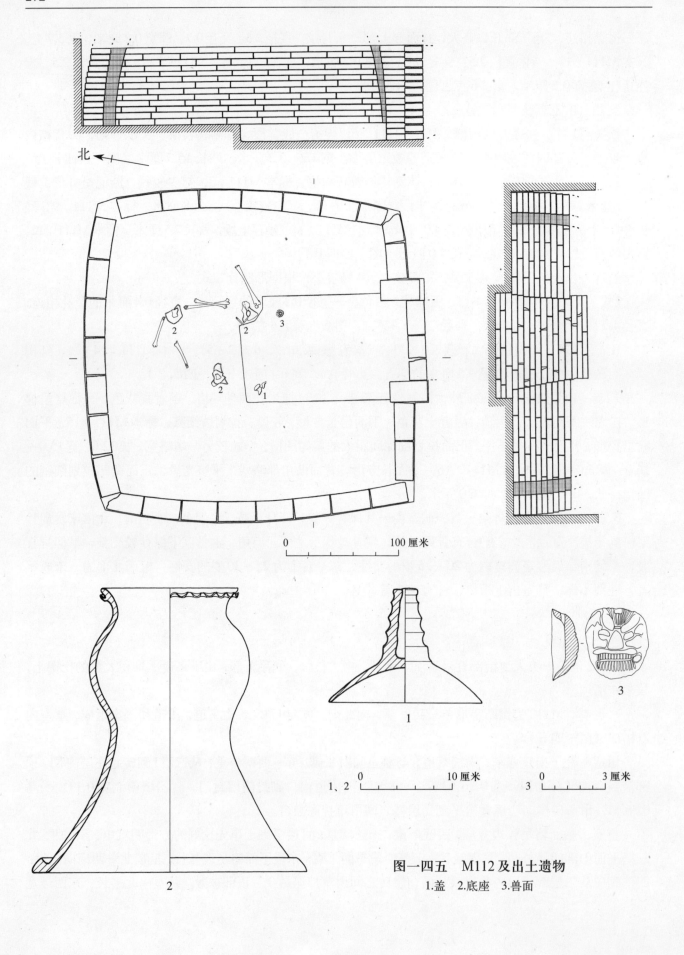

北

0　　　　　　　　　100 厘米

1、2　0　　　　　　10 厘米　　　3　0　　　3 厘米

图一四五　M112 及出土遗物
1.盖　2.底座　3.兽面

均在墓室中部。北部东西底宽 2.38、南部东西宽 2.24、东部南北底长 2.40、西部南北长 2.50 米，残高 0.68～0.80 米（图版九二，1）。棺床平面呈倒凹字形，高 0.16 米，棺床面为河积沙层，未铺砖；东、西、南侧壁未砌护壁，系墓室四壁砌成后在生土层面沿墓门方向挖掘一东西宽 0.92、南北长 1.34、深 0.16 米的长方形凹槽而成。墓室地面较小，与甬道地面平，未铺砖。

2．遗物　墓室被严重盗扰，仅残存陶片。

陶器　泥质，灰陶，轮制。均为陶片，器形有盖、底座、罐等。

盖　1 件。标本 M112：1，盖盘覆碗状，敞口，圆唇，弧腹，浅腹，内尖底，外底黏一盖纽。纽塔状，中空，平面圆形，逐层窄小，刹顶平，上有一孔。纽座与外壁间有手抹的黏接痕。外壁和纽身有墨痕。底口径 16.0、高 12.0 厘米（图一四五；图版九二，2）。

底座　1 件。标本 M112：2，底口部覆盆状，敞口，卷平沿，深腹，脱底。上口部唾盂状，侈口，重唇，束颈，鼓腹，脱底。上口径 14.4、底口径 26.4、高 30.0 厘米（图一四五）。

兽面　1 件。标本 M112：3，平面略呈圆角三角形，底面内凹，正面圆凸，兽面咧嘴，左右獠牙残失，鼻呈三角形，颧骨低平，双耳低平模糊，双角呈倒"八"字形，双角和嘴部饰竖毛纹。上部竖向戳一穿孔，面部原饰黑彩，大部脱落。径 6.4～7.6、厚 2.8 厘米（图一四五；图版九二，3）。

墓砖　均为条砖，泥质，灰色，模制。平面呈长方形，正面饰拉划纹。标本 M112：4，背面不平，正面拉划宽深、间距较大的凹槽。长 33.0、宽 16.5、厚 5.0 厘米。标本 M112：5，背面不平，正面粗糙拉划宽深的凹槽。长 30.0、宽 15.0、厚 6.0 厘米。

2．葬式　棺床中部发现散乱的人体骨骼，而且残缺不全，有股骨，盆骨等碎段，未见颅骨。经鉴定，属于三个个体，两个为成年男女，一个为幼儿。

（四）M113

M113 位于中央大道南部五号基坑中部、M112 东北 3 米处。被盗毁，仅残存下部。

1．形制　M113 刀把形单室砖室墓，南北向，方向 193°，由墓道、甬道、墓室组成（图一四六；图版九二，4）。

墓道　位于墓室南部偏东，其东壁和墓室东壁南北基本在同一直线上，平面长方形，底面斜坡，坡度 17°，东、西壁略微倾斜，残留尖圆状的工具痕。填土黏结，灰黄色，包含少量的砖块。残长 1.86、宽 0.78、深 0.50 米。

甬道　开于墓室南壁东部，较短，南北深 0.30、残高 0.50 米。甬道西壁与墓室南壁同时错缝平砌，东壁接甬道东壁平砌，二者砌砖没有平压关系。东、西壁砌砖从二层起逐层内收。拱形顶，单重，顶中部残失，残存东侧卷砖。南北深 0.31、东西宽 0.74、残高 0.50 米。从甬道中部封门。封门墙南北宽 0.30、残高 0.51 米。底部以条砖横向平铺，至 0.41 米高处用条砖纵向平铺，南出檐，形成门檐，残存二侧。砌砖之间，用草拌泥黏合。

墓室　平面呈弧边长方形，南部略宽于北部。四壁单重，直接平砌于挖掘的明坑中。东、西壁平面中南部外凸，北段内收；北壁平面中略外凸；南壁较短，平直。四壁砌砖从二层起逐层内收，层砖之间用草拌泥黏合。顶部被毁。墓室北部东西宽 1、南部东西宽 1.10 米，墓室东部南北长 2.50、墓室西部南北长 2.44 米，四壁残高 0.50 米。没有棺床。墓室地面为生层面，与甬道地面平，未铺砖。

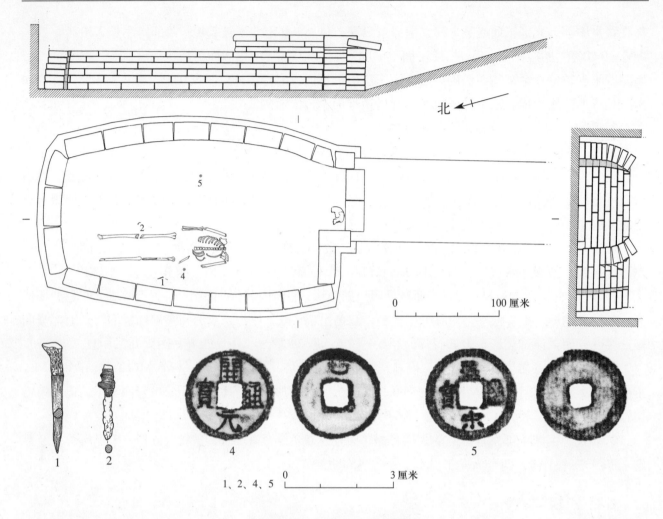

图一四六　M113 及出土遗物
1、2.铁钉　4.开元通宝　5.皇宋通宝

2.遗物　墓室被盗，仅在墓室出土铜钱和铁钉。

铜器　出土"开元通宝"和"皇宋通宝"铜钱各1枚。

"开元通宝"　1枚，出土于棺床。标本 M113：4，钱样略显粗糙，"开"字二竖画外撇。"元"上横画较长，次画微上挑，末笔略顿。"通"字右旁"甬"字上笔开口小。背面一新月纹。直径2.5、穿径0.7、廓宽0.2厘米，重3.5克（图一四六；图版九二，5右）。

"皇宋通宝"　1枚，出土于墓室上部扰土中。标本 M113：5，字迹模糊，廓较宽。直径2.5、穿径0.6、廓宽0.3厘米，重3.3克（图一四六；图版九二，5左）。

铁器　仅出土有铁钉2件，残断，体侧黏结着朽木痕。标本 M113：1，钉体断面方形。长5.9厘米。标本 M113：2，残存中下段，断面方形。残长4.0厘米（图一四六）。

墓砖　均为素面条砖，泥质，灰色，模制。标本 M113：3，背面粗糙，正面较平。长30.0、宽15.5、厚5厘米。

3.葬式　墓室西部发现人骨架一具。颅骨以下保存较完整，颅骨被置于封门前。从骨骼置位分析，为头向南，仰身直肢，并使用棺木等葬具。经鉴定是一5～7岁的儿童。

（五）M114

M114位于中央大道南部五号基坑西南部、M113东部2米处。被盗毁，残存中下部。

1.形制　M114为倒凸字形单室砖室墓，南北向，方向174°，由墓底、甬道、墓室组成。墓室内砌棺床和东、西平台（图一四七A；图版九三，1）。

墓道　位于墓室南部略扁偏西，平面长方形，底面斜坡，坡度19°。残长2.62、南宽1.40、残深1.30米，东、西壁微斜倾，残留6厘米宽的片状工具痕。填土灰黄色，黏结，似积沉淀板结所致，近封门处堆积大量的条砖和条砖残块。

甬道　开于墓室南壁微偏西，南接墓道，南北深0.54、东西宽0.86、残高1.30米，东、西壁较宽，与墓室四壁同时错缝砌筑。东、西壁残存壁面垂直。顶部被毁，形制不详。沿甬道南口用条砖砌封门墙封门。封门墙南北宽0.34、残高0.7米，一、四、七层用条砖纵向侧立，二、三、五、六层用条砖纵向平铺，其上砖墙被毁。残存墙面粗糙，不平。甬道南部即墓道北部，在残存砌砖上部，紧贴甬道南壁单砖横向砌券砖，残存西侧，顶面明显倾斜。残高0.39米。

墓室　平面方形，平砌于挖掘的方形明坑中，东西宽3.6、南北长3.7、残高1.1～1.3米。四壁宽0.34米，平面平直，残存壁面垂直。底层用二条砖并排平铺，二层用条砖侧立，其上用平砌和侧立交替砌筑。墓室南壁东、西两侧各砌一个壁龛。东壁龛偏东，宽0.48、高0.97、深0.14、距墓室地面0.23

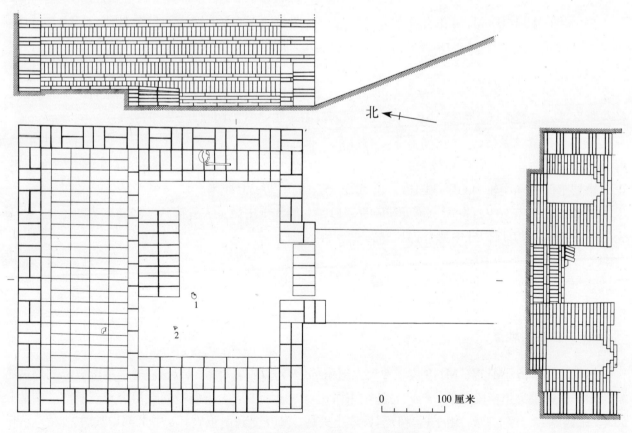

图一四七A　M114平、剖面图
1.罐　2.盖

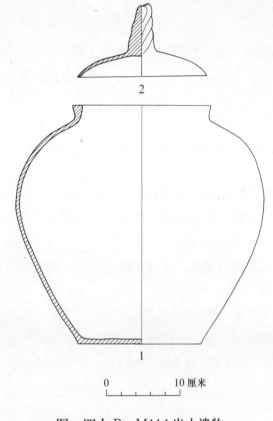

图一四七 B　M114 出土遗物
1.罐　2.盖

米，尖顶，即壁龛东、西壁从 0.73 米高处逐层出头平砌，顶部用一条砖平封。西壁龛略低于东壁龛，宽、深及形制与东壁龛同。棺床位于墓室北部，平面呈长方形，南北宽 1.5、东西长 3.6、高 0.25 米。南侧壁用条砖横向平砌护壁。棺床面用条砖纵向对缝平铺，素面均朝上。棺床东南和西南部，在北棺床砌成后分别砌对称的平台。平台东西宽 0.5、南北长 2.2、高 0.2 米，侧壁用条砖平砌护壁。平台面铺砖。北棺床南侧壁中部略偏东，用条砖平铺东西长 1.3、南北宽 0.6、高 0.2 米的平台，用条砖对缝相叠，实心。

2.遗物　墓室被严重盗扰，扰土中出土较多陶片，经拼对有灰陶罐、红陶器盖。

陶器　泥质，轮制。有灰陶罐、红陶器盖。

盖　1件。标本 M114：2，红陶，盖盘覆盘形，敞口，圆唇，浅腹。底部原盖纽脱落后黏接柱状纽，粗糙，顶部戳一直径 0.8 厘米的竖孔。内外壁施灰白色陶衣。底口径 16.4、高 9.6 厘米（图一四七 B；图版九三，2）。

罐　1件。标本 M114：1，灰陶，敛口，方唇，圆肩，腹上部圆鼓，下部粗矮，平底。最大径在腹上部。口径 16.0、底径 16.6、高 31.6 厘米（图一四七 B；图版九三，3）。

墓砖　拉划纹条砖，夹细砂，模制。有红色和灰色两种，以灰色为主。规格不一。标本 M114：3，背面粗糙，正面斜向拉划间距较大的凹槽。长 28.2、宽 14.5、厚 5.0 厘米。标本 M114：4，背面不平，正面拉划窄深、间距较大的竖向凹槽。长 30.5、宽 15.0、厚 5.0 厘米。

3.葬式　墓室东平台发现一颅骨和股骨残段，上部扰土中散见人骨碎片。经鉴定为两个体，一具为不小于 30 岁的男性，另一具为 25～35 岁的女性。

七　M115～M118

（一）位置与地层

M115、M116、M117、M118 位于中央大道南部七号基坑内（图一四八）。七号基坑位于利通区古城路南部、中央大道南段西侧，与六号基坑东西相对，属于中央大道南段商业用房建筑基坑。南北长 56.4、东西宽 12、深 1.3 米，由于近现代居民取土破坏，墓葬受到严重破坏，中上部均被毁，仅存底部。自 2003 年 7 月 22 日～27 日，对这 4 座墓作了清理。

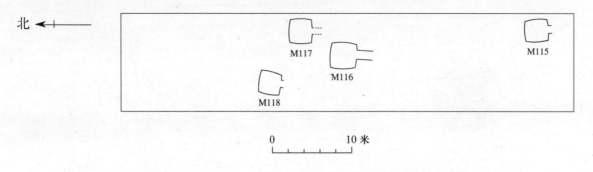

图一四八　中央大道南段七号基坑墓葬分布图

（二）M115

M115位于中央大道南部七号基坑南部，北距M116为19米。

1.形制　M115为倒凸字形单室砖室墓，南北向，方向190°，墓道和封门砖被毁，仅残存甬道和墓室东部(图一四九A)。

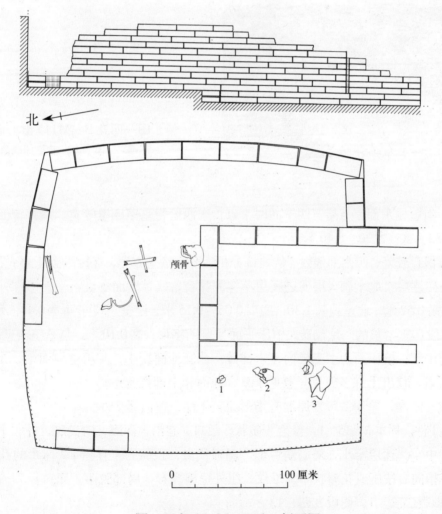

图一四九A　M115平、剖面图
1.盖　2.兽面罐口部　3.兽面罐底部

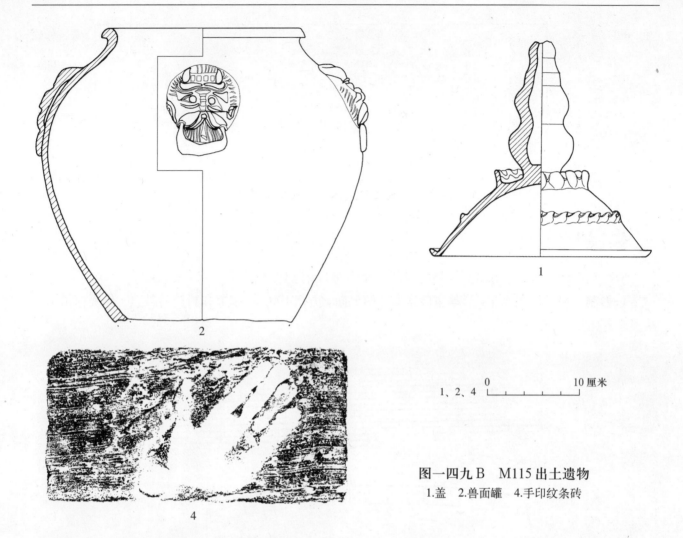

图一四九 B　M115 出土遗物
1.盖　2.兽面罐　4.手印纹条砖

　　甬道　开于南壁偏东部，与墓室四壁同时平砌，东西壁与墓室四壁等宽，残存壁面垂直。南北深
0.66、东西宽 0.82、残高 0.20~0.40 米。

　　墓室　东部保存较好，西南部残毁。从残迹分析，平面略呈方形，直接平砌于事先挖掘的明坑中。
四壁单层，用条砖逐层错缝平砌，层砖之间用草拌泥黏合，残存壁面垂直；平面中部外凸。墓室东部
南北长 2.50、残高 0.52 米，北壁残长 1.30、残高 0.05~0.15 米，南壁东段东西宽 0.44、残高 0.29~0.33
米，西壁仅存北段 0.68 米长的一层砌砖。棺床平面呈倒凹字形，高 0.10 米，与墓室四壁相接。东、南、
西侧壁用条砖砌护壁，棺床面为生土层面，未铺砖。墓室地面较小，与甬道地面平，未铺砖。

　　2.遗物　被盗，仅出土许多陶片，散见于墓室地面和上部扰土中。

　　陶器　泥质，红陶，轮制。可复原器有塔形纽盖 1 件，兽面罐 2 件。

　　塔状纽盖　1 件。标本 M115：1，盖盘覆碗状，敞口，卷沿，深腹，内尖底，外底平，中部竖一盖
纽。盖纽塔状，中空，逐层窄小，塔刹葫芦形，刹顶残失，顶高为一直径 1.2 厘米的孔眼。纽周围贴
一周泥条，用手指向右按压成花瓣状附加堆纹，纽外壁施黑彩，局部脱落。底口径 21.6、高 22.8 厘米
（图一四九 B；彩版二三，1；图版九四，1）。

　　罐　2 件。分别为口沿和底部，但属不同的个体。标本 M115：2，兽面罐口沿部。敞口，圆卷唇，

低矮领，圆肩，鼓腹。肩上部贴饰模制兽面，残存3个。兽面平面呈圆形，底面内凹，中下部圆凸，兽面咧嘴，獠牙较大，两侧对戳孔眼，黏接一扁环，颧骨低平，细眉，高鼻，双耳圆凸，双角呈倒"八"字形，兽面周围饰竖毛纹，兽面下部戳一直径1.2厘米的孔眼，外壁饰墨彩，局部脱落。口径20.0、残高30.8厘米（图一四九B；图版九四，2）。标本M115：3，罐底部，腹部较深。底径15.0、残高27.0厘米。

墓砖　均为条砖，泥质，灰色，模制。正面粗糙，有素面和手印纹两种，以素面为主。标本M115：4，背面平，正面中部低凹，有泥饼贴痕，印一右手印。长33.0、宽16.5、厚4.5厘米（图一四九B；彩版二三，2；图版九四，3）。

3.葬式　棺床发现人体骨架一具，由于扰乱严重，葬式不明。经鉴定是一年龄45～55岁的男性。

（三）M116

M116位于中央大道七号基坑的北部偏南，其东北和西北分别为M117、M118，中上部被盗毁，残存底部。

1.形制　M116为倒凸字形单室砖室墓，方向183°，由墓道、甬道和墓室组成。墓室内砌棺床（图一五〇）。

墓道　位于墓室南部略偏东，斜坡状，坡度18°，略宽于甬道，东、西壁较直，填土灰黄色，包含砖块、砾石等。残长1.48、宽1.03、深0.46米。

甬道　开于南壁中部略偏东，东、西壁较直，没有明显的内收现象，顶部被毁，形制不详。南北深0.90、东西宽0.90、残高0.65米。沿甬道北口和南口用条砖砌封门墙封门，分为南、北二部分，北部封门墙底层垫0.10～0.15米厚的土层后砌砖，二层用条砖西向侧立，三层以上封门砖残失，封门墙南北宽0.33、残高0.36米。南部封门墙与北部同。北部和南部封门墙之间，是一宽0.24米的空隙，其中填塞条砖和条砖残块，可能是甬道顶部被毁后掉进之物。

墓室　平面呈方形，边长2.50米，残高0.34～0.45米，四壁平面略外凸。呈弧线形，残存壁面垂直，没有内收现象，未挖墙基槽，直接平砌于事先挖掘的方形明坑中，东西壁与南、北壁的宽窄、砌法有别，东壁和西壁宽0.32米，底层用二条砖纵向平砌，二层用条砖横向平砌，如此交替砌筑，南壁和北壁宽0.16米，用条砖横向错缝平砌，砌砖之间，用草拌泥黏合。棺床平面呈倒凹字形，高0.18米，东、南、西、北部分别与墓室相对应的四壁相接，棺床面铺砖，两侧主要用条砖横向平铺，间杂条砖残块。棺床的砌筑方法，与其他同类棺床同，先从墓门北部沿砌四壁的生土层挖掘一南北长1.38、东西宽1.22、深0.18米的长方形凹槽，此凹槽的东、西、北三壁砌砖墙。长方形洼槽地面为墓室地面，与甬道面平，未见有铺砖。

2.遗物　墓室被盗扰，随葬品有陶器、铜钱和铁钉等。

陶器　泥质，红陶，轮制。陶器残破，器形有盖、底座和罐腹部碎片，说明用一套塔形罐随葬。

盖　1件。标本M116：2，，纽残失，盖盘覆碗状，敞口，圆唇，弧腹，腹部较深，内尖部，中部一直径1.3厘米的孔眼。腹部贴饰一周附加堆纹，局部脱落。外壁施灰白色陶衣，上绘红彩，由于颜料脱落纹样不详。底口径20.0、残高7.2厘米（图一五〇）。

底座　1件。标本M116：1，由底口部、上口部和颈部分件制作黏接而成。底口部覆盆状，敞口，

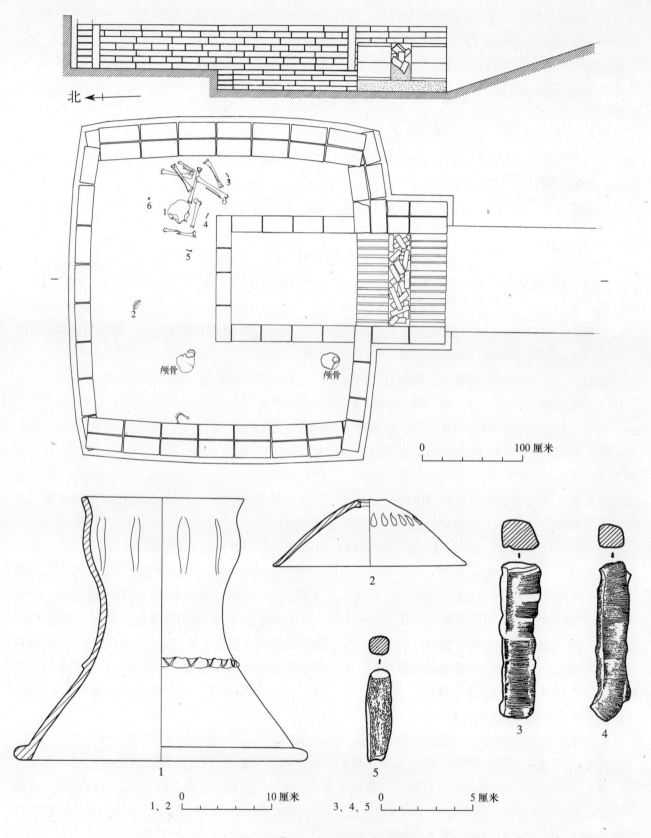

北 ←

颅骨　　　　颅骨

0　　　　　　　100 厘米

1 2　0　　　　　10 厘米

3、4、5　0　　　5 厘米

图一五○　M116 及出土遗物
1.底座　2.盖　3~5.铁钉　6.开元通宝

宽平沿，腹部微鼓，脱底，底径较大。上口部唾盂形，轮制，圆唇，鼓腹，腹部按压竖向凹槽，脱底。颈部圆筒状，较高，底口部和颈部的黏接处贴饰一周泥条，向上卷压成花瓣状附加堆纹。外壁施灰白色陶衣，底口部外壁有红色彩绘，因脱落不详。上口径16.0、底口径28.0、高28.0厘米（图一五〇；图版九四，4）。

铜器　仅"开元通宝"铜钱1枚。标本M116：6，"开"字二竖画明显外撇。直径2.4、穿径0.6、廓宽0.1～0.2厘米，重1.7克。

铁器　仅有铁钉3件。出土于棺床，均残断，体侧锈结着朽木。标本M116：3，残存中部，断面呈方形。残长4.2厘米。标本M116：4，断面呈方形。残长4.3厘米。标本M116：5，残存中段，断面呈圆角方形。残长2.5厘米（图一五〇）。

墓砖　素面条砖，夹细砂，灰色，模制。有两种规格。标本M116：7，背面平整，正面粗糙有刮模痕。长32.0、宽15.0、厚4.0厘米。标本M116：8，背面规整，正面粗糙有刮模痕。长30.5、宽14.5、厚4.0厘米。

3. 葬式　由于被盗扰，棺床上骨骼非常凌乱，且不全，两颅骨分别位于棺床的西北部和西南部，股骨等分布于棺床东部。经鉴定为两个个体，分别是一45～55岁左右的男性和一25～35岁左右的女性。

（四）M117

M117位于中央大道南部七号基坑中部偏东，其西北4米、西南3米分别为M118、M116。中上部被毁，仅存底部。由于墓道所在的位置竖一高压电线杆，故未作清理。

1. 形制　M117为倒凸字形单室砖室墓，南北向，方向182°。由墓道、甬道和墓室组成。墓室内砌棺床（图一五一）。

甬道　开于墓室南壁偏西，南北较短，与墓室四壁同时平砌，东、西壁单重，残存壁面垂直，顶部残，形制不详。但从封门砖形制分析似为尖顶。南北深0.40、东西宽0.76、残高0.35米。沿甬道南口用条砖砌封门墙。封门墙单重，南北宽0.16、残高0.88米。用条砖、砖块横向逐层错缝平砌，层砖间用草拌泥黏合。0.46米高处，逐层收缩成尖顶。

墓室　平面呈弧边方形，直接砌筑于事先挖掘的方形明坑中。四壁单重，用条砖平砌，除南壁外，其他三壁保存甚低，残存壁面垂直。东、北、西三壁平面中部微外凸，呈浅弧形；南壁东段平直，西段呈东北—西南向倾斜。墓室南部东西宽2.32、残高0.36米，北部东西宽2.50、残高0.05～0.1米，东部和西部南北长2.40米，其中东壁残高0.10～0.20米，西壁残高0.05～0.10米。棺床平面呈倒"凹"字形，高0.25米，仅南侧壁用条砖平砌护壁。棺床面为生土面，与墓室四壁相接，棺床的修筑方法与同形制的棺床同。墓室地面较小，与甬道地面平，未铺砖。

2. 遗物　由于墓室被严重盗扰，随葬品仅存灰陶罐1件。

陶器　灰陶罐1件。标本M117：1，泥质，灰陶，轮制。敛口，圆肩，腹上鼓下斜收，平底。口径16.8、底径20.0、高35.0厘米（图一五一；图版九四，5）

墓砖　长方形拉划纹条砖，夹细砂，灰色，模制。标本M117：2，背面粗糙不平，有刀削痕，正面拉划窄深、间距宽的竖向凹槽。长33.0、宽16.5、厚6.0厘米。

3. 葬式　骨骼被严重扰乱，对残存骨骼的鉴定，为一年龄45～55岁的女性。

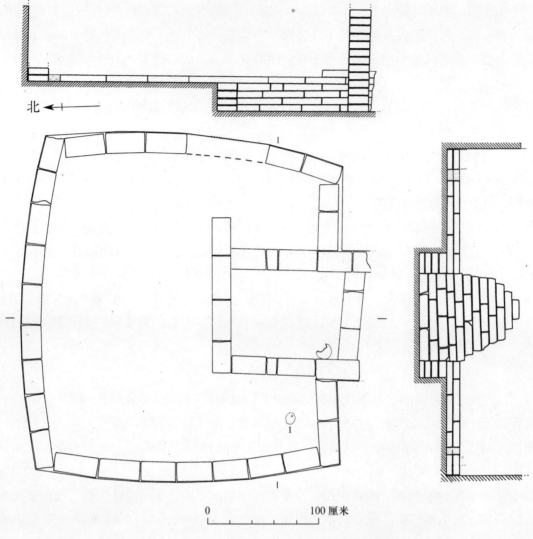

0　　　　　　　100 厘米

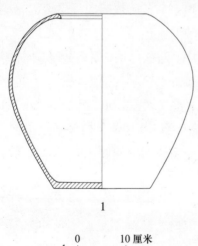

1

0　　10 厘米
1

图一五一　M117 及出土遗物
1.陶罐

（五）M118

M118位于中央大道南部七号基坑北部偏东，其东南部分别是M117、M116。墓道被大量的挖掘土所压，未做清理。中上部被毁，残存下部。

1.形制　M118为倒凸字形单室砖室墓，南北向，方向187°，由墓道、甬道、墓室组成。墓室内砌棺床（图一五二A）。

甬道　开于墓室南壁偏东，南接墓道。南北深0.38～0.50、东西宽0.74、残高0.46～0.68米。东、西壁单重，与墓室南壁同时错缝叠压平砌，从二层砌砖起逐层内收，东壁较西壁略长。顶被毁，形制不详。沿甬道南口封门。封门墙部分砌于墓

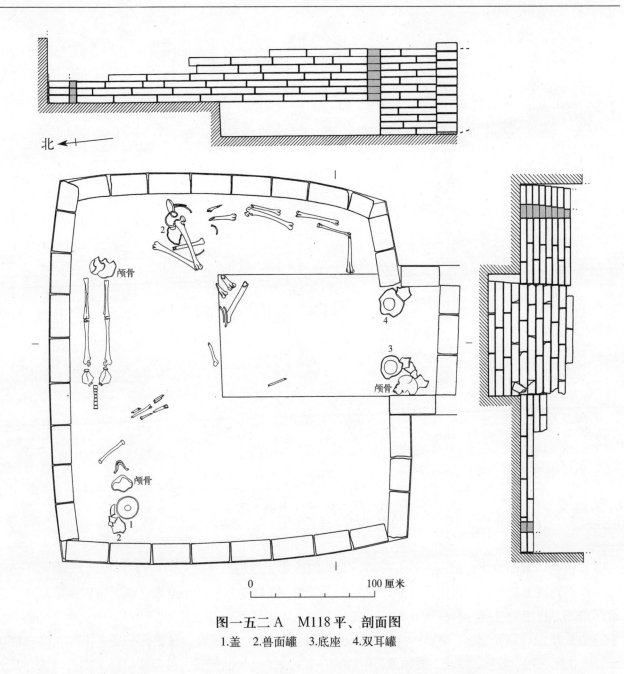

图一五二 A M118 平、剖面图
1.盖 2.兽面罐 3.底座 4.双耳罐

道内，单重，南北宽 0.16、残高 0.68 米，用条砖逐层错缝平砌，层砖之间用草拌泥黏合。

墓室 平面呈弧边方形，未挖墙基，直接砌筑于事先挖掘的方形明坑中。四壁单重，平面中部略外凸，呈弧线形；用条砖逐层错缝平砌，层砖之间用三合泥黏合，残存壁面垂直。墓室南部东西宽 2.40、北部东西宽 2.66、东部南北长 2.35、西部南北长 2.50 米，残高 0.05～0.40 米。棺床平面呈倒凹字形，高 0.28 米，与墓室相对应的四壁相接。棺床面为生土层面，未铺砖；东、西、南侧壁未砌护壁。系在墓门北部沿生土层挖一东西宽 0.96、南北长 1.34、深 0.28 米的长方形凹槽而成。此凹槽地面为墓室地面与甬道地面，未铺砖。棺床东、西、南部涂抹厚 0.003、宽 0.20 米的白灰泥皮，其上饰 0.10 米宽的红色带；东、西、南侧壁也涂抹 0.003 米厚的白灰泥皮，其中南侧壁饰红色，中部形成两个相距 0.10 米，东西长 0.32、南北宽 0.12 米的长方形白灰泥皮面。

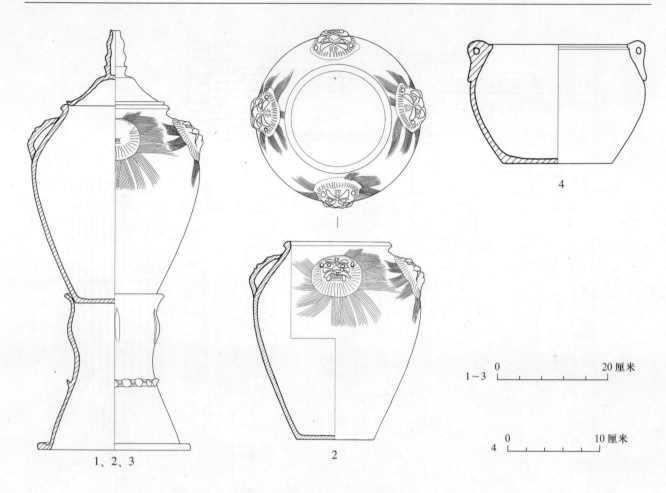

图一五二 B　M118 出土遗物
1.盖　2.兽面罐　3.底座　4.双耳罐

2.遗物　墓室被盗，随葬品残存陶器，另在棺床出土铁钉。

陶器　泥质，轮制。棺床西北部，出土塔状纽盖、双耳罐碎片，甬道东北部散置兽面罐碎片，甬道西南部，出土底座碎片和漆碗残片。经复原为一套塔形罐和一件双耳罐。

塔状纽盖　1件。标本 M118：1，灰陶，盖盘低平，敞口，圆唇，弧腹，平底，中部黏接一塔状纽。塔状纽三层，较细，中空，刹顶残，中部为一直径 1.1 厘米的竖孔。盖盘外壁施灰白色陶衣，其上墨绘花纹，模糊不清，塔状纽饰黑彩，大部脱落。盖盘底径 15.2、通高 13.4 厘米（图一五二 B；彩版二四；图版九五，1）。

兽面罐　1件。标本 M118：2，灰陶，敞口，圆卷唇，低矮领，圆肩，腹上部圆鼓，中下部细高，平底。肩部贴饰四个模制兽面，兽面平面呈圆形，底面内凹，正面中下部圆凸，兽面咧嘴，獠牙较大，鼻呈三角形，小眼，细眉，颧骨低平，两角呈"八"字形，其间饰一"王"字，两眼两侧各一柱状耳，兽面周围饰竖毛纹，侧缘连同器壁用间距 0.2 厘米宽梳齿状工具刮划竖毛纹。左耳下部戳一直径 0.3 厘米的穿孔（图版九五，2）。兽面周围和外壁腹部有片状墨痕，可能曾墨绘图案。口径 17.0、底径 14.0、高 35.0 厘米（图一五二 B；彩版二三，3、二四；图版九五，1）。

底座　1件。标本 M118：3，灰陶，由底口部、上口部分件制作黏接而成。上口部唾盂状，敞口，斜唇，束颈，鼓腹，脱底；腹部按压五道凹槽。底口部覆盆状，敛口，圆卷唇，宽平沿，腹部较深，脱底，底径较小。底口部外壁饰四周阴弦纹，近黏接处刻划间距1厘米的阴弦纹，其间贴一周薄泥条，向上卷压成花瓣状附加堆纹。器外壁施灰白色陶衣，其上墨绘图案，大部脱落。上口径16.8、底口径22.8、高27.6厘米（图一五二B；彩版二四；图版九五，1）。

塔形罐由底座、兽面罐、盖相叠而成，通高74.2厘米（图一五二B；彩版二四；图版九五，1）。

双耳罐　1件。标本M118：4，红陶，敛口，圆唇，鼓腹，平底。紧贴口沿饰对称的双耳，略高于口沿，中部一直径0.7厘米的穿孔。外壁施灰白色陶衣。口径14.4、底径11.6、高12.6厘米（图一五二B；图版九五，3）。

墓砖　长方形拉划纹条砖，泥质，灰色，模制。标本M118：5，背面不平，正面拉划宽深的竖向凹槽。长29.0、宽15.0、厚5.0厘米。

3.葬式　墓室发现人体骨架三具，除北部一具盆骨以下保存较好、未被扰动外，其余骨骼凌乱、破碎。北部骨架的葬式为仰身直肢，头向西。经鉴定北部骨架为一位30～40岁的女性，另两具骨架分别为一位35～45岁的男性和一位成年女性。

八　M119、M120

（一）位置与地层

M119、M120位于中央大道南部九号基坑内（图一五三）。九号基坑位于中央大道南段东侧，南北长43、东西宽20、深1.2米。基坑地层大部分为近现代堆积层，局部保存泥沙堆积层。M119、M120位于基坑西南部，二者存在打破关系。被盗，中上部被毁，残存下部。自2004年5月8日～21日对其进行了清理。

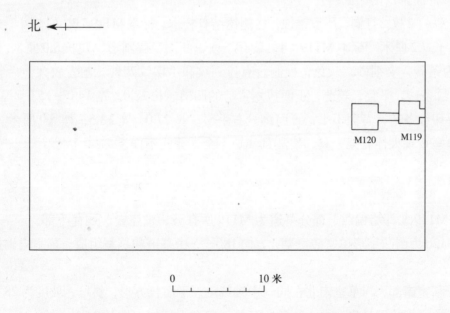

图一五三　中央大道南段九号基坑墓葬分布图

（二）M119

M119位于中央大道南部九号基坑西南部，打破M120的墓道。被盗毁，残存下部。墓道主体部分为基坑挖掘土所压，未作清理。

1.**形制**　M119为倒凸字形单室砖室墓，方向170°，由墓道、甬道、墓室组成。墓室内砌棺床（图一五四）。

甬道　较短，与墓室南北在同一中轴线上。东、西壁单重，与墓室南壁同时叠压平砌，残存壁面垂直。顶部被毁。东西宽0.84、南北深0.62、残高1.00米。从甬道南部封门。封门墙南北宽0.31、残高1.16米。底层为泥土层，其上用条砖纵向侧立五层，呈西向"人"字形。其上从南部用条砖、条砖残块错缝平砌，单重，砌砖之间用草拌泥黏合。

墓室　平面呈弧边方形，单砖平砌于挖掘的方形明坑中。四壁平面中部略外凸，呈弧线形，残存壁面内收，至0.80米高处内收0.16米。顶部被毁。墓室南北长2.30、南部东西宽2.30、北部东西宽2.40、残高1.00米。棺床平面呈倒梯形，高0.22米，与墓室四壁相接，修砌方法与同形制的棺床修砌方法同。东、西、南侧壁用条砖平砌护壁。棺床面为细沙层面，未铺砖。

2.**遗物**　墓室被盗，随葬品残存陶器，另在棺床扰土中出土铁钉。

陶器　均为红陶，泥质，轮制。器形有底座、罐、盖等，其中罐和盖仅存腹部碎片。说明用一套塔形罐随葬，具体放置位置不详。

底座　1件。标本M119∶1，束腰，由底口部和上口部分件制作黏接而成。上口部浅盘状，敛口，斜方唇，浅腹，脱底。底口部喇叭筒状，敞口，宽平沿，深腹，脱底。上口径16.4、底口径28.0、高17.0厘米（图一五四）。

兽面　1件。标本M119∶2，扁圆丘状，底面内凹，正面高凸，兽面嘴扁圆形，无獠牙，鼻高凸，颧骨高大，大眼，双角残，角根部相连。双眼角部对穿一直径0.4厘米的穿孔。面部特征极为抽象。残径7.0~7.4、高2.5厘米（图一五四）。

铁器　出土铁钉2枚。打制，严重锈蚀，体侧锈结着朽木。标本M119∶3，钉帽小，残存一侧，断面呈圆角方形。长7.2厘米。标本M119∶4，残存下段，断面呈扁圆形。残长5.0厘米（图一五四）。

墓砖　均为条砖，夹细砂，灰色，模制。有拉划纹和手印纹两种，前者较大，后者略小。标本M119∶5，拉划纹条砖，平整，较薄，正面拉划宽疏的凹槽。长28.0、宽14.0~15.0、厚4.5厘米。标本M119∶6，手印纹条砖，背面不平，正面饰一右手印。长27.0、宽13.5、厚5.0厘米。

3.**葬式**　墓室发现人体骨架一具，凌乱且残缺不全，葬式不详。

（三）M120

M120位于M119北部略偏西，部分墓道为M119所打破。被盗毁，残存下部。

1.**形制**　M120为倒凸字形单室砖室墓，方向180°，由墓道和墓室组成。墓室内砌棺床（图一五五A）。

墓道　位于墓室南部，与墓室南北在同一中轴线上。平面长方形，斜坡，坡度为28°，残存壁面垂直，局部留存尖圆状的工具痕。填土灰色，疏松，包含残砖块。残长2.21、宽0.94、深1.05米。

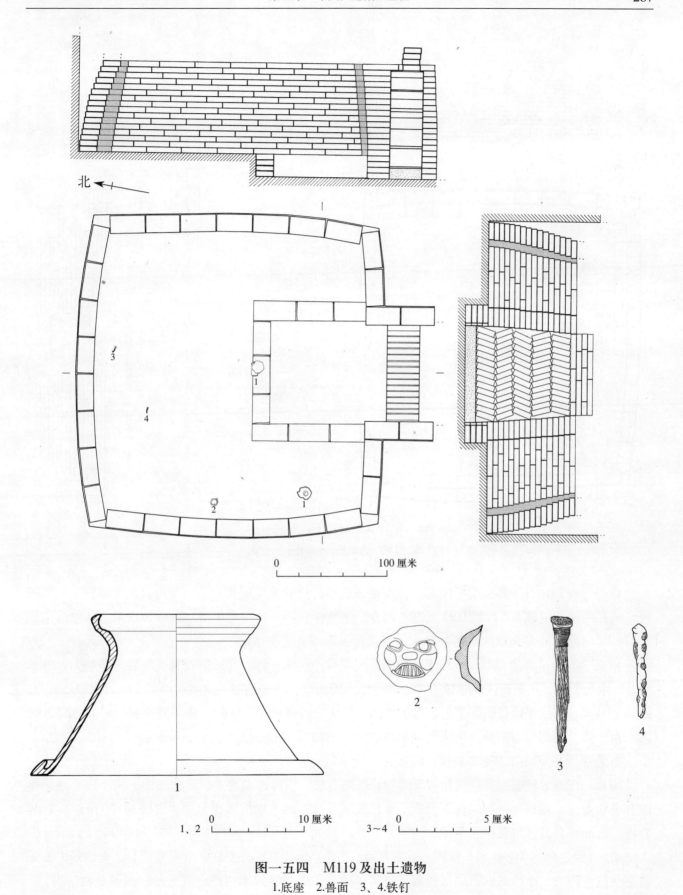

北←

图一五四　M119 及出土遗物
1.底座　2.兽面　3、4.铁钉

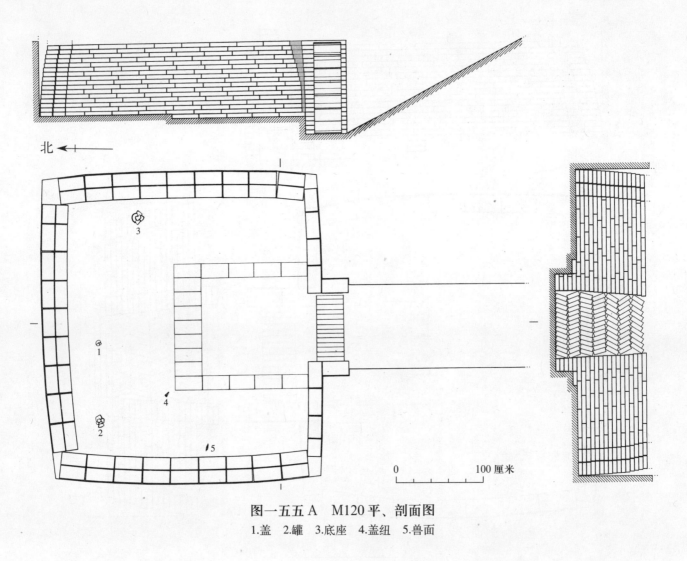

图一五五 A　M120 平、剖面图
1.盖　2.罐　3.底座　4.盖纽　5.兽面

　　甬道　较短，开于墓室南壁中部，与南壁一道单砖错缝叠压顺砌，东、西内收；拱形顶，中部残失，残存两侧。甬道东、西壁0.91米高处起券。南北深0.46、东西宽0.75、残高1.05米。从甬道中部封门。封门墙南北宽0.32、残高1.00米，用条砖纵向侧立，呈西向的"人"字形。

　　墓室　平面呈弧边方形，平砌于挖掘的方形明坑中。东、西、北三壁较宽，双砖并排顺砌，中部外凸；南壁较窄，用条砖横向错缝平砌。残存壁面均内收。顶部被毁。墓室东西宽2.80、南北长2.70、残高1.05米。棺床平面呈倒凹字形，高0.05米，与墓室四壁相接，修砌方法与同形制棺床的修砌方法同。东、西、南侧壁砌护壁。棺床面为细沙层面，未铺砖。墓室地面较小，用条砖纵向对缝平铺。

　　2.遗物　墓室被盗，随葬品仅存陶器。

　　陶器　泥质，轮制。有红陶和灰陶两种。红陶有盖、兽面罐和底座，碎片出土于棺床西北部。灰陶有塔状盖纽、罐肩部贴饰的兽面及盖、罐、底座碎片，出土于棺床扰土中。说明M120用红、灰两套塔形罐随葬，具体放置位置不详。

　　盖　1件。标本M120：1，红陶，盖盘宽沿，浅腹，内尖底，外平底，略呈假圈足。盖纽残失。外壁施灰白色陶衣，上绘黑彩，局部脱落。底径20.0、残高19.8厘米（图一五五B；图版九六，1）。

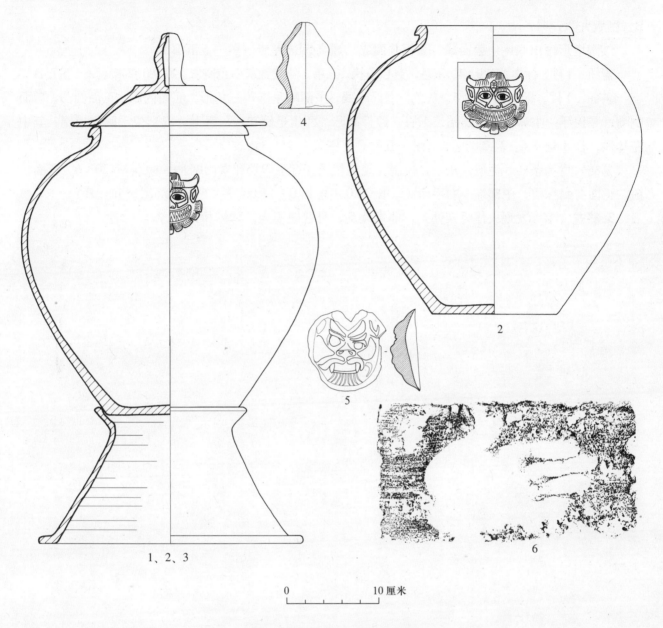

图一五五 B　M120 出土遗物
1.盖　2.罐　3.底座　4.盖纽　5.兽面　6.手印纹条砖

　　兽面罐　1件。标本 M120：2，红陶，微敛口，卷沿，矮领，圆肩，平底，最大径在腹上部。肩部贴饰兽面3个，残存1个。兽面半球状，底面内凹，正面高凸，兽面咧嘴，呈仰月状，无獠牙，嘴角对戳直径0.3厘米的斜向穿孔，鼻微凸呈三角形，颧骨不明显，圆眼凸睛，上饰黑彩，低眉，上有细毛纹，耳位于双眼两侧，双角宽长，上有斜向骨棱纹，两角之间饰一"王"字，其上部圆凸，饰竖毛纹。器外表施灰白色陶衣，上饰黑彩，局部脱落。口径14.8、底径14.0、高31.6厘米（图一五五 B；图版九六，2）。

　　底座　1件。标本 M120：3，红陶，底口部喇叭筒状，敞口，宽平沿，脱底。上口部低矮，浅盘状，敞口，圆唇。外壁施灰白色陶衣，上饰黑彩。上口径14.4、底口径24.6、高14.6厘米（图一五五

B；图版九六，4）。

红陶塔形罐由底座、兽面罐、盖相叠而成，通高54.4厘米（图一五五B）。

盖纽　1件。标本M120∶4，灰色，空心塔状，三层。外壁施灰白色陶衣。高9.0厘米（图一五五B）。

兽面　1件。标本M120∶5，灰色，上部略残。平面略呈圆角三角形，底面内凹，正面圆凸。兽面咧嘴，竖獠牙，小鼻，大眼凸睛，细眉，颧骨高凸，两角呈倒"八"字形，双耳位于两角梢侧，其中左耳残。径8.4～8.6、高2.8厘米（图一五五B；图版九六，3）。

墓砖　均为条砖，泥质，灰色，模制。规格相同。有手印纹和素面两种。标本M120∶6，背面粗糙，正面有刮抹痕，中部饰一右手印纹。长28.0、宽14.0～15.0、厚4.5厘米（图一五五B）。

3.葬式　棺床发现人体骨架两具，非常凌乱，且残缺不全，具体葬式不详。

第六章　结　语

一　墓葬形制

吴忠西郊唐墓共清理发掘120座，除3座破坏严重、形制难以分辨外，其余117座虽然墓室中、上部被毁，但平面形制大多保存较完整。这117座墓的共同特征为：均为砖室墓，南北向，除竖穴墓外，均有短斜坡墓道，大多数有短甬道，墓室内砌棺床或挖掘棺床。根据墓室的多少和平面形制，将吴忠西郊唐墓分为六型：I型为三室墓，II型为双室墓，III型为倒凸字形墓，IV型为准刀把形墓，V型为刀把形墓，VI型为竖穴墓。

I型墓　三室墓，仅发现1座，为M022。M022的墓室其实为一横长方形的墓室内南北向砌隔墙分割成并排的东、中、西三室，东室和中室平面呈纵长方形，面积较大，西室面积较小；中室内砌棺床，东室和西室无棺床，地面与中室棺床面平齐。墓道开于中室南部偏东，甬道较短。

II型墓　双室墓，发现2座，为M024和M111。M024与M022同，为横长方形的墓室内南北向砌隔墙分割成并排的东、西二室，东室、西室平面均呈纵长方形，东室面积较西室大；东室北部砌长方形的棺床，地面铺砖；西室无棺床，地面铺砖，与东室棺床面平齐。墓道、甬道由于工地施工被毁，形制不详。M111为主室带洞室墓。主室略呈西向梯形，四壁略外弧，北部砌曲尺形棺床；洞室位于西部，门开于西壁略偏南，平面呈长方形，地面与主室地面平，未见铺砖。

III型墓　平面呈倒凸字形，共72座，墓道较短，底面斜坡；墓室面积较小，大多数墓室内砌棺床，并有短甬道，是吴忠西郊唐墓的主要形制。根据墓室的平面形制，分为IIIa、IIIb、IIIc、IIId四亚型。

IIIa型墓　平面呈方形，四壁大多垂直，墓室四角均为直角，共23座。墓道位于墓室南部，但根据墓道与墓室中轴线的关系，有中部、偏东或略偏东、偏西或略偏西三种；甬道较短；墓室内均砌棺床，形制有长方形和倒凹字形两种。长方形棺床有的位于墓室北部，与墓室的北、西、东三壁相接，部分在墓室的东南和西南部砌与北棺床相接、略低于棺床的矮平台；有的位于墓室西部，与墓室的北、西、南三壁相接；倒凹字形棺床与墓室的四壁相接，墓室地面较小。现将IIIa型墓的墓道位置、棺床形制和位置统计见表一：

从表一所知，墓道东向偏离中轴线的墓9座，与墓室在同一中轴线的6座，西向偏离中轴线的4座，另4座被毁位置不详。棺床以北棺床为主，共11座，其中2座有东、西矮平台；西棺床3座，倒凹字形棺床9座。说明此型墓墓道以东向偏离中轴线为主，北棺床是此型墓的主要棺床。

IIIb型墓　平面呈方形，四壁外弧或略外弧，部分仅北、东、西壁外弧，计36座。墓道较短，底面斜坡，位于墓室南部，与墓室中轴线的关系有偏东或略偏东、中部、偏西或略偏西三种；棺床的形制有长方形和倒凹字形两种。长方形棺床的位置有的在墓室北部，有的在墓室西部，其中部分北棺床的墓室东南和西南部砌略低于棺床并与棺床相接的矮平台；倒凹字形棺床与墓室的四壁相接，此型棺

表一　IIIa 型墓形制统计表

墓号	墓道			棺床			备注	墓号	墓道			棺床			备注
	偏东	中部	偏西	北部	西部	倒凹字形			偏东	中部	偏西	北部	西部	倒凹字形	
M002			—	—				M035					—		
M004	—			—				M036	—				—		
M005			—	—				M041		—		—			
M006		—		—				M044	—					—	
M011								M045						—	
M014		—				—		M046							
M016			—			—		M048							
M019								M049							
M020		—						M091	—					—	
M028	—			—			东、西矮平台	M106		—				—	
M032			—					M114	—						东、西矮平台
M033	—			—											

表二　IIIb 型墓形制统计表

墓号	墓道			棺床			备注	墓号	墓道			棺床			备注
	偏东	中部	偏西	北部	西部	倒凹字形			偏东	中部	偏西	北部	西部	倒凹字形	
M012			—			—		M082	—			—			东、西矮平台
M030	—				—			M083	—					—	
M043			—	—			东、西矮平台	M085	—					—	
M051	—					—		M086	—					—	
M054	—					—		M089	—					—	
M055	—					—		M092	—					—	
M057	—					—		M093	—					—	
M062	—					—		M095	—					—	
M066	—			—			东、西矮平台	M098	—					—	
M067	—			—				M102			—			—	
M068			—	—			东、西矮平台	M103			—			—	
M072	—					—		M104	—					—	
M073	—					—		M112	—					—	
M075	—					—		M116	—					—	
M077	—					—		M117	—					—	
M078	—					—		M118	—					—	
M080			—			—		M119		—				—	
M081	—					—		M120	—					—	

床的墓室地面较小。现将Ⅲb型墓葬的墓道位置、棺床形制及位置统计见表二：

从表二所知，Ⅲb型墓墓道东向偏离中轴线者29座，西向偏离中轴线者6座，中部者1座；倒凹字形棺床29座，北棺床5座，其中4座有东、西矮平台；西棺床1座。说明此型墓墓道以东向偏离中轴线为主，西向偏离中轴线和中部者较少；棺床以倒凹字形为主，北棺床和西棺床较少。

Ⅲc型墓　发现1座，为M074，墓室平面呈纵长方形，墓室内砌倒凹字形棺床；墓道较短，底面斜坡，东向偏离中轴线。

Ⅲd型墓　平面呈倒梯形（将墓室北部大于南部0.2米的墓葬归于此类），墓室四壁大多外弧或明显外弧，计19座。墓道的形制和位置、棺床的形制和位置与上述前两型同。现将Ⅲd型墓墓道的位置、棺床的形制和位置统计见表三：

表三　Ⅲd型墓形制统计表

墓号	墓道			棺床			备注	墓号	墓道			棺床			备注
	偏东	中部	偏西	北部	西部	倒凹字形			偏东	中部	偏西	北部	西部	倒凹字形	
M001		—	—				东、西矮平台	M052	—					—	
M007						—		M058		—				—	
M008				—				M060	—					—	
M010				—				M069				—	—		东、西矮平台
M013	—					—		M076						—	
M017			—			—		M090						—	
M018			—			—		M105	—					—	
M023			—			—		M107						—	
M027		—	—			—		M108				—		—	
M029		—				—									

从表三所知，墓道东向偏离中轴线的墓7座，墓道位于中部者3座，西向偏离中轴线者6座，另有3座由于墓道被毁不详。倒凹字棺床的墓14座，北棺床的墓3座，其中2座有东、西矮平台，西棺床的墓2座。说明Ⅲd型墓以倒凹字形棺床为主，北棺床和西棺床较少；墓道以东向偏离中轴线为主，西向偏离中轴线者次之。

Ⅳ型墓　准刀把形墓，墓道东壁和墓室东壁南北未在同一直线上，而是错一条砖宽的距离，即墓室南壁东段为一条砖宽，计6座，分别为M003、M037、M038、M040、M088和M099。墓室平面呈纵长方形或略呈方形，个别的墓室西壁略外弧。除M099外，墓室内均砌棺床，以西棺床为主，北棺床墓1座，为M088。

Ⅴ型墓　刀把形墓，墓道的东壁和墓室的东壁南北基本在同一直线上，计22座。此型墓墓室窄小，大多没有棺床。依墓室的平面形制，分为Ⅴa、Ⅴb、Ⅴc三亚型。

Ⅴa型墓　平面呈纵长方形，四壁平直，四壁夹角为直角，无棺床，2座，为M009和M034。其中M009墓道位于墓室西部，其西壁与墓室西壁南北基本在同一直线上。

Ⅴb型墓　平面呈弧边长方形或不规则斜边长方形，16座，为M050、M053、M056、M063、M065、M070、M071、M079、M087、M094、M096、M097、M100、M109和M113，是刀把形墓的主要形制。

此型墓大多没有棺床，仅 M050、M053、M056、M100 砌曲尺形棺床。

Ⅴc 型墓　平面呈梯形，四壁外弧，数量较少，仅 4 座，为 M015、M021、M042 和 M059。此型墓墓室面积较小，2 座墓室内没有棺床，另 2 座墓室内砌曲尺形棺床（M015）和西棺床（M021）。

Ⅵ型墓　竖穴墓，墓室面积小，呈长方形，没有墓道，计 3 座，为 M039、M061 和 M064。M039 墓室平面呈横长方形，M061 和 M064 墓室平面呈纵长方形，其中 M064 墓室系拆毁 M065 的墓室利用其西壁、北壁砌筑而成。

吴忠西郊唐墓平面结构的形制特点有：

1.**平面形制**　以Ⅲ型倒凸字形墓为主，其次为Ⅴ型刀把形墓，Ⅳ型准刀把形墓和竖穴墓较少，三室和双室墓最少。

2.**墓道**　除Ⅵ型竖穴墓外，其余各型均有墓道，较短，底面斜坡，位于墓室的南部。根据墓道与墓室中轴线的关系，将墓道的位置分为偏东或略偏东、中部、偏西或略偏西、东部、西部几种。现将Ⅲ、Ⅳ、Ⅴ型墓与墓道位置统计见表四：

表四　Ⅲ、Ⅳ、Ⅴ型墓道位置统计表

墓葬形制		偏 东	中 部	偏 西	东 部	西 部
Ⅲ型	Ⅲa	9	6	4		
	Ⅲb	29	1	6		
	Ⅲc	1				
	Ⅲd	7	3	6		
Ⅳ型					5	1
Ⅴ型					22	
总计		46	10	16	27	1

从表四可知，墓道东向偏离中轴线的墓共 46 座，主要与Ⅲb 型墓相关；墓道位于中部者 10 座，主要与Ⅲa 型墓相关；墓道西向偏离中轴线者 16 座，主要与Ⅲd 型墓相关；墓道位于东部者 27 座，主要与Ⅳ、Ⅴ型墓相关，墓道位于西部者 1 座。因此，墓道位于墓室南部偏东和东部，是吴忠西郊唐墓的主要特点。

3.**棺床**　除刀把形墓部分墓葬未砌棺床外，其余各型墓墓室内几乎均砌棺床。棺床的形制，有长方形、倒凹字形和曲尺形三种。长方形棺床有的位于墓室西部，与墓室北、西、南壁相接，有的位于墓室北部，与墓室东、北、西三壁相接，其中部分北棺床墓的东南和西南部砌低于棺床、与棺床相接的矮平台；倒凹字形棺床与墓室的四壁相接，此类棺床墓墓室地面均较小；曲尺形棺床与墓室四壁相接，大多砌于Ⅴ型墓室内；个别的墓墓室内砌东、西双棺床。棺床大多数为生土台，侧壁砌护壁，部分棺床面铺砖；少数北棺床南侧壁饰砖饰；另有少数棺床侧壁涂白灰泥皮，上饰红色。现将墓葬形制与棺床形制与位置统计见表五：

表五　墓葬形制与棺床形制统计表

墓葬形制		长 方 形 棺 床		倒凹字形棺床	曲尺形棺床	其 他
		北部	西部			
Ⅰ型		1				
Ⅱ型		1				
Ⅲ型	Ⅲa	11	3	9		东、西矮平台2
	Ⅲb	5	1	29		东、西矮平台3
	Ⅲc			1		
	Ⅲd	3	2	14		双棺床1
Ⅳ型		1	4			
Ⅴ型			1		4	
总计		22	11	53	4	

　　由表五可知，凹字形棺床的墓有53座，主要与Ⅲb、Ⅲd型墓相关；北棺床的墓22座，主要与Ⅲa型墓相关；西棺床的墓11座，主要与Ⅳ型墓相关；曲尺形棺床的墓4座，主要与Ⅴ型墓相关；双棺床的墓1座。因此倒凹字形棺床是吴忠西郊唐墓的主要形制，北棺床次之，部分北棺床墓的墓室内砌东、西矮平台；西棺床和曲尺形棺床较少。

　　4.甬道与封门　大多数墓有甬道，较短，东、西壁垂直和内收两种；顶部大部分被毁。保存完整和较完整的甬道顶部形制，有两种：一种为拱形顶，单重，较低平；另一种北部为叠涩尖顶，南部为拱形顶。墓门的形制与甬道的形制同；没有甬道的墓葬，大多为叠涩尖顶。少数墓在甬道砌东西相对的壁龛和封门槽。墓门用条砖、条砖残块砌封门墙封砌。封门墙大多单重，形制有四种，第一种："人"字形。封门墙用条砖纵向逐层侧立，呈侧卧"人"字形，近顶部用条砖残块平砌。第二种：用条砖逐层横向平砌，砌砖之间用草拌泥黏合；封门墙较单薄。第三种：用条砖纵向和横向交替平砌，封门墙较宽。第四种：封门墙二重。第一重沿墓门封门，第二重沿封门槽封门。第二重封门大多被毁。

　　5.墓室顶部形制　这次清理的墓葬顶部均被毁，但依残存墓室四壁的形制推测，顶部有穹隆顶和尖顶两种。穹隆顶有两种：一种顶部较低平，墓室较低。这种顶部形制的墓，墓室四壁从二层砌砖起逐层内收，至一定的高度后砌砖向墓室倾斜，倾角较大；四角至一定的高度后用条砖平压。另一种顶部较高。这种顶部形制的墓，主要是那些墓室四壁垂直的墓。四壁至券顶的高度，砌砖外凸呈弧形。尖形顶主要是竖穴墓，墓室四壁逐层内收，至顶部用条砖平压封砌。

二　随葬品

吴忠西郊唐墓随葬品以陶器为主，其次有瓷器、铜镜、铜带饰、铜钱、铜合页、玉雕、铁剪、铁刀、骨梳、骨饰件、漆器等。其中漆器均残朽，仅存残迹。

（一）陶器

陶器均泥质，有红陶和灰陶两种，以红陶为主。器形以塔形罐为主，次有罐、双耳罐、壶、执壶、小碗、砚等。陶器外壁大多施灰白色陶衣，其中塔形罐陶衣上大多饰黑彩或绘图案，因颜料脱落大多模糊不清。由于墓葬曾遭严重的盗掘，陶器几乎均残破，完整者很少，经拼对复原，共有陶器176件（难以复原者未计）。

塔形罐　塔形罐由盖、兽面罐和底座组成，出土时大多数残碎分离，形制较多。

盖　由盖盘和盖纽分件制作黏接而成，计54件，盖纽周围多饰花瓣状的附加堆纹。依盖盘和盖纽的形制特点，将盖分为六型。

A型　10件。盖盘呈敞口覆碗状，盖纽圆球状，中空。根据盖盘形制分为三亚型。

A a型　盖盘敞口覆碗状，4件，有标本M026：4、M054：1、M067：5、M077：4。

A b型　盖盘侈口覆碗状，3件，有标本M063：1、M089：19、M105：2。

A c型　盖盘卷沿覆碗状，3件，有标本M001：9、M075：2、M103：1。

B型　39件。盖盘呈覆碗状，盖纽塔状，中空，尖锥形。根据盖盘形制分三亚型。

B a型　盖盘敞口覆碗状，18件，有标本M007：4、M014：11、M017：2、M027：1、M045：3、M053：1、M056：1、M062：1、M069：3、M071：1、M077：3、M082：2、M083：3、M095：2、M102：6、M107：1、M112：1、M114：1。

B b型　盖盘侈口覆碗状，7件，有标本M027：1、M029：2、M044：7、M062：3、M073：5、M073：9、M096：2。

B c型　盖盘呈卷沿覆碗状，14件，有标本M013：4、M015：4、M025：7、M048：4、M060：2、M062：4、M067：3、M078：6、M080：1、M086：3、M094：2、M104：2、M115：1、M118：1。

C型　1件。盖盘子母口，深腹；纽塔状中空，较低矮，呈尖锥形。标本M111：4。

D型　2件。盖盘低平，外缘略上卷；纽塔状，中空，呈尖锥形。有标本M051：1、M074：3。

E型　1件。盖盘呈敞口覆碗状，腹较深；盖纽呈覆钵式塔形，制作精细。有标本M101：1。

F型　1件。盖盘较低平，有一较宽的平沿，呈铜钹状；纽塔状，呈尖锥形塔状。有标本M120：1。

兽面罐　复原22件，肩上部或腹部贴饰三个或四个模制兽面。兽面形制均不同，底面内凹，正面高凸，以贴在腹上部为主，部分贴于腹部。兽面上部或两侧、黏贴兽面的器壁大多戳一通气的孔眼，以防止烧制时空气膨胀而爆裂；器壁除1件饰红彩外，其余均饰黑彩或绘图案。根据形制分为三型。

A型　2件。口微敞，圆卷唇，矮领，圆肩，平底。器形低矮，浑圆。有标本M045：4、M111：2。

B型　18件，分三式。

I式　9件。器形较低矮，口微敞，圆卷唇，低矮领，腹上部圆鼓，下部斜收，平底。有标本M007：5、M015：5、M029：9、M051：2、M066：2、M078：2、M082：1、M092：2、M120：2。

II式　6件。器形较高，口微敞，圆卷唇，低矮领，腹上部圆鼓。有标本M013：16、M044：9、M062：4、M069：2、M074：2、M104：1。

III式　3件。器形高，口微敞，圆卷唇，低矮领，腹上部圆鼓。有标本M080：4、M086：1、MM118：2。

C型　2件。口较小，微敞，圆卷唇，低矮领，腹上部圆鼓，器形较高。有标本M075：3、M107：12。

底座　出土较多，可复原的有49件。根据形制分为五型。

A型　9件。呈覆盆状。敞口，平卷沿，大多腹部较深。有标本M016：12、M032：2、M043：4、M054：2、M067：1、M077：1、M081：1、M106：1、M106：2。

B型　24件。由底口部和上口部分件制作黏接而成，束腰，器形高。上口部唾盂形，底口部覆盆状，套接黏接处较细，内壁有明显的黏接痕。底口部外壁流行贴饰一周花瓣状的附加堆纹；上口部有花唇，个别的双腹。有标本M001：8、M007：10、M013：15、M014：12、M017：3、M044：8、M045：5、M048：6、M050：2、M051：3、M060：1、M066：1、M070：1、M073：11、M073：12、M074：1、M078：1、M080：3、M096：1、M104：3、M105：1、M112：2、M116：1、M118：4。

C型　13件。与B型同，由底口部和上口部分件制作黏接而成，器形高。上口部敞口钵形；底口部覆盆状，内壁有黏接痕。有标本M025：6、M029：10、M047：1、M063：2、M069：1、M071：1、M075：8、M092：1、M094：1、M099：1、M103：1、M107：2、M120：3。

D型　2件。上口部敛口钵形，底口部与C型同，器形较高。有标本M102：2、M119：1。

E型　1件。标本M111：1，上口部小，低矮，底口部覆盆状，外壁贴饰兽面。

矮领卷沿罐　形制与兽面罐相同，仅未饰兽面，可复原13件。根据形制分为五型。

A型　2件，形制与A型兽面罐同，口微敞，圆卷唇，低矮领，圆肩，器形浑圆。有标本M002：1、M027：1。

B型　6件，形制与B型II式兽面罐相同，口微敞，圆卷唇，腹上部圆鼓，下部斜收，器形较低矮。有标本M058：3、M077：2、M083：1、M089：21、M099：2、M108：1。

C型　2件。分二式。

I式　1件。标本M093：1，腹上部圆鼓，下部平缓内收，器形较高。

II式　1件。标本M098：1，腹上部圆鼓，下部急内收，器形较高。

D型　1件。标本M114：1，平沿，敛口，圆鼓部近肩部，器形较低矮。

E型　1件。标本M043：1，小口，圆卷唇，圆肩，器形较低矮。

双耳罐　是吴忠西郊唐墓的重要器形，肩上部饰双竖耳，耳下器壁凹陷，可复原12件。根据形制分两型。

A型　5件。大口，卷沿，矮领，腹上部较鼓，器形较矮。有标本M008：10、M049：4、M057：1、M067：2、M110：1。

B型　7件。口沿和腹上部与A型同，腹下部斜收，器形较高。有标本M011：3、M022：7、M029：11、M030：16、M032：3、M036：1、M103：3。

壶　可复原19件。根据形制分为三型。

A型　8件。侈口，圆肩，较矮胖，出土于5座墓中。有标本M044：10、M044：11、M059：1、M045：1、M080：2、M085：16、M085：17、M085：18。

B型　8件。侈口，圆肩，体较纵长，出土于4座墓中。有标本M060：3、M073：1、M073：1、M078：3、M078：4、M078：5、M086：4、M086：5。

C型　3件。器形小，可能是明器，出土于M109，分别为标本M109：1、M109：2、M109：4。

执壶　5件，出土于3座墓中，器形变化与壶同，分为两型。

A型　2件，器形较矮胖，分别为标本M067：5、M092：3。

B型　3件，器形较纵长，分别为标本M007：6、M007：7、M007：8。

其他器形有双耳大口罐、双耳壶、扁壶、敛口罐、碗、小碗等，除小陶碗出土2件外，其余均出土1件。

（二）瓷器

瓷器出土较少，共15件，器形有碗、执壶、碟、小杯等，以碗为主。

白釉碗　5件。敞口，玉璧底。为标本M012：7、M067：4、M080：5、M095：6、M107：20。

青釉碗　1件。敞口，玉璧底。标本M051：4。

黑釉执壶　2件。敞口，鼓腹，假圈足，胎质粗糙。为标本M012：8、M049：3。

白釉碟　2件。胎质细腻，出土于M031，分别为标本M031：2、M031：3。

小杯　2件。均出土于M105，绿釉。为标本M105：4、M015：22。

（三）铜镜

铜镜出土较少，仅8枚。分别出土于8座墓中，其中完整者4枚，分别为宝相花镜（M026：1）、瑞兽纹镜（M073：10）、"卐"字纹镜（M018：11）、瑞鸟纹镜（M106：1）。另4枚仅残存一小半，有花枝镜（M016：1）、鸾鸟纹镜（M107：5）、双凤纹镜（M108：8）、素面镜（M071：13）。其中鸾鸟纹镜有明显的破裂修补痕。

（四）带饰

带饰有带扣、铊尾、半圆形铸饰和方形铸饰，出土于30座墓中（参见表六）。由于墓葬严重盗扰，少者仅出土2件，多者出土11件，但每一组的具体数目、排列方式不详。质地有铜、铁、铜与铁三种。单独出土铜带饰的墓16座，单独出土铁带饰的墓10座，出土铜带饰和铁带饰的墓4座。有的带饰正面是铜质，底面是铁质。

铁带饰由于严重锈蚀，上、下半面均锈蚀于一起，仅能分辨形制。铜带饰的形制基本一致，有上、下半面分件制作铆合而成。铊尾的平面形制呈圆头长方形，半圆形铸饰和方形铸饰一边有一长方形的孔眼；上半面周缘向下包合，下半面平。

（五）铜钱

铜钱共出土220枚（完整者），有开元通宝、乾元重宝、千秋万岁、五铢、货泉、货布、大泉五十、政和通宝、皇宋通宝等，出土于59座墓中，少者1枚，多者19枚。其中政和通宝和皇宋通宝出土墓室

表六　吴忠西郊唐墓出土带饰统计表

墓号	铜质				铁质				备注
	带扣	铊尾	半圆形铸饰	方形铸饰	带扣	铊尾	半圆形铸饰	方形铸饰	
M003	1		1						
M004			4						
M005			2	1					
M008		1	6	2					
M009				1					
M012			1	1	1	1		1	
M013		1		1					
M016					1	1		2	
M018		1	5	4					
M020	2	1	6	1					1件为小带扣
M021	1		3	1					小带扣
M022	1		1	4					
M023	1								
M025				1					
M029					1	3		1	
M030	1	1	7	2				1	
M044		1	2				1	1	
M048							1	1	
M050		1						2	残片2
M051							1	3	
M076						1		3	扣环1
M080		1	3	1					扣环1
M085						1	5	2	铁扣柄1
M089		1	3						
M092							2	2	
M096						1	5	3	扣柄残件2
M098			1						
M099				1					
M104							5	2	
M105						1	3	2	扣柄1，残件2

和墓道扰土中。

开元通宝　198枚，出土于47座墓，最多者19枚，最少者1枚，以3枚左右居多。根据字体、笔画特征，将开元通宝分为A、B两型。

A型　"开"字宽扁，"元"字上画短，次画左上挑，"通"字之"走"旁三点不相连，"甬"旁上笔开口略大，"宝"字下部"贝"字二横画居中，与左右竖画不相连。

B型　"开"宽扁，"元"字上画加长，"通"字之"走"旁三点相连，"甬"旁开口小，"宝"字下部"贝"字二横画与左右竖画相连。

根据吴忠西郊唐墓开元通宝统计表（表七）可知，单独出土A型开元通宝的有16座墓，出土B型开元通宝的有11座墓，同时出土A型和B型开元通宝的有11座墓。

表七　吴忠西郊唐墓出土"开元通宝"铜钱统计表

墓号	编　号	直径（厘米）	穿径（厘米）	廓宽（厘米）	重量（克）	型	备　注
M002	M002：6-1	2.5	0.6	0.2	4.0	A	
	M002：6-2	2.4	0.6	0.2	3.5	A	
	M002：6-3	2.5	0.6	0.3	3.9	A	严重锈蚀
M003	M003：7-1	2.4	0.6	0.2	2.8	A	
	M003：7-2	2.4	0.7	0.2	3.4	A	
	M003：7-3	2.4	0.7	0.2	3.5	A	
M008	M008：13-1	2.5	0.7	0.2	4.3	A	
	M008：13-2	2.4	0.7	0.2	3.8	A	
M011	M011：5-1	2.5	0.7	0.2	4.1	A	
	M011：5-2	2.5	0.7	0.2	3.5	A	
M013	M013：19-1	2.5	0.6	0.3	3.2	B	背月
	M013：19-2	2.5	0.6	0.3	3.7	A	
	M013：19-3	2.5	0.7	0.3	3.0	A	
	M013：19-4	2.5	0.7	0.2	3.2	B	背月
	M013：19-5	2.3	0.6	0.2	2.0		略残
M014	M014：16	2.5	0.6	0.2	3.7	A	
M015	M015：8-1	2.5	0.7	0.2	4.2	A	
	M015：8-2	2.5	0.7	0.2	3.7	A	
	M015：8-3	2.5	0.7	0.3	3.0	B	
M016	M016：16-1	2.5	0.7	0.3	3.7	A	
	M016：16-2	2.5	0.7	0.3	3.6		
	M016：16-3	2.5	0.7	0.2	3.2	A	
	M016：16-4	2.5	0.7	0.2	3.8	B	
	M016：16-5	2.5	0.7	0.2	3.8		
	M016：16-6	2.4	0.7	0.2	4.1	B	
	M016：16-7	2.3	0.7	0.2	1.9	A	
	M016：16-8	2.5	0.7	0.3	4.2	A	
	M018：16-9	2.5	0.7	0.3	3.8		严重锈蚀
	M016：16-10	2.5	0.6	0.2	3.8		严重锈蚀
	M016：16-11	2.5	0.6	0.2	3.5	B	严重锈蚀
	M016：16-12	2.5	0.7	0.3	2.9	B	背月
	M016：16-13	2.5	0.6	0.2	3.5		严重锈蚀
	M016：16-14	2.5	0.7	0.2	3.6	B	
	M016：16-15	2.5	0.7	0.2	4.1	B	
	M016：16-16	2.4	0.7	0.2	3.1	A	
	M016：16-17	2.5	0.7	0.2	4.1	B	
	M016：16-18	2.5	0.7	0.2	3.0	A	
	M016：16-19	2.4	0.6	0.2	2.8	A	
M017	M017：14	2.5	0.7	0.2	3.6	B	

续表七

墓号	编 号	直 径 （厘米）	穿 径 （厘米）	廓 宽 （厘米）	重 量 （克）	型	备 注
M018	M018：23-1	2.5	0.6	0.3	3.7		背月
	M018：23-2	2.5	0.7	0.2	4.2		背月
	M018：23-3	2.5	0.7	0.2	3.8		严重锈蚀
	M018：23-4	2.5	0.6	0.3	3.3		严重锈蚀
	M018：23-5	2.5	0.6	0.3	4.0		严重锈蚀
	M018：23-6	2.5	0.6	0.2	3.8		严重锈蚀
	M018：23-7	2.5	0.7	0.2	4.6		严重锈蚀
	M018：23-8	2.5	0.7	0.3	3.4		严重锈蚀
	M018：23-9	2.5	0.6	0.2	3.4		严重锈蚀
	M018：23-10	2.4	0.6	0.3	3.0		严重锈蚀
	M018：23-11	2.5	0.7	0.2	3.5		严重锈蚀
	M018：23-12	2.5	0.6	0.3	3.5		严重锈蚀
M020	M020：15-1	2.5	0.7	0.2	3.6	A	
	M020：15-2	2.5	0.7	0.2	3.7	A	
	M020：15-3	2.3	0.7	0.2	2.6	A	略残
M021	M021：8-1	2.5	0.7	0.2	3.4	A	
	M021：8-2	2.5	0.7	0.2	4.0	A	
M022	M022：13-1	2.5	0.7	0.2	3.8	A	
	M022：13-2	2.5	0.6	0.2	4.9	A	严重锈蚀
	M022：13-3	2.2	0.6	0.2	1.9	A	
M025	M025：10	2.5	0.7	0.2	3.8	B	
M028	M028：10	2.4	0.7	0.2	3.7	A	
M029	M029：16	2.4	0.7	0.2	2.9	A	
M030	M030：23-1	2.4	0.7	0.2	3.0	A	
	M030：23-2	2.4	0.7	0.2	3.9	A	
	M030：23-3	2.4	0.7	0.2	3.5	A	
	M030：23-4	2.4	0.6	0.2	3.3	A	
	M030：23-5	2.5	0.6	0.2	3.7	A	
M031	M031：6	2.4	0.7	0.2	3.4	A	
M043	M043：2	2.4	0.7	0.2	3.2	A	
M044	M044：12-1	2.4	0.7	0.2	4.1	B	
	M044：12-2	2.5	0.7	0.2	4.0	B	
	M044：12-3	2.5	0.7	0.2	3.3	A	
M049	M049：2-1	2.5	0.8	0.2	3.7	A	略残
	M049：2-2	2.4	0.7	0.2	3.9	A	
	M049：2-3	2.4	0.7	0.2	3.6	B	背月
	M049：2-4	2.4	0.7	0.2	3.0	B	背穿上下一新月纹
	M049：2-5	2.4	0.7	0.2	3.2	B	背面略错位
M051	M051：15-1	2.4	0.7	0.2	3.7	A	
	M051：15-2	2.4	0.7	0.2	3.6	A	

续表七

墓号	编 号	直 径（厘米）	穿 径（厘米）	廓 宽（厘米）	重 量（克）	型	备 注
	M051：15—3	2.4	0.7	0.2	3.8	A	
	M051：15—4	2.5	0.7	0.2	4.1	A	
	M051：15—5	2.5	0.7	0.2	3.3	B	背面略错位
	M051：15—6	2.5	0.7	0.2	4.1	B	
	M051：15—7	2.5	0.7	0.2	4.1	B	背穿上一新月纹
	M051：15—8	2.5	0.7	0.2	4.4	B	
	M051：15—9	2.3	0.7	0.2	3.6	B	
	M051：15—10	2.5	0.7	0.2	4.3		严重锈蚀
	M051：15—11	2.4	0.7	0.2	3.6	A	
	M051：15—12	2.3	0.7	0.2	2.9		严重锈蚀
	M051：15—13	2.4	0.7	0.2	2.9	A	
	M051：15—14	2.4	0.7	0.2	3.6	B	背穿上下各一新月纹
M054	M054：5—1	2.5	0.7	0.2	4.2	B	
	M054：5—2	2.5	0.7	0.2	3.6	B	背穿上部一新月纹
	M054：5—3	2.5	0.7	0.2	3.5	B	
	M054：5—4	2.4	0.7	0.2	3.9	A	
	M054：5—5	2.4	0.7	0.2	2.7	A	
	M054：5—6	2.5	0.7	0.2	4.5	A	
M056	M056：3—1	2.4	0.7	0.2	3.1	A	
	M065：3—2	2.4	0.7	0.2	2.8	A	
M062	M062：19—1	2.5	0.7	0.2	3.5	A	
	M062：19—2	2.5	0.7	0.2	4.0	B	
	M062：19—3	2.4	0.7	0.3	3.7	B	
	M062：19—4	2.3	0.6	0.2	3.5	B	略残
	M062：19—5	2.3	0.7	0.2	3.5		严重锈蚀
	M062：19—6	2.4	0.7	0.2	3.3	B	背月
M066	M066：11	2.5	0.6	0.3	3.4	B	严重锈蚀
M067	M067：9	2.4	0.7	0.2	3.5	B	背月
M070	M070：6	2.5	0.7	0.2	3.4		略残
M072	M072：6	2.3	0.7	0.2	4.2		严重锈蚀
M073	M073：21—1	2.5	0.7	0.2	3.9	B	
	M073：21—2	2.5	0.7	0.2	4.0	B	
	M073：21—3	2.4	0.7	0.2	3.4	A	
M075	M075：5—1	2.5	0.7	0.2	3.8	B	
	M075：5—2	2.5	0.7	0.2	2.8	B	
M079	M079：7	2.5	0.7	0.2	4.6		严重锈蚀
M081	M081：10—1	2.6	0.7	0.2	4.0	B	背月
	M081：10—2	2.5	0.7	0.2	3.8	B	
	M081：10—3	2.3	0.7	0.2	2.8	A	
	M081：10—4	2.4	0.7	0.2	4.0	A	

续表七

墓号	编 号	直 径（厘米）	穿 径（厘米）	廓 宽（厘米）	重 量（克）	型	备 注
	M081：10—5	2.4	0.7	0.2	3.5	B	背月
	M081：10—6	2.5	0.7	0.2	4.2	A	
	M081：10—7	2.5	0.7	0.2	3.5	A	
	M081：10—8	2.5	0.7	0.2	4.1	A	
	M081：10—9	2.5	0.7	0.2	3.8	A	
	M081：10—10	2.4	0.7	0.2	2.8	A	
	M081：10—11	2.5	0.7	0.2	3.7	B	背月
	M081：10—12	2.4	0.7	0.2	3.5	A	
	M081：10—13	2.5	0.6	0.2	4.3	B	背月
	M081：10—14	2.5	0.7	0.2	3.7	B	背月
	M081：10—15	2.5	0.7	0.2	3.9	A	
	M081：10—16	2.3	0.6	0.2	3.5	A	
M085	M085：27—1	2.3	0.6	0.2	3.5	A	
	M085：27—2	2.4	0.7	0.3	4.0	B	
	M085：27—3	2.5	0.7	0.2	4.2	B	
	M085：27—4	2.4	0.7	0.2	3.0	B	
	M085：27—5	2.5	0.7	0.2	3.7	B	
M086	M086：8	2.3	0.7	0.2	3.0	A	
M089	M089：23—1	2.3	0.7	0.2	3.6	B	
	M089：23—2	2.4	0.7	0.2	3.0	B	略残
	M089：23—3	2.4	0.7	0.2	3.2	B	锈蚀略残
	M089：23—4	2.6	0.7	0.3	4.2	B	锈蚀
M091	M091：18—1	2.4	0.6	0.2	3.5	B	背月
	M091：18—2	2.4	0.7	0.2	3.4		严重锈蚀
M092	M092：13	2.6	0.6	0.2	3.9	B	
M096	M096：25—1	2.3	0.6	0.2	3.1	B	
	M096：25—2	2.3	0.6	0.2	3.0	B	
	M096：25—3	2.3	0.6	0.2	2.3		严重锈蚀
	M096：25—4	2.3	0.7	0.2	2.5	B	
	M096：25—5	2.5	0.7	0.2	4.1	A	锈蚀
	M096：25—6	2.4	0.7	0.2	2.8	A	残
M101	M101：9—1	2.4	0.6	0.2	3.0	B	
	M101：9—2	2.5	0.7	0.2	3.9	B	
	M101：9—3	2.5	0.7	0.2	3.2	A	
	M101：9—4	2.4	0.7	0.2	3.9	A	
	M101：9—5	2.5	0.7	0.2	4.3	B	
	M101：9—6	2.5	0.7	0.2	4.1	B	
	M101：9—7	2.5	0.7	0.2	3.5	B	
	M101：9—8	2.4	0.7	0.2	3.4	A	
	M101：9—9	2.4	0.7	0.2	3.6	A	

续表七

墓号	编　号	直　径（厘米）	穿　径（厘米）	廓　宽（厘米）	重　量（克）	型	备　注
M103	M103：6-1	2.4	0.7	0.2	2.9	A	
	M103：6-2	2.3	0.7	0.2	2.9	B	
	M103：6-3	2.3	0.7	0.2	2.7	A	
	M103：6-4	2.4	0.7	0.2	3.0	B	
	M103：6-5	2.6	0.7	0.2	3.4	B	
M104	M104：11-1	2.4	0.7	0.2	3.7	B	
	M104：11-2	2.4	0.7	0.2	3.5	A	
	M104：11-3	2.4	0.65	0.2	3.3	A	
	M104：11-4	2.4	0.7	0.2	2.9	B	
M106	M106：15-1	2.4	0.7	0.2	3.2	B	
	M106：15-2	2.5	0.7	0.2	3.4	A	
	M106：15-3	2.3	0.6	0.2	3.1	B	背月
	M106：15-4	2.5	0.7	0.2	3.0	A	
	M106：15-5	2.5	0.6	0.2	4.2	B	背月
	M106：15-6	2.4	0.7	0.2	3.4	A	
	M106：15-7	2.4	0.7	0.2	3.7	B	
	M106：15-8	2.5	0.6	0.2	3.4	A	
	M106：15-9	2.5	0.7	0.2	3.7	A	
M109	M109：8	2.6	0.7	0.3	2.6	B	
M110	M110：5-1	2.5	0.7	0.2	3.5	B	背月
	M110：5-2	2.4	0.7	0.2	2.3	B	残
M111	M111：17-1	2.5	0.7	0.3	3.5	B	
	M111：17-2	2.4	0.7	0.2	3.5	B	背月
	M111：17-3	2.5	0.7	0.2	3.7	B	背月
	M111：17-4	2.5	0.7	0.2	3.8	B	
	M111：17-5	2.5	0.7	0.2	3.6	A	
	M111：17-6	2.5	0.7	0.2	3.6	B	
	M111：17-7	2.5	0.7	0.2	4.1	A	
M113	M113：4	2.5	0.7	0.2	3.5	B	背月
M116	M116：6	2.4	0.6	0.2	1.7	B	

乾元重宝　4枚，锈蚀，字迹较模糊，分别出土于M018、M067、M081、M105。

千秋万岁　1枚，字迹清晰，出土于M053墓室。

（六）墓砖

吴忠西郊唐墓使用的墓砖有条砖和方砖两种，以长方形条砖为主，方砖仅在个别墓室中用于平铺棺床。条砖均模制，有灰色和土红色，用于砌墓室、棺床、铺棺床以及封门。条砖的规格大小不一，即使同一座墓葬的条砖规格也略有差异。根据纹饰不同，将条砖分为四种：第一种，绳纹条砖，数量较少（参见图六B，11；三三B，4)。第二种，拉划纹条砖，即用梳齿状的工具在条砖的正面拉划凹槽，有的细密，有的粗疏，是西郊唐墓条砖的主要纹饰(参见图三四B，8；五九B，6；一三二B，5)。第三种，手印纹条砖，在条砖正面饰一手印，数量较少(参见图一四九B，4；一五五B，6)。第四种，素面条砖。从对墓室四壁拆解所知，有纹饰的一面几乎全部朝下，素面朝上，这说明饰绳纹、拉划纹和手印纹主要是为了增强砌砖与泥浆的黏合。由于饰绳纹和拉划纹比较费工、费时，因此，出现了当砖坯还在模具中时直接按一手印的手印纹条砖。

（七）随葬品的位置和组合

1．随葬品的位置

由于墓葬均被盗，大多数墓葬随葬品的数量和位置难以确定。从少量完整器的出土位置和陶器碎片集中出土的位置分析，壶多放置于墓室的四角；倒凹字形棺床和有东、西矮平台的墓，塔形罐多放置于墓室的西南部；部分墓葬随葬品的位置与墓主人的头向相关，即头朝西者塔形罐放置于棺床西部，头朝北者塔形罐放置棺床北部；个别墓塔形罐放置于墓道中。

2．随葬品的主要组合

吴忠西郊唐墓的随葬品以陶器为主，塔形罐为主要器形。据统计，近三分之二的墓随葬塔形罐(出土塔形罐残片者均统计在内)，与其组合随葬的器形有双耳罐、壶、矮领卷沿罐，这是随葬陶器的主要组合。

三 墓葬分期

吴忠西郊唐墓以小型墓为主，无纪年墓；均被盗，随葬品单一，流行一墓多葬，即利用同一墓穴多次葬人；这些因素的存在使墓葬的分期变得非常困难。西郊唐墓有打破关系（2例），陶器尤其是兽面罐的形制存在着明显的不同，开元通宝铜钱也存在着字体笔画方面的变化，这意味着西郊唐墓经历了一段较长的历史时期。根据墓葬形制和主要随葬品形制（参见表八《吴忠西郊唐墓形制与随葬品统计表》），将西郊墓葬分为二期。

第一期：盛唐时期，墓葬形制主要有Ⅲa、Ⅲb、Ⅲd型，随葬A型开元通宝铜钱，塔形罐均残碎，具体形制不详。

Ⅲa、Ⅲb、Ⅲd型墓墓室平面为方形、弧边方形和弧边倒梯形，这种形制在洛阳、西安地区流行于隋至盛唐时期[①]；A型开元通宝流行于高祖武德四年（公元621年）至玄宗开元中期[②]。因此，我们将单独出土A型开元通宝的上述三型墓葬归于第一期，代表性的墓葬有M001、M002、M008、M014、M044等。

第二期：中、晚唐时期，墓葬形制除延续第一期的形制外，有Ⅳ、Ⅴ型墓，随葬B型或A、B型开元通宝；塔形罐形制较多。

Ⅳ型墓在洛阳地区流行于中唐[③]，Ⅴ型墓在洛阳地区流行于晚唐、在西安地区流行于中晚唐时期[④]；

---

① 徐殿魁：《洛阳地区隋唐墓的分期》，图七，《考古学报》1989年第3期。中国社会科学院考古研究所：《唐长安城郊隋唐墓》，64页"杨思勖墓"，文物出版社，1980年。《西安郊区隋唐墓》，第9页图七，科学出版社，1966年。

② 徐殿魁：《试论唐开元通宝的分期》，557页，《考古》1984年第6期。

③④徐殿魁：《洛阳地区隋唐墓的分期》，图七，《考古学报》1989年第3期。宿白：《西安地区的唐墓形制》图四B栏，《文物》1995年第12期。

表八　吴忠西郊唐墓形制与随葬品统计表

墓号	墓葬形制	盖	罐	座	罐	双耳罐	壶	A	A、B	B	其他主要随葬品
		塔 形 罐						开 元 通 宝			
M001	IIId	Ac		B				—			
M002	IIIa				A			—			
M003	IV							—			
M004	IIIa										
M005	IIIa										
M006	IIIa										
M007	IIId	Ba	BI	B							II型执壶3
M008	IIId					A		—			
M009	Ⅴa										
M010	IIId										
M011	IIIa					B		—			
M012	IIIb										
M013	IIId	Bc	BII	B					—		
M014	IIIa	Ba		B					—		
M015	Ⅴc	Bc	BI						—		
M016	IIIa				A				—		花枝镜，残
M017	IIId	Ba								—	IIa盖2
M018	IIId									—	乾元重宝1，"乐"字纹镜
M019	IIIa										
M020	IIIa							—			
M021	Ⅴc							—			
M022	I					B		—			
M023	IIId										
M024	II										
M025	IIIb	Bc		C						—	
M026		Aa									宝相花镜1
M027	IIId	Bb			A						
M028	IIIa							—			
M029	IIId	Bb	BI	C		B		—			
M030	IIIb					B		—			
M031								—			
M032	IIIa				A	B		—			
M033	IIIa										
M034											
M035	IIIa										
M036	IIIa					B		—			
M037	IV										
M038	IV										
M039	VI										
M040	IV										
M041	IIIa										
M042	Ⅴc										
M043	IIId			A	E			—			
M044	IIId	Bb	BII	B			A		—		A型壶2
M045	IIId	Ba	A	B			A				

续表八

墓号	墓葬形制	塔形罐 盖	罐	座	罐	双耳罐	壶	开元通宝 A	A、B	B	其他主要随葬品
M046											
M047											
M048											
M049									—		
M050	Ⅴb			B			B		—		
M051	Ⅲb	D	BI	B							
M052	Ⅲd										
M053	Ⅴb	Ba									千秋万岁铜钱1
M054	Ⅲb	Aa		A					—		
M055	Ⅲb										
M056	Ⅴb	Ba					—				
M057	Ⅲb					A					
M058	Ⅲd			A		B					
M059	Ⅴc						A				
M060	Ⅲd	Bc		B			B				
M061	Ⅵ										
M062	Ⅲb	Ba	BII						—		IIc盖1
M063	Ⅴb	Ab		C							
M064	Ⅵ										
M065	Ⅴb										
M066	Ⅲb		BI	B							
M067	Ⅲb	Aa								—	IIc盖1 乾元重宝1
M068	Ⅲb										
M069	Ⅲd	Ba	BII	C					—		
M070	Ⅴb			B							
M071	Ⅴb			C							
M072	Ⅲb										素面镜残
M073	Ⅲb	Bb		B			B		—		瑞兽纹镜1
M074	Ⅲc	D	BII	B							
M075	Ⅲb	Ac	C	C					—		
M076	Ⅲd										
M077	Ⅲb	Aa		A	B						IIa盖1
M078	Ⅲb	Bc	BI	B			B				
M079	Ⅴb								—		
M080	Ⅲb	Bc	BIII	B			A				
M081	Ⅲb			A					—		
M082	Ⅲb	Ba	BI								
M083	Ⅲb	Ba		B							
M084											
M085	Ⅲb						A				
M086	Ⅲb	Bc	BIII				B		—		
M087	Ⅴb										
M088	Ⅳ										
M089	Ⅲb	Ab		B					—		
M090	Ⅲd										

续表八

墓号	墓葬形制	塔形罐			双耳罐	壶	开元通宝			其他主要随葬品
		盖	罐	座			A	A、B	B	
M091	IIIa								—	
M092	IIIb		BI	C			—			
M093	IIIb				CI					
M094	Ⅴb	Bc		C						
M095	IIIb	Ba								
M096	Ⅴb	Bb		B				—		
M097	Ⅴb									
M098	IIIb				CII					
M099	Ⅳ			C	B					
M100	Ⅴb									
M101	II	E		D				—		
M102	IIIb	Ba								A型执壶2
M103	IIIb	Ac		C		B		—		
M104	IIIb	Bc	BII	B				—		
M105	IIId	Ab		B						乾元重宝1
M106	IIIa			A				—		瑞鸟纹镜，残
M107	IId	Ba	C	C						鸾鸟纹镜，残
M108	IIId			B						双凤纹镜
M109	Ⅴb								—	
M110	Ⅴb				A				—	
M111	II	C	A					—		
M112	IIIb	Ba		B						
M113									—	
M114	IIIa	Ba			D					
M115		Bc								
M116	IIIb			B					—	
M117	IIIb									
M118	IIIb	Bc	BIII	B						
M119	IIIb			D						
M120	IIIb	F	BI	C						

B型开元通宝从玄宗开元晚期始，一直到唐末都使用[1]；塔形罐中，BI式兽面罐、B型罐器形较低，圆鼓部近肩部，这种形制和特征的罐在洛阳地区出土于中、晚唐墓中[2]，BIII式罐近肩部圆鼓，腹下部瘦高，其形制与西安地区中晚唐墓罐的形制相同[3]；宝相花镜、"卐"字纹镜属中、晚唐时期[4]；雀绕花枝镜初见于盛唐墓葬中，在中唐墓葬中常见，但西郊唐墓中出土的双凤纹镜残存一小半，破裂面有铆钉痕，说明曾沿用了一段时期，时代当在中晚唐时期。因此，将IV型墓葬和出土上述器形和铜钱的墓葬定为唐中晚期，代表性的墓葬有M011、M018、M075、M092、M104、M109、M110、M118等。

由于M053出土1枚辽前期千秋万岁铜钱，M109出土陶壶明显明器化，这两座墓均为刀把形，说明第二期的下限可能到五代时期。

四 葬式、葬具和葬俗

（一）葬式

由于盗扰，大多数墓葬的葬式不详。能辨识清楚的葬式有仰身直肢、俯姿和卧姿三种。仰身直肢25例（见表九《吴忠西郊唐墓人体骨骼、年龄、葬式统计表》），俯姿3例，卧姿1例。说明吴忠西郊唐墓的葬式以仰身直肢为主，俯姿和卧姿较少。头向有朝西、朝北、朝南和朝东。头向朝西的墓14座，朝南的墓9座，朝北的墓4座，另有3座合葬墓的头向不一：M101男性头朝西，女性头朝东，M111男性头朝西，女性头朝北，M108一具头朝南，二具头朝北。说明头向朝西和朝南是吴忠西郊唐墓的主要朝向，朝北和朝南者较少，仅见于合葬墓中。

（二）葬具

吴忠西郊唐墓未见棺木，但部分墓室中出土棺钉，这部分墓葬应有棺木等葬具。据统计，出土棺钉的墓有25座，占120座墓葬的20%稍多，未出土棺钉的墓占近80%，说明吴忠西郊唐墓未用棺木等葬具的墓占大多数。另外，由于有的棺钉上段锈结着横向朽木，下段锈结着竖向朽木。横向朽木较薄，未超过4厘米者，由于横向朽木是棺板厚度的反映，说明当时的棺板较薄。

（三）葬俗

吴忠西郊120座墓葬中，能确定人体性别、年龄和个体者85座。这85座墓葬中，合葬墓占59座，单人葬26座，说明合葬是吴忠西郊唐墓的主要习俗。

59座合葬墓中，2人合葬39座，3人以上合葬20座。2人合葬墓中，除M023为一成年女性和一儿童合葬外，其余均为男女合葬，年龄在40岁以上者较少，大多数年龄在30岁左右。3人合葬墓15

---

① 徐殿魁：《试论唐开元通宝的分期》，《考古》1991年第6期。
② 徐殿魁：《洛阳地区唐墓的分期》，图九，6、8、11，《考古学报》1989年第3期。
③ 陕西省考古研究所：《西安南郊三爻村发现四座唐墓》，图版九，8，《考古与文物》1983年第3期。
④ 徐殿魁：《唐镜分期的考古学探讨》，附表一、二，338～339页，《考古学报》1994年第3期。

表九 吴忠西郊唐墓人体骨骼、年龄、葬式统计表

墓号	个体	性别	年龄（岁）	头向	葬式	位置	备注
M001	2	男	大于50?	西		墓室西部	盗扰。但股骨未被大的扰动，其置向表明头向西
		女	大于45	西		偏东侧	
M002	2	男?	不小于40				盗扰。南侧部分骨骼表明可能头向西
		女	不小于40	西		棺床南	
M003	1	男	20～25	南		棺床	盗扰。脊椎和肋骨基本完整，置向头朝南
M004	1	男	40～50	南		墓室	盗扰。右股骨和胫骨未被扰动，置向头朝南
M005	3	男	40～45			棺床北部	严重盗扰
		男	45～55			中间	
		女	40～50			南部	
M006	1	男	成年				严重盗扰
M007	1	女	30～40				严重盗扰
M008	2	男	25～30	南		邻东壁的颅骨	盗扰。一具股骨未被扰动，置向头朝南
		女	20～30	南		封门前的颅骨	
M009							骨骼仅存碎片
M010							骨骼仅存碎片
M011	1	男	25～30	西	仰身直肢	棺床西部	盗扰。脊椎骨未动，置向头朝南
M012	1	男	25～30			棺床东南部	严重盗扰
M013	3	男	25～30			棺床东北部	严重盗扰
		女	15～18			略偏南	
		女	成年				
M014	2	?	成年				严重盗扰
		女?	18～25				
M015	1	女?	成年				严重盗扰
M016							骨骼仅存碎片
M017	2	男	成年				严重盗扰
		女	大于45～50				
M018	4	女	23～28	南	仰身直肢	棺床西南部	盗扰。从四肢骨的置位分析一具头朝南，两具头朝东
		男	大于45	东		棺床中北部	
		男	大于40	东		棺床东北部	
		女	35～45			棺床西北部	
M019							骨骼仅存碎片
M020	3	女	20～25			墓室地面	严重盗扰
		女?	大于40			棺床	
		男	成年				
M021	2	男	大于50				严重盗扰
		女?	成年				
M022	3	男	35～40	南		东室	盗扰。肢骨置向表明头向南
		女	25～30	南		中室	
		女	大于30	南		西室	
M023	2	?	5～7	南	仰身直肢	西棺床	盗扰。东棺床肢骨未扰，置向头朝南
		女	30～40			东棺床	
M024	2	男	25～35			东室	严重盗扰
		女	14～16			西室	

续表九

墓号	个体	性别	年龄（岁）	头向	葬式	位 置	备 注
M025	2	男	40~50	北	仰身直肢	棺床西部东侧	盗扰。东侧骨骼盆骨以下置向头朝北
		女	40~50				
M026							
M027							
M028	2	男	成年				严重扰乱
		女	成年				
M029	2	男	成年				严重扰乱
		女	成年				
M030	2	男	大于45				严重扰乱
		女	大于45				
M031							仅存碎片
M032							仅存碎片
M033							仅存碎片
M034							仅存碎片
M035							仅存碎片
M036							仅存碎片
M037							仅存碎片
M038							仅存碎片
M039							仅存碎片
M040							仅存碎片
M041							仅存碎片
M042							
M043	2	男?	25~35				严重扰乱
		女?	成年				
M044	4	女	20~25			棺床北部	严重扰乱
		?	2~3			棺床西南	
		男	12~13			棺床西南	
		男	25~35			墓门旁颅骨	
M045	1	?	成年				仅存肢骨残片
M046							未见人骨
M047							仅存碎片
M048	2	男	成年				仅存肢骨残片
		女	成年				
M049	1	男	不小于40				严重扰乱
M050							
M051							
M052							
M053							
M054							
M055							
M056							
M057							
M058	2						
M059	1		5~6				严重扰乱

续表九

墓号	个体	性别	年龄（岁）	头向	葬式	位置	备注
M060	3	男	35～45			东北部颅骨	严重扰乱。西侧骨骼盆骨以下未动，置向头朝南
		女	35～45			东南部颅骨	
		?	4～6				
M061	1	男?	14～16	北	仰身直肢		
M062	4	男	35～45			东北部颅骨	
		男	成年			东北偏东颅骨	
		女	20～30			西北部颅骨	
		婴儿	约半岁				
M063	1	男	20～25	北	仰身直肢	棺床	股骨未扰
M064	1	男	大于45	南	仰身直肢	墓室	保存完好
M065							今存残片
M066							仅存残片
M067	2	女	45～50	西	仰身直肢	棺床北部	保存基本完好
		女?	30－40	西	仰身直式	棺床北部偏南	
M068	1	女?	成年	西	俯姿	棺床	
M069	2	女	25～35?			西南部颅骨	严重扰乱
		?	成年				
M070	2	男	30～40			西北部颅骨	严重扰乱
		女	20～30				
M071	2	男	20～30			西南部颅骨	盗扰。从部分骨骼判断可能头朝南
		女	25～35			南部颅骨	
M072	2	男	大于25				严重扰乱
		女?					
M073	3	男	大于50				严重扰乱
		女	大于35～45				
		婴儿	约2.5				
M074	2	男	35～45			中部颅骨	严重扰乱
		女	25～35			墓门北部颅骨	
M075	2	男	25～40			西北部颅骨	南部骨骼肢骨置向头朝西
		女?	成年	西			
M076	1	男	成年	西	仰身直肢	棺床偏南	盗扰
M077	4	男	45～55	西		棺床南部	北部骨骼凌乱
		男	18～22	西	仰身直肢	棺床中部偏南	
		女	20左右	西	俯姿	棺床北部	
		?	1.5～2.0	西	仰身直肢	棺床中部偏北	
M078	1	女	45～55				严重扰乱
M079	2	男	25～30				严重扰乱
		女	45～50			西南部颅骨	
M080	3	男	25～30			东北部颅骨	严重扰乱
		女	成年			西南部颅骨	
		?	未成年				
M081	2	男	成年			西北偏南颅骨	严重扰乱
		女	成年			西北部颅骨	
M082	1	男	成年				严重扰乱

续表九

墓号	个体	性别	年龄（岁）	头向	葬式	位置	备注
M083	2	男	大于35			西北部颅骨	严重扰乱
		女	不小于35			墓门东部颅骨	
M084							骨骼仅存碎片
M085	2	男	40～50				扰乱
		女	大于20～25				
M086	1	女	20～25	西南	卧姿	棺床西北部	肋骨以下凌乱
M087							骨骼仅存碎片
M088							骨骼仅存碎片
M089	3	男	大于50			东南部颅骨	严重扰乱
		女?	35～45			中西部颅骨	
		男	30～45			西部偏南颅骨	
M090	1	男	45～50	西?	直肢?	西北角颅骨	右下肢骨置向头朝西
M091	5	男	25～30				严重扰乱
		男	大于50				
		女	大于50				
		女	成年				
		?	0.5～1				
M092	3	男	20～25			东北部颅骨	严重扰乱
		女	大于40			中部颅骨	
		男	成年			西北角颅骨	
M093	1	?	成年				严重扰乱
M094	1	女	大于35	南?		股骨等置向头朝南	
M095	3	女	18				严重扰乱
		男	大于45～50				
		女	大于40				
M096	2	男	25～35				西侧骨骼盆骨以下较完整，表明头向北
		女	20～25				
M097	2	男	18～22				严重扰乱
		女	不小于50				
M098	3	男	40～50	西		棺床南部	中部骨骼盆骨以下完整和其他骨骼的位置表明头朝西
		女	20～25	西		棺床中部	
		男	40～50	西		棺床北部	
M099	2	男	30～40			东北角颅骨	东侧骨骼盆骨以下较完整，置向头朝西
		女	30～40			西北角颅骨	
M100	1	女	20～30			墓室	严重扰乱
M101	2	男	30～40	西	仰身直肢	北棺床	略扰动
		女	30～40	北	仰身直肢	东棺床	
M102	2	男	大于45～50			西南部颅骨	严重扰乱
		女	大于45～50			中西部颅骨	
M103	2	男	45～55	西	仰身直肢	棺床北部	略 扰
		女	25～45	西	仰身直肢	棺床中部	
M104	2	男	约30左右			棺床北部颅骨	严重扰乱
		女	40～50			东南部颅骨	
M105	3	男	大于50	北?		棺床中部	盗扰
		女	30～35	北	仰身直肢	棺床西部	
		男?	6～7			棺床东部	

续表九

墓号	个体	性别	年龄（岁）	头向	葬式	位置	备注
M106	2	男	25～30	西		棺床南部	南部骨骼扰动
		女	30～40	西	仰身直肢	棺床北部	
M107	2	男	30～40	西	仰身直肢	棺床南部	保存基本完整
		女	不小于45	西	俯肢	棺床北部	
M108	2	男	25～35	西	仰身直肢	棺床北部	保存较完整
		女	25～35	西	仰身直肢	棺床南部	
M109	2	女	30～45	南		棺床西部	部分骨骼置向头南
		?	约3	南		棺床东部	
M110	1	男?	14～15	南?			盗扰
M111	3	女	20～25	东	仰身直肢	洞室	东南部骨骼盆骨以下置向头朝南
		女	不小于25～30	南	仰身直肢	东南部	
		?	未成年			北棺床	
M112	3	男	成年				墓室严重扰乱
		女?	成年				
		?	幼儿				
M113	1	?	5～7	南	仰身直肢	墓室	颅骨以下较完整
M114	2	男	不小于30				严重扰乱
		女	25～30				
M115	1	男	45～55				严重扰乱
M116	2	男	45～55			西北部颅骨	严重扰乱
		女	25～35			西南部颅骨	
M117	1	男	45～55				严重扰乱
M118	3	女	成年			东北角颅骨	棺床北部骨骼略扰，置向头朝西，另二具严重扰乱
		女	30～40	西	仰身直肢	棺床北部	
		男	35～45				
M119	1						
M120	2						

座，其中2成年男性和1成年女性合葬者4座，1男性2女性合葬者5座，其余6座为成年男女与婴儿或儿童合葬。4人合葬墓4座，其中2男2女合葬者1座，2男1女1儿童或婴儿合葬者2座，另1座为2男1女，另1骨骼性别不详。5人合葬墓1座。在单人葬中，有2座墓为7岁以下的儿童。

由于吴忠西郊唐墓流行合葬，而墓主人同时死亡的可能性较少，因此，流行一墓二次或二次以上埋葬，这从部分墓葬对原棺床加宽得到证明。如M104、M105等墓，为了埋葬后来者，将原棺床南部局部加宽。M107南部骨骼较北部骨骼高，其下棺床面有一薄层尘土沉积层，这是北部人骨晚葬所致。

五　相关问题

（一）墓地的盗掘

吴忠西郊唐墓所清理的120座唐墓，没有一座未被盗和保存完整者。尽管部分墓葬的中、上部在挖掘建筑基坑时被毁，但大部分墓葬从坑壁地层剖面的比较分析所知，其顶部被毁的时间较早。结合地层剖面，吴忠西郊唐墓的盗掘、破坏经历了以下几次：

第一次：早期盗掘，时代约在宋代。吴忠西郊唐墓均被盗，M025、M113 的墓室上部和墓道近封门处出土宋代政和通宝、皇宋通宝，部分基坑内发现了第三层下开口的宋代灰坑，这说明吴忠西郊唐墓的第一次盗掘可能发生在宋代。

第二次：灌区破坏，明清时期。吴忠西郊唐代墓地后被开垦为灌区，在中央大道东部有一条 8 米宽的南北向水渠，北起开元路，向南贯穿这次发掘区；在部分基坑内发现东西向的小水渠。说明这处墓地后来被开垦为灌区，直接对墓葬造成破坏。从渠底出土较多的明清时期遗物分析，时代应在明清时期。

第三次：居民区的破坏。这次发掘的墓葬，几乎均在现代居民区；红星家园和中央大道南段的部分墓葬，直接为现代垃圾坑所压，说明墓地在修建为居民区时对部分墓葬进行了破坏。

（二）唐灵州的位置

2003 年 4 月，在吴忠市绿地园工地发现一方石墓志（参见附录一），该墓志记载墓主人葬于"迴乐县东原"。那么，"迴乐县东原"又在哪里？经调查，在吴忠城郊东北起石佛寺，东、南沿秦渠，西、北沿"河崖子"（又称"崖坡子"，系当地俗称，属黄河东支的东河床），长约 5000 米，宽约 3000 米，均有唐代墓葬分布，地势较秦渠东部和"河崖子"西部高，应为吕氏夫人墓志所称的"迴乐县东原"，包括今吴忠市城区、西郊和东北郊区。因此，吴忠城郊墓地即灵州墓地，这次发掘的西郊墓葬为灵州墓地的组成部分。那么唐灵州的位置在哪里呢？

灵州作为当地城镇的名号始于汉惠帝四年汉灵州县的设置，因城"在河之州，随水高下，未尝沦没，故曰灵州。"此后，灵州之名作为当地城镇的名号，一直到明、清时期。唐灵州，是当时我国西北地区的重要城镇，唐太宗李世民曾到此招降北方的突厥、铁勒等少数民族；"安史之乱"后，唐肃宗李亨在此登基，肃清了当时的叛乱势力；吐蕃占领河西走廊阻断"丝绸之路"后，"丝绸之路"从原州（今固原）北上经灵州走"草原路"，灵州是这一中西政治、经济、文化交流通道上的重要城镇。因此，唐灵州在唐代历史中占有较为重要的地位。由于灵州"故城毁于河水"，以致关于其具体位置的学术观点较多，普遍的观点认为唐灵州的具体位置在今吴忠东北和灵武西南之间。但吴忠西郊唐墓的发掘和吴忠城郊唐墓的确定，基本推定唐灵州的位置在这处墓地的西部。

首先，从调查得知，这一墓地面积大，墓葬分布密集。这次发掘的吴忠西郊唐墓，其实是基槽考古，仅清理了基槽内的墓葬（基槽之间的墓葬由于各种原因未清理），基槽内墓葬分布较为密集；调查所知，墓地内墓葬分布与基槽内同，较为密集。这一大面积、墓葬分布密集的墓地，当与规模大、人口多的城镇相关，而当时宁夏北部与此相应的城镇是灵州。

其次，吕氏夫人墓志铭明确记载墓主人葬于"迴乐县东原"。迴乐县是灵州的首县，灵州治迴乐。"东原"属方位地理名词，相对于"东原"，灵州当在其西部，即今吴忠市城区西部古城乡一代。这一带属"河崖子"西部，即黄河东支的西部，与史书记载城在河渚之中相符。

第三，今吴忠市利通区古城乡一带的乡镇和自然村均用"古城"这一称谓，说明当地在历史上曾有古城存在。明代今吴忠城区一带的城址有吴忠堡，民国年间有大寨子和小寨子等，均有具体的名称。因此，这一古城当在明代以前，与灵州相关。

由于上述原因，唐灵州的大致位置在唐灵州墓地的西部，即今吴忠城区西部的古城乡一带。

附表　吴忠西郊唐墓墓葬形制和随葬品统计表

（方向：度，长度单位：厘米）

墓号	方向（度）	形制	墓道位置	墓道长宽深（残）	甬道形制	甬道长宽高（残）	墓室形制	墓室长宽高（残）	棺床形制	棺床位置	随葬品
M001	186	倒凸字形	中部	204×78－96			倒梯形	270×(210－245)－110	长方形	北部	塔形罐一套，残，开元通宝3，残；银饰件1
M002	178	倒凸字形	偏西				方形	218×215－110	长方形	北部	灰陶罐，底座各1，残，开元通宝3
M003	184	准刀把形	偏东		顶拱形，残	50×62－80	长方形	212×(164－174)－45	长方形	西部	双耳罐1，残；铜带扣，半圆形铃饰各1，开元通宝3
M004	184	倒凸字形	偏东	155×86－98	剖面"八"字形，顶残	104×70－115	方形	246×240－135	长方形	西部	半圆形铃饰4，方形铁铃饰1件，铁剑残段1，五铢，货泉各1
M005	179	倒凸字形	偏西	162×73－92	剖面"八"字形，顶残	66×70－94	方形	240×213－129	长方形	北部	红陶双耳罐1，残，方形铃饰2，货泉1
M006	185	倒凸字形	中部	155×80－75	顶残	104×60－80	方形	240×240－75	长方形	北部	半圆形铃饰1
M007	172	倒凸字形					倒梯形	264×(234－260)－72	倒回字形	墓室	塔形罐一套，壶3，残，银手镯1，铁剪残段等
M008	176	倒凸字形	偏东				倒梯形	230×(160－184)－60	长方形	西部	灰陶双耳罐1，残，半圆形铃饰6，铊尾1，方形铃饰2，开元通宝2
M009	164	刀把字形	西部				长方形	231×128－15		西部	方形铜铃饰1
M010	158						倒梯形	222×(174－208)－11	长方形	西部	
M011	170	倒凸字形	偏西	141×76－62	东、西壁垂直，顶残	74×52－62	横长方形	210×175－66	长方形	北部	红陶双耳罐2，罐1，残，蚌壳1，开元通宝2
M012	173	倒凸字形	偏东	235×90－100	剖面呈"八"字形	92×87－93	方形	245×(255－260)－100	倒回字形	墓室	灰陶壶，底座各1；白釉碗，酱釉壶各1，方形、半圆形铜和铁铃饰各1，铁铊尾1
M013	176	倒凸字形	偏东	45×85－70	东、西壁垂直，顶残	63×76－78	倒梯形	280×(225－250)－70	倒回字形	墓室	塔形罐一套，铜铊尾，方铃各1，开元通宝5，铜合页2，饰件2，骨饰，蚌壳1，铁剪残段等
M014	183	倒凸字形	中部	205×101－115	顶南部拱形，北部叠涩	50×101－126	方形	298×315－125	倒回字形	墓室	灰陶底座，盖各1，红陶器残碎；开元通宝1及铜饰等
M015	193	刀把形	东部				倒梯形	242×(130－170)－56	刀把形	西部	红陶罐，盖各1，铜镜1，残，开元通宝3枚

续附表

墓号	方向	形制	墓道位置	墓道长宽深(残)	甬道形制	甬道长宽高(残)	墓制	墓室长宽高(残)	棺形制	棺床位置	随葬品
M016	183	倒凸字形	偏西	123 × 82 – 55			方形	260 × (250 – 262) – 40	倒凹字形	墓室	灰陶底座 1，铜镜 1，残；铁钯 1，方钙 2，铁钯 1，开元通宝 23，铁剑、壶 1；铜佛像 1；剪残段等
M017	178	倒凸字形	偏西	260 × 90 – 50	东、西壁内收	32 × 84 – 50	倒梯形	262 × (236 – 256) – 52	倒凹字形	墓室	灰陶塔形罐一套；开元通宝 2，货泉 2
M018	176	倒凸字形	偏西	190 × 76 – 78			倒梯形	280 × (260 – 296) – 80	倒凹字形	墓室	铜方钙 4，半圆形钙 5，鉈尾 1，铜镜 1，开元通宝 12，乾元重宝 1 及铁剪残段等
M019	178	倒凸字形	中部			66 × 60 – 10	方形	252 × 252 – 23	长方形	北部	铜条饰 1
M020	174	倒凸字形	中部		残存东、西壁垂直	52 × 56 – 24	方形	226 × 226 – 24	长方形	北部	陶器残碎；铜带扣 2，鉈尾 1，方钙 1，半圆形钙 1，开元通宝 6，铁剪残段
M021	185	刀把形	东部	20 × 75 – 50	残存东、西壁垂直	50 × 50 – 60	倒梯形	208 × (158 – 172) – 60	长方形	西部	铜方钙 3，半圆形钙 3，小带扣 1，开元通宝 2
M022	174	三室墓	中室南部，中室南	120 × 80 – 37	70 × 55 – 24	70 × 55 – 29	长方形	东室 32 × 146 – 28，中室 232 × 146 – 28，西室 232 × 37 – 28	曲尺形	中室	灰陶罐 2，底座 1，铜带扣 1，开元通宝 3
M023	178	倒凸字形	偏西	180 × 88 – 20	残存东、西壁垂直	53 × 66 – 20	倒梯形	237 × (210 – 237) – 25	长方形	东部、西部	铜带扣 1
M024	186	双室	东室南部偏西				长方形	东室 207 × 185 – 60	长方形	东室北部	陶杯 1，墨书墓志
M025	182	倒凸字形	略偏东				方形	274 × 240 – 76	倒凹字形	墓室	红陶塔形罐残，灰陶器残，铜方钙 1；开元通宝 3，五铢 1，骨钗 1，政和通宝 1
M026											灰陶盖 1，兽面 2，铜镜 1
M027	180		中部				倒梯形	256 × (228 – 250) – 70	长方形	北部	灰陶盖 1，底座 2，红陶底座 1
M028	178	倒凸字形	略偏东	70 × 82 – 38	残存东、西壁垂直		方形	260 × 250 – 38	长方形，东、西平台	北部	铜合页 6，铜饰件 2，开元通宝 1
M029	183	倒凸字形	略偏西	170 × 96 – 64	剖面"八"字形，顶毁	31 × 80 – 64	倒梯形	265 × (226 – 260) – 64	倒凹字形		陶盖 1，罐 2，双耳罐 1，底座 1 等，铁鉈尾 1，半圆形钙 3，开元通宝 1
M030	177	倒凸字形	略偏东	125 × 90 – 68	残存东、西壁垂直		长方形	300 × 270 – 68	长方形	西部	灰陶碗，双耳罐各 1，铜带扣 1，鉈尾 1，方钙 2，半圆形钙 7，开元通宝 5

续附表

墓号	方向	形制	墓道位置	墓道长宽深（残）	甬道形制	甬道长宽高（残）	墓制形制	墓室长宽高（残）	棺床形制	棺床位置	随葬品
M031											白釉碟 2；铁刀 1；开元通宝 1
M032	177						方形		长方形	北部	灰陶钵 1，底座 1，双耳罐 1
M033	159	倒凸字形	略偏东	270×96−65	东、西壁垂直，各一龛	142×71−65	方形	266×256−65	长方形	北部	
M034	160	刀把形	东部		残存东、西壁垂直	80×52−30	长方形	215×138−55			
M035	178						方形		长方形	西部	
M036	175	倒凸字形	略偏东	138×78−70	残存东、西壁垂直	70×62−70	方形	258×252−90	长方形	西部	灰陶敛口罐 1，双耳罐 1，残；泥俑头 1
M037	183	准刀把形	东部	58×42−35	残存东、西壁垂直	30×38−35	长方形	240×130−35	长方形	西部	
M038	172	刀把形	东部		残存东、西壁垂直	63×51−35	长方形	246×200−35	长方形	西部	
M039	175						长方形				
M040	172	准刀把形	东部		残存东、西壁面内收	47×48−45	长方形	245×202−45	长方形	西部	灰陶底座 1，罐 1，残；蚌壳 1
M041	180	倒凸字形	中部		残存东、西壁垂直	63×68−55	方形	229×219−55	长方形	北部	
M042	200	刀把形	东部	115×68−40	残存东、西壁垂直	43×61−40	梯形	245×（162−182）−40	长方形	西部	
M043	182	倒凸字形	略偏西	250×121−86	残存东、西壁内收	123×95−68	方形	320×310−80	长方形，东、西平台	北部	红陶塔形罐一套，壶 2，铜帽花 1，方钫 2；铁方钫 1，半圆形钫 1，铜钱 3 及铜饰件等
M044	178	倒凸字形	略偏东		残存东、西壁内收，各 1 龛	98×70−79	方形	262×275−82	倒回字形	墓室	灰陶塔形罐一套，壶 1；骨梳 2
M045	181	倒凸字形	略偏东		残存东、西壁内收，各 1 龛	190×94−155	方形	320×320−120	倒回字形	墓室	
M046	180	倒凸字形					方形	255×272−55	倒回字形	墓室	灰陶砚 1，残
M047							长方形		长方形	西部	
M048	178	倒凸字形					方形	225×246−15	倒回字形	墓室	红陶盖、底座各 1，兽面 1，铜镜 1，残；铁方钫，半圆形钫各 1

续附表

墓号	方向	形制	墓道位置	墓道长宽深(残)	甬道形制	甬道长宽高(残)	墓制形制	室长宽高(残)	棺床形制	棺床位置	随葬品
M049	183	倒凹字形	偏东		残存东、西壁内收	67×115-50	方形	276×288-55	倒凹字形	墓室	红陶双耳罐1；黑釉瓷壶1；开元通宝5及铁剑段等
M050	170	刀把形					长方形	220×(126-142)-25	刀把形	墓室	红陶塔形罐一套残、壶1、残；铜铊尾1、方形铁铊2及铁铊残片等
M051	177	倒凹字形	略偏东	450×95-75	残存东、西壁内收	60×84-75	方形	282×(230-240)-75	倒凹字形	墓室	红陶塔形罐一套、青釉碗1；铁方铊3、半圆形铊1；开元通宝16
M052	182	倒凹字形	略偏东	290×76-85	拱形顶、残	32×68-102	倒梯形	274×(246-274)-90	倒凹字形	墓室	
M053	173	刀把形	东部	200×82-46			长方形	224×122-46	刀把形	西部	残灰陶塔形罐一套；铜合页2，饰件1，铁铊尾1，千秋万岁铜钱1
M054	173	倒凹字形	略偏东	180×100-40	残存东、西壁垂直	52×65-40	方形	212×(209-216)-40	倒凹字形	墓室	灰陶塔形罐一套、残、开元通宝6
M055	177	倒凹字形	略偏东	161×102-74	东、西壁面内收	90×102-74	方形	280×(238-252)-74	曲尺形	墓室	灰陶兽面1、罐1、残。
M056	182	刀把形	东部	210×80-65	东、西壁面内收	42×76-65	长方形	230×(120-130)-65	倒凹字形	墓室	灰陶塔形罐一套、残、开元通宝2
M057	195	倒凹字形	略偏东	230×84-74	东、西壁残存垂直	33×80-74	弧边方形	256×(248-254)-74	倒凹字形	墓室	红陶双耳罐1，铁剪1，残。
M058	184	倒凹字形	中部	205×76-103	拱形顶、残	32×70-103	倒梯形	256×(209-242)-103	倒凹字形	墓室	红陶座、罐各1，残，盖钮1
M059	182	刀把形	东部	200×74-85			梯形	248×(125-150)-85			一套红陶塔形罐和壶，均为碎片；铁剪1，残。
M060	186	倒凹字形	略偏西	97×65-103	东、西壁垂直		倒梯形	218×(182-220)-80	倒凹字形	墓室	红陶塔形罐一套、残盖和壶1；骨梳2
M061	187	竖穴砖室					梯形尖顶	196×(40-55)-36			灰陶罐2，剪边货泉1
M062	182	倒凹字形	略偏东	297×87-86	拱形顶	86×70-86	方形	258×244-70	倒凹字形	墓室	红陶盖、底座，罐，底座，扁壶各1，铁刀1，开元通宝5，大泉五十1
M063	183	刀把形	东部	166×67-45			长方形	(236-245)×(100-110)-56		东部	灰陶塔形罐一套；骨簪1

续附表

墓号	方向	形制	墓道 位置	墓道 长宽深(残)	甬道 形制	甬道 长宽高(残)	墓室 形制	墓室 长宽高(残)	棺床 形制	棺床 位置	随葬品
M064		木棺形					梯形	(194-198)×(40-54)-50			红陶壶1
M065	178	刀把形	东部	318×(65-80)-66			长方形	244×(103-116)-70			
M066	189	倒凸字形	略偏东	460×91-135	东、西壁垂直拱形顶残	65×91-118	方形	285×(295-305)-105	长方形，东、西平台	北部	灰陶和红陶器至少有四套塔形完整器仅底座和罐各1，开元通宝1；白瓷碗、灰陶盖、罐各1，开元通宝1，乾元重宝各1
M067	185	倒凸字形	略偏西	240×92-66	东、西壁残存壁面垂直	37×77-60	方形	216×(228-230)-60	长方形	西部	红陶塔形罐1，黑釉壶各1，开元通宝1，乾元重宝1
M068	174	倒凸字形	略偏西		东、西壁残存壁面略内收	33×85-54	方形	265×(250-258)-54	长方形，东西平台	北部	
M069	180	倒凸字形	略偏西	232×86-86	拱形顶，残	52×64-86	倒梯形	270×(228-262)86	长方形，东西平台	北部	红陶塔形罐1，蚌壳1
M070	190	刀把形	东部	172×74-45			长方形	222×(125-132)-45			红陶塔形罐1，残；铜手镯1，开元通宝1
M071	171	刀把形	东部	183×70-50	东、西壁存壁面垂直	30×70-50	长方形	236×(102-112)-50	刀把形	墓室	陶盖、底各1，漆盘1；铜剪各1，石片饰、骨饰，蚌壳等
M072	185	倒凸字形	略偏东	250×90-76	东、西壁残存壁面内收	68×90-85	方形	232×240-70	倒凹字形	墓室	开元通宝1
M073	167	倒凸字形	略偏东	222×80-65	东、西壁残存壁面垂直	62×80-40	方形	254×(234-256)-70	倒凹字形	墓室	三套塔形罐，较完整者红陶盖2，底座2，罐1，小罐2，壶1，铜镜1；开元通宝3
M074	170	倒凸字形	略偏东	210×78-80	东、西壁残存壁面垂直	85×63-80	长方形	240×(190-195)-80	倒凹字形	墓室	红陶塔形罐一套
M075	178	倒凸字形	略偏东	315×84-84	东、西壁内收拱形顶残	34×84-84	长方形	255×210-70	倒凹字形	墓室	红陶塔形罐一套、碗1；铜钗1，残；开元通宝2
M076	185	倒凸字形	略偏东	250×80-70			方形	(228-240)×(230-260)-80	倒凹字形	墓室	红陶塔形罐一套、完整者仪罐1；铁铊尾1，方钫3，扣环1
M077	185	倒凸字形	略偏东	220×64-60	东、西壁内收，拱形顶	34×64-55	方形	188×192-60	倒凹字形	墓室	灰陶塔形罐二盖、完整者盖、罐1，底座1，铜合页2及铜饰件等
M078	197	倒凸字形	略偏东	348×67-116	西壁内收拱形顶，残	81×68-116	方形	235×(210-222)-110	倒凹字形	墓室	灰陶塔形罐二套、罐1，底座2，壶1，铜手镯3，骨梳1及饰件牛灯

续附表

墓号	方向	形制	墓道		甬道		墓室		棺床		随葬品
			位置	长宽深（残）	形制	长宽高（残）	形制	长宽高（残）	形制	位置	
M079	186	刀把形	东部	133×65-35	东、西壁残存面垂直	34×64-30	长方形	245×(115-122)-35			陶饰件2，开元通宝1
M080	179	倒凸字形	略偏西	193×75-84	东、西壁内收，壁形顶，残	63×75-85	方形	235×(225-245)-100	倒回字形	墓室	红陶塔形罐1，白瓷碗1，铜铊尾1，方铃1，半圆形铃3，合页4，铁刀1等
M081	181	倒凸字形	略偏东		东、西壁内收拱形顶，残	35×85-105	方形	285×(250-260)-115	倒回字形	墓室	红陶底座1，骨珠1，蚌壳2，乾元重宝16，乾元重宝1，货泉3等
M082	178	倒凸字形	略偏东	240×82-110	东、西壁内收，拱形顶	32×80-90	方形	(258-268)×(236-250)-110	长方形，东西平台	北部	灰陶塔形罐一套；铜镞1
M083	186	倒凸字形	略偏东		东、西壁内收拱形顶，残	28×85-80	弧边方形	248×(238-250)-80	倒回字形	墓室	残灰陶塔形罐一套
M084											
M085	182	倒凸字形	略偏东	165×88-45	残存东、西壁面垂直	88×88-60	方形	245×(224-230)-60	倒回字形	墓室	红陶壶1，底座1，均残
M086	184	倒凸字形	略偏东		东、西壁内收	31×86-85	方形	250×247-85	倒回字形	墓室	残红陶塔形罐一套；壶3；铜带钩1，合页1，铁铊1，半圆形铃5，方铃2，铁剪1，开元通宝5等
M087	178	刀把形	东部	115×66-35			长方形	232×(130-135)-35			红陶塔形罐一套，存盖和罐；壶2，铁刀1；开元通宝1
M088	185	准刀把形	东部		残存东、西壁校直	32×98-55	方形	310×316-6	长方形	北部	
M089	183	倒凸字形	略偏东	240×80-75	残存东、西壁内收	120×58-75	方形	320×(250-262)-125	倒回字形	墓室	残灰陶塔形罐一套；铜铊尾1，铁剪1，合页1，玉雕饰5，蚌壳1，开元通宝1
M090	193	倒凸字形	略偏东		残存东、西壁垂直	94×96-85	方形	300×(288-295)-85	倒回字形	墓室	灰陶塔形罐、壶，残
M091	185	倒凸字形	略偏东	780×106-64	残存东、西壁垂直	236×90-64	方形	500×500-64			红陶和灰陶塔形罐至少二套，均为残片；开元通宝1
M092	188	倒凸字形	略偏西	102×80-90	残存东、西壁内收	32×80-90	方形	245×240-96	倒回字形，后加宽	墓室	灰陶塔形罐一套，壶1，铁方铃2，半圆形铃2，开元通宝1
M093	179	倒凸字形	略偏东	175×88-98	东、西壁直拱形顶，残	32×80-96	方形	248×215-98	倒回字形	墓室	灰陶罐1

续附表

墓号	方向	形制	墓道位置	墓道长宽深(残)	南(道)制形制	道长宽高(残)	墓形制	墓室长宽高(残)	棺床形制	棺床位置	随葬品
M094	198	刀把形	东部				长方形	230×(100-115)-45			红陶塔形罐一套；蚌壳1、玻璃珠9、骨珠1、珍珠1
M095	190	倒凹字形	偏东		残存东、西壁内收	34×75-36	方形	250×(206-220)-42	倒凹字形	墓室	灰陶罐、双耳罐、壶、底座各1，均残；红陶盖1；白釉碗1
M096	190	刀把形					长方形	235×(120-130)-22			残红陶塔形罐一套；铜合页2、铁铊、方钅夸3、半圆形钅夸5、扣柄2、铁剪1、开元通宝6及骨器等
M097	190	刀把形	东部	160×68-，50			长方形	(205-210)×(125-130)-50			骨梳2，骨饰2
M098	180	倒凹字形	略偏东	190×81-60	残存东、西壁内收	74×81-60	方形	210×(230-240)-60	倒凹字形	墓室	灰陶罐1；铜半圆形钅夸1
M099	186	准刀把形	东部	148×68-35			长方形	221×(150-153)-35			灰陶罐、底座各1，均残；铜方钅夸1
M100	186	刀把形	东部	295×75-75	残存东壁直、西壁内收	34×75-75	长方形	(238-250)×(112-118)-75	略呈刀把形	西部	灰陶塔形罐一套，均为残片
M101	190	倒凹字形	略偏西	470×94-155	残存东、西壁内收	184×94-155	长方形	466×410-155	长方形 东棺床 西棺床	北部 东部 西部	残灰陶塔形罐一套；开元通宝9、乾元重宝1
M102	186	倒凹字形	略偏西	235×76-75	东、西壁垂直拱形顶，残	34×74-72	方形	250×(235-240)-90	倒凹字形	墓室	残灰陶塔形罐一套；骨钗1
M103	167	倒凹字形	略偏西	290×95-88	东、西壁内收拱形顶依平	31×80-68	方形	228×(230-238)-88	倒凹字形	墓室	残灰陶罐1；开元通宝5
M104	174	倒凹字形	略偏东	260×81-102	东、西壁内收拱形顶，残	64×81-95	方形	225×245-110	倒凹字形后加宽	墓室	红陶塔形罐一套；铁方钅夸2、半圆形钅夸2；骨饰1、开元通宝4
M105	198	倒凹字形	略偏东	225×76-105	东、西壁垂直拱形顶，残	70×76-90	倒梯形	(225-238)×(204-226)-90	倒凹字形后加宽	墓室	残红陶塔形罐一套；瓷壶1、小杯2、铊尾1、方钅夸2、半圆形钅夸3；铜铊2、半圆形钅夸2；铁剪1、乾元重宝1
M106	192	倒凹字形	中部	360×100-144	东、西壁直拱形顶尖圆	66×75-112	方形	230×260-130	倒凹字形	墓室	灰陶底座2、铜镜2、骨簪2、开元通宝9、砚1、白釉碗1；铁剪1
M107	186	倒凹字形	略偏东	262×90-110	东、西壁内收拱形顶	52×85-96	倒梯形	220×(232-238)-90	倒凹字形	墓室	灰陶塔形罐一套；提勺2、耳勺2、勺1、铁剪1、蚌壳1

续附表

墓号	方向	形制	墓道 位置	墓道 长宽深(残)	甬道 形制	甬道 长宽高(残)	墓 形制	墓室 长宽高(残)	棺床 形制	棺床 位置	随葬品
M108	184	倒凸字形	略偏西	270×80-155	北壁涩顶,南拱形顶	42×80-144	倒梯形	310×(295-310)-155	倒凹字形	墓室	残泥质镇墓兽1,灰陶罐1,铜镜1,铁刀1,蚌壳1,骨钗1
M109	182	刀把形	东部	240×68-68	东壁内收,两壁垂直	36×68-60	刀形	218×(88-110)-60			小红陶壶4,灰陶罐1,铜钗1,开元通宝1
M110	187	刀把形	东部	250×60-60			刀形	(232-246)×(98-100)-60			残红陶塔形罐一套;蚌壳1,开元通宝2枚
M111	192	砖室洞室	略偏东	284×90-126	东、西壁垂直拱形顶,残	34×88-111	方形	306×310-106	曲尺形	北部	残灰陶塔形罐一套;石珠5;开元通宝7
M112	171	倒凸字形	略偏东		残存东、西壁内收	34×86-68	方形	(240-250)×(224-238)-80	倒凹字形	墓室	残灰陶塔形罐一套
M113	193	刀把形	东部	186×73-50	残存东、西壁内收	31×74-50	长方形	(244-250)×(100-110)-50			开元通宝1,皇宋通宝1
M114	174	倒凸字形	略偏东	262×140-130	残存东、西壁垂直	54×86-130	方形	370×360-130	长方形,东西平台	北部	红陶盖1,灰陶罐1
M115	190	倒凸字形				66×82-40			倒凹字形	墓室	残红陶塔形罐一套
M116	183	倒凸字形	略偏东	148×108-46	残存东、西壁垂直	90×90-50	方形	250×250-45	倒凹字形	墓室	残红陶塔形罐一套;开元通宝1
M117	182	倒凸字形	略偏西		残存东、西壁垂直	40×76-35	方形	240×(232-250)36	倒凹字形	墓室	残红陶塔形罐一套、残存底座
M118	187	倒凸字形	略偏东		残存东、西壁内收	(38-50)×74-68	方形	(235-250)×(240-266)-40	倒凹字形	墓室	灰陶塔形罐一套
M119	170	倒凸字形	中部	62×84-100	残存东、西壁内收	62×84-100	方形	230×(230-240)-100	倒凹字形	墓室	红陶塔形罐一套、残存底座和1兽面
M120	180	倒凸字形	略偏西	221×94-105	东、西壁内收	46×75-105	方形	270×280-105	倒凹字形	墓室	红陶和灰陶塔形罐各一套,后者仅存盖和1兽面

附录一

"大唐故东平郡吕氏夫人墓志铭"墓志

　　2003年4月，吴忠市绿地园建筑工地施工时挖毁一座唐墓，当文物工作人员赶到现场时，墓葬已被破坏，只有一方石墓志被人私藏。经当地派出所工作人员的协助追回墓志。该墓志呈长方形，红砂岩，正面和侧面打磨光滑，背面较粗糙，长32、宽23、厚8厘米。侧面楷体刻"摄迴县尉试家令寺丞吴陟撰"。墓志字体粗疏，随意性较强；墓主人也未见史书记载。但墓志记载墓主人葬于"迴乐县东原"，这对研究吴忠地区唐代的地理环境和唐灵州城的位置提供了较为重要的资料（图一五六）。现将墓志铭文摘抄标点如下：

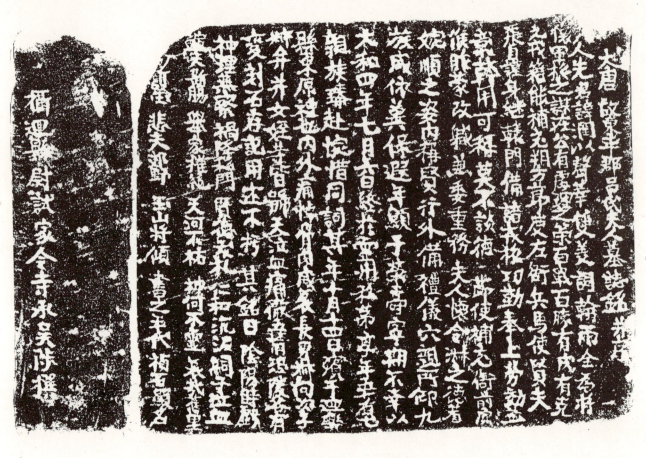

图一五六　"大唐故东平郡吕氏夫人墓志铭"拓片

大唐故东平郡吕氏夫人墓志铭并序

夫人先君讳润以，声华双美，词翰两全。为将」怀军旅之谋，在公有处理之策，百战百胜，有成有克。」元戎籍能，补充朔方节度左衙兵马使。贤夫」张自谨，身继辕门，备诸戎校，功勤奉上，劳效益」彰，圉用可称，莫不谈德。节使补充衙前圆」圉，昨蒙改职，兼委重务。夫人怀令淑之德，著」婉顺之姿，内称贤行，外备礼仪，六亲所仰，九」族咸依，冀保遐年，显于荣寿。宁期不幸，以」太（大）和四年七月六日终于灵州私第，享年五十有七。」亲族臻赴，惋惜同词。其年十月十四日殡于迴乐」县东原，礼也。内外痛悼，骨肉咸哀，长男叔向，次子」叔弁并女侄等，皆号天泣血，痛彻五情。恐陵谷有变，」刻石存记，用述不朽。其铭曰：阴阳时亏，」神理无察。祸降私门，贤德因礼。仁和沉圉（泥），嗣子泣血。」□夫断肠，举家摧绝。天河（何）不祐，神何不灵？哀哉旧里，」□□圙茔。悲夫郊野，玉山将倾。书之五代，祯石显名。

摄迴县尉试家令寺丞吴陟撰（碑侧）

附录二

宁夏吴忠西郊唐墓人骨鉴定研究

韩康信　谭婧泽　王玲娥

2003年4月~10月，宁夏文物考古研究所为配合城市建设在吴忠市中央大道和红星家园发掘了一批唐代平民墓葬。除了发现许多有重要价值的文化遗存外，还收集了一批有价值的唐代人骨遗骸。笔者应邀到吴忠市鉴定和研究这批人骨，观察和测量了其中保存好的头骨和肢骨等。有关这批墓葬的考古学成果有专门的考古学家拟写考古报告。本文则是对墓中人骨的鉴定报告，主要内容包括对每座墓葬中死者作出性别年龄的估计及对人骨的形态属性作出生物测量学的分析。此外，还对骨骸上显示的某些古病理病变作出认定和记录，其中包括脊椎病变和龋齿、牙周病及齿槽脓肿等口腔病变。

过去对宁夏地区的古人骨的研究已经有过一些报告发表，如固原彭堡于家庄的春秋战国时期墓葬的人骨[①]、海原菜园村的新石器时代晚期人骨[②]、固原南郊唐代史道洛和北周时期田弘墓的人骨[③④]、青铜峡邵岗西夏时期人骨[⑤]等。此外，还有已经完成待刊的固原开成东山坡元代墓葬人骨[⑥]，还有与本报告同时整理的中卫—中宁出土的一批保存良好的汉代平民墓人骨鉴定报告[⑦]。虽然这一系列不同时代的古人遗骸在采集的数量、保存完整程度等不尽相同，但它们毕竟代表了这个地区的新石器时代—青铜时代—铁器时代的各个环节。此外，这些人骨出土的地理分布仅在不到六万平方公里的范围内。但从其周邻地区如其西北部的甘青地区和新疆地区、其北部的蒙古高原乃至西伯利亚地区以及其东部的黄河中下游地区的古人骨的研究资料来看，自古以来并有大小不同种族分布活动的欧亚大陆的一部分。例如，人类学的材料证明，至少在秦汉以前的新疆境内的主要居民属于来源方向不一的西方高加索人种居民[⑧]，甘、青地区及东部黄河流域则主要属于东亚蒙古人种居民[⑨]，北部的西伯利亚及蒙古利亚西部地区在几千年前便有西方人种的进入[⑩⑪]。到了更晚的历史时期更有文献记载西来的胡人在这个地区生活。而宁夏可以说也是这块欧亚大陆的一部分。因此，对这个地区出土古人骨进行科学的种族人类学鉴定对中国西北地区古代的种族交错的历史也具有重要的意义。又如以前的研究还指出，在宁夏境内出土的新石器时代和青铜时代人骨之间在种族形态和测量学上存在明显的偏离[⑪⑫]，这种偏离方向是新石器时代农耕居民的头骨具有接近太平洋蒙古人种东亚类的倾向，而青铜时代游牧民的头骨与大陆蒙古人种的北亚类接近。最近，作者对宁夏汉代人骨的研究则表明，它们在种族形态上更接近东亚类特别是与现代华北人种靠近[⑦]。这些现象可能反映古代宁夏境内种族类群乃至文化的变迁、交流或者杂处的历史。这种杂处的种族现象甚至也反映在某些历史晚期的大型墓葬的死者身上。例如固原史道洛和田弘墓出土的骨骸前者具有相当明显的非蒙古种倾向，而后者则有大陆蒙古种的特点[③④]。这两座墓葬的主人显然比一般平民有更高的社会地位，但其种族来源并不相同。因此，在唐代的官吏阶层上也出现有不同种族成分。

总之，如果随着考古发掘而获得越来越丰富的古人骨材料并对它们科学的鉴定和详加研究，就有可能对宁夏地区古人的种族来源及其历史的变化从人类学的角度提供新的认知。而吴忠出土的唐代平民墓人骨的收集和研究对了解与其前期居民之间的种族关系无疑提供了一次重要的机会。

一 人骨的性别年龄鉴定

本文鉴定了两个墓地即吴忠市中央大道建筑工地和红星家园工地出土的人骨。这些人骨虽然保存及收集状态不完全相同，但多半有头骨（完整或破碎者）和部分颅后骨（包括脊椎骨、四肢骨、盆骨等），因而比通常只依靠头骨进行性别年龄认定有更好的观察条件（图版九七、九八、九九）。鉴定方法是在骨骼的不同部位观察有代表性和鉴别价值的性别和年龄标志。这些性别和年龄标志的认定根据可参考一般人体骨骼测量手册或法医学上的骨骼鉴定部分[12]。

本文共鉴定了吴忠西郊唐墓中收集至室内的共84座墓葬的168个个体的骨骸，其中包括中央大道工地的60个墓葬的121个个体，红星家园的24座墓葬的47个个体。全部鉴定结果列于表一和表二。表中墓号及骨架在墓中的位置均录自包装骨骸中随附的标签纸。

据鉴定表统计，在全部84座墓葬中见有多于1人的占了58座（中央大道两墓区41座，红星家园17座），即全部墓葬中的69%。其中埋葬两人的有38座（其中中央大道两墓区26座，红星家园12座），三人的15座，4人的4座，5人的1座，单人的26座。在这些多人埋葬中出现有多种性别的组合。

1．一对成年男女性或一对成年男女性外加一未成年合葬的有38座，占58座多人合葬的65.5%，是最普遍的合葬形式。

2．一个成年女性与一个未成年合葬的3座，占5.2%。

3．一成年男性和两个成年女性合葬的有5座，占8.6%。

4．两个成年男性和一个成年女性合葬或两个成年男性和一成年女性外加一未成年合葬的有6座，占10.3%。

5．两个成年女性或两个成年女性外加一未成年合葬的2座，占3.4%。

6．两个成年男性和两个成年女性合葬或两个成年男性和两个成年女性外加一未成年合葬的占3.4%。

7．其余性别组合未明的如一成年女性和另一性别未明的成年个体合葬以及一对成年男女和另一性别不明成年合葬各一座，占3.4%。

一般推理，在同一墓葬中埋葬多人属于一个家族的成员应该是合理的。从以上墓葬中死者的性别年龄组合的多样性来看，情况有些复杂。如果把一男一女合葬（或再外加一未成年）看成是夫妻关系，那么，可能这种一对夫妇婚姻关系最普遍（占65.5%）。此外，还可能存在其他婚姻关系，如一男二女成年合葬（或外加一未成年）容易与一夫多妻（妾）的形式联系起来。而两男一女也可看成两男共一妻或该妻女有过先后两个丈夫也未可知。两男两女合葬则更复杂，很难设想他（她）们之间的婚姻搭配关系，或不排除同一家族中不同婚姻关系的成员共用一个墓葬的可能。尽管这类墓葬所占的数量不很多（共13座，占22.3%），但在这个墓地中除了一般的一夫一妻婚姻关系外，不能不考虑还存在其他的婚配变形关系。如果与宁夏（中卫—中宁）汉代平民墓葬死者的性别情况相比较，似乎也存在明显的差别，后者的28座经鉴定的墓葬中只出现6座男女一对双人合葬①。这可能反映这个地区的汉代普通居民中基本实行一夫一妻的婚姻关系。如果这种婚姻关系实属如此，那么到了唐代，婚姻关系变得多样化而暗示在唐代的平民中存在更复杂的婚姻关系。

表三列出了这批唐代人口的性别年龄分布的统计。在可记数的149个男女性个体中，男性与女性的比例是74∶75＝0.99。虽然从统计学的角度来看还只代表一个很小的人口群，他们也不是同时死亡的。但如果这个比例与这个地区人口中的性比关系相去不远的话，那么从人口学说还是一个相对稳定的性比结构。此外，未成年便夭折的共18人，占全部168口人中的10.7%，这个比例显然比较高，又女性死于青壮年时段的占59%，高于男性同年龄段的38.6%。整个人口中死亡高峰在壮年—中年时段占72.2%，而死于老年期的很少，占2.9%。由此推测，这批唐墓所代表的人口的平均死亡年龄并不高，未完全摆脱高死亡率—低寿命的人口机制，与现在和平环境并有良好的社会生活的医药卫生条件下的低死亡率—高寿命的机制乃有较明显的距离。

二　形态观察

本文对这批唐代头骨的形态包括观察特征和测量特征及各个特征的分类分布情况进行了考察。所指观察特征项目有从顶面观察的颅形、眉弓和眉间突度以及鼻根凹陷，侧面观察的额骨坡度，成年个体中保存的额中缝，眼眶形状，侧面观眶口平面与眼耳标准平面相交的形式和正面观眶口平面与水平面的关系，梨状孔（即鼻孔）形状和梨状孔下缘的形态，鼻下棘大小发达程度，犬齿窝的深浅，侧面观鼻背走向和正面观鼻骨形状，颅顶部中矢位突起的矢状脊，颅后的枕外隆突，上颌腭形和腭中部的腭圆枕，颅顶矢状缝的形状，下颌颏部的轮廓形态，下颌角部分的内外翻展，颏孔所在的相应颊齿位置，左右下颌体下缘的"摇椅"状的出现，下颌体内面的下颌圆枕及上门齿铲形的出现等共26项。这些特征大多具有发育不等的连续分类等级②。在不同人群中调查各项特征在不同分类等级上的出现可能存在一定的差异，这些差异可能是性别的差异，也可能种族的因素或地理气候的不同而形成的。因而常被有些学者用来作种族或地方人群及至性别年龄变化的调查资料。本文对吴忠唐代人骨形态特征的分类出现情况的调查列于表四。

所谓测量特征项目主要以脑颅和面颅上的各种基本形态指数为代表的。因为在头骨测量学上，这些形态指数（也包括一些角度测量）比绝对大小尺寸的测量项目更能反映头骨的形状而具有类型学的意义。例如由颅长和颅宽组成的颅指数大小反映脑颅的相对颅形，并以指数大小规定是长颅形还是短颅形等等。角度测量也有相对的性质分类。这些项目包括颅指数（8∶1），颅长宽指数（17∶1），颅长耳高指数（21∶1），颅宽高指数（17∶8），额宽指数（9∶8），垂直颅面指数（48∶17），上面指数（48∶45），全面指数（47∶45），眶指数（52∶51），鼻指数（54∶55），面突度指数（40∶5），腭指数（63∶62），齿槽弓指数（61∶60），鼻根指数（SS∶SC）等。此外，还有代表面部矢状方向和水平方向突出程度的几项测量项目，即全面角（72），齿槽面角（74），鼻骨角（75—1），鼻颧角（77），颧上颌角（Zm∠）等。这些指数和角度特征基本上涵盖了颅面部分最重要的分类特征。所有这些测量值（均值）列于表五。

根据表四观察特征的形态分类表，这批唐代头骨的颅形主要是椭圆和卵圆形，但男女有些相反的趋势，即男性椭圆形更多，女性则卵圆形更多；眉弓突度具有明显差异即男性多显著和特显等级，女性多中等和弱等级；眉间突度也大致如此，男性多中等和显著，女性多稍显和不显；鼻根凹陷则都是浅、无类型；前额向后上方倾斜的额坡度男性是多中斜—直型，女性直型的比例则更大于男性；额中缝在全部男女性成年个体中仅出现一例，占2.8%；眶形变异比较散，其中眶角圆钝但近似斜方形者更多一些；眶口平面位置与眼耳平面的关系更多后斜型；正面眶口平面在水平关系上倾斜型稍多于水平型；梨状孔（鼻孔）形状多近似梨形，梨状孔下缘形态相对多钝型；鼻下棘变异较散，更多见稍显—中等大小等级，也有部分显著和粗壮更发达的等级；犬齿窝则绝大部分在中等以下的弱等级，深陷型的很少见；侧面观鼻梁走向大多浅凹形，正面观鼻梁形状多中间收狭上下更宽的I型；矢状脊多无型和弱型；枕外隆突男性很发达多显著以上等级，女性则很弱多稍显和缺如；上颌腭形多短宽的椭圆形，腭圆枕缺如的较多，部分呈脊状或丘状等；颅顶缝的微波和锯齿的简单形最多，只有个别出现复杂形；下颌颏形多见圆形，女性中有部分尖形；下颌角直形比较多，但男性外翻形和女性内翻形较多；颏孔位置大多在第二前臼齿（P2）位；下颌圆枕多数缺乏，出现的也多弱小的类型；没有发现"摇椅"型下颌；在可观察的六例上门齿上均有铲形结构，其发达程度在中等—显著等级；仅个别弱等级。

从以上观察特征的分类出现情况来看，除了有一些具有性别异型者，还有一些性状的综合表现可能有地区性特点。如从整体来看，卵圆形脑颅和椭圆形脑颅出现最多，眉弓和眉间突度属于不特别发达的类群，同时配合有浅平形的鼻根，额坡度相对较大而明显后斜形的很少，多近斜方形眶形，梨状孔下缘多钝型和鼻下棘不很发达，犬齿窝浅平，矢状缝简单，眶口平面位置多后斜型和倾斜型，上门齿普遍呈铲形。这样一些综合特征在古代和现代中国人头骨上比较常见[13]。最主要的区别是这批唐代头骨中椭圆形脑颅的比例有些增大，可能和颅形有些长颅化有关。

据表五对脑颅和面颅各项形态指数和角度特征的分型结果，这批头骨较多地偏向长颅化，但同时兼有高颅化倾向及明显的狭颅化和更多阔额化相结合的脑颅特点；垂直颅面高度比例除少部分进入大的等级外，更多倾向中等—小的等级，也就是按该指数超过55的个体为数较少；上面指数有些加强狭面化，但也有相当部分个体在中面型范围，其中女性的中面化比男性增强一些，但狭面个体也有相当大的部分；眶指数大多个体在中眶和高眶型等级之内，只有个别低眶化；在鼻型上，男性更多中—狭鼻型，女性则偏向阔—中鼻型；面突度指数上男性明显更平颌化，女性虽也有较多平颌型但同时也有近一半的中颌型个体；腭型多偏向短阔型，齿槽弓指数也大致类似；鼻根段横截面突起除男性有部分中等以上突出者外，其余包括女性在内大多在弱—很弱的类型；面部矢状方向突度则基本上都在平颌和中颌型；上齿槽突度则基本更倾向突颌型；代表鼻尖上仰程度的鼻骨角大多在很小等级之类；上面部水平方向的扁平度则变异比较大，很小—很大都有出现，其中男性小和很大的都有相当部分，女性则中等以上扁平度较多；中面部水平方向扁平度大致更多集中在小—很小等级。其中女性中等以上等级比男性的比例多一些。

如果以表五最末纵行所列上述指数和角度平均值作该组头骨平均形态类型的基础，那么男性的综合特征是长颅型—高颅型—狭颅型—阔额型相结合，面部是中等的垂直颅面比例—狭面—中眶—中鼻—平颌—中腭以及面部矢向突出中颌—上齿槽突颌—中等弱鼻根突度及上面水平方向扁平度中等结合小的中面扁平度。女性也是长颅—高颅—狭颅结合中额型，垂直颅面比例小—中面—中眶—阔鼻—平颌—阔腭—面部矢状突出平颌—上齿槽突颌—鼻根突度弱结合大的上面扁平度和小的中面扁平度。可看出，在这批唐代男女性头骨之间存在基本的共性，即都具有长—高—狭的脑颅，垂直颅面比例都不大，偏狭的面，中眶，平颌，面部在矢状方向突出在中—平颌之间，但是上齿槽突颌，都具有不特别大的上面水平方向的扁平度，鼻根突度不强烈和鼻尖不上仰等。而鼻形和鼻根突度指数上的较大差异则通常可归之于性别的异形，即女性一般具有比男性更阔化的鼻形和更弱的鼻突度等。总之，还看不出在男女性之间存在大的种族异型现象。

三　测量特征的种族分析

为评估吴忠唐代平民墓人骨的地域性种族特点，选择了三个邻近地区不同类群的九组现代头骨组的测量数据作对比组进行形态距离的统计学分析。这些测量数据包括了13项脑颅和面颅上有种族鉴别价值的绝对测量和9项指数和角度测量。这些测定数据列于表六。利用这些数据计算每组之间的综合形态距离公式是：

$$Dik = \sqrt{\dfrac{\sum\limits_{j=1}^{m}(X_{ij}-X_{kj})^2}{m}}$$

式中 i、k 代表测定的两个头骨组，j 代表测量的变量项目，m 代表测量变量的项目数，X 代表比较两组测定变量的平均值，Dik 代表对比两组在欧几里得空间分布的（形态）距离。理论上获得的 Dik 值越小，两个对比组之间可能有越接近的形态特性。在绘制聚类谱系图时采用了最短距离方法[13]。

九个对比组中每三个组代表一个蒙古人种的地区类群。即蒙古、布里雅特和埃文克三组代表大陆蒙古人种的北亚类群；因纽特和两个楚克奇（沿海和驯鹿两组）代表太平洋蒙古人种的北方支即东北亚或极区类群；华北、东北和朝鲜三组代表太平洋蒙古人种的远东或东亚类群。包括吴忠唐代组在内的全部十个组的每两个成对组的 Dik 值列于表七。其中表上部分为13项绝对测量项目的 Dik 矩阵，表下部分为9项指数的 Dik 矩阵，后者代表脑颅和面颅主要特征的类型学距离。由这些数字矩阵编制出聚类谱系图1和图2。从这两个聚类图上，用于比较的九个现代组无论在13项绝对测量还是9项指数所显示的聚类都一致分成三个小的地区性小亚群，即蒙古、布里雅特和埃文克为一个小亚群；因纽特和两个楚克奇（沿海和驯鹿）三组为一个小亚群；华北、东北和朝鲜三组为第三个亚群。这些现象表明这三个小的亚群之间无论在头骨的尺寸和形态类型上存在地区性偏离。而吴忠唐代组与这些地区性亚群之间的形态距离的联系表现出有些复杂。如吴忠组与九个比较组作单组间的形态距离（Dik）比较，在13项绝对测量方面，似乎与代表东北亚的三个组（Dik3.36～4.22之间）比代表其他两个亚群的更小一些（与东亚类型的 Dik4.25～5.36，与北亚类型的 Dik6.13～6.93），但在聚类谱系图上的表现是独立成组而未与三个地区性亚群中哪一群聚集。而在九项指数代表的单组间 Dik 值上，吴忠组似与代表东亚类的三组表现得相对比较接近（Dik2.79～4.12）。与代表北亚类的三组（Dik7.06～8.26）和代表东北亚类的三组（Dik4.25～6.39）距离更远一些。其中特别是与代表东亚类的华北和东北组的距离最小（Dik 分别为2.89和2.79）。而在聚类谱系图上也表现出吴忠唐代组也参与到代表东亚类的亚群之中。这一结果显然与头骨的13项绝对大小量度上的与东北亚类的比较不同，在后一种情况下，吴忠组虽在头骨大小尺度上与东北亚类有些靠近，但在聚类上它们并没有与东北亚类聚集而独立成组。这种情况或可以说吴忠唐代组在头骨的绝对测值上的地区性表现不如以指数为代表的头骨类型学上的那样明显。

对上述结果作为一个旁证，我们又选取了亚洲地区的六个典型组进行比较，比较头骨测量项目包括长度、角度和指数共21项，其中有部分项目与前述聚类分析时所用项目的组合不同。所有数据列于表八。六个比较组中中国一组代表东亚类，蒙古组代表北亚类，楚克奇组代表东北亚类，印度尼西亚组代表南亚类，阿依努组代表东亚的一个特殊族而与日本的新石器时代居民之间存在系统学上的关系，乌兹别克组则代表中亚类⑭。21项测量特征也基本上涵盖了脑颅和面颅的最重要的有区分价值的特征。利用与前述同样的形态距离计算法所得吴忠组与其他组的Dik值也列于表八的最末一行。按所得数据大小排列是：与中国组最小为4.05（21项），其下依次是阿依努组4.90（21项）、与印度尼西亚组5.93（21项）、与楚克奇组6.04（21项）、与乌兹别克组6.81（20项）、与蒙古组最大7.21（21项）。由上述计算结果来看，如果我们把这种形态距离（Dik）的计算值大小看成对比组之间亲疏关系的一种客观量度，那么后一个计算结果也可以成为吴忠唐代平民在形态学上与我国东亚类的中国人更为接近的一个佐证。

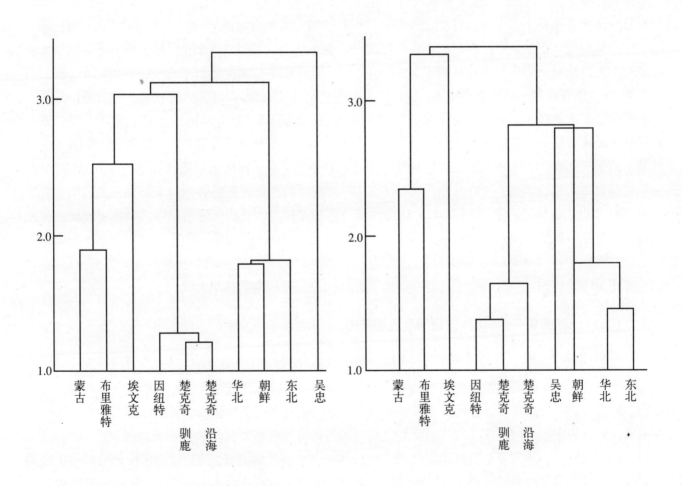

图1　13项绝对测量聚类图　　　　　图2　9项指数聚类图

四　骨骼上的病理记录

（一）脊椎骨上的病变遗迹——变形性脊椎病

所谓变形性脊椎病症状的病理形态特征是在椎体边缘经常出现类似棘刺状、唇状的骨质异常增殖。这种脊椎骨质增生的变形随年龄的增长和长期向背部加重负荷的压力而发生，是一种消耗性或退行性的病理改变。直接的成因是局部的，椎体和椎体间的椎间板老化萎缩，降低了对压力的缓冲能力，椎间空间狭小化而加重了对椎体的负担。与此同时，支持椎体间的韧带如前纵韧带承受异常的负担，最终促成椎体边缘的钙化而出现棘刺状的反应性骨质增生。严重者致使椎体之间呈竹节样融合而导致僵直状态⑮⑯。

据初步检视，在这批唐代墓葬中的17个个体骨骼上发现有此类发展程度不等的病变现象。其中较轻的只发生在局部脊椎骨上呈棘刺状增生，稍重的呈唇状增生，严重的则椎体呈上下"桥状"或"竹节样"骨融合（图版一〇〇，1~3）。这种融合扩展到多数脊椎骨而形成僵直状态而失去椎骨的活动性即强直性脊椎炎。以上病例所见的病变情况简列于表九。在全部17个个体中，男性占10例，女性7例，而且全部在壮年以上的个体。可见此种疾病与年龄的增大关系密切。

应该说明，在本文中报告鉴定的共84座墓中收集的人骨个体达168个，但其中采集至室内的人骨多有不完整或缺乏脊椎骨或只采集了少量椎骨，因此难以作出精确的罹患率统计。即便如此，我们所见17个个体有程度不等的变形椎体，以此计算也占到全部鉴定个体（168）的10%。并有理由推测实际的罹患率应该高于此数。在这些病变个体中最严重的是M045（原编号ⅢM2）男性壮年个体，其椎骨从上至下是在第七颈椎（C.7）与第一胸椎（T.1）之间呈竹节样融合。第三~十二胸椎（T.3~12）和其下的第一腰椎（L.1）也彼此完全形成连续的竹节样愈合，整个脊柱也呈明显后弯。同时这些椎骨背侧的棘突之间也被增殖的骨脊互相连续，而且这些脊椎与各自相对应的肋骨的关节也完全被增生骨质固接起来。又如M074（原编号ⅠM12）男性中年个体的腰椎之间呈桥状融合，而且其最下腰椎也和骶骨关节及骶—髋骨关节互相融合。

在表九中所列M061（原编号ⅠM3）可能是男性少年个体，在其左侧股骨头有畸变即头部呈扁圆形，与此相对应的髋臼也呈浅扁形。这是一例先天的髋—股关节病变的标本。

（二）口腔病变——龋齿、牙周病及齿槽脓肿

口腔病理中最常见的病变如龋齿、牙周病和齿槽脓肿等。所谓龋齿病是牙齿的硬组织发生脱钙和有机物分解使牙齿的健康遭到破坏、崩解，是人类极为普遍的一种口腔疾病。它虽属无致命的慢性疾病，但罹患者深感痛楚。这种疾病分布和罹患率十分广泛而高，任何种族、年龄和性别的个人皆容易罹患。其发病率因不同民族、地区和年龄性别的人群而可能有所差异，大约占人口的40~80%不等，是发病率很高的一种疾 病。其好发部位在后位齿种的齿冠咬合面沟窝、前后牙齿邻接处及前位牙齿的唇面和后位牙齿颊面的牙颈部位。这些部位都是容易滞留食物残渣而不容易自洁，因而容易滋生各种细菌发酵产生酸性环境，使牙齿脱钙腐蚀致病⑰。本文决定龋齿的存在是检视牙齿的各部位是否存在龋洞，其中还包括龋蚀至仅存残根。

牙周病是牙周组织的慢性破坏，其骨性变化特征是齿槽骨的被吸收萎缩和牙周袋的形成，因而患牙齿根逐渐外露使牙齿松动而易于脱落。牙周组织感染和牙周袋溢脓。发展下去最后可导致牙齿脱落，齿槽最终萎缩闭锁[17]。本文对是否存在牙周病的骨性病理认定是齿槽萎缩后齿根的不同程度的外露（三分之一以上），牙齿脱落后齿槽骨普遍萎缩吸收的标本，这些标本的大部分可以是牙周病发展的最终结果。

所谓齿槽脓肿的判定标准是在齿槽骨上明显由根尖周炎而发生的骨性瘘管的存在以及因牙齿炎症脱落后留下的明显病理凹坑，后者可认定根部曾有过溢脓现象的遗迹。这些病变的大多数是由于龋蚀而引发的牙髓病变直接发展而来，是一种牙髓炎的继发病变[17]。

对吴忠人骨的这些病变作了初步检视，并对这些病变发病齿种或相当的齿位简列于表一〇。表中齿种缩写字母 I、P、M 分别为门齿、前白齿和白齿，字母的右上角或右下角数字代表同名齿的序位，如 I^1 或 I_1 代表第一上门齿或第一下门齿，I^2 或 I_2 代表第二上门齿或第二下门齿等，其余齿种以此类推。齿种缩写字母前的 L 或 R 代表左侧或右侧，如 RM 为右侧白齿，LM 为左侧白齿并以此类推。

在表一一中列出了这些牙病的大概年龄分布的统计。可以看到这三种病例标本基本上都出现在壮年以后，与年龄的增长明显有关。其中发现有龋齿的有 5 例（图版一〇〇，4）占全部观察个体 32 例的 15.6%。牙周病有 1 例出现于青年期，其余 8 例皆出现于壮年以后，发病 9 例占全部观察个体的 28.1%。有齿槽脓肿痕迹的标本共 14 例（图版一〇〇，5），都发生在壮年以后，占全部观察数的 43.8%。这些数字虽非很规范化的观察结果，但也大致反映了这批唐代墓葬人口中相当严重的口腔病变的罹患率。从这些口腔疾病的不良记录反映了对这个地区昔日居民健康的不良影响。

五　从长骨计算身高

为估计墓葬中死者生前的身高，人类学上常采用测量大型肢骨的最大长代入相应的推算身高公式的方法进行计算。有的考古人员在未起取人骨架前用卷尺直接测量骨架的长度获取死者的直接身高。但这种方法在骨架被扰乱或骨骼错位或移位或保存的非自然衔接状态等情况下，实测数据与实际真实身高会存在比较大的误差，而且实测的数据只代表骨架的长度不考虑软组织的厚度。相反，用长骨长度与尸体实际长度关系推算出来的身高回归公式则考虑到这个因素，虽仍有误差，但比实测骨架长度更接近实际身高。一般来说，用于测量的长骨最好是保存完整者。计算公式可以是单根长骨的，也有不同长骨联合使用的公式。计算时有的学者习惯用左侧长骨，也有左右侧计算后取平均值的。用不同长骨计算的身高之间也有误差，有的学者认为用下肢骨（如股、胫、腓骨）计算的身高比用上肢骨（肱、尺、桡骨）计算的误差小一些，但一般差距不大，也有的认为用不同长骨联合计算的身高更精确一些。而且具体使用的公式存在种族的区别，因此要选择与死者相同种族的公式更好。也要考虑年龄因素，要测量成年个体的肢骨长，免去将未成年个体的长骨列入公式，否则，计算出来的不能代表实际身高。还要注意不同学者设计出来的公式之间存在相当大的差异，因而不能将计算出来的身高直接进行比较。最好用同一作者设计的公式进行人群之间的比较。

本文在计算时选取了一般误差较小的下肢骨（股、胫骨）长。如股骨、胫骨同时保存的采用联合公式，如只有其中一种长骨的就采用单根公式。一般在用不同长骨的联合计算时最好用同侧的长骨。但有的缺少同侧的长骨时就采用不同侧别的长骨。一般来说同一人的长骨长左右侧差别很小。

我们从这批唐代人骨中得到 54 个个体的股、胫骨长或肱骨、尺骨长，具体测值是用自制的简易测骨盘测得的。每个个体的肢骨最大长及推算身高列于表一二。表中的推算身高特别是男性身高是用美国学者 M.Trotter 和 G.C.Gleser 设计的蒙古人种公式计算的[⑧][⑨]，所用公式如下：

$S ♂ = 1.22（Fem + Tib）+ 70.37$

$S ♂ = 2.15Fem + 72.57$

$S ♂ = 2.68Hum + 83.19$

$S ♂ = 2.39Tib + 81.45$

$S ♂ = 3.48Ulna + 77.45$

$S ♂ = 3.54Rad + 82.00$

式中的 Fem、Tib、Hum、Ulna 及 Rad 分别代表股、胫、肱、尺、桡骨。S 为推算出的身高。式中的长骨以厘米为单位。按性别，共计算了 28 个男性成年个体的身高，由此获得的平均身高为 169.28 ± 3.80 厘米。

由于 M.Trotter 和 G.C.Gleser 公式中缺乏女性蒙古人种公式；又不能将女性肢骨长度代入男性公式计算，我们采用间接的方法作出女性身高的估算，即用 K.Pearson 的男、女通用的推算公式分别计算男女身高[⑩]，再计算出两性平均身高差值，然后从使用 M.Trotter 和 G.C.Gleser 公式推算出的男性平均身高减去这一性别差值来代替女性的平均身高。K.Pearson 的男、女性估算身高公式的选用如下：

$S ♂ = 71.272 + 1.159（Fem + Tib）$

$S ♂ = 81.306 + 1.880Fem$

$S ♂ = 78.664 + 2.376Tib$

$S ♂ = 70.641 + 2.894Hum$

$S ♀ = 69.154 + 1.126（Fem + Tib）$

$S ♀ = 72.844 + 1.945Fem$

$S ♀ = 74.774 + 2.352Tib$

$S ♀ = 71.475 + 2.754Hum$

$S ♀ = 81.224 + 3.343Rad$

由上述公式推算的 27 个男性的平均身高约为 165.61 ± 3.73 厘米，26 个女性平均身高为 151.56 ± 3.66 厘米，将两者性差值（14.05 厘米）从 M.Trotter 和 G.C.Gleser 公式计算的男性平均身高（169.28 厘米）中减去，便获得女性平均身高的估算值，即 169.28 − 14.05=155.23 厘米。

六　结果与讨论

本文报告了 2003 年出自吴忠唐代平民墓葬的一批人骨的鉴定。主要内容如下：

1. 性别年龄的鉴定方面，共计 84 座墓葬的 168 个个体，其中包括吴忠市中央大道的 121 个个体和红星家园墓地 24 座墓葬的 47 个个体。这些墓葬中埋有多于一人的 58 座占 69%，其中两人合葬的 38 座，三人的 15 座，四人的 4 座，五人的 1 座，其余单人的 26 座。对于多人合葬的一般无特殊原因不大可能同时死亡，而且如此普遍的多人合葬可能显示墓葬的使用是家族成员中多次使用的结果。

2. 在合葬的形式上，成年男性和女性合葬的及成年男女合葬再加一未成年的就占 65.5%，这是这些唐代平民墓地最普遍的合葬形式。此外，还有一个成年女性和一个未成年的合葬，一个成年男性和两个成年女性合葬，两个成年男性和一个成年女性或外加一个未成年合葬，两个成年男性和两个成年女性合葬或外加一未成年合葬等。虽然这一系列多样的合葬形式占有数都较少，但如此复杂的合葬形式是很少见的。如果在同一墓穴中埋葬的成年男女必定有家族的婚姻关系，那么在这一墓地人口中除了一夫一妻之外，还可能存在其他的婚姻关系，如一夫多妻，一妻多夫或一妻先后与两个丈夫的关系等婚俗也可能允许存在。应该指出，本文作者在鉴定宁夏地区的汉代平民墓人骨时就未见到如此多样的合葬形式，如在中卫—中宁的汉代墓中除了少数一成年和一未成年合葬外，其余皆一男一女成年合葬。这种相对单纯的葬式或可以说明在汉代与唐代之间存在婚姻形式的变化。对这种现象产生的原因或许伴随唐代社会的开放及外来人口交流的扩大，产生了不同民族婚俗的介入有关。

3. 在可计的149个男女性骨架中，性比构成是男性74个，女性75个，两者比例为0.99。这是一个相对稳定的比例。未成年死亡个体占10.7%。此外，这些埋葬人口中死于壮年到中年时段的占72.2%，死于老年期的只占2.9%。这些情况反映了这个地区唐代平民人口的平均死亡年龄不如现代人那样高。

4. 这批唐代平民头骨上具有的一般性综合形态特征是：多卵圆形脑颅，眉弓和眉间突度不很发达并集合有浅平的鼻根部，眶角钝化的近似斜方形及多后斜形眶口平面位置；梨状孔下缘多钝形和鼻下棘不很发达；具有简单的矢状缝纹式和浅平的犬齿窝，所见上门齿普遍呈铲形。形态分型指数和角度的平均分类是以长颅型、高颅型和狭颅型相结合，垂直颅面比例中等（<55），狭面型，中眶型，中鼻型，平颌型，面部矢状方向突出中颌型，上齿槽突颌型，上面水平方向扁平度中等。女性头骨之平均类型也大致如男性，只在鼻形（阔鼻型）和鼻根突度上与男性有较大的差异，但这些差异应该属于同一种群的性别异型，不存在种族的区别价值。

5. 与周邻地区现代种族类群的形态距离的比较，在13项包括脑颅和面颅的绝对值测量的综合上，吴忠唐代组表现出这些地区蒙古人种的几个地区类群之间明显偏离。但在九项形态分型指数和角度的综合距离上则显示与现代蒙古人种东亚类群的相对接近。又根据21项脑颅和面颅测量特征的形态距离比较也表现出比其他地区类群更接近现代中国人的倾向。

需要讨论的是吴忠唐代组和现代中国人之间的形态距离值仍显偏大的问题（Dik=4.05）。如果将也是宁夏地区中卫和中宁的汉代头骨也作同样项目和方法的计算，则后者与现代中国人的更为接近，其间的Dik值仅为2.03，这个形态距离值仅为吴忠唐代组和现代中国人之间的小二分之一。这种差别的主要原因可认为是在脑颅的差别上，即吴忠唐代组的脑颅明显比中卫—中宁汉代组更长而高。如果我们将表八中除去代表脑颅形状的三个主要直径值（1、8、17）和三项指数（8：1、7：1、17：8），其余15项代表的是面颅的各项性状，依此分别计算中卫—中宁汉代组和吴忠唐代组与现代中国组之间的面部形态距离值。则结果是吴忠组与中国组之间的Dik=2.84，而中卫—中宁组与现代中国组的Dik=2.94，两者很接近。这说明在面颅特征上两者都大致同等程度地接近现代中国人。如果将吴忠组和中卫—中宁组之间也作同样的计算，两组之间的Dik=2.54，这一数值还略小于吴忠或中卫—中宁组与现代中国人之间的距离（2.94和2.84）。但总的来说，由于这三者之间的距离相差不大（小于0.4），因此也可以把他们彼此看成有相等接近的联系。换句话说，吴忠唐代头骨上虽有其更长而高的脑颅，但从面颅在种族鉴别上比脑颅更具价值来考虑，把吴忠唐代平民的头骨形态看成具有现代东亚类的性状是可行的，还没有理由将它们看成是另类种族的存在。

6. 对骨骼上病变的初步检查，在吴忠唐代的16座墓葬的17个个体中存在轻重程度不等的变形性脊椎病变。其中轻度的只在局部脊椎上有棘刺状骨质增生，重度的在上下椎骨之间呈"桥状"融合，最严重的成"竹节样"融合僵直状态（如M044男性个体）。口腔病变也相当普遍，在观察为数不多的标本中，有龋齿病的5例占15.6%。可能罹患牙周病的9例占28.1%。可能有齿槽脓肿遗迹的有14例占43.8%。这些病变都属慢性而非致命性的，但从另一个角度反映了这个地区唐代平民不良的健康记录。

7. 对这批唐代人的用长骨长推算的估计身高（用M.Trotter和G.C.Gleser男性蒙古人种公式）平均169.28厘米，用间接辅算（K.Pearson公式）的女性平均身高为155.23厘米。不过，用于计算的长骨个体数量不很多，有待以后有新的材料补充或修正。

后记：本文报告中的材料是由宁夏文物考古研究所 考古队队员悉心收集的。其中特别感谢主持发掘的朱存世和高雷等同志以及所领导在经费及生活工作上的支持和帮助。吴忠市文管所还为我们提供了工作场所，并得到该所领导人及其年轻同志的大力协助和工作。在此一并致谢！

参考文献

① 韩康信：《宁夏固原彭堡于家庄墓地人骨种系特点之研究》，《考古学报》，1995年第1期，109~125页。

② 韩康信：《宁夏海原菜园村新石器时代人骨的性别年龄鉴定与体质类型》，《中国考古学论丛——中国社会科学院考古研究所建所40周年纪念》，170~181页，科学出版社，1993年。

③ 韩康信：《唐史道洛墓》第五章《人骨》，264~295页，《原州联合考古队发掘调查报告1》，原州联合考古队编，勉诚出版社（日本），2000年。

④ 韩康信、谭婧泽：《北周田弘墓》第十章《人骨鉴定》，70~77页，《原州联合考古队发掘调查报告2》，原州联合考古队编，勉诚出版社（日本），2000年。

⑤ 韩康信：《闽宁村西夏墓地人骨鉴定报告》，《闽宁村西夏墓地》157~173页，科学出版社，2004年。

⑥ 韩康信：《固原开城东山坡元代墓葬人骨》（待发表）。

⑦ 韩康信、谭婧泽：《宁夏中卫—中宁汉墓人骨鉴定研究》，《新世纪的中国考古学》925—951页，科学出版社，2005年。

⑧ 韩康信：《丝绸之路古代居民种族人类学研究》，新疆人民出版社，1994年。

⑨ 韩康信：《中国夏、商、周时期人骨种族特征之研究》，《新世纪的中国考古学》，925~951页，科学出版社，2005年。

⑩ B.Π.阿历克谢夫、N.N.戈赫曼：《苏联亚洲部分的人类学》，《科学》出版社，1984年，莫斯科（俄文）。

⑪ B.Π.阿历克谢夫、N.N.戈赫曼、Д.图门：《中央亚洲古人类学概要（石器时代—早期铁器时

代)》,《蒙古民族学和人类学考古》,208~241页,《科学》出版社西伯利亚分社,1987年,新西伯利亚(俄文)。

⑫吴汝康、吴新智、张振标:《人体测量方法》,科学出版社,1984年。

⑬韩康信、潘其风:《殷代中小墓人骨的研究》,《安阳殷墟头骨研究》,50~81页,文物出版社,1984年。

⑭H.H.切薄克萨罗夫:《中国民族人类学——现代居民的种族形态学》,《科学》出版社,1981年,莫斯科(俄文)。

⑮Steinbock R.T and T.Dale stewart:Paleopathological Diagnosis and Interpretation.Charles C Thomas · Publisher,Springfield,Illinois.U.S.A

⑯铃木隆雄:《骨から見た日本人—古病理学が语る历史》,株式会社講谈社,1998年,东京。

⑰北京医学院主编:《口腔组织病理学》,人民卫生出版社,1983年第1版,北京。

⑱Trotter,M.and Gleser,G.C. Estimaton of stature from long bones of American whites and Negroes .AJPA, n.s,10(4):463—514,1952.

⑲Trotter,M.and Gleser,G.C.,A re—evaluation of stature based on measurements of stature taken during life and of long bones after death.Am.J.Phys.Anthrop.,16(1):79—123.1958.

⑳Krogman, W.M., The Human Skeleton in Forensic Medicine.Charles c Thomas · Publisher, Springfield · Illinois · U.S.A,Third printing ,1978.

表一　吴忠西郊唐墓人骨性别、年龄鉴定表

墓　号		性别	年　龄（岁）	骨架（头骨）在墓中的位置	备　注
统一	原				
M059	IM1	?	5～6		
M060	IM2	男	35～45	墓室，距东壁90、西壁13厘米	
		女	35～45	墓室东南部	
		?	4～6		
M061	IM3	男?	14～16		
M062	IM4	男	35～45	墓室东北角，距东壁13、北壁35厘米	
		男	成年	墓室东北部，距东壁74、北壁77厘米	
		女	20～30	墓室西北部，距西壁58、北壁74厘米	
		?	0.5		
M067	IM5	女	＞45	棺床中部	
		女?	30～40	棺床北部	
M068	IM6	女?	成年	棺床	
M069	IM7	女	25～35	棺床，距西壁4、北壁100厘米	
		?	成年		只有颅骨碎片
M070	IM8	男	30～40	墓室西北角	
		女	20～30		
M071	IM9	男	20～30	棺床西部紧邻西壁	
		女	25～35		
M072	IM10	男	＞25		
		女?	成年		只见一对股骨
M073	IM11	男	＞50	棺床西北部，距墓室西壁40、北壁100厘米	
		女	＞35～40	棺床东北部，距墓室东壁100厘米，邻北壁	
		?	2.5±	棺床东南部，距墓室南壁20、东壁52厘米	
M074	IM12	男	35～45	棺床中部，距墓室东壁118、北壁103厘米	
		女	25～35	墓门西侧	
M075	IM13	男	25～40	邻墓室西壁，距北壁107厘米	
		女?	成年	棺床西北部，距西壁44、北壁65厘米	
M076	IM14	男	成年		
M077	IM15	男	18～22	棺床中部偏南	
		男	45～55	棺床南部	
		女	20±	棺床北部	
		?	1.5～2.0	棺床中部偏北	
M078	IM16	女	45～55		
M079	IM17	男	25～30		
		女	40～50	邻南壁，距西壁50厘米	
M080	IM18	男	25～30	距北壁67、东壁45厘米	
		女	20～30	棺床西南部，距南壁33、西壁33厘米	
		?	未成年		
M081	IM19	男	成年	距西壁24、北壁118厘米	
		女	成年	距西壁51、北壁30厘米	
M082	IM20	男	成年		
M083	IM21	男?	＞35	邻西壁，距北壁25厘米	
		女?	＜35	墓门东侧	
M085	IM23	男	40～50		
		女	＞20～25		

续表一

墓 号		性	年 龄	骨架（头骨）在墓中的位置	备 注
统一	原	别	（岁）		
M086	IM24	女	20～25		
M063	IM26	男	20～25		
M064	IM27	男	＞45		
M089	IIM2	男	＞50	东南部	
		男	30～45	西部偏南	
		女?	35～45	中西部	
M090	IIM3	男	45～50	棺床西北角	
M091	IIM4	男	25～30	东南角	
		男	＞50	邻北壁	
		女	＞50	墓室中部	
		女	成年		
		?	0.5～1.0		
M092	IIM5	男	20～25	东北部	
		男	成年	西北部	
		女	＞40?	中部	
M093	IIM6	?	成年		
M094	IIM7	女	＞35		
M095	IIM8	男	＞45～50		
		女	18±		
		?	＞40		
M096	IIM9	男	25～35		
		女	20～25		
M097	IIM10	男?	18～22		
		女	＞50		
M098	IIM11	男	40～50	棺床南部	
		男	40～50	棺床北部	
		女	20～25	棺床中部	
M099	IIM12	男	30～40		
		女	20～25		
M100	IIM13	女	20～30	墓室	
M101	IIM14	男	30～40	北棺床	
		女	30～40	东棺床	
M102	IIM15	男	＞45～50	邻西壁，距南壁70厘米	
		女	＞45～50	邻西壁，距南壁140厘米	
M103	IIM16	男	45～55	棺床中部	
		女	25～45	棺床北部	
M104	IIM17	男	30±	棺床北部	
		女	40～50	东南部	
M105	IIM18	男	＞50	棺床中部	
		女	30～35	棺床西部	
		男?	6～7	棺床东部	
M106	IIM19	男	25～35	西北部，距西壁60、北壁83厘米	
		女	30～40		
M107	IIM20	男	30～40	棺床南部	
		女	＞45?	棺床北部	

续表一

墓 号		性别	年龄（岁）	骨架（头骨）在墓中的位置	备 注
统一	原				
M108	IIM21	男	25～35	棺床北部	
		女	25～35	棺床南部	
M109	IIM22	女	30～45	棺床西部	
		?	3 ±	棺床东部	
M110	IIM23	男?	14～15		
M111	IIM24	女	20～25	洞室	
		女	＞25～30	墓门处	
		?	未成年	北棺床	
M112	IIM25	男	成年		
		女?	成年		
		?	幼儿		
M113	IIM26	?	6～7		
M114	IIM27	男	＞30	墓室东壁下	
		女	25～35	墓室	
M115	IIM28	男	45～55	棺床北部	
M116	IIM29	男	45～55	西北部，距西壁80、北壁80厘米	
		女	25～35	西南部，距南壁24、西壁60厘米	
M117	IIM30	男	45～55	墓门西侧	
M118	IIM31	男	35～45		
		女	成年	东北角	
		女	30～40	西北部，距西壁20、北壁20厘米	
M043	IIIM1	男?	22～35		在棺床东北角一成年狗骨架
		女	成年		
M044	IIIM2	男	25～35	墓门处	患强直性脊椎炎
		男	12～13	棺床西南部	
		女	20～25	棺床北部	
		?	2～3	棺床西南部	
M045	IIIM3	?	成年		仅见肢骨残段
M046	IIIM4	?	?		有牛头骨
M048	IIIM6	男	成年		未见头骨
		女	成年		未见头骨
M049	IIIM7	男	＞40		

注：表中第一个墓号是吴忠西郊唐墓统一编号，后一个是原编号。下同不注。

表二 吴忠西郊红星家园唐墓人骨性别、年龄鉴定表

墓 号		性 别	年 龄（岁）	骨架（头骨）在墓中的位置	备 注
统一	原				
M001	M1	男	＞50	墓室西壁处	
		女	＞45	墓室东部	
M002	M2	男?	＞40		
		女	＞40		
M003	M3	男	20～25		
M004	M4	男	40～50		
M005	M5	男	40～45	棺床北部	
		女	45～55	棺床中部	
		女	40～50	棺床南部	
M006	M6	男	成年		
M007	M7	女	30～40		
M008	M8	男	25～30	邻东壁	
		女	20～30	封门前	
M011	M11	男	25～30		
M012	M12	男	25～35		
M013	M13	男	25～35	东北	
		女	成年		仅依肢骨和下颌碎片
		女	15～18	中部	
M014	M14	女?	18～25		
		?	成年		
M015	M15	女?	成年		
M017	M17	男	成年	墓室偏北	
		女	＞45～50	墓室偏南	
M018	M18	男	＞45	棺床中北部	
		男	＞40	棺床东北部	
		女	23～28	棺床西南部	
		女	35～45	棺床西北部	
M020	M20	男	成年		无头骨，以髋、肢骨代表
		女	＞40	棺床	
		女	20～25	墓室地面	
M021	M21	男	＞50	棺床东部	
		女?	成年	棺床西部	
M022	M22	男	35～40	东室	
		女	25～30	中室	
		女	＞30	西室	
M023	M23	女	30～40	西棺床	
		?	5～7	东棺床	
M024	M24	男	25～35	东室	
		女	14～16	西室	
M025	M25	男	40～50		
		女	40～50		
M028	M28	男	成年		
		女	成年		
M029	M29	男	成年	东部	
		女	成年	西部	
M030	M30	男	＞45	西南角	
		女	＞45		

表三　吴忠西郊唐墓人骨性别、年龄分布统计表

年　龄　期（岁）	男	女	性 别 不 明	合　计
未成年（＜15）	4（6.5）	1（1.6）	13	18（13.1）
青年（16～23）	5（8.1）	11（18.0）	0	16（11.7）
壮年（24～35）	19（30.6）	25（41.0）	1	45（32.8）
中年（36～45）	31（50.0）	23（37.7）	0	54（39.4）
老年（＞56）	3（4.8）	1（1.6）	0	4（2.9）
"成年"（不明年龄段）	12	14	5	31
合计（全部）	74	75	19	168
合计（不包括"成年"）	62（100.0）	61（100.0）	14	137（100.0）

注：男、女及合计栏中括弧中数字为百分比（%）。

表四　头骨形态分类出现频率表

形 态 特 征	性别	例 数	形　态　分　类　和　出　现　频　率					
颅　形			椭　圆	卵　圆	圆　形	五　角	楔　形	菱　形
	男	21	12（57.1）	6（28.6）		1（4.8）	1（4.8）	1（4.8）
	女	15	3（20.0）	10（66.7）				2（13.3）
	男＋女	36	17（41.7）	16（44.4）		1（2.8）	1（2.8）	3（2.8）
眉弓突度			弱	中等	显著	特显	粗壮	
	男	20	2（10.0）	3（15.0）	10（50.0）	5（25.0）		
	女	15	12（80.0）	3（20.0）				
	男＋女	35	14（40.0）	6（17.1）	10（28.6）	5（14.3）		
眉间突度			不　显	稍　显	中　等	显　著	极　显	粗　壮
	男	19		3（15.8）	11（57.9）	5（26.3）		
	女	15	5（33.3）	10（66.7）				
	男＋女	34	5（14.7）	13（38.2）	11（32.4）	5（14.7）		
鼻根凹陷			无	浅	深			
	男	20	10（50.0）	10（50.0）				
	女	15	15（100.0）					
	男＋女	35	25（71.4）	10（28.6）				
额坡度			直	中　斜	斜			
	男	21	4（19.0）	16（76.2）	1（4.8）			
	女	15	11（73.3）	4（26.7）				
	男＋女	36	15（41.7）	20（55.6）	1（2.8）			
额中缝			无	＜1/3	1/3～2/3	＞2/3	全	
	男	21	21（100.0）					
	女	15	14（93.3）		1（6.7）			
	男＋女	36	35（97.2）		1（2.8）			
眶　形			圆　形	椭　圆　形	方　形	长　方　形	斜　方　形	
	男	17	1（5.9）	1（5.9）	3（17.6）	1（5.9）	11（64.7）	
	女	15	4（26.7）		2（13.3）	1（6.7）	8（53.3）	
	男＋女	32	5（15.6）	1（3.1）	5（15.6）	2（6.3）	19（59.4）	

表四　头骨形态分类出现频率表

形 态 特 征	性 别	例 数	形 态 分 类 和 出 现 频 率					
眶口平面位置			前 倾	垂 直	后 斜			
	男	17		6 (35.3)	11 (64.7)			
	女	15		2 (13.3)	13 (86.7)			
	男+女	32		8 (25.0)	24 (75.0)			
眶口正面位置			水 平	倾 斜				
	男	18	7 (38.9)	11 (61.1)				
	女	15	6 (40.0)	9 (60.0)				
	男+女	33	13 (39.4)	20 (60.6)				
梨状孔			心 形	梨 形	三 角 形			
	男	14	4 (28.6)	10 (71.4)				
	女	11	2 (18.2)	8 (72.7)	1 (9.1)			
	男+女	25	6 (24.0)	18 (72.0)	1 (4.0)			
梨状孔下缘			人 (锐) 型	婴儿 (钝) 型	鼻前窝型	鼻前沟型	不对称型	
	男	21	4 (19.0)	11 (52.4)	6 (28.6)			
	女	14	2 (14.3)	11 (78.6)	1 (7.1)			
	男+女	35	6 (17.1)	22 (62.9)	7 (20.0)			
鼻下棘			不 显	稍 显	中 等	显 著	粗 壮	
	男	15	1 (6.7)	5 (33.3)	3 (20.0)	4 (26.7)	2 (13.3)	
	女	12		7 (58.3)	4 (33.3)	1 (8.3)		
	男+女	27	1 (3.7)	12 (44.4)	7 (25.9)	5 (18.5)	2 (7.4)	
犬齿窝			无	浅	中	深	极 深	
	男	19	9 (47.3)	6 (31.6)	4 (21.1)			
	女	14	8 (57.1)	1 (7.1)	3 (21.4)	1 (7.1)	1 (7.1)	
	男+女	33	17 (51.5)	7 (21.2)	7 (21.2)	1 (3.0)	1 (3.0)	
鼻背形态 (侧视)			直 形	凹 形	凹 凸 形			
	男	13	1 (7.7)	11 (84.6)	1 (7.7)			
	女	8	2 (25.0)	6 (75.0)				
	男+女	21	3 (14.3)	17 (81.0)	1 (4.8)			
鼻骨形状 (正视)			I 型	II 型	III 型			
	男	15	14 (93.3)	1 (6.7)				
	女	14	8 (57.1)	3 (21.4)	3 (21.4)			
	男+女	29	22 (75.9)	4 (13.8)	3 (10.3)			
矢状脊			无	弱	中	显 著		
	男	21	10 (47.6)	10 (47.6)	1 (4.8)			
	女	15	10 (66.7)	3 (20.0)	2 (13.3)			
	男+女	36	20 (55.6)	13 (36.1)	3 (8.3)			
枕外隆突			无	稍 显	中 等	显 著	极 显	喙 状
	男	20	3 (15.0)	3 (15.0)		5 (25.0)	7 (35.0)	2 (10.0)
	女	15	6 (40.0)	6 (40.0)	2 (13.3)			1 (6.7)
	男+女	35	9 (25.7)	9 (25.7)	2 (5.7)	5 (14.3)	7 (20.0)	3 (8.6)
腭 形			U 形	V 形	椭 圆 形			
	男	17		3 (17.6)	14 (82.3)			
	女	11	1 (9.1)	1 (9.1)	9 (81.8)			
	男+女	28	1 (3.6)	4 (14.3)	23 (82.1)			

续表四

形 态 特 征	性 别	例 数	形 态 分 类 和 出 现 频 率				
腭圆枕			无	脊 状	丘 状	瘤 状	
	男	20	11 (55.0)	4 (20.0)	5 (25.0)		
	女	13	8 (61.5)	1 (7.7)	3 (23.1)	1 (7.7)	
	男＋女	33	19 (57.6)	5 (15.2)	8 (24.2)	1 (3.0)	
颅顶缝			简单（微波）	较简单（锯齿）	复 杂		
	男	15	12 (80.0)	2 (13.3)	1 (6.7)		
	女	12	10 (83.3)	2 (16.7)			
	男＋女	27	22 (81.5)	4 (14.8)	1 (3.7)		
颏 形			方 形	圆 形	尖 形	角 形	杂 形
	男	14	1 (7.1)	12 (85.7)		1 (7.1)	
	女	11		7 (63.6)	4 (36.4)		
	男＋女	25	1 (4.0)	19 (76.0)	4 (16.0)	1 (4.0)	
下颌角			外 翻	直 形	内 翻		
	男	12	5 (41.7)	6 (50.0)	1 (8.3)		
	女	10		7 (70.0)	3 (30.0)		
	男＋女	22	5 (20.0)	13 (59.1)	4 (18.2)		
颏孔位置			P1P2 位	P2 位	P2M1 位	M1 位	
	男	16	2 (12.5)	13 (81.3)	1 (6.3)		
	女	10		10 (100.0)			
	男＋女	26	2 (7.7)	23 (88.5)	1 (3.8)		
"摇椅"下颌			非	轻 度	明 显		
	男	15	15 (100.0)				
	女	11	11 (100.0)				
	男＋女	26	26 (100.0)				
下颌圆枕			无	小	中	大	
	男	16	10 (62.5)	3 (18.8)	3 (18.8)		
	女	12	10 (83.3)	2 (16.7)			
	男＋女	28	20 (71.4)	5 (17.9)	3 (10.7)		
铲形齿（上门齿)			非	弱	中	显 著	
	男	3		1 (33.3)	2 (66.7)		
	女	3			1 (33.3)	2 (66.7)	
	男＋女	6		1 (16.7)	3 (50.0)	2 (33.3)	

表五 头骨测量特征分类频率及平均数

项　目	性别	例数	形　态　分　类　频　率					平均数±标准差
颅指数 (8:1)			特长 (<69.9)	长 (70~74.9)	中 (75~79.9)	短 (80~84.9)	特短 (>85)	
	男	17	2 (11.8)	10 (58.9)	4 (23.5)	1 (5.9)		73.6±3.7 (17)
	女	13	2 (15.4)	5 (38.5)	6 (46.2)			74.3±3.0 (13)
	男+女	30	4 (13.3)	15 (50.0)	10 (33.3)	1 (3.3)		
颅长高指数 (17:1)			低 (<69.9)	正 (70~74.9)	高 (>75)			
	男	11		5 (45.5)	6 (54.5)			75.8±2.1 (11)
	女	12		3 (25.0)	9 (75.0)			76.3±2.6 (12)
	男+女	23		8 (34.8)	15 (65.2)			
颅长耳高指数 (21:1)			低 (<57.9)	正 (58~62.9)	高 (>63)			
	男	13		4 (30.8)	9 (69.2)			64.3±2.8 (13)
	女	12		2 (16.7)	10 (83.3)			65.2±2.7 (12)
	男+女	25		6 (24.0)	19 (76.0)			
颅宽高指数 (17:8)			阔 (<91.9)	中 (92~97.9)	狭 (>98)			
	男	11			11 (100.0)			105.7±4.7 (16)
	女	12		1 (8.3)	11 (91.7)			102.8±3.5 (12)
	男+女	23		1 (4.3)	22 (95.7)			
额宽指数 (9:8)			狭 (<65.9)	中 (66~68.9)	阔 (>69)			
	男	15	1 (6.7)	8 (53.3)	6 (40.0)			69.6±3.4 (15)
	女	13	1 (7.7)	8 (61.5)	4 (30.8)			67.8±2.6 (13)
	男+女	28	2 (7.1)	16 (57.1)	10 (35.7)			
垂直颅面指数 (48:17)			很小 (<47.8)	小 (47.9~51.1)	中 (51.2~54.8)	大 (54.9~58.1)	很大 (>58.2)	
	男	10		2 (20.0)	5 (50.0)	3 (30.0)		53.2±2.5 (10)
	女	11		8 (72.7)	2 (18.2)	1 (9.1)		50.6±2.5 (11)
	男+女	21		10 (47.6)	7 (33.3)	4 (19.0)		
上面指数 (48:45)			特阔 (<44.9)	阔 (45~49.9)	中 (50~54.9)	狭 (55~59.9)	特狭 (>60)	
	男	12			4 (33.3)	6 (50.0)	2 (16.7)	55.8±3.4 (12)
	女	9			5 (55.6)	4 (44.4)		54.3±2.5 (9)
	男+女	21			9 (42.9)	10 (47.6)	2 (9.5)	
全面指数 (47:45)			特阔 (<79.9)	阔 (80~84.9)	中 (85~89.9)	狭 (90~94.9)	特狭 (>95)	
	男	4	1 (25.0)	1 (25.0)	1 (25.0)	1 (25.0)		85.7±4.7 (4)
	女	7		4 (57.1)	2 (28.6)		1 (14.3)	82.4±12.59 (>)
	男+女	11	1 (9.1)	5 (45.5)	3 (27.3)	1 (9.1)	1 (9.1)	
眶指数 (52:51) 左			低 (<75.9)	中 (76~84.9)	高 (>85)			
	男	13	1 (7.7)	8 (61.5)	4 (30.8)			82.6±6.3 (13)
	女	13	1 (7.7)	10 (76.9)	2 (15.4)			81.4±3.9 (13)
	男+女	26	2 (7.7)	18 (69.2)	6 (23.1)			

续表五

项　目	性别	例数	形　态　分　类　频　率					平均数±标准差
鼻指数（54：55）			狭（<46.9）	中（47~50.9）	阔（51~57.9）	特阔（>58）		
	男	16	6（37.5）	5（31.3）	5（31.3）			48.8±4.7（16）
	女	12		3（25.0）	8（66.7）	1（8.3）		52.9±3.3（12）
	男+女	28	6（21.4）	8（28.6）	13（46.4）	1（3.6）		
面突度指数（40：5）			平颌（<97.9）	中颌（98~102.9）	突颌（>103）			
	男	11	9（81.8）	1（9.1）	1（9.1）			97.2±4.2（11）
	女	11	6（54.5）	5（45.5）				96.4±4.7（11）
	男+女	22	15（68.2）	6（27.3）	1（4.5）			
腭指数（63：62）			狭（<79.9）	中（80~84.9）	阔（>85）			
	男	6	1（16.7）	3（50.0）	2（33.3）			84.0±5.3（6）
	女	8		2（25.0）	6（75.0）			92.3±9.0（8）
	男+女	14	1（7.1）	5（35.7）	8（57.1）			
齿槽弓指数（61：62）			长（<109.9）	中（110~114.9）	短（>115）			
	男	10		4（40.0）	6（60.0）			120.5±10.0（10）
	女	9			9（100.0）			124.9±7.7（9）
	男+女	19		4（21.1）	15（78.9）			
全面角（72）			超突（<69.9）	突（70~79.9）	中（80~84.9）	平（85~92.9）	超平（>93）	
	男	16		1（6.3）	6（37.5）	9（56.3）		84.6±3.1（16）
	女	11			5（45.5）	6（54.5）		85.1±2.5（11）
	男+女	27		1（3.7）	11（40.7）	15（55.6）		
齿槽面角（74）			超突（<69.9）	突（70~79.9）	中（80~84.9）	平（85~92.9）	超平（>93）	
	男	16	4（25.0）	10（62.5）	1（6.3）	1（6.3）		74.4±5.4（16）
	女	11	1（9.1）	6（54.5）	2（18.2）	2（18.2）		77.9±6.5（11）
	男+女	27	5（18.5）	16（59.3）	3（11.1）	3（11.1）		
鼻骨角（75-1）			很小（<18.9）	小（19~23.9）	中（24~28.9）	大（29~33.9）	很大（>34）	
	男	7	4（57.1）	2（28.6）	1（14.3）			17.9±5.4（7）
	女	5	3（60.0）	2（40.0）				17.9±2.0（5）
	男+女	12	7（58.3）	4（33.3）	1（8.3）			
鼻颧角（77）			很小（<135）	小（136~139）	中（140~144）	大（145~148）	很大（>149）	
	男	15	1（6.7）	6（40.0）	2（13.3）	2（13.3）	4（26.7）	143.1±6.2（15）
	女	13	1（7.7）	2（15.4）	4（30.8）	1（7.7）	5（38.5）	145.2±6.5（13）
	男+女	28	2（7.1）	8（28.6）	6（21.4）	3（10.7）	9（32.1）	
颧上额角（Zm∠）			很小（<124.9）	小（125~130.9）	中（131~136.9）	大（137~142.9）	很大（>143）	
	男	12	4（33.3）	7（58.3）	1（8.3）			126.1±4.1（12）
	女	10	2（20.0）	5（50.0）	2（20.0）	1（10.0）		128.8±4.9（10）
	男+女	22	6（27.3）	12（54.5）	3（13.6）	1（4.5）		
鼻根指数（SS：SC）			很弱（<23.4）	弱（23.5~35）	中（35.1~47.9）	突（48~59.5）	很突（>60）	
	男	13		7（53.8）	5（38.5）	1（7.7）		35.5±7.0（13）
	女	8	3（37.5）	4（50.0）	1（12.5）			23.9±11.9（8）
	男+女	21	3（14.3）	11（52.4）	6（28.6）	1（4.8）		

表六　吴忠现代组与周邻现代组13项绝对测量与9项指数均值（男性）

项　　目	吴忠唐代	蒙　古	布里雅特	埃文克	因纽特	楚克奇（沿海）	楚克奇（驯鹿）	华　北	东　北	朝　鲜
颅长（1）	187.8	182.2	181.9	185.5	181.8	182.9	184.4	178.5	180.8	176.7
颅宽（8）	136.9	149.0	154.6	145.7	140.7	142.3	142.1	138.2	139.7	142.6
颅高（17）	144.4	131.1	131.9	126.3	135.0	133.8	136.9	137.2	139.2	138.4
眶高（52）	35.6	35.8	36.2	35.0	35.9	36.3	36.9	35.5	35.6	35.5
颅基底长（5）	107.9	100.5	102.7	101.4	102.1	102.8	104.0	99.0	101.3	99.4
眶宽（51）	42.9	43.3	42.2	43.0	43.4	44.1	43.6	44.0	42.6	42.4
鼻高（55）	56.2	56.5	56.1	55.3	54.6	55.7	56.1	55.3	55.1	53.4
鼻宽（54）	27.4	27.4	27.3	27.1	24.4	24.6	24.9	25.0	25.7	26.0
面基底长（40）	104.5	98.5	99.2	102.2	102.6	102.3	104.2	95.2	95.8	95.4
颧宽（45）	136.1	141.8	143.5	141.6	137.5	140.8	140.8	132.7	134.3	134.7
上面高（48）	76.9	78.0	77.2	75.4	77.5	78.0	78.9	75.3	76.2	76.6
最小额宽（9）	95.3	94.3	95.6	90.6	94.9	95.7	94.8	89.4	90.8	91.4
全面角（72）	84.6	87.5	87.7	86.6	83.8	83.2	83.1	83.4	83.6	94.4
颅指数（8∶1）	73.6	82.0	85.1	76.3	77.6	77.9	77.2	77.6	77.3	80.7
颅长高指数（17∶1）	75.8	71.3	72.7	68.0	74.0	73.2	74.3	77.0	77.1	78.5
颅宽高指数（17∶8）	105.7	88.2	85.1	86.9	96.0	92.1	96.2	99.5	100.0	97.3
上面指数（48∶45）	55.8	54.8	54.0	53.2	56.4	55.4	56.0	56.8	56.8	56.8
眶指数（52∶51）	82.6	82.9	86.0	81.5	83.0	82.4	84.5	80.7	83.7	84.0
鼻指数（54∶55）	48.8	48.6	48.7	49.4	44.8	44.7	44.5	45.3	46.9	48.6
垂直颅面指数（48∶17）	53.2	59.4	58.8	60.0	57.5	58.5	57.6	54.2	54.7	54.9
面突度指数（40∶5）	97.2	98.0	96.3	100.8	100.5	99.6	100.7	96.2	94.6	96.0
鼻根指数（SS∶SC）	35.5	38.8	34.9	32.3	43.5	45.8	37.3	35.0	32.8	—

表七　13 项绝对测量（上部）与 9 项指数（下部）计算的 Dik 距阵

组　别	吴忠唐代	蒙　古	布里雅特	埃文克	因纽特	楚克奇（沿海）	楚克奇（驯鹿）	华　北	东　北	朝　鲜
吴忠唐代										
蒙古	6.13									
布里雅特	6.93	1.89								
埃文克	6.31	2.52	3.62							
因纽特	3.83	3.39	4.63	3.63						
楚克奇（沿海）	4.22	3.04	3.97	3.17	1.29					
楚克奇（驯鹿）	3.36	3.51	4.42	3.82	1.66	1.22				
华北	5.29	4.96	6.36	5.37	3.35	4.17	4.53			
东北	4.25	5.56	6.99	5.81	3.35	4.17	4.27	1.82		
朝鲜	5.36	4.10	5.22	5.40	3.12	3.81	4.19	1.80	2.84	
吴忠唐代										
蒙古	7.06									
布里雅特	8.26	2.35								
埃文克	7.45	3.34	4.12							
因纽特	4.98	3.89	5.77	6.59						
楚克奇（沿海）	6.39	3.39	5.39	5.48	1.65					
楚克奇（驯鹿）	4.25	3.80	5.15	4.70	1.39	3.15				
华北	2.89	5.21	6.24	6.09	3.78	4.96	2.81			
东北	2.79	5.50	6.11	6.20	4.57	5.72	3.25	1.47		
朝鲜	(4.12)	(4.55)	(5.35)	(6.19)	(3.04)	(3.68)	(3.13)	(2.21)	(1.80)	

表八　吴忠唐代组与其他地区组头骨测量均值与 Dik 值（男性）

项　　目	吴忠唐代	中国人	蒙古人	楚克奇人	印度尼西人	阿依努人	乌兹别克人
颅长（1）	187.8 (18)	178.7 (38)	182.2 (80)	182.9 (28)	173.0 (58)	187.6 (41)	175.1 (296)
颅宽（8）	136.9 (18)	139.1 (38)	149.0 (80)	142.3 (28)	140.5 (41)	140.1 (41)	145.4 (296)
颅指数（8：1）	73.6 (17)	77.9 (38)	82.0 (80)	77.9 (28)	81.4 (58)	75.2 (41)	83.1 (296)
颅高（17）	144.4 (12)	136.4 (36)	131.4 (80)	133.8 (27)	135.5 (58)	136.2 (40)	135.8 (293)
颅长高指数（17：1）	75.8 (11)	76.5 (36)	72.1 (80)	73.2 (28)	78.4 (58)	72.6 (41)	77.7 (273)
颅宽高指数（17：8）	105.7 (11)	98.5 (36)	88.2 (80)	94.0 (28)	96.7 (58)	96.6 (41)	93.5 (293)
最小额宽（9）	95.3 (17)	93.1 (38)	94.3 (80)	95.7 (28)	92.0 (58)	95.4 (41)	96.2 (297)
全面角（72）	84.6 (16)	85.0 (38)	90.4 (81)	85.3 (27)	81.9 (57)	84.0 (37)	86.9 (235)
颧宽（45）	136.1 (14)	131.4 (38)	141.8 (80)	140.8 (27)	132.2 (58)	138.6 (34)	135.0 (276)
上面高（48）	76.9 (16)	73.6 (38)	78.0 (69)	78.0 (28)	66.7 (58)	73.4 (31)	73.3 (241)
垂直颅面指数（48：17）	53.2 (10)	53.9 (36)	59.4 (68)	58.5 (27)	49.2 (58)	54.1 (31)	54.0 (241)
上面指数（48：45）	55.8 (12)	56.0 (38)	55.0 (80)	55.4 (28)	50.4 (58)	53.0 (34)	54.3 (226)
鼻颧角（77）	143.1 (15)	145.8 (38)	146.4 (80)	147.8 (28)	142.9 (58)	144.2 (39)	139.7 (275)
颧上颌角 ZM∠	126.1 (12)	131.5 (37)	138.4 (76)	137.4 (27)	130.2 (58)	134.2 (32)	129.2 (264)
额倾角（32）	82.4 (16)	84.2 (38)	80.5 (80)	77.9 (27)	86.4 (58)	80.4 (39)	84.9 (287)
齿槽面角（74）	74.4 (16)	78.0 (35)	79.4 (68)	78.6 (26)	72.1 (49)	75.9 (31)	—
眶指数（52：51）	82.6 (13)	82.1 (38)	82.9 (81)	82.4 (28)	80.2 (58)	79.4 (39)	81.8 (290)
鼻指数（54：55）	48.8 (16)	47.5 (38)	48.6 (81)	44.7 (28)	51.0 (58)	51.3 (38)	47.1 (290)
泪点间宽高指数（DS：DC）	44.1 (8)	39.2 (37)	45.6 (76)	50.4 (25)	40.8 (55)	53.2 (36)	54.6 (267)
鼻根指数（SS：SC）	35.5 (13)	33.5 (37)	41.2 (81)	45.8 (25)	30.4 (54)	45.0 (39)	47.5 (241)
鼻骨角（75—1）	17.9 (7)	18.4 (32)	22.4 (41)	23.9 (15)	14.8 (55)	23.7 (26)	26.2 (195)
吴忠组与其他组之 Dik 值		4.05 (21)	7.21 (21)	6.04 (21)	5.93 (21)	4.90 (21)	6.81 (21)

表九　吴忠西郊唐墓人骨脊椎病变记录

墓　号		性　别	年　龄	病　变　记　录
统　一	原			
M061	IM3	男?	14～16	左侧股骨的股骨头呈扁圆形，相应的髋臼浅
M062	IM4	男	35～45	5节腰椎上有唇状骨质增生，尺—肱骨关节周边和桡骨上端关节周边都有骨质增生现象
M067	IM5	女	＞45～50	胸椎上有骨质增生现象
M071	IM9	女	25～35	腰椎上有骨质增生
M073	IM11	女	＞35～40	腰椎上见有骨质增生
M074	IM12	男	35～45	腰椎之间呈桥状融合，并与骶、髋骨关节也相融合
M078	IM16	女	45～55	腰椎有骨质增生现象出现
M085	IM23	男	40～50	腰椎有骨质增生现象
M064	IM27	男	＞45	腰椎有轻度骨刺增生
M088	IIM1	男	＞50	腰椎有骨质增生
M098	IIM11	男	40～50	胸、腰椎上有唇状骨赘增生
M106	IIM19	男	25～35	第3～5腰椎体部边缘有明显骨赘增生，但尚未形成桥状融合
M107	IIM20	女	＞45	第3～5腰椎体部边缘有明显骨质增生；第4和5节腰椎之间偏右部分有局部上下融合现象存在
M044	IIIM2	男	25～35	第3～12胸椎和第1腰椎椎体彼此上下完全形成竹节状融合，并有明显后弯，同时这些椎体的棘突之间被增生的骨脊互相连结，在这些脊椎与相应的肋骨的关节也完全固结；在第7颈椎与第1胸椎之间也呈竹节样融合。另在髋骨的坐骨结节上有明显骨棘增生，股骨粗线的大半段也有骨赘增生现象
M044	IIIM2	女	20～25	在一节腰椎上下缘有唇状骨赘，在一节胸椎上也有弱的骨赘
M048	IIIM6	男	25～35?	在骶骨底左半边有明显向上伸展的骨赘增生
M048	IIIM6	女	成年	在一腰椎体前缘有骨赘增生
M030	M30	男	＞45	4节腰椎上有强烈唇状骨赘但未形成桥状融合

表一〇　吴忠西郊唐墓人骨口腔病变记录

墓　号		性	年	龋　齿　病	牙　周　病	齿　槽　脓　肿
统一	原	别	龄			
M060	IM2	男	中年		LM_{1-2}, RM_{1-2} (2/3)	
M060	IM2	女	中年	无	无	无
M073	IM11	男	老年	LM_1、P^1（残根），RM^1（残根）	LM_2, RM_1 (1/2)	LM_1
M074	IM12	男	中年	LP^1、M^1（残根）		LM^1, RP_2
M074	IM12	女	壮年			LI^1、C^1、P^1（I^1和P^1有瘘管）
M077	IM15	女	青年	无	无	无
M077	IM15	男	中年	LP^2（残根）	LP_1—M_2, RM_{1-3} (1/3)	LP^1
M080	IM18	女	壮年			LI^1
M086	IM24	女	青年	无	无	无
M098	IIM11	男	中年			RM_2
M098	IIM11	男	中年	无	无	无
M088	IIM1	男	中年		LM^{1-3}, RM^{1-2} (3/4)	
M096	IIM9	男	壮年		整个上齿槽萎缩	
M099	IIM12	男	壮年			LI^{1-2}
M101	IIM14	男	壮年	无	无	无
M103	IIM16	女	壮年			LM^{1-2}, RM^1
M106	IIM19	男	壮年	无	无	无
M106	IIM19	女	中年		LM_{1-2}, (1/3—2/3)	
M109	IIM22	女	中年	无	无	无
M111	IIM24	女	青年	无	无	无
M118	IIM31	男	中年		LM^{1-3}, RM^{1-3} (1/3—1/2)	
M001	M1	男	老年	无	无	无
M003	M3	男	青年	无	无	无
M004	M4	男	中年	RM^1	LM^2 (2/3)	LP^{1-2}, M^1（LP^1有瘘管）, RM^1
M005	M5	女	中年			LP^2（有瘘管）、P_2、RP_2（有瘘管）、RM^1

续表一〇

墓 号		性别	年龄	龋 齿 病	牙 周 病	齿 槽 脓 肿
统一	原					
M007	M7	女	壮年			LM^{1-2}、M_3
M011	M11	男	壮年			RM^1
M012	M12	男	壮年	无	无	无
M013	M13	男	壮年	LM^1		LM^1，RM^1
M020	M20	女	青年		LM_{1-3}	
M030	M30	女	中年	无	无	无
M030	M30	男	中年			RM^{1-2}，LM_{1-2}，RM_{1-2}

表一一　吴忠西郊唐墓人骨口腔病变出现统计

年 龄 期	龋 齿 病	牙 周 病	齿 槽 脓 肿
未成年	0 (0.0%)	0 (0.0%)	0 (0.0%)
青年	0 (0.0%)	1 (3.1%)	0 (0.0%)
壮年	1 (3.1%)	1 (3.1%)	7 (21.9%)
中年	3 (9.4%)	6 (18.8%)	6 (18.8%)
老年	1 (3.1%)	1 (3.1%)	1 (3.1%)
观察标本个体数	32	32	32

表一二 肢骨长和推算身高

墓 号		肢 骨 长	性别	推 算 身 高	墓 号		肢 骨 长	性别	推 算 身 高
统一	原				统一	原			
M001	M1	(H) 32.3	(男)	169.75；(164.12)	M048	IIIM6	(F+T) 40.2+32.5	(男)	159.06；(155.53)
M020	M20	(H) 33.4	(男)	172.70；(167.30)	M002	M2	(F+T) 38.7+32.1	(女)	—；(148.87)
M021	M21	(F+T) 44.2+36.8	(男)	169.19；(165.15)	M007	M7	(H) 27.5	(女)	—；(147.21)
M022	M22	(F+T) 46.2+36.7	(男)	171.51；(167.35)	M013	M13	(F) 40.0	(女)	—；(150.64)
M025	M25	(F) 45.2	(男)	169.75；(166.28)	M020	M20	(F) 39.0	(女)	—；(148.7)
M030	M30	(F+T) 44.8+36.1	(男)	169.07；(165.04)	M030	M30	(F) 40.2	(女)	—；(151.03)
M062	IM4	(T) 38.6	(男)	173.70；(170.38)	M060	IM2	(F) 45.4	(女)	—；(161.15)
M070	IM8	(F+T) 44.9+35.1	(男)	167.97；(163.99)	M070	IM8	(F) 40.2	(女)	—；(151.03)
M073	IM11	(F+T) 43.3+36.0	(男)	167.12；(163.18)	M071	IM9	(T) 32.3	(女)	—；(150.74)
M074	IM12	(F+T) 45.8+38.5	(男)	173.22；(168.98)	M073	IM11	(F) 39.2	(女)	—；(149.09)
M075	IM13	(T) 37.0	(男)	169.88；(166.58)	M077	IM15	(F+T) 42.3+34.1	(女)	—；(155.18)
M076	IM15	(F+T) 41.7+35.1	(男)	165.07；(160.28)	M078	IM16	(F) 39.4	(女)	—；(149.48)
M080	IM18	(U) 25.6	(男)	166.54；(—)	M080	IM18	(F) 39.5	(女)	—；(149.67)
M083	IM21	(T) 37.9	(男)	172.03；(168.71)	M085	IM23	(R) 23.7	(女)	—；(160.45)
M088	IIM1	(F) 43.7	(男)	166.53；(163.46)	M085	IM23	(F) 42.8	(女)	—；(156.09)
M090	IIM3	(T) 36.4	(男)	169.45；(165.15)	M086	IM24	(F) 37.9	(女)	—；(146.56)
M091	IIM4	(T) 38.6	(男)	173.70；(170.38)	M091	IIM4	(H) 29.8	(女)	—；(153.54)
M092	IIM5	(F) 43.4	(男)	165.88；(162.90)	M092	IIM5	(H) 30.0	(女)	—；(154.10)
M096	IIM9	(F+T)44.9+36.2	(男)	169.31；(165.27)	M094	IIM7	(F) 41.0	(女)	—；(152.59)
M098	IIM11	(T) 39.3	(男)	175.38；(172.04)	M096	IIM9	(T) 33.6	(女)	—；(153.80)
M099	IIM12	(F) 44.0	(男)	167.17；(164.03)	M103	IIM16	(T) 31.2	(女)	—；(148.16)
M101	IIM14	(F) 45.2	(男)	169.75；(166.28)	M105	IIM18	(F+T) 38.0+31.0	(女)	—；(146.85)
M106	IIM19	(F+T) 45.3+38.0	(男)	172.00；(167.82)	M106	IIM19	(F+T) 38.7+32.8	(女)	—；(149.66)
M107	IIM20	(F+T) 41.2+34.2	(男)	162.36；(158.66)	M108	IIM21	(F+T) 38.8+31.7	(女)	—；(148.54)
M108	IIM21	(F+T) 47.0+39.1	(男)	175.41；(171.06)	M109	IIM22	(H) 29.9	(女)	—；(153.82)
M108	IIM21	(T) 38.0	(男)	172.27；(168.95)	M111	IIM24	(F+T) 39.6+33.5	(女)	—；(151.46)
M044	IIIM2	(F) 43.2	(男)	165.45；(162.52)	M048	IIIM6	(F+T) 40.9+32.9	(女)	—；(152.25)

注："F、T、H、U、R"分别是"股、胫、肱、尺、桡"骨之缩写；肢骨长和身高单位为厘米；"推算身高"栏内前一个身高是用 Trotter 和 Gleser 公式计算的，括号中身高是用 Pearson 公式计算的。

表一三 吴忠西郊唐墓头骨测量表

测量代号	测量项目	M060 IM2 ♂	M073 IM11 ♂	M074 IM12 ♂	M077 IM15 ♂	M088 IIM1 ♂	M096 IIM9 ♂	M098南 IIM1南 ♂	M098北 IIM11北 ♂	M099 IIM12 ♂	M101 IIM14 ♂	M106 IIM19 ♂	M118 IIM31 ♂	M001 M1 ♂	M003 M3 ♂	M004 M4 ♂	M011 M11 ♂	M012 M12 ♂	M013 M13 ♂	M030 M30 ♂	平均数±标准离差
1	颅长 (g – op)	176	193.2	197.7?	186.4	192	183.4	200.8	193.6	186.4	180.3	193	180	183.8	–	186.8	185.5	180	187.3	195	187.8 ± 6.6 (18)
8	颅宽 (eu – eu)	134	141	133?	136	138	143	126.7?	136.3	145.8	141.4	139	132.7	149	–	139.5	130.4	133	134	131.5	136.9 ± 5.5 (18)
17	颅高 (ba – b)	–	–	153.6?	142.2	–	142.7	155?	154.7?	–	–	144.3	134.3	–	–	143.6	135.8	–	143.4	142	144.4 ± 6.5 (12)
18	颅底垂直高 (ba – v)	–	–	152.5	142	–	–	154?	155	–	–	143	134.8	–	–	142.4	136	–	142.7	143	144.5 ± 6.7 (10)
20	耳门颅顶高 (po – b)	–	128	130	121	122	–	126.9?	126	–	124.5	114.9	118	125.5	123.2?	115.2	115	118	122	124	122.1 ± 4.6 (16)
21	耳上颅高 (po – v)	–	118.2	129	121	121.2	–	125?	126.5	119.9	127	115	118	126	125?	115	115.3	–	121	124	121.8 ± 4.5 (15)
9	最小额宽 (ft – ft)	91.3	96.6	101	93.2	98.2	97.4	94.9	92	97.9	97.9	107	90.9	101.9	91.5	88.3	93.4	88.3	96	–	95.3 ± 4.9 (17)
10	最大额宽 (co – co)	–	119.6	–	111.8	124.8	121.2	–	124.6	–	–	119.1	113.6	124.3	–	114	112.5	110.4	109	–	117.1 ± 5.6 (12)
25	颅矢状弧 (arc n – o)	–	–	408?	383	–	–	393?	408	402?	402	401	381	–	–	–	380	377	389?	402.5	393.9 ± 11.0 (12)
26	额弧 (arc n – b)	120	142	136?	130.5	136.5	–	133	146	135	134	140.5	133	146	136	133	123	134	128	136	134.6 ± 6.6 (18)
27	顶弧 (arc b – l)	130?	115	148?	122	142.5	150	137.5	140	133	137	131.5	138	145	–	125.5	128	125	129	146	134.6 ± 9.4 (18)
28	枕弧 (arc l – o)	–	–	119	128	–	115?	123	–	131?	110	127	111	–	–	–	124	117	129?	121	121.3 ± 6.7 (12)
29	额弦 (chord n – b)	106.2	124	118.3?	115	117.9	–	117.3	123.4	114.2	123.1	123.1	116.4	124.1	119	116.9	107.5	114.6	112.4	–	116.9 ± 5.2 (16)
30	顶弦 (chord b – l)	116.6	107.9	133.2?	114	129.6	133.3	124.6	122.4	119.9	118.3	118.3	122.2	126.7	–	113.3	117.3	112.7	118	–	120.6 ± 7.2 (16)
31	枕弦 (chord l – o)	–	–	100.3?	103	–	95.2	101	102.4	104.4	101.9	101.9	94.4	–	–	–	102	93.1	103.2	–	100.1 ± 3.8 (11)
23	颅周长 (过眉弓上方)	–	538	553	530	542	527	548?	541	552	524	543	507	535	–	518	523	505	520	539	532.1 ± 14.1 (17)
24	颅横弧 (过v)	–	337?	337?	326	330	322	331	340	337	345?	312	315	345	–	316	306	318	323	329	327.6 ± 11.4 (17)
5	颅基底长 (ba – n)	–	–	117.8?	103.6?	102.3?	–	124.9	110.5	–	–	110	97.5	–	–	106.8	101.8	–	103?	108.8	107.9 ± 7.5 (11)
40	面基底长 (ba – pr)	–	–	107.8?	113.6?	100?	–	120.9	103.8?	–	105.8	105.8	94.7	–	–	101.7	96	–	97.6	107.3	104.5 ± 7.5 (11)
48	上面高 (n – sd)	74.5	81.4	85.7?	–	76	–	80.5	75.3	–	79.5	76	70.2	73.6	72.3	80.4	71.5	78.3	72.7	81.8	76.9 ± 4.3 (16)
	(n – pr)	70.8	77.1	81.5?	–	71.9	–	75.3?	70.9	–	75.7	71.6	69	70	70	76.5	68.8	74.3	69.4	78.5	73.2 ± 3.7 (16)
47	全面高 (n – gm)	–	133.1?	–	–	–	–	134.5	–	–	–	123.2	–	117.3	–	129.4	–	–	–	–	127.5 ± 6.4 (5)
45	颧宽 (zy – zy)	–	151.2?	128.7	130.5	147.5	–	132.6?	129?	139.5?	139.5	148.7	126.2?	147	–	140.4	127.8	128.9	126.8?	–	136.1 ± 8.9 (14)
46	中面宽 (zm – zm)	108.3	108.3	106.6	–	102.3	–	98.3	94	98.2	98.2	115.8	111.8	111.8	101.6	111.7	100.3	–	99.8	–	104.1 ± 6.4 (12)
	(zm₁ – zm₁)	108.5	108	108.5	–	103	–	93.3	–	102	102	112.9	91.4	112.3	105.8	105.2	100	–	99.4	–	103.5 ± 6.5 (12)

续表一三

测量代号	测量项目	M060	M073	M074	M077	M088	M096	M098	M098	M099	M101	M106	M118	M001	M003	M004	M011	M012	M013	M030	平均数±标准差
		IM2	IM11	IM12	IM15	IIM1	IIM9	IIM11南	IIM11北	IIM12	IIM14	IIM19	IIM31	M1	M3	M4	M11	M12	M13	M30	
		♂	♂	♂	♂	♂	♂	♂	♂	♂	♂	♂	♂	♂	♂	♂	♂	♂	♂	♂	
SSS	颧颌点间高(sub.zm-ss-zm)	—	26.8	30.8	—	23.8	—	24.1	—	—	23.4	29.4	22.6	24.5	29.2	30.5	24.2	—	28.5	—	26.5±2.9 (12)
	(sub.zm₁-ss-zm₁)	21.6	21.6	37	20.4	20.4	—	—	—	—	19.8	24.3	19.9	21.4	26	20.6	—	—	25.1	—	23.6±4.9 (10)
43(1)	两眶外缘宽(fmo-fmo)	91.8	101.7	102.8	100.4	106	—	102.3	98	—	101.1	994	98	106	91.9	97.5	101	—	94.7	—	99.5±4.2 (15)
NAS	眶外缘间高(subfmo-n-fmo)	17.2	16.6	20	10.6	15.6	—	14.1	13	—	20	19.3	18.6	16.7	18.8	16.8	13	—	18.5	—	16.6±2.7 (15)
O₃	眶中宽	—	58.3	67	—	60.8	—	53.3	—	—	—	64.4	50.2	57.8	—	58.1	56.6	—	52.1?	—	57.9±5.0 (10)
SR	鼻尖点高	—	16.1	—	—	18.9	—	—	—	—	—	19.7	17.2	—	—	18	16.5	—	—	—	17.7±1.3 (6)
50	眶间宽 (mf-mf)	16.7	17.3	—	—	25?	—	20	—	—	21.8	24.2	20	21.2	18.3	18.8	19.6	18	12.1	—	20.2±2.4 (13)
49(a)	眶内缘点间宽(d-d)	—	—	—	—	—	—	—	—	—	24.7	24.9	23.1	24.4	20.2	20.5	21.8	20.3?	23.5	—	22.6±1.8 (9)
DS	鼻深眶缘宽上高(sub.d-d)	—	—	—	—	—	—	—	—	—	11.8	10.6	9.2	11.1	—	11	9.9	8.2	8.8	—	10.1±1.2 (8)
MH	颧骨高(fmo-zm) 左	44	52.3	47.1	—	46.3	44.5	51.5	—	—	47	49	44.8	46.2	44.8	46.4	48.8	—	45.6	—	47.0±2.4 (14)
	右	44.9	49.4	46.4	44.2	46.4	—	48.3?	51	—	50.3	48	42.3	44.5	45.9	47.5	47.2	—	44.5	—	46.7±2.4 (15)
MB	颧骨宽(zm-rim,orb) 左	24.8	31.6	25.6	—	25	27.9	25.9	—	—	25.2	30.2	24.3	25.1	28.4	28.2	22.9	—	28.3	25.8	26.6±2.3 (15)
	右	24.5	30.5	26.5	24.8	27.2	—	26.7	28.4	—	28.2	30	24.5	27.5	29.8	29.2	24.7	25.8	27.8	25.3	27.1±2.0 (17)
54	鼻宽	22.2	26.8	25.5	—	28.1	—	30	26.6	—	26.5	31.3	29	29.5	23.3	27.8	30.4	26?	25.4	29.6?	27.4±2.5 (16)
55	鼻高(n-ns)	56.1	57.4	58.8?	—	53.3	—	61.2	55.2	—	57.4	56	53.8	55.1	52.4	57.9	52.5	57	52	62.3?	56.2±2.9 (16)
SC	鼻骨最小宽	7.4	8.6	—	6.3	—	—	8.1	5.3	14.4	10.3	12.5	8.2	9.2	2.6	5.4	9.8	6.7	8.5	—	8.2±2.8 (15)
SS	鼻骨最小宽高	2.8	2.3	—	2.1	—	—	2.3	—	4.3	3.8	5.1	2.7	4.3	—	2.7	2.7	2.2	3.2	—	3.1±0.9 (13)
51	眶宽(mf-ek) 左	40.7??	42.2	40?	—	43.5?	—	44.3	—	—	45.5	42.4	41.7	46.1	39.7?	44.7	45.2	—	41.3	—	42.9±2.1 (13)
	右	41	46.6	48?	43.2	44.6	—	42.7?	43.3	—	44.6	42.6	43.1	45	42	44.1	45.9	41	40.8	42.5	43.6±2.0 (17)
51a	眶宽(d-ek) 左	—	37.2	—	—	—	—	—	—	—	42.5	—	39.4	47.9	—	42.5	42	—	36.4	—	40.7±3.4 (9)
	右	37.2	—	—	40.6	41.8	—	—	—	—	41.5	41.2	39.4	46.8	40	40.5	42.4	—	38.8	—	41.3±2.1 (10)
52	眶高 左	33.4	38.5	38.1	—	37.2	—	39.9	—	—	35.6	35.2	32.3	34.2	34.8?	34.4	35.4	—	34.3	36.6	35.6±2.1 (13)
	右	35.7	38	38.1	32.4	33.5	—	—	—	—	46.1	35.6	31.2	33.8	33.5	35.8	35.4	35.5	34.2	36.6	35.7±3.3 (15)
60	齿槽弓长	—	54.3	57?	—	55	53.3?	—	—	—	50.5?	61	56.2	47.9	53.1	59.8	53.8	—	55.4	53.5	54.7±3.3 (13)
61	齿槽弓宽	—	72.7	—	—	61.8	68	—	—	—	68?	72.5	66.3	70.4	64.4	66.5	61.5	—	67	60.6?	66.6±3.9 (12)

续表一三

测量代号	测量项目	M060 / IM2 / ♂	M073 / IM11 / ♂	M074 / IM12 / ♂	M077 / IM15 / ♂	M088 / IIM1 / ♂	M096 / IIM9 / ♂	M098 / IIM11南 / ♂	M098 / IIM11北 / ♂	M099 / IIM12 / ♂	M101 / IIM14 / ♂	M106 / IIM19 / ♂	M118 / IIM31 / ♂	M001 / M1 / ♂	M003 / M3 / ♂	M004 / M4 / ♂	M011 / M11 / ♂	M012 / M12 / ♂	M013 / M13 / ♂	M030 / M30 / ♀	平均数±标准差
62	腭长 (ol–sta)	–	–	50.9	–	49.3	–	–	49.4	–	–	50.6	–	–	44.5	49	–	–	45.6	47.4	48.3 ± 2.2 (8)
63	腭宽 (enm–enm)	–	–	–	–	40.1	–	41.2	41.2	–	–	45.7	43.4	–	–	44.1	–	–	38.3	35.4?	41.2 ± 3.3(7)
7	枕大孔长 (ba–o)	–	–	–	37.6	–	36	–	43.3	–	–	40.4	35	–	–	–	38.4	–	42	36.6	38.7 ± 2.8(8)
16	枕大孔宽	–	–	–	25.2?	–	29.9	–	33.3	–	–	31.7	25.8	–	–	32.7	30.1	–	30.3	29.4	29.8 ± 2.6(9)
11	耳点间宽 (au–au)	–	134.6	115.4	122.6	134	126.8	120	120.7	128.7	132.6	128	119	137.5	–	123.4	120.1	119.8	121.5	120.3	125 ± 6.3(17)
	耳门上点宽 (po–po)	–	126.2	110	115.1	128.4	122	114	115.2	122.8	125.8	–	114.4	128	–	119	117	112	114.3	116.5	118.8 ± 5.7(16)
	鼻骨长 (n–rhi)	–	26.7	–	–	18.9?	–	–	–	–	–	25.2	28.2	–	–	23	26.6	22.7	–	–	24.5 ± 2.9(7)
	鼻尖齿槽点长 (rhi–pr)	–	51	–	–	55.7?	–	–	–	–	–	47.7	43.6	–	–	54.5	43.8	54.2	–	–	50.1 ± 4.7(7)
65	下颌髁间宽 (cdl–cdl)	122.5	140	–	131.9	–	–	–	–	–	137.2	138	–	132.1	–	137.1	–	–	–	–	134.1 ± 5.5(7)
32 (1a)	额角 (n–b–FH)	51	51	52	53	53	–	51.5	51.5	–	52	43	51.5	51	65	47	52.5	51	54.5	50	51.8 ± 4.3(16)
32	额倾角 (n–m–FH)	81	81	84	78.5	86	–	78	80	–	84.5	75.5	84	90	83.5	76.5	87	90	83.5	77	82.4 ± 4.4(16)
	额倾角 (g–m–FH)	74	74	83	76	79	–	71	76	–	81.5	72	78.5	83.5	80	73	81	89	77	72.5	77.9 ± 4.8(16)
	前囟角 (g–b–FH)	46.5	46.5	48.5	49	49.5	–	46	46	–	50.5	40.5	47.5	48	52	44	48	47	49	46	47.4 ± 2.6(16)
72	面角 (n–pr–FH)	85	85	81.5	83	83.5	–	81	83	–	91	79	88.5	85	88.5	81	85	88	85	85.5	84.6 ± 3.1(16)
73	鼻面角 (n–ns–FH)	89	89	84.5	89	84.5	–	82	85	–	90	79.5	90.5	89.5	90.5	85	86	88	89	86.5	86.8 ± 3.1(16)
74	齿槽角 (ns–pr–FH)	68	68	77	68?	79	–	67	73	–	86	71.5	74	72.5	79	66.5	76.5	82	74	76.5	74.4 ± 5.4(16)
77	鼻颧角 (fmo–n–fmo)	139	143.8	137.5	156.2	147.2	–	149.2	150.2	–	136.9	137.6	138.5	145	135.5	142.1	151.1	–	137.2	–	143.1 ± 6.2(15)
SSA∠	颧上颌角 (zm–ss–zm)	–	127.4	120	–	130.2	–	122.7	–	–	129	126.1	128.6	132.6	120.2	122.7	128.4	–	120.6	–	126.1 ± 4.1(12)
	(zm₁–ss–zm₁)	–	136.4	111.1?	–	136.7	–	–	–	–	137.6	133.5	132.9	138.2	127.6	137.2	–	126.3	–	–	131.8 ± 7.9(10)
75	鼻尖角 (n–rhi–FH)	–	70	–	69	–	–	–	–	–	–	62	67.5	–	–	69	69	66	–	–	67.5 ± 7.5(7)
75 (1)	鼻骨角 (rhi–n–pr)	–	9.9	–	–	26.9?	–	–	–	–	–	15	20.1	–	–	14.2	15.8	23.3	–	–	17.9 ± 5.4(7)
72 (5)	鼻根点角 (ba–n–pr)	–	–	64.5	–	67.5?	–	69.3	–	–	–	67.5	66.8	–	–	65	65.2	–	65.6	67.7	66.6 ± 1.5(9)
	上齿槽点角 (ba–pr–n)	–	–	72.4?	–	70.9?	–	75.1	–	–	–	73.8	71.1	–	–	72.1	74.2	–	74	69.7	72.6 ± 1.7(9)
	颅底角 (n–ba–pr)	–	–	43.1?	–	41.6?	–	35.6	–	–	–	38.7	42	–	–	43	40.6	–	40.4	42.6	40.8 ± 2.3(9)
8 : 1	面指数	76.1	73	67.3?	73	71.9	78	–	70.4	78.2	78.4	72	73.7	81.1	–	74.7	70.3	73.9	71.5	67.4	73.6 ± 3.7(17)

续表一三

测量代号	测量项目	M060 IM2 ♂♀	M073 IM11 ♂♀	M074 IM12 ♂♀	M077 IM15 ♂♀	M088 IM1 ♂♀	M096 IIM9 ♂♀	M098 IIM11 南 ♂♀	M098 IIM11 北 ♂♀	M099 IIM12 ♂♀	M101 IIM14 ♂♀	M106 IIM19 ♂♀	M118 IIM31 ♂♀	M001 M1 ♂♀	M003 M3 ♂♀	M004 M4 ♂♀	M011 M11 ♂♀	M012 M12 ♂♀	M013 M13 ♂♀	M030 ♂♀	平均数±标准差
17 : 1	颅长高指数	—	—	77.7?	76.3	73.6	77	—	79.9?	—	—	74.8	74.6	—	—	76.9	73.2	—	76.6	72.8	75.8 ± 2.1 (11)
21 : 1	颅长耳高指数	—	61.2	65.3?	64.9	63.1	—	65.3	—	—	70.4	59.6	65.6	68.6	—	61.6	62.2	—	64.6	63.6	64.3 ± 2.8 (13)
17 : 8	颅宽高指数	—	—	115.5?	104.6	102.4	99.8	—	113.5	—	—	103.8	101.2	—	—	102.9	104.1	—	107	108	105.7 ± 4.7 (11)
54 : 55	鼻指数	39.6	46.7	43.4?	—	52.7	—	49	48.2	—	46.2	55.9	53.9	53.5	44.5	48	57.9	45.6?	48.8	47.5?	48.8 ± 4.7 (16)
SS : SC	鼻根指数	38	27.3	—	33.1	—	—	28.1	—	29.9	36.6	41.1	32.7	46.7	—	50.7	27.6	32.6	37.3	—	35.5 ± 7.0 (13)
52 : 51	眶指数　左	82.1	91.2	95.3?	—	76.3?	—	90.1	—	—	78.2	82.4	77.5	74.2	87.7?	77	78.3	—	83.1	—	82.6 ± 6.3 (13)
	右	87.1	81.5	79.4?	75.1	75.1	—	—	—	—	103.4	83.6	72.4	75.1	79.8	81.2	77.1	86.6	83.8	86.1	81.8 ± 7.3 (15)
52 : 51a	眶指数　左	—	103.5	—	79.8	80.1	—	—	—	—	83.8	84.8	82	71.4	94.1?	80.9	84.3	—	94.2	—	86.6 ± 8.8 (9)
	右	—	—	—	—	—	—	—	—	—	111.1	86.4	79.2	72.2	83.8	88.4	83.5	—	88.1	—	85.3 ± 9.8 (10)
48 : 17	垂直颅面指数 (sd)	—	—	55.8?	53.8?	53.8?	—	51.9?	48.7?	—	—	52.7	52.3	—	—	56	52.7	—	50.7	57.6	53.2 ± 2.5 (10)
48 : 45	上面指数 (sd)	—	53.8?	—	51.5	51.5	—	60.7?	58.1?	—	57	51.1	55.6?	50.1	—	57.3	55.9	60.7	57.3	—	55.8 ± 3.4 (12)
	(pr)	—	51?	—	48.7	48.7	—	56.8?	54.7?	—	54.3	48.2	54.7?	47.6	—	54.5	53.8	57.6	54.7	—	53.1 ± 3.2 (12)
47 : 45	全面指数	—	88?	—	—	—	—	81.9	—	—	—	82.9	—	79.8	—	92.2	—	—	—	—	85.7 ± 4.7 (4)
48 : 46	中面指数 (sd)	—	75.2	80.4?	74.3	74.3	—	—	—	—	81	65.6	74.7	65.8	71.2	72	71.3	—	72.8	—	73.9 ± 5.1 (12)
9 : 8	额宽指数	68.1	68.5	75.9?	68.5	71.2	68.1	—	67.5	—	69.2	77	68.5	68.4	—	63.3	71.6	66.4	71.6	—	69.6 ± 3.4 (15)
40 : 5	面突度指数	—	—	94.7?	97.8	97.8	—	96.8	93.9?	—	—	96.2	97.1	—	—	95.2	94.3	—	94.8?	98.6?	97.2 ± 4.2 (11)
9 : 45	颧额宽指数	—	63.9?	71.4?	71.4?	66.6	—	71.6?	70.9?	—	70.2	72	72?	69.3	—	62.9	73.1	68.5	75.7?	—	69.9 ± 3.5 (13)
43(1) : 46	额颧宽指数	—	93.9	96.4	103.6	103.6	—	104.1	—	—	103	85.8	104.3	94.8	90.5	87.3	100.7	94.9	94.9	—	96.6 ± 6.3 (12)
45 : 8	颅面宽指数	—	107.2	—	106.9	106.9	—	95.2?	95.2?	—	98.7	107	95.1?	98.7	—	100.6	98	96.9	94.6	—	99.6 ± 4.6 (12)
DS : DC	眶间宽高指数	—	—	—	14.7	14.7	—	13.8	13.3	—	47.7	42.6	40	45.5	—	53.6	45.6	40.4	37.6	—	44.1 ± 4.8 (8)
SN : oB	额面扁高度指数	18.7	16.4	19.4	10.5	10.5	—	19.4	18.9	—	19.7	19.4	18.9	15.7	20.5	17.2	12.9	19.6	19.6	—	16.7 ± 3.0 (15)
SR : O3	鼻面扁平度指数	—	27.6	—	31.1?	31.1?	—	—	—	—	30.6	30.6	34.3	—	—	31	29.1	—	—	—	30.6 ± 2.1 (6)
63 : 62	腭指数	—	—	—	81.3	81.3	—	83.4	—	—	90.3	90.3	—	—	—	90	—	—	84	74.7?	84.0 ± 5.3 (6)
61 : 60	齿槽弓指数	—	—	—	112.4	112.4	127.6?	—	—	—	118.9	118.9	118	147	121.3	111.2	114.3	—	120.9	113.3?	120.5 ± 10.0 (10)
48 : 65	面高颧宽指数	60.8	58.1	—	—	—	—	—	—	—	57.9	55.1	—	55.7	—	58.6	—	—	—	—	57.7 ± 1.9 (6)

续表一三

测量代号	测量项目	M060 IM2 ♂	M074 IM12 ♂	M077 IM15 ♂	M080 IM18 ♂	M086 IM24 ♂	M103 IIM16 ♂	M106 IIM19 ♂	M109 IIM22 ♂	M111 IIM24 ♂	M005 M5 ♂	M007 M7 ♂	M020 M20 ♂	M030 M30 ♂	平均数±标准差
1	颅长(g-op)	187.5	173	184.6	181	174.3	183	180.9	181	175	182.7	176	186	186.2	180.9 ± 4.7(13)
8	颅宽(eu-eu)	128.3	135.3	129	131.5	133.6	132.3	136	137.5	137.5	135	136	134.8	137.5	134.2 ± 3.0(13)
17	颅高(ba-b)	142	143.4	135.2	135	134.7	132.4	136	142	135	-	133.2	140?	145?	137.8 ± 4.2(12)
18	颅底垂直高(ba-v)	142	145	135.9	135	134	132	136	142	135	-	133.9	-	144.6?	137.8 ± 4.5(11)
20	耳门前囟高(po-b)	115.2	120	116	115.6	116	109.5	118	121.5	112.8	122	114.2	-	122	116.9 ± 3.8(12)
21	耳上颅高(po-v)	115.9	122	116.5	116	116.5	109.5	119	122	114	123.5	115.1	-	121.9	117.7 ± 3.9(12)
9	最小额宽(ft-ft)	85.8	90.1	88.9	95.2	94.9	87.5	91.3	92.7	92.3	94.1	89.9	94.4	84.6	90.9 ± 3.3(11)
10	最大额宽(co-co)	111.5	114	106	112.7	107.2	105	134.5	117.2	111.4	-	-	118.2	112.5	113.7 ± 7.7(11)
25	颅矢状弧(arc n-o)	388	378	380	377	365	-	379	395	371	-	381	394	383	381.0 ± 8.5(11)
26	额弧(arc n-b)	131	129	125	134	129	120	127	127.5	127	124	131	131	132	128.3 ± 3.6(13)
27	顶弧(arc b-l)	138	129	135	126	126.5	127	128.5	144.5	129	-	128	134	132	131.5 ± 5.3(12)
28	枕弧(arc l-o)	-	118	118	114	106	123	122	121	115	-	122	122	116	117.9 ± 4.8(11)
29	额弦(chord.n-b)	112.5	112.8	-	116.1	113.3	107	111	111	111.4	110.7	110	114.2	116.6	112.2 ± 2.5(12)
30	顶弦(chord.b-l)	124.9	113.2	-	113.4	112.6	114.2	117	128.7	112.2	-	116.3	119.9	120.7	117.6 ± 5.2(11)
31	枕弦(chord.l-o)	-	102	-	96	90.4	96.6	-	99.7	96.5	-	97.4	102.9	96.8	97.6 ± 3.5(9)
23	颅周长(过眉弓上方)	518	498	505	505	500	-	514	527	500	517?	511	-	536	512.0 ± 11.5(11)
24	颅横弧(过v)	312	323	307	312	306	299	321	328	310	-	315	-	325	314.4 ± 8.6(11)
5	颅基底长(ba-n)	101.8	99.4	95.5	102	99	99.7	97.5	97.8	96	-	93.3	104.3	-	98.8 ± 3.1(11)
40	面基底长(ba-pr)	94	84.8	89.4	99	97.9	96.1	98	91.4	96	-	93	107.1	-	95.2 ± 5.5(11)
48	上面高(n-sd)	68	71	67.5	65	66.6	71	74.6	68.6	67.5	74.3	72.9	70	-	69.7 ± 3.0(12)
	(n-pr)	63.8	68	66.3	62.4	63.3	68.6	69.6	65.9	65.3	70.1	69.4	67.9	-	66.8 ± 2.6(11)
47	全面高(n-gn)	114.7	-	112.1	108.2	102.8	117.2	112.5	-	109.4	-	112.2	-	-	111.1 ± 4.1(8)
45	颧宽(zy-zy)	117.6	122.6	-	127.6	128.5	130.5	135.3?	131	129.6	-	128.6	-	126	127.7 ± 4.6(10)
46	中面宽(zm-zm)	92.4	91.4	-	103.1	99.5	105.5	105.4	102.5	100.6	-	100.1	98.7	-	99.9 ± 4.6(10)
	$(zm_1 - zm_1)$	92.5	92.7	-	102.1	101	105	103.8	104	101.2	-	98.6	95.7	-	99.7 ± 4.4(10)

续表一三

测量代号	测量项目	M060 IM2 ♀	M074 IM12 ♀	M077 IM15 ♀	M080 IM18 ♀	M086 IM24 ♀	M103 IIM16 ♀	M106 IIM19 ♀	M109 IIM22 ♀	M111 IM24 ♀	M005 M5 ♀	M007 M7 ♀	M020 M20 ♀	M030 M30 ♀	平均数±标准差
SSS	颧颌点间高(sub.zm−ss−zm)	24.8	25.8	−	23.1	25.3	19.7	26.7	24	23.3	−	24.8	23.1	−	24.1 ± 1.8 (10)
	(sub.zm₁ − ss − zm₁)	21.2	22.7	−	21.8	23.4	18.3	23.4	20.4	21.9	−	21.2	19.3	−	21.4 ± 1.6(10)
43(1)	两眶外缘宽(fmo − fmo)	89.7	93.9	92.7	97	94.2	97.8	91.3	95.7	95.7	97.5	94.2	92	96.5	94.5 ± 2.4(13)
NAS	眶外缘间高(sub.fmo − n − fmo)	12.3	18.2	14.9	16.7	15.2	15.7	11.4	13.6	12.7	11.1	12	12	17.9	14.1 ± 2.4(13)
O₃	眶中宽	58.7	−	−	54.5	54	59.7	51.6	58.4	52.1	−	55.3	−	57.5?	55.8 ± 2.8(9)
SR	鼻尖点高	12.2	−	−	19.1	16	13.6	14.6	−	−	−	−	−	10.5	14.3 ± 2.7(6)
50	眶间宽(mf − mf)	15.1	22	17.7	19.4	21.7	18.9	20.6	20	20.3	21.8	19.5	18.3	18.2	19.5 ± 1.9(13)
49a	眶内缘点间宽(d − d)	19.7	−	−	21.4	26	20.5	22.2	21.8	21.4	−	22.1	−	−	21.9 ± 1.7(8)
DS	鼻梁眶内缘宽上高(sub.d − d)	5.4	−	−	8.6	11.4	7.8	9.4	7.2	−	−	−	−	−	8.3 ± 1.9(6)
MH	颧骨高(fmo − zm) 左	44.1	43	42.2	44	41.2	44.5	42.2	46.9	40.9	46	47	44.6	−	43.9 ± 2.0(12)
	右	43	41.5	−	43.4	41.5	45.5	44	47.3	42.4	−	47.1	46.7	40.8	43.9 ± 2.3(11)
MB'	颧骨宽(zm − rim.orb) 左	24.4?	26	24.4	22.1	24.1	26.5	28.2	28.2	24.5	25.1	26	25.8	−	25.4 ± 1.7(12)
	右	25.6	25.2	−	22.4	25	26.5	26.8	27	25.2	−	27.8	27.7	20.1	25.4 ± 2.2(11)
54	鼻宽	25.5	28.3?	24.7	26.7	31.4	26.9	27.1	25.9	28.6	30.5	28	25	25.7	27.3 ± 2.0(13)
55	鼻高(n − ns)	49.2	55	50.7	49.6	52.1	51.2	55.6	49.5	50	55.4	52	50.7	−	51.8 ± 2.2(12)
SC	鼻骨最小宽	3.4	6.1	7.5	9.6	13.4	9.8	10.8	8.6	9.2	10.8	8.4	9	3.1	8.4 ± 2.8(13)
SS	鼻骨最小宽高	1.5	−	−	0.5	1.2	2.9	3.2	2.6	−	2	−	2.3	−	2.0 ± 0.9(8)
51	眶宽(mf − ek) 左	40.7	40	40.8	43	39	424	38.8	41.4	39.5	41	40.4	39	43.7?	40.7 ± 1.5(13)
	右	41.7	39.1	−	44.1	39.4	44	39.2	41.8	40.2	−	39.8	40	43.7	41.2 ± 1.9(11)
51a	眶宽(d − ek)	37.4	37.9	38.6	41.1	36.2	41.9	37.6	40	38.7	38.8	38	−	−	38.7 ± 1.6(11)
	右	38	−	−	42.4	34.9	42.1	36.5	38.9	38.1	−	38.4	−	−	38.7 ± 2.4(8)
52	眶高 左	32.6	33.6	33.5	33	34	32.7	31.4	33.4	32.4	34.7	34	33.6	31.8	33.1 ± 0.9(13)
	右	30.8	32.3	−	32	32.2	31.6	31.5	33.3	323	−	33.2	31.7	34	32.3 ± 0.9(11)
60	齿槽弓长	52	−	51.3	52.9	51.4	50.6	51.5	51.2	52	−	55	−	−	52.0 ± 1.2(9)
61	齿槽弓宽	61.4	−	60.1	62.2	67.3	65.8	65.8?	72.2?	64.2	−	65	−	−	64.9 ± 3.4(9)

续表一三

测量代号	测量项目	M060 IM2 ♀	M074 IM12 ♀	M077 IM15 ♀	M080 IM18 ♀	M086 1M24 ♀	M103 IIM16 ♀	M106 IIM19 ♀	M109 IIM22 ♀	M111 IIM24 ♀	M005 M5 ♀	M007 M7 ♀	M020 M20 ♀	M030 M30 ♀	平均数±标准差
62	腭长 (ol - sta)	48.9	-	43.7?	44.3	44.9	45.1	-	42.1	44.2	40.2	45.6	-	-	44.4 ± 2.3 (9)
63	腭宽 (enm - enm)	40.3	-	38.3	38.3	45.3	45.3	44.3	45.6	39.5	-	37.8?	-	-	41.6 ± 3.2(9)
7	枕大孔长 (ba - 0)	-	36.5?	40.6	37.8	33.7	31.3	36.5	35.1	34.2	-	32.8	37	-	35.6 ± 2.6(10)
16	枕大孔宽	-	29	27.2	30.8	30.1	27.7	29.5	27.8	26.7?	-	25.8	30	-	28.5 ± 1.6(10)
11	耳点间宽 (au - au)	108.8	118.6	113.2	117.7	120.1	123.8	129.8	123.1	124.5	-	124	-	118.8	120.2 ± 5.5(11)
	耳门上点宽 (po - po)	102.3	112.9	106.3	112.2	113.2	117.3	120	115.1	117	-	117.2	-	112.6	113.3 ± 4.9(11)
	鼻骨长 (n - rhi)	21.4	-	-	22.3	26.1	19.5	27.2	-	-	-	-	-	-	23.3 ± 2.9(5)
	鼻尖齿槽点长 (rhi - pr)	43.4	-	-	41.8	39.7	50.3	45	-	-	-	-	-	-	44.0 ± 3.6(5)
65	下颌髁间宽 (cdl - cdl)	120.8	-	-	112.8	-	-	122.1	-	-	-	123	-	-	119.7 ± 4.0(4)
32 (1a)	额角 (n - b - FH)	53	55	53	49	55.5	51	56.5	58	52	54.5	52.5	-	53	53.6 ± 2.4(12)
32	额倾角 (n - m - FH)	88	87	87.5	83	88	81.5	90	94.5	76	88	91.5	-	86	86.8 ± 4.6(12)
	额倾角 (g - m - FH)	84	85	82.5	81	83.5	77.5	83	95	78.5	86	91	-	81	84.0 ± 4.7(12)
	前囟角 (g - b - FH)	49.5	51	50	45	49	48	52	54	48	52	49	-	47	49.5 ± 2.4(12)
72	面角 (n - pr - FH)	84.5	90.5	86.5	83.5	83.5	83.5	86.5	86.5	80	86	85	-	-	85.1 ± 2.5(11)
73	鼻面角 (n - ns - FH)	89	89	88	85	82	86.5	88	89.5	82	87.5	84	-	-	86.4 ± 2.6(11)
74	齿槽面角 (ns - pr - FH)	70	87	76.5	72.5	83.5	76	88	78	67	83	75.5	-	-	77.9 ± 6.5(11)
77	鼻颧角 (fmo - n - fmo)	149.4	137.6	144.3	141.9	144.2	144.5	152	148.2	130.2	154.3	151.5	150.7	139.4	145.2 ± 6.5(13)
SSA∠	颧上颌角 (zm - ss - zm)	123.5	121	-	131.7	126.1	139.1	126.2	129.8	133.1	-	127.3	129.8	-	128.8 ± 4.9(10)
	$(zm_1 - ss - zm_1)$	130.6	127.8	-	133.8	130.3	141.5	132	137.2	-	-	133.5	136	-	133.6 ± 3.9(9)
75	鼻尖角 (n - rhi - FH)	73	-	-	64	55	68.5	71	-	-	-	-	-	-	66.3 ± 6.4(5)
75 (1)	鼻骨角 (rhi - n - pr)	14.4	-	-	18.2	19.6	17.2	20	-	-	-	-	-	-	17.9 ± 2.0(5)
72 (5)	鼻根点角 (ba - n - pr)	64.5	57.2	64.1	69.3	70.3	66.8	69.5	64.5	70.1	-	67.9	73.5	-	67.1 ± 4.2(11)
	上齿槽点角 (ba - pr - n)	77.8	80.3	74	74.6	72.2	72.3	68.8	74.9	70.1	-	68.4	69	-	72.9 ± 3.7(11)
	颅底角 (n - ba - pr)	37.8	42.4	41.9	36.1	37.5	41	41.7	40.6	39.8	-	43.7	37.4	-	40.0 ± 2.3(11)
8 : 1	颅指数	68.4	78.2	69.9	72.7	76.6	72.3	75.2	76	78.6	73.9	77.3	72.5	73.8	74.3 ± 3.0(13)

续表一三

测量代号	测量项目	M060 IM2 ♀	M074 IM12 ♀	M077 IM15 ♀	M080 IM18 ♀	M086 IM24 ♀	M103 IIM16 ♀	M106 IIM19 ♀	M109 IIM22 ♀	M111 IIM24 ♀	M005 M5 ♀	M007 M7 ♀	M020 M20 ♀	M030 M30 ♀	平均数±标准差
17:1	颅长高指数	75.7	82.9	73.2	74.6	77.3	72.3	75.2	78.5	77.1	–	75.7	75.3?	77.9?	76.3 ± 2.6 (12)
21:1	颅长耳高指数	61.8	70.5	63.1	64.1	66.8	59.8	65.8	67.4	65.1	67.6	65.4	–	65.5?	65.2 ± 2.7(12)
17:8	颅宽高指数	110.7	106	104.8	102.7	100.8	100.1	100	103.3	98.2	–	97.9	103.9?	105.5?	102.8 ± 3.5(12)
54:55	鼻指数	51.8	51.5?	48.7	53.8	60.3	52.5	48.7	52.3	57.2	55.1	53.8	49.3	–	52.9 ± 3.3(12)
SS:SC	鼻根指数	43.5	–	–	5	8.6	29.7	30	30.7	–	18.3	–	25.4	–	23.9 ± 11.9(8)
52:51	眶指数 左	80.1	84	82.1	76.7	87.2	77.1	80.9	80.7	82	84.6	84.2	86.2	72.8?	81.4 ± 3.9(13)
	右	73.9	82.6	–	72.6	81.7	71.8	80.4	79.7	80.3	–	83.4	79.3	77.8	78.5 ± 3.8(11)
52:51a	眶指数 左	87.2	88.7	86.8	80.3	93.9	78	83.5	83.5	83.7	89.4	89.5	–	–	85.9 ± 4.4(11)
	右	81.1	–	–	75.5	92.3	75.1	86.3	85.6	83.5	–	86.5	–	–	83.2 ± 5.5(8)
48:17	垂直颅面指数 (sd)	47.9	49.5	49.9	48.1	49.4	53.6	54.9	48.3	50	–	54.7	50	–	50.6 ± 2.5(11)
48:45	上面指数 (sd)	57.8	57.9	–	50.9	51.8	54.4	55.1?	52.4	52.1	–	56.7	–	–	54.3 ± 2.5(9)
	(pr)	54.3	55.5	–	48.9	49.3	52.6	51.4	50.3	50.4	–	54	–	–	51.9 ± 2.2(9)
47:45	全面指数	97.5	–	–	84.8	80	89.8	83.1?	–	84.4	–	87.2	–	–	82.4 ± 12.5(7)
48:46	中面指数 (sd)	73.6	77.7	–	63	66.9	67.3	70.8	66.9	67.1	–	72.8	70.9	–	69.7 ± 4.1(10)
9:8	额宽指数	66.9	666	68.9	72.4	71	66.1	67.1	67.4	67.1	69.7	66.1	70	61.5	67.8 ± 2.6(13)
40:5	面突度指数	92.3	85.3	93.6	97.1	98.9	69.4	100.5	93.5	100	–	99.7	102.7	–	96.4 ± 4.7(11)
9:45	颧额宽指数	73	73.5	–	74.6	73.9	67.4	67.5?	70.8	71.2	–	69.9	–	67.1	70.9 ± 2.7(10)
43(1):46	额颧宽指数	97.1	102.7	–	93.1	94.7	92.7	86.6	93.4	95.1	–	94.1	93.2	–	94.3 ± 3.8(10)
45:8	颅面宽指数	91.7	90.6	–	97	96.2	98.6	99.5	95.3	94.3	–	94.6	–	91.6	94.9 ± 2.8(10)
DS:DC	眶间宽指数	27.6	–	–	40.3	43.9	38.2	42.2	32.9	–	–	–	–	–	37.5 ± 5.6(6)
SN:OB	额面扁平度指数	13.7	19.4	16.1	17.2	16.2	16	12.5	14.2	13.2	11.4	12.7	13.1	18.5	14.9 ± 2.4(13)
SR:O3	鼻面扁平度指数	20.8	–	–	35.1	29.6	22.8	28.3	–	–	–	–	–	18.2	25.8 ± 5.8(6)
63:62	腭指数	82.4	–	87.6?	86.5	100.9	100.4	–	108.3	89	–	82.9?	–	–	92.3 ± 9.0(8)
61:60	齿槽弓宽指数	118.1	–	117.2	117.6	130.9	130	127.8?	141?	123.5	–	118.2	–	–	124.9 ± 7.7(9)
48:65	面高颧宽指数	56.3	–	–	57.6	–	–	61.1	–	–	–	59.3	–	–	58.6 ± 1.8(4)

TANG TOMBS AT THE WEST OUTSKIRT OF WUZHONG CITY

(ABSTRACT)

The report deals with the 120 Tang tombs excavated in March 2003- July 2004 at the west outskirt of Wuzhong city. Among the tombs, three are badly destroyed, so we can not identified the structure of them. As for the rest 117 tombs, with the bottom of tomb chamber remained, the plan of the tombs can still be recognized.

The 117 tombs excavated have some characteristics in common. Summarily, they are all earth pit tombs with stick-made chambers oriented on a north to south axis. Most of them bears a short tomb corridor together with coffin beds built or dug in the chambers. Earthern wares occupy the overwhelming majority of the burial objects. And porcelains, belt decorations, copper coins, iron scissors, iron knives and bone tombs etc come next.

In according with their structures, these tombs are divided into six main types: Type I, II, III, IV, V and VI. Type I includes one tomb which has three chambers. Double chambered tombs belong to Type II. 72 tombs belong to Type III whose tomb passage is located at the centre of the south wall of the chamber. Tomb of this type can be likewise divided into four sub-types: Ⅲa、Ⅲb、Ⅲc、Ⅲd. Together with a short corridor, every tomb of this type has a short tomb passage with a slope at the bottom. With a small tomb area, most tomb chambers have coffin beds. This type represents the main type of the excavated Tang tombs in the new district of Wuzhong City .Tombs of Type IV have an oblong or slightly square chamber with the tomb passage close to the east chamber tomb wall. But the east walls of the chamber and passage are not extended in a straight line. Most tombs of this type have coffin beds built near the west wall of the chamber. The plan of the whole tomb of Type V resembles a handled knife with the chamber constituting the blade and the passage the handle. 22 tombs of this type can be further divided into three sub-types: Ⅴa、Ⅴb、Ⅴc. The east wall of the tomb passage links up with the west wall of the chamber almost in a straight line. Tombs of this type have narrow and small chambers in most of which have no coffin bed. The left three shaft tombs belong to Type VI. Besides this type, other tombs all have tomb passages with a slope at the bottom which located on the east side of the south chamber tomb wall or slightly to the east wall of the chamber. Most tombs have short corridors .Some corridors have parallel west and east walls, others with corridors in a trapeziform shape.

The copings of the tombs fall into two types: arch shaped coping and terraced coping. Some tombs have a low arch shaped coping, others have different copings for the south and north chambers. Usually the north chamber bears a terraced top and the south one has an arch shaped coping. The tombs without corridors often have a terraced coping.

In a few cases, two niches and gate slots are symmetrically built in the east and west wall of the tomb corridor. The tomb gates are sealed with bricks in four different manners.

Besides the tombs with a shape of knife handle, other tombs are all built with coffin beds which fall into three types: oblong, shape of inversed character"凹"or try square. The oblong coffin bed is located to the west or north side of the chamber. The type with an inversed character"凹"or a try square shape are often linked with chamber walls. And the try square shaped coffin beds usually belong to Type V tombs. In few cases, double coffin beds are built along the west and east chamber walls. Most of the coffin beds are dug on the rude ground with four sides built by laying bricks. Some has brick lay on the surface of the bed, others with decorated bricks on the south side of the coffin bed. Additionally, the side of a few coffin beds is covered with a layer of white plastering and red paintings. Among the coffins beds, the type with inversed character"凹" shape covers the majority. The oblong coffin beds take the second place. And the type with a try square shape is seldom found.

Most of the burial objects of tombs in the west suburb of Wuzhong City are earthen wares. In additional, there are porcelains, decorations of belts, copper coins and bronze mirrors, iron scissors and knives, bone combs and decorations, jade sculptures and lacquer works and so on. The lacquer works have rotten away, only remaining some trace.

Earthen wares consist of red and grey clay wares and the red ones constitute a substantial mass. Among the earthen wares, tower-shaped jars account for the overwhelming majority, and jars, two-eared jars, pot, ewer, small bowls, ink slabs etc. come next.

Nearly two-third of tombs has unearthed tower-shaped jars together with two-eared jar, pot and roll-mouth jars. Most earthen wares are decorated with grey white clay and tower-shaped jar are largely painted with black decorations or other designs.

Among the burial objects porcelain wares are seldom found. There are 15 porcelains unearthed including bowls, ewers and dished etc. Only eight bronze mirrors are found from the tombs.

From 30 tombs there found much more belt decorations such as buckles of belt, hemicycle and square belt decorations. They are made of bronze or iron.

There are 220 copper coins unearthed in 59 tombs including Kai Yuan Tong Bao, Qian Yuan Zhong Bao, Wu Zhu and Huo Quan and so on. The number of coins is widely varied in quantity from 1 to 19 for each tomb.

Earthen wares are usually placed at the four corners of the chamber and tower-shaped jars are often put close to the south west of the chamber. In some tomb, the position of burial object shows a relation to the orientation of the head of tomb occupant. For example, when the body lying to the west, the tower-shape jar would be put to the west of the coffin bed; when the body north, the jar north. In several tombs, tower-shaped jars are put in the passage of the tomb.

Stolen and disturbed, the burial manners of most tombs are not clear. In 25 cases, the corpses are found lying on their back in a full extended position. This burial manner occupies the first place among Tang tombs at the west outskirt of Wuzhong City. As for the other four cases, three are found lying a prone manner and one lying on it side.

The corpses might lie with their head towards west, north, south and east. Most of them with heads pointing to the west and south. Only in a few joined tomb, the heads of the dead point to the east and north. For 85 of the excavated 120 tombs, the gender, age and number of the tomb occupants can be identified. 59 are joint burials and 26 are single ones. It shows that the custom of joint burial was quite popular in the region at that time. Because tomb occupants could seldom be buried in the same time, the joint burials may be considered as secondary burial or being buried more than two times. It could be proved by the widening of the primary coffin beds.

Based on tomb types and main burial objects, the tombs at the west outskirt of Wuzhong City fall into two phases. The first phase is dated to the high Tang period. This phase features tomb types of Ⅲa、Ⅲb、Ⅲd and burial objects of copper coin Kai Yuan Tong Bao of Type A and tower-shaped jars.

The second phase is dated from middle and late Tang period. Besides tomb Type Ⅲa、Ⅲb、Ⅲd, tombs of Type Ⅳand Ⅴ became popular in this phase. Among the burial objects, there are A or B Type copper coin Kai Yuan Tong Bao as well as tower-shaped jars with many types. Having noticed that a copper coin Qian Qiu Wan Sui of early Liao Period is unearthed from Tomb 053 and the earthen pots from Tomb 109 are evidently used for burial purpose and the shapes of these two bombs appear different from that of Tang period, the excavator assumes that the second phase might be prolonged to the Five Dynasties.

The tombs in this report are thought to be dug from a cemetery of Tang Dynasty with a relative big area and a dense distribution in the northern area of Ningxia. The excavation of the tombs will provide important materials for the location of Lingzhou City of Tang Dynasty and the study of politics, economy and culture of this region in Tang Dynasty.

后 记

　　吴忠西郊唐墓于2003年3月由宁夏文物考古研究所配合基本建设办公室和吴忠市利通区文物管理所（现合并于吴忠市文物管理所）的相关工作人员在吴忠市城市基本建设中所发现，它与随后调查发现的吴忠北郊和城区唐墓相连，是迄今为止在宁夏北部地区发现的最大一处唐代墓地。同年3月至2004年7月，在吴忠市西郊建设中的中央大道及其两侧附属建筑工地，共清理唐墓120座。前后参加这项工作的有陈伟、王银、高雷、边东冬、周赟、任国柱、雷昊明、吴建飞、马海涛、王海明、任淑芳、吴金龙、郝玉梅、陈海英、陈安位、王建彬、李军、朱存世等。

　　在吴忠西郊唐墓的发掘与整理过程中，曾得到国家文物局文物保护司、宁夏回族自治区文化厅、文物局、吴忠市人民政府、吴忠市文体局及吴忠市文物管理所、吴忠市利通区文体局和吴忠市利通区文物管理所的大力支持与帮助。宁夏博物馆原馆长钟侃先生、宁夏文物考古研究所所长罗丰先生、宁夏回族自治区文物局副局长卫忠先生在墓地的发掘和报告的编写过程中给予悉心的指导；中国社会科学院考古研究所韩康信先生、复旦大学人类学研究中心谭婧泽女士、王玲娥女士在百忙之中对墓地出土的人骨做了鉴定和DNA取样，中央民族大学黄义军女士翻译了本报告的英文提要，谨在此一并致谢！

　　本报告的编写由朱存世、雷昊明执笔，其中朱存世负责第一、二、三、四、六章和第五章第一至四节的编写，雷昊明负责第五章第五至八节的编写。线图由高雷绘制。照片由边东冬拍摄。文物修复、拓片由陈安位、王建彬、李军承担。由于我们的水平和经验有限，难免存在诸多不足之处，诚望各位同行和读者提出批评。

编　者
2006年7月

M007 出土塔形罐

1. 白釉碗（M012：7）

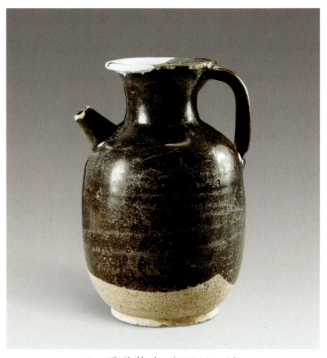

2. 黑釉执壶（M012：8）

3. 铜佛像（M017：1）

4. 铜铊尾（M018：10）

5. "卐"字纹铜镜（M018：11）

M012、M017、M018 出土遗物

1. 铜带饰（M020：1～9）

2. 铜带扣（M022：1）

3. 骨钗（M025：2）

4. 宝相花铜镜（M026：1）

5. 铁刀（M031：1）

M020、M022、M025、M026、M031 出土遗物

M029 出土塔形罐

1. 罐腹部彩绘纹饰（M043：5）

2. 骨梳（M045：1、2）

3. 青釉碗（M051：4）

4. 盖（M053：1）

5. 唾盂（M053：2）

M043、M045、M051、M053 出土遗物

M045 出土塔形罐

1. M054（北—南）

3. M060 封门墙（北—南）

2. M060（北—南）

M054 与 M060

1. 扁壶（正面）（M062：2）

2. 扁壶（侧面）（M062：2）

4. 骨饰件（M071：10）

3. 瑞兽纹铜镜 （M073：10）

M062、M071、M073 出土遗物

1. M077（北—南）

2. 铜饰件（M077：9、8、7）

3. 铜手镯（M078：8、10）

4. M078铜手镯出土情况

M077、M78 及出土遗物

M078 出土塔形罐

1. 云母片雕（M080：18）

2. 铜合页（M080：12、11、10、9）

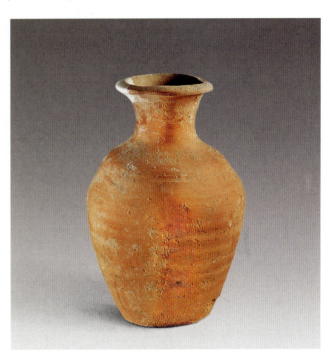

3. 陶壶（M085：17）

M080、M085 出土遗物

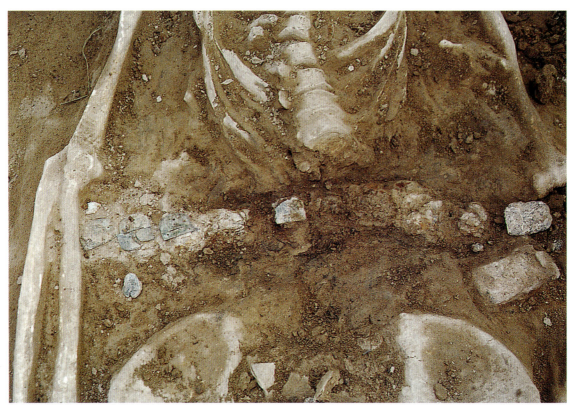

1. M085铜带饰出土情况

2. 半圆形铜铓饰（M085:15）

3. 铜耳勺（M089:9、10）

4. 铁带饰（M092:6、7、5、4）

M085、M089、M092 出土遗物

1. 玉雕饰件（左上M089:13、左下M089:14、中上M089:12、中下M089:15、右M089:11）

2. 骨珠、珍珠、玻璃珠（M094:7、8、6、5）

3. 玻璃珠（M094:4-1～7）

M089、M094 出土遗物

1. 白釉碗(M095:6)

2. 盖(M101:1)

3. 拉划纹方砖(M101:5)

4. 拉划纹条砖(M101:6)

5. 兽面罐外壁红彩图案(M104:1)

6. 骨饰件(M104:4)

M095、M101、M104 出土遗物

M105～M110（南—北）

1. M105（南—北）

2. 铁剪出土情况（M105:21）

3. 黑釉壶（M105:3）

M105 及出土遗物

1. M106（东—西）

2. 底座（M106：1）

3. 骨簪（M106：12）

M106 及出土遗物

1. M106出土漆盒

2. M106漆盒内的铜镜和白色胭脂

3. 瑞鸟纹铜镜（M106:9）

4. 铜合页（M106:10、11）（左：正面，右：背面）

M106 出土遗物

1. M107（南—北）

2. M107局部

3. M107棺床

M107

1. 陶砚（M107∶3）

2. 白釉碗（M107∶4）

3. 铜勺（M107∶6）

4. 鸾鸟纹铜镜（M107∶5）

5. 拉划纹条砖（M107∶14）

M107 出土遗物

1. 双凤纹铜镜（M108：8）

2. M110出土漆盘

3. 石珠（M111：13、14-1～4）

M108、M110、M111 出土遗物

M111 出土塔形罐

1. 盖（M115:1）

3. 兽面（M118:2）

2. 手印纹条砖（M115:4）

M115、M118 出土遗物

M118 出土塔形罐

1. M001~M004、M011（东南—西北）

2. M002（北—南）

M001～M004、M011

1. 盖（M001：9）

2. 底座（M001：8）

3. 铜带扣（M003：1）

4. 半圆形铜铐饰（M003：2）

5. 半圆形铜铐饰（M004：1～4）

M001、M003、M004 出土遗物

1. M007 陶器出土情况

2. 塔形罐（M007：4、5、10）

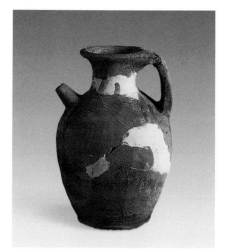

3. 执壶（M007：6）

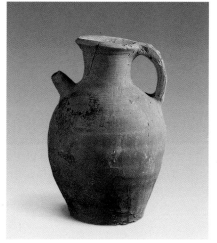

4. 执壶（M007：7）

5. 银手镯（M007：1）

M007 出土遗物

1. M008 墓室（南—北）

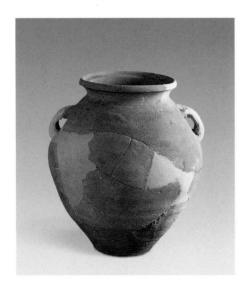

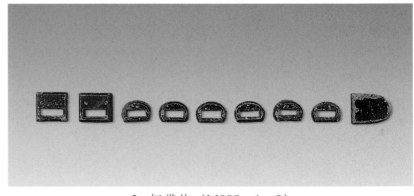

3. 铜带饰（M008：1~9）

2. 双耳罐（M008：10）

M008 及出土遗物

1. 双耳罐（M011：3）

2. 双耳罐（M011：4）

3. 白釉碗（M012：7）

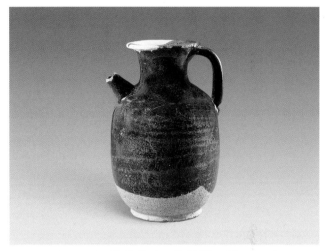

4. 黑釉执壶（M012：8）

5. 半圆形铜铃饰（M012：2）

6. 手印纹条砖（M012：13）

M011、M012 出土遗物

1. 盖（M013：14）

2. 铜铊尾（M013：1）

3. 方形铜铐饰（M013：2）

4. 铜合页（M013：3）

5. 铜合页（M013：4）

6. 蚌壳（M013：8）

M013 出土遗物

1. M014（南—北）

2. 盖（M014：11）

3. 底座（M014：12）

4. 铁钉（M014：2~9）

5. 拉划纹条砖（M014：13）

M014 及出土遗物

1. 盖（M015：4）

2. 铜镜（M016：1）

3. 铜钱（M016）

4. 铁带饰（M016：10、11、3）

M015、M016 出土遗物

1. 盖 (M017：5)

2. 铜佛像 (M017：1)

3. 底座 (M017：3)

M017 出土遗物

1. M018（北—南）

2. 铜铊尾（M018：10）

4. 铁钉（M018：15～19）

3. "卐"字纹铜镜（M018：11）

5. 骨饰件（M018：20）

M018 及出土遗物

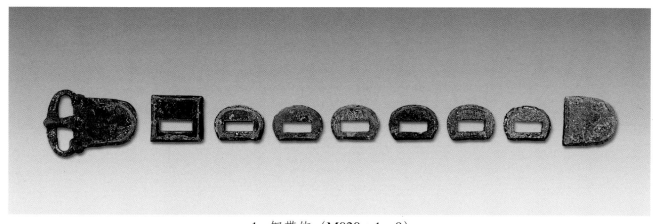

1. 铜带饰（M020：1~9）

2. 铜带扣（M021：5）

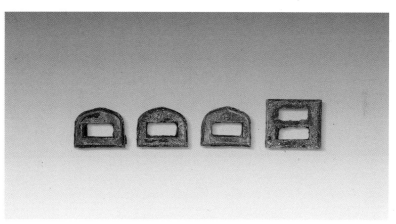

3. 铜带饰（M021：1~4）

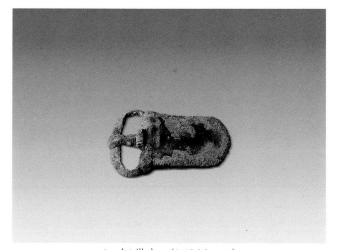

4. 铜带扣（M022：1）

5. 碗（M024：1）

M020～M022、M024 出土遗物

1. M025（北—南）

2. 盖（M025：7）

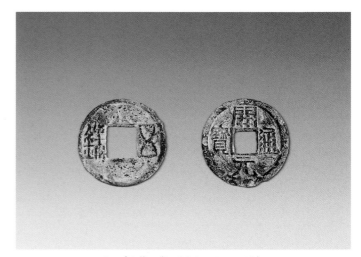

3. 铜钱（M025：11、10）

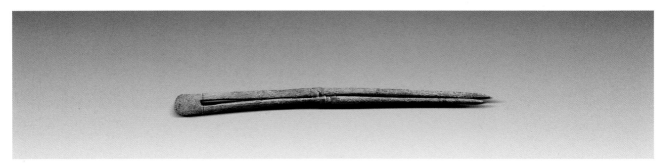

4. 骨钗（M025：2）

M025 及出土遗物

1. 盖（M026∶4）

2. 兽面（M026∶2）

3. 宝相花铜镜（M026∶1）

M026 出土遗物

1. 盖（M027：1）

4. 铜合页（M028：2、4、3、1）

2. 罐（M027：2）

5. 铜饰件（M028：8）

3. 拉划纹条砖（M027：5）

M027、M028 出土遗物

1. M029（南一北）

2. 塔形罐（M029：8～10）

3. 双耳罐（M029：11）

4. 铁带饰（M029：1～5）

M029 及出土遗物

1. 碗（M030：12）

3. 白釉碟（M031：2）

4. 铁刀（M031：1）

2. 双耳罐（M030：16）

5. 碗（M032：1）

M030～M032 出土遗物

1. M033（南－北）

3. 敛口罐（M036：2）

2. M034

4. 陶俑头（M036：3）

M033、M034 与 M036 出土遗物

1. M037（南—北）

2. M038（南—北）

3. M041（南—北）

4. M042（东—西）

M037、M038、M041 和 M042

1. M087（南—北）

2. 罐腹部彩绘纹饰（M043：5）

3. 底座（M043：4）

4. 铜钱（M043：1、2）

M087 与 M043 出土遗物

1. 塔形罐（M044：7、9、8）

3. 壶（M044：11）

4. 铜带饰（M044：2~4）

5. 铜饰件（M044：1）

2. 壶（M044：10）

6. 开元通宝（M044：12 - 1~3）

M044 出土遗物

1. 塔形罐（M045：3～5）

2. 罐肩部兽面（M045：4）

3. 陶壶（M045：6）

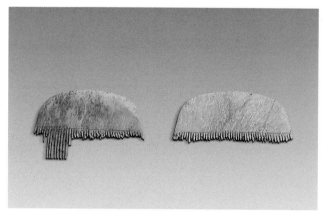

4. 骨梳（M045：1、2）

M045 出土遗物

1. 陶砚（M046：1）

3. 陶壶（M050：3）

4. 底座（M050：2）

2. M050（南—北）

5. 铜铊尾（M050：4）

M050 与 M046 出土遗物

1. 盖（M051：1）

4. 青釉碗（M051：4）

2. 兽面罐（M051：2）

5. 开元通宝（M051）

3. 底座（M051：3）

6. 铁带饰（M051：5～8）

M051 出土遗物

1. M053（南—北）

2. 盖（M053：1）

3. 唾盂（M053：2）

4. 铜饰件（M053：4）

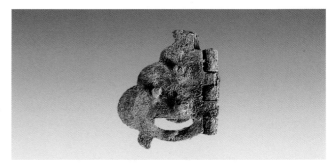

5. 铜合页（M053：3）

6. 千秋万岁铜钱（M053：8）

M053 及出土遗物

1. M054（北—南）

2. 盖（M054：1）

3. 底座（M054：2）

4. 开元通宝（M054：5－1~6）

M054 及出土遗物

M055（南—北）

1. M056（北—南）

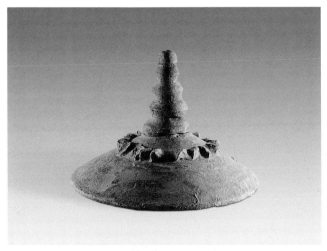

2. 盖（M056：1）

3. 开元通宝（M056：3-1~2）

M056 及出土遗物

1. M057（南—北）

2. 双耳罐（M057：1）

3. 铁剪（M057：2）

M057 及出土遗物

M059 （南—北）

1. M060（南—北）

2. M060 封门（北—南）

M060

1. 盖（M060：2）

3. 壶（M060：3）

2. 底座（M060：1）

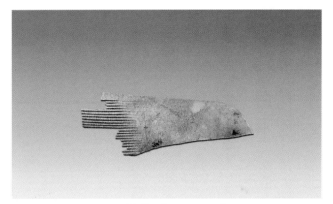

4. 骨梳（M060：5）

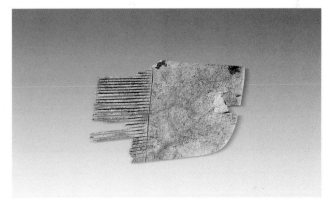

5. 骨梳（M060：4）

M060 出土遗物

1. M062（南—北）

2. M062 封门（南—北）

3. 铜钱（M062）

M062 及出土遗物

1. 盖（M062：3）

2. 兽面罐（M062：4）

3. 扁壶（正面）（M062：2）

4. 扁壶（侧面）（M062：2）

M062 出土遗物

1. M063

2. 盖（M063∶1）

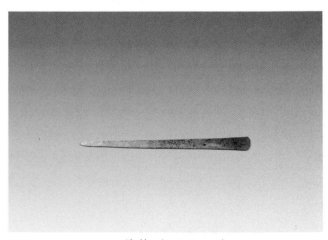

3. 兽面罐（M063∶3）

4. 底座（M063∶2）

5. 骨簪（M063∶4）

M063 及出土遗物

M064、M065 （北—南）

3. 兽面（M066：2）

1. M066（南—北）

2. 兽面罐（M066：2）

4. 底座（M066：1）

M066 及出土遗物

1. M067（南—北）

2. M067 墓室（东—西）

3. 白釉碗（M067：4）

4. 黑釉壶（M067：5）

5. 铜钱（M067：9、8）

M067 及出土遗物

1. 盖（M067：7）

2. 盖（M067：3）

3. 双耳罐（M067：2）

4. 底座（M067：1）

M067 出土遗物

1. M069（南—北）

3. M069 随葬品位置

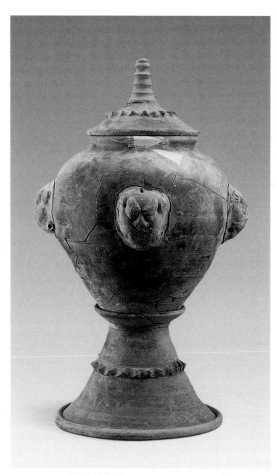

4. 塔形罐（M069：3、2、1）

2. M069 封门（北—南）

M069 及出土遗物

1. M070 （南—北）

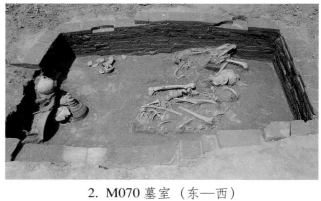

2. M070 墓室（东—西）

3. M070 出土铜手镯

4. 底座（M070：1）

5. 铜手镯（M070：2）

M070 及出土遗物

M071 (南—北)

1. M071 出土陶器

2. 盖（M071：1）

3. 底座（M071：18）

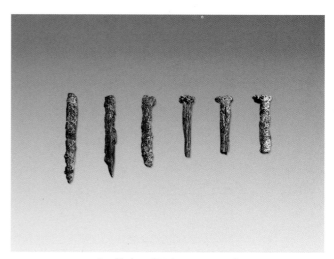

4. 铁钉（M071：2~7）

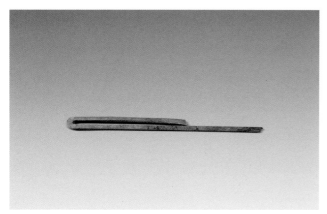

5. 骨钗（M071：9）

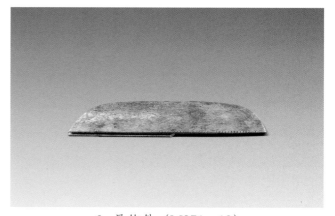

6. 骨饰件（M071：10）

M071 出土遗物

M072 (南—北)

1. M073（南—北）

3. 盖（M073：5）

4. 盖（M073：9）

2. M073 封门（北—南）

5. 小陶罐（M073：6）

M073 及出土遗物

1. 壶（M073：2）

2. 壶（M073：1）

3. 底座（M073：12）

4. 底座（M073：11）

5. 瑞兽纹铜镜（M073：10）

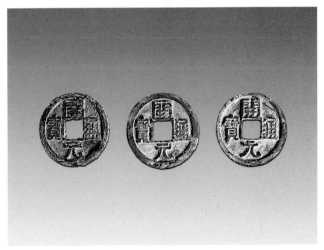

6. 开元通宝（M073：21-1~3）

M073 出土遗物

1. M074（南—北）

3. 塔形罐（M074：3、2、1）

2. M074 封门（北—南）

M074 及出土遗物

1. M075（南—北）

3. 盖（M075：2）

4. 兽面罐（M075：3）

2. M075 封门（北—南）

5. 拉划纹条砖（M075：4）

M075 及出土遗物

1. M076（北—南）

3. M077 封门

4. M077 人体骨架（东—西）

2. M077（南—北）

M076、M077

1. 盖（M077：3）

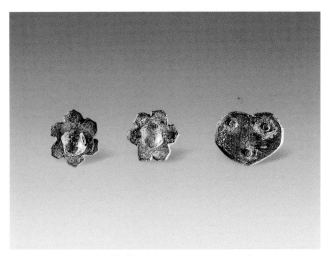

3. 铜饰件（M077：9、8、7）

2. 塔形罐（M077：4、2、1）

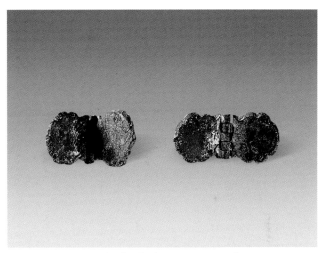

4. 铜合页（M077：5、6）

5. 拉划纹条砖（M077：10）

M077 出土遗物

1. M078（南—北）

2. M078 封门（北—南）

3. M078 随葬品出土情况（东—西）

4. M078 铜手镯出土情况

M078

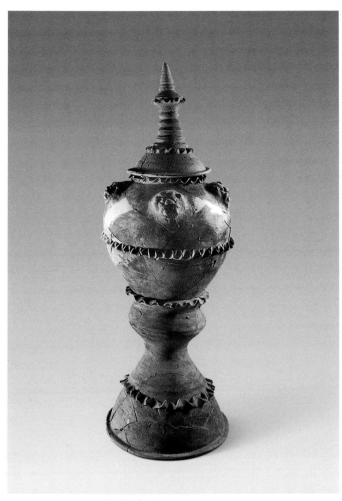

1. 塔形罐（M078：6、2、1）

3. 壶（M078：4）

4. 铜手镯（M078：9）

5. 铜手镯（M078：8）

2. 壶（M078：5）

6. 铜手镯（M078：10）

M078 出土遗物

M079（南—北）

1. 盖（M080：1）

3. 壶（M080：2）

4. 白釉碗（M080：5）

2. 兽面罐（M080：4）

M080 出土遗物

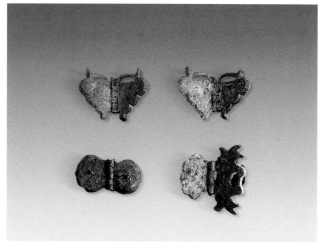

1. 铜合页（M080：12、11、10、9）

4. 骨梳（M080：30）

2. 货泉（M080）

5. 云母片雕（M080：18）

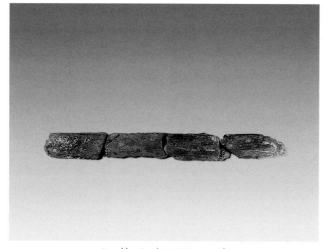

3. 铁刀（M080：19）

6. 蚌壳（M080：6、7）

M080 出土遗物

1. 底座（M081：1）

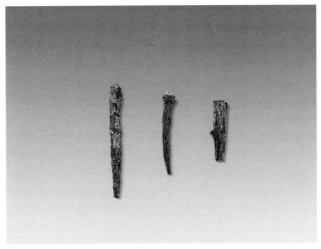

2. 铁钉（M081：5~7）

3. 铜钱（M081）

4. 骨珠（M081：3）

5. 蚌壳（M081：2）

M081 出土遗物

1. M082 (南—北)

2. M082 封门 (北—南)

3. 盖 (M082：2)

4. 兽面罐 (M082：1)

5. 铜镞 (M082：4)

M082 及出土遗物

M085（北—南）

1. 兽面 (M085：23)

2. 底座 (M085：20)

4. 壶 (M085：18)

3. 壶 (M085：17)

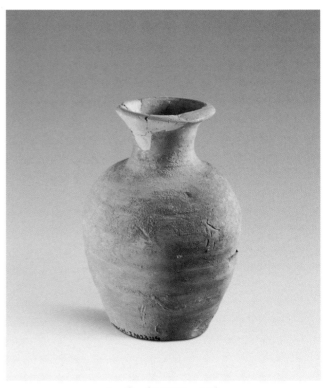

5. 壶 (M085：19)

M085 出土遗物

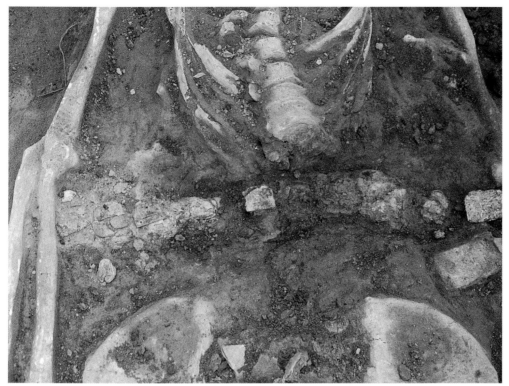

1. M085 带饰出土情况

2. 半圆形铜铸饰 (M085：15)

3. 铜合页 (M085：2)

4. 开元通宝 (M085)

5. 铁剪 (M085：1)

M085 出土遗物

1. 盖（M086：3）

3. 壶（M086：4）

2. 兽面罐（M086：1）

4. 壶（M086：5）

M086 出土遗物

1. M089 封门（南—北）

2. M089 封门槽

M089

1. 铜带饰（M089：2、1、3、4）

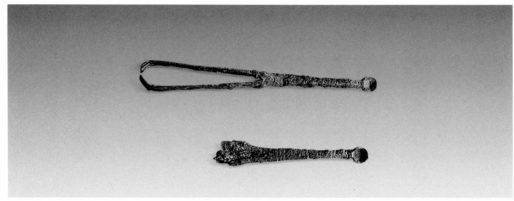

2. 铜耳勺（M089：9、10）

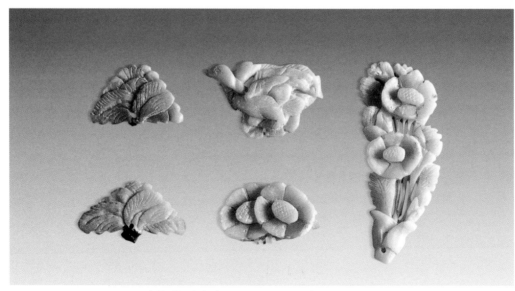

3. 玉雕饰件（左上 M089：13、左下 M089：14、
中上 M089：12、中下 M089：15、右 M089：11）

M089 出土遗物

1. M090（南—北）

2. M091 甬道小龛和封门槽

M090 和 M091

M091 （南—北）

M092（南—北）

1. M092 陶器出土情况

3. 罐肩部兽面（M092：2）

2. 塔形罐（M092：12、2、1）

4. 执壶（M092：3）

5. 铁带饰（M092：6、7、5、4）

M092 出土遗物

1. M093（南—北）

2. M093 封门（北—南）

3. 罐（M093：1）

M093 及出土遗物

1. 盖（M094∶2）

2. 底座（M094∶1）

3. 骨珠、珍珠、玻璃珠（M094∶7、8、6、5）

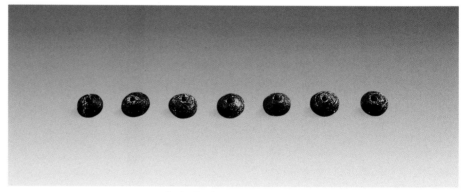

4. 玻璃珠（M094∶4-1~7）

M094 出土遗物

1. M095（南—北）

2. 白釉碗（M095：6）

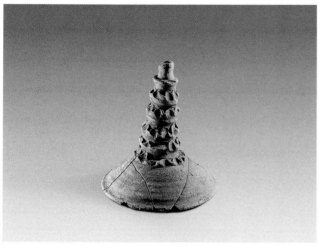

3. 盖（M096：2）

4. 兽面（M096：21）

5. 底座（M096：1）

6. 角器（M096：4）

M095、M096 及出土遗物

1. M097（南—北）

2. M098（南—北）

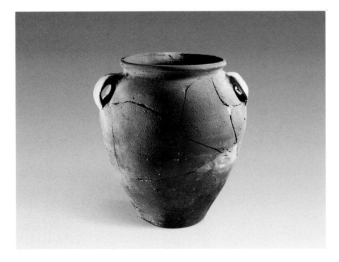

3. 双耳罐（M098：1）

4. 半圆形铜铃饰（M098：2）

M097、M098 及出土遗物

M099（南—北）

M100 (南—北)

3. M101 墓室西壁倒塌遗迹（西一东）

1. M101（南一北）

2. M101 封门（北一南）

M101

1. 盖（M101：1）

2. 铜钱（M101）

3. 拉划纹方砖（M101：5）

4. 拉划纹条砖（M101：6）

M101 出土遗物

1. M102（北—南）

2. 盖（M102：6）

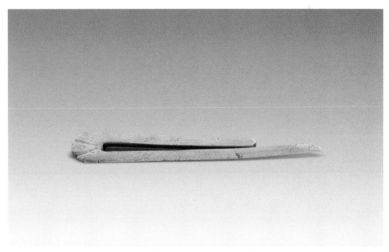

3. 骨钗（M102：1）

M102 及出土遗物

1. M103（东—西）

2. 盖（M103：1）

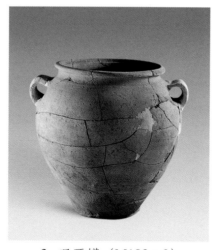

3. 双耳罐（M103：3）

4. 底座（M103：2）

M103 及出土遗物

1. M104（南—北）

2. M104 封门（北—南）

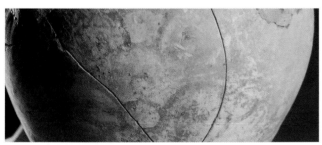

3. 罐外壁彩绘（M104：1）

4. 塔形罐（M104：2、1、3）

5. 开元通宝（M104）

6. 骨饰件（M104：4）

M104 及出土遗物

M105～M110 （南—北）

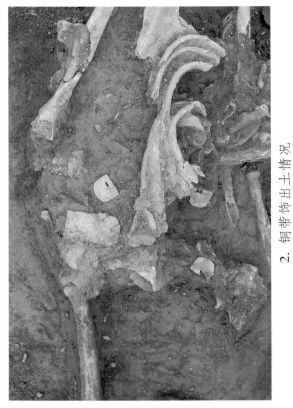

2. 铜带饰出土情况

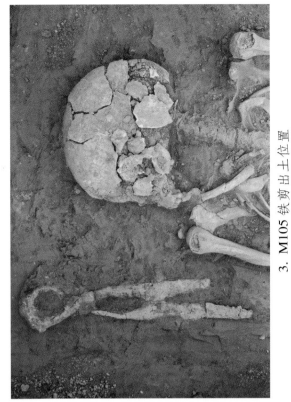

3. M105 铁剪出土位置

1. M105（南—北）

M105

1. 盖（M105：2）

4. 铜带饰（M105：9、7、8、6）

2. 底座（M105：1）

5. 铜铊尾（M105：5）

3. 黑釉壶（M105：3）

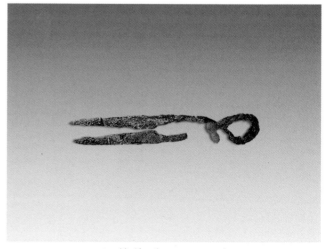

6. 铁剪（M105：21）

M105 出土遗物

2. M106 封门 (北—南)

3. M106 墓室 (东—西)

1. M106 (南—北)

M106

1. 底座（M106：1）

2. 底座（M106：2）

3. M106 出土漆盒

4. M106 漆盒内的铜镜和白色胭脂

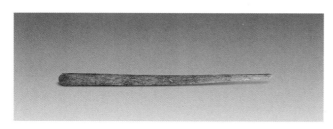

5. 骨簪（M106：12）

M106 出土遗物

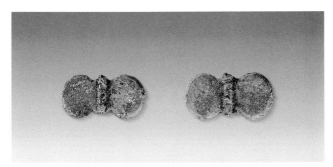

1. 铜合页正面（M106：11、10）

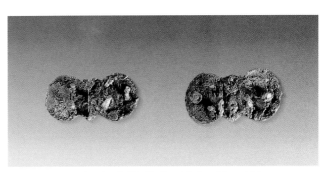

2. 铜合页背面（M106：11、10）

3. 铜钱（M106）

4. 瑞鸟纹铜镜（M106：9）

M106 出土遗物

2. M107 封门（北—南）

3. M107 墓室（东—西）

1. M107（南—北）

M107

1. 塔形罐（M107：1、12、2）

2. 陶砚（M107：3）

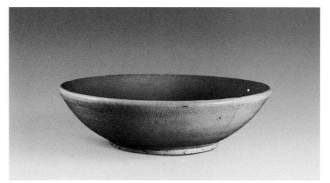

3. 白釉碗（M107：4）

4. 鸾鸟纹铜镜（M107：5）

5. 铜勺（M107：6）

6. 拉划纹条砖（M107：14）

M107 出土遗物

1. M108（南—北）

2. M108 人体骨架

3. 罐（M108：1）

4. 双凤纹铜镜（M108：8）

5. 蚌壳（M108：2）

M108 及出土遗物

2. M109 人体骨架（北—南）

1. M109（南—北）

M109

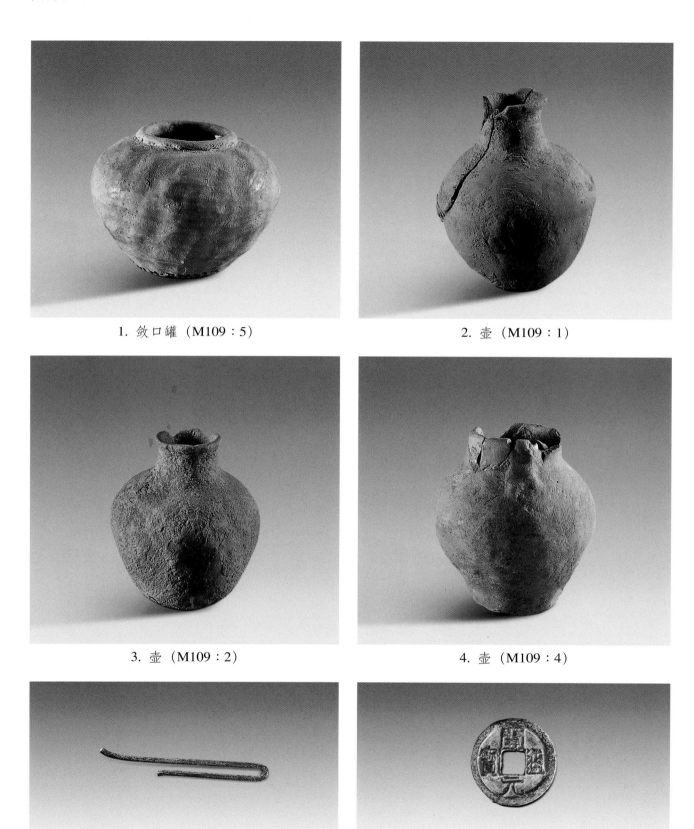

1. 敛口罐（M109：5）　　　　　　2. 壶（M109：1）

3. 壶（M109：2）　　　　　　4. 壶（M109：4）

5. 铜钗（M109：6）　　　　　　6. 开元通宝（M109：8）

M109 出土遗物

1. M110（南—北）

2. M110出土漆盘

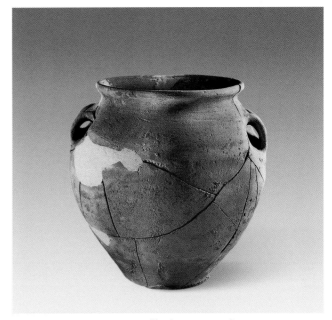

3. 双耳罐（M110：1）

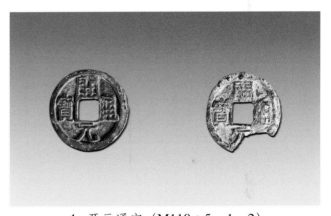

4. 开元通宝（M110：5-1~2）

5. 蚌壳（M110：2）

M110及出土遗物

1. M111（南—北）

2. M111 封门（南—北）

3. M111（东—西）

M111

2. 罐腹部兽面（M111：2）

3. 底座兽面（M111：1）

4. 底座颈部刻划人物（M111：1）

1. 塔形罐（M111：4、2、1）

5. 开元通宝（M111）

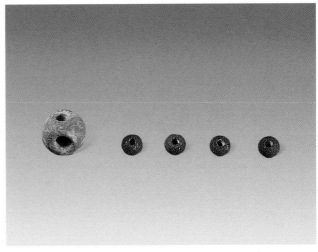

6. 石珠（M111：13、14－1~4）

M111 出土遗物

1. M112（北—南）

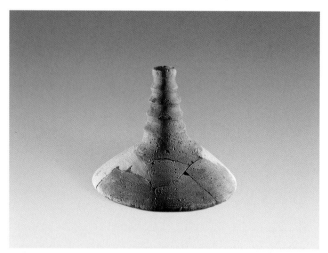

2. 盖（M112：1）

4. M113（南—北）

3. 兽面（M112：3）

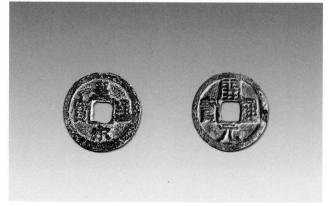

5. 铜钱（M113：4、5）

M112、M113 及出土遗物

1. M114（南—北）

2. 盖（M114：2）

3. 罐（M114：1）

M114 及出土遗物

1. 盖 (M115：1)

2. 兽面 (M115：2)

3. 手印纹条砖 (M115：4)

4. 底座 (M116：1)

5. 敛口罐 (M117：1)

M115～M117 出土遗物

2. 罐肩部兽面（M118：2）

3. 双耳罐（M118：4）

1. 塔形罐（M118：1、2、3）

M118 出土遗物

1. 盖（M120：1）

3. 兽面（M120：5）

2. 兽面罐（M120：2）

4. 底座（M120：3）

M120 出土遗物

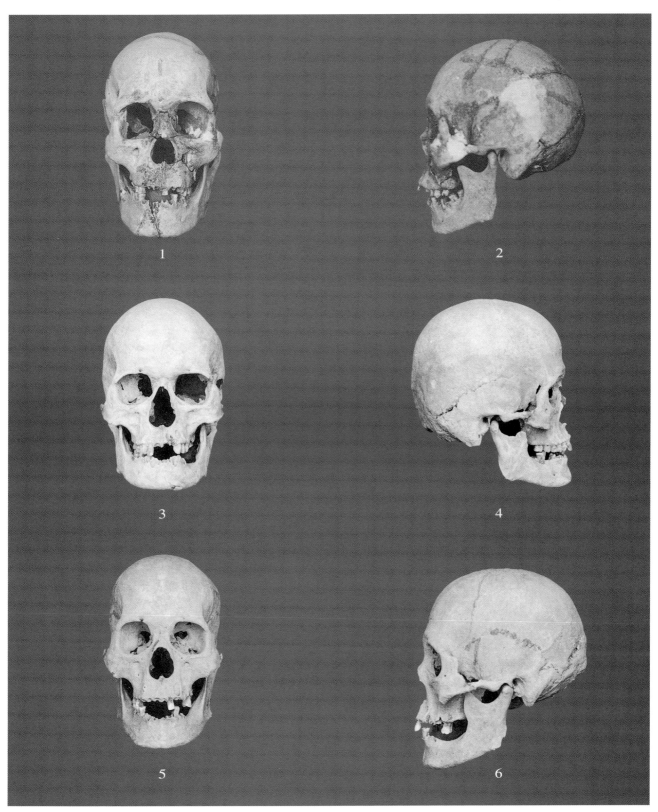

1、2. M073（正、侧面）　3、4. M001（正、侧面）　5、6. M004（正、侧面）

男性头骨

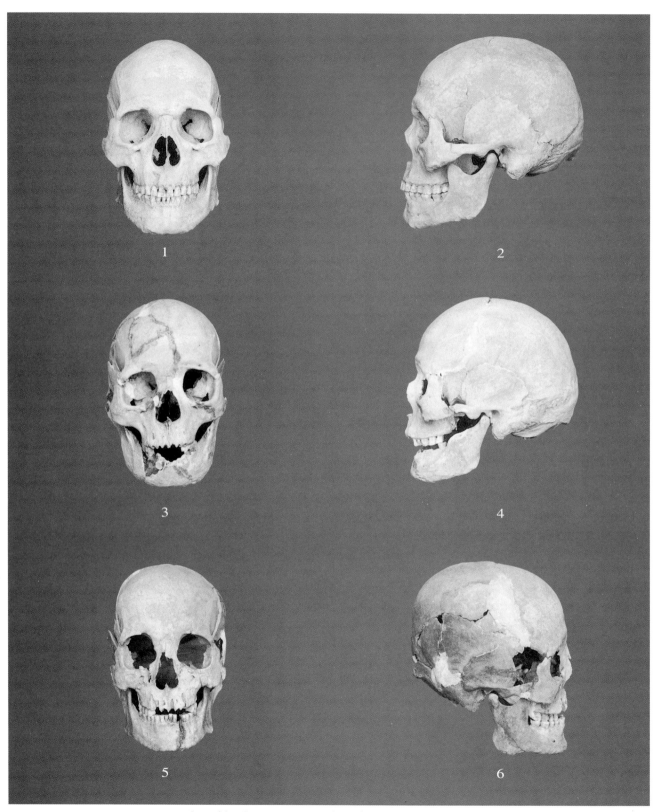

1、2. M081（正、侧面）　3、4. M088（正、侧面）　5、6. M101（正、侧面）

男性头骨

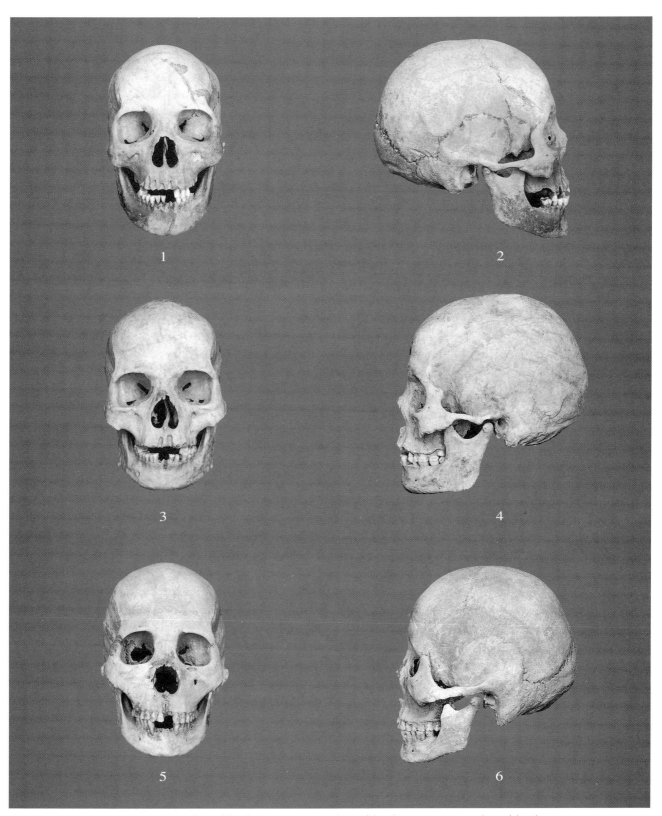

1、2. M103（正、侧面）　3、4. M080（正、侧面）　5、6. M106（正、侧面）

女性头骨

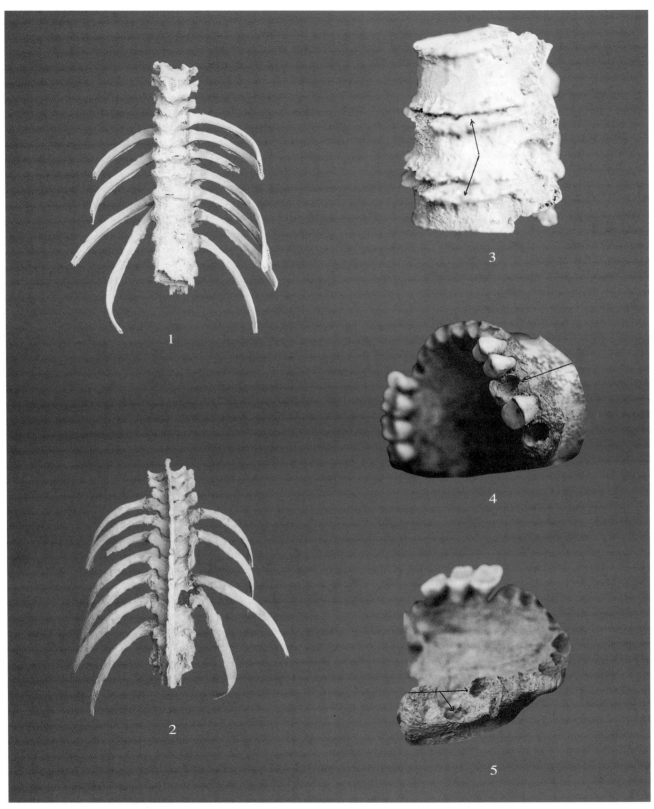

1、2. M044男性脊椎成"竹节"样融合(强直性脊椎病变) 3. M107女性腰椎呈"舌状"或"棘状"骨质增生 4. 左M¹龋蚀成残根状 5. 左M¹⁻²齿槽脓肿痕迹

脊椎与牙齿